U0908310

ZHEJIANG TONGZHI

浙江通志

第十九卷

检察志

《浙江通志》编纂委员会　编

浙江人民出版社

图书在版编目（CIP）数据

浙江通志. 检察志 / 《浙江通志》编纂委员会编. —杭州 ：浙江人民出版社，2019.6
ISBN 978-7-213-09024-0

Ⅰ. ①浙… Ⅱ. ①浙… Ⅲ. ①浙江-地方志②检察机关-工作概况-浙江 Ⅳ. ①K295.5②D926.32

中国版本图书馆CIP数据核字(2018)第261272号

浙江通志·检察志

《浙江通志》编纂委员会 编

出版发行	浙江人民出版社（杭州市体育场路347号 邮编 310006） 市场部电话:(0571)85061682 85176516
责任编辑	朱康平
责任校对	杨 帆 陈 春
责任印务	程 琳
封面设计	王 芸
电脑制版	杭州天一图文制作有限公司
印 刷	浙江新华数码印务有限公司
开 本	889毫米×1194毫米 1/16
印 张	29
字 数	643千字
插 页	20
版 次	2019年6月第1版
印 次	2019年6月第1次印刷
书 号	ISBN 978-7-213-09024-0
定 价	160.00元

图版 19-001-1　1979 年 11 月 7 日，浙江省人民检察院（以下简称浙江省检察院）办公地址从杭州市爱民路浙江省公安局内(右上图)迁至杭州市向阳路 12 号(后改为长生路 12 号)(左下图)(《浙江检察三十年（1978—2008)》,2008 年 5 月编印，第 53 页)

图版 19-002-1　1982 年 11 月 1 日，浙江省检察院办公地址迁至杭州市武林路 171 号（后改为武林路 103 号）(《浙江检察三十年(1978—2008)》,2008 年 5 月编印，第 54 页)

图版 19-002-2　1998 年 12 月 28 日，浙江省检察院办公地址迁至杭州市文三路 379 号(林可，2008 年 6 月摄)

图版 19-003-1　1994 年 10 月 27 日，最高人民检察院检察长张思卿到浙江省检察院视察工作（浙江省检察院文书档案 1994-01-022）

图版 19-003-2　1998 年 4 月 21 日，最高人民检察院检察长韩杼滨到浙江省检查指导工作。图为韩杼滨在浙江省检察院侦查用房建设工地视察（林可摄）

图版 19-004-1　2005 年 6 月 2—4 日，最高人民检察院检察长贾春旺到浙江省检察机关调研(浙江省检察院文书档案 WS2005-01-0036)

图版 19-004-2　2009 年 5 月 6 日，最高人民检察院检察长曹建明在浙江省人民大会堂接见与慰问全国模范检察官金启和家属(林可摄)

图版 19-005-1　1982 年 6 月 26 日，中共浙江省委第一书记铁瑛(前排左六)出席全省分、市检察院检察长会议并和与会人员合影(《浙江检察三十年(1978—2008)》,2008 年 5 月编印，第 19 页)

图版 19-005-2　1997 年 1 月 30 日，中共浙江省委书记、省人大常委会主任李泽民出席第十二次全省检察工作会议并作重要讲话(林可摄)

图版 19-006-1　1988 年 4 月 19 日，中共浙江省委书记薛驹（前排左十九）、浙江省人大常委会主任陈安羽（前排左二十）等领导出席全省检察长会议并和与会人员合影（《浙江检察三十年（1978—2008）》，2008 年 5 月编印，第 21 页）

图版 19-007-1　1989 年 5 月 29 日，中共浙江省委副书记、省长沈祖伦（前排左六）出席全省检察机关查处贪污、受贿大案要案记功授奖大会，为在反贪污受贿斗争中作出突出贡献的 14 家单位和 5 名个人颁奖并合影留念（《浙江检察三十年（1978—2008）》，2008 年 5 月编印，第 26 页）

图版 19-007-2　1993 年 5 月 13 日，《使命的回响——华东地区法纪检察工作回顾展》在浙江举行巡回展。图为中共浙江省委、省政府领导在开幕式上致辞（省检察院文书档案 1993-01-021）

图版 19-008-1 2007 年 6 月 25 日，中共浙江省委常委、政法委书记王辉忠到浙江省检察院调研指导工作(林可摄)

图版 19-008-2 1979 年夏，浙江省检察院在全省检察机关重建后，首次对检察干部进行轮训，贯彻实施《刑法》《刑事诉讼法》(《浙江检察三十年(1978—2008)》，2008 年 5 月编印，第 63 页)

图版 19-009-1　1982 年 3 月 22 日，浙江省检察院召开全省分、市检察院检察长座谈会，贯彻落实全国人大常委会《关于严惩严重破坏经济的罪犯的决定》。图为与会人员合影（《浙江检察三十年（1978—2008）》，2008 年 5 月编印，第 65 页）

图版 19-009-2　1984 年 11 月，浙江省检察院召开经济检察工作座谈会，贯彻最高人民检察院《关于坚决打击破坏经济体制改革的严重经济犯罪活动的紧急通知》，明确提出要把打击经济犯罪作为全省检察工作的主要任务。图为与会人员合影（《浙江检察三十年（1978—2008）》，2008 年 5 月编印，第 68 页）

图版 19-010-1　1985 年 8 月，浙江省检察院召开全省分、市检察院检察长座谈会，提出要把法纪检察摆到重要议事日程上来，做到“敢字当头、积极主动、善于办案”。图为与会人员合影（浙江省检察院文书档案 1985-01-002）

图版 19-010-2　1988 年 8 月 11 日，浙江省检察院成立“经济罪案举报中心”，并召开新闻发布会，发动群众向检察机关举报（浙江省检察院文书档案 1988-01-072）

图版 19-011-1　1988 年 11 月 3—5 日，浙江省检察院召开第一次全省检察机关举报工作会议，部署深入开展群众举报工作（《浙江检察三十年（1978—2008）》，2008 年 5 月编印，第 75 页）

图版 19-011-2　1989 年 11 月 7 日，浙江省检察院召开全省检察机关第一次反贪污贿赂侦查工作会议，要求在办案中提高，在实践中前进，努力提高侦查工作水平（浙江省检察院文书档案 1989-01-042）

图版 19-012-1 1990 年 5 月 10 日，浙江省检察院举行贪污贿赂侦查局成立大会(上图)。浙江省检察院检察长胡灿时(左二)等将牌匾悬挂在省检察院大门前 (下图)(浙江省检察院文书档案 1990-01-050)

图版 19-013-1 1991 年 2 月 25 日,全省检察机关第二次反贪污贿赂侦查工作会议召开。会议要求认真总结侦查工作经验，努力提高侦查水平，推进反贪污贿赂斗争深入开展（省检察院文书档案 1991-01-038）

图版 19-013-2 1992 年 6 月 17 日，浙江省检察院召开聘任特约检察员大会。（省检察院文书档案 1992-01-016）

图版 19-013-3 1995 年 10 月 20 日，浙江省人民检察院税务检察室成立，浙江省检察院检察长葛圣平（左一）为该室揭牌（省检察院文书档案 1995-01-018）

图版 19-014-1　1996 年 8 月 6 日，绍兴县检察院与法院共同举行按修改后《刑事诉讼法》要求组织的试点观摩庭（上图）。浙江省检察院领导旁听试点观摩庭（中图）（浙江省检察院文书档案 1996-01-019）

图版 19-014-2　2002 年 7 月 9 日，浙江省检察院召开全省检察机关二级专线网建设工作会议，提出要加快建设应用集视频、语音、数据于一体的全省检察专线网，为提高检察工作的信息化水平夯实基础（林可摄）

图版 19-015-1　2002 年 11 月 5—6 日，浙江省检察院在杭州市召开全省检察机关依法独立办案经验交流会(林可摄)

图版 19-015-2　2002 年，浦江县检察院对该县良种场低价出让所属房产提起民事诉讼，获得法院支持(中图)，为全省首例民事公益诉讼案，引起中央电视台等几十家媒体和法律界的高度关注(下图)(《浙江检察三十年(1978—2008)》，2008 年 5 月编印，第 139 页)

图版 19-016-1 2003 年 8 月，浙江省检察机关在全国率先推行民事行政抗诉说理、不捕说理，实行涉检信访疑难复杂案件的“公开听证、阳光息诉”与不起诉公开审查。图为公开听证会现场(林可摄)

图版 19-016-2 2003 年 10 月 30 日，浙江省检察院召开人民监督员制度试点工作会议。会后，浙江省检察院检察长朱孝清(右六)与人民监督员合影(浙江省检察院文书档案档案号 2003-01-0088)

图版 19-016-3 2004 年 7 月，浙江省检察院在全国率先启动“浙江省行贿行为查询系统”。图为浙江省检察院向各新闻单位通报全省检察机关受理行贿犯罪档案查询工作情况(林可摄)

图版 19-017-1　2005 年 5 月 10 日，浙江省检察院召开纪念省检察院反贪污贿赂局成立 15 周年新闻发布会(林可摄)

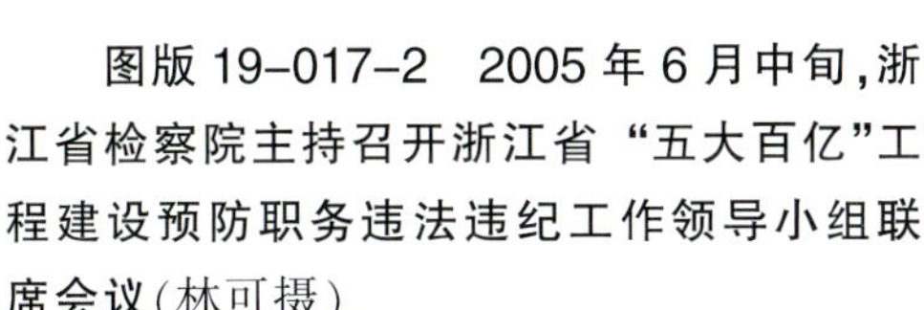
图版 19-017-2　2005 年 6 月中旬，浙江省检察院主持召开浙江省“五大百亿”工程建设预防职务违法违纪工作领导小组联席会议(林可摄)

图版 19-017-3　2005 年 8 月 23 日，浙江省检察院在全国率先成立反渎职侵权局。图为中共浙江省委、省政府领导与浙江省检察院领导共同为省检察院反渎职侵权局揭牌(林可摄)

图版 19-018-1　2005 年 11 月 23 日，浙江省检察院举行全省首届检察理论研究工作会议。图为会议对全省检察理论研究先进个人颁奖（林可摄）

图版 19-018-2　2007 年 7 月 5 日，浙江省检察院为进一步提高案件办理质量，召开全省检察机关死刑案件办理质量座谈会（浙江省检察院档案影像资料）

图版 19-018-3　2007 年 8 月，嘉兴市检察院对桐乡市胜利丝厂 283 件保险合同纠纷案提出抗诉，获纠正。图为申诉人代表向嘉兴市检察院送锦旗（《浙江检察三十年（1978—2008）》，2008 年 5 月编印，第 139 页）

图版 19-019-1　2007 年 12 月 3—4 日，浙江省检察院召开全省检察机关科技强检工作会议，研究制定 2008—2012 年科技强检建设与应用发展规划（林可摄）

图版 19-019-2　2008 年 11 月上旬，浙江省检察院召开全省检察机关讯问全程同步录音录像工作会议暨深入查办涉农职务犯罪工作会议（林可摄）

图版 19-020-1　1997 年 10 月 25—27 日，以意大利总检察长加利·丰塞卡（左二）为团长的意大利检察代表团一行来浙参观访问（浙江省检察院文书档案 1997-01-009）

图版 19-020-2　2004 年 9 月 11—13 日，保加利亚总检察长尼科拉·菲尔切夫（左一）率团来浙进行友好访问。图为浙江省检察院检察长朱孝清与尼科拉·菲尔切夫亲切握手（林可摄）

图版 19-020-3　2005 年 10 月 15—19 日，以越南最高人民检察院副检察长屈文峨（左一）为团长的越南检察代表团来浙进行友好访问（林可摄）

图版 19-021-1　1995 年 1 月，衢州市检察院张光健（左二）、仙居县检察院王凤林（右一）获“全国模范检察干部”称号。图为最高人民检察院检察长张思卿（中）与上述先进典型合影（浙江省检察院档案影像资料）

图版 19-021-2　1996 年 4 月，根据全国统一部署，全省检察机关与有关部门密切配合，深入开展为期一年半的严厉打击严重刑事犯罪（简称“严打”）集中统一行动。图为浙江省检察院向“严打”中涌现出来的先进集体和先进个人颁奖（浙江省检察院文书档案 1996-01-013）

图版 19-021-3　2000 年 2 月 23 日，宁波市鄞县检察院检察长郑德兵赴北京参加全国检察机关“五好检察院”表彰大会。图为郑德兵回浙时在机场受到欢迎（《浙江检察三十年（1978—2008）》，2008 年 5 月编印，第 153 页）

图版 19-022-1　2000 年 4 月，衢州市柯城区检察院检察长汪太云获评“全国先进工作者”。图为汪太云受奖回浙后在省检察院介绍获奖心得（浙江省检察院文书档案 2000-01-011）

图版 19-022-2　2004 年 2 月，金华市检察院反贪污贿赂局局长李斌被评为“中国十大杰出检察官”，受到最高人民检察院检察长贾春旺接见（浙江省检察院文书档案 WS2004-1-0178）

图版 19-022-3　2005 年 2 月，杭州市萧山区检察院反贪污贿赂局局长赵桔水、丽水市检察院反渎职侵权局局长周科庆分别获得“全国十佳反贪局长”“全国十佳反渎局长”称号。图为两位先进人物回浙时受到浙江省检察院领导与干部的迎接（林可摄）

图版 19-023-1 2005 年 2 月 26 日，浙江省检察院召开全国“百优双十佳”获奖代表座谈会。会后，省检察院代检察长陈云龙（左五）等领导与全国“百优双十佳”代表合影(浙江省检察院文书档案 WS2005-02-0152)

图版 19-023-2 2005 年 6 月 2 日，最高人民检察院和中共浙江省委在杭州举行追授吴顺海同志荣誉称号命名表彰大会(林可摄)

图版 19-023-3 东阳市检察院反贪污贿赂局副局长吴顺海在 2004 年 5 月 12 日夜间抓捕犯罪嫌疑人时不幸因公殉职。图为吴顺海生前工作照(《浙江检察三十年 (1978—2008)》，2008 年 5 月编印，第 156 页)

图版 19-024-1　2006 年 2 月 27 日，浙江省检察院干部褚建新被最高人民检察院授予“全国检察业务专家”称号。图为最高人民检察院检察长贾春旺向褚建新颁发荣誉证书（肖杰摄）

图版 19-024-2　2006 年，浙江省检察院开展首届“十佳检察官”评选活动，并在 2007 年 1 月 25 日召开的第十四次全省检察长会议上对评出的“十佳检察官”进行表彰。图为评选活动现场（林可，2006 年 11 月摄）

图版 19-024-3　2007 年 2 月，杭州市萧山区检察院副检察长赵桔水获“中国十大杰出检察官”称号（《浙江检察三十年（1978—2008）》，2008 年 5 月编印，第 158 页）

图版 19-025-1 1990 年 10 月 28 日，浙江省检察院召开全省检察机关思想政治工作会议（浙江省检察院文书档案 1990-01-034）

图版 19-025-2 2000 年 4 月 14 日，中美法律界交流项目官员美国司法部高级检察官艾瑞·贝尔肯在浙江省检察院演讲(林可摄)

图版 19-025-3 2003 年 9 月 9—18 日，浙江省检察院举办全省检察机关高层次人才培训班(林可摄)

图版 19-026-1　2005年9月，浙江省检察院举行全省检察机关第七届优秀公诉人竞赛评比活动。图为竞赛活动现场（浙江省检察院文书档案WS2005-03-0284）

图版 19-026-2　2005年1月24日始，浙江省检察院组织开展为期半年的“保持共产党员先进性”专题教育活动，并开展“向先进典型学习”活动。图为检察干警向出席先进事迹报告会的先进典型献花(林可摄)

图版 19-026-3　2006年6月12日，浙江省检察院举行“全省检察机关践行社会主义法治理念”先进事迹报告会。图为乐清市检察院侦查监督科检察员、全国检察机关一等功获得者、全国“模范检察官”连志英介绍先进事迹(林可摄)

图版 19-027-1　2007 年 7 月 5 日，浙江省检察院组织干警参观杨乃武与小白菜奇案展示馆，以强化干警对办理死刑案件的质量意识（林可摄）

图版 19-027-2　2007 年 4 月 6—26 日，浙江省检察院组织 20 名检察官赴澳大利亚堪培拉大学参加以“知识产权司法保护”为主题的司法业务培训（《浙江检察三十年（1978—2008）》，2008 年 5 月编印，第 174 页）

图版 19-027-3　2007 年 11 月 30 日至 12 月 21 日，浙江省检察院组织 20 名检察官赴美国威斯康星大学法学院参加以辩诉交易制度及适用研究为主题的法律职业素能培训（《浙江检察三十年（1978—2008）》，2008 年 5 月编印，第 174 页）

浙江省地方志编纂委员会

主　　任：吕祖善（2004.3—2011.9）
　　　　　夏宝龙（2011.9—2013.1）
　　　　　李　强（2013.1—2016.6）
　　　　　车　俊（2016.7—2018.5）
　　　　　袁家军（2018.5—　　　）
副 主 任：茅临生（2010.2—2012.8）
　　　　　张　曦（2011.4—2012.9）
　　　　　葛慧君（2012.8—　　　）
　　　　　郑继伟（2010.2—2017.3）
　　　　　成岳冲（2017.3—　　　）
（以下委员名单略）

《浙江通志》编纂委员会

主　　任：李　强（2016.2—2016.7）　车　俊（2016.7—2018.5）
　　　　　袁家军（2018.5—　　　）
副 主 任：葛慧君　郑继伟（2016.2—2017.3）
　　　　　成岳冲（2017.3—　　　）
委　　员：陈　新　王　纲　宋建勋　鞠建林　蔡晓春　王喜法
　　　　　孙耀铜　张学伟　来颖杰　胡庆国　刘　芸　孟　刚
　　　　　徐宇宁　王　杰　张伟斌　潘捷军　盛世豪　徐立毅
　　　　　裘东耀　姚高员　钱三雄　毛宏芳　盛阅春　尹学群
　　　　　汤飞帆　何中伟　张晓强　吴晓东　俞文华　王良仟
　　　　　童芍素　郑志耿　郑明治　王卫东　李志廷
总　　编：俞文华
副 总 编：张伟斌（2012.9—　　　）　潘捷军（常务）　王良仟
　　　　　童芍素　郑志耿　郑明治　王卫东　李志廷（兼总纂）
　　　　　林吕建（2011.9—2012.3）

浙江省地方志编纂委员会办公室

《浙江通志》总纂、副总纂

《浙江通志》总编室(《浙江通志》编辑部)

《浙江通志·检察志》编纂委员会

主　　　任：陈云龙(2011.2—2016.3)　汪　瀚(2016.3—　　)
执行副主任：顾雪飞(2011.2—2014.2)　庄建南(2014.2—2016.5)
张雪樵(2016.5—2017.5)　黄生林(2017.5—　　)
副　主　任：何永星　刘建国　刘晓刚　王育君　任　国　王祺国
金连山　陈海鹰　陈春玉　陈志君
委　　　员：钱　华　傅国云　沈雪中　武耀庭　倪集华　修杭生
岳跃勇　方建成　李汉水　叶伟忠　宋立新　钱俊铭
余晓敏　吕　献　应建廷　黄　曙　金焕民　张　胜
郑志兵　王正林　许新光　郑武洪　蒋元青　王菊芬
张友宝　黄世军　乐绍光　何小华　糜方强　马荣壮
翁跃强　杨国章　程建华　傅国炎　徐晓红　吕国成

主　　　编：陈云龙　汪　瀚
副　主　编：顾雪飞　庄建南　张雪樵　黄生林
执 行 主 编：倪集华
执行副主编：吕国成
指 导 专 家：王卫东　葛立朝

《浙江通志·检察志》编辑办公室

主　　任：倪集华(2010.10—2014.2)　吕国成(2014.2—　　)
编辑人员：朱　杰　谢如程(特邀)　陈中南(特邀)

序

浙江是一片风光优美、令人神往的大地，是一个历史悠久、文化璀璨的家园，是一块创业创新、活力迸发的热土……在浙江人民波澜壮阔、跌宕起伏的奋斗历程中，浙江大地上涌现出无数勇立潮头的先进人物、可歌可泣的历史事件。这一切都真实准确、全面系统地记录在皇皇巨构《浙江通志》之中。《浙江通志》编纂工作自2011年9月启动以来，历届省委、省政府十分重视，各有关单位尽职尽责。《浙江通志》的出版，是全体编纂人员呕心沥血、辛勤耕耘的珍贵结晶，也是浙江文化强省建设的丰硕成果。

编纂地方志是我国源远流长的文化传统。地方志不仅能记述、反映历史的发展与社会的变化，而且还具有独到的“存史、资政、育人”等功能，在传承文明、开创未来的宏伟大业中具有不可替代的作用。浙江有着悠久的修志传统。早在东汉初年，被称为“方志之祖”的《越绝书》诞生在浙江；宋代，“临安三志”作为中国古代方志的定型之作，登上历史舞台；清代，浙江学者章学诚则以创立方志学闻名于世。千百年来，浙江佳志迭现，名家辈出。这些名志大家既是浙江作为“方志之乡”的最好见证，也是浙江成为“文化之邦”的重要支撑。

从上山文化、跨湖桥文化、河姆渡文化、良渚文化等史前文明，到越王勾践卧薪尝胆、雪耻复国的春秋霸业，从唐宋钱塘的富庶繁华，到明清两浙的文化昌盛，浙江先人展示的画卷光辉灿烂，令人赞叹不已。“一部民国史，半部在浙江。”民国时期，政治、经济、文化、教育、科技等领域的代表性人物成就卓著、各领风骚，推动了时代的发展和社会的进步。中华人民共和国成立后，浙江发生了翻天覆地的变化。特别是改革开放以来，经济社会全面发展，城乡各业蒸蒸日上，之江大地日新月异，人民群众安居乐业。浙江人民勇做时代弄潮儿，积极实施“八八战略”，努力践行“绿水青山就是金山银山”的发展理念，探索出了一条符合浙江实际、富有浙江特色的发展路子，形成了与时俱进的浙江精神，为今后可持续发展提供了强大的精神力量与广阔的提升空间。“盛世修志，志载盛世。”《浙江通志》把浙江人民所创造的辉煌业绩和奋斗精神记载下来，既可以激发当代浙江人励精图治、团结奋斗，更能够广泛宣传浙江，让全国乃至世界更加充分地了解浙江、认识浙江，作用巨大，意义深远。

“修志问道，以启未来。”今天，浙江人民在习近平新时代中国特色社会主义思想的指引下，按照统筹推进“五位一体”总体布局、协调推进“四个全面”战略布局的要求和习近平总书记对浙江提出的“干在实处永无止境，走在前列要谋新篇，勇立潮头方显担当”的新期望，积极投身高水平全面建设小康社会和高水平推进社会主义现代化建设伟大实践。《浙江通志》的编纂出版，既为我们提供了丰富宝贵的现实经验，也为我们提供了可资借鉴的历史启示。我们要充分重视用志工作，加强宣传力度，拓宽用志途径，采用各种形式，不断扩大地方志的服务功能，既要让方志成为决策者的案头书，又要让志书成为广大群众喜闻乐见的精神产品，使地方志在“两个高水平”建设的新征程中发挥更大的作用。

是为序。

浙江省人民政府省长 袁家军

2018 年 10 月 8 日

凡 例

一、宗旨

以马克思列宁主义、毛泽东思想、邓小平理论、“三个代表”重要思想、科学发展观、习近平新时代中国特色社会主义思想为指导，遵循辩证唯物主义和历史唯物主义原理，全面、客观、系统地记述浙江省自然、政治、经济、文化和社会的历史与现状。服务当代，垂鉴后世。

二、起讫时间

上溯事物发端，下限为2010年12月31日，必要时以注释等形式作适当下延。

三、地域范围

以下限时浙江省行政区域为界，原则上越境不书。

四、体裁

采用述、记、志、传、图、表、录等体裁，以志体为主。

五、结构

以卷章结构为主。

卷的设置以科学分类与现实社会分工（现行管理体制）相结合。凡具有特别重要地位、文化积淀深厚且体量较大者，设为专志，各置为卷。

卷下设章、节，节下根据需要设目、子目与细目等。凡时代特征、地方特色显著，又难以在正文中展开记述者，设为专记。

六、文体

使用规范的现代语体文。直接引用资料使用原文文体。

七、文字

以经中华人民共和国国务院批准、1986年10月10日国家语言文字工作委员会重新发表的《简化字总表》，1955年12月22日中华人民共和国文化部、中国文字改革委员会发布的《第一批异体字整理表》及2013年6月5日中华人民共和国国务院公布的《通用规范汉字表》为准，异形词以 2001 年 12 月 19 日中华人民共和国教育部、国家语言文字工作委员会发布的《第一批异形词整理表》为准。

人名、地名、书名、文章篇名及引录的原著文句，凡可能引起歧义、误解者，仍用原繁体字或异体字。

八、标点符号

以 2011 年 12 月 30 日中华人民共和国国家质量监督检验检疫总局、中国国家标准化管理委员会发布的《标点符号用法》为准。

九、称谓

中华人民共和国成立前的国家、民族、地名、组织、机构、职官等名称，除明显带有歧视、污蔑含义者加以适当处理外，原则上仍用文献记载的原名称。

志书下限时的地名使用各级政府审定的标准地名，必要时括注俗称地名。地名古今不同者，各章首次出现时在其后括注志书下限时的标准地名；隶属地域变化者，注明志书下限时所属地域。

外国的国名、地名、人名、民族名，以及政府机构、党派团体、报刊等名称，主要依照《辞海》(第六版)译名及新华通讯社译名室常用译名。各章首次出现时，根据需要括注外文原名。

生物名称使用学名，记述自然资源涉及有关生物名称的，各章首次出现时采用二名法，必要时加注当地俗名。

十、简称

各种较复杂的名称重复出现时，各章首次出现时使用全称并括注简称，其后出现直接使用简称；有关机构、单位 2010 年的简称均以《有关机构、单位全称与规范化简称对照表》为准；有关机构、单位 2010 年前的简称及其他简称采用社会上通行、不产生歧义者，且全卷保持一致。

十一、纪年

干支纪年、年号纪年及其他非公历纪年等，以汉字书写，括注公历纪年；非公历纪年后有月日的，同时括注经换算后公历纪年的月日。

民国纪年以阿拉伯数字书写，括注公历纪年。

同一自然段中同一纪年多次出现时，只在首次括注公历纪年，其后不再括注。

括注公历纪年于年份后加“年”字；括注某一时间段，则只在后一个公历纪年后加“年”字。

括注公元前年份，年份前冠“前”字；括注公元元年后年份直接书写年份，不冠“公元”。

自 1949 年 10 月 1 日起，采用公历纪年。

公历纪年及公历的世纪、年代、月、日和时分，均以阿拉伯数字书写。

十二、数字

按 2011 年 7 月 29 日中华人民共和国国家质量监督检验检疫总局、中国国家标准化管理委员会发布的《出版物上数字用法》表述。凡一个数字与“以上”“以下”“以内”等连用的，均含该数字。

十三 、数据

中华人民共和国成立前的数据按文献记载入志。

中华人民共和国成立后的统计数据以统计部门公布数据为准。统计部门缺失者则采用相关部门经过核实的数据，并以注释形式说明资料来源。同一内容数据有不同者，也以注释形式加以说明。重要地理信息数据采用测绘部门公布的法定数据。

十四、计量单位

按 1984 年 2 月 27 日中华人民共和国国务院发布的《中华人民共和国法定计量单位》规定表述。行文中使用单位名称或单位符号视具体情况而定。

中华人民共和国成立前的计量单位根据需要沿用旧制。

十五、货币

中华人民共和国成立前的货币币值均按文献记载入志。

中华人民共和国成立后货币币值均指人民币币值。1955 年 3 月 1 日前后人民币各按当时币值记载，不作换算。

外国货币按文献记载入志，币值不作换算。

十六、地图

按 2015 年 11 月 26 日中华人民共和国国务院公布的《地图管理条例》和浙江省人民政府 2014 年 11 月 11 日公布、2015 年 12 月 28 日修正的《浙江省地图管理办法》的规定，采用经浙江省测绘行政主管部门审核的地图。

十七、注释

直接引用(引文)、地图、图片、表格及有关重要内容，均注明资料来源。其他需要说明者，亦酌情加以注释。

引用清代及清代以前编纂的志书，注明朝代、纪年、志书名称及卷次(或卷次与篇名)；引用民国时期编纂的志书，注明“民国”两字和志书名称、卷次(或卷次与篇名)；引用 1949 年 10 月 1 日(含)以后编纂、出版的志书，注明志书名称、出版单位、出版时间及页码。志书名称与篇名均用书名号。引用私修志书，除上述各项内容外，于志书名称前注明作者姓名。

十八、资料

取之于档案、书籍、报刊、网络及社会调查等，均经考订、核实。凡记载不一者，正文采其一说，其余说法以注释形式记述。

十九、大事记述

以编年体为主，兼用纪事本末体，专设《大事记》记载全省大事；其余各有关卷设置《大事年表》记载相关大事。

二十、人物

以“生不立传”为原则，专设《人物传》予以记载；其余各有关卷所涉人物按“以事系人”“人随事出”方法处理。

目 录

概　述

一

清代末期，清廷仿照宪政进行官制改革时引进西方检察制度。以汉语“检”与“察”连用，往往有“监督、检查是否严格遵行命令”之意，故将西方“与审判分立，具有控诉犯罪、行使一定监督权”属性的制度译成“检察”。光绪三十二年（1906 年）十二月，清廷颁行《大理院审判编制法》，设立检察机构——“检察局”，确定检察官于刑事有提起公诉之责，检察官可请求用正当之法律，检察官监视判决后正当施行；关于证据事件须调查者，使巡警协同检察官调查一切案件。中国近现代检察制度自此发端。其间，浙江省吴兴人沈家本（1840—1913 年）历任刑部左侍郎、大理院正卿、法部右侍郎、修订法律大臣、资政院副总裁等职，倡导法制改革并主持修订法律，为中国建立检察制度发挥了重要作用。

清宣统元年（1909 年）十二月，清廷颁行《法院编制法》，第十一章为“检察厅”，第十二章为“推事及检察官之任用”。全国四级检察机构均称为“检察厅”，检察机构完全独立于审判厅，形成自上而下独立统一的体系。宣统二年十月，浙江高等检察厅成立。清末时期的浙江省检察机构既是刑事法律的重要执行机关之一，还是管理监管场所的重要机构之一。浙江省检察工作开始起步时，检察执法所依据的法律不多，浙江省各检察厅的执法活动十分有限。

民国时期（1912 年 1 月—1949 年 9 月）的检察制度和职能总体上沿袭清末建立的框架，但在各方面时有调整变化。由于战乱频繁、政权更迭等剧烈社会动荡和变革，浙江省检察工作虽渐成规模，却粗陋杂乱，命乖运蹇，步履蹒跚。南京临时政府时期及北洋政府（临时执政府）时期（1912 年 1 月—1927 年 4 月），浙江省检察机构未全面按行政区划设置，且变化频繁，更名、合并、裁撤等多有发生。南京国民政府时期（1927 年 4 月—1949 年 4 月），浙江省检察机构的建制仍不稳定，裁撤等仍有发生。特别是由于抗日战争全面爆发，国民政府在浙的检察机构或搬迁或停办，并设立战区检察官；其间还出现伪政府的检察机构。抗日战争胜利后，国民政府在浙的检察机构纷纷回迁、恢复或改设。

民国时期，中国共产党（以下简称中共）创立的人民检察制度在土地革命战争中萌芽，并在抗日战争和解放战争中成长。第一次国内土地革命战争中，浙江省新昌人梁柏台（1899—1935 年）曾任中华苏维埃共和国（在瑞金）中央司法人民委员会部长等职，参与创建中央苏区司法制度，并担任最高特别法庭临时检察长，行使检察权。在土地革命时期，中共在浙江省建立的个别革命根据地政权中，存在过人民检察的萌芽。民国34年(1945年)1月，中共领导的浙东各界临时代表大会在余姚梁弄召开，通过并发布浙东抗日根据地的根本大法《浙东地区施政纲领》。《纲领》涉及保障人权、对刑事诉讼过程进行监督以及对公务人员职务行为进行法律监督等内容。中共领导的浙东行政公署公布《惩治贪污暂行条例》。

1949年5月，国民党政府的浙江高等法院检察处由中国人民解放军杭州市军事管制委员会接管。随后，国民党政府在浙的各级检察机构均被接管。

二

1949年9月，中国人民政治协商会议第一届全体会议通过《中华人民共和国中央人民政府组织法》，确立人民检察机关在国家制度和国家机构中的法律地位。1950年后，浙江省陆续建立起与清末、民国时期检察机构有本质区别的各级地方人民检察署(以下简称检察署)。从检察机关成立到基本完成社会主义改造，主要是围绕巩固新生的人民政权和实现过渡时期总路线、总方针，结合中共领导的重大政治运动开展检察执法实践。

1950年10月，中国共产党中央委员会(以下简称中共中央)发出《关于镇压反革命活动的指示》;全省检察机关根据中共浙江省委员会(以下简称省委)、省人民政府(以下简称省政府)指示，投入镇压反革命(以下简称镇反)运动;省检察署参加由省政府组织有关单位成立的复核案件裁判委员会及清理积案委员会，分级审核反革命案件和清理积案。1951年9月，第一届全省检察工作会议召开后，各地陆续建立的人民检察署根据中央人民政府委员会通过的《各级地方人民检察署组织通则》，履行法律监督职权。1951年末开始，全省检察机关投入"反贪污、反浪费、反官僚主义"(以下简称三反)斗争和反行贿、反偷税漏税、反盗骗国家资财、反偷工减料、反盗窃国家经济情报(以下简称1951年五反)斗争，检查了解有关部门的运动开展情况，整理和转递坦白检举材料，参加核查定案工作。1953年，全省检察机关投入与各种违法乱纪、侵犯公民民主权利的"反对官僚主义、命令主义和违法乱纪"(以下简称新三反)斗争。

1954年9月，第一部《中华人民共和国宪法》(以下简称1954年《宪法》)和《人民检察院组织法》(以下简称1954年《检察院组织法》)颁布;12月，浙江省各级地方检察署统一改称为"某某(行政地域)人民检察院"(以下简称某某检察院);法律监督职权进一步明确。1955年，全省检察机关参加第二次"镇反"斗争，把审查批捕和审查起诉作为首要任务。1956年3月，省委在批转省检察院关于《宪法》公布后全省检察机关组建情况的报告中指出，各级党委要加强对检察机关的领导，改变某些地方存在的"一揽子"和"单打一"的做法。1957年后，根据省委指示，全省检察机关普遍实行与公安机关、法院"合署办公"，在"一长代三长""一员顶三员"[①]的办案方式下，检察执法受到冲击，公安局、检察院、法院(以下简称公、检、法)三机关互

① "三长"指公安局局长、检察院检察长、法院院长;"三员"指侦查员、检察员、审判员。

相监督制约机制受到严重削弱，并在“左”的思想影响下出现捕人偏多、打击面偏宽等错误。1959年，全省检察机关贯彻中共中央提出的“捕人、杀人要少，管制也要比过去少”政策（以下简称“三少”政策），在审查批捕和审查起诉工作中，严格区分两类不同性质的矛盾，坚持惩办与宽大相结合的政策。同时，把开展社会改造①的检察工作（以下简称社改检察）作为主要任务之一，纠正执行政策中的不良倾向，落实国家政策。1960年后，全省检察执法工作逐渐恢复稳定，继续围绕各项政治运动开展工作。1962年中共中央扩大工作会议后，公、检、法三机关互相制约机制得到恢复，“一长代三长”“一员代三员”的办案做法得到改变。1963年后，全省检察机关在省委领导下开展以“清政治、清经济、清组织、清思想”（以下简称四清）和“反对贪污盗窃、反对投机倒把、反对铺张浪费、反对分散主义、反对官僚主义”（以下简称城市五反）为主要内容的社会主义教育运动（以下简称社教运动）②，在具体办理审查批捕案件中，除了重大现行犯等必须批准逮捕外，属于社教运动范围的案件，坚持放到运动后期处理。同时贯彻专门机关与广大群众相结合的群众路线，运用诸暨“枫桥经验”③，“矛盾不上交”，依靠群众执法办案，把及时打击现行破坏活动作为首要任务。

这一时期，检察领导体制在垂直领导与双重领导之间出现反复，全省检察机关时兴时衰，检察工作时起时伏，检察执法曲折前行。全省检察机关为巩固浙江省的人民政权和推进社会主义建设全面开展发挥了应有作用，为浙江省建立和发展人民检察制度奠定了基础。但在“左”的思想影响下，检察制度受到质疑和冲击，走过曲折的道路，受过挫折甚至出现反复，既积累了宝贵经验，也留下了深刻教训。

1966年5月“文化大革命”开始后，浙江省检察机关受到冲击，逐渐无法行使职权。此后，全省检察机关陆续被实行军管，继而所有检察干部均离开检察岗位，检察机关名存实亡，工作停滞。1975年1月，第四届全国人民代表大会（以下简称全国人大）通过的《宪法》第二十五条规定：“检察机关的职权由各级公安机关行使。”确认“正式撤销了检察机关”④。

三

1978年3月，第五届全国人民代表大会通过的《中华人民共和国宪法》（以下简称1978年《宪法》）颁布，国家着手重建司法制度，人民检察迎来新生。1978年上半年始，浙江省陆续恢复重建各级检察机关。1979年3月，浙江省人民检察院（以下简称省检察院）召开全省第十

---

① 社会改造指对地主、富农、反革命分子、坏分子就地依靠群众监督改造。

② 参见中共中央党史研究室著：《中国共产党历史》第二卷下册，中共党史出版社2011年版，第719页。

③ 1963年5月，浙江省委组成工作组，在诸暨枫桥区开展社会主义教育运动试点，提出对坏人坏事“必须以教育为主，以惩办为辅”的意见，创造了“枫桥经验”，得到毛泽东的肯定。经公安部总结后，于1964年在全国推广。参见中共浙江省委党史研究室著：《中国共产党浙江历史》第二卷下册，中共党史出版社2011年版，第629—630页。

④ 何勤华主编：《检察制度史》，中国检察出版社2009年版，第416页；孙谦主编：《人民检察史》，中国检察出版社2009年版，第116页。

次检察工作会议（“文化大革命”结束后第一次），部署“大力开展法纪检察，积极开展经济检察，切实搞好批捕起诉和出庭公诉，逐步开展监所劳改检察工作”的任务。1979 年 7 月《宪法修正案》和第二部《检察院组织法》（以下简称 1979 年《检察院组织法》）颁布后，确定了人民检察院是国家的法律监督机关，依法独立行使检察权。同时将上下级检察机关之间的监督关系更改为领导关系，重新确立检察机关的双重领导体制。此后，全省检察机关紧紧围绕中共中央在各个时期的中心任务，从浙江省实际出发，根据最高人民检察院（以下简称最高检察院）的工作部署，探索和加强检察工作，深化和健全检察制度、机制建设，依法独立行使检察权。随着检察职能的拓展，全省检察机关依法文明规范执法的能力不断提高。不但严格执行上级机关制定的各项制度，而且积极探索和开拓创新，大力推进执法理念转变、工作思路创新、工作机制改革和办案方式方法改进，探索形成顺应法治进程、符合浙江省实际的制度和机制，力求使办案工作取得法律效果、政治效果与社会效果的高度统一，其中有不少做法属于全国首创，或得到上级机关的肯定和推广。同时，全省检察机关越来越注重对自身执法活动的监督制约，既不断加强内部监督，又改革和完善外部监督机制，使全省检察队伍建设得到全面加强。

截至 2010 年，浙江省检察机关的司法实践扎实深入，取得长足发展，坚持依法独立行使检察职权，各项工作取得显著业绩，在全省政治、经济、社会等建设中发挥着重要作用，为维护国家法制统一正确实施、维护社会公平正义和促进浙江省的改革、发展、稳定，作出了应有的贡献。

（一）始终把维护政治和社会稳定作为首要政治任务，在依法打击严重刑事犯罪的同时，结合本地治安形势和自身业务，科学运用宽严相济的刑事司法政策，积极推进社会治安综合治理，努力化解社会矛盾。

1978 年 3 月省检察院重建后，即于下半年担负起对浙江省的“江青反革命集团”骨干分子依法提起公诉的任务。1979 年 7 月《中华人民共和国刑法》和《中华人民共和国刑事诉讼法》（以下简称 1979 年《刑法》、《刑事诉讼法》，合称“两法”）公布后，全省检察机关既认真做好审查批捕、审查起诉和出庭公诉等常规性业务工作，又积极参加专项集中打击，大力整治社会治安。1983 年 8 月后，全省检察机关坚决执行中共中央关于对严重刑事犯罪分子实行“依法从重从快、一网打尽”（以下简称严打）方针，贯彻全国人大常委会《关于严惩严重危害社会治安的犯罪分子的决定》，积极投入省委对“严打”部署“三年为期、组织三次战役”的斗争。1989 年，全省检察机关坚决贯彻中共中央关于制止动乱的决策，会同有关部门严厉打击制造社会动乱和暴乱的反革命分子及其他严重刑事犯罪分子。1990 年后，全省检察机关坚决贯彻中共中央关于“稳定压倒一切”、正确处理“改革、发展、稳定”关系等一系列精神，对重大刑事违法犯罪始终保持“严打”力度。1979—1997 年的 19 年间，年均审查批准逮捕人犯 17800 余人，不批准逮捕和退回补充侦查 3000 余人，追捕 200 余人；审查起诉 18600 余人，不起诉和退回补充侦查 2000 余人，追诉 3900 余人。从 1998 年实施修改后“两法”至 2010 年年底的 13 年间，年均审查批准逮捕人犯 58610 余人；不批准逮捕 3940 余人；追捕 400 余人；审查起诉 72580 余人；不起诉和退回补充侦查 12000 余人；追诉 560 余人。全省检察机关面对案多人少的矛盾，以占全国 1/27 的干警办理全国 1/12 的刑事案件，办案绝对数列居全国第二，人均办案数全国第一。

1983 年始，省检察院提出，全省各项检察业务都要立足办案，着眼社会治安综合治理，最大限度扩大办案效果。1985 年 4 月，省检察院明确，各级检察院刑事检察工作（以下简称刑检工作）要坚持一手抓打击，一手抓防范。以结合办案开展检察建议，协助有关单位健全制度；对免诉人员落实帮教；加强对监管改造场所的检察，提高改造质量，减少重新犯罪；结合办案对有关人员进行法律教育；在接待工作中注意发现和及时缓和、解决可能激化的矛盾等措施，促进社会治安综合治理。此后，全省检察机关的社会治安综合治理工作不断拓展范围、深化内容，加强针对性和实效性。对犯罪情节轻微的初犯、偶犯尤其是未成年人犯，则依法坚持重在教育、感化和挽救，开展创建“优秀青少年维权岗”活动，选派检察人员担任中小学校法制辅导员，加强对青少年的法制教育；积极参与对治安重点地区和重点行业的集中整治；参与集中整治农村社会治安、创建安全文明村镇和社区等活动；及时抓好涉检上访问题的处理，做好群体性事件的预防和处置工作等。2005 年后，全省检察机关紧紧围绕构建社会主义和谐社会的要求开展社会治安综合治理工作。2007 年，省检察院制发《进一步加强服务和谐社会建设工作的指导意见》，成立维稳工作领导小组。2008 年，省检察院进一步贯彻落实省委建设“平安浙江”“法治浙江”的战略部署，对承担的社会治安综合治理职责任务进行细化和分解；并按照中共中央政法委的统一部署，对影响基层社会稳定发展的突出矛盾纠纷和信访问题进行集中排查化解，把宽严相济刑事司法政策贯彻到检察执法办案的各个环节。2010 年 3 月，省检察院制发《2010 年全省检察机关维护稳定工作要点》，要求全省检察机关按照中共中央、省委关于维护社会稳定工作的决策部署，以服务保障经济社会平稳较快健康发展为中心，全面落实检察环节各项维稳措施，不断提高维护社会稳定工作的能力和水平，为促进全省社会和谐稳定作出贡献。

（二）深入开展反腐败斗争，依法查处和预防国家工作人员职务犯罪，持续加大力度，不断取得阶段性成果。

全省检察机关重建后，即把查办国家工作人员职务犯罪作为重要任务，重点查办侵犯公民人身权利、民主权利犯罪案件（以下简称“侵权”犯罪案件）。1982 年，全省检察机关坚决贯彻执行中共中央关于打击严重经济犯罪的精神及全国人大常委会《关于严惩严重破坏经济的罪犯的决定》，积极投入打击经济犯罪（以下简称“经打”）斗争。1984 年始，全省检察机关把“经打”作为工作重点之一，并不断加强查办国家工作人员渎职犯罪案件工作，促进经济体制改革的顺利进行。1989 年 8 月 15 日后，全省检察机关贯彻最高人民法院（以下简称最高法院）和最高检察院《关于贪污、受贿、投机倒把等犯罪分子必须在限期内自首坦白的通告》（以下简称《两院通告》），再次掀起查办职务犯罪案件的高潮。1990 年始，全省检察机关经济检察部门改建为贪污贿赂侦查局（以下简称侦查局；1996 年更名为反贪污贿赂局，简称“反贪局”）后，以党政机关、行政执法机关、司法机关和经济管理部门为重点，坚决查处贪污、贿赂、渎职等职务犯罪特别是县处级以上领导干部职务犯罪大案要案。1980—1997 年的 18 年间，年均立案查处贪污贿赂等职务犯罪案 1200 件左右，渎职、侵权等职务犯罪案 350 件左右；其中，有县处级以上干部近 400 人，包括厅局级以上干部 20 余人。通过查处上述案件，为国家和集体挽回直接经济损失 16 亿余元。1997 年后，省检察院根据“两法”修改及实施情况，探索并拓展适应形势发展的侦查思路，提出查办职务犯罪“依法独立办案”的4条意见，大力强化查办职务犯罪案件工作。2003年后，全省检察机关贯彻中共中央关于治理商业贿赂的重大决策，建立健全与行业主管（监管）部门、行政执法部门的协作机制，重点查办发生在工程建设、土地出让、产权交易、医药购销、政府采购、资源开发和经销等领域的商业贿赂案件。2005年后，全省检察机关渎职、侵权检察部门更名为反渎职侵权局（以下简称反渎局）。全省检察机关努力加快职务犯罪侦查方式的转型升级，不断增强发现和侦破职务犯罪案件的能力。1998年实施修改后“两法”至2010年的13年间，年均立案查处贪污贿赂等职务犯罪1200人左右，渎职、侵权等职务犯罪180人左右。其中，立案查处县处级以上干部1420余人，包括厅局级以上干部77人。通过查处上述案件，为国家和集体挽回直接经济损失26亿余元。

同时，为有效遏制贪污、贿赂等职务犯罪滋生蔓延，全省检察机关结合办案开展职务犯罪预防工作。特别是2002年后，根据最高检察院部署，全省检察机关陆续设置职务犯罪预防工作部门。此后，全省检察机关不断加强职务犯罪预防工作机制建设，探索创新工作方法，持续推动职务犯罪预防工作向广度和深度发展，促进全省的反腐倡廉体系建设。

（三）全面加强执法监督，以办案为手段，对有法不依、执法不严、违法不究以及滥用职权等破坏法制的现象加大执法监督力度，维护司法公正和法律尊严。

1980年后，全省检察机关根据1979年《刑事诉讼法》规定，把执法监督工作放到重要位置，对公安机关的侦查活动全过程行使法律监督职权。随着全国“严打”和“经打”斗争的深入，对刑事犯罪侦查工作的执法监督制度和机制不断健全完善，全省检察机关的执法监督工作不断加强。1988年始，根据最高检察院规定，全省检察机关对自行侦查的职务犯罪案件（以下简称“自侦”案件）的审查批捕、审查起诉由内设不同部门专职承担，以强化内部执法监督。1990年始，开展对民事、行政案件生效裁判及审判活动的监督。1993年后，把查处执法人员贪赃枉法、徇私舞弊、刑讯逼供等职务犯罪案件纳入反腐败总体部署，作为加强执法监督的重点来抓，继而重点查处司法领域职务犯罪案件。1997年后，按照1997年《刑事诉讼法》的规定，持续加强刑事案件立案监督、侦查监督、审判监督、刑罚执行和看守所执法活动的监督，以及刑事申诉案件的复查和赔偿工作。2005年，省检察院专门制发《加强法律监督能力建设，推进检察工作与经济社会同步走在前列的若干意见》。1998—2010年，全省检察机关对侦查活动、审判活动、监管改造活动中的职务违法情况共提出纠正意见1.3万件次；立案查办执法不严、审判不公现象背后的贪赃枉法、徇私舞弊等职务犯罪案1070余件；对确有错误的刑事判决、裁定提出抗诉1670余件；复查刑事申诉案1730余件，纠正170余件；共受理不服法院生效的民事、行政裁判的申诉4.9万件，立案审查2.9万件，提出抗诉8000余件。

全省检察机关还积极拓展执法监督渠道。2004年，省检察院与14个省级行政执法部门联合建立行政执法与刑事司法相衔接的工作机制。截至2010年，全省检察机关共建议有关部门向公安机关移送涉嫌犯罪案件860余件，数量居全国各省、市、自治区之首。此外，省检察院还针对浙江省在国有企业改制、城镇建设等过程中造成国有资产严重流失等问题，率先开展民事督促起诉工作，督促有关部门向法院提起民事诉讼，为国家与集体挽回经济损失，受到最高检察院、省委、省政府及社会各界的肯定。2004—2010年间，全省检察机关共办理民事督促起诉案件4760余件，经过诉讼与诉前追讨，挽回国有资产损失达48亿余元。

（四）复查纠正冤假错案，查处侵犯公民权利违法犯罪，大力保障公民合法权利。

全省检察机关重建后，面临大量要求纠正冤假错案的投诉。1978年下半年开始，全省检察机关把平反“文化大革命”时期及之前历次政治运动中形成的冤假错案，当作拨乱反正、维护和促进安定团结的重大政治任务。在搞好人民来信来访工作，办好申诉案件的同时，及时审查批捕和起诉了浙江省内一批犯有严重罪行的“江青反革命集团”骨干分子和打砸抢分子，并对冤假错案进行复查平反，落实政策。1983年5月，省检察院成立复查历史老案领导小组，全省检察机关进一步复查平反在“左”的思想指导下办理的冤假错案和历史问题，至1987年上半年结束，共复查历史老案5800余件，纠正2000余件。之后，全省检察机关控告申诉检察工作的重点转到办理刑事控告申诉上，连续多年开展集中处理涉检涉法信访活动；针对一些涉检涉法问题而多年未解决的上访户和疑难复杂案件，采取“公开听证”等方法，做好息诉工作。1995年《中华人民共和国国家赔偿法》（以下简称《国家赔偿法》）实施后，全省检察机关刑事赔偿工作开始起步。1988—2010年，全省检察机关共处理各类群众信访82万余件，受理群众举报线索27.75万条，立案复查刑事申诉案件3880余件，复查后纠正630余件。积极化解社会矛盾，为维护社会稳定、和谐作出积极努力。

（五）改善工作条件，强化业务保障，加快检察基础建设。

浙江省社会经济的快速发展为全省检察机关的建设与发展奠定坚实基础。省检察院抓住机遇加强全省检察机关基础建设。1999年，省检察院专门作出《关于加强基层检察院建设的实施意见》，对办公大楼、办公信息化等建设提出明确的目标要求，并列入“五好检察院”的考评内容。又于2002年首次召开“全省检察机关科技强检工作会议”，制定并开始实施《全省检察机关科技强检五年发展规划》，大力推行科技强检战略。2007年底，全省检察机关第二次科技强检工作会议提出要以科技应用、信息化建设为推动力，切实加强检察基础工作，全面提升检察工作的规范化、信息化、科学化、专业化水平，并开始实施2008—2012年科技强检建设与应用发展规划。2008年3月，省检察院按照中共中央《关于进一步加强人民法院、人民检察院工作的决定》要求，专门召开全省基层检察院建设工作会议，总结30年来全省基层检察院建设的探索实践和基本经验，确定新一轮基层检察院建设的发展目标，要求全省检察机关必须始终把基层检察院基础建设作为各项工作的重中之重来抓，进一步夯实检察工作又好又快发展的基础。截至2010年，全省检察机关全面建成集视频、数据、语音于一体的全省检察专线网，全部完成讯问监控系统和多媒体示证系统建设，加强了检察数据库体系建设，为发现、突破、指控犯罪强化了科技支撑。

四

检察工作是专门机关通过对特定社会事务的管理来体现政治价值取向的一种社会政治活动。纵观浙江省检察事业发展演变的100多年，一定程度反映出浙江省政治、社会、经济关系和文化形态的巨大变化。

在不同的政治制度下，检察制度的性质、宗旨和任务有着本质的区别。清末和民国时期的浙江省检察，在本质上是为当时政权服务的，其宗旨、任务、执法依据及其效果难以实现司法的人民性和公正性，往往与人民利益相悖，与公平正义相距甚远。尽管如此，清末和民国时期的浙江省检察，同样反映出国家民主与法制的进程和得失，为当今检察执法提供了理论研究和实践探索的参考素材。从社会形态由低到高的发展过程来看，不能否定其在当时所起到的进步推动作用；在对其根本政治制度进行批判的同时，还要看到其在一些社会建设包括法制建设上，在一些局部的领域包括司法领域中，仍有一些值得肯定的做法。

中华人民共和国成立后，浙江省检察事业充分体现人民民主专政性质，以履行宪法赋予和法律规定的法律监督职责为宗旨，以维护国家和人民利益为任务，尽最大努力来实现检察司法的人民性和公正性。既开拓了前所未有的新局面，取得了显著成就，积累了宝贵经验；也经历过挫折甚至反复，付出过沉痛代价，留下了深刻教训。这些经验教训为浙江省检察事业在新的历史起点上进一步开拓创新提供了有益启示。

(一)坚持中国共产党的领导，坚定政治立场，明确大局观念，是检察事业健康发展的保证。

实践证明，坚持中共领导的人民检察体制符合国情，是中国人民检察制度的一大特色。中国的人民检察自诞生之日起，就成为中共事业的一部分。《宪法》明确中共在全中国的领导地位，检察机关是在宪法授权下依法“独立行使检察权，不受行政机关、社会团体和个人的干涉”①。同时，中共对检察工作的领导并不是包揽一切，而是从思想、政治和组织上保证检察工作的正确方向，有效地加强法律监督。因此，全省检察机关始终坚定政治立场，自觉将检察工作融入中共和国家工作大局。特别是改革开放以来的30多年，始终在省委和最高检察院的领导下，沿着正确的方向走向兴旺发达。

(二)坚持宪法定位，强化法律监督，是检察机关的立身之本。

1982年《宪法》将检察机关定位为国家的法律监督机关，是人民代表大会体制下实现权力制衡的根本路径。全省检察机关牢牢把握检察机关的宪法定位，始终依照法律规定独立行使检察权，把功夫下在法律监督上。特别是改革开放以来，紧紧围绕中共和国家工作大局及人民群众关注的领域，紧随法制的健全完善，不断拓展法律监督领域，加强对刑事诉讼、民事诉讼、行政诉讼、刑罚执行和监管活动以及国家工作人员职务行为的法律监督，坚决纠正有法不依、执法不严、违法不究等突出问题。不断规范法律监督行为、健全法律监督机制，提升法律监督能力，强化法律监督效果，把强化法律监督、维护司法公正和社会公平正义作为检察工作的根本任务来抓。围绕执法不严、司法不公和国家工作人员职务犯罪腐败等问题，做到敢于监督、善于监督、依法监督、规范监督。努力满足人民群众对司法公正、社会稳定的诉求，推进检察公信力建设，促进社会公平与正义。

(三)坚定为稳定社会、发展经济、服务民生提供司法保障，是检察机关生存和发展的使命

① 1982年《中华人民共和国宪法》第一百三十一条。

所在。

全省人民检察机关成立后，一直把维护社会政治稳定、发展经济、服务民生，作为检察工作社会价值的根本体现。特别是改革开放以来，全省检察机关始终紧紧围绕改革、发展、稳定大局，坚持把维护社会政治稳定作为首要任务，充分发挥批捕、起诉等职能，依法严厉打击各类严重刑事犯罪，将打击犯罪与社会综合管理有机结合，努力化消极因素为积极因素，保障人民群众安居乐业。坚持将反腐败查办职务犯罪案件作为工作重点，抓住群众反映强烈、涉及国计民生、社会稳定等问题，坚决查处国家工作人员利用职权贪污、贿赂、渎职、侵权等职务犯罪，切实维护人民群众合法权益，促进建设全省经济、社会发展的清正廉明政治环境。同时加强预防职务犯罪的源头治理工作，在党风廉政建设和反腐败斗争中发挥职能作用。依法扩展检察监督领域，强化控告申诉职能，对确有错误的民事、行政判决和裁定，坚决依法予以监督纠正；对侦查、审判和刑罚执行、监管活动中的违法情况提出纠正意见并查办背后的职务犯罪案件，着力化解社会矛盾，有力维护司法公正和法律的统一正确实施，为全省改革开放和社会主义现代化建设提供和谐稳定的社会环境和公正高效的法治环境。

（四）不断深化检察理念，探索创新检察实务，推进强化法律监督、维护公平正义的检察改革，是检察工作的持续追求。

改革开放以来，在中共中央、最高检察院的大力倡导和推动下，全省检察机关积极顺应全国、全省法治建设的进程，不断自觉主动转变和深化检察执法理念，大力推进工作思路的创新、工作机制的改革与办案方式方法的改进，在多领域进行探索和开拓创新，使检察工作始终符合不断深刻变化的执法环境的要求，为丰富与发展人民检察制度作出了积极贡献。

（五）坚持依法建院，全面加强检察队伍建设和基础工作建设，是检察工作蓬勃发展的坚实基础。

中华人民共和国成立后，浙江省人民检察机关从无到有。特别是改革开放后，浙江省检察队伍不断成长壮大，用马克思主义中国化成果武装全体干警，坚定干警政治立场，以公正执法为核心，以专业化为方向，将强化自身监督置于与强化法律监督同等重要的位置，高度重视自身反腐倡廉建设，不断完善执法规范，健全管理机制，建设一支政治坚定、业务精通、作风优良、执法公正的专业化检察队伍。坚持把执法保障纳入检察工作的总体格局，积极争取支持，不断改善执法条件，制定科技强检的战略部署，把建成具有检察特色的科技装备体系作为新时期强化法律监督的强大动力。稳步推进检察队伍和基础工作建设，使全省检察工作的发展更加扎实并充满后劲。

浙江省检察事业的百年发展历程表明：坚持中国共产党对检察机关的绝对领导，严格依照《宪法》所赋予的职责开展检察工作，是检察机关的立足之本；检察机关的专门化是司法规律的内在要求；追求民主与法治的时代潮流是检察工作发展的基本动力；与时俱进的改革开放政策是检察工作生机勃勃的时代特征；科学发展是检察事业兴旺发达的必由之路。

第一章　机　构

清末、民国时期的浙江省检察机构并非完全独立设置。清光绪三十二年(1906年),清廷颁行《大理院审判编制法》,规定在各级审判机关中附设“检事局”作为检察机构,检察机构附设于审判机构,不是独立机构,数量与审判机构对等。清光绪三十三年颁行《各级审判厅试办章程》及宣统元年十二月(1910年2月)颁行《法院编制法》,规定“各审判衙门分别配置检察厅”。根据清廷立法,宣统二年十月后,浙江省始建检察机构。

民国时期,在很大程度上沿袭了清末的检察制度并作出相应修改,浙江省的检察机构经历多次调整,地方检察机构数量有所增加,职权亦有变化。其间,中共在浙江省建立的个别革命根据地政权中,短暂存在过人民检察机构。

中华人民共和国成立后,浙江省在所有县以上行政区划建立了人民检察机关,并随着行政区划的调整对一些地方检察院进行撤、并、建。1966年5月后受到“文化大革命”冲击,逐渐被撤销。1978年,全省重建检察机关,在中国特色检察制度引领下,不断建立健全组织机构,充实完善检察职能。截至2010年,全省检察机关省、市、县(市、区)三级架构完整,各级检察院内设机构随着国家赋予检察职权的调整和扩展而设置。

第一节　清末、民国时期浙江省检察机构

清宣统元年(1909年)六月三十日,浙江巡抚增韫奏《浙江筹办各级审判厅情形折》,称“浙江二厅一州七十五县,除省城高等审判厅不计外,全省应共设地方审判厅七十八所……各级推事、检察等职,约计需二千余人”。①

宣统二年(1910年)十月后,浙江省陆续建立检察机构,行使刑事侦查、批捕、提起并实行公诉、调度司法警察、监督审判、刑罚执行监督,以及对于婚姻、亲族、嗣续案件进行莅庭监督等检察职权。

民国初期的检察职权与清末相同。之后,检察职权逐渐扩充。民国16年(1927年),南京国民政府采取“配置制”,于各级法院内设置检察官执行检察事务,结束了北洋政府实行的“审检分立制”。民国21年,南京国民政府颁行《法院组织法》,仍实行“配置制”。7月对该法补充修订时,确立了在最高法院内设检察署,其他各级法院均仅配检察官的原则,未设检察处的地方则由

① 故宫博物院明清档案部编:《清末预备立宪档案史料》,中华书局1979年版,第877页。

县长兼理检察事务，实际形成“合署制和配置制的混合体”。自此至1949年4月国民政府结束统治浙江省时止，除对县级检察事务略有调整外，民国的检察机构设置基本如此。

一、清末时期浙江省检察机构

清宣统二年（1910年）十月，根据清廷《法院编制法》，浙江高等检察厅随高等审判厅在杭州臬司前（今杭州市法院路，即现在的延安路和庆春路交叉口西北侧）同时成立并开始办公，为省级检察机构。十二月，杭州府地方检察厅成立，与浙江高等检察厅同署办公，管辖仁和、钱塘、富阳、余杭、临安、於潜、昌化、新城（即新登，1958年11月并入桐庐县，1961年12月并入富阳县）8县（今均属杭州市）及海宁州（今海宁市）的上诉案件和抗告案件。是月，宁波府商埠地方检察厅成立，与宁波府商埠地方审判厅同地办公，为第二审级机构，管辖宁波府属范围的二审民、刑案件；温州府商埠地方检察厅成立；杭州仁和县初级检察厅、钱塘县初级检察厅、拱宸桥商埠初级检察厅、鄞县商埠初级检察厅、永嘉县商埠初级检察厅也先后成立。这些地方在机构上实现了行政与司法、审判与检察的分立。其他各府、县，则仍由行政长官（知府、知事）兼理司法；在兼理司法各县，凡县辖内的刑事侦查，均由县长（知事）负责指挥实施，刑案的公诉由县长（知事）提起，一切民事、刑事第一审诉讼案件和非讼案件，亦由县长（知事）和承审员负责审理。

截至清宣统三年（1911年）辛亥革命爆发前，全省有据可查的各级检察厅有9所，其中高等检察厅1所、地方检察厅3所，初级检察厅5所。辛亥革命爆发后，各级审判厅、检察厅停止活动。杭州、宁波、温州3地设军政分府执法处（执行部、执法部），内设裁判科和执行科，取代审判厅、检察厅，暂行受理民、刑诉讼。

表19-1-1-1　　清宣统二年（1910年）浙江省检察机构设置情况一览表

<table>
<tr><th colspan="2">机构名称</th><th>成立月份</th><th>办公地址</th></tr>
<tr><td colspan="2">浙江高等检察厅</td><td>十月</td><td>杭州臬司前（现杭州市法院路，即现在的延安路和庆春路交叉口西北侧）</td></tr>
<tr><td rowspan="4">杭州府</td><td>杭州府地方检察厅</td><td rowspan="8">十二月</td><td>与浙江高等检察厅同地</td></tr>
<tr><td>仁和县初级检察厅</td><td>-</td></tr>
<tr><td>钱塘县初级检察厅</td><td>-</td></tr>
<tr><td>拱宸桥商埠初级检察厅</td><td>-</td></tr>
<tr><td rowspan="2">宁波府</td><td>宁波府地方检察厅</td><td>宁波城内湖西偃月街</td></tr>
<tr><td>宁波商埠初级检察厅</td><td>-</td></tr>
<tr><td rowspan="2">温州府</td><td>温州商埠地方检察厅</td><td>-</td></tr>
<tr><td>永嘉县商埠初级检察厅</td><td>-</td></tr>
</table>

资料来源：综合《直省省城商埠各级厅厅数表》《直省省城商埠地方审判检察厅员额表》《直省省城商埠初级审判检察厅员额表》《杭州法院志》《宁波法院志》《温州市志》等。

表 19-1-1-2　　清宣统二年(1910 年)浙江省检察机构主要职官一览表

机构名称		检察职官	姓名	教育及执业背景
浙江高等检察厅		检察长	辛　汉	日本东京帝国大学法科,法政科举人,浙江审判厅推事,法政传习所监督
		检察官	彭延恩	1910 年法官考试最优等
		检察官	马国文	1910 年法官考试最优等
杭州府	杭州府地方检察厅	检察长	狄梁孙	日本法政大学
		检察官	吴荣萃	日本明治大学法律科,江南、浙江法政学堂教员
	仁和县初级检察厅	检察官	黄祖周	-
	钱塘县初级检察厅	检察官	许家恒	日本法政大学专门部法律科,1910 年法官考试最优等
	拱宸桥商埠初级检察厅	检察官	朱甘霖	-
宁波府	宁波地方检察厅	检察长	汪郁年	日本明治大学法科,法政科举人
	宁波商埠初级检察厅	检察官		-
温州府	温州商埠地方检察厅	检察长	张仁普	京师法律学堂
	永嘉县商埠初级检察厅	检察官		-

资料来源:综合《杭州市志》《清末法政人的世界》《清末检察制度及其实践》等。

二、民国时期浙江省检察机构

(一)民国政府浙江省检察机构

民国元年(1912 年)1 月,浙江军政府都督公布《法院编制法决议案》,规定设省、地方、县三级法院,对应设置省、地方、县检事厅,检事厅职官称检事长、检事。后经浙江军政府都督修正,规定“本法公布后省法院、地方法院限民国元年七月以前一律成立,县法院限二年内一律成立”①。5 月,浙江省设提法司、省法院、省检事厅。提法司呈《检事厅办事细则》,奉都督批准公布施行。6 月,浙江军政府都督公布《暂行执法科简章》,规定“未设县法院之各县,凡民刑初审事件均由县执法科办理”。据此,未设初级审检厅的县设执法科,县知事兼任执法科长,行使检察职权。是年,省辖 11 处旧府治在设置地方法院的同时设地方检事厅:第一地方法院设杭县管辖旧杭州属;第二地方法院设嘉禾县管辖旧嘉兴属;第三地方法院设吴兴县管辖旧湖州属;第四地方法院设鄞县,管辖旧宁波属并余姚县;第五地方法院设绍兴县(除余姚

① 《修正法院编制法决议案》,《浙江公报》(民国元年)第 87 册,第 5 页。

县外)管辖旧绍兴属;第六地方法院设临海县管辖旧台州属;第七地方法院设金华县管辖旧金华属;第八地方法院设西安县(1912年改为衢县)管辖旧衢州属;第九地方法院设建德县管辖旧严州属;第十地方法院设永嘉县管辖旧温州属;第十一地方法院设丽水县管辖旧处州属。县设县检事厅。全省共设三级检察机构23个。其中,省高等检事厅1个,第一至第十一地方法院各附设地方检事厅计11个,11所县法院附设初级检事厅计11个。各检事厅独立于法院行使其职务。

民国2年(1913年)2月,浙江提法司遵照中央司法制度改编,改省检事厅为省高等检察厅,原第一至第十一地方检事厅改名为第一至第十一地方检察厅,原各县检事厅改名为县初级检察厅(原法院机构同时改名)。未设检察厅之各县一律设审检所;各检察厅职务权限暂照前清《法院编制法》及《各级审判厅试办章程》办理。至7月,全省废除第一至第十一地方检察厅,分别冠以杭县、嘉禾(今嘉兴)、吴兴、鄞县、绍兴、临海、金华、衢县、建德、永嘉、丽水的地名字样(相应审判厅同时改名)。8月,浙江省宣告独立,实行戒严,各司法机关停止活动,另设军政执法处。10月解除戒严后,司法机关活动开始恢复。11月,浙江司法筹备处并入浙江高等审判厅、高等检察厅,全省各初级检察厅并入地方检察厅,改名为"地初检察合厅",相应初级审判厅同时并入地方审判厅。

民国3年(1914年)4月,袁世凯操纵政治会议颁行《县知事审理诉讼暂行章程》。据此,浙江省除杭县、鄞县地初检察合厅仍照办并改名为地方检察厅外,其余地初检察合厅裁并,初级检察厅一律裁撤,所有诉讼事宜归县知事暂行兼理。5月,浙江高等审判厅制发《县知事处理司法事务细则》,规定高等审检厅的相关监督职责。

民国4年(1915年),建浙江高等检察厅瓯海分庭,受理温州、处州两地16县上诉案件。民国5年,因袁世凯称帝,浙江省再次宣告独立,高等检察厅检察长以知事兼理诉讼有碍独立,报请都督首先改革县署组设审检办公处。10月,改浙江高等检察厅瓯海分庭为浙江第一高等检察分厅,并建立永嘉地方检察厅。是年,在金华设第二高等检察分厅、金华地方检察厅,县审检所一律复设。

民国6年(1917年)3月,浙江省电令"裁撤各县审检所,仍由县知事并理司法"。4月,全省据此裁撤71个县署审检所,司法事务仍由县知事兼理。是年,鄞县地方检察厅原管辖温州、处州(丽水)属地的第二审案件归永嘉地厅受理。

民国11年(1922年),浙江省在未设地方审判厅的嘉兴、绍兴、吴兴、临海、建德、衢县、丽水7地所辖各县设置地方分庭,内设检察处。

民国16年(1927年),浙江省按照南京国民政府颁行的《最高法院组织暂行条例》,取消各级检察厅的设置,在各级法院内设置检察官执行检察事务。浙江高等检察厅改为浙江高等法院检察处,浙江第一高等检察分厅改称浙江高等法院第一分院检察处,各地检察厅纷纷更名为法院检察处,各级检察厅(处)检察长及监督检察官一律改为首席检察官。民国17年,在台州设立鄞县地方法院临海分院,授权管辖台州属地一审案件,内设检察处。

民国18年(1929年),南京国民政府司法行政部指令颁行《浙江省高等法院检察处暂行处务规程》和《浙江省地方法院检察处暂行处务规程》,规定在各级法院内设检察处作为检察机构。

民国24年(1935年),浙江省在宁波设立浙江高等法院第三分院,在临海设立浙江高等法院第四分院,杭县地方法院绍兴分院更名为绍兴地方法院,均内设检察处;杭县地方法院嘉兴分院检察处更名为嘉兴地方法院检察处。部分县设立地方法院,各级法院设置检察处。民国25年,南京国民政府颁布《县司法处组织暂行条例》,浙江省对未设法院之各县相继设司法处,由县长兼理检察职务。

民国26年(1937年)7月,抗日战争全面爆发。受战争影响,浙江高等法院检察处和杭县(现杭州市内)地方法院检察处、萧山地方法院检察处移驻永康方岩;各地方法院检察处相继停办。是年,改金华地方法院衢县分院为衢县地方法院。民国27年,国民党军事委员会公布《县长及地方行政长官兼理军法暂行办法》,浙江省未沦陷各地均设立地方行政长官兼理军法的办事机构。民国30年,鄞县沦陷,鄞县地方法院暨检察处停止办公。浙江高等法院第三分院检察处迁往新昌。11月,浙江高等法院检察处将全省划为8个区,派驻22名战区检察官分别执行职务。

民国31年(1942年)浙赣会战后,金华市一度被弃守,浙江高等法院第二分院检察处随浙江省第四行政督察区先后转移至武义下杨、后汤和宣平(1958年撤销宣平县,所属地域分别划归莲都、松阳、武义3县)城外15里的清修寺,12月辗转迁移至衢州,在衢县地方法院办公。民国32年2月,浙江高等法院第三分院检察处迁丽水。

民国34年(1945年)5月,省法院检察处恢复驻云和办事处。8月15日日本宣布投降后,原沦陷区内的一些法院检察处或复设,或从外地回迁。其中,浙江高等法院检察处迁回杭州,浙江高等法院第二分院检察处从衢州迁回金华,浙江高等法院第三分院检察处迁回鄞县,鄞县地方法院检察处复设,驻绍及浙西两临时庭及巡回审判组织均撤销。嘉兴地方法院检察处更名为嘉兴地方法院检察院。至11月,全省共设有1个高等法院,4个高等法院分院,37个地方法院,39个县司法处;在法院及分院内设置相应检察处,县司法处兼理检察职责。

民国36年(1947年)11月,在丽水建立浙江高等法院第五分院检察处;民国37年2月,改称浙江高等法院丽水分院检察处。是年,浙江高等法院所属各分院首席检察官兼行特种分庭检察职务,主要任务是镇压共产党人、民主人士、进步学生的活动。

1949年5月3日,杭州解放。16日,浙江高等法院检察处、杭州地方法院检察处等民国浙江省政府在杭的检察机构,由中国人民解放军杭州市军事管制委员会政务部军代表何斗及工作人员郑永年、高崧正式接管。随着全省各地陆续解放,各级民国政府的检察机构先后被中国人民解放军接管。

表 19-1-1-3　　民国时期浙江高等检察机构主要职官情况一览表

机构名称	官职	姓名	任职(任命)时间
浙江省检事厅	检事长	范贤方	民国元年(1912 年)5 月在职
浙江高等检察厅	检察长	郑文易	民国 2 年(1913 年)1 月 24 日任命
浙江高等检察厅	检察长	王天木	民国 2 年(1913 年)5 月 10 日任命
浙江高等检察厅	检察长	殷汝熊	民国 5 年(1916 年)
浙江高等检察厅	检察长	陶思曾	民国 6 年(1917 年)10 月
浙江高等检察厅	首席检察官	左赋才	民国 8 年(1919 年)
浙江高等检察厅	检察长	陶思曾	民国 10 年(1921 年)2 月
浙江高等法院检察处	首席检察官	郑　畋	民国 16 年(1927 年)
浙江高等法院检察处	首席检察官	郑文礼	民国 17 年(1928 年)
浙江高等法院检察处	首席检察官	郑　畋	民国 18 年(1929 年)
浙江高等法院检察处	首席检察官	郑　畋	民国 24 年(1935 年)7 月
浙江高等法院检察处	首席检察官	袁士鑑	民国 24 年(1935 年)9 月
浙江高等法院检察处	首席检察官	宋孟年	民国 24 年(1935 年)12 月
浙江高等法院检察处	首席检察官	刘肇福	民国 31 年(1942 年)
浙江高等法院检察处	首席检察官	王秉彝	民国 34 年(1945 年)9 月
浙江高等法院检察处	首席检察官	李祖庆	民国 37 年(1948 年)8 月
杭州高等特种刑事法庭检察处	首席检察官	裘朝永	民国 37 年(1948 年)5 月

资料来源：综合《浙江历史大事记》《杭州市志》《嘉兴市志》《建德法院志》；民国 2—5 年《司法公报》；《(民国二十四年)全国司法会议汇编》；民国 31 年 5 月 25 日《司法行政部指令刑指字第二七六八号》等。

(二)苏维埃政府人民检察机构

民国 18 年(1929 年)3 月，中共领导的闽浙赣省苏维埃德兴县苏维埃政府成立，下设工农检察、裁判、政治保卫等 17 个部。民国 19 年，其根据地延伸到浙江省开化县部分区域，建立德兴开化区。民国 21 年 11 月后，德兴县苏维埃政府下设 10 个部，其中仍包括工农检察部。

民国 22 年(1933 年)2 月，中共闽浙赣省委以德兴县东部 5 个区和德兴开化区为基础，成立化婺德(由开化、婺源、德兴部分区域组成)特区苏维埃，11 月扩大为化婺德中心县，除辖原化婺德特区所属地区外，又先后增加开化一区(今在开化县杨林镇一带)、化玉特区(包括今浙江省开化县、常山县与江西省玉山县交界的部分区域)等 4 个区苏维埃政府。化婺德中心县苏维埃内设机构中包括工农检察部。同时，德兴县苏维埃和化婺德中心县苏维埃政府下属的区级苏维埃政府包括开化县和常山县部分区域的开化区、化玉特区苏维埃政府，同样设有工农检察部。

上述浙江省内的苏维埃政府检察机构，随着当地苏维埃运动的中断而消失。

附：伪政权时期浙江省检察机构

民国 26 年(1937 年)7 月 7 日，抗日战争全面爆发。民国 27 年 4 月，伪杭州司法处检察局成立。民国 30 年 6 月，设汪伪鄞县地方法院，附设检察处(后改为汪伪鄞县地方检察署)。民国 32 年 7 月，汪伪浙江高等法院检察处(后改为汪伪浙江高等检察署)成立。民国 32 年 11 月，汪伪杭县地方检察署成立。

民国 34 年(1945 年)8 月 15 日日本宣布投降后，汪伪浙江高等检察署被国民党浙江高等法院检察处接管。

表 19-1-1-4　　汪伪政权浙江检察机构主要职官一览表

机构名称	官职	姓名	任职时间
浙江高等法院检察处	首席检察官	王云章	民国 32 年(1943 年)3 月
	首席检察官	陈秉钧	民国 32 年(1943 年)7 月
浙江高等检察署	检察长	沈秉谌	民国 32 年(1943 年)7 月
浙江高等检察署	检察长	朱　儁	民国 33 年(1944 年)9 月
杭县地方检察署	检察长	潘安平	民国 32 年(1943 年)11 月

资料来源：根据《杭州市志》综合第八卷(中华书局 1999 年版)《政法篇》第二章《检察》附《日伪时期检察制度》整理。

第二节　中华人民共和国成立后浙江省人民检察机构

中华人民共和国成立后，1950 年 1 月，中共中央转发最高人民检察署(以下简称最高检察署)《关于建立机构并开展工作的通报》。省委根据中共中央有关精神和《中国人民政治协商会议共同纲领》规定，开始组建浙江省人民检察机关。4 月，省政府成立浙江省人民检察署(以下简称省检察署)。随后，全省各级地方行政区划先后建立人民检察署。1951 年 9 月后，浙江省根据中央人民政府颁布的《各级地方人民检察署组织通则》规定设置检察机关。是年底，全省除省检察署外，还建立了杭州市检察署，丽水、金华、嘉兴、临安、绍兴、衢州、温州 7 个专区检察分署及 21 个县级检察署(含宁波市、温州市检察署，均为县级)。

1952 年 6 月，根据中央关于整编机构指示，浙江省编制委员会决定全省建检察署 40 个。1954 年 6 月中旬，省委批转省检察署党组《关于贯彻全国检察会议决议的意见》，建议各级党委对已建立的检察署编制不要减少，并选择一批品质好、作风好的干部任专职检察长。12月，全省人民检察署根据1954年《宪法》和《检察院组织法》规定改称人民检察院，并按照《检察院组织法》规定设立组织架构和设置内设机构。此后，由于省内地方行政区划调整和形势变化，全省地方检察院时有撤、并、建。1955年，全省检察机关共有各级正、副检察长93人。1957年，全省共有各级检察长68人、副检察长105人。1963年，全省共有各级检察长62人、副检察长58人。至1966年，全省有检察院80个；各级检察长58人、副检察长58人。“文化大革命”开始后，全省检察机关逐渐无法行使职权。1968年后，全省检察机关先后被军管，工作停顿，业务中断，机构名存实亡。至1975年1月，第四届全国人大第一次会议修正通过的《宪法》规定，“检察机关的职权由各级公安机关行使”。

1978年3月后，遵照中共中央关于设置检察机关的要求和1978年《宪法》等法律法规，浙江省陆续恢复重建各级人民检察院。1979年7月，第二部《检察院组织法》颁布，至是年底，全省县以上行政区划的检察机关全部建立，并按照规定设置内设机构。

1980年6月后，按照中共中央指示，浙江省恢复“由上级公、检、法机关协助地方党委管理、考核有关干部的制度，地方党委对公、检、法机关党员领导干部的调配，应征得上级公、检、法机关的同意”①的规定，执行对各市(地区)以下检察院检察长、副检察长人选的提名、报批、任免等程序。1983年后，全省各级检察院的检察长、副检察长的法律任免手续，均按照最高检察院《关于当前检察干部任免工作中几个问题的答复》办理。1985年9月后，浙江省根据中共中央办公厅《关于加强地方各级法院检察院干部配备的通知》，省检察院检察长一般配备副省长一级干部，各市(分)检察院检察长一般配备副专员一级干部，各县(市、区)检察院检察长一般配备副县长一级干部。1987年，经省委组织部同意，省检察院转发最高检察院党组《关于加强检察干部管理若干问题的规定》，进一步对各级检察长、副检察长的管理、报批和任免等作出明确规定。10月，经省委组织部同意，省检察院规定：各级检察院副检察长的职级，是按照同级政府职能部门的正职还是按照副职确定，应根据干部的条件，按照干部管理权限审定。

截至2010年，全省有省、市、县(市、区)三级检察院104个。其中，省检察院1个，省辖市检察院11个，县(市、区)检察院90个；另有省检察院、宁波市检察院派出检察院各1个。有各市检察院检察长11人，副检察长43人；县(市、区)检察院检察长90人，副检察长282人。

一、省人民检察院(署)

1950年4月29日，省政府发出通知，成立省政府检察署。5月4日，省检察署在省公安厅内对外办公。1954年12月，省检察署改称省检察院。1966年7月，省检察院被定为第一批开展“文化大革命”的单位。1968年，浙江省革命委员会(以下简称省革委会)决定对省检察院实行军事管制，省检察院名存实亡，直至1975年被撤销。1978年3月，省检察院重建，6月下旬在杭州市爱民路省公安厅内对外挂牌办公。1979年11月上旬，省检察院办公地址迁

① 浙检人字〔1980〕93号《关于地、市、县检察长、法院院长候选人名单和提请任命副检察长、法院副院长报批办法的通知》。

至杭州市向阳路(今为长生路)12 号。1982 年 11 月上旬,迁至杭州市武林路 171 号(今为 103 号)。1998 年 12 月下旬,迁至杭州市文三路 379 号。

(一)检察长、副检察长

1950 年 4 月底省检察署成立后,李丰平任检察长(省公安厅长兼任)。1951 年 9 月,浙江省按照《各级地方人民检察署组织通则》规定,“检察长主持全署事宜,副检察长协助检察长执行职务”。

1954 年 9 月后,省检察署(院)按照 1954 年《检察院组织法》规定,“设检察长一人,副检察长若干人”;由最高检察院提请全国人大常委会批准任免。1952—1969 年,经省委任命和最高检察院报经全国人大常委会批准,省检察署(院)先后有李丰平、陈雨笠、彭瑞林、阎定础、刘阳生任检察长;有 6 人先后任副检察长(其中任梅逊曾代理检察长,2 人未到职)。“文化大革命”开始后,省检察院所有正、副检察长停止检察工作。至 1975 年检察机关撤销前,全省没有任免正、副检察长。

表 19-1-2-1　　1950—1969 年浙江省检察院(署)历任检察长一览表

姓　名	性　别	职　务	籍　贯	任职时间
李丰平	男	检察长	四川铜梁	1950-04—1952-12
陈雨笠	男	检察长	安徽舒城	1952-12—1955-12
彭瑞林	男	检察长	山东益都	1956-08—1958-05
阎定础	男	检察长	山西祁县	1958-03—1964-02
刘阳生	男	检察长	福建安溪	1964-02—1969-12

资料来源:根据省委任命文件、全国人大常委会批准文件综合。

表 19-1-2-2　　1950—1969 年浙江省检察院(署)历任副检察长一览表

姓　名	性　别	职　务	籍　贯	任职时间
陈雨笠	男	副检察长	安徽舒城	1950-04—1952-06
霍　英	男	副检察长	(不详)	1952-12(未到职)
任梅逊	男	副检察长	浙江绍兴	1954-09—1969-12 (1955.12—1956.8 代检察长)
刘永芳	男	副检察长	(不详)	1958-03(未到职)
卢管彤	男	副检察长	山东泰安	1956-04—1969
刘中流	男	副检察长	山东平邑	1956-04—1957-12
陈雨笠	男	副检察长	安徽舒城	1957-05—1966-11

资料来源:根据省委任命文件、省人大常委会批准文件综合。

1978年3月，省委任命张世祥为省检察院检察长。4月，省委批准任命省检察院副检察长2人。9月，根据第五届全国人大常委会第二次会议《关于省人民代表大会闭会期间省人民检察院检察长产生程序的决定》，省革委会任命张世祥为省检察院检察长。1979年12月，省第五届人大第二次会议选举张世祥为省检察院检察长。

1981年后，省检察院检察长、副检察长的任免、管理等工作，按照1979年《检察院组织法》和最高检察院党组《关于检察干部任免手续的暂行规定》执行。1983年后，省检察院的检察长、副检察长的法律任免手续，均按照《检察院组织法》和最高检察院《关于当前检察干部任免工作中几个问题的答复》办理。其中，省检察院检察长经人民代表大会选出之后，省检察院应尽快上报最高检察院检察长提请全国人大常委会批准任命；省检察院副检察长在换届时要按照《人民检察院组织法》的规定，办理法律任职手续，在省委提出人选，与最高检察院党组协商一致后，由新任的省检察院检察长提请本级人大常委会任免，然后省检察院向最高检察院报备案。

1988年2月，省第七届人民代表大会(以下简称人大)第一次会议选举胡灿时为省检察院检察长。3月，第六届全国人民代表大会常务委员会(以下简称全国人大常委会)第二十五次会议批准任命胡灿时为浙江省检察院检察长。

1993年1月，省第八届人大第一次会议选举葛圣平为省检察院检察长。2月，第七届全国人大常委会第三十次会议批准任命葛圣平为浙江省检察院检察长。1998年2月，第八届全国人大常委会第三十次会议批准任命葛圣平为浙江省检察院检察长。

2003年1月，省第十届人大第一次会议选举朱孝清为省检察院检察长。2月，第九届全国人大会常委会第三十二次会议批准任命朱孝清为浙江省检察院检察长。

2004年11月，省第十届人大常委会第十四次会议任命陈云龙为省检察院副检察长、代理检察长。2005年3月，省第十届人大第三次会议选举陈云龙为省检察院检察长。4月，第十届全国人大会常委会第十五次会议批准任命陈云龙为浙江省检察院检察长。

自1980年后，经法定程序，省检察院先后有上述5人任检察长外，还有16人先后任副检察长。截至2010年，省检察院有检察长1人，副检察长6人。

表19-1-2-3　　1978—2010年浙江省检察院历任检察长一览表

姓　名	性　别	籍　贯	任职时间
张世祥	男	山东安丘	1978-03—1988-02
胡灿时	男	浙江永康	1988-03—1993-02
葛圣平	男	安徽当涂	1993-02—2003-02
朱孝清	男	浙江义乌	2003-02—2004-11
陈云龙	男	浙江杭州	2004-11—2005-03(代检察长) 2005-04—

资料来源：根据全国人大常委会批准文件综合。

表 19-1-2-4　　1978—2010 年浙江省检察院历任副检察长一览表

姓　名	性　别	籍　贯	任职时间
任梅逊	男	浙江绍兴	1978-04—1984-04
颜光明	男	山东宁阳	1978-04—1985-02
郑　江	男	江苏盱眙	1979-02—1984-04
李修业	男	山东	1982-11—1984-04
胡灿时	男	浙江永康	1983-12—1988-03
耿小平	男	陕西绥德	1985-02—1991-02
陈亨光	男	福建福州	1985-05—2003-02
朱孝清	男	浙江义乌	1988-09—2001-09
钱中贤	男	浙江上虞	1993-12—2008-02
吴春莲	女	浙江永嘉	2001-09—2007-12
何永星	男	浙江温州	2001-09—
庄建南	男	上海	2002-04—
刘建国	男	河北南皮	2007-03—
刘晓刚	男	河南邓县	2007-03—
顾雪飞	男	浙江海盐	2008-08—
张雪樵	男	浙江湖州	2008-08—

资料来源:根据省人大常委会批准文件综合。

(二)检察委员会

1951 年 5 月,省检察署试行组织条例(草案),规定以检察长、副检察长与委员组成省检察署委员会议(“检察委员会”前身),议决有关检察之政策方针及其他重要事项。9 月,中央人民政府颁布《各级地方人民检察署组织通则》,规定“各级地方人民检察署得设委员若干人,以检察长、副检察长及委员组成委员会议,以检察长为主席。委员会议意见不一致时,取决于检察长”。

1954 年 9 月后,全省检察机关按照 1954 年《检察院组织法》规定,“各级人民检察院设检察委员会,检察委员会在检察长领导下,处理有关检察工作的重大问题”(以下简称检委会)。省检察院的检委会委员,由最高检察院提请全国人大常委会批准任免。

1959 年 7 月,省委根据 1954 年《检察院组织法》规定,批准省检察院设立检委会。1960 年 5 月,经全国人大常委会批准,任命省检察院检察长阎定础及任梅逊、卢管彤、陈雨笠、贾学礼、王文贵、李知权共 7 人为省检察院检委会委员。1964 年 2 月，阎定础调离省检察院，省委决定刘阳生任省检察院检察长，进入检委会。“文化大革命”开始后，省检察院检委会工作中止。

1979 年《检察院组织法》规定，在各级检察院设立检委会，实行民主集中制，在检察长的主持下，讨论决定重大案件和其他重大问题。省、自治区、直辖市检察院检委会委员由省、自治区、直辖市检察院检察长提请本级人大常委会任免，并报最高检察院检察长提请全国人大常委会批准。

1980 年 2 月，最高检察院检委会颁布《人民检察院检察委员会组织条例》规定检委会 4 项职责后，浙江省各级检察机关逐步设立检委会。4 月，经第五届全国人大常委会第十四次会议批准，张世祥等 9 人为省检察院检委会委员。1981 年 6 月至 1982 年 11 月，经第五届全国人大常委会先后批准，又任命 3 人为省检察院检委会委员。至 1983 年 8 月，省检察院检委会委员最多时为 12 人。

1983 年 9 月，第六届全国人大常委会第二次会议通过“关于修改《检察院组织法》的决定”，对 1979 年《检察院组织法》作出修改，其中规定省级检察院检委会委员由省级检察院检察长提请本级人大常委会任免，不再报最高检察院提请全国人大常委会批准。此后，省检察院陆续制定文件，推动全省检察机关加强和完善检委会工作。1984 年 4 月，省第六届人大常委会第六次会议对省检察院检委会委员进行调整，任命 6 人，免去 5 人。至此，省检察院检委会委员共有 13 人。

1985 年 5 月，省检察院制发《浙江省人民检察院检察委员会讨论案件的几点规定》。是月至 1987 年 11 月期间，省第六届人大常委会对省检察院检委会委员进行调整，先后任命 4 人，免去 6 人。

1988 年 3 月，省检察院人事处制发《关于各级人民检察院检察长可不再任命为检察委员会委员的通知》，根据省人大常委会法制工作委员会的答复，各级检察院检察长可以不再提请人大常委会任命为检委会委员，检察长是当然的检委会委员，换届后，原检察长不再担任职务的，其检察长职务和检委会委员职务自然消失，不再办理免职手续。同年 5 月至 1992 年 9 月，省第七届人大常委会对省检察院检委会委员先后任命 5 人，免去 3 人。

1993 年 2 月，葛圣平被任命为省检察院检察长后，同时为省检察院检委会委员。10 月，省检察院根据《检察院组织法》《人民检察院检察委员会组织条例》及其他有关法律规定，制发《浙江省人民检察院检察委员会工作暂行规定》，对省检察院检察委员会讨论和决定事项的范围、条件和具体程序作出规范。

1994 年 3 月，省检察院制发《浙江省人民检察院关于进一步做好检察委员会工作的通知》，对检委会的人数、检委会的议事程序等方面，作出进一步的具体要求。1994 年 1 月至 1997 年 6 月，省第八届人大常委会对省检察院检委会委员进行调整，先后任命 5 人，免去 8 人。

1998 年 4 月至 2002 年 10 月，省第九届人大常委会对省检察院检委会委员进行调整，先后任命 7 人，免去 6 人。

2003年2月，朱孝清被任命为省检察院检察长后，同时为省检察院检委会委员。至同年4月，省第十届人大常委会对省检察院检委会委员进行调整，先后任命1人，免去2人。

2004年5月，省检察院根据《检察院组织法》《人民检察院检察委员会组织条例》及其他有关法律规定，结合实际制发《浙江省人民检察院检察委员会议事规则》，原《浙江省人民检察院检察委员会工作暂行规定》同时废止。11月，陈云龙被任命为省检察院副检察长（代理检察长）后，同时为检委会委员。2005年4月至2007年12月，省第十届人大常委会对省检察院检委会委员进行调整，先后任命6人，免去4人。

2008年2月，最高检察院修订1980年《人民检察院检察委员会组织条例》，其中规定检委会组成人员中增加“专职委员”。5月，省检察院检委会修订《省检察院检委会议事规则》，同样规定检委会组成人员中增加“专职委员”。2009年3月，省检察院检委会通过《关于进一步加强浙江省人民检察院检察委员会工作的意见》，规定检委会是人民检察院在检察长主持下的议事决策机构，其主要任务是按照民主集中制的原则，讨论决定重大案件和其他重大问题。4月，省检察院为进一步落实《中共中央关于进一步加强人民法院、人民检察院工作的决定》提出的“加强人民法院审判委员会和人民检察院检察委员会的建设”的要求，充分发挥检委会的作用，增强检察机关法律监督能力，制发《关于进一步加强浙江省人民检察院检察委员会工作的意见》，从加强组织领导、专业化建设、工作机制建设、办事机构建设等方面提出具体意见。要求全省检察机关认真研究检委会专职委员的工作机制，科学设定检委会专职委员的职责。要求专职委员切实承担起检委会工作的专门职责，当好检委会的参谋助手。

2008年2月至2010年底，省第十一届人大常委会对省检察院检委会委员进行调整，先后任命3人，免去3人。其间，经省委组织部同意，省检察院检委会委员中有3人任专职委员。

截至2010年，省检察院有检委会委员13人，其中专职委员3人。

表19-1-2-5　　1980—2010年浙江省检察院历届检委会委员一览表

姓　名	任职时间	姓　名	任职时间
张世祥	1980-04—1988-02	吴春莲	1992-01—2007-12
任梅逊	1980-04—1985-10	庄建南	1992-09—1997-06 2002-04—
颜光明	1980-04—1985-10	葛圣平	1993-02—2003-01
郑　江	1980-04—1985-10	钱中贤	1994-01—2008-02
贾学礼	1980-04—1984-04	季明珠	1994-01—1997-04
亓道学	1980-04—1984-04	张志友	1994-01—2000-12
颜庭桂	1980-04—1984-04	裘子牛	1994-01—2007-07
杨德臣	1980-04—1984-04	何永星	1995-09—

续表

姓　名	任职时间	姓　名	任职时间
李学勤	1980-04—1985-05	马晓宁	1996-06—2000-12
李炳希	1981-06—1988-05	黄生林	1998-10—2009-09
胡灿时	1981-06—1993-01	顾雪飞	2000-12—2002-04 2008-08—
李修业	1982-12—1984-04	陈春玉	2000-12—
耿小平	1984-04—1991-05	王祺国	2000-12—2003-04 2009-06 任专职委员
余先树	1984-04—1994-01	金连山	2000-12—2005-04
舒伯彦	1984-04—1994-01	陈海鹰	2002-10—2007-03
马业超	1984-04—1994-01	赵建平	2003-04—2009-09
郑昌儒	1984-04—1985-12	陈云龙	2004-11—
张鹤源	1984-04—1985-05	吴效芳	2005-04—
俞宏培	1985-05—1992-01	钱　华	2005-12—2009-05 2009-06 任专职委员
陈亨光	1985-08—2003-02	傅国云	2005-12—2009-08 2009-09 任专职委员
吴昌瑞	1986-02—1998-04	乐绍光	2005-12—
朱孝清	1987-11—2001-09 2003-02—2004-12	刘建国	2007-03—
周小平	1987-11—1996-06	刘晓刚	2007-03—
倪志良	1990-09—2000-12	张雪樵	2008-08—
马守忠	1992-01—1995-11	沈雪中	2009-06—
翟敏华	1992-01—1994-01	李汉水	2009-06—

资料来源：根据全国人大常委会批准文件、省人大常委会批准文件综合。

（三）内设机构及下属事业单位

1950 年 5 月省检察署对外办公时，设秘书室和第一科。8 月，分别改为办公室、第一处。

1951 年 10 月，增加第二处。内设机构为 1 室 2 处，即办公室，查处违法乱纪处，查处贪污、渎职处。

1952 年 6 月，精简为办公室和检察处。

1953 年 6 月，恢复原设置的 1 室 2 处。

1955年5月，省编制委员会批准省检察院设办公室、人事处、一般监督处(第一处)、侦查处(第二处)、侦查监督处(第三处)、审判监督处(第四处)。

1956年10月，增加劳动改造监督处。

1958年4月，省检察院根据中共中央“精简机构、紧缩编制”精神，将原有1室6处缩编为1室3处，即办公室、刑事检察处(一处)、侦查处(二处)，劳动改造监督处更名为监所劳改检察处(三处)。

1959年10月，省委批准省检察院设办公室、审查批捕起诉处、社改劳改检察处和侦查处。1966年3月，省检察院党组向省编委报告精简机构方案：设刑事检察处、劳改检察和申诉案件处、办公室。直至“文化大革命”期间省检察院被军管乃至撤销。

表 19-1-2-6　　1950—1967年浙江省检察院(署)内设机构一览表

时　间	机　构　设　置
1950年5月	秘书室、第一科
1950年8月	办公室、第一处
1951年10月	办公室、第一处、第二处
1952年6月	办公室、检察处
1953年6月	办公室、第一处、第二处
1955年5月	办公室、人事处、一般监督处(第一处)、侦查处(第二处)、侦查监督处(第三处)、审判监督处(第四处)
1956年10月	办公室、人事处、一般监督处(第一处)、侦查处(第二处)、侦查监督处(第三处)、审判监督处(第四处)、劳动改造监督处(第五处)
1958年4月	办公室、刑事检察处(第一处)、侦查处(第二处)、监所劳改检察处(第三处)
1959年10月至1967年底	办公室、审查批捕起诉处、社改劳改检察处、侦查处

资料来源：根据省委、省编制委员会批准文件综合。

1978年3月，省检察院重建。6月，省委批准省检察院设办公室、第一处(审查批捕、起诉)、第二处(与违法乱纪作斗争)、第三处(劳改检察)。

1979年12月，省委批准省检察院增设人事处、研究室、经济检察处(以下简称经检处)。

1980年2月，省检察院发文通知，第一处更名为刑事检察处(以下简称刑检处)、第二处更名为法纪检察处(以下简称法纪处)、第三处更名为监所检察处。

1982年7月，经省委政法委同意，省检察院增设信访处。

1984年3月，省委机构改革领导小组批复同意：省检察院设刑事检察处、法纪检察处、监所检察处、经济检察处、信访处、人事处、研究室、办公室。

1985年7月，省检察院决定，信访处更名为控告申诉检察处(以下简称控申处)。

1986年1月,省编制委员会(以下简称省编委)批准,省检察院增设刑事技术处。

1987年12月,省编委批复省检察院成立“刑事技术研究所”,与刑事技术处一套班子、两块牌子;对内为省检察院刑事技术处,对外称“省检察院刑事技术研究所”。

1988年8月,根据中共中央文件规定,省检察院成立“经济罪案举报中心”(以下简称举报中心),与控申处一套班子、两块牌子。

1990年1月,根据省编委、省劳动人事厅、省检察院联合发文批准,省检察院经检处更名为贪污贿赂侦查局(以下简称侦查局),人事处更名为政治部。2月,根据省编委批准,省检察院增设民事行政检察处(以下简称民行检察处)。10月,根据省编委批准,省检察院增设行政装备处。

1991年5月,省编委批准省检察院增设监察处,与中共省检察院纪律检查组一套班子、两块牌子。12月,根据最高检察院规定及省检察院决定,省检察院刑事技术处更名为技术处,刑事技术研究所更名为检察技术研究所,仍与技术处一套班子、两块牌子。

1992年11月,省编委批准省检察院成立浙江省检察官培训中心,为事业单位。1993年3月,省检察官培训中心成立。10月,政治部培训科升格为政治部干部教育处(副处级)。

1995年,经省审计局批准,省检察院成立浙江省法信审计师事务所,实行有偿服务,自收自支,独立核算,依法纳税,独立承办各类审计查证和咨询业务,接受省审计局的监督、管理和指导。

1996年3月,根据最高检察院规定,贪污贿赂侦查局更名为反贪污贿赂局(以下简称反贪局)。

1997年1月,增设老干部办公室。5月,经省委批准,省委办公厅印发《浙江省人民检察院机构改革方案》,同意省检察院设立15个内设机构和机关党委,保留政治部。8月,省检察院在保留原有的办公室等6个处、室、局外,成立或重新组建干部人事处、组织宣传处、干部教育处、老干部办公室,同时保留警务处编制,均由政治部管理;刑事检察处撤销,分设审查批捕处(以下简称批捕处)、审查起诉处(以下简称起诉处);监察处更名为监察室;研究室更名为法律政策研究室。12月,成立省检察院司法会计中心,原法信审计师事务所并入,仍为事业单位。

2000年11月,省检察院决定,政治部下设干部人事处、组织宣传处、干部教育处,反贪污贿赂局下设综合指导处、侦查一处、侦查二处、职务犯罪侦查指挥中心办公室、职务犯罪预防处。

2002年1月,经省委批准,省委办公厅印发《浙江省人民检察院机构改革方案》,同意省检察院设置16个内设机构,保留政治部。其中,增设职务犯罪预防处;原审查批捕处、审查起诉处、法纪检察处分别更名为侦查监督处(以下简称侦监处)、公诉处、渎职侵权检察处;其他原有部局处室均保留不变。7月,经省编委批准,省检察院设机关后勤服务中心(正处级)。

2004年1月,根据省编委《关于省检察官培训中心更名为省检察官进修学院的批复》,省检察官培训中心更名为省检察官进修学院,仍为事业单位。

2005年1月,省编委批复省检察院:渎职侵权检察处更名为反渎职侵权局(以下简称反渎局)。8月,组建综合警务处,隶属政治部,对外称“法警总队”。

2006 年 6 月，省编委批复同意省检察院公诉处更名为公诉一处，增设公诉二处。10 月，省编委批复同意省检察院增设公诉三处。根据省编委对省检察院内设机构设置的批复，省检察院内设机构调整为 18 个。

2007 年 1 月，经省编委批准，省检察院反贪局侦查一处、侦查二处更名为贪污贿赂犯罪侦查一处、贪污贿赂犯罪侦查二处，与职务犯罪侦查指挥中心办公室均列入编制。

2008 年 2 月，经省编委批准，撤销省检察院机关后勤服务中心、省检察司法会计中心和检察技术研究所，设立省检察院检察事务中心，为事业单位。9 月，综合警务处单列，更名为警务处。

截至 2010 年，省检察院内设工作部门共 24 个，另有事业单位 2 个。

表 19-1-2-7　　2010 年浙江省检察院内设机构一览表

<table>
<tr><th>序号</th><th colspan="2">部门名称</th><th>序号</th><th>部门名称</th></tr>
<tr><td>1</td><td colspan="2">办公室</td><td>14</td><td>反渎职侵权局</td></tr>
<tr><td>2</td><td colspan="2">干部人事处</td><td>15</td><td>监所检察处</td></tr>
<tr><td>3</td><td colspan="2">组织宣传处</td><td>16</td><td>民事行政检察处</td></tr>
<tr><td>4</td><td colspan="2">干部教育处</td><td>17</td><td>控告申诉检察处</td></tr>
<tr><td>5</td><td colspan="2">老干部办公室</td><td>18</td><td>职务犯罪预防处</td></tr>
<tr><td>6</td><td colspan="2">侦查监督处</td><td>19</td><td>检察技术处</td></tr>
<tr><td>7</td><td colspan="2">公诉一处</td><td>20</td><td>法律政策研究室</td></tr>
<tr><td>8</td><td colspan="2">公诉二处</td><td>21</td><td>警务处</td></tr>
<tr><td>9</td><td colspan="2">公诉三处</td><td>22</td><td>行政装备处</td></tr>
<tr><td>10</td><td rowspan="5">反贪污贿赂局</td><td>综合指导处</td><td>23</td><td>监察室</td></tr>
<tr><td>11</td><td>贪污贿赂犯罪侦查一处</td><td>24</td><td>机关党委</td></tr>
<tr><td rowspan="2">12</td><td rowspan="2">贪污贿赂犯罪侦查二处</td><td rowspan="2">事业单位</td><td>省检察官进修学院</td></tr>
<tr><td>省检察院检察事务中心</td></tr>
<tr><td>13</td><td>职务犯罪侦查指挥中心办公室</td><td></td><td></td></tr>
</table>

资料来源：根据省检察院 2010 年底内设机构情况制表。

说明：根据 2002 年浙江省人民检察院机构改革方案，保留政治部，但不占内设机构编制。

（四）派出机构

1. 派出检察院

1985 年 1 月，经余杭县人大常委会审批，余杭县乔司地区人民检察院（以下简称余杭乔司检察院）成立，属余杭县检察院的派出机构。1987 年 11 月，经省人大常委会批准同意，余杭乔司检察院改为省检察院的派出机构，定名为浙江省余杭临平地区人民检察院（以下简称余杭临平检察院），依法独立行使县级检察院职权，负责余杭县所辖范围内7个劳改、劳教单位的检察工作。1988年2月，根据最高检察院通知的规定，省检察院决定将余杭临平检察院委托杭州市检察院领导管理，其干部的管理和任免，按《检察院组织法》和有关文件的规定执行。2005年，省检察院规定：余杭临平检察院是经省人大常委会批准由省检察院派出的正处级机构，反贪污贿赂局和反渎职侵权局主要领导职务可高配。

2. 派出的专业检察室

1991年6月，为加强与省金融系统的联系、配合，更好地查处金融系统贪污、贿赂等经济犯罪案件，省检察院成立驻金融系统检察室。1998年7月撤销。

1995年10月，省检察院成立税务检察室。主要职责是依照法律规定独立行使部分检察权，受理和查处偷税、抗税、骗取国家出口退税、妨害追缴欠税、虚开代开发票等涉税案件和税务机关内部工作人员的贪污、受贿等经济犯罪案件；指导全省税务检察室工作，参与、指导、督促、协调全省重大典型涉税案件的查处。1997年“两法”修改后撤销。

1992年，省检察院成立派驻省看守所检察室。

二、省辖市（专区、地区）人民检察院（分署、分院）

（一）各市（专区、地区）检察院（分署、分院）沿革

1. 杭州市检察院（署）

1950年6月，杭州市公安局局长王芳兼任杭州市检察署检察长，并由公安局兼行检察工作。1952年1月，独立的杭州市检察署成立。1953年5月，杭州市公安局局长张世祥兼任杭州市检察署检察长。1955年5月，中共杭州市委员会（以下简称杭州市委）决定撤销杭州市检察署，成立杭州市人民检察院（以下简称杭州市检察院）。7月，杭州市检察院开始管辖全市上城、中城（1957年撤销后分别划归上城区、下城区）、下城、西湖、江干、拱墅6个区检察院。之后，杭州市检察院管辖的县（区）检察院随着全市县（区）设置变动而增减。1961年初，杭州市委决定杭州市检察院并入该市公安局。1962年，杭州市检察院恢复。1966年5月，杭州市委决定撤销上城、下城、西湖、江干、拱墅5个区检察院，杭州市检察院管辖余杭、萧山、富阳、临安、桐庐、建德、淳安7个县检察院。1969年5月，杭州市公安机关军管会集中公、检、法三机关人员组成市公安机关军管会“斗、批、改”干校，杭州市检察院3个业务处随即被撤销。1973年2月，杭州市公安局设立审批组，承担撤销前检察机关的部分业务。随后，杭州市各县区公安局设立检察股承担检察业务。1975年，检察机关职权由公安机关行使。

1978年8月，杭州市检察院重建，管辖随之重建的上城、下城、西湖、拱墅、江干5区和萧山、余杭、富阳、桐庐、建德、淳安、临安7县检察院。

截至2010年，杭州市检察院管辖上城、下城、西湖、拱墅、江干、滨江、萧山、余杭8个区检察院，富阳、建德、临安3个市检察院（县级），桐庐、淳安2个县检察院。

2. 宁波市(专区、地区)检察院(分署、分院)

1953年1月,省检察署宁波专区分署成立,管辖宁波地区内鄞县、镇海、余姚、奉化、新昌、嵊县、绍兴、上虞8个县检察署。4月,宁波专署机关整编,省检察署宁波专区分署撤销;下半年重新恢复。1954年12月,省检察署宁波专区分署改称省检察院宁波分院。1958年10月,宁波地区公、检、法三机关合署办公,干部统一调配使用。1961年6月,公、检、法三机关分开各自办公。至1966年,省检察院宁波分院管辖宁波市检察院(县级)和鄞县、镇海、奉化、余姚、慈溪、象山、宁海7个县检察院。“文化大革命”开始后,检察机关陷入瘫痪。1968年4月,省检察院宁波分院由公安机关军事管制委员会接管,后被撤销。

1978年10月,省检察院宁波分院重建,管辖宁波地区内先后重建的宁波市检察院(县级)及镇海、海曙、江北、江东4个区和鄞县、奉化、象山、宁海、慈溪、余姚6个县检察院。1983年8月,宁波撤地建市,省检察院宁波分院和宁波市检察院合并,称宁波市人民检察院(以下简称宁波市检察院),管辖镇海、海曙、江北、江东、郊区5区和鄞县、奉化、象山、宁海、慈溪、余姚6县检察院。

截至2010年,宁波市检察院管辖江东、江北、海曙、镇海、北仑、鄞州6个区检察院,奉化、慈溪、余姚3个市(县级)检察院,宁海、象山2个县检察院,以及派出的大榭开发区检察院。

3. 温州市(专区、地区)检察院(分署、分院)

1950年10月,省检察署温州专区分署成立,与温州专署公安处合署办公,管辖温州市检察署(县级)和永嘉、临海、乐清3个县检察署。1952年1月,温州地、市机构合并;丽水专署被撤销,所属青田、丽水、云和、景宁、龙泉5个县检察署划归省检察署温州专区分署管辖。是年底,温州地、市机构进行调整。1954年,温州专区行政区划调整,省检察署温州专区分署管辖永嘉、青田、丽水、云和、景宁、龙泉、温岭、黄岩、仙居9个县检察署和海门区检察署。12月,省检察署温州专区分署改称省检察院温州分院。1959年1月,温州专区公、检、法三机关合并。1962年4月和1963年5月,台州、丽水2个专区建制先后恢复,省检察院温州分院管辖的丽水、缙云、云和、龙泉、庆元、遂昌6个县检察院划归省检察院丽水分院管辖,临海、黄岩、温岭、玉环、三门、仙居、天台7个县检察院划归省检察院台州分院管辖。省检察院温州分院继续管辖温州市检察院(县级)和永嘉、乐清、瑞安、平阳、文成、洞头、泰顺7个县检察院。“文化大革命”开始后,检察机关受到冲击。1968年1月,省检察院温州分院被军事管制,后被撤销。

1979年2月,省检察院温州分院挂牌办公。8月开始,省检察院温州分院管辖温州地区先后重建的温州市检察院(县级)和永嘉、乐清、瑞安、平阳、文成、洞头、泰顺7县检察院。1981年10月,温州撤地建市;11月,省检察院温州分院与温州市检察院合并,称温州市人民检察院(以下简称温州市检察院),管辖东城、南城、西城3个区和永嘉、乐清、瑞安、平阳、苍南、文成、洞头、泰顺8个县检察院。

截至2010年,温州市检察院管辖瓯海(1982年成立瓯海县检察院,1992年改为瓯海区检察院)、鹿城(1984年成立温州市城区检察院,1985年改为鹿城区检察院)、龙湾(1987年成立)3个区检察院,乐清、瑞安2个市检察院(县级),永嘉、洞头、文成、平阳、泰顺、苍南6个县检察院。

4. **湖州市检察院**

1983年嘉兴地区撤销，分别组建为湖州、嘉兴2个省辖市。11月，嘉兴检察分院撤销，分别组建湖州、嘉兴2个省辖市检察院，湖州市检察院为地区级。1984年1月后，湖州市检察院管辖城区、郊区2个区检察院，德清、长兴、安吉3个县检察院。1989年1月，城区、郊区检察院合并为城郊检察院。2003年2月，最高检察院批复同意撤销湖州市城郊检察院，设湖州市吴兴区检察院和湖州市南浔区检察院。

截至2010年，湖州市检察院管辖吴兴、南浔2个区检察院，德清、长兴、安吉3个县检察院。

5. **嘉兴市（专区、地区）检察院（分署、分院）**

1951年9月，省检察署嘉兴专区分署成立，管辖嘉兴、湖州2个市（县级）检察署和德清、吴兴2个县检察署。1952年嘉兴专署机关整编，省检察署嘉兴专区分署并入嘉兴专署政法组，仍以嘉兴检察分署名义对外行使职权。1953年2月，孝丰县由临安专署划归嘉兴，该县检察院即归属嘉兴检察分署管辖（1958年11月撤销）。1954年12月，省检察署嘉兴分署从政府序列中分离，更名为省检察院嘉兴分院。1958年12月，省检察院嘉兴分院驻所随嘉兴专署从嘉兴市迁至湖州市。至“文化大革命”开始前，省检察院嘉兴分院先后管辖嘉兴、湖州2个县级市检察院及吴兴、德清、平湖、海宁、长兴、安吉、嘉善、海盐、桐乡、嘉兴10个县检察院。1968年5月，省检察院嘉兴分院被军事管制，后被撤销。

1978年9月，省检察院嘉兴地区分院重建，管辖嘉兴、湖州2个市（县级）检察院，嘉善、海宁、海盐、桐乡、平湖、长兴、安吉、德清8个县检察院。1983年7月，嘉兴撤地建市，地区行政公署分别组建为嘉兴市、湖州市2个省辖市政府。11月，省检察院嘉兴分院撤销，分别组建嘉兴、湖州2个省辖市检察院。嘉兴市检察院管辖嘉善、平湖、桐乡、海宁、海盐5个县检察院和新组建的城区、郊区2个区检察院。

截至2010年，嘉兴市检察院管辖秀洲、南湖2个区检察院，海宁、平湖、桐乡3个市检察院（县级），嘉善、海盐2个县检察院。

6. **绍兴市（专区、地区）检察院（分署、分院）**

1951年10月，省检察署绍兴专区分署成立，由绍兴专区公安处处长兼任检察长。1952年1月，绍兴专区撤销，省检察署绍兴专区分署同时被撤销。1964年10月，省检察院绍兴分院恢复，管辖绍兴、上虞、嵊县、新昌、诸暨5个县检察院。11月，绍兴专署公、检、法三机关合署办公。1968年5月，绍兴地区革委会人民保卫组成立，省检察院绍兴分院被撤销。

1978年11月，省检察院绍兴分院重建，管辖绍兴、上虞、嵊县、新昌、诸暨5个县检察院。1983年11月，省检察院绍兴检察分院改称绍兴市检察院，增加管辖新建立的绍兴市越城区检察院。

截至2010年，绍兴市检察院管辖越城区检察院，上虞、诸暨、嵊州3个市（县级）检察院，绍兴、新昌2个县检察院。

7. **金华市(专区、地区)检察院(分署、分院)**

1951年9月,省检察署金华专区分署成立;1954年,管辖义乌、金华、兰溪、东阳、诸暨5个县检察署和金华市(县级)检察署;12月,改称省检察院金华分院。1955年4月,省检察院金华分院管辖兰溪、衢县、诸暨、东阳、金华、义乌、江山、龙游、永康、浦江、缙云、武义、汤溪(1958年撤销)、磐安、遂昌、常山、松阳、宣平(1958年撤销)共18个县检察院和金华市(县级)检察院。1958年3月,公、检、法三机关合署办公。1959年恢复原建制。1962年,省检察院金华分院管辖东阳、武义、建德、兰溪、永康、金华(县)、衢县、义乌、遂昌、江山、淳安、开化、缙云、常山共14个县级检察院。1963年4月,省检察院金华分院管辖的缙云、遂昌2个县检察院划归省检察院丽水分院管辖,建德、淳安2个县检察院划归杭州市检察院管辖。"文化大革命"开始后,检察机关受到冲击。1968年4月,省检察院金华分院被军事管制,后被撤销。

1978年12月,省检察院金华分院重建,1979年2月挂牌办公。1985年5月,改称金华市人民检察院,管辖金华县和婺城、兰溪、浦江、东阳、义乌、武义、永康、磐安县检察院。

截至2010年,金华市检察院管辖婺城、金东2个区检察院,义乌、永康、东阳、兰溪4个市检察院(县级),浦江、磐安、武义3个县检察院。

8. **衢州市(专区、地区)检察院(分署、分院)**

1951年8月4日,省检察署衢州专区分署成立,由衢州专署公安处副处长兼任检察长。1952年6月,省检察署衢州专区分署与衢州公安处合署办公。1954年12月,省检察署衢州专区分署更名为省检察院衢州分院,管辖衢县、龙游、江山、常山、开化、遂昌、松阳、宣平共8个县检察院。1955年3月,省检察院衢州分院随衢州专区建制撤销而撤销,原管辖的开化县检察院划归建德检察分院管辖,其他7个县检察院划归省检察院金华分院管辖。

1985年5月,金华地区撤销,金华、衢州升为省辖市,衢州市检察院随之设立,于8月1日挂牌办公,管辖柯城区检察院和衢县、龙游、江山、常山、开化县检察院。

截至2010年,衢州市检察院管辖柯城、衢江2个区检察院,江山市检察院(县级),龙游、常山、开化3个县检察院。

9. **舟山市(专区、地区)检察院(分署、分院)**

1954年下半年,省检察署舟山专区分署成立;12月改称省检察院舟山分院。1959年6月,因舟山专区建制撤销,省检察院舟山分院撤销。1962年5月,舟山专区建制恢复,省检察院舟山分院随之恢复。1967年3月,省检察院舟山分院被军事管制,后被撤销。

1978年10月,省检察院舟山分院重建。1987年1月,国务院决定舟山实行地改市体制。8月,成立舟山市检察院。

截至2010年,舟山市检察院管辖定海、普陀2个区检察院,岱山、嵊泗2个县检察院。

10. **台州市(专区、地区)检察院(分署、分院)**

1952年1月,省检察署台州专区分署成立,管辖临海、黄岩、温岭县检察署。1953年,增加管辖天台、仙居县检察署。1954年5月,台州专区分署撤销,省检察署台州专区分署管辖的临海、天台县检察署划归省检察院宁波专区分署管辖,黄岩、温岭、仙居县检察署划归省检察院温州专区分署管辖。1957年8月,省检察院台州分院成立,管辖原下属省检察院温州分院的温岭、黄岩县检察院，原下属省检察院宁波分院的临海、仙居、天台、三门、宁海县检察院。1958年12月，台州检察分院再次被撤销，所管辖的天台县检察院划归省检察院宁波分院管辖，临海、仙居、黄岩、温岭县检察院划归省检察院温州分院(其间三门县并入临海县，宁海县并入象山县)管辖。1962年4月，省检察院台州分院恢复，管辖原下属省检察院温州分院的临海、仙居、温岭、黄岩县检察院(同时分临海置三门县，分温岭置玉环县)，原下属省检察院宁波分院的天台县检察院。1967年3月，省检察院台州分院被军事管制，后被撤销。

1978年7月，省检察院台州分院重建，管辖临海、温岭、玉环、黄岩、仙居、三门、天台县检察院。1994年9月，台州撤地建市，省检察院台州分院改称台州市人民检察院(以下简称台州市检察院)，管辖椒江、黄岩、路桥3个区检察院，临海、温岭2个市检察院(县级)，玉环、天台、仙居、三门4个县检察院。至2010年未变。

11. 丽水市(专区、地区)检察院(分署、分院)

1951年5月，省检察署丽水专区分署成立，管辖丽水县检察署。1952年1月，因丽水专区建制撤销而撤销。1954年，龙泉、缙云、青田、云和、松阳、庆元、景宁、宣平8个县检察署相继建立，受省检察署丽水专区分署管辖。1963年5月，丽水专区建制恢复，省检察院丽水分院(以下简称"丽水检察分院")成立，管辖丽水、缙云、云和、龙泉、庆元、遂昌县检察院。1968年4月，省检察院丽水分院被军事管制，后被撤销。

1978年6月，省检察院丽水分院重建，管辖丽水、青田、缙云、遂昌、云和、龙泉县检察院。1984年12月，省检察院丽水分院管辖丽水、龙泉、缙云、青田、云和、遂昌、松阳、庆元、景宁共9个县检察院。2000年7月，丽水撤地设市，省检察院丽水分院撤销，成立丽水市人民检察院(以下简称丽水市检察院)，管辖莲都区检察院，龙泉市检察院(县级)，青田、缙云、遂昌、松阳、云和、庆元、景宁7个县检察院。至2010年未变。

表19-1-2-8　1950—1968年浙江省各市(专区、地区)检察院(署、分署、分院)历任检察长一览表

机构名称	姓名	性别	籍　贯	任职时间
杭州市检察院(署)	王　芳	男	山东新泰	1950-05—1951-06
	姚　力	男	江苏启东	1952-01—1953-05
	张世祥	男	山东安丘	1953-05—1955-04
	万进东	男	湖北黄安	1955-04—1962-11
省检察院宁波分院(分署)	田　耕	男	-	1951-11(未到职)
	吴子文(兼)	男	安徽定远	1953-01—1954-04
	张志怀	男	山东肥城	1957-08—1967-08

续表

机构名称	姓名	性别	籍　贯	任职时间
省检察院温州分院（分署）	崔子明	男	山东淄博	1951-10—1952-09
	邬家箴	男	浙江宁波	1952-09—1953-01
	高长荣	男	江苏宝应	1956-05—1957-10
	齐景民	男	（不详）	1957-10—1958-04
	宋砚田	男	山东临淄	1958-05—1959-07
	姜玉玺	男	（不详）	1960-02—1965-05
	王希圣	男	山东利津	1965-05—1966-05
省检察院嘉兴分院（分署）	段书友	男	（不详）	1950-09—1950-10（副检察长，主持工作）
	张澄秋	男	山东	1950-09—1951-10（兼）
	孙善英	男	（不详）	1951-10—1952-01（兼）
	柳　林	男	（不详）	1952-10—1952-12（兼）
	王　震	男	（不详）	1954-06—1956-05
	乔　逵	男	（不详）	1956-05—1958-01（兼）
	刘邦俊	男	（不详）	1959-03—1968-09
省检察院绍兴分院（分署）	马　达	男	山东泗水	1950-10—1952-01
	戴焕琪	男	安徽广德	1964-10—1968-04
省检察院金华分院（分署）	王　鉴	男	（不详）	1951-06—1954-04
	赵巨洲	男	（不详）	1954-04—1963-09
	杨恩来	男	安徽宿松	1960-08—1968-04
省检察院衢州分院（分署）	王道善	男	（不详）	1951-08—1954-04
	回振东	男	（不详）	1954-01—1955-02
省检察院舟山分院（分署）	岳剑秋	男	山东长清	1954-09—1956-05
	田文吉	男	山东历城	1956-05—1958-10
	张德润	男	（不详）	1958-10—1962-03
	王传阶	男	山东莱芜	1962-03—1966
省检察院台州分院（分署）	杨恩来	男	安徽宿松	1952-01—1954-04（副检察长，主持）
	段基厚	男	山东蒙阴	1957-01—1958-11
	马先进	男	山东日照	1962-04—1967-04
省检察院丽水分院（分署）	王子欣	男	（不详）	1951-07—？（代检察长）
	秦书田	男	山东沂水	1963-09—1973-03

资料来源：根据省委任命文件、省人大常委会批准文件综合。

表 19-1-2-9　　1978—2010 年浙江省各市(地区)检察院历任检察长一览表

机构名称	姓名	性别	籍　贯	任职时间
杭州市检察院	刘履忠	男	山东费县	1979-12—1982-03(代检察长) 1982-03—1983-12
	朱昌森	男	山东高青	1983-12—1984-04(代检察长) 1984-04—1987-06
	李洪生	男	安徽无为	1987-07—1990-12
	李木天	男	江苏泰州	1991-02—1991-05(代检察长) 1991-05—1997-04
	王基信	男	山东文登	1997-04—1999-12
	刘晓刚	男	河南邓县	1999-12—2000-02(代检察长) 2000-02—2007-03
	吴春莲	女	浙江永嘉	2007-05—
宁波市(地区)检察院(分院)	亓立明	男	山东莱芜	1978-07—1983-08
	崔子明	男	山东淄博	1983-08—1988-05
	李植安	男	浙江鄞县	1988-05—1998-06
	刘建国	男	河北南皮	1998-06—2007-03
	陈长华	男	浙江温州	2007-04—2007-05(代检察长) 2007-05—2010-12
温州市(地区)检察院(分院)	王希圣	男	山东利津	1978-10—1983-09
	潘裕德	男	浙江平阳	1984-04—1993-08
	赵建平	男	山东安丘	1993-08—2003-05
	李泽明	男	安徽青阳	2003-06—
湖州市(地区)检察院(分院)	潘仕仁	男	金华武义	1983-12—1988-06
	徐江荣	男	四川重庆	1988-06—1998-05
	陈长华	男	浙江温州	1998-06—2003-04
	孙厚祥	男	山东淄博	2003-04—2009-08
	黄生林	男	浙江浦江	2010-04—

续表

机构名称	姓名	性别	籍　贯	任职时间
嘉兴市（地区）检察院（分院）	潘仕仁	男	金华武义	1978-09(副检察长负责筹建)
	施来昌	男	浙江平湖	1978-12—1983-11
	张海江	男	浙江湖州	1983-12—1993-05
	朱立乔	男	浙江湖州	1993-05—2003-04
	王祺国	男	浙江奉化	2003-04—2009-08
	孙厚祥	男	山东淄博	2009-08—
绍兴市（地区）检察院（分院）	应　杰	男	浙江永康	1978-10—1983-08
	孙春阳	男	浙江绍兴	1983-12—1988-06
	钱中贤	男	浙江上虞	1988-09—1993-11
	李永生	男	浙江绍兴	1994-05—1996-06
	王幼卿	男	浙江绍兴	1998-07—2003-06
	杨献国	男	浙江湖州	2003-04—2010-04
	胡东林	男	浙江永嘉	2010-02—
金华市（地区）检察院（分院）	汪洪涛	男	（不详）	1979-07—1983-08
	赵祖林	男	（不详）	1983-08—1990-08
	徐水根	男	（不详）	1990-08—1994-08
	吴效芳	男	浙江义乌	1994-09—1995-06(代检察长) 1995-06—2004-07
	任　国	男	山东沂南	2004-07—2005-04(代检察长) 2005-04—2010-09
	毛建岳	男	浙江奉化	2010-09(代检察长)—
衢州市（地区）检察院（分院）	苏祖根	男	上海	1985-10—1990-08
	张光健	男	浙江嵊县	1990-08—1995-06
	杨品逸	男	浙江慈溪	1995-07—2000-04
	周鸿富	男	浙江江山	2000-04—2005-05
	金连山	男	浙江杭州	2005-05—

续表

机构名称	姓名	性别	籍　贯	任职时间
舟山市（地区）检察院（分院）	王传阶	男	山东莱芜	1978-12—1986-05
	马步明	男	上海南汇	1986-05—1987-10（代检察长）
	余志德	男	浙江定海	1987-10—1997-09
	庄建南	男	上海	1997-09—2002-03
	顾雪飞	男	浙江海盐	2002-03—2002-07（代检察长） 2002-07—2008-10
	周招社	男	浙江平阳	2008-10—2009-04（代检察长） 2009-04—
台州市（地区）检察院（分院）	匡　毅	男	山东日照	1980-01—1983-05
	滕时科	男	浙江仙居	1983-04—1988-03
	周沥泉	男	浙江温岭	1988-03—1993-12
	李岳保	男	浙江椒江	1993-12—2000-05
	叶阿东	男	浙江黄岩	2000-05—2005-05
	黄秋生	男	浙江绍兴	2005-05—
丽水市（地区）检察院（分院）	秦书田	男	山东沂水	1978-10—1983-06
	高明蕴	男	浙江绍兴	1983-07—1988-03
	王岩权	男	浙江温州	1988-03—1993-05
	赵碧春	男	浙江丽水	1993-05—1998-04
	李泽明	男	安徽青阳	1998-04—2003-04
	陈长华	男	浙江温州	2003-04—2007-01
	陈海鹰	男	浙江三门	2007-01—

资料来源：根据省委任命文件、省人大常委会批准文件综合。

（二）派出机构

1. 派出检察院

1988年11月，最高检察院批复同意设立湖州市城郊人民检察院，作为湖州市检察院的派出机构，行使县级检察院职权。1989年1月，湖州市城郊检察院成立。2003年2月撤销，成立湖州市吴兴区检察院和南浔区检察院。

1995年11月，经最高检察院同意，成立宁波市大榭开发区检察院，作为宁波市检察院的派出机构，行使县级检察院职权。1996年4月对外办公。

2. 派驻乡镇(开发区)基层检察室

1995年3月,湖州市检察院派出的湖州市城郊检察院派出织里检察室和南浔检察室。2001年11月,湖州市城郊检察院撤销上述检察室。

1995年7月,嘉兴市检察院设置驻王店镇检察室。1996年5月,嘉兴市检察院设置驻嘉兴市经济开发区检察室和嘉兴市南湖综合开发区检察室。1998年6月,嘉兴市检察院派出的上述检察室均撤销。

2010年12月,丽水市检察院设置驻丽水经济开发区检察分院检察室。

3. 派出的专业检察室

(1)派驻监狱等监管场所检察室

1990—2000年,全省各市(分)检察院共设置6个派驻监狱等监所机构的检察室。

2009年5月,湖州市原分属各县(区)检察院的驻南湖监狱检察室、驻长湖监狱检察室、驻莫干山劳教所检察室、驻湖州监狱检察室、驻市劳教所检察室均改由湖州市检察院派驻。

2009年9月,原由衢江区检察院派驻的省第一监狱检察室和省十里丰监狱检察室改由衢州市检察院派驻。

截至2010年,杭州、宁波、湖州、金华、衢州、台州、丽水7个市检察院共设置20个驻监管场所检察室。

表19-1-2-10　　浙江省各市检察院驻监所检察室设置情况一览表

设立时间	设立主体	驻监所检察室名称
1993年5月	衢州市检察院	驻市看守所检察室
1995年8月	杭州市检察院	驻市看守所检察室
1999年2月	杭州市检察院	驻监狱检察室
1999年8月	丽水分院	驻丽水地区看守所检察室
2000年2月	金华市检察院	驻金华市公安局看守所检察室
2000年3月	杭州市检察院	驻省戒毒劳教所检察室
2003年3月	杭州市检察院	驻东郊监狱检察室、驻西郊监狱检察室
2009年5月	湖州市检察院	驻南湖监狱检察室、驻长湖监狱检察室、驻莫干山劳教所检察室、驻湖州监狱检察室、驻市劳教所检察室
2009年6月	金华市检察院	驻金华监狱检察室、驻省第五监狱检察室
2009年9月	宁波市检察院	驻市望春监狱检察室、驻市劳动教养管理所检察室
2009年9月	衢州市检察院	驻省第一监狱检察室、驻省十里丰监狱检察室
2010年11月	湖州市检察院	驻湖州市看守所检察室

资料来源:根据各市检察院(分院)上报情况综合。

(2)派驻有关部门(企业)专业检察室

20世纪80年代,全省各市(分)检察院陆续设置派驻有关部门(企业)的专业检察室,有9个市检察院先后共设置驻金融检察室5个、驻烟草检察室5个、驻税务检察室8个、驻工商检察室3个、驻供销检察室2个,以及驻交通、丝绸、二轻、商业部门等专业检察室各1个。1995—1998年,根据最高检察院要求,全省检察机关派驻有关部门(企业)的专业检察室先后撤销。

表19-1-2-11　　浙江省各市检察院专业检察室设置情况一览表

设置单位	设置时间	专业检察室名称	撤销时间
杭州市检察院	1992年	驻市金融系统检察室	1998年6月
	1995年2月	驻市烟草专卖局联络处	1998年6月
	1995年10月	驻市财税检察室	1998年6月
温州市检察院	1989年3月	驻市税务检察室	1997年7月
	1994年3月	驻市工商检察室	1995年5月
	1994年11月	驻市烟草专卖检察室	1995年5月
湖州市检察院	1988年至1994年	驻市商业局检察室、驻市供销社检察室、驻中国农业银行湖州市支行检察室、驻市丝绸公司检察室、驻市金融系统检察室、驻工商行政管理检察室	1995年4月
		驻市税务局检察室	1998年7月
嘉兴市检察院	1987年至1996年	驻市供销合作社检察室、驻市交通局检察室、驻市二轻检察室	1995年8月
		驻市烟草专卖局检察室	1997年7月
		驻市税务检察室、驻市金融系统检察室	1998年6月
绍兴市检察院	1995年4月	驻市工商检察室、驻市烟草专卖检察室,驻市税务局检察室	1997年5、6月
金华市检察院	1990年5月	驻市金融系统检察室	1998年6月
	1995年4月	驻市烟草专卖局检察室	
衢州市检察院	1988年8月	驻市财税局检察室;1996年4月更名为衢州市检察院税务检察室	1997年9月
省检察院台州分院	1987年	驻地区财税检察室	1998年
省检察院丽水分院	1988年12月	驻地区财税局税务检察室	1997年

资料来源:根据各市检察院(分院)历年上报情况综合。

三、县(市、区)人民检察院(署)

1950年6月，省检察署接华东检察分署关于建立检察署的指示后，即拟定杭州、宁波、温州3市及每个专区选择人口多、政治情况复杂的一个县建立检察署。18日，省政府命令全省各地建立检察机构。1951年6月，省政府根据最高检察署电示再次发布命令，要求是年普遍建立县检察署。自1950年6月余姚县检察署首先成立后，至1951年底，全省有永嘉、余姚、江山、杭县、衢县、兰溪、丽水、临海、余杭、嵊县、黄岩、义乌、孝丰(1958年并入安吉县)、镇海、奉化、新登、吴兴、德清、乐清等19个县检察署，及湖州、温州2个市检察院(县级)。至1954年底，全省95个县以上的行政区划中，均成立了检察机关。

1954年检察署改称检察院后，全省县(区)检察院随着省内地方行政区划的调整和形势变化而撤、并、建。1957年下半年至1958年底，全省不少检察院与公安局、法院合署办公。1959年3月，省委决定专区、市、县的公安、法院、检察院仍予保留，县级公、检、法三机关可合署办公。至年底，全省撤销一批检察院，各级检察院减至64个。

1960—1966年，全省县(区)检察院随着各地县(区)行政区划调整变动而撤、并、建。1963年底，全省有县(市、区)检察院70个。1965年12月，最高检察院检察长张鼎丞听取浙江省检察工作汇报后指示：诸暨、上虞、萧山3个县，省委决定进行精兵简政的试点，检察院牌子挂着，机构撤销，检察工作分别由公安、法院分别行使，这样做究竟怎样？要试验。你们应去人作调查研究，并把试验结果报省委、高检院。[①] 1966年1月，省检察院党组向省委报告一些县(区)检察机构撤销变动情况，并建议省委重申除3个县作为试验外，其他检察机关一律不动。4月，省委办公厅向各地委发出通知，要求除诸暨、上虞、萧山3个县经中央领导同意和省委批准可有领导地进行试点外，其他县一律不动。至1966年，全省三级检察院共计77个。“文化大革命”开始后，全省各级检察院均被迫停止工作，后均被撤销。

1978年3月省检察院重建后，全省开始筹建各县(市、区)检察院。3月，嘉兴县检察院第一个恢复重建(后屡经变更，于1993年11月改为嘉兴市秀城区检察院，2005年5月改称嘉兴市南湖区检察院)。6月后至年底，恢复重建县(市、区)检察院68个。此后，省检察院持续加强县(市)区检察院恢复重建工作，健全完善检察机关组织机构，强化基层检察院建设。

截至2010年，全省有县(市、区)检察院90个，有县检察院派出检察院2个(长兴县检察院派出的长广矿区检察院、苍南县检察院派出的龙港改革试验区检察院)。

四、专门检察院

(一)宁波市水上运输检察院

1956年6月，根据最高检察院关于逐步建立工矿区和铁路、水运等专门检察机构的意见，浙江省编委、省检察院联合通知，组建宁波市水上运输检察院，为专门检察院，隶属宁波市

① 1965年12月高检院检察长张鼎丞的工作指示；省检察院综合档案1965-2-18-4。

检察院领导。1958年8月,根据中共中央决定,撤销宁波市水上运输检察院。

(二)杭州铁路运输检察院

1956年1月,上海铁路运输检察院杭州分院成立,业务上受上海铁路运输检察院和浙江省检察院双重领导。1957年7月,上海铁路运输检察院杭州分院撤销,经办案件等业务移交杭州市检察院。

1980年10月,杭州铁路运输检察院(以下简称杭铁检)成立,为正处级建制,受上海市检察院上海铁路运输检察分院领导(组织关系受上海铁路局杭州铁路分局党委领导,2005年改由上海铁路局党委领导),主要任务是办理浙江省范围内(包括上海铁路局在杭单位)发生在铁路上的案件,依法行使对铁路公安机关的侦查活动和铁路运输法院的审判实行法律监督的职责。

杭铁检自重建以来,在上海铁路检察系统条线考核院际竞赛中,总体成绩连续15年名列前茅。2000年3月,被上海市检察院授予首批"五好检察院"称号。2003年1月,被上海市检察院评为首批"上海市检察机关先进检察院"。自2006年后在上海铁路检察系统每年一次的优秀特色亮点工作评比中,先后在办公室精细化管理、检察调研、未成年人犯罪检察、自侦案件侦捕诉联动机制、开展民事督促起诉、廉政风险防控机制建设、积极开展"双岗"培训练兵活动、运用检察职能维护铁路春运等8项工作榜上有名,是上海铁路检察系统唯一年年获奖的单位。1999—2010年连续保持上海铁路局级"文明单位"称号。2009年2月,被最高检察院授予第三届"全国先进基层检察院"称号,被上海市检察院授予上海市检察系统"先进检察院"称号。

五、检察团体

(一)浙江省检察学会

1992年,根据中国检察学会的要求,省检察院向省社会科学界联合会(以下简称省社科联)和省民政厅申请成立浙江省检察学会(以下简称省检察学会)。10月和12月,省社科联和省民政厅先后批复准予成立,学会性质为省级行业性社会团体法人,业务主管单位为省社科联,同时成为省社科联会员单位。因省检察学会的职能委托省检察院执行,日常工作机构设于省检察院研究室。

1993年2月,省检察学会在杭州市召开成立大会,推举张世祥、胡灿时为名誉会长。学会第一届第一次理事会议选举省检察院检察长葛圣平为会长,朱孝清、陈亨光、余先树、于绍元为副会长,庄建南为秘书长。自成立后,省检察学会与省检察院共同组织召开全省检察理论研究年会、开展检察理论重点课题研究,组织全省检察人员撰文参加全国检察理论研究会年会、国家高级检察官论坛、中国刑法学研究会年会、中国刑事诉讼法学研究会年会等一系列全国性学术研讨会,展现全省检察理论研究成果。

1994年1月,省检察学会在杭州召开理事会,增补钱中贤为副会长、常务理事,批准杭州市、嘉兴市、湖州市的检察学会(检察官协会)为团体会员,批准全省282名检察人员为个人会员。5月,中国检察学会批准省检察学会为其团体会员。

1999年1月,省检察学会在杭州召开会员代表大会,换届选举产生第二届理事会和学会领导机构:张世祥、胡灿时为名誉会长,葛圣平为会长,朱孝清、陈亨光、钱中贤为副会长,倪志良为秘书长。是年,省检察学会发展40名新会员。

2001年10月,省检察学会召开理事会,同意免去朱孝清的副会长职务(因工作调动)。同时,省检察学会新发展会员1000余人。12月,省委组织部同意葛圣平兼任省检察学会会长、法定代表人,陈亨光、钱中贤兼任省检察学会副会长,倪志良兼任省检察学会秘书长。

2002年,省检察学会获“省社科联系统先进集体”称号,位列14个先进集体之首。7月和11月,省检察学会分别在全省和全国社科联工作会议上介绍工作经验。

2003年,省检察学会被省人事厅、省民政厅评为省社科联团体会员中唯一的优秀社团。

2004年,在省社科联和省法学会五次大会上,省检察学会被评为先进集体。4月,在省委、省政府召开的全省优秀社团表彰大会上,省检察学会被评为社科联团体会员中唯一的优秀社团。

2005年11月,省检察学会被中国检察官协会(1996年6月,中国检察学会更名为中国检察官协会)评为先进检察学会。

2009年7月,省检察院正式成为省检察学会的业务主管单位。省检察学会召开会员代表大会,换届选举产生第三届理事会和学会领导机构:胡灿时、葛圣平为名誉会长,省检察院检察长陈云龙为会长,何永星、庄建南、刘建国、刘晓刚、顾雪飞、张雪樵为副会长,乐绍光为秘书长。

截至2010年,省检察学会有市级和县级的单位会员(检察学会、检察官协会)共18个,其中杭州5个、湖州4个、嘉兴4个,绍兴、金华、衢州、台州、丽水各1个;个人会员共2860人。

(二)浙江省女检察官协会

1994年11月,中国女检察官协会(以下简称中国女检协)成立。1995年4月,省检察院根据最高检察院要求,按照《社会团体登记管理条例》规定,向省民政厅申请成立浙江省女检察官协会(以下简称省女检协)。6月,省民政厅复函同意,明确该协会隶属于省检察院,为全省性社会团体、社会团体法人,日常工作机构设在省检察院。7月,省女检协召开成立大会,选举产生17名理事,吴春莲为会长;通过《浙江省女检察官协会章程》。省女检协成立当月,即与省司法厅、省妇联、省监狱管理局以及女法官协会、女律师联谊会、女企业家协会等在省女子监狱联合举办“浙江省百名巾帼能人和百名失足女性爱心帮教志愿活动”。11月,省女检协召开理事会,传达联合国第四次妇女大会精神,研究部署下一年度工作。

1997年3月,省检察院决定在全省检察机关开展评选优秀女检察官活动。12月,省女检协召开第一届第三次理事会暨全省优秀女检察官表彰大会,省检察院决定授予16人“全省检察机关优秀女检察官”称号。1998年11月,省女检协召开理事会部署协会工作。

2000年5月,省女检协会员代表大会通过修改后的《浙江省女检察官协会章程》。9月,省女检协召开理事会暨会员代表大会，传达世界妇女大会五周年和中国女检协理事会会议精神，增补理事，总结、研究安排工作。

2002 年 7 月，省女检协召开第二次会员代表大会暨 WTO 与检察工作论文研讨会，进行换届选举。同时，按照《浙江省女检察官协会章程》，省女检协换届选举产生了协会第二届领导机构，21 人当选为理事，并设立常务理事会。

2004 年 6 月，省女检协召开二届三次理事会，研究安排工作并对上年度 23 篇优秀论文作者进行表彰。12 月，在中国女检协成立十周年大会上，省女检协交流了浙江省“突出职业特点，开展各种活动，不断增强女检察官协会的生机与活力”的经验。

2005 年 7 月，省女检协召开庆祝成立十周年暨协会二届四次理事会，总结协会工作，表彰第二届优秀女检察官，研讨交流“法律监督能力建设”论文，部署下阶段工作。会议评选出全省检察机关第二届优秀女检察官 16 人。

2008 年 10 月，省女检协召开第三次会员代表大会，会议进行理事会换届选举，表彰全省检察机关第三届优秀女检察官 16 人，交流纪念检察机关恢复重建 30 周年理论研究文章。

2009 年 9 月，省女检协被全国妇联授予“全国‘三八’红旗集体”称号。

2010 年 9 月，省女检协召开三届三次理事会暨协会成立 15 周年座谈会，表彰第四届全省优秀女检察官 10 人。

截至 2010 年，全省有女检察官协会会员 1598 人。其中，检察长 11 人、副检察长 53 人、检委会委员 75 人、检察员 884 人、助理检察员 575 人。

专记：全省基层检察院建设

1978 年浙江省检察院重建后，即重视推进全省基层检察院〔指县(市、区)检察院〕组织机构建设。1984 年，省检察院开始对县(市、区)检察院进行评比表彰，首次组织评选 1983 年度全省先进集体。1985 年 3 月，绍兴县、慈溪县检察院被最高检察院授予“全国检察系统先进集体”称号。是年，省检察院开始对县(市、区)检察院或其内设部门、办案集体记功表彰。此后，省检察院对全省基层检察院建设的指导推进成为常态化工作。

1993 年，省检察院制发《浙江省人民检察院关于加强基层检察院建设的实施意见(试行)》。1995 年，嘉兴市、绍兴县、义乌市检察院分别被最高检察院记集体一等功。1998 年 11 月，省检察院转发《最高检察院关于加强基层检察院建设的意见》。据此，全省检察机关以实现“建设一个好的领导班子，培养一支好的队伍，建立一套好的机制，创造好的工作业绩，树立一个好的形象”为目标，基层检察院建设进入一个新阶段。是年，萧山市检察院被最高检察院授予“全国模范检察院”称号。临海市检察院被最高检察院记集体一等功。

1999 年 1 月，省检察院表彰 1996 年以来全省检察工作中涌现出的成绩显著集体，分别命名嘉兴市、杭州市萧山区、衢州市柯城区、舟山市普陀区、鄞县、平阳县、东阳市、临海市 8 个检察院为省级文明检察院。3 月，省检察院制发《关于加强基层检察院建设的实施意见

(试行)》,对加强基层检察院建设的总体要求、目标和步骤等作出规定,提高基层院建设水平。是月,根据最高检察院关于抓好基层院建设的总体部署,省检察院党组提出实行党组成员联系点制度的意见,确定省检察院每一位党组成员分别联系一个基层检察院。4月,省检察院制发《省检察院和市、分院下派工作组推进基层检察院建设的实施意见》,对工作组组成及派出、主要职责、工作重点等作出规定。12月,省检察院制发《浙江省基层检察院"五好"考核办法(试行)》(以下简称《办法》),该《办法》分总则、考核内容、考核办法、考核程序、附则5个部分。

2000年3月,省检察院制发《关于加强基层检察院建设工作的意见》,提出力争当年全省有35%～40%的基层院实现"五好"、涌现出一批人民满意的检察院和检察干警,并提出做好分类排队和指导的要求:已经建成"五好"的检察院要在巩固的基础上向更高水平迈进,达到人民真正满意;当年有望达到"五好"的检察院要突出重点,继续采取缺什么补什么的原则,力争当年实现"五好";当年达不到"五好"要求和困难较多的检察院,要重点帮促;对极少数在争创中自甘落后、不思进取、工作长期打不开局面的基层院检察长,要坚决调整,把德才兼备、具有开拓精神的优秀年轻干部选配到领导岗位,改变落后面貌,开创工作新局面。省检察院继续下派工作组,市(分)检察院建立党组成员联系点制度。9月,省检察院制发《浙江省基层检察院"五好"考核办法》,对基层检察院"五好"考核办法总则、考核内容、考核方法、考核程序、附则等作出规定。是年,又有41个基层检察院进入全省"五好"检察院行列,还有18个未达标,无因故被摘牌单位。

2001年6月,省检察院制发《浙江省"五好"检察院管理工作暂行办法》,对"五好"检察院的命名、命名的撤销、年检、评查、警告与通报、重新命名、进位与奖励、管理责任制等作出规定。省检察院坚持将建设一个好班子、选配一名好检察长作为创建"五好"检察院的首要环节。全省检察机关按照最高检察院和省检察院要求,开展争创"五好"检察院活动。经省检察院和各市(分)检察院党组与各县(市、区)党委组织部门协商沟通、对基层院领导班子普遍进行考察调整后,共调整基层检察院检察长18人,副检察长35人,其他班子成员50余人(其中,检察长中因违纪而被免职1人、辞职1人,副检察长中因违纪而调离检察院2人、免去副检察长职务1人)。特别是对18个未达标的检察院加强考察调整工作。其中,被免职、调出或调离领导岗位的检察长6人、副检察长7人,提任、充实副检察长12人。通过考察调整,为创建"五好"检察院提供了领导和组织保障,推进了基层检察院建设。是年,根据中共中央办公厅、最高检察院规定,对"确需设置乡镇检察室的,由省级人民检察院批准,报最高人民检察院备案"①。据此,省检察院于2002年批准设置杭州市下城区检察院石桥检察室等9个检察室。至2001年底,全省检察机关基本实现争创目标,有89个基层检察院达到"五好"目标,7个基层检察院被最高检察院授予"人民满意的检察院"称号。

2002年10月,杭州市萧山区检察院被最高检察院政治部确定为全国30个基层检察院建

---

① 2001年,中共中央办公厅、最高检察院《地方各级人民检察院机构改革意见》和《关于地方各级人民检察院机构改革的实施意见》。

设首批示范院之一，为业务建设示范院。是月，省检察院转发最高检察院《基层检察院建设考核暂行办法》。11月，省检察院转发最高检察院政治部《关于做好基层检察院建设考核工作有关问题的通知》。

2003年6月，省检察院首次确定7个基层检察院开展"建设示范检察院"活动。其中，"规范化管理示范院"有杭州市萧山区检察院、宁波市鄞州区检察院；"队伍建设示范院"有海盐县检察院、丽水市莲都区检察院；"业务建设示范院"有义乌市检察院、瑞安市检察院；"科技强检示范院"有温岭市检察院。9月，省检察院制发《省级"先进检察院"考核办法》《省级"先进检察院"考核细则》，对考核的基本标准、时间及形式、组织机构、基本程序、结果的确定等作出规定。依据考评结果，2004年1月，省检察院命名杭州市江干区检察院等17个单位为省级"先进检察院"和台州市椒江区检察院为"五好检察院"。

2004年2月，最高检察院作出《关于表彰"全国先进检察院"和首届"全国十佳检察院"等先进集体的决定》。杭州市萧山区检察院、宁波市鄞州区检察院、温州市鹿城区检察院、海盐县检察院、安吉县检察院、义乌市检察院、温岭市检察院等7个集体获"全国先进检察院"称号。3月上旬，省检察院作出《关于开展向杭州市萧山区人民检察院等七个"全国先进检察院"学习的决定》。3月，省检察院制发修改后的《省级"先进检察院"考核办法》《省级"先进检察院"考核细则》。6月，省检察院在各市检察院推荐的基础上确定杭州市江干区检察院等10个检察院为全省基层检察院建设示范院。至此，全省"规范化建设示范检察院"有杭州市萧山区检察院等6个单位；"队伍建设示范检察院"有海盐县检察院等3个单位；"业务建设示范检察院"有瑞安市检察院等3个单位；"科技强检示范检察院"有长兴县检察院等5个单位。

2005年3月，省检察院号召全省检察机关开展向获评"全国先进检察院"称号的杭州市萧山区、宁波市鄞州区、温州市鹿城区、海盐县、安吉县、义乌市、温岭市等7个检察院学习活动，在各级检察院掀起争先创优热潮。

2006年10月，最高检察院第二次确定一批全国基层检察院规范化建设示范院，杭州市萧山区检察院、宁波市鄞州区检察院在列。

2007年2月，最高检察院作出《表彰第二届"全国先进基层检察院"和"全国十佳基层检察院"等先进集体的决定》。杭州市萧山区检察院、慈溪市检察院、瑞安市检察院、嘉兴市秀洲区检察院、安吉县检察院、上虞市检察院、永康市检察院、龙游县检察院被评为"全国先进基层检察院"。

2008年3月，省检察院召开全省基层检察院建设工作会议，部署开展为期5年的新一轮先进检察院争创活动，提出以执法规范化建设为重点，以实行年度竞优式分类综合考评为抓手等目标、任务和措施，掀起新一轮基层检察院建设热潮。是月，省检察院制发《浙江省基层人民检察院规范化建设分类考评办法》，考评办法以基层检察院辖区人口、地方财政年收入、院人均经费、现有人员编制数、主要业务工作量5项指标为依据，将全省基层检察院分为4类；考评内容包括检察业务建设、检察队伍建设、检务保障及信息化建设、检察管理机制建设、检察形象建设、创新创优工作、阶段性重点工作7项。5月，省检察院决定进一步规范基层检察院建设的示范工作，重新确定基层检察院建设示范院，其名称统称为"基层检察院规范化建设示范院”。经各市检察院推荐，省检察院确定杭州市萧山区检察院、西湖区检察院、宁波市鄞州区检察院、慈溪市检察院、余姚市检察院、温州市鹿城区检察院、瑞安市检察院、桐乡市检察院、安吉县检察院、上虞市检察院、义乌市检察院、永康市检察院、衢州市柯城区检察院、舟山市普陀区检察院、温岭市检察院、缙云县检察院共16个基层检察院为全省基层检察院规范化建设示范院。

2009年2月11日，最高检察院在全国基层检察院建设工作会议上表彰第三届“全国十佳基层检察院”和“全国先进基层检察院”；义乌市检察院获“全国十佳基层检察院”称号，8个县级检察院获“全国先进基层检察院”称号。17日，省检察院举行表彰大会。3月，省检察院制发《浙江省基层人民检察院规范化建设分类考评办法(2009年度)》。7月，根据最高检察院关于“加强街道、乡镇、社区检察机构建设”的要求①，省检察院在全省市级检察院检察长会议上就基层检察室建设作出部署。会后制发《关于加强和规范基层检察室建设的意见》，确定“全覆盖设置、一次性报批、按条件到位”的推进模式，并明确基层检察室要履行收集职务犯罪线索等10项职能。10月，省检察院制发《关于贯彻落实最高人民检察院〈2009—2012年基层人民检察院建设规划〉的实施意见》，提出基层院建设的基本目标是执法规范化、队伍专业化、管理科学化、保障现代化，基本任务是加强思想政治建设、检察业务建设、领导班子建设、检察队伍建设、检务保障建设。

2010年初，省检察院把基层检察室建设作为当年全省检察改革的重点和省检察院的5项重点工作之一。3月，省检察院制发《浙江省基层人民检察院规范化建设分类考评办法(2010年度)》。9月，省检察院召开全省检察机关基层检察室建设现场会，部署进一步推进基层检察室建设。

截至2010年，全省共批准县(市、区)检察院设置基层检察室47个，其中挂牌办公8个。全省县(市、区)检察院(包括内设部门或办案集体)中，受到最高检察院各类表彰(不含单项工作表彰，下同)的有54个(次)，受到省检察院各类表彰的228个(次)，受到其他领导机关表彰的15个(次)。

表19-1-2-12　　1985—2010年浙江省县(市、区)检察院获最高检察院表彰情况一览表

时　间	受表彰单位	荣誉称号
1985年3月	绍兴县检察院、慈溪县检察院	全国检察系统先进集体
1988年10月	绍兴县检察院	嘉奖
	兰溪市检察院	全国检察系统先进集体

① 2009年初，最高检察院《关于贯彻落实〈中央政法委关于深化司法体制和工作机制改革若干问题的意见〉的实施意见》和《2009—2012年基层人民检察院建设规划》。

续表

时 间	受表彰单位	荣誉称号
1990 年 6 月	兰溪市检察院	全国检察系统先进集体
	舟山市定海区检察院、诸暨市检察院	嘉奖
1992 年 4 月	绍兴县检察院	嘉奖
1995 年 1 月	绍兴县检察院、义乌市检察院	集体一等功
1998 年 1 月	萧山市检察院	全国模范检察院
	临海市检察院	集体一等功
2000 年 2 月	衢州市柯城区检察院、萧山市检察院、鄞县检察院	人民满意检察院
2001 年 2 月	海盐县检察院、杭州市西湖区检察院、苍南县检察院、诸暨市检察院	人民满意检察院
2002 年 1 月	鄞县检察院	全国模范检察院
	杭州市萧山区检察院、慈溪市检察院	集体一等功
	长兴县检察院、东阳市检察院、临海市检察院、龙游县检察院	人民满意检察院
2005 年 2 月	温州市鹿城区检察院、宁波市鄞州区检察院	全国先进检察院 全国十佳检察院提名奖
2006 年 2 月	义乌市检察院	全国模范检察院
	安吉县检察院、杭州市江干区检察院、余姚市检察院	集体一等功
2007 年 2 月	杭州市萧山区检察院	全国十佳检察院提名奖
	杭州市萧山区检察院、慈溪市检察院、瑞安市检察院、嘉兴市秀洲区检察院、安吉县检察院、上虞市检察院、永康市检察院、龙游县检察院	全国先进检察院
2009 年 2 月	义乌市检察院	全国十佳检察院
	义乌市检察院、杭州市余杭区检察院、宁波市鄞州区检察院、温州市龙湾区检察院、绍兴县检察院、舟山市普陀区检察院、台州市路桥区检察院、缙云县检察院	全国先进检察院
2010 年 2 月	慈溪市检察院	全国模范检察院
	绍兴县检察院、永康市检察院、瑞安市检察院	集体一等功

资料来源：根据最高检察院表彰类文件综合。

表 19-1-2-13　浙江省县(市、区)检察院获省委组织部、省委政法委表彰情况一览表

时　间	受表彰单位	荣誉名称	表彰机关
1999 年 12 月	瑞安市检察院党组、金华市婺城区检察院党组、遂昌县检察院党组	全省政法系统干警群众满意领导班子	省委政法委
2001 年 12 月	淳安县、慈溪市、瑞安市、诸暨市、湖州市、海盐县、东阳市、衢州市、临海市、遂昌县检察院	人民满意政法单位	省委政法委
2009 年 11 月	义乌市检察院、永康市检察院	浙江省人民满意公务员集体	省委组织部等

资料来源:根据省委组织部、政法委表彰类文件综合。

表 19-1-2-14　浙江省县(市、区)检察院获省检察院表彰和记一等功情况一览表

时　间	受表彰单位	荣誉称号
1986 年	兰溪市检察院	全省检察系统先进集体
1989 年 5 月	省检察院、金华市检察院、婺城区检察院组成的原农业部所属公司经理李某某、国家计委对外经济贸易司原副处长李某某特大受贿案侦查组	一等功
1995 年 1 月	淳安县检察院	一等功
2000 年 1 月	西湖、江干、萧山、鄞县、慈溪、余姚、象山、瑞安、平阳、苍南、嘉善、平湖、海盐、德清、长兴、诸暨、上虞、婺城、永康、东阳、柯城、龙游、黄岩、临海、玉环、丽水、庆元、遂昌、定海、普陀县(市、区)检察院	五好检察院
2001 年 1 月	上城、拱墅、滨江、余杭、富阳、建德、淳安、镇海、北仑、江北、海曙、奉化、宁海、瓯海、龙湾、乐清、文成、永嘉、洞头、秀洲、桐乡、海宁、湖州城郊、安吉、越城、新昌、金华县、义乌、武义、浦江、衢县、江山、天台、仙居、龙泉、缙云、青田、云和、景宁、岱山、嵊泗县(市、区)检察院	五好检察院
2002 年 1 月	下城、临安、桐庐、江东、鹿城、绍兴县、嵊州、兰溪、磐安、常山、开化、路桥、温岭、松阳县(市、区)检察院	五好检察院
2003 年 3 月	秀洲、泰顺、三门县(区)检察院	五好检察院
2003 年 3 月	西湖、萧山、富阳、鄞州、余姚、鹿城、瑞安、海盐、安吉、越城、永康、义乌、莲都、缙云、路桥、黄岩、龙游县(市、区)检察院	省级先进检察院
2004 年 1 月	江干、萧山、鄞州、余姚、鹿城、瑞安、海盐、安吉、绍兴、婺城、义乌、常山、普陀、温岭、仙居、青田、遂昌县(市、区)检察院	2003 年度首批达标型省级先进检察院

续表

时 间	受表彰单位	荣誉称号
2005年1月	余杭(同年被撤销称号)、拱墅、西湖、慈溪、北仑、苍南、永嘉、桐乡、秀洲、长兴、上虞、永康、东阳、柯城、岱山、玉环、黄岩、云和、松阳县(市、区)检察院	2004年度省级先进检察院
2006年	下城、建德、淳安、江东、象山、宁海、泰顺、海宁、德清、越城、嵊州、金东、兰溪、龙游、嵊泗、路桥、椒江、缙云、龙泉县(市、区)检察院	2005年度省级先进检察院
2007年	临安、桐庐、镇海、海曙、龙湾、平阳、文成、南湖、嘉善、吴兴、新昌、浦江、武义、江山、临海、三门、景宁、庆元县(市、区)检察院	2006年度省级先进检察院
2008年1月	余杭、上城、滨江、富阳、江北、奉化、南浔、诸暨、磐安、衢江、开化、天台、莲都、定海县(市、区)检察院	2007年度省级先进检察院
2009年1月	鄞州、慈溪、瑞安、义乌、萧山、象山、永康、宁海、奉化、路桥、浦江、安吉、海盐、青田、缙云、遂昌、淳安、金东县(市、区)检察院	2008年度省级先进基层检察院
2010年1月	萧山、鄞州、江东、江北、北仑、鹿城、瓯海、龙湾、平阳、文成、安吉、海盐、义乌、永康、天台、缙云、遂昌、松阳县(市、区)检察院	2009年度省级先进基层检察院
2010年2月	余杭临平地区检察院	2009年度省级先进基层检察院

资料来源:根据省检察院表彰类文件综合。

第二章　人员和队伍建设

清末时期，浙江省始有少数检察人员，检察官与推事（即审判官）统称为法官，两者的任职资格完全一致。民国时期，在沿袭清末时期任用检察人员规定的基础上，对各类检察人员的任职资格条件、俸给、待遇、退休等作出调整；检察人员随着检察机构的扩展而增加。

中华人民共和国成立后，浙江省始终执行中共中央指示和法律规定，依法产生和配备各级检察院检察长、副检察长、检委会委员、检察员、助理检察员、书记员和司法警察；同时依照有关人事制度规定，招录、管理检察机关各类人员，推动全省检察机关人员配备、管理的规范化、法制化进程。

第一节　清末、民国时期浙江省检察人员

清宣统元年至三年（1909—1911 年），浙江省按照清廷《法院编制法》规定，在全省三级检察机关配备一定员额的检察官。在未设审检机构的地方，仍实行行政兼理司法的旧制，由知县等行政长官掌管司法事务。

民国初期，对检察人员的配备要求等与清末时期相同，凡具备推事、检察官资格者，由司法行政部派任。民国 16 年（1927 年）南京国民政府建立后，检察人员配置、任职等与前期大体相同，但某些方面有所调整。民国 21 年后，浙江省按照《法院组织法》对各级检察机关职官配置的规定，“其他法院及分院各置检察官若干人，以一人为首席检察官。其检察官员名额仅有一人时不置首席检察官”。全省的法院检察官均为荐任官。同时，延续在未设检察厅的地方由县长兼理司法的制度；废除司法官“不党”的原则，检察官多由国民党党员充任，这一情况一直延续到国民党政权撤离大陆。

一、清末时期浙江省检察人员

清宣统元年（1909 年），浙江审判厅筹办处内附设审判研究所，招考法政学堂毕业者及文理优长粗有法政知识者入所研究。浙江法政学堂分设法律别科，专攻法律各学，陆续招考。宁波法政学堂添招新班，学额 60 人，主要考选各省举贡生监及中学或师范毕业的合格者。宣统二年，沈钧儒等人在杭州刀茅巷创办全国第一所私立法政学堂——浙江私立法政学堂，向初设审检各厅输送人员。

宣统二年（1910 年）十月后成立的浙江高等检察厅和若干地方、初级检察厅，其人员基本

按清廷《法院编制法》配置：浙江高等检察厅和各地方检察厅各置检察长 1 员，检察官 2 员；各初级检察厅置检察官 1 员；各级检察厅都置典簿、主簿、录事若干员。同时，浙江省按照《法院编制法》规定，推事及检察官应照法官考试任用章程，经二次考试合格者，始准任用法官。检察官凭资格依审级高下任用，高等检察厅检察长为简任官，地方检察厅检察长及各检察官为奏补官。并实行“因褫夺公权丧失为官吏之资格者、曾处三年以上之徒刑或监禁者、破产未偿债务者”不得为检察官；①检察官不得“于职务外干预政事；为政党员政社员及中央议会或地方议会之议员；为报馆主笔及律师；兼任非本法所许之公职；经营商业及官吏不应为之业务”；②对检察官实行分级司法行政监督等规定。

宣统三年(1911 年)八月，《申报》对宁波地方审判厅厅长金泯澜与同级检察厅厅长汪郁年侵吞公款、废弛职务、放浪招摇、庇护私人的劣迹进行报道，称“天下竟有如是之法官”。③

表 19-2-1-1　　清末时期法部编定浙江省城商埠地方检察厅员额情况一览表

机构名称		检察长	检察官	典簿	主簿	录事
杭州府	杭州地方检察厅	1	2	1	1	2
	仁和县初级检察厅	-	1	-	-	1
	钱塘县初级检察厅	-	1	-	-	1
	拱宸桥商埠初级检察厅	-	1	-	-	1
宁波府	宁波地方检察厅	1	2	1	1	2
	宁波商埠初级检察厅	-	1	-	-	1
温州府	温州地方检察厅	1	2	1	1	2
	永嘉县商埠初级检察厅	-	1	-	-	1

资料来源：综合《清法部奏颁直省省城商埠各级厅厅数庭数员额表》《宁波市志》等。

说明：对宁波商埠初级检察厅，有的史料表述为“鄞县商埠初级”，如汪庆祺编，李启成点校：《各省审判厅判牍》，北京大学出版社 2007 年版；倾向于采用“宁波商埠初级”的说法，参见宁波市地方志编纂委员会编：《宁波市志》，中华书局 1995 年版，第 7 页。

二、民国时期浙江省检察人员

(一)检察官

民国初期，检察官任职资格要求与清末时期相同。

① 《法院编制法》第一百十五条。

② 《法院编制法》第一百二十一条。

③ 《天下竟有如是之法官》，《申报》，1911 年 8 月 28、29 日，载程燎原著：《清末法政人的世界》，法律出版社 2003 年版，第 252 页。

民国元年(1912年)1月,浙江军政府都督公布施行《法院编制法决议案》和《法官任用暂行法议决案》,检察机构改称为检事厅,省、地方检事厅各置检事长1员,并置检事1员或2员;县检事厅置检事1员或2员;县检事厅检事有2员时由提法司指定1员为监督检事。任职法官有年龄要求,即"年龄未满25周岁者,不得任为法官"。①

民国2年(1913年)2月,原设检事厅改名为检察厅,总计划配置员数为707人。其中,高等检察厅和11个地方检察厅均设厅长1员、检察官2员。杭州、嘉禾(现属嘉兴市)、吴兴、鄞县、绍兴、永嘉各初级检察厅设监督检察官1员、检察官1员;临海、金华、衢县、建德、丽水各初级检察厅设检察官1员兼管监督事务。是年,北京政府任命邱兆栋署省检察厅检察官,金兆銮署鄞县地方检察厅检察长,陈毓璿署杭县地方检察厅检察长。

民国3年(1914年)1月,浙江高等检察厅实习检察官兼任书记官褚德顺,因系私立法校毕业,故尽管其已奉职多年,其甄拔为检察官之呈请不符合检察官选任条件,被司法部驳回。是年,开始按照司法部规定,执行本籍回避、姻亲回避等任职回避制度。

民国3—7年(1914—1918年),浙江高等检察厅执行北洋政府《司法官官等条例》《司法官考试任用官等及官俸法案条例》等规定,任命法官(检察、审判职官统称为法官)5员、免职2员、奖励3员;杭县地方检察厅任命法官4员、奖励1员、惩戒1员;鄞县地方检察厅任命法官6员、免职1员、奖励3员;永嘉地方检察厅任命法官1员;金华地方检察厅任命法官1员;浙江高等检察厅第一分厅、第二分厅各任命法官1员。其间,民国4年8月,经大总统批令,浙江高等检察厅检察长王天木受传令嘉奖。民国5年,浙江高等检察厅3员检察官,杭县地方检察厅检察长,鄞县地方检察厅检察长和2员检察官,获司法部二等金质奖章。

民国7—8年(1918—1919年),浙江有3员检察官在职病故,司法部依照文官恤金令,均给予恤金。民国8年1月,浙江高等检察厅受司法部指令,给予浙江高等检察厅检察官、书记官长、永嘉地方检察厅检察长、金华地方检察厅检察长共4人司法部二等金质奖章。4月,因浙江高等检察厅第一分厅1员监督检察官和永嘉地方检察厅检察长对于改建永嘉监所捐俸赞助,热心狱政,司法部分别给予一、二等金质奖章。

民国13年(1924年),金华地方检察厅任命法官2员,鄞县地方检察厅任命法官1员。

民国16年(1927年)南京国民政府建立后,检察官来源主要是"考试、调训、存记"三个途径;对检察官仍然实行任职考试和资格审查制度。

民国17年(1928年)5月,浙江高等法院1员检察官在职积劳病故后,国民政府依照官吏恤金条例给以其遗族恤金。

民国18年(1929年),依据国民政府《司法官官俸暂行条例》等规定对检察官进行待遇管理,浙江省受到"进级"奖励的首席检察官4员、检察官3员;受到"升用"奖励的检察官1员、候补检察官3员、学习检察官4员;1员检察官免职。

民国19年(1930年),全省各级法院有首席检察官32员、检察官21员、候补检察官15员、学习检察官21员,共89员(其中浙江高等法院检察处有首席检察官1员、检察官5员)全

① 浙江省《法官任用暂行法议决案》,引自《武义法院志》,浙江人民出版社2000年版,第62页。

部为法政专科生，其中毕业于日本法政、中央、早稻田等大学的有10员，毕业于国立朝阳、北洋、北京、北平、北京中华、北京中国等大学的有17员。首席检察官、检察官往往曾历经多职，其中有审判厅或承审员、帮审员工作经历的42员，有在其他检察厅工作经历的63员，有法律教授工作经历的9员，另2员曾任省临时议会议员。同时对检察官实行考绩制度。是年，浙江高等法院检察处6员检察官共配受侦查事件、第二审案件、第三审案件及指挥执行等事件计6095件，人均1016件；终局共6087件，未终局8件；莅庭共2539件，人均423件。民国20年，浙江高等法院检察处7员检察官考绩，全年共配受上述事件共5577件，人均797件；终局5573件，未终局4件；莅庭2224件，人均318件。

民国21年（1932年）10月后，浙江省根据国民政府《法院组织法（修正）》"检察署及检察官之配置"规定，对地方各级法院配置检察官有所调整，"其他法院及分院各置检察官若干人，以一人为首席检察官。其检察官员名额仅有一人时不置首席检察官"。地方法院及其分院之检察官、高等法院检察官、高等法院分院检察官均为荐任，初任检察官者试署地方法院或其分院之检察官。"检察官非有下列资格之一者不得任用：（一）经司法官考试及格并实习期满者；（二）曾在公立或经立案之大学独立学院专门学校教授主要法律科目二年以上，经审查合格者；（三）曾任推事或检察官一年以上经审查合格者；（四）执行律师职务三年以上经审查合格者；（五）曾在教育部认可之国内外大学独立学院专门学校毕业而有法学上之专门著作，经审查合格并实习期满者"。检察官的俸给、兼职禁止、任职保障及司法行政之监督、惩戒等规定，比前略有修改。

民国35年（1946年），全省法院检察官59员，其中首席检察官23员、检察官34员（内检察官兼行首席检察官职务4员）、候补检察官2员；其中浙江高等法院及下属4个分院共有首席检察官4员（浙江高等法院第三分院首席检察官空缺）、检察官8员。

（二）兼理检察事务的县长（知事）、承审员

民国初期，在未设立审判检察机构的地方，沿袭清末时期由县知事（县长）兼理司法的制度，兼理司法之县知事以及配设的承审员为司法行政合一体制的司法官，掌管当地司法检察事务。

民国元年（1912年）6月，浙江都督颁布《暂行执法科简章》，对未设法院的各县执法科人员设置，规定凡设执法科之县按甲、乙、丙三等划分配设员额。由执法长（知事兼任）、执法员办理民刑初审事件，包括行使检察职务。

民国3年（1914年）4月，北洋政府公布《县知事兼理司法事务暂行条例》中规定，"县知事关于司法事务受高等审判检察厅长之监督，承审员受县知事之监督"。县辖内刑案的侦查、公诉由县长（知事）负责指挥实施、提起。

民国23年（1934年）8月，《浙江兼理司法各县县长惩奖暂行办法》公布，对本省兼理司法的各县知事（县长）和承审员实行司法考核，对有突出成绩的兼理司法县知事（县长）予以奖励，对有延误办案等情事的，予以申诫、记过、交付惩戒。

至民国26年（1937年）初，浙江省内实行兼理司法制度的各县，一切司法事务均由县知事（县长）掌理，县知事（县长）除执掌行政事务外，还兼理司法审判、司法检察和司法行政事务。在县司法处设立后，县长虽不再兼理审判职务，但仍兼理司法行政事务和检察事务。民国33年，

国民政府修正公布《县司法处组织法》，其中仍有“县司法处检察事务由县长兼理之”的规定。

（三）检察辅助人员

民国元年（1912 年），浙江军政府都督颁行《法院编制法决议案》，改检察机构名称为检事厅，检事厅除设检察官外，置典簿、主簿、录事为书记官。民国 2 年 2 月，全省各级检事厅改为检察厅，计划配置员额数为：除检察官外，高等检察厅设典簿 1 员、主簿 2 员、录事 4 员、司法警察 4 员；11 个地方检察厅均置典簿 1 员、主簿 1 员、录事 2 员～3 员、检验吏 2 员、司法警察 18 员～20 员、看守所所长 1 员、医官 1 员、录事 1 员、所丁 12 员～14 员；杭州、嘉禾、吴兴、鄞县、绍兴、永嘉各初级检察厅设录事 3 员、司法警察 10 员；临海、金华、衢县、建德、丽水各检察厅设录事 1 员、司法警察 8 员。

民国 3 年（1914 年）1 月，北洋政府取消各级审判厅、检察厅中的主簿、典簿职称，统称为书记长，置书记长官辖之。民国 3—7 年，浙江省检察机构执行北洋政府任免奖惩检察职官的规定，浙江高等检察厅任命书记官 11 员、免职 2 员、奖励 4 员；杭县地方检察厅任命书记官 8 员、免职 2 员、奖励 1 员；鄞县地方检察厅任命书记官 4 员、奖励 1 员；永嘉地方检察厅任命书记官 1 员；金华地方检察厅任命书记官 3 员；浙江高等检察厅第一分厅及第二分厅共任命书记官 3 员。

民国 13 年（1924 年），浙江高等检察厅奖励书记官 1 员；杭县地方检察厅任命书记官 1 员；鄞县地方检察厅任命书记官 3 员、免职 2 员、奖励 1 员；永嘉地方厅任命书记官 1 员、奖励 1 员；金华地方检察厅任命书记官 2 员、奖励 2 员。

民国 19 年（1930 年），浙江高等法院检察处有主任书记官 1 员、书记官 8 员、长驻鄞县书记官 1 员、候补书记官 1 员、学习书记官 4 员。

表 19-2-1-2　民国 2 年（1913 年）浙江提法司核定各级审判检察厅员额配置情况一览表

<table>
<tr><th colspan="3" rowspan="2">各级厅</th><th rowspan="2">厅长</th><th colspan="2">审判官</th><th colspan="2">检察官</th><th colspan="3">书记官</th><th colspan="4">其他人员</th></tr>
<tr><th>监督推事</th><th>推事</th><th>监督检察官</th><th>检察官</th><th>典簿</th><th>主簿</th><th>录事</th><th>承发吏</th><th>检验吏</th><th>庭丁</th><th>司法警察</th></tr>
<tr><td rowspan="2">高等</td><td colspan="2">审判厅</td><td>1</td><td></td><td>7</td><td></td><td></td><td>1</td><td>2</td><td>6</td><td></td><td></td><td>10</td><td></td></tr>
<tr><td colspan="2">检察厅</td><td>1</td><td></td><td></td><td></td><td>2</td><td>1</td><td>2</td><td>4</td><td></td><td></td><td></td><td>4</td></tr>
<tr><td rowspan="4">地方</td><td rowspan="2">甲等</td><td>审判厅</td><td>1</td><td></td><td>5</td><td></td><td></td><td>1</td><td>1</td><td>6</td><td>10</td><td></td><td>10</td><td></td></tr>
<tr><td>检察厅</td><td>1</td><td></td><td></td><td></td><td>2</td><td>1</td><td>1</td><td>3</td><td></td><td>2</td><td></td><td>20</td></tr>
<tr><td rowspan="2">乙等</td><td>审判厅</td><td>1</td><td></td><td>3</td><td></td><td></td><td>1</td><td>1</td><td>4</td><td>8</td><td></td><td>8</td><td></td></tr>
<tr><td>检察厅</td><td>1</td><td></td><td></td><td></td><td>2</td><td>1</td><td>1</td><td>2</td><td></td><td>2</td><td></td><td>18</td></tr>
</table>

续表

各级厅			厅长	审判官		检察官		书记官			其他人员			
				监督推事	推事	监督检察官	检察官	典簿	主簿	录事	承发吏	检验吏	庭丁	司法警察
初级	甲等	审判厅		1	2					3	6		4	
		检察厅				1	1			3				10
	乙等	审判厅			1					2	6		4	
		检察厅					1			2				8

资料来源:《武义法院志》,浙江人民出版社 2000 年版。

表 19-2-1-3　　民国时期浙江省检察职官被诉违法及惩戒情况(部分)一览表

惩戒时间	当事职官所在机构	职　务	姓　名	事　由	惩戒情况
民国 2 年(1913 年)3 月 4 日	浙江第一地方检察厅	检察长	许畏三	被诉滥用法权	经查,无不法情形惩戒
民国 3 年(1914 年)11 月 12 日	杭县地方检察厅	检察长	陈毓璇	废弛职务	陈毓璇加以儆告;李开元等应从严审讯
		学习检察官	李开元	收受贿赂	
		录事	俞尔恭		
民国 12 年(1923 年)11 月 5 日	鄞县地方检察厅	检察官	郑庆章	借案索诈	戒饬处分
民国 20 年(1931 年)10 月 17 日	温岭县法院	候补检察官	徐湛基	徇情搁案	停止候补检察官职务
民国 21 年(1932 年)9 月 10 日	浙江高等法院检察处	学习书记官	胡达生	办事疏忽	免去职务
民国 22 年(1933 年)7 月 24 日	浙江高等法院	检察官	袁士鑑	废弛职务	应予申诫
民国 24 年(1935 年)1 月 25 日	海宁县法院	首席检察官	刘傅会	故意诬陷属员	记过一次

续表

惩戒时间	当事职官所在机构	职　务	姓　名	事　由	惩戒情况
民国24年(1935年)1月24日	江山县法院	首席检察官	何立言	看释监犯、失出刑期	申诫
民国24年(1935年)6月24日	鄞州地方法院	书记官	何章宪	疏忽职务贻误公案	降一级改叙
民国24年(1935年)10月14日	诸暨县法院	检察官	沈际平	办案未尽侦查之能事	记过
民国25年(1936年)6月5日	定海地方法院	检察官	宋绍英	指挥执行疏忽	申诫
民国31年(1942年)5月25日	嘉兴地方法院	检察官	孙维模	办案违法	告诫
民国35年(1946年)9月	浙江高等法院第三分院	首席检察官	季赓扬	受贿九千万元	判处刑罚
民国37年(1948年)8月10日	瑞安地方法院	检察官暂代首席职务	胡方来	滥用私人，派补额外法警	警告
民国37年(1948年)8月23日	天台地方法院	检察官	江爵希	公于赌博，行止不检	警告
民国37年(1948年)9月9日	永嘉地方法院	检察官	宋超海	办案未尽侦查之能事	警告
民国37年(1948年)10月18日	东阳地方法院	检察官	金鸣盛	承办案件行事草率	令嗣后注意
民国37年(1948年)12月16日	长兴地方法院	检察官	席天予	办案未尽侦查之能事	警告

资料来源：综合民国24年至37年《司法公报》《浙江司法半月刊》《宁波法院志》《浙江司法月刊复刊》《司法行政部指令》《浙江高等法院检察处训令》等有关处分公告。

第二节　中华人民共和国成立后浙江省检察人员和队伍建设

中华人民共和国成立后，全省检察机关根据1950年8月毛泽东批准颁发的《各级检察署工作人员任免暂行办法》、1951年9月《各级地方人民检察署组织通则》等法律法规来配备人员。1954年《检察院组织法》颁布后，全省检察队伍随着形势变化时有波动，人员时多时少。1979年《检察院组织法》颁布（全国人大常委会又于1983年和1986年先后2次通过修订）。1985年9月，中共中央办公厅发出《关于加强地方各级法院检察院干部配备的通知》。1995年2月，第八届全国人大常委会通过《中华人民共和国检察官法》（以下简称《检察官法》），又于2001年6月经第九届全国人大常委会修改通过。浙江省严格依照上述法律和规定录用与管理检察人员，加强检察队伍建设，强化检察人员的思想政治教育与业务培训，开展“评先创优”等各类激励措施，从严治检，改进检察工作作风，全省检察队伍围绕经济建设中心，坚定政治信念，提高检察专业化水平，严明检察纪律，涌现出一大批先进人物。

一、人员录用与管理

（一）人员录用

1950年，浙江省按照中共中央要求和最高检察署《各级检察署工作人员任免暂行办法》，以“必须政治品质优良、能力相当、作风正派之人，不可滥竽充数。因为这不同于普通司法机关”①的标准选任检察干部。全省检察机关开始建立人事录用、任免制度。各级检察署所有干部均由同级政府定编、任免。已建立的检察署要造表报送各级每个干部的简履登记表2份，上报最高检察署华东分署，以便了解并办理任用及备案手续。1951年2月，最高检察署华东分署电示省检察署，称1951年编制已下达，要求抓紧时间作全盘计划，提请有关部门调配干部。是年底，省检察院有干部30余人。全省共有检察干部116人。

1952年6月，根据中央关于整编机构指示，省编制委员会决定全省检察机关编制144人。省检察院编制数下降为25人。

1953年5月，华东检察分署通知给浙江省增加300名检察干部编制。省委在省检察署的工作报告中提出，待中央编委正式文件下达再行分配新增人员。6月，省检察署干部增至41人。7月，全省第二届检察工作会议召开，决定有计划、有步骤普遍建立检察机构和充实检察干部。至1954年，全省检察机关已调入检察员以下的检察干部共269人。

1954年后，浙江省根据《检察院组织法》规定，省检察院除检察长、副检察长和检委会委员外，检察员亦由最高检察院提请全国人大常委会批准任免。省检察院分院和县（市、区）检

① 1950年9月4日《中共中央关于建立检察机构问题的指示》，引自孙谦主编《人民检察制度的历史变迁》，中国检察出版社2009年版，第166页。

察院的检察长、副检察长、检察员和检委会委员，由省检察院提请最高检察院批准任免。同时，上述人员任免还由同级地方党委审查批准，正、副检察长并须经省委组织部审查批准。各级检察院的助理检察员，均须经过同级党委审查批准，由检察长公布任免，并报上一级检察院备案。书记员由本院检察长批准，报上一级检察院备案。

1957 年 1 月，最高检察院、司法部、公安部、国务院编制委给各省发出急电：“将地方人民检察院、地方人民法院和公安系统的编制交地方统一管理。”

1959 年 10 月，省委批准省检察院机关编制 54 人。

1966 年 3 月，省检察院党组向省编委报告精简机构方案：人员比原编制 50 人减少 10%。此后，因受到“文化大革命”影响，全省检察机关先后被军管乃至撤销，检察干部有的被迫停止工作，有的进入干校劳动，有的安排到其他单位，检察队伍解体。

1978 年 3 月，全省重建检察机关。9 月，省检察院向省委报告需要编制 95 人，其中正、副检察长 5 人，正、副处长 12 人～14 人，检察员、科长级 35 人，书记员和一般干部 35 人，工人 7 人。是年，省检察院共有工作人员 34 人。

1979 年，最高检察院通知全国各级检察院增加人员编制。至 1980 年，全省检察机关共有 2444 人。

1981 年，省检察院规定：各级检察院正、副处长、主任、科长等中层领导干部，列为同级党委管理的，由检察院党组加以协助；不列为同级党委管理的以及其他党、政干部，由检察院党组自行管理。对这些干部的任免，须经党组集体讨论决定。

1984 年 9 月后，全省检察机关贯彻执行最高检察院、国家计委、劳动人事部对 1984—1985 年地方各级人民检察院吸收录用和选调干部工作的通知精神，从城镇待业青年、在职工人、城镇复员军人、在职干部、军队转业干部中吸收录用干部，改善各级检察院干部队伍年龄偏大、文化水平偏低的状况。

1986 年 5 月，省法院、省检察院、劳动人事厅联合制发《关于检察院、法院系统法警改干问题的通知》，对全省各级法院、检察院按照编制定员规定的、现仍担任法警工作而尚未取得干部身份的全民所有制固定工，符合条件的，按照一定的程序，可改为干部或录用为干部。

1987 年 1 月，省检察院会同省委组织部、省编委、省人事厅发文，要求将全省各级“打击经济领域犯罪活动”联席会议办公室（以下简称经打办）人员编制共计 328 人，于 7 月底划归检察院。是年始，省检察院贯彻执行最高检察院党组下发的《关于加强检察干部管理若干问题的规定》，要求各级检察院党组积极协助党委定期或不定期对下级检察院领导班子进行考察，并根据考察情况适时向党委提出调整充实意见，积极协助党委做好建立后备干部队伍的工作；后备干部名单，在报党委的同时须报上一级检察院党组。

1991 年 5 月后，全省检察机关贯彻执行最高检察院政治部《关于检察人员不得加入民主党派的通知》，民主党派不得在检察系统发展成员，也不在检察系统进行民主党派的宣传和组织活动；检察人员也不得加入民主党派；已取得民主党派党籍的检察人员，可保留党籍，并与其所在党派组织发生个别联系，但不在检察系统进行党派活动，有关单位的党组织对这些民主党派成员在工作上、学习上、待遇上应一视同仁，不得予以歧视。

1995年后，全省检察机关贯彻执行中共中央组织部《关于进一步做好培养选拔党外干部担任政府和司法机关领导职务工作的意见》。

1999年，省检察院制发《浙江省检察机关工作人员录用规定》，对适用范围、录用条件、录用程序等作出规定。

2004年8月，中共中央召开全国培养选拔党外干部座谈会。11月，省委召开全省培养选拔党外干部工作座谈会。是月，中共中央组织部、最高法院、最高检察院发布《关于进一步加强地方各级人民法院、人民检察院考试录用工作的通知》，规定“地方各级人民法院、人民检察院补充工作人员，一律实行省级统一招考，除省级考试录用主管机关外，其他机关及人民法院、人民检察院不得自行组织招考”。“地方各级人民法院、人民检察院补充主任科员以下非领导职务的工作人员、与该职务层次相当的初任法官人选、初任检察官人选，必须按照‘凡进必考’的要求，采取公开考试与严格考察相结合的办法择优录用。各级党委组织部门、人民法院、人民检察院不得以任何理由开免考的‘口子’，也不能随意调入，违规进人。今后，人民法院、人民检察院系统补充工作人员，除中央有明确规定外，必须通过统一录用考试”。全省检察机关执行该文件对考试录用程序、审批制度等规定。12月，省检察院召开全省检察机关培养选拔党外干部电视电话会议，提出下大力气做好检察机关培养选拔党外干部工作。

截至2010年，全省检察机关在编人数8427人，其中行政编制7741人、事业编制(含职工编制)686人。其中，省检察院共有327人；内有行政编制309人，事业编制(含职工)18人。全省检察机关共有民主党派人士15人，其中副检察长9人，检察员3人，其他人员3人。

(二)检察官等级、警衔评定与管理

1.检察员、助理检察员

1950年5月，省检察署有检察员3人。1951年9月后，根据《各级地方人民检察署组织通则》规定，全省各级检察署均设检察员、助理检察员。

1955年，全省有检察员95人、助理检察员13人，合占全部检察干部的17.25%。1957年，全省有检察员372人、助理检察员169人，合占全部检察干部的49.68%。

1963年，全省有检察员152人、助理检察员69人，合占全部检察干部的43.42%。1966年，全省有检察员163人、助理检察员66人，合占全部检察干部的46.36%。

1981年始，重建后的全省检察机关执行最高检察院规定：各级检察院的检察员由检察院党组协助同级党委管理，助理检察员由检察院党组自行管理；其任免须经检察院党组集体讨论决定，检察员报同级党委审批后，由检察长提请本级人大常务委员会任免，助理检察员由检察长任免。

1984年，省人大常委会办公厅发文规定，检察机关报请人大常委会任命的检察员的称谓，必须严格按照《检察院组织法》的规定执行；检察员可以有不同级别，但级别问题应由干部管理部门确定，不作为法律职务报请国家权力机关任免。

1985年9月后，全省检察机关根据中共中央办公厅《关于加强地方各级法院检察院干部配备的通知》，省检察院检察员一般配备处一级干部，市(分)检察院检察员一般配备副处一级

和科一级干部，县（市、区）检察院检察员一般配备科一级和股一级干部。

1987年6月，经省委组织部同意，省检察院发文规定：各级检察院（包括派出检察院、检察办事处、检察室）的检察员，由各级检察院党组管理；其任免按照干部管理权限经党内审批提出人选后，检察员由所在检察院检察长提请同级人大常务委员会任免，助理检察员由检察长任免；对检察员的配备，严格按照中共中央办公厅规定，选拔政治素质好，熟悉政法业务，具备相应职级条件的干部担任。10月，经省委组织部同意，省检察院规定各级检察院的助理检察员的职级按以下原则确定：县（市、区）检察院的为科员级；省检察院分院、省辖市检察院的为副科长级、科员级；省检察院的为科长级、副科长级；各级检察院的业务处、科级机构的领导干部按所在检察院检察员职级配备。

1995年《检察官法》颁布后，浙江省据此对检察官严格考核；并以考核为依据，实行奖惩、职务升降、晋级增资的激励机制以及辞职、辞退、退休制度等。8月，最高检察院下发《初任检察员、助理检察员考试暂行办法》，要求初任检察员、助理检察员职务，必须通过全国统一考试；初任检察员、助理检察员的全国统一考试每年举行一次；并规定初任检察员、助理检察员的报考条件、考试工作的组织等。

1998年11月，中共中央组织部、人事部、最高检察院下发《中华人民共和国检察官等级暂行规定》，最高检察院下发《评定检察官等级实施办法》，启动首次评定检察官等级工作。12月，最高检察院下发《关于做好首次评定检察官等级工作的通知》，就首次评定检察官等级工作作出部署。检察官等级共有四等12级，从高到低依次为首席大检察官，大检察官（一级、二级），高级检察官（一级、二级、三级、四级），检察官（一级、二级、三级、四级、五级）。

1999年1月，最高检察院下发《首次评定检察官等级若干具体问题解答》。7月，最高检察院政治部下发《关于检察官等级变动管理工作有关问题的通知》，就检察官在首次评定检察官等级后，按照规定晋升、降低或者取消检察官等级的管理工作作出规定。是月，最高检察院批准浙江检察机关有一级高级检察官2人，二级高级检察官17人。省检察院批准全省检察机关有三级高级检察官88人，四级高级检察官1020人，一级检察官1174人，二级检察官1179人。

2001年9月，最高检察院下发《关于再次调整部分检察官的检察官等级的通知》。2002年5月，最高检察院下发《关于再次调整部分检察官的等级和按期晋升检察官等级的通知》，全省检察机关据此解决首次评定检察官登记后出现的一些问题。

2004年9月后，全省检察机关根据最高检察院《关于检察官等级管理工作若干问题的意见》，贯彻执行关于检察官等级的首次评定、检察官等级的晋升、检察官等级的降低、检察官等级的保留和取消、检察官调动后等级的确认与调整、检察官等级的晋升培训、检察官等级的审批等规定。

2005年12月后，全省检察机关按照最高检察院《高级检察官等级选升标准（试行）》和《高级检察官等级选升工作若干问题解答》的要求，开始进行首批高级检察官选升工作，至2006年4月结束。此后，全省检察机关的高级检察官选升转入日常工作，按照最高检察院有关规定正常办理。

2007年11月后,省检察院按照最高法院、最高检察院联合下发的《关于法官、检察官相互交流任职后如何确定法官、检察官等级问题的通知》规定,对法官调入人民检察院担任检察官的,不再进行检察官等级的首次评定,由省检察院予以确认。检察官等级确认后,原任法官等级与确认后的检察官等级时间合并计算晋升年限。

截至2010年,全省检察机关在职人员中有等级检察官5458人,其中大检察官1人、一级高级检察官5人,二级高级检察官15人,三级高级检察官192人,四级高级检察官1556人,一级检察官1363人,二级检察官663人,三级检察官368人,四级检察官661人,五级检察官634人。其中,省检察院有检察员78人(含检察长、副检察长、检委会委员),助理检察员143人。

表19-2-2-1 1999—2010年浙江省检察机关被授予二级以上高级检察官人员名录

检察官等级	姓　　名
二级大检察官	葛圣平、朱孝清、陈云龙
一级高级检察官	李木天、李植安、陈亨光、刘建国、钱中贤、刘晓刚、赵建平、吴效芳、何永星、王彪、庄建南、倪志良、陈长华、郑本立、李泽明
二级高级检察官	郁富才、王基信、朱立乔、杨品逸、李岳保、李升昌、王岩权、余志德、李永生、徐江荣、赵碧春、吴昌瑞、陈文虎、王幼卿、吴春莲、倪昌奖、刘丕训、虞锦春、裘子牛、武耀庭、郑则启、马守忠、刘诚民、陈栋良、李长江、孙厚祥、杨献国、任国、顾雪飞、陈春玉、岳耀勇、倪集华、王兴法、魏民、张立臣、黄秋生、宋涛、黄生林、储普丰、闫晓东、王祺国、金连山、韩小喜、王加尧、林萍、叶寿生、朱卫明

资料来源:根据最高检察院授衔及晋升检察官等级类文件综合。

说明:按授予同一检察官等级的时间先后排名。

2.书记员、司法警察、行政人员

1950年5月,省检察署秘书室设主任1人,下设人事、收发、庶务、档案各1人、书记2人、资料组3人,第一科设科长1人、文书1人、工作组3人。1951年9月后,根据《各级地方人民检察署组织通则》,省检察署以及专区分署、县(市)检察署设秘书、书记员等。

1955年,全省检察机关共有干部324人,其中主任、处长8人、科长、秘书8人、一般干部100人。1957年,全省检察机关共有干部1089人,其中主任、处长12人,副主任、副处长15人,科长、秘书25人,一般干部323人,勤杂17人。

1963年,全省检察机关共有干部509人,其中主任、处长13人,科长、秘书61人,书记员、科员、办事员共94人,工勤5人。1966年,全省检察机关实有干部494人。其中书记员、科员、办事员109人,工勤2人。

1978年检察机关重建后,开始配置司法警察(以下简称法警)。1979年,最高检察院下发《关于报送各级人民检察院法警着装供应计划问题》,提出各级检察机关法警配备方案,其中省级检察院8人,地区级检察分院6人,县级检察院3人。1982年10月,省检察院发文要求各级检察院按此方案执行。

1981年,根据最高检察院规定,全省各级检察院的书记员由各检察院党组自行管理,经检察院党组集体讨论决定，由检察长任免。

1987年，经省委组织部同意，省检察院规定各级检察院书记员的职级按以下原则确定：县（市、区）检察院的为科员级、办事员级；省检察院分院和省辖市检察院的为科员级、办事员级；省检察院的为副科长级、科员级；各级检察院（包括派出检察院、检察办事处、检察室）的书记员，由各级检察院党组管理，任免按照干部管理权限经党内审批提出人选后，由检察长任免。

1992年7月，第七届全国人大常委会通过《中华人民共和国人民警察警衔条例》（以下简称《人民警察警衔条例》）。10月，最高检察院下发《检察机关司法警察评定授予警衔的实施办法》，对评定授予警衔的范围、首次评定授予警衔的标准等作出规定，加强司法警察队伍管理，推进司法警察队伍革命化、现代化、正规化建设。同月，最高检察院下发《关于人民检察院司法警察警衔授予和晋级批准权限的规定》。12月，最高检察院授予浙江省检察机关警督警衔18人。至1993年，省检察院授予全省检察机关警衔中有一级警司57人，二级警司53人，三级警司4人，一级警员1人，二级警员5人。

1995年1月后，全省检察机关贯彻执行最高法院、最高检察院、公安部、国家安全部、司法部联合印发的《人民警察选升警衔的暂行办法》。是年，根据最高检察院要求，省检察院贯彻执行《人民警察警衔条例》，对全省法警授予警衔。其中，授予二级警督警衔11人、三级警督警衔37人，一级警司警衔67人、二级警司警衔91人、三级警司警衔14人、二级警员警衔3人，共223人。省检察院和各市（分）检察院分别独立或与当地公安机关联合开展首次法警授衔仪式。

2002年3月，最高检察院下发《检察机关首次评定授予司法警察警衔审批办法》，省检察院发文要求各级检察院贯彻执行。

2004年1月后，全省检察机关根据最高检察院《人民检察院司法警察警衔工作管理细则》，执行对司法警察警衔的审批权限及程序等规定。

截至2010年，全省检察机关共有书记员917人，无法律职务干部1103人，专业技术人员28人，工勤人员446人。共有法警467人；其中被授予法警警衔415人，内三级警监1人，一级警督131人，二级警督121人，三级警督98人，一级至三级警司共64人。省检察院共有书记员53人，无法律职务干部21人，法警18人，工勤人员12人。

表19-2-2-2　　1980—2010年浙江省检察机关编制、人员情况一览表

年　度	1980	1985	1990	1995	2000	2005	2010
编制数	-	4213	6013	6865	7718	7139	9520
实有人数	2444	4191	5639	6547	6983	6792	8427
检察长	226	101	99	101	103	102	103
副检察长		186	203	236	276	305	331
检委会委员	-	-	-	-	-	401	500
检察员	603	1774	2315	3194	3932	3402	3217

续表

年　度	1980	1985	1990	1995	2000	2005	2010
助理检察员	462	943	1641	1517	1215	550	1315
书记员	122	680	753	695	603	850	917
法　警	158	205	207	258	267	350	467
无法律职务干部	853	203	208	317	209	336	1103
工勤人员	20	99	200	229	378	496	446
专业技术人员	-	-	-	-	-	-	28

资料来源:根据各市检察院年度政工报表综合。

表 19-2-2-3　　1978—2010 年浙江省检察院历年人员构成情况(不含职工)一览表

年　度	1978	1980	1985	1990	1995	2000	2005	2010
总人数	34	88	165	186	210	217	244	315
检察长	1	1	1	1	1	1	1	1
副检察长	2	3	3	3	3	3	4	4
检委会委员	-	9	11	-	-	-	9	13
检察员	-	18	34	35	48	63	56	65
助理检察员	-	-	17	60	59	92	93	143
书记员	-	-	27	70	74	31	-	53
法　警	-	-	1	6	13	13	14	18

资料来源:根据省检察院年度政工报表综合。

二、队伍建设

1950 年全省组建人民检察队伍后,始终坚持加强队伍建设。特别是 1978 年重建检察队伍后,坚持不懈把思想政治教育放在重要位置,不断加强业务培训工作,积极培养检察优秀人才,努力使广大检察干警的政治素质与业务能力能够适应社会和检察工作发展的需要。建立表彰与奖励制度,开展评先创优活动,形成激励机制。牢固树立从严治检理念,不断严格队伍纪律,进行纪律作风建设,强化纪律检查与监察工作,广泛接受社会监督,形成有效的监督制约机制。推动全省检察队伍建设规范化、科学化,为全省检察机关依法履行各项职责提供有力保障。

(一)队伍教育

1. 思想政治教育

1950年7—10月,根据省委、省政府部署,省检察署布置开展整风运动,对检察工作中执行方针政策、领导作风上官僚主义等方面的问题进行整顿。

1951年,根据中共中央决定,省检察署组织全省检察机关开展内部"三反"斗争。

1952—1964年期间,全省检察机关在开展中共中央、省委部署的各项政治运动的同时,加强对检察干部的思想政治教育。

1965年3月,省检察院针对干部中对依靠群众专政思想的顾虑,在全省检察长会议上学习中共中央1月发布的《农村社会主义教育运动中目前提出的一些问题》(以下简称二十三条),总结经验教训,解决少数干部"三怕一等"(怕"左"、怕右、怕追根,等待社会主义教育运动挨整)思想。9月,在全省检察工作会议上,结合传达全国第十四次公安工作会议精神,再一次学习中共中央有关指示,教育全省检察干部进一步明确依靠群众专政是实行人民民主专政的根本路线。12月,省检察院针对部分检察干部在诸暨、上虞、萧山三个试点县撤销检察院后产生的思想波动,进行思想教育工作。

1984年1月至1985年3月,省检察院在省委统一领导下进行整党工作,开展彻底否定"文化大革命"的教育,坚持"既要解决问题,又不要搞乱"的基本方针,进一步端正业务工作指导思想,克服官僚主义作风,纠正不正之风,增强党性和组织纪律性。

1988—1989年,受一些党政机关搞福利、创收等活动影响,省内部分检察人员产生离职"下海"的思想波动。全省检察机关以廉政教育为重点,加强对检察人员的形势教育、理想教育、职业道德教育,并开展争先创优、立功创模活动。

1989年6月,全省检察机关进一步加深对新形势下开展思想政治工作重要性、必要性的认识,增强"两手抓"的自觉性,将思想政治工作列入重要工作日程。

1990年10月下旬,省检察院召开全省检察机关思想政治工作会议,进一步明确思想政治工作的主要任务、中心环节、基本方法,认真落实思想政治工作责任制。

1991年8月下旬开始,全省检察机关按照各级党委统一部署,针对国际局势的剧变,组织党员、干部深入学习中共中央总书记江泽民在庆祝中国共产党成立70周年大会上的讲话精神,加强社会主义思想教育。

1992年3月,省检察院根据最高检察院通知,组织各级检察机关学习邓小平《在武昌、深圳、珠海、上海等地的谈话要点》,进一步树立检察工作为社会主义经济建设服务的思想,同时把廉政建设作为大事来抓,加强检察队伍建设,提高检察人员的政治素质、业务素质。

1993年4—6月,全省检察机关开展"解放思想"大讨论,促使检察干部了解熟悉经济和社会发展的大局,正确认识形势,把握检察工作方向,促进严格执法,强化法律监督职能,更好地为经济建设服务。

1994年11月至1995年1月,省检察院根据最高检察院部署,开展全省检察队伍教育整顿活动,通过教育动员、对照检查、整改验收3个阶段,广大检察干警的精神面貌、组织纪律性和思想作风得到明显改进和转变，自身的反腐倡廉工作得到加强，存在的突出问题得到重视并逐步解决。

1995 年底，根据中共中央、最高检察院部署，全省检察机关开展纪律教育整顿活动，重点解决遵守办案纪律问题，尤其是领导班子成员和中层干部中存在的贪赃枉法、徇私舞弊、刑讯逼供、泄露办案机密、违法插手经济纠纷等严重违法违纪问题，利用办案之机谋取私利、接受发案单位和案件当事人及其亲友的财物、宴请和参加由涉案单位、个人提供的歌厅、舞厅、夜总会等娱乐性活动的问题，为涉案亲友或其他当事人说情、打探案情，干预办案的问题，违反赃款赃物管理规定的问题。

1997 年 8 月上旬，省检察院召开动员大会，部署全省检察机关开展以党性党风教育和办案纪律为主要内容的纪律教育整顿活动。10 月 29 日，省检察院召开全省检察机关电话会议，通报对有关市地检察机关开展教育整顿情况的检查结果。

1998 年 3 月中、下旬，根据中共中央、省委和最高检察院关于贯彻落实中纪委二次全会和中央政法工作会议精神的部署，省检察院印发《全省检察机关集中教育整顿实施方案》，召开各市、地检察长会议部署全省检察机关集中教育整顿工作。4—7 月，全省检察机关开展集中教育整顿，切实解决检察队伍中存在的突出问题。重点解决执法不公、执法不严、贪赃枉法、徇私舞弊、办人情案、关系案、金钱案，以案谋私、受利益驱动越权办案，违法插手经济纠纷，滥用职权、不文明办案，作风和道德败坏等问题。6 月下旬，省人大常委会审议通过省检察院检察长葛圣平作的《关于全省检察机关开展集中教育整顿工作的情况报告》。9 月下旬，省检察院邀请 10 位全国及省人大代表召开座谈会，听取人大代表关于全省检察机关教育整顿情况的意见、建议。

1999 年 7—12 月，根据中共中央和省委部署，省检察院领导班子和领导干部开展“讲学习、讲政治、讲正气”（以下简称三讲）教育，省委派出巡视组进行督导，教育活动分“思想发动，学习提高”“自我剖析，听取意见”“交流思想，开展批评”“认真整改，巩固成果”4 个阶段进行。8 月中旬，省检察院全体干警参加省人大常委会召开的省人大代表评议省检察院司法工作动员会。省人大常委会主任李泽民、省委副书记周国富讲话，葛圣平作表态发言。11 月底，省检察院全体干警参加省人大常委会召开的省人大代表对省检察院司法工作评议会，李泽民、周国富讲话，12 位省人大代表分别代表 11 个代表中心组和省人大常委会调查组作评议发言，葛圣平作《浙江省人民检察院自查报告》。

2000 年，全省检察机关开展“反特权思想、霸道作风”的专项教育活动，各级检察院创新廉政教育形式，利用全国人大常委会原副委员长成克杰（2000 年 7 月法院以受贿罪判处其死刑）、江西省原副省长胡长清（2000 年 2 月法院以受贿、行贿、巨额财产来源不明罪判处其死刑）等重大典型腐败案件开展警示教育，组织干警观看廉政教育电影和录像片 550 次，给干警上廉政教育课和职业纪律课 547 次。

2001 年，全省检察机关将教育重点放在党风廉政教育和职业道德、职业纪律教育方面，以“三个代表”重要思想和中共中央主要领导讲话等为学习重点，提升干警理想信念、宗旨意识、服务意识。全省检察机关组织干警接受职业道德、职业纪律和廉政教育课 611 次，组织观看廉政教育录像片和电视653次。

2003—2004年，根据最高检察院部署，全省检察机关集中开展“强化法律监督，维护公平正义”教育活动，以建立健全教育、制度、监督并重的惩治和预防体系为抓手，进一步统一执法思想，增强为全面建设小康社会服务的意识；进一步加大工作力度，规范执法行为，提高执法水平和办案质量；进一步增强队伍建设的政治责任感，落实队伍建设责任制。其间，全省检察机关共组织干警接受职业道德和职业纪律教育课400余次，观看廉政教育电影、电视、录像片40余次。

2005年上半年，按照中共中央保持共产党员先进性教育活动工作领导小组要求，全省检察机关开展党员先进性教育活动。省检察院成立教育活动领导小组，召开动员大会，制发《开展保持共产党员先进性教育活动实施意见》。6月下旬，省检察院召开先进性教育活动总结大会。

2006年4月下旬，省检察院制发《全省检察机关开展社会主义法治理念教育活动实施方案》，召开电视电话会议，陈云龙作开展教育活动动员讲话。5月中旬，省检察院召开全省检察机关学习贯彻省委十一届十次全会精神，扎实开展“法治浙江”建设电视电话会议。陈云龙作动员讲话。省检察院制发《关于学习贯彻省委十一届十次全会精神，扎实开展“法治浙江”建设的实施意见》。5月底至6月底，省检察院举办全省检察机关社会主义法治理念培训班。6月中旬，举行践行社会主义法治理念先进典型事迹报告会。是年，根据中共中央、省委和最高检察院部署，全省检察机关开展学习贯彻《党章》教育活动，落实完善经常性廉政教育制度，各级检察院检察长给干警上廉政教育课85次，分管检察长和纪检组长上廉政教育课212次，组织新进干警职业道德和职业纪律培训88次，组织参观反腐败成果展览88次7364人，参观廉政教育基地136次1628人，观看廉政教育电影、电视和录像片329次17435人。检察廉政文化建设逐步推进，举办廉政书画展览37次、廉政演讲比赛36次、文艺会演18场，有64个检察院开辟网上廉政教育专栏。

2006年4月至2007年9月，根据最高检察院、省委政法委部署，全省检察机关组织开展社会主义法治理念教育活动，结合理想信念、党纪党风、职业道德、职业纪律教育和“作风建设年”活动，各级检察院党组中心组安排廉政专题学习333次，检察长给干警讲廉政教育课140次，分管检察长、纪检组长讲廉政教育课223次，为新进干警上职业道德课110次，组织“析案明理”活动141次，组织参观廉政教育基地77次。2007年12月，省检察院制发《浙江省人民检察院依法规范办案十条规定》。

2008年，省检察院制发《关于建立健全作风建设长效机制的实施意见》，为深入推进检察纪律作风建设提供制度保证。是年10月至2009年2月，根据省委部署，省检察院开展深入学习实践科学发展观活动，与“树新形象、创新业绩”主题实践活动和“讲党性、重品行、做表率”活动结合起来。11月12日，省检察院全体干警听取省委副书记、省长吕祖善作“深入学习实践科学发展观宣讲报告”。学习活动期间，各级检察院党组中心组共安排廉政专题学习413次，检察长给干警上廉政教育课108次，分管检察长和纪检组长上廉政教育课152次，组织新进干警职业道德和职业纪律培训126次。

2010年，根据最高检察院部署，全省检察机关先后开展“恪守检察职业道德、促进公正廉洁执法”主题实践活动与“反特权思想、反霸道作风”专项教育活动、“深化作风建设年”活动。省检察院制作了一套集示范教育、警示教育和岗位廉政教育于一体的自身反腐倡廉教育活动展板和光碟，在全省所有检察院组织巡展。4 月 23 日，省检察院举行首次检察官宣誓仪式。副检察长庄建南主持宣誓仪式，检察长陈云龙带领省检察院全体检察官宣誓。省委书记、省人大常委会主任赵洪祝监誓并讲话，省人大常委会副主任刘奇、省政协副主席王永昌出席。7 月中旬，省检察院召开全省检察机关践行检察职业道德先进典型事迹报告会。11 月中旬，全省检察机关贯彻落实省人大常委会《关于加强检察机关法律监督工作的决定》电视电话会议召开，省人大常委会副主任刘奇、省检察院检察长陈云龙、省委政法委副书记巫波伦讲话。

2. 业务教育

1951 年 2 月，最高检察署华东分署电示省检察署在提请有关部门调配干部的同时，在力量可能条件下，可自办或合办训练班培养和提高一般干部的能力水平，以求秋后普遍建立机构。

1953 年 5 月，经省委批准，省检察署对在职干部进行教育训练。6 月下旬至 8 月上旬，省检察署先后举办 2 期训练班：第一期调训全省检察干部 80 人，第二期培训新收人员 27 人。通过培训，提高干部业务水平，明确检察工作的方针和任务，密切上下级检察署的联系。

1954 年 5 月中旬，苏联专家鲁涅夫来杭介绍苏联检察制度和检察工作经验，部分省、专区、县(市)检察干部参加座谈。是年，省检察署为刚进检察机关的 126 名干部举办 2 期短期训练班，组织学习 1954 年《宪法》《检察院组织法》，以及中共中央、最高检察院关于检察工作的文件和其他基本业务知识，为有计划逐步开展各项检察工作奠定基础。

1955 年，省检察院举办 2 期检察干部训练班，训练检察干部 134 人；又抽调 19 名县检察院检察长以上干部去中央和华东政法学院学习，为全面开展各项检察工作创造条件。

1956 年，省检察院抽调 21 名干部去司法部培训；省检察院训练班培训新进检察干部 151 人。全省检察机关受过检察或司法业务训练的人员，已占干部数的 34.9%。

1957—1966 年，省检察院未组织全省性的检察业务培训活动。

1979 年秋季始，经省委批准，省检察院、省法院为解决队伍青黄不接的状况，设置司法、检察中专班，由省检察院、省法院和省公安学校共同管理。每期 2 年，其中检察中专班每年招生 70 人。

1985 年 4 月，省检察院与浙江省广播电视大学商定建立全省检察系统电大法律专业教学班(以下简称电大检察班)。教学班以各市(地区)、县(区)检察院为单位建立，受所在地检察院和电大分校、县工作站双重领导。全省建立电大检察班 106 个，学员达 2800 余人，其中检察干警 2200 余人。

1988 年 4 月，省检察院制发《关于建立广播电视中专全省检察系统法律专业干部专修班的通知》，对检察系统法律专业干部专修班培养目标和学制、招生对象及报考条件、课程设置、授课方式及办学形式等作出规定。5 月，浙江省教育委员会(以下简称省教委)同意杭州市广播电视中专与省检察院联合举办省检察系统法律专业干部中专专修班，招收全省检察机关 35 周岁～45 周岁、具有初中毕业文化程度的 3 年以上专业工龄的在职干部，学制 2 年(业余)。7月,省检察院经与省教委商定并经省政府同意,建立浙江广播电视大学检察分校(大专)。是年,开设的电大检察分校共有81个教学班。至1991年,全省共毕业检察干警746人。

1992年11月,浙江省编制委员会(以下简称省编委)同意省检察院在省政法管理干部学院挂牌设立浙江省检察官培训中心。1993年2月,省检察院制发《全省检察系统〈法律(检察)专业证书〉教育实施办法》。

1995年,省检察院同意设立省检察官培训中心浙南分中心、宁波分中心、丽水分中心、嘉兴分中心、金华分中心、衢州分中心、舟山分中心、义乌分部,承担相应地区检察机关的干部培训及省检察官培训中心委托的有关培训任务。

1997年7月,省委组织部批准省检察院与省委党校合办检察干部法律本科班。是年9月至2001年12月间共举办2期。

1998年3月,省检察院制发《省检察院机关干部参加研究生教育暂行办法》,对省检察院机关干部参加研究生教育的条件、审批程序、学费承担等作出规定。

2000年,省检察院制发《关于进一步加强省检察院机关业务建设的意见》,提出经过5年努力,主要采取加强对业务尖子的培养、大力加强岗位培训、开展岗位技能培训、开展专项业务培训、继续有重点抓好学历教育特别是本科和研究生学历教育等措施与途径,力争到2004年全院干部的业务素质和执法水平有明显提高,高层次、复合型人才和检察业务骨干占有一定比例,全院检察干部文化学历结构更趋合理。

2001年5月,省检察院制发《关于对〈关于进一步加强省检察院机关业务建设的意见〉的修改补充规定》,对在职干部非组织选送攻读研究生学位和参加研究生课程进修班教育提出鼓励政策。9月,省检察院制发《浙江省检察机关"一五三"人才培养工程实施方案》,提出力争在2001—2005年规划期限内培养出10名在全省乃至全国有一定权威和影响的专家型人才;50名既精通法律又熟练掌握金融、审计、证券、计算机等其他某方面专业知识的高层次复合型人才;300名检察业务尖子(以下简称"一五三"人才)。并对"一五三"人才的培养、管理提出具体措施。10月,省检察院制发《2001—2005年全省检察干部教育培训规划》,包括指导思想和基本原则、奋斗目标和基本任务、主要措施和基本保障等内容。

2002年3月,省检察院制发《全省检察机关检察官续职资格培训规划》,包括指导思想和培训目标、主要任务和实施步骤、培训时间和培训方式、培训内容、培训师资、组织领导和培训考核等内容。5月,省检察院制发《浙江省检察机关检察官续职资格专门培训实施方案》,就续职资格培训对象、培训内容、培训批次及培训分工、培训方式、考试考核、结业发证等作出规定。

2004年6月,省检察院制发《浙江省检察机关2004年至2007年人才工作规划(试行)》,提出到2007年底,使检察人员学历层次有较大幅度提高,高素质人才队伍基本形成规模、人才分布配置更加合理、具有检察特色的人才工作机制基本形成。是年底,全省检察机关共有本科以上学历5247人,占总数的71.6%,其中研究生以上学历408人。

2006年2月,最高检察院决定授予首批"全国检察业务专家"称号,省检察院技术处干部褚建新为其中之一。9月,省检察院制发《浙江省检察机关检察业务专家评审办法(试行)》。

2007 年 2 月，省检察院根据《浙江省检察机关检察业务专家评审办法(试行)》，经严格评审，授予 6 人“第一届浙江省检察业务专家”称号。4 月，省检察院制发《“十一五”期间浙江省检察干部教育培训规划》。

2009 年，根据省委组织部、省人事厅《浙江省公务员学习培训学分制管理办法(试行)》，省检察院制发《浙江省检察机关公务员学习培训学分制管理实施办法(试行)》，加强业务培训管理，推动全员培训。

2010 年，省检察院制发《关于开展建设学习型党组织、学习型检察院活动的实施意见》。全省检察干部参加最高检察院组织的培训 383 人次，参加省检察院组织的培训 1596 人次，参加各市检察院组织的培训 1398 人次，参加检察系统外培训 1515 人次。其中，省检察院干警参加培训 196 人次，市检察院干警参加培训 421 人次，基层检察院干警参加培训 4275 人次。

2006—2010 年“十一五”期间，全省检察机关共举办各类正规化培训班 677 期，培训检察官和其他检察人员 40943 人次。其中，省检察院举办 106 期 11374 人次，各市检察院举办 571 期 29569 人次。共举行各类岗位练兵、技能竞赛 450 次，9989 人次参加。涌现出一批全国和全省优秀公诉人、优秀侦查员、侦查监督优秀检察官等优秀人才；有 3 人获“全国十佳公诉人”、9 人获“全国优秀公诉人”、1 人获“全国十佳侦查监督办案能手”、3 人获“全国优秀侦查监督办案能手”称号。

截至 2010 年，全省共有全国检察业务专家 6 人、全省检察业务专家 16 人、全国检察理论研究人才 20 人、全国一级侦查人才库人员 11 人、全省二级侦查人才库人才 78 人，市级检察业务尖子 329 人、基层检察院办案能手 541 人；全省检察人员本科以上学历的占总数的 80%以上，其中研究生学历、学位的占全省检察人员总数的 15%。

表 19-2-2-4　浙江省检察机关被最高检察院评为“全国检察业务专家”人员一览表

批次	姓　　名	授予时间
第一批	褚建新(省检察院)	2006 年 2 月
第二批	傅国云、包朝胜、杨国章(省检察院)，冯仁强(杭州市检察院)，张利兆(宁波市检察院)	2010 年 11 月

资料来源：高检发政字〔2006〕14 号、〔2010〕116 号文件。

表 19-2-2-5　浙江省检察机关被省检察院评为“全省检察业务专家”人员一览表

批次	姓　　名	授予时间
第一批	傅国云、包朝胜(省检察院)，冯仁强、胡根明(杭州市检察院)，王祺国(嘉兴市检察院)，卢岩修(金华市检察院)	2007 年 2 月
第二批	倪集华、糜方强、杨国章(省检察院)，潘申明(宁波市北仑区检察院)，孔璋、陈晓东(温州市检察院)，陶建军(绍兴市检察院)，金建文(衢州市检察院)，姚石京(台州市检察院)，丁轩坤(丽水市检察院)	2009 年 6 月

资料来源：浙检政〔2007〕24 号、〔2009〕23 号文件。

（二）表彰与奖励

1959 年 5 月，义乌县检察院检察员陆基有、嘉兴县检察院助理检察员金静波、黄岩县检察院检察员赵钧卿、天台县检察院检察员姚家喜、玉环县检察院干部林蕉梅、开化县检察院检察员余永林、丽水县检察院助理检察员吕圣根、宁波市检察院检察员顾福康、象山县检察院文书严望林、省检察院副科长傅立人、舟山县检察院办事员丁琪芳共 11 人作为全省检察机关先进工作者代表，参加全国司法、公安、检察先进工作者代表大会。

此后至“文化大革命”开始，省检察院未组织全省检察机关的表彰奖励活动。

1978 年 9 月，重建不久的检察机关派代表参加全省公安、检察、法院先进集体、先进工作者代表大会。

1983 年 12 月，省检察院制发《浙江省各级人民检察院关于评选表彰先进集体、先进个人及奖励办法的意见(试行)》，对评选表彰的范围、奖项、审批程序和权限等作出规定。

1984 年 11 月，省检察院与省劳动人事厅联合发文，对奖励对象、奖励种类、审批权限等作出规定。是年，温州市检察院法警彭三豹被最高检察院记个人一等功。彭三豹自参加检察工作后热爱本职，忠于职守，兢兢业业，在平凡岗位上做出了优异成绩。

1985 年 3 月，最高检察院决定授予温州市检察院彭三豹“全国模范法警”称号；向蒋钰祥、沈炳泉、王孚义、王荷兰、李文光、刘世岳、沈邦年颁发先进个人奖状。4 月下旬，省检察院向全省检察机关发出《关于开展向彭三豹同志学习活动的决定》。

1987 年 10 月，省检察院发文开展向鄞县检察院检察长朱琦学习活动。朱琦于 1985—1986 年连续被评为全省检察系统先进工作者，并记三等功一次。1988 年 10 月，被最高检察院授予“全国模范检察干部”称号。1989 年 9 月，国务院授予朱琦“全国先进工作者”称号。

1988 年 6 月，省检察院制发《检察机关记功奖励审批权限的试行意见》，规定各级检察院及其内设部门，以及检察干部个人的记功奖励审批权限。其中，县(市、区)检察院记集体一、二等功的，市(分)检察院记集体一、二、三等功的，县(市、区)检察院的科、室记集体一等功的，市(分)检察院的处、室记集体一、二等功的，均报省检察院批准；个人记一等功的，由市(分)检察院审核，报省检察院审批；正、副检察长记个人二、三等功的，报上一级检察院审批；记一等功的，报省检察院审批。

1989 年 5 月 29 日，省检察院召开全省检察机关查处贪污、受贿大要案记功授奖大会，为在反贪污、受贿斗争中作出突出贡献的 14 个单位和 5 名个人分别记集体一、二、三等功和个人二等功。省委副书记、省长沈祖伦，省委常委、省纪委书记陈法文，省委常委、省政法领导小组组长夏仲烈，省人大常委会副主任杨彬到会向被记功的单位和个人授奖并讲话。10 月，省检察院给温岭县检察院检察长毛庆祥记二等功一次，并与台州行署联合召开立功表彰会。毛庆祥因健康原因，于 1989 年 3 月经温岭县九届人大四次会议同意辞去检察长职务；在 7 月省人大常委会批准前，毛庆祥坚守岗位，尽心尽责，带领该检察院全体干部认真开展各项工作，特别是积极查处贪污贿赂等经济犯罪案件，仅 3—7 月，该检察院就查处经济犯罪案件 20 件，其中贪污贿赂案件 17 件，大要案 4 件。

1992 年 4 月 28 日，省检察院召开全省检察系统 1991 年度先进集体、先进工作者表彰大会。省委副书记刘枫代表省委、省政府讲话，省人大常委会副主任杨彬、省政协副主席王承绪、省顾委常委张世祥等出席会议。

1993 年 10 月，省检察院制发《对侦破贪污贿赂等大要案有功集体和个人记功表彰的规定(试行)》。

1995 年，仙居县检察院王凤林、衢州市检察院张光健分别获评“全国模范检察干部”。舟山市普陀区检察院金连儿、缙云县检察院卢林火、杭州市萧山区检察院沈观兴和平阳县检察院宋海分别被最高检察院记个人一等功。

1996 年 1 月 5 日，省检察院举行全省检察系统先进事迹报告会。省委副书记、常务副省长柴松岳，省人大常委会副主任毛昭晰分别代表省委、省政府和省人大常委会讲话。葛圣平对全省检察机关进一步深入开展“争先创优”活动提出要求。

1998 年，省检察院俞德泰获评“全国模范检察干部”；嵊州市检察院叶周顺、宁波市检察院曾祥生、杭州市江干区检察院金福泉分别被最高检察院记个人一等功。

1999 年 12 月，省检察院制发《浙江省检察机关记功表彰工作规定(试行)》，对记功的种类及适用、记功的审批权限、记功的实施、记功的监督和检查等作出规定。30 日，省委政法委表彰全省政法系统人民满意政法干警(单位)和干警群众满意领导班子，检察系统中受表彰的有“人民满意政法单位”1 个、“干警群众满意领导班子”的检察院党组 3 个、“人民满意政法干警”4 人。

2000 年 5 月，省检察院发文开展向衢州市柯城区检察院检察长汪太云学习活动。汪太云自 1992 年任职以来，把柯城区检察院建设成为全国“人民满意的检察院”，该检察院机关党支部成为“全国先进基层党组织”；其先后被授予全国“模范检察干部”、全国“先进工作者”、省“优秀共产党员”、省政法系统“十佳先进个人”、省“优秀军转干部”等称号。

2002 年，宁波市江东区检察院袁培芬、杭州市西湖区检察院狄建华和缙云县检察院夏美钟获评“全国模范检察干部”。乐清市检察院连志英、德清县检察院冯建勇和舟山市普陀区检察院陈宏分别被最高检察院记个人一等功。

2004 年 2 月，金华市检察院反贪局局长李斌被最高检察院授予“中国十大杰出检察官”称号(第五届)；省检察院给李斌记一等功，组织开展向其学习的活动。3 月，省检察院和金华市委联合召开李斌记功表彰大会，省委副书记夏宝龙、省检察院检察长朱孝清到会讲话。是年，李斌被评为“浙江八大魅力人物”之一。次年 5 月，被评为全国“先进工作者”。

2004 年 5 月 12 日，东阳市检察院反贪局副局长吴顺海在夜间抓捕犯罪嫌疑人过程中因公殉职。7 月，被最高检察院追授全国“模范检察官”称号。8 月，省检察院组织开展向吴顺海学习活动。12 月，省委追认他为“优秀共产党员”。是年，吴顺海获得中国“时代先锋人物”称号。2005 年 6 月 2 日，省委与最高检察院在杭州联合召开“追授吴顺海同志荣誉称号命名表彰大会”，省委书记、省人大常委会主任习近平与最高检察院检察长贾春旺到会讲话。省委作出《关于开展向吴顺海同志学习活动的决定》，号召全省党员干部向吴顺海学习。

2005 年 2 月，杭州市萧山区检察院反贪局局长赵桔水被最高检察院评为全国“十佳反贪局长”，丽水市检察院渎职侵权检察处处长周科庆被评为“十佳渎职侵权检察局(处、科)长”。

6月，省检察院制发《浙江省检察机关记功表彰工作规定(试行)》。12月，赵桔水的事迹在中央电视台“东方时空”栏目作专题宣传。2006年2月，其被最高检察院授予全国“模范检察官”称号。2007年12月，其被评为第七届“全国十大杰出检察官”。2008年5月，省委政法委、省检察院与杭州市委在萧山区联合召开“‘全国十大杰出检察官’赵桔水同志表彰大会”，省委常委、省委政法委书记王辉忠，省检察院检察长陈云龙到会讲话。

2006年2月，宁波市、湖州市检察院、杭州市拱墅区检察院的纪检监察部门获评全国检察机关纪检监察工作先进集体，3名纪检干部获“先进个人”称号。同月，在全国检察机关第六次先进集体先进个人表彰大会上，宁波市江东区检察院检察长袁培芬获“全国模范检察官”称号，杭州市萧山区检察院赵桔水和乐清市检察院连志英分获“模范检察官”称号，丽水市检察院周科庆、临海市检察院金敬兴、衢州市柯城区检察院汪未四、嵊州市检察院钱永胜、嘉兴市秀洲区检察院沈红雷分别记个人一等功。3月，省检察院深入开展向全国检察机关先进集体先进个人学习活动。6月，全省检察机关获省“优秀共产党员”3人、省“优秀党务工作者”1人。8月中旬，省检察院作出《关于给董步高等6名同志追记一等功和二等功的决定》和《关于给周建宏同志追记一等功的决定》。9月中旬，省检察院制发《关于开展首届浙江省“十佳检察官”评选活动的通知》。12月上旬，评出首届浙江省“十佳检察官”(后改为“优秀检察官”)，全省检察机关有10位检察干部获评。随后，省检察院作出《关于表彰首届浙江省“十佳检察官”的决定》。同月，杭州市下城区检察院鲍键、绍兴市检察院柴峥涛获第三届“全国十佳公诉人”称号，余杭区检察院沈亚平获第三届“全国优秀公诉人”称号。12月26日，省委书记习近平批示要求广大检察干警向获奖公诉人学习，进一步提高业务能力和水平，推动全省检察工作再上新台阶。

2007年4月，温州市检察院公诉处副处长赵海霞和杭州市余杭区检察院公诉科科长沈亚平先后被授予2006年度“全国五一劳动奖章”和2006年度“浙江省劳动模范”称号。5月，省委书记赵洪祝，省委副书记、省委政法委书记夏宝龙批示要求在全省政法系统中学习宣传赵海霞、沈亚平的先进事迹，省检察院组织全省检察机关开展向她们学习的活动。12月，最高检察院政治部和检察日报社联合15个中央新闻单位举办的第七届“中国十大杰出检察官”评选活动揭晓，杭州市萧山区检察院赵桔水当选。省检察院和中共杭州市委分别作出《关于开展向赵桔水同志学习活动的决定》，省检察院给赵桔水记一等功。次年5月21日，省委政法委、省检察院和中共杭州市委联合召开记功表彰大会。省委常委、政法委书记王辉忠，省检察院检察长陈云龙，杭州市委副书记叶明出席会议。

2008年5月2日，台州市路桥区检察院检察员金启和因病去世，他的事迹经媒体报道后，在社会上引起强烈反响。金启和从事检察工作28年，恪尽职守，一身正气，出色履行了一名共产党员和人民检察官的职责。6月，省委追认他为“优秀共产党员”。2009年1月，最高检察院追授他为全国“模范检察官”；1月中旬，金启和入选“浙江骄傲——2008年度最具影响力人物”。省委书记、省人大常委会主任赵洪祝，省委常委、宣传部部长黄坤明，省人大常委会副主任吴国华，省政协副主席盛昌黎，省检察院检察长陈云龙出席颁奖典礼。5月6日，省委与最高检察院在杭州联合召开“追授金启和同志荣誉称号命名表彰大会”，省委书记、省人大常委会主任赵洪祝与最高检察院检察长曹建明到会讲话，号召广大检察干警、共产党员向金启和学习。12月中旬，省检察院公布第二届“浙江省十佳检察官”评选结果。

2010年，省委授予宁波市检察院检察长陈长华“优秀共产党员”称号，并号召全省共产党员向陈长华学习。

1978—2010年，全省检察干警中，获最高检察院表彰（不含单项工作表彰，下同）64人次，被省委等领导机关表彰34人次，被省检察院表彰48人次。

表19-2-2-6　　浙江省检察机关获国务院表彰的先进个人名录

时　间	受表彰人	荣誉称号
1989年9月	宁波市检察院朱琦	全国先进工作者
2000年5月	衢州市柯城区检察院汪太云	全国先进工作者
2005年4月	金华市检察院李斌	全国先进工作者

资料来源：根据国务院有关表彰全国先进工作者文件综合。

表19-2-2-7　　浙江省检察机关获中纪委等中央机关表彰的先进个人名录

时　间	受表彰人	荣誉称号	表彰单位
2002年8月	温州市鹿城区检察院倪海平	个人一等功	中纪委
2007年4月	温州市检察院赵海霞、杭州市余杭区检察院沈亚平	全国五一劳动奖章	全国总工会
2009年2月	杭州市余杭区检察院沈亚平	全国五一巾帼奖	全国总工会
2009年8月	杭州市余杭区检察院沈亚平	全国“人民满意的公务员”	中组部等

资料来源：根据中纪委等中央机关相关表彰类文件综合。

表19-2-2-8　　浙江省检察机关获最高检察院表彰的先进个人名录

时　间	受表彰人	荣誉称号
1985年3月	温州市检察院彭三豹	模范法警
1988年10月	鄞县检察院朱琦	模范检察长
1990年6月	衢州市检察院张光健、三门县检察院袁掌铨、丽水检察分院宋永平、杭州市江干区检察院裘林木、湖州市城郊检察院何国富	先进个人
1992年4月	瑞安市检察院彭奇威、浦江县检察院薛茂鸿、新昌县检察院黄华富、杭州市西湖区检察院葛成富、台州分院马保海、龙泉市检察院管月福、平湖市检察院吴水龙、龙游县检察院徐俊生	先进个人
1993年9月	奉化市人民检察院张梅英	中国优秀检察官
1994年12月	平阳县检察院宋海	一等功

续表

时　间	受表彰人	荣誉称号
1995 年 1 月	仙居县检察院王凤林、衢州市检察院张光健	全国模范检察干部
	舟山市普陀区检察院金连儿、缙云县检察院卢林火、杭州市萧山区检察院沈观兴、平阳县检察院宋海	一等功
1998 年 1 月	衢州市柯城区检察院汪太云、省检察院俞德泰	全国模范检察干部
	宁波市检察院曾祥生、杭州市江干区检察院金福泉、嵊州市检察院叶周顺	一等功
2000 年 2 月	舟山市检察院满超英、杭州市上城区检察院徐文奎、磐安县检察院孔宝华、海盐县检察院郑美良、上虞市检察院张金强、奉化市检察院张梅英	全国“人民满意检察干警”
2001 年	嘉兴市检察院郑美良	中国十大杰出检察官提名奖
2002 年 1 月	杭州市西湖区检察院狄建华、宁波市北仑检察院袁培芬、缙云县检察院夏美钟	全国模范检察干部
	乐清市检察院连志英、德清县检察院冯建勇、舟山市普陀区检察院陈宏	一等功
2004 年 2 月	金华市检察院李斌	中国十大杰出检察官
2004 年 7 月	东阳市检察院吴顺海	全国模范检察官
2006 年 2 月	宁波市江东区检察院袁培芬	全国优秀检察官
	杭州市萧山区检察院赵桔水、乐清市检察院连志英	全国模范检察官
	丽水市检察院周科庆、临海市检察院金敬兴、衢州市柯城区检察院汪未四、嵊州市检察院钱永胜、嘉兴市秀洲区检察院沈红雷	一等功
2007 年	杭州市检察院李伟刚	全国优秀司法警察
2007 年 12 月	杭州市萧山区检察院赵桔水	中国十大杰出检察官
2009 年 1 月	台州市路桥区检察院金启和	全国模范检察官
2010 年 2 月	丽水市检察院周科庆、岱山县检察院王彬	全国模范检察官
2010 年 2 月	杭州市萧山区检察院方新建、温岭市检察院王玉庭、衢州市检察院刘建华、嘉兴市南湖区检察院吴伯琼	一等功
2010 年 12 月	宁波市检察院陈长华	全国模范检察官

资料来源：根据最高检察院历年表彰类文件综合。

表 19-2-2-9　　浙江省检察机关获省委、省政府表彰的先进个人名录

时　间	受表彰人	荣誉称号	表彰单位
1987 年 12 月	鄞县检察院朱琦、浦江县检察院薛茂鸿	省劳动模范	省政府
1988 年 12 月	衢州市检察院郑厚博	省劳动模范	省政府
1989 年 9 月	慈溪市检察院冯传沛	省劳动模范	省政府
1999 年 12 月	杭州市上城区检察院徐文奎、海盐县检察院郑美良、湖州市城郊检察院郑秀芳、衢县检察院袁鲁厦	全省政法系统“人民满意政法干警”	省委政法委
2000 年 12 月	杭州市西湖区检察院狄建华、宁波市北仑区检察院潘申明、鄞县检察院王伦君、温州市鹿城区检察院谢雁湖、德清县检察院冯建勇、上虞市检察院张金强、金华市婺城区检察院李斌、衢州市柯城区检察院徐金锦、天台县检察院许绪潭、缙云县检察院夏美钟	省十佳检察官	省委政法委
2006 年	宁波市海曙区检察院孟国荣、乐清市检察院连志英、金华市检察院李斌	省优秀共产党员	省委
2006 年	长兴县检察院马世远	省优秀党务工作者	省委
2007 年 4 月	温州市检察院赵海霞、杭州市余杭区检察院沈亚平	省劳动模范	省政府
1999 年 9 月	舟山市检察院满超英	省劳动模范	省政府
2009 年 9 月	绍兴市检察院张秋良、温岭市检察院王玉庭	省劳动模范	省政府
2009 年	温州市检察院胡金龙	省五一劳动奖章	省政府
2010 年 10 月	宁波市检察院陈长华	省优秀共产党员	省委

资料来源：根据省委、省政府相关表彰类文件综合。

表 19-2-2-10　　浙江省检察机关获省检察院表彰的部分先进个人名录

时　间	被表彰人	荣誉称号	备　注
1984 年 7 月	新昌县检察院邵东水、临安县检察院谢贤齐	一等功	追　记
1999 年 1 月	杭州市上城区检察院徐文奎	一等功	
	杭州市余杭区检察院吴庸高，瑞安市检察院马张岳、象山县检察院陈世昌，嘉兴市秀城区检察院鲍臻，湖州市检察院张建明，嵊州市检察院叶周顺，金华市检察院郭土华，衢州市检察院吴江	省级优秀检察官	

续表

时　间	被表彰人	荣誉称号	备　注
1999 年	杭州上城区检察院徐文奎	一等功	
2003 年 3 月	上虞市检察院傅寿孙	一等功	追　记
2004 年 2 月	金华市检察院李斌	一等功	
2006 年 8 月	湖州市检察院周建宏	一等功	追　记
2006 年 8 月	洞头县检察院董步高、陈和荣、陈祥桨	一等功	追　记
2006 年 12 月	丽水市检察院金珍、温州市检察院赵海霞、永康市检察院翁跃强、舟山市检察院王彬、余姚市检察院凤丹、杭州市萧山区检察院方新建、龙泉市检察院刘庆龄、杭州市余杭区检察院沈亚平、台州市路桥区检察院陈晓风、绍兴市检察院谢剑	省十佳检察官	首　届
2008 年 3 月	杭州市萧山区检察院赵桔水	一等功	
2008 年 6 月	台州市路桥区检察院金启和	一等功	追　记
2008 年 12 月	衢州市检察院刘建华、缙云县检察院胡林军、舟山市普陀区检察院刘碧波、瑞安市检察院张天煜、金华市检察院王宪峰、湖州市检察院陈章、温岭市检察院王玉庭、嘉兴市检察院杨连明、宁波市江北区检察院范雅芬、杭州市江干区检察院施景新	省十佳检察官	第二届
2009 年 10 月	宁波市检察院陈长华	一等功	

资料来源：根据省检察院表彰类文件综合。

（三）纪律检查与监察

1. 纪律检查监督

1955 年，全省有 5 个检察院先行开展肃清机关内部暗藏反革命分子（以下简称内部肃反）斗争，审查出隐藏在检察机关内部的反革命分子、坏分子 12 人。7 月，省检察院开展“内部肃反”，次年 1 月转入“审干”。

1956 年，在全省内部肃反斗争中，参加省委工作组甄别定案工作的检察干部 175 人中，担任甄别组长的有正、副检察长 73 人，在办理内部肃反案件的批捕、起诉法律手续时，纠正了一些定错的案件；仅省检察院和杭州市检察院统计，予以更正的有 29 人。省检察院“审干”至年底基本结束。

1957 年，全国开展“反右派”斗争，省检察院检察长彭瑞林被省委错划为右派并被开除出党。全省检察机关“反右派”斗争出现严重扩大化，错误划定右派分子 23 人，其中省检察院 4 人。

1958 年 4 月，省检察院发出通知：省检察院分院、县（市、区）检察院的助理检察员、书记员以下干部划为右派分子的，需要办理撤职手续者，由检察分院办理撤职手续，并抄报省检察院。各地在撤销右派分子职务时应注意：县(市、区)检察院应直接报送检察分院，检察分院提出意见后报省检察院。报送撤销上述人员职务时，应将右派分子罪行和有批准权力的党委批示(抄件)一并报来。5月，彭瑞林被最高检察院撤销职务。7月，省检察院撤销5名右派分子的职务，其中县检察院检察长1人、检察分院检察员1人、县检察院检察员3人。8月，最高检察院批准浙江省检察院免去各级检察院调离、下放的81人干部的职务，其中检察长12人、副检察长10人、检察员59人。9月，根据最高检察院通知，浙江省对原经全国人大常委会批准任命为省检察院检察长、副检察长、检察员和检委会委员而被划为右派分子的，均报请最高检察院撤职，由最高检察院报全国人大常委会备案；原经最高检察院批准任命为省检察院分院和县、市、市辖区检察院的检察长、副检察长、检察员和检委会委员而被划为右派分子的，均报请省检察院撤职，由省检察院报最高检察院备案。省检察院又撤销5名右派分子的职务，其中检察分院副检察长1人、检察员1人，县检察院副检察长2人、检察员1人。(中共十一届三中全会后开始纠正被错划右派问题。1979年9月，中共中央批准省委对彭瑞林错划右派的改正报告，恢复其政治名誉和工资待遇。其他被错划右派的人员也先后平反。)

1959年秋季后，按照中共八届八中全会决议和省委三级干部会议精神，全省检察机关在各级党委的统一领导下，开展“反右倾”斗争，一批检察干部受到错误的批判和处分。全省检察机关确定和进行重点批判的对象有31人，占干部总数的5.57%。

1961年1—4月，省检察院党组根据省政法会议精神，针对政法队伍中出现的命令风、浮夸风、特殊风等问题，向省政法口整风领导小组作出“关于机关开展整风运动规划”。按照“中央十二条紧急指示”及“公安人员的八大纪律十项注意”，检查纠正各种违反政策、违法乱纪现象，解决“混”(混淆两类矛盾)和“乱”(乱罚、乱拘、乱押)的问题。

1962年中共中央召开“七千人大会”后，全省检察机关的“反右倾”批判停止。4月下旬，中共中央书记处发出《关于加速进行党员、干部甄别工作的通知》后，全省检察机关对在“反右倾”斗争中被错误批判和处分的绝大多数人进行甄别平反。(1979年7月中共中央发出《关于对被定为右倾机会主义分子的平反、改正问题的通知》后，一律予以平反改正，妥善落实政策。)

1963年5月18—25日，根据中共中央关于开展“五反”运动的指示，省检察院召开市(分)检察院检察长会议，部署检察机关保卫城市“五反”和农村“社教运动”工作。全省市(专区)以上检察机关普遍开展“五反”运动。县级检察机关同公安、法院一起，采取开短会轮训的方法，进行社会主义教育。1964年10月，省检察院机关“五反”“四清”检查结束，派出干部到诸暨、上虞、萧山三县参加“社会主义教育运动”试点。此后，省检察院没有组织全省检察机关开展大规模的思想政治教育活动，直至“文化大革命”中检察机关瘫痪并被撤销。

1978—1983年，随着全省检察机关的重建和发展，省检察院重视加强对检察队伍的纪律检查监督，突出重点业务部门和重要办案环节，逐步在全省检察机关探索内部监督的方法和机制。

1984年3月，经省委机构改革领导小组同意，省检察院成立中共纪律检查组，健全组织领导，进一步加强内部监督，促进严格公正执法。

1987年，根据最高检察院部署，省检察院首次对全省检察机关自身执法情况进行专项检查，发现一些检察院存在对办案中违法现象监督不够及时、个别案件执法不严、有的案件该抗诉而未提出抗诉等问题。此后，专项检查成为对检察执法办案进行监督的常规措施。10月，省检察院向中共浙江省纪律检查委员会（以下简称省纪委）提出在各级检察机关建立中共纪律检查组织。至1994年底，全省11个市（分）检察院均设中共纪律检查组织。

1990年，根据最高检察院《关于开展执法、执纪情况大检查的通知》，省检察院组织对全省检察机关进行执法执纪检查，重点是自侦案件的免诉，贪污、贿赂犯罪要案线索及其他重点线索的查处，执行办案期限和依法采取强制措施的情况，执行最高检察院制定的检察人员"八要八不准"纪律的情况。检查发现有少数案件免诉不当，个别地方对个别经济案犯搞"收审"，个别地方赃款赃物管理不严等现象。省检察院要求各级检察院要加强教育，引导干部增强严格执法、执纪的重要性认识，进一步建立健全各项规章制度，完善内部制约机制，自觉接受党委、人大和社会各界的监督，不断改进工作。

1991年8月，省检察院召开院机关第一次政工、纪检监察工作会议，对本院干部队伍建设提出要求。

1993年下半年，最高检察院下发《关于坚决制止利用检察职权乱收费、乱罚款的通知》后，全省检察机关针对领导干部利用检察职权乱收费、乱罚款、检察机关经商办企业、越权办案、插手经济纠纷、扣押人质违法办案和用公费变相出国（境）旅游等问题，开展对照检查和监督检查。1994年，根据中共中央、省委关于开展清理党政机关以权经商、垄断经营专项检查的要求，全省检察机关与所办经济实体脱钩的工作基本完成，乱收费、乱罚款现象基本杜绝，向企业要赞助和无偿占用企业车辆、通信设备等不正之风得到整治。检察机关县、处以上领导干部所接受的礼金和有价证券也均全部退还。第三季度，全省检察机关对赃款赃物管理情况进行检查，制止和纠正极少数检察院违法插手经济纠纷、为企事业单位及个人追款讨债的不正之风。

1995年5月，省检察院制发《浙江省检察人员办案纪律若干规定》《浙江省检察机关赃款赃物管理暂行规定》和《浙江省检察机关追究错案责任办法（试行）》，确立执法过错责任制度，进一步建立健全内部监督制约机制。9月最高检察院下发《检察官纪律处分暂行规定》后，全省检察机关以此为执纪依据。

1996年8—10月，根据最高检察院部署，全省检察机关开展扣押物品管理情况专项检查。各级检察院普遍做到扣押物品程序合法，收、管分开，手续完备，专人保管，管理比较严格。有87个检察院按规定设立扣押物品保管室，35个检察院的保管室达到规定标准。

1997年，根据最高检察院部署，全省检察机关开展清除执法中的地方和部门保护主义专项治理活动。省检察院领导带队并邀请省人大、省政协有关领导参加，对全省检察机关的专项治理情况进行抽查验收。为保证查纠成效，各级检察院普遍采取走访、座谈、发函等形式，多方听取意见和建议，拓宽查纠渠道。

1998年，根据中共中央关于军队、武警部队和政法机关一律不再从事经商活动的决定，全省检察机关对挂靠及所办的43个经济实体(其中全民所有制企业13个,集体所有制企业16个,私营企业2个,有限责任公司11个,股份有限公司1个)进行清理。根据规定撤销22个,解除挂靠关系14个,移交2个,保留3个,作其他处理2个(因主管单位不是检察机关)。同时,全省检察机关重点监督检查了清理通信工具、严格控制会议、切实执行公务接待标准等工作,集中进行公司、赃款赃物、小金库等专项清理。

1999年4—6月,根据最高检察院部署,全省检察机关对刑讯逼供问题进行重点整治和专项检查,各级检察院都成立以院领导或纪检监察部门领导为组长的专项检查小组。5月下旬至6月中旬,省检察院对杭州、温州、台州3个市检察院和9个基层检察院进行重点抽查,各市检察院检查组抽查44个基层检察院。6—10月,省检察院对全省检察机关"收支两条线"落实情况进行检查。查明全省检察机关没有行政性收费,所有事业性收费项目、没收款项及标准均按有关文件的规定执行,国务院和省政府明确规定取消的收费项目已全部取消,没有违反规定越权设置收费项目、扩大收费范围和提高收费标准的问题。

2000年7—8月,根据最高检察院部署,省检察院对各级检察院的财政专项补助经费使用情况和扣押款物管理情况进行清理和检查。查明各检察院均能严格按照最高检察院《人民检察院立案侦查案件扣押物品管理规定》,对扣押款实行"收、管分开",由院财务部门统一管理,存入专门账户,一案一账。

2001年,根据最高检察院部署和年初全省检察机关纪检监察工作会议要求,全省检察机关对处级干部的配偶、子女经商办企业情况,因私出国(境)护照持有情况,收受礼品、有价证券、支付凭证情况,扣押款物管理、执行和遵守办案纪律情况,1997—2001年检察人员受处分的落实情况,枪支弹药管理情况,扣押款物管理情况,办案中的安全防范和文明执法情况等进行检查清理。查明各级检察院均按照最高检察院《人民检察院枪支管理规定》配备、保管枪支,扣押款物基本做到一案一账、一物一卡、账物相符,但也发现极少数检察院对扣押物品未严格落实管理规定。

2002年2月下旬,全省检察机关纪检监察工作会议召开,深入推进全省检察机关党风廉政建设和自身反腐败工作。是年,为贯彻最高检察院政治部、监察局关于开展检察机关领导干部任期经济责任审计工作通知要求,根据《中国共产党党员领导干部廉洁从政若干准则》,全省有1个市检察院、17个基层检察院共计42名领导干部接受任期经济责任审计。其中正、副检察长28人、内设机构负责人11人、直属事业单位负责人3人。除3名是检察机关自行审计外,其余均由地方审计部门进行审计。审计发现,18个检察院财政收支计划执行较好,财务规章制度基本健全,会计资料较真实地反映了单位的财务收支情况;未发现领导干部在任期内有违反廉政规定的问题。但个别单位存在内部控制制度贯彻落实不够,债权债务清理不及时,固定资产管理不够完善等问题。是年,政府采购制度和建设工程项目公开招投标制度在全省检察机关得到推行,有35个检察院的纪检组监察室派人参加基建项目招投标过程的监督。

2003年,为进一步抓好领导干部廉洁自律工作,省检察院制发《关于省市院纪检组、政治部派人参加下一级院党组民主生活会的通知》,省、市检察院纪检组派员参加60个下级检察院党组民主生活会，对 53 名领导干部进行任期经济责任审计，有 99 个检察院建立领导干部廉政档案。8—11 月，根据最高检察院部署，全省检察机关开展依法办案和扣押冻结款物管理情况专项检查。查明 2000—2003 年，全省检察机关没有发生一起因失职或违法办案导致犯罪嫌疑人逃跑、自杀、自残的事件。

2004 年，全省检察机关纪检监察部门重点督促落实《浙江省检察机关执法办案内部监督暂行规定》，有 95 个检察院的办案部门将有关法律文书抄送纪检监察部门备案；有 99 个检察院的自侦部门在案结后填写《廉洁自律卡》和《执法监督卡》抄送纪检监察部门；有 96 个检察院在业务部门设兼职纪检监察员。同时，加强对领导干部和“三重一大”（重大问题决策、重要干部任免、重大项目投资决策、大额资金使用）的监督，省、市检察院纪检组负责人对下一级检察院检察长谈话 38 次，对 13 名领导干部的任期经济责任进行审计。5 月，省检察院根据最高检察院部署，在全省检察机关开展执法专项检查，重点是对 2001—2004 年自侦案件中的不起诉案件、撤销案件及被法院判无罪的案件扣押、冻结款物的管理情况进行全面清理检查，对其中未及时处理的 56 件扣押款物和 9 件反映信发出通报，逐件督促，限期处理。

2005 年，根据最高检察院《巡视工作暂行规定》，省检察院首次对嘉兴、绍兴 2 个市检察院班子及其成员开展为期一个多月的巡视。根据年初全省纪检监察工作会议部署，全省检察机关先后对 14 名领导干部的任期经济责任进行审计。8—10 月，根据最高检察院部署，全省检察机关继续开展“扣押冻结款物”专项检查，对 2005 年 7 月之前的公诉案件和自侦案件进行全面清理，检查的时间跨度和涉及案件量为历年来最大。

2006 年，最高检察院下发《关于检察机关党员领导干部报告个人有关事项的暂行规定》和《关于检察机关领导干部述职述廉的暂行规定》后，全省检察机关进一步加强对领导干部的监督力度，共组织领导干部述职述廉 630 人次，领导干部重大事项报告 424 人次；省检察院派员参加各市检察院党组民主生活会 6 次，各市检察院参加基层检察院党组民主生活会 57 次，各市检察院纪检组对 26 名领导干部进行任期经济责任审计。省检察院派员先后巡视杭州、宁波、温州、湖州 4 个市检察院。

2007 年，在配合省委巡视组对省检察院进行巡视工作“回头看”的同时，省检察院派员先后巡视金华、舟山 2 个市检察院，并对绍兴、嘉兴、湖州 3 个市检察院进行巡视工作“回头看”。为提升监督工作成效，省检察院对金华等 7 个市检察院进行蹲点巡查，推动解决执法办案中存在的突出问题。根据最高检察院、省纪委等部署，省检察院先后开展执行死亡事故报告制度、警务公务用车安全管理情况、清理“小金库”等专项检查活动。为探索内部监督制约新机制，根据最高检察院《检务督察工作暂行规定》，省检察院决定在 7 个市检察院和 35 个县（市、区）检察院开展检务督察试点工作，各级检察院共组织检务督察活动 332 次，发现并纠正问题 64 个。

2008 年，全省检察机关全面推行检务督察，省检察院成立检务督察委员会，设立检务督察室；并以贯彻执行上级检察院重大决议决定、规范执法和检容风纪为重点，对 11 个市检察院和 20 个基层检察院进行集中督察，不断加强对执法办案活动的监督。至是年底，全省有 85 个检察院成立检务督察机构，有 46 个检察院建立检务督察委员会，配备检务督察人员 511 人，其中专职人员 39 人，开展督察活动 921 次。

2009年5月，为进一步落实党内监督制度，省检察院制发《浙江省人民检察院加强领导干部监督管理工作若干意见》，开始实行党组成员分工负责参加下级检察院党组民主生活会制度，督促11位市检察院检察长向省检察院进行书面述职述廉和书面综合报告班子成员个人有关事项。是年，根据最高检察院《人民检察院执法办案内部监督暂行规定》，省检察院全面推行执法档案建设，开展案件质量评审，构建执法质量、执法规范、执法廉政情况评价体系，开展清理规范评比达标表彰专项活动，共清理评比达标表彰内容13项。省、市两级检察院共派员参加下一级检察院党组民主生活会99次，组织领导干部述职述廉900人(次)，761名领导干部报告个人有关事项。

2010年，最高检察院巡视省检察院后，省检察院根据最高检察院巡视组的意见建议，以强化对领导干部和执法办案监督为着力点，进一步加大内部监督工作力度，推行市检察院对基层检察院巡查制度及各基层检察院检察长向市检察院述职述廉制度。第二季度，省检察院先后两次配合最高检察院检务督察组，以监所检察为重点，开展对驻监管场所检察室进行集中整治督察，推进检务督察工作。7月初，省检察院以枪支弹药管理、警车违规使用问题和办案工作区建设等为主要内容，组织全省开展专项督察。11月，结合“反特权思想、反霸道作风”专项教育、执行讯问同步录像、“禁酒令”、依法规范安全办案等重点工作，对11个市检察院和20个县(市、区)检察院开展督察。

2.检察干警违纪违法案件查处

1952年，临海县检察署副检察长任某某与公安处留用会计互相包庇，不仅将生产利润存放银行，贪污利息、多领干部津贴、伪造单据，还贪污各县上缴之黄金物资等行为，且对贪污事实拒不坦白，焚烧账目，毁灭证据。经查实，当地领导决定对任某某撤销行政职务、开除党籍。4月，省检察署对此通报全省。

1985—1987年，全省检察机关查处检察干警违法违纪58件59人。其中，1985年查处9件9人；1986年查处21件22人，1987年查处28件28人。

1989—1993年，全省检察机关查处检察干警违法违纪109件113人。其中，1989年查处17件19人；1990年查处34件34人；1991年查处24件26人；1992年查处17件17人；1993年查处17件17人。

1994—2000年，全省检察机关查处检察干警违法违纪180件178人。其中，1994年查处18件18人；1995年查处25件25人；1996年查处37件37人；1997年查处35件33人；1998年查处40件40人；1999年查处10件10人；2000年查处15件15人。

2001—2010年，全省检察机关纪检监察部门坚持把查办检察干部违法违纪重大典型案件、群众反映强烈的问题和上级机关交办督办的问题作为纪检监察工作重点，10年间，共受理检察人员违法违纪案件信访举报1854件，初核1195件，立案查处62件64人。其中，2个基层检察院因有个别干部受到查处，被省检察院撤销“省级先进检察院”称号。同时，省检察院还承办上级机关交办和外省、市检察机关要求协办的涉及检察干部违规违法案件的调查工作。其中，2001年完成最高检察院、省人大常委会交办案件2件，协助最高检察院和江苏省检察院案件调查各1件；2005年完成最高检察院、省人大常委会、省委政法委交办案件6件。

三、检察机关外聘人员

(一)特约检察员

1990 年,为加强与民主党派、工商联、无党派人士的交流,更好接受外部监督,根据《中共中央关于坚持和完善中国共产党领导的多党合作和政治协商制度的意见》精神,温州市检察院在全国检察机关率先开展聘请民主党派、工商联及无党派人士担任特约检察员的工作,得到中共中央统战部、最高检察院的肯定和推广。1992 年 6 月,根据中共中央统战部、最高检察院《关于聘请民主党派和无党派人士担任特约检察员的意见》,省检察院聘请了分属民革、民盟、民建、民进、农工党、致公党、九三学社等民主党派的 7 人为省检察院首届特约检察员,聘期 3 年;1994 年增聘 4 人。其后,分别于 1995 年、1999 年、2003 年、2008 年聘请 4 届特约检察员共计 47 人,其中属于各民主党派的 44 人,属于无党派人士的 3 人。11 个市检察院根据省检察院部署,普遍开展聘请特约检察员工作。

1992 年 6 月,省检察院制发《特约检察员工作暂行条例》,规定特约检察员在检察机关特约检察员办公室组织下,对检察司法活动进行监督,为检察业务工作提供专业咨询。特约检察员随时了解检察机关重大工作部署和阶段性工作开展情况,参与检察机关重大决策的研讨和重要规范性文件的论证,对检察工作提出意见建议,发挥参政议政、民主监督作用。特约检察员以人大代表、政协委员身份和视角调查研究,对检察工作及其涉及的社会问题向有关单位、部门发表看法、提出意见或议案。

1996 年 4 月,省检察院在办理衢州市检察院提请刑事抗诉的犯罪嫌疑人汪某某受贿一案时,因涉及建筑方面的专业知识,先后向具有建筑设计、施工特长的 2 名特约检察员咨询。特约检察员审阅全部案卷材料后,针对专业技术问题提供了咨询意见,后被省检察院采纳。

1997 年 6 月,省检察院组织 5 名特约检察员深入温州专题调研检察队伍建设问题,形成《关于检察队伍建设的情况调查和几点建议》,最高检察院以“领导参阅件”转发全国各省级检察院领导参阅。

2010 年 4 月,省检察院制发《特约检察员工作规则》。全省多数检察院设立特约检察员办公室,没有设立特约检察员办公室的则确定专人负责,主要负责特约检察员有关会议和活动的组织安排、听取并反映特约检察员意见要求、做好特约检察员联络服务等日常组织联系工作。

截至 2010 年,全省检察机关共聘请特约检察员 123 人次;其中,省检察院 58 人次,各市检察院 65 人次。共组织特约检察员开展调研活动 90 余次,形成专题调研报告 70 余份。共听取特约检察员反映或转递人民群众对国家工作人员违法犯罪问题的检举与控告 28 件次;特约检察员参与有关案件的审查与复查 45 件次,参加检察机关执法执纪检查活动 36 件次,旁听重大、有影响案件的开庭审理活动 18 件次。

(二)人民监督员

2003 年 9 月,为加强对查办职务犯罪工作的外部监督,保障检察权特别是侦查权的依法正确行使，最高检察院经报告全国人大常委会并经中共中央同意，推行人民监督员制度作为重要改革措施之一，浙江省作为最高检察院首选的10个省份之一开始进行试点。10月，省检察院制发《浙江省检察机关直接受理侦查案件实行人民监督员制度试点工作方案》，建立人民监督员的选任制度，提出人民监督员试点工作方案，明确人民监督员应具备代表性、专业性、参与性、超然性的条件要求。试点工作在省检察院、11个市检察院和部分县(市、区)检察院开展，省检察院选任以省人大代表、省政协委员为主体的21人为首届省检察院人民监督员，任期五年。同月，省检察院制发《人民监督员办公室职责(试行)》，试点单位设立人民监督员办公室，重点履行组织人民监督员选任，规范人民监督员监督范围和程序，根据案件具体情况组织人民监督员参加案件监督，逐步拓宽人民监督员对执法办案活动的监督范围，完善监督程序与执法办案程序的衔接机制，保障人民监督员开展监督工作等职责。

2003年12月，根据最高检察院部署，省检察院制发《人民监督员案件监督实施细则(试行)》，明确人民监督员监督案件的范围是被逮捕的犯罪嫌疑人不服逮捕决定、立案后侦查部门拟撤销的案件和公诉部门审查后拟不起诉的三类职务犯罪案件，并采取听取案情介绍、审查证据事实、评议、表决的程序进行监督。

2004年8月，省检察院制发《关于扩大人民监督员制度试点工作有关事项的通知》，强调选出公道正派、有一定法律政策水平的人民监督员，人大代表和政协委员应占较大比例。

2006年2月，省检察院转发最高检察院《关于人民监督员监督"五种情形"的实施规则(试行)》，加强人民监督员对职务犯罪侦查中"五种情形"的监督，即：应当立案而不立案或者不应当立案而立案的；超期羁押的；违法搜查、扣押、冻结的；应当给予刑事赔偿而不依法予以确认或者不执行刑事赔偿决定的；检察人员在办案中有徇私舞弊、贪赃枉法、刑讯逼供、暴力取证等违法违纪情况的。各试点检察院根据最高检察院和省检察院的部署要求，结合业务实际，对监督工作的一些重要环节制定具体规范。杭州、宁波、温州、嘉兴等市检察院分别制定人民监督员制度具体实施细则、实施办法、人民监督员工作纪律等文件，设计人民监督员监督案件审批表、登记表、表决意见书等工作文书，保证人民监督员有效行使监督权。

2007年，根据省检察院部署，全省参与试点的检察院共选任首届人民监督员992人。7月，省检察院制发《关于做好人民监督员换届选任和管理工作的意见》，要求严格把握人民监督员选任条件、整合同城资源，适当减少人数，并积极探索检察体制外选任和管理人民监督员路子，增强人民监督员制度的公信力。2008年9月，省检察院选任以省人大代表、政协委员为主体的11人为第二届省检察院人民监督员。2009年底前，全省参与试点的检察院共选任第二届人民监督员857人。

2010年10月，最高检察院下发《关于实行人民监督员制度的规定》，全面推行人民监督员制度，明确市地级以上检察院应当确定相关机构、县级检察院可以确定相关机构或者专人负责人民监督员工作；党委、政府负责人、人大常委会组成人员、执业律师、人民陪审员等不宜担任人民监督员。据此，省检察院组织全省选任人民监督员875人，并对试点期间选任的人民监督员任期未满的，按照要求对是否符合担任人民监督员的条件予以确认。

在各级检察院人民监督员办公室组织下，人民监督员主要对不服逮捕决定、拟撤销、拟不起诉的“三类案件”开展监督工作。在2003年9月至2007年12月的首届人民监督员任期内，共监督“三类案件”802件869人，经人民监督员评议和表决后，同意检察机关原（拟）决定意见的有773件837人；不同意检察机关原（拟）决定意见的有29件32人。其中，检察机关决定采纳意见的有12件13人，未采纳意见的有17件19人。在2008年1月至2009年12月的第二届人民监督员任期内，共监督“三类案件”612人，经人民监督员评议和表决后，同意检察机关原（拟）决定意见的有607人；不同意检察机关原（拟）决定意见的有5人。其中，检察机关决定采纳意见的有2人，未采纳意见的有3人。在全面推行人民监督员制度的2010年，共监督“三类案件”169人，经人民监督员评议和表决后，同意检察机关原（拟）决定意见的有159人；不同意检察机关原（拟）决定意见的有10人。其中，检察机关决定采纳意见的有9人，未采纳意见的有1人。

（三）检察通讯员

1952年“三反”运动初期，根据最高检察署华东分署指示，为加强同人民群众联系、解决检察干部数量不足的问题，省检察署建立检察通讯员制度，受到社会和各部门的重视。11月下旬，最高检察署华东分署开会专题研究部署人民检察通讯员、人民检举箱、人民接待室工作。此后，全省检察机关将发展检察通讯员列为工作任务之一，在政府机关、企事业单位和街道中，从各项工作的积极分子中选择，由群众酝酿和大会推选，经相关单位领导与检察机关共同审查；认为合格者，即由检察机关发给聘书，将他们分成小组，进行教育，订立制度，作为公开的群众性组织。至1953年8月，全省共发展检察通讯员954人。

1954年8月，省检察署为加强检察通讯员工作，召开工厂检察通讯员会议，共有32个工厂116名检察通讯员参加。会议提出，工厂、企业检察通讯员的基本任务是在搞好生产、保卫生产的原则下监督守法，检察违法；并提出6项具体任务。9月《检察院组织法》通过后，检察通讯员作为开展一般监督的重要方式进一步推广。第四季度，杭州市检察署开展评选模范检察通讯员及模范检察通讯小组的活动。全市共评出模范检察通讯员小组4个，模范检察通讯员9人。1955年3月22日，杭州市检察院召开大会给予奖励。

1955年，全省检察机关发展检察通讯员1884人。1956年，发展检察通讯员4505人。在“三反”“五反”等运动中，各地检察通讯员向检察机关提供有关违法犯罪的信息或协助检察机关工作，检察机关将发挥检察通讯员作用作为贯彻群众路线的一个重要方面，加强与社会各阶层的联系，扩大检察工作的影响。

1956年5月，最高检察院下发《各级人民检察院建立检察通讯员试行办法》，规定检察通讯员承担“宣传国家政策、法律、法令和人民检察院的性质与任务；积极向人民检察院检举反映各种违法犯罪行为；协助人民检察院调查违法犯罪案件的情况”的任务。据此，全省检察机关将发展检察通讯员作为一般监督工作的任务之一。

1957年“反右”后，全省检察通讯员工作随一般监督工作的停止而取消。

第三章 侦查监督

清末时期，浙江检察厅行使调度司法警察、搜查处分、指挥或参与勘验检验、逮捕人犯、参与预审等刑事案件侦查职权。民国初期的南京临时政府得以延续。至北洋政府时期，浙江省检察官拥有侦查职权、调度司法警察甚至森林、铁路、海船、税务等方面警察(必要时还可以调动指挥军队)的职权。民国16年(1927年)起，浙江省检察机构行使南京国民政府《法院组织法》《刑事诉讼法》《调度司法警察条例》等法律法规规定的实行和指挥侦查等职权。在行使上述职权时受本管长官及浙江省提法司、法部等监督。[①] 但此种监督不属于现代意义上的侦查监督。

中华人民共和国成立后，1954年7月，省检察署确定8个下级检察署对侦讯及侦讯监督制度开展重点试验。1954年颁发的《检察院组织法》中，明确规定检察机关对公安机关的侦查活动是否合法实行监督。12月，全国人大常委会通过《中华人民共和国逮捕拘留条例》(以下简称1954年《逮捕拘留条例》)，明确了检察机关的审查批捕职能；规定公安机关要求逮捕人犯时，须经人民检察院批准。1955年7月，全省检察机关根据最高检察院指示，开始全面承担侦查监督工作，其中包括审查批捕，以及对公安机关的侦查活动是否合法实行监督。1962年，省检察院制发《刑事案件检察工作条例〈试行草案〉》，对批捕工作作出具体规定，发全省12个检察院试行。1963年，省检察院召开全省批捕、起诉工作会议，对批捕工作作了部署。1966年“文化大革命”开始后此项工作停顿。

1978年省检察院重建后即开展侦查监督工作，设第一处承担审查批捕为主要职能之一。1980年2月，第一处改称刑检处，承担侦查监督和审查起诉等工作。4月，全省88个检察院建立刑事检察部门(以下简称刑检部门)，全省市(分)检察院和县(市、区)检察院刑检部门都分设刑事检察一科、二科，由一科专职侦查监督。1997年8月，省检察院撤销刑检处，按职能分设若干处，其中批捕处负责对全省刑事犯罪案件的审查批捕、决定逮捕及侦查监督工作进行指导；办理下级检察院疑难案件的请示；承办由省公安厅、省检察院立案侦查案件的审查批捕、决定逮捕，并负责侦查监督；承办全省涉外案件的审查批捕、决定逮捕和公安机关提请复议、复核，延长羁押期限等案件及备案审查；研究制定全省审查批捕检察业务工作计划、规定和办法。2002年12月，省检察院批捕处更名为侦监处。

---

① 清末、民国时期对行使、监督侦查权力的配置模式，与当代的侦查监督不同，故不属于本志记述范围。

第一节 审查批准逮捕

1954年7月，根据中共中央6月对第二届全国检察工作会议决议的批示及最高检察署关于检察制度试点的指示精神，省检察署确定杭州市检察署和萧山县检察署对侦讯及侦讯监督制度方面的工作进行试点。11月，杭州市检察署选择一件盗窃杀人案作为审查批捕工作的试点，对公安机关侦查破案后拟具的《逮捕报告书》连同案卷材料进行审查，认为可以逮捕，经检察长同意，向公安机关发出"批准逮捕通知书"。杭州市检察署通过试点，并参照其他地区经验，拟定《侦查工作试行细则》，为开展侦查监督工作打下基础。

1955年，通过典型试验、干部培训、建立机构等一系列准备，全省94个市、县检察院，已有93个担负起审查批捕工作，并即时投入"镇反"和"内部肃反"斗争；按照省委镇反联合办公室确定的"既要合法，又要敏捷"的原则，简化了审查批捕的手续和层次。但全省近3/4检察院没有切实审查材料，只是办理必要的批捕法律手续。1—11月，全省公安机关逮捕人犯中，有23.7%没有移交检察机关审查。12月，省委根据中共中央《关于补办由人民检察院审查和批准逮捕人犯的法律手续的指示》，批转省人民委员会（以下简称省人委）政法办公室关于公、检、法三机关等部门应当按照法定程序进行工作和补办法律手续的意见的报告。

1956年初，根据省委批转省人委政法办公室的报告，省检察院要求全省检察机关在批捕人犯时，要有公安机关的提请逮捕书，检察院要制作批准逮捕或不批准逮捕书，并逐步完善监督制度。第二季度起，全省审查批捕工作趋于正规。第四季度起，6个专区的检察机关根据中共中央关于检查"镇反"和司法工作的指示，投入检察干部109人，会同有关部门对1955年以来"镇反"中所捕、判案件进行检查清理（以下简称"清案"检查）。检查结果表明全省批捕工作基本正常，但也存在错捕、可捕可不捕等问题。是年，全省检察机关在社会"镇反"和"内部肃反"斗争中，对公安机关提请批捕的人犯，审查批准逮捕数占46.9%。1957年8月，省检察院根据省委决定通知各级检察院：今后捕人要经地委批准。

1958年3月，省检察院向全省检察机关发出《检察工作大跃进竞赛评比标准（草案）》，提出"四要（要快、要准、要好、要合法）、四满意（党委满意、群众满意、有关部门满意、自己满意）"的评比标准；从7月1日至8月10日，全省批捕案件全部办结。1959年，检察机关在贯彻群众路线中，批捕工作采取携卷下乡、就地办案，采取访问、座谈、辩论等形式，核对材料，查清疑难问题。除有关国家机密及特殊紧急的案件外，采取先交给群众进行辩论、补充罪证，倾听处理意见的做法。是年，全省检察机关审查批捕人数同比下降80%左右，其中有94.6%是现行犯。

1960年，全省检察机关通过参加中共中央部署的中心工作，带动审查批捕等检察业务。特别是5月后，全省检察机关根据中共中央《关于在农村中开展"三反"运动的指示》，根据"先中心、后一般"的原则，在改造落后社队运动中，批捕有破坏活动的"四类分子"（指"地主、富农、反革命、坏分子"）和蜕化变质分子1300余人。在"新三反"斗争中，批捕机关、工厂、企业、学校内部的贪污分子371人。1961年10月后，全省检察机关贯彻中共中央关于“在今后一定时间内，社会治安管理必须从严”的指示，加强审查批捕工作。是年，全省检察机关批准逮捕各类人犯占受理审查批准逮捕人数的60.1%。

1963年，根据最高检察院《批捕、起诉、出庭工作试行条例》规定，全省检察机关对疑难案件及有关部门认识不一致的案件，推行深入实地依靠群众进行查对的方法。年初，注重打击新生反革命分子的现行破坏活动，严肃处理盗窃犯罪案件。夏季，重视打击凶杀、纵火、投毒等报复、破坏活动的不法分子和叛国投敌及其他重大现行反革命分子和刑事犯罪分子。10月后，全省检察机关贯彻中共中央关于在农村开展社会主义教育运动试点的要求，除了行凶报复、杀人、放火、放毒等民愤很大的现行犯必须立即逮捕法办外，对有破坏活动的四类分子采取“一个不杀，大部(95%以上)不捉”的方针。诸暨县枫桥区在社会主义教育运动开始阶段，基层干部和积极分子曾要求逮捕“四类分子”45人。通过发动群众摆事实、讲道理，以理服人，并根据“四类分子”的表现区别对待，作出相应处理。全省首批22个试点公社都这样做，除现行犯外，没有捕人就都解决了问题。是年，全省检察机关批准逮捕人数是自1949年以来最少的一年。

1964年，根据中共中央指示和全国省、市、自治区检察长会议精神，省检察院要求全省检察机关对一般的现行反革命分子和其他刑事犯罪分子，尽可能依靠群众处理，不采用一概逮捕判刑的办法；对重大现行反革命犯罪分子应及时逮捕法办，多数案件应当深入群众，查对事实、证据，征求处理意见；多采取说理斗争的方法，少采取逮捕加刑的办法。并根据省委批转的《诸暨县枫桥区社会主义教育运动中开展对敌斗争的经验》，依靠群众处理批捕案件；依靠群众把社会主义教育运动中发现的贪污、盗窃、投机倒把300元以上的案件材料切实掌握起来；依靠群众处理申诉案件。1—5月，各级检察院总结上报典型案例70多件，省检察院选择部分案例印发示范，并介绍检察机关依靠群众处理案件的做法和处理后的效果。第四季度后，全省检察机关对可捕可不捕的案件大都进行说理处理。

1965年，全省检察机关集中打击投机倒把、打击报复、流氓犯罪等现行活动，维护社会治安。同时，继续执行中共中央关于“依靠群众专政，少捕，矛盾不上交”的方针，多数案件依靠群众查证核实材料，征求处理意见。年初，常山县检察院受理公安机关移送审查批捕一个支部书记图谋杀害检举人案，省检察院金华分院和县检察院与有关部门一起，5次深入群众调查核实证据，查清这是一个有人故意陷害该支部书记的案件，检察机关对该支部书记作出不批准逮捕决定后，公安机关作撤案处理，并对陷害者另案处理。是年，全省检察机关受理公安机关移送审查批捕案、决定批捕案的数量大幅减少，同比分别下降26.4%和50%；不批准逮捕案同比上升两倍多。受理侦查机关提请批准逮捕人犯中，自行或配合有关部门发动群众处理的有380人，比1964年增加1倍左右。

1966年1—5月，全省检察机关在打击现行犯罪、维护治安时，进一步贯彻依靠群众专政，少捕、矛盾不上交的方针政策，批捕工作坚持高标准。“文化大革命”开始后，全省检察机关审查批捕工作停止，该职能由省军事管制委员会(以下简称省军管会)下设的审批组行使。

1967年8月，省军管会批复丽水军分区“关于审批地方案件权限问题的请示”，严加控制涉及“文化大革命”的案件,必须拘留、逮捕的,一律逐级上报省军管会审批;一般刑事案件,仍按以前规定执行。原属县、地、市委审批的案件,由政法部门承办,报县、地、市革委会审批,革委会未成立前,由人武部、军分区或军管会审批。11 月上旬,省检察院向省军管会报告审查批捕工作中的问题。中旬,省军管会批复省检察院报告,提出“凡涉及‘文化大革命’的案件,必须拘留、逮捕的,一律逐级上报省军管会审批”。1973 年 2 月始,全省公安机关逐步恢复,市公安局设审批组,县(区)公安局设检察股,审查批准逮捕等检察工作职能由恢复的公安机关行使。

1978 年 6 月后,按照最高检察院《批捕起诉工作试行规定》,全省检察机关的审查批捕工作重新起步。

1979 年 4 月,按照最高检察院、公安部《关于人民检察院逮捕、拘留人犯由公安机关执行的通知》,全省检察机关对自侦案件中需要依法逮捕的犯罪嫌疑人,按内部审批权限批准后,由主办的检察院将《批准逮捕决定书》送给同级公安机关,由公安机关签发《逮捕证》并执行逮捕。11 月,中共中央提出对严重破坏社会秩序的杀人犯、强奸犯、放火犯、犯罪团伙头子教唆犯实行依法“从重从快”打击的方针。1980 年 1 月始实施《刑法》《刑事诉讼法》,全省检察机关根据中共中央关于打击刑事犯罪的要求,以实施“两法”为契机,突出工作重点,投入整顿城市治安的斗争,全面担负起审查批捕任务。

1981 年,全省检察机关将整顿城市治安工作作为刑事检察工作的首要任务,重点打击现行反革命分子以及杀人、放火、抢劫、强奸、重大盗窃和其他严重危害社会治安的现行刑事犯罪分子(以下简称“六类”重大刑事犯罪)。6 月下旬,省检察院召开分、市院检察长座谈会,研究加强打击现行刑事犯罪、整顿社会治安的措施。11 月,省检察院根据全国省、市、自治区检察长会议精神,部署全省集中打击以“六类”重大现行犯为重点的刑事犯罪;要求各级检察院刑检部门要做到对重大恶性案件随到随办,尽快办结,主动参与现场勘验、研究案情、收集证据、预审案犯等活动,主动发现犯罪线索,深挖犯罪团伙。

1982 年 3 月,全国人大常委会通过《关于严惩严重破坏经济的罪犯的决定》,全省检察机关刑检部门根据省检察院要求,围绕依法从重从快打击“六类”重大刑事犯罪活动和打击经济领域犯罪活动两个重点开展侦查监督工作。全年批准逮捕杀人、放火、抢劫、强奸、爆炸等严重危害治安的人犯 2218 人,占逮捕人犯总数的 27.83%,批准逮捕走私贩私、投机倒把、重大盗窃、重大诈骗等严重经济犯罪人犯 1330 人,占逮捕嫌犯总数的 16.69%,两项合计占逮捕嫌犯总数的 44.52%。

1983 年 8 月至 1986 年 12 月,根据中共中央和省委关于“三年半为期,组织三次战役”,依法“从重从快、一网打尽”,严厉打击刑事犯罪活动的决定,全省检察机关投入“严打”斗争。全省刑检部门共受理公安机关提请批捕人犯 6.92 万,经审查批准逮捕 5.95 万人,逮捕人犯数比“严打”前的同时期增加 167.2%。其中,侦破以公开暴力为特征的规模大、影响大的流氓斗殴、寻衅滋事、侮辱妇女、故意伤害、故意杀人等各类团伙案件 4700 余个。通过“严打”,社会治安状况明显好转,增强了人民群众安全感,保障了改革开放的顺利进行。

1987—1988 年,全省检察机关在各级党委领导下,参加针对本地区危害社会治安突出问题的专项集中打击和专项集中治理工作，同时还配合公安机关整顿各种公共复杂场所的治安管理和交通秩序。全省除5个县未开展专项斗争外，其他都先后开展一次或多次专项斗争和专项治理。在各类专项斗争中，全省检察机关刑检部门发挥审查批捕职能作用，及时审查批准逮捕专项斗争中所有罪该逮捕的对象。1987年，全省检察机关共批准逮捕上述专项打击的重点对象6203人，占批捕总数的64.6%，有力抑制社会丑恶现象的蔓延。1988年初，最高检察院要求各级检察机关实行“提前介入”制度，即对公安机关办理的重大案件，在提请审查批捕之前参加侦查机关对案件的讨论，引导取证，并对侦查活动进行监督；要求将此作为刑事检察工作改革的突破口，试行完善该制度。在部分检察机关对“提前介入”的探索中，省检察院强调要重点抓好对重特大案件参与现场勘查等提前介入工作；要求各级检察院进一步健全与公安刑侦、预审等有关业务部门的联系制度，主动沟通信息，对大案发、破情况做到信息灵通；坚持对大要案一件一报的报告制度，对参与现场勘察和旁听预审等参与工作情况，应速报市(分)检察院和省检察院。上半年，全省检察机关共提前介入重特大刑事犯罪案件478件，参与现场勘察297次；省检察院收到各级检察院上报各类刑检信息360件(次)，向最高检察院上报310件(次)。11月，全省检察机关根据全省政法工作会议关于在当年冬天与第二年春天开展“严打”斗争的部署，开展严厉打击严重刑事犯罪活动的斗争。是月，全省检察机关就受理公安机关提请批准逮捕的各类刑事犯罪人犯2143人，经审查批准逮捕1754人，其中杀人、抢劫、强奸、爆炸、重大盗窃、流氓集团成员等重点打击对象733人，占批捕总数的41.8%；批捕数比10月增加42%，比1987年同期增加94.5%。

1989年2月，省检察院召开全省审查批捕工作会议，专门研究部署自侦案件审查批捕“拐弯”(即检察机关内部的侦查监督制约机制，检察机关自侦部门办案中对需要逮捕的犯罪嫌疑人，要将案件材料移送到审查批捕部门审查决定是否逮捕)问题和批捕工作中“提前介入”工作机制。省检察院党组对自侦案件审查批捕“拐弯”问题，强调加强研究如何简化手续，提高质量，严格按照法定期限结案、批捕接触被告人如何掌握等问题，把自侦案件审查批捕工作的要求和方法搞明确，以达到既及时又准确的目的。提出要坚持捕人的法定条件，坚决贯彻“从重从严”方针和“一要坚决，二要慎重，务必搞准”原则；要建立与自侦部门的联系协作制度，积极探索自侦案件审查批捕中提前介入的具体做法；要制定自侦案件移送刑检部门审查批捕的办案程序试行办法，作为最高检察院统一规定下达前的办案程序依据等要求。上半年，全省实行侦查、批捕工作分开的检察院占总数的89%。是年春夏之交，受北京“政治风波”影响，浙江省个别地方发生动乱，全省检察机关坚持严格区分两类不同性质的矛盾和教育挽救多数的政策原则，共及时批捕反革命分子和打、砸、抢、烧、杀的严重刑事犯罪嫌疑人167人，其中反革命犯罪嫌疑人87人。下半年，根据中共中央、省扫黄工作电话会议精神，全省检察机关开展以“扫黄”为重点的扫“六害”(指清理黄色书刊、黄色音像制品及歌舞娱乐场所、服务行业的色情服务；扫除淫秽色情、封建迷信等危害人们身心健康、污染社会文化环境的文化垃圾)专项斗争。9月，省检察院在全省市(分)检察院检察长会议上，要求全省检察机关在抓好镇压反革命分子及打、砸、抢、烧、杀等严重犯罪分子的同时，把“扫黄”作为打击严重刑事犯罪分子的重点之一。扫“六害”统一行动的部署下达后，省检察院又及时通知各地，提出相应的工作要求。1989 年 9 月至 1990 年 1 月，全省检察机关共依法批准逮捕相关人犯 51 人，其中有 4 名被法院依法判处死刑或无期徒刑。

1990 年，根据省检察院要求，全省检察机关审查批捕工作在重点依法从重从快审查批捕严重危害社会治安犯罪分子的同时，协同有关部门平息和处理突发事件及扫“六害”工作，维护社会稳定。1 月，省检察院在全省检察长会议上再次对扫“六害”工作进行部署。各级检察院刑检部门依据省检察院会同有关部门制定的《关于在“扫黄”斗争中适用法律条款如何掌握数额问题的意见》《关于当前处理赌博案件具体应用法律的几点修改补充意见》等规定，注意区分政策法律界限，防止和纠正“以罚代刑”、处理偏轻等打击不力的现象，依法从快批捕。2 月中旬，天台县苍南乡发生由两村分别串联纠集附近宗族共 8 个乡 43 个村 5000 余人参加的大规模械斗，造成 3 人死亡、70 余人受伤，31 间房屋被毁。省检察院台州分院、天台县检察院两级检察长先后带领 103 名干部赶赴现场，配合公安等有关部门平息事态。后又组成 3 个办案组抓紧审查，依法从重从快批捕打、砸、抢、烧、杀等严重刑事犯罪分子。4 月，中共中央发出《维护社会稳定，加强政法工作的通知》，再次强调综合治理维护社会治安，要求“普遍建立治安责任制，全党动手，全民动员，各部门各单位齐抓共管”。5 月，全省市、地政法工作会议部署方案，要求在巩固前期“扫黄”除“六害”工作成果的同时，重点打击中央政法委提出的杀人、抢劫、强奸、爆炸等严重危害社会的“七类”（即：犯罪集团或团伙分子、劳改释放或解除劳教重新犯罪分子、流窜犯罪分子、杀人犯、强奸犯、抢劫犯、重大盗窃犯）严重刑事犯罪分子，特别是其中的犯罪团伙和流窜犯。全省检察机关刑检部门总结 1983 年“严打”斗争经验，保证“集中打击”顺利进行。5—12 月，全省检察机关共依法批捕 16447 人，其中“七类”重点打击对象占 38.9%。10 月，宁波市海曙区检察院在提前介入中了解到公安机关有一批“六害”案件将移送提请批捕，即抓紧做好各项准备工作。当公安机关自 11 月始陆续将 32 个案件中的 38 名制作贩卖传播淫秽物品、赌博等犯罪嫌疑人移送批捕后，该检察院加班加点审查批捕，保证了诉讼活动的顺利进行。11 月下旬，省检察院制发《关于自行侦查案件由刑事检察部门审查逮捕的规定（试行）》，明确要求各级检察院自侦案件需要逮捕人犯时，应由自侦部门移送到刑事检察部门审查；刑事检察部门受理自侦案件后，应严格依法审查，提出是否决定逮捕的意见，填写《审查逮捕人犯表》报请检察长或检察委员会决定；作出决定后，由刑检部门制作通知书，连同原案卷材料退回自侦部门；需要逮捕的人犯中，凡按法律或干部管理权限规定应当报批的，由刑检部门负责办理。

1991—1992 年，全省检察机关刑检部门继续重点打击“七类”犯罪以及抢夺枪支、现行重特大犯罪、带有黑社会性质的犯罪集团。1991 年 6 月，全省市（分）检察院检察长会议贯彻中央社会综合治理委员会（以下简称中央综治委）和省社会治安综合治理委员会（以下简称省综治委）关于反盗窃斗争电话会议精神，部署开展反盗窃斗争。至 1992 年 8 月底，全省检察机关刑检部门共受理公安机关提请逮捕的盗窃案件 5802 件 8723 人，经审查批准逮捕 6466 件 8093 人，其中重特大案件 2063 人，占盗窃案件总数的 25.5%。1992 年批准逮捕“七类”案件犯罪嫌疑人 8289 人，比 1991 年增加 11.5%。

1992 年 12 月，省检察院制发《关于省院自行侦查案件审查逮捕、审查起（免）诉工作的几点规定(试行)》,其中明确省检察院自行侦查的案件依法需要逮捕人犯时,应由自侦部门移送本院刑检部门审查。至此,全省检察机关自侦案件均由刑检部门审查批捕,加强对自侦案件的监督制约。

1993年4月,根据省人大常委会《关于坚决打击严重刑事犯罪的决议》和省综治委关于在全省开展打击"车匪路霸"、拐卖妇女儿童和盗窃、查禁卖淫嫖娼专项斗争(以下简称三打一禁)的工作部署,全省检察机关重视加强调查摸底,突出打击重点,掌握政策法律,在"三打一禁"第一、第二仗中,共依法批捕各类刑事案犯18137人。8月后,全省检察机关刑检部门根据全国、全省反走私、反偷渡工作会议精神,协同公安部门严厉打击走私、偷渡犯罪,共批捕偷渡犯罪嫌疑人15人。

1994年3月31日傍晚,杭州市千岛湖发生吴黎宏、胡志翰、余爱军抢劫、故意杀人案,3名案犯对载有台湾游客的"海瑞"号游船实施抢劫、故意杀人致32人死亡。案发当天,在公安机关开展侦查同时,淳安县检察院的检察人员即到现场指导侦查工作。第三天,省检察院、杭州市检察院领导到现场提前介入侦查工作。是年,省检察院针对全省检察机关受理公安机关提请批捕的刑事案件大幅增加、各级检察院刑检部门审查批捕工作面临很大困难和压力的情况,制发《关于迅速审结积案的通知》,要求各地采取有力措施,限期消化积案。各级检察院共提前介入重特大现行刑事案件2880件(次),依法从重从快批捕重特大犯罪案件人犯10926人,占批捕人犯总数的40.9%。8月始,根据中央政法委和最高检察院部署,全省检察机关参与集中整治农村社会治安专项工作。8—12月,共审查批捕各类刑事犯罪人犯12444人,维护了农村社会稳定。

1995年,全省检察机关参与集中整治农村社会治安的第二次集中行动,刑检部门对治安秩序混乱的农村重点地区、路段以及突出的严重刑事犯罪活动,协同有关部门开展各种形式的专项斗争,依法批捕农村犯罪团伙、流氓恶势力等严重刑事犯罪分子。共提前介入重特大现行刑事犯罪案件2396件(次);依法从重从快审查批捕杀人、抢劫、流氓等重特大刑事犯罪嫌疑人11049人,占批捕总数的41.6%,比上年增加1.1%。

1996年4月,中共中央决定在全国开展为期3年的第二次"严打"集中统一行动,重点是严重暴力犯罪、抢劫犯罪,特别是涉及枪支的犯罪和涉及黑社会组织的团伙犯罪。在4月下旬全省政法工作会议上,省检察院召集市(分)检察院检察长进行部署,随即制发《关于在"严打"斗争中依法快捕快诉的紧急通知》等,并列出全省特大刑事案件名单,派员赴各地检查指导,要求严格依法办事,坚持文明执法,依法快捕快诉,保证案件质量。同年4—9月,第二次"严打"第一战役期间,全省检察机关共受理公安机关提请批捕的各类刑事案件12200余件19800余人,经审查批捕10600余件16600余人,其中重特大案件3819件6570人。同时,加强审查把关,注意防错防漏,共依法增捕犯罪嫌疑人495人,同比增加36.4%。对2311人依法作出不批准逮捕。全年共提前介入重特大刑事犯罪案件3870余件(次),依法从重从快批捕重特大刑事犯罪嫌疑人1430余人,占批捕总数的41.9%,同比增加29.5%。

1997年,全省检察机关开始以修改后的《刑事诉讼法》来规范批捕工作。2月中旬,金华市检察院受理该市公安局以涉嫌虚开增值税专用发票罪提请批捕的犯罪嫌疑人吴跃冬,由此开始对“金华县虚开增值税专用发票偷税案”(以下简称金华税案)一大批犯罪嫌疑人的审查批捕工作。1995—1997年间,金华县有218户企业涉嫌虚开专用发票65500余份,涉及全国36个省、自治区、直辖市和计划单列市,开票价税合计63.1亿元,为中华人民共和国成立以来全国最大的涉税案件。金华市检察院成立专案领导小组,从全市抽调160余名干警,集中力量做好审查批捕工作,依法及时将涉嫌虚开增值税专用发票案件的89名犯罪嫌疑人批准逮捕。4月,中共中央决定4—12月在全国范围开展禁毒专项行动,全省检察机关共批准逮捕涉毒犯罪嫌疑人1633人。7月,最高检察院根据中共中央、国务院“全国打击走私工作会议”精神,下发《关于严厉打击走私活动的通知》,决定检察机关集中时间、力量开展反走私联合行动和专项斗争。在此期间,全省检察机关共批捕走私犯罪嫌疑人18人。

1998年,全省检察机关针对刑事犯罪涉枪犯罪增多和杀人、抢劫、强奸等严重暴力犯罪时有发生趋势,毒品犯罪和带黑社会性质的流氓恶势力犯罪增多,重大盗窃犯罪大幅度上升等特点,把依法严厉打击上述严重刑事犯罪作为维护稳定的首要环节。各级刑检部门协同有关部门,坚持经常性斗争和专项集中打击相结合,全年审查批捕数同比增加23.2%。

1999年7月后,全省检察机关根据全国人大常委会《关于取缔邪教组织、防范和惩治邪教活动的决定》和最高检察院、最高法院(下合称“两高”)司法解释,依法打击“法轮功”等邪教组织犯罪。省检察院先后两次专门电告各市(分)检察院及相关基层院,对审查批捕“法轮功”案件工作作出部署;同时由省检察院批捕处负责将全省进入侦查程序的“法轮功”案件逐件逐人进行了解登记,进行针对性的审查批捕业务指导。各级检察院对这类犯罪普遍指派批捕部门业务骨干专门办理,严格审查批捕,在规定时间内逐级呈报备案审查。是年,全省检察机关受理提请批捕刑事犯罪人犯数和审查后批准逮捕人犯数,同比均增加15%以上;不批准逮捕人数为历年最高值。

2000年,全省检察机关以打击涉枪、杀人等严重暴力犯罪、重大盗窃、抢劫等多发性犯罪、带黑社会性质的犯罪为工作重点。4月后,全省检察机关参加“打击人贩子,解救被拐卖妇女儿童”专项斗争,协同有关部门,集中打击和整治拐卖妇女儿童和涉毒等突出的犯罪活动。是年,各级检察院批捕部门提前介入重特大刑事犯罪案件1574件(次);共依法批准逮捕拐卖妇女儿童犯罪嫌疑人689人;批准逮捕涉毒犯罪嫌疑人2186人;批准逮捕组织容留妇女卖淫等犯罪嫌疑人891人。继续参与取缔邪教组织、防范和惩治邪教活动,共批准逮捕利用邪教和封建迷信进行犯罪活动的犯罪嫌疑人14人。

2001年4月,中共中央作出在全国开展为期两年的第三次“严打”整治斗争和整顿规范市场经济秩序的重大决策。根据最高检察院部署,省检察院党组在全省检察长会议上进行贯彻,省检察院成立“严打”整治斗争领导小组。“严打”整治斗争开展后,省检察院落实专人,对省公安厅先后2批21起挂牌督办的重大黑恶势力犯罪案件逐件跟踪掌握;各相关检察院依法加快审查批捕工作,确保在检察环节的打击力度。至5月10日,对其中16起案件作出批准逮捕决定。6月中旬,省检察院召开全省检察机关“严打”整治斗争工作会议,要求各地注意抓好坚持依法办案,确保办案质量;坚持“严打”和整治相结合;坚持抓“严打”促自身的发展。2002年6月上旬,省检察院召开深入开展“严打”整治斗争电视电话会议,明确从7月份开始，“严打”整治斗争转入巩固提高阶段；提出要提高办案效率，确保案件质量。尤其要注意把握严格区分罪与非罪，此罪与彼罪的界限；坚持稳准狠原则，严格依法办案，宽严相济、罪刑相当；坚持实体法与程序法并重，严格按法定程序办事，文明办案，切实保障诉讼参与人的合法权益；切实加强对案件质量的把关。2001年4月至2002年12月，全省检察机关以中共中央确定的以黑社会性质组织犯罪和流氓恶势力犯罪，爆炸、杀人等严重暴力犯罪，盗窃及严重影响群众安全的多发性犯罪等三类案件为重点，配合有关部门开展“反盗抢、禁黄毒”、打击破坏市场经济秩序犯罪等专项斗争，采取充实办案一线力量，适时介入侦查，对重大案件进行挂牌督办等措施，共审查批准逮捕严重暴力犯罪案件17413件25290人，占批捕案件总数的27.9%。

2003年，浙江省部分地区爆发传染性非典型肺炎疫情（英文缩写“SARS”，以下简称非典）后，全省检察机关继续对各类严重刑事犯罪保持高压态势，把利用“非典”流行之际严重扰乱社会秩序的各类犯罪活动作为打击重点，突出打击黑恶势力犯罪，杀人、抢劫、绑架等严重暴力犯罪，盗窃、抢劫等多发性犯罪，对上述严重犯罪依法加快审查批捕，共适时介入重特大案件侦查689件次。对邪教组织危害国家安全和政治稳定的犯罪保持高度警惕，对构成犯罪的及时批准逮捕。5月，省检察院侦监处提出《关于在审查批捕工作中实行案件分类办理的意见》，在全省侦监部门推行批捕案件分类办理方法，促进专业化分工。11月后，全省检察机关根据最高检察院关于防止和纠正超期羁押若干规定，明确检察人员在审查逮捕过程中要讯问犯罪嫌疑人，听取犯罪嫌疑人的供述或者无罪、罪轻的辩解。

2004年3月，最高检察院侦查监督厅发出《关于在办理审查逮捕案件中加强讯问犯罪嫌疑人工作的意见》，对审查逮捕时讯问犯罪嫌疑人工作提出更明确、具体的要求，作为审查逮捕办案制度的一项重大改革。随后，省检察院侦监处进一步提出：无论犯罪嫌疑人是否被羁押，办理审查逮捕案件都应当讯问犯罪嫌疑人（犯罪嫌疑人在逃的除外）；对已被拘留的犯罪嫌疑人，应当在羁押的地点进行讯问；对未被羁押的犯罪嫌疑人，讯问前要事先征求侦查机关或者侦查部门的意见。4月，安徽省阜阳市劣质奶粉案被曝光后，全省检察机关依法从重从严惩处严重危害群众身体健康、生命安全的制售有毒有害食品、伪劣药品等犯罪活动。温州市两级检察机关依法批准逮捕19名生产、销售伪劣商品的犯罪嫌疑人。7月，根据最高检察院《关于人民检察院办理直接受理立案侦查案件实行内部制约的若干规定》，全省检察机关对自侦案件的受理、立案侦查、审查逮捕、审查起诉等工作由不同内设机构承办，实行分工负责、互相配合、互相制约，分管侦查工作的检察长不得同时分管侦查监督工作。是年，审查批准逮捕刑事犯罪嫌疑人数同比增加25.2%。其中，在打击境内外敌对势力、宗教极端势力以及“法轮功”等邪教组织的犯罪活动中，共批准逮捕间谍犯罪嫌疑人5人，利用邪教组织危害国家安全和政治稳定的犯罪嫌疑人66人；批准逮捕严重暴力犯罪、黑恶势力犯罪、侵财犯罪和毒品犯罪嫌疑人52060人，同比增加22.8%；批准逮捕各类破坏市场经济秩序犯罪嫌疑人1114人；批准逮捕生产、销售伪劣商品的犯罪嫌疑人107人。

2005年始，部分基层检察院侦监部门探索侦查监督办案新机制。其中，余姚市检察院探索建立不捕案件审查操作等4个机制，开展“不捕案件说理”（指对于公安机关提请逮捕的案件，检察机关在作出不批准逮捕决定时，向公安机关说明不批准逮捕的理由和意见。）工作，制作《不捕理由说明书》送达公安机关，受到当地公安机关好评。4月，省检察院与省食品安全委员会办公室建立联席会议制度；会同省法院、省公安厅等机关，制定生产、销售、使用“瘦肉精”等禁用药品犯罪案件的办理标准，维护食品药品安全。8月初，省检察院召开全省侦查监督、公诉工作会议，贯彻5月全国第二次侦查监督工作会议精神，提出加强侦查监督的目标和任务，并强调在侦查监督工作中进一步规范执法行为，提高执法水平；强化监督意识，加强监督能力的建设；牢固树立质量意识，确保办案的法律效果和社会效果；勤思考善总结，不断破解工作难题4个方面的要求。是年，全省检察机关共审查批准逮捕制售有毒有害食品、伪劣药品等严重危害人民群众生命安全、身体健康的犯罪嫌疑人16人；依法严惩生产销售伪劣商品、金融诈骗、侵犯知识产权、扰乱市场秩序等严重经济犯罪，共审查批准逮捕犯罪嫌疑人1146人；重点打击重大环境污染事故、非法采矿、破坏性采矿、盗伐滥伐林木等破坏森林、土地、矿藏等自然资源犯罪，共审查批捕犯罪嫌疑人144人。同时，对轻伤犯罪、未成年人犯罪、过失犯罪等，立足于教育、感化、挽救，根据案件具体情况，可捕可不捕的不捕，对其中1077名犯罪嫌疑人作出不批准逮捕的决定。

2006年，省检察院在全省推行余姚市检察院等检察机关“不捕说理”做法，在全国率先建立对不批准逮捕的案件予以书面说明理由的制度。3月，省检察院召开全省检察机关“打黑除恶”专项斗争电视电话会议，全面部署3—12月的“打黑除恶”专项斗争工作。各级检察院均成立专项斗争领导小组，强化对专项斗争的组织保障。在专项斗争中，在城市重点打击交通运输、建筑、批发市场、集市贸易等领域的各类市霸、行霸以及隐匿在娱乐行业的黑恶势力；在农村重点打击宗族恶势力以及其他形式的乡霸、村霸、地霸、路霸；在城乡接合部重点打击流动人员中的帮派黑恶势力；在矿区、车站、码头重点打击煤霸、车霸、船霸和侵蚀矿产、能源行业以及国有企业的各类黑恶势力；在沿海沿边地区还严厉打击跨境犯罪活动，构筑抵御境外黑社会组织渗透的防线。7月，最高检察院侦查监督厅转发推广浙江省侦查监督工作《积极创新、规范执法、试行“不捕说理”确保案件质量》的经验。10月后，全省检察机关侦监部门按照最高检察院《关于印发〈人民检察院审查逮捕质量标准(试行)〉的通知》规定，再次提出要在审查批捕时对犯罪嫌疑人进行讯问，将规范和加强提审工作作为确保案件质量的一个重要举措，并进一步明确应当讯问的5种具体情形。在审查逮捕工作中，原则上要求每案必提审被告人，对有疑点的案件、特殊案件、犯罪嫌疑人要求讯问的案件和侦查活动可能违法的案件必须提审，其他案件也应当通过适当方式主动听取犯罪嫌疑人及其辩护人的意见，防止错捕漏捕。同时，省检察院侦监处创制《审查逮捕案件意见书》文书格式，实行案件繁简分流，提高审查批捕工作效率。是年，全省检察机关坚持严厉打击严重刑事犯罪，共审查批捕危害国家安全犯罪13件13人，抢劫犯罪4400余件8800余人，人数同比上升10.5%；抢夺犯罪960余件1400余人，人数同比上升10.8%；聚众斗殴犯罪430余件1600余人，人数同比上升59.6%；寻衅滋事犯罪2100余件4200余人，人数同比上升34.6%；赌博犯罪580余件1100余人，人数同比上升30.9%。在3—12月“打黑除恶”专项斗争中，共审查批捕黑恶势力犯罪案件180余件1000余人，依法追捕6人。

2007年后，省检察院着眼于全面提高全省审查逮捕案件质量。2007年初，省检察院结合审查逮捕工作专项检查和年终考核评比，对全省 2006 年捕后不诉、判无罪及复议复核改变原不捕决定案件，在各市检察院检查分析基础上作进一步检查分析，形成意见通报全省，要求各地采取改进措施，解决存在问题。3 月，省检察院为贯彻最高检察院《人民检察院审查逮捕案件质量标准（试行）》，进一步准确把握逮捕案件必要性条件，决定对全省 2006 年度审查逮捕质量有缺陷的案件进行专项检查。各级检察院侦监部门对照最高检察院提出的审查逮捕质量标准，重点检查犯罪嫌疑人捕后被判处有期徒刑缓刑、拘役、管制、单处罚金和免予刑事处罚的案件（以下简称五类案件）。4 月，省检察院在余姚市召开“不捕说理”工作经验交流座谈会，着力推进“不捕说理”工作，完善工作措施。会后制发《关于全面推行不捕案件说理工作的通知》，对“不捕说理”进行规范。9 月，省检察院侦监处在对部分检察院进行调研抽查和各地自查总结分析材料基础上，对全省专项检查情况进行通报，指出审查批捕工作中的不足，提出如何把握逮捕条件尤其是“有逮捕必要”条件的意见、建议。是年，全省检察机关审查批准逮捕刑事犯罪嫌疑人人数同比增加 10.1%；人均审查逮捕 150 余人，是全国人均办案数的 2.09 倍。

2008 年 5 月，省检察院侦监处针对全省审查逮捕自侦案件受理数和决定逮捕人数及比例均有上升、不捕比例较大且以无逮捕必要不捕居多、案件罪名以贪污贿赂罪为主、决定逮捕案件人数地区分布不平衡、反贪部门与反渎部门案件移送率差距大等特点，要求各级检察院侦监部门加强与自侦部门的沟通与协作，依法严格把握自侦案件的审查逮捕标准。是年，全省检察机关侦监部门的自侦案件受理数和决定逮捕人数，以及其中的贪污贿赂案件逮捕人数，均为历史最高点。同时，全省检察机关“不捕说理”工作取得明显成效。2006—2008 年，不批准逮捕案件提请复议复核比例持续下降，从 2006 年的 13.2%到 2007 年的 9.7%，再到 2008 年的 9.1%；经复议复核改变原决定的比例相对稳定，从 2006 年的 4.4%到 2007 年的 3.8%，再到 2008 年的 4.7%。

2009 年，为确保中华人民共和国成立 60 周年庆祝活动安全顺利举行，省委决定全省开展打击整治抢劫、抢夺（以下简称两抢）犯罪大会战。全省检察机关将此作为重点工作狠抓落实，并会同公安机关开展打击电信诈骗、假币、假发票、传销犯罪等专项行动，从重打击严重经济犯罪。2 月，省人大常委会办公厅发出《关于听取和审议省人民检察院侦查监督工作情况报告的实施意见》，省检察院专门成立接受审议工作领导小组，要求全省检察机关对 2008 年以来的侦查监督案件进行逐案排查分析，开展自查自纠工作。省检察院听取、吸收了省人大内务司法委员会（以下简称内司委）及其他相关机关的反馈意见，形成全省检察机关开展侦查监督工作情况的报告，于 5 月报告省人大常委会审议。5 月下旬，省第十一届人大常委会第十八次会议分组审议报告后认为，近几年来全省检察机关坚持法律监督机关宪法定位，在加强刑事诉讼法律监督工作方面加大工作力度，创新监督机制，加强自身监督能力建设，取得了明显成效。并提出要进一步树立法律监督理念，围绕人民群众关心的突出问题加大刑事诉讼监督力度，创新完善刑事诉讼监督的机制、制度和加强检察机关自身建设等四个方面的意见和建议。5 月，最高检察院下发《关于为顺利实施职务犯罪案件审查逮捕程序改革做好相关准备工作的通知》，决定 7 月起在全国大部分地区实施省级以下（不含省级）检察院的自侦案件由上一级检察院审查逮捕的改革。9 月，最高检察院下发《关于省级以下人民检察院立案侦查的案件由上一级人民检察院审查决定逮捕的规定(试行)》,省检察院召开职务犯罪案件审查逮捕程序改革座谈会,并制发《检察机关立案侦查案件审查决定逮捕工作意见(试行)》,针对审查逮捕的主体、报请和决定审查逮捕的程序与方式等发生变化,提出了 28 条具体规定。同时,为做好自侦案件上提一级审查逮捕工作,省检察院制发《关于自侦案件审查逮捕上提一级案件讯问犯罪嫌疑人同步录音录像工作的意见》,以确保这项改革顺利实施。是年,全省检察机关共受理提请审查逮捕"两抢"犯罪案件 5539 件 10554 人;经审查,批准逮捕 5385 件 10233 人。其中,批捕黑恶势力犯罪嫌疑人 6613 人;批捕杀人、强奸、绑架等严重暴力犯罪嫌疑人 17061 人;批捕抢夺、盗窃等多发性侵财犯罪嫌疑人 33296 人。

2010 年,全省检察机关全面贯彻落实自侦案件上提一级审查逮捕程序改革。3 月,全省侦查监督工作会议进一步明确自侦案件逮捕条件把握、附条件逮捕、讯问同步录音录像移送和审查批捕、侦查办案程序违法违规等问题。4 月,省检察院制发《浙江省检察机关侦查监督环节热点敏感重大案件报告制度(试行)》,对影响面广、关注度高、矛盾焦点突出、敏感性强的重大案件,在审查逮捕、立案监督和侦查活动监督中,实行分级负责、逐级报告制度。5—10 月上海世界博览会(以下简称上海世博会)期间,与本省公安机关和上海、江苏检察机关建立协作机制,排查和化解不稳定因素,切实做好安保工作。9 月后,全省检察机关根据最高检察院、公安部《关于审查逮捕阶段讯问犯罪嫌疑人的规定》,进一步扩大审查逮捕阶段应当讯问犯罪嫌疑人的案件范围;并对讯问犯罪嫌疑人前的准备工作、方法与策略、权利义务告知、笔录制作、发现问题处理、保密设置、律师意见听取等进行规范。是年,全省检察机关深入贯彻宽严相济刑事政策,深化轻微刑事犯罪和解试点、未成年人犯罪案件专门办理、外来人员轻微犯罪平等适用强制措施等工作,推行轻微犯罪不批捕、不起诉社会风险调查评估制度;共对 4795 名轻微犯罪嫌疑人依法作出不批捕、不起诉决定,其中未成年人 562 人,70 岁以上老年人 19 人,外来人员 1442 人。

表 19-3-1-1　　1950—1967 年浙江省检察机关审查批捕情况一览表

单位:人

年份	受理	批准逮捕	不批准逮捕	年份	受理	批准逮捕	不批准逮捕
1950—1954	-	151553	-	1961	14394	8721	4225
1955	31176	20107	6014	1962	7877	4888	2384
1956	15740	7389	5417	1963	6022	4264	1287
1957	38590	22939	3874	1964	2382	1572	412
1958	43589	24510	16205	1965	1743	780	1047
1959	7190	4519	2574	1966	1171	659	315
1960	13154	8633	2626	1967	1156	417	289

资料来源:根据省检察院检察业务统计表综合。

表 19-3-1-2　1979—2010 年浙江省检察机关审查批捕情况(包括自侦案件)一览表

单位:人

年份	受理	批准逮捕	不批准逮捕	年份	受理	批准逮捕	不批准逮捕
1979	3518	2911	1131	1995	31430	28009	1888
1980	4947	4128	653	1996	39598	35455	2347
1981	8845	7667	934	1997	32186	28285	3780
1982	9265	8076	1058	1998	39272	34479	4321
1983	30694	26647	2234	1999	45199	39731	4973
1984	19324	16331	2838	2000	52780	46401	5638
1985	12535	10435	1456	2001	57439	52635	3993
1986	11528	9884	1331	2002	50989	47752	2250
1987	12699	10863	1216	2003	53147	49980	2150
1988	17145	14719	1563	2004	65715	62410	2674
1989	22924	19997	1974	2005	70950	67447	3005
1990	26789	23641	2072	2006	73807	69875	3569
1991	23319	20730	1571	2007	81075	76994	3928
1992	23432	20974	1465	2008	84301	79875	4233
1993	28296	25016	1734	2009	80952	76065	4728
1994	31269	28081	1859	2010	82581	76633	5781

资料来源:根据省检察院检察业务统计表综合。

表 19-3-1-3　1990—2010 年浙江省检察机关批捕自侦案件情况一览表

单位:人

年份	贪污贿赂案件逮捕数	贪污贿赂案件不捕数	渎职侵权案件逮捕数	渎职侵权案件不捕数
1990	1034	47	131	11
1991	1024	46	138	13
1992	800	43	119	7
1993	769	22	135	3
1994	1192	43	147	8

续表

年份	贪污贿赂案件逮捕数	贪污贿赂案件不捕数	渎职侵权案件逮捕数	渎职侵权案件不捕数
1995	1238	31	138	6
1996	1070	21	148	12
1997	856	40	76	6
1998	801	33	38	5
1999	873	34	32	6
2000	831	37	30	3
2001	795	37	41	5
2002	697	37	29	7
2003	762	37	34	4
2004	809	72	56	14
2005	758	82	41	4
2006	718	72	57	8
2007	892	77	53	4
2008	1006	74	93	16
2009	954	64	102	18
2010	841	89	91	8

资料来源：根据省检察院检察业务统计表综合。

第二节　刑事立案监督

1979年《刑事诉讼法》对刑事立案监督未作规定，检察机关未将该工作列入侦查监督范围。1993年，最高检察院提出"严格执法、狠抓办案"的工作方针，要求刑事执法监督与刑事诉讼过程同步，从刑事立案到刑事判决执行的整个诉讼过程都要监督。1994年7月，最高检察院召开全国第三次刑事检察工作会议，把对刑事案件的立案进行监督（以下简称刑事立案监督）列入侦查监督一项新的工作，作为刑事执法监督的重要组成部分，要求各级检察院积极探索。自此始，全省检察机关对公安机关久拖不决、有罪不究、以罚代刑的案件实行立案侦查监督。苍南、新昌、黄岩、岱山等县（市）检察院对公安机关处理治安处罚、群众反响强烈等案件时，注意运用《刑事诉讼法》赋予的职能直接予以侦查，取得一些经验。

1995年1月，全省检察长会议提出要在刑事立案监督上有所突破，要求各市(分)检察院当年至少立案侦查一件有影响案件；对立案侦查有影响的案件要给予奖励表彰。是年，全省检察机关对公安机关应当立案侦查而不立案的刑事案件，直接立案侦查24件。

1996年，修正后的《刑事诉讼法》规定检察机关对侦查机关刑事立案活动有合法行使监督权，自此立案监督有了明确的法律依据。1997年，最高检察院《人民检察院刑事诉讼规则》进一步明确，检察机关立案监督的范围包括对公安机关应当立案侦查而不立案侦查的案件，对公安机关不应当立案侦查而立案侦查的案件，对检察院侦查部门应当立案侦查而不立案侦查的案件。3月，省检察院根据最高检察院刑检厅《关于积极开展立案监督工作的通知》，要求各级检察院批捕部门凡是对公安机关进行立案监督的，均应报省检察院批捕处把关。6月，在全省检察机关审查批捕工作座谈会上，各市(分)检察院交流了刑事立案监督工作的进程、具体做法的经验和成果，有力地推动全省刑事立案监督工作的开展。8月，全省市(分)检察院检察长座谈会要求各级检察院批捕部门把执法监督工作放到重要位置，积极开展立案监督工作；要把加强对有法不依、执法不严，违法不究等不严格执法情况的监督纠正作为突出重点来抓，对侦查机关该立案不立案的，要发现一起监督纠正一起。11月，省检察院召开全省刑事立案监督工作座谈会，对刑事立案监督工作中一些条文理解和统一执行等问题进行规范。

1998年3月，省检察院制发《浙江省检察机关刑事立案监督工作暂行办法》，为全省检察机关办理立案监督案件提供具体的操作规程。4月和11月，省检察院两次召开全省检察机关刑事立案监督工作座谈会，推动全省刑事立案监督工作的开展。7月，省检察院批捕处对上半年全省办理刑事立案监督案件情况进行通报，就个别单位追求数量而忽视质量、个别案件办案程序及文书制作不规范、某些单位备案不及时等问题提出纠正意见。是年，全省检察机关对公安机关立案案件进行监督的件数同比上升237.1%，通知立案的件数上升285.2%。其中，经立案监督后被判五年以上有期徒刑的达17件，占立案监督总数的7.4%。

1999年5月，为推动和规范全省检察机关刑事立案监督工作，提高立案监督案件质量，省检察院开始对全省刑事立案监督工作进行考核评比。是年，全省检察机关刑事立案监督办案数在全国的排位，从1997年的第20位上升到第10位；全省未办理过此类案件的基层检察院从1997年的2/3以上下降到4个。全省刑事立案监督案件中，判实刑的比例占63%，判五年以上有期徒刑的占17.8%。刑事立案监督工作质量明显提高。

2000—2002年，每年全省检察长会议均要求各级检察院将社会危害大、群众反映强烈、影响社会稳定的刑事案件，涉嫌国家工作人员职务犯罪案件和严重危害社会主义市场经济秩序的经济犯罪案件中该立案而不立案现象作为立案监督的重点；对涉嫌徇私舞弊的，要一查到底；监督有关部门立案的案件一定要能判实刑。同时要进一步健全跟踪监督措施，保证该依法追究刑事责任的犯罪人员能切实受到刑事追究。全省检察机关持续加大立案监督力度，立案监督数量继1998年以来持续上升。2000年2月，省检察院批捕处发文对立案监督工作中遇到的问题进行解答。3月下旬，省检察院批捕处召开立案监督工作座谈会，要求在保持发展势头的同时要突出注意监督的质量；严格规范监督程序、规范法律文书和用语，克服重实体轻程序的倾向。4月,省检察院为规范和推动全省刑事立案监督工作,提高立案监督案件质量,对《刑事立案监督工作考核办法》进行修改。随着立案监督工作的深入发展,在全省检察机关内部,批捕部门与其他业务部门的联系日益增强。一方面,反贪、反渎、监所、公诉等部门积极向批捕部门提供和移送立案监督线索材料,通过这些线索监督立案一批案件;另一方面,各级批捕部门在开展立案监督工作过程中,注重发现和深挖案件背后司法人员徇私枉法等职务犯罪案件线索,并移送侦查部门立案侦查。2000年,监督纠正重特大刑事犯罪案件增多,其中,涉嫌故意杀人、重伤、抢劫、绑架等暴力恶性犯罪案件有92件;破坏市场经济秩序的犯罪案件有49件。2001年,全省检察机关监督纠正案件同比增加22.2%。

2002年,全省检察机关通知公安机关立案170件230人,为历史最高值。全省检察机关自侦部门根据批捕部门提供的线索,立案侦查12件。浦江县检察院公诉部门在审查案件中发现,受害人多方控告且已历经7年的王某某、张某某、芮某柳、芮某鹏故意杀人致1人死亡、1人重伤案,公安机关迟迟未予立案。该县检察院批捕部门发出《要求说明不立案理由通知书》后,公安机关仍以案发不在本地为由不予立案。该县检察院经请示省检察院批捕处,并根据犯罪嫌疑人住所地管辖原则,于5月通知公安机关立案。该县公安局立案后,将其中2名犯罪嫌疑人追捕归案(其他2名另案处理)。该案起诉后,2名被告人分别被法院依法判处死刑缓期两年执行和有期徒刑五年。丽水市两级检察院监所检察部门共向批捕部门提供有关立案监督案件线索20余条,其中经批捕部门监督后立案追究17件17人。

2003年4月,省检察院召开全省检察机关刑事立案监督工作座谈会,对立案监督工作开展7年多来的情况进行经验总结推广,对13个立案监督先进单位进行表彰。全省刑事立案监督工作在全国排位不断前移的同时,有些单位立案监督数量一直较少,极个别单位仍没有办理立案监督案件。年底,省检察院侦监处集中清理全省1997—2002年的立案监督案件,发现有622件尚未侦查终结,占总件数的27%,严重影响立案监督的法律效果和社会效果。省检察院侦监处对此分析并提出下一步整改措施。是年,全省检察机关受理立案监督数量同比略有下降,但要求公安机关说明不立案理由数却有所增加,纠正案件数同比增加18.6%。

2004年初,全省检察长会议对刑事立案监督工作提出"突出重点,拓展领域,跟踪落实,提高监督案件的判徒刑数、重刑率和当年判决率"的要求。3月,最高检察院部署4—12月在全国开展打击制售假冒伪劣商品、侵犯知识产权犯罪立案监督专项行动,省检察院明确要求各级检察院侦监部门要把事关老百姓切身利益和生命健康、涉及食品安全问题的犯罪案件作为重中之重,予以监督。4月,省检察院召开全省检察机关立案监督工作会议,进一步动员和部署专项行动工作,要求各级检察院侦监部门将专项行动与建立完善行政执法与刑事执法相衔接机制工作结合起来,互为依托,互相促进,加大对制假售假、侵犯知识产权犯罪的立案监督力度,切实维护和规范市场经济秩序。省检察院制发《制售假冒伪劣商品侵犯知识产权犯罪立案监督专项行动工作方案》,对全省检察机关开展专项行动的重点、时间力量安排、方法等内容作出规定。6月初,省检察院会同省整顿和规范市场秩序领导小组办公室(以下简称省整规办)召开由省工商局、省卫生厅等十余家省级行政执法机关参加的座谈会,通报检察机关开展专项行动工作情况,并就进一步加强检察机关、公安机关与各行政执法机关的工作联系和协作、及时和规范移送涉嫌犯罪案件等问题进行磋商。在立案监督专项行动期间，全省检察机关依照最高检察院、全国整顿办、公安部联合下发的《关于加强行政执法与公安机关人民检察院工作联系的意见》和省检察院、省整规办、省工商局等行政执法机关联合制发的《关于行政执法机关移送涉嫌犯罪案件几个具体问题的规定》《关于转发〈关于加强行政执法与公安机关人民检察院工作联系的意见〉的通知》等规定，进一步加强与行政执法机关的联系与配合工作。通过上述工作和措施，全省检察机关立案监督制售假冒伪劣商品、侵犯知识产权犯罪专项行动取得较为明显的阶段性成果。3—12月，全省检察机关共监督公安机关立案侦查各类破坏市场经济犯罪案件133件145人，案件数量同比上升53%，其中制售假冒伪劣商品和侵犯知识产权犯罪59件；涉税犯罪案件37件；虚报注册资本、非法经营等其他经济类犯罪案37件。4月上旬，温岭市电视台报道台州市卫生监督所与温岭市卫生局在温岭市某地查获一起添加碱性玫瑰精生产有毒虾仁的新闻后，温岭市检察院对此开展跟踪监督，获悉省疾病预防控制中心鉴定认定碱性玫瑰精是对人体有害的毒物，即向公安机关发出立案侦查检察建议书。该市公安局随后对犯罪嫌疑人潘某某、包某某等3人立案侦查，查获有毒虾仁2904千克。该案起诉后，法院以生产有毒食品罪判处3名被告人八个月到两年不等的有期徒刑并处以罚金。5月下旬，中央电视台《每周质量报告》栏目报道绍兴县某酿酒厂违反《黄酒国家标准》，用大量自来水加白酒、酒精等勾兑黄酒的违法犯罪情况。绍兴县检察院当天赴现场调查核实案情，次日上午就向公安机关发出立案侦查检察建议书，该县公安局随后予以立案侦查。案件起诉后，法院以生产销售伪劣产品罪判处4名被告人拘役六个月到有期徒刑三年六个月不等的刑罚。同月，苍南县检察院在审查县工商局向公安机关移送涉嫌犯罪案件材料中，发现某被服厂销售给福建某学校供学生使用的价值19万余元的垫被、枕头、棉被为不合格产品，其中垫被的主要成分是“黑心棉”(指不符合标准的劣质生活用絮用纤维制品)，对人体有较大危害，涉嫌生产、销售伪劣产品犯罪，公安机关该立案未立案，遂向公安机关发出立案侦查检察建议书。该县公安局随后予以立案侦查。是年，永康市检察院探索利用行政执法信息库挖掘立案监督案件线索，立案监督案件达到26起，同比上升116.7%；经监督后立案侦查追究刑事责任的行政执法领域案件11件13人。省检察院向全省转发推广该市检察院的经验。绍兴市、嘉兴市、衢州市等检察院通过与相关行政执法单位召开联席会议等方式，加大工作联系力度，先后制定一批相互之间工作衔接、涉嫌犯罪移送和督办等方面内容的规范性文件，建立和完善本地行政执法与刑事执法相衔接工作机制，为专项行动的开展提供有利条件。全省检察机关监督立案同比增加2.9%，监督撤案同比增加96%。

2005年9月，省检察院就全省检察机关开展打击制假售假、侵犯知识产权犯罪专项立案监督活动和以纠正刑讯逼供为重点的专项侦查监督活动情况，向省委、省政府有关领导作出专题报告。随后，省委副书记、政法委书记夏宝龙，省委常委、常务副省长章猛进，副省长金德水先后批示，要求检察机关进一步落实好最高检察院的部署精神，同行政执法机关加强联系、协作，共同维护好社会主义市场经济秩序和社会秩序；并要求省整规办、省工商局、省质监局等部门积极配合、及时移送案件，依法严厉打击犯罪。下旬，省检察院专门召开全省检察机关电视电话会议，通报前一阶段开展专项监督活动情况，对进一步开展专项监督活动进行再动员、再部署。是年，省检察院侦监处与公诉处联合挂牌督办包括慈溪假冒火花塞系列案在内的11件制假售假侵犯知识产权案件。全省检察机关共监督公安机关立案831件，同比上升17.04%，在全国排名第10位；监督公安机关撤销不该立案而立案案件336件，同比上升129%，列全国第3位。专项行动也取得明显成绩，其中监督公安机关立案侦查侵犯知识产权犯罪案件38件，同比上升171%。

2006年4月，省检察院、省公安厅联合制发《关于刑事立案和立案监督几个具体问题的规定》，对刑事立案、刑事立案监督、协作机制等进行规范，明确检察机关侦监部门必要时可查阅公安机关的立案、撤案情况及数据；公安机关法制部门可核对检察机关的立案监督情况及数据。8—12月，省检察院与省公安厅联合部署开展立案监督久侦未结案件专项检查活动，重点检查2003—2005年全省检察机关立案监督案件和2002年以前监督立案犯罪嫌疑人可能被判处五年有期徒刑以上刑罚、但公安机关一直未予侦查终结的案件。12月中旬，省检察院会同省公安厅组成执法质量考评组，对全省28个单位立案监督久侦未结案件专项活动情况进行抽查。

2007—2008年，全省检察机关坚持将社会危害性大、人民群众反映强烈、严重影响社会和谐稳定的案件作为立案监督工作重点，努力提高监督案件的成案率、重刑率。2007年4月，省检察院侦监处与省公安厅法制处联合召开立案监督工作研讨会，形成《浙江省公安、检察机关关于加强立案监督工作协作机制的会议纪要》，对相互协作配合等问题达成共识。6月，省检察院、省公安厅为提高立案监督案件的侦结率，决定对"立而不侦、久侦未结"的16个犯罪嫌疑人进行挂牌督办，至年底侦结11件，其中1人被法院判处无期徒刑，4人被法院判处十年以上有期徒刑。是年，全省检察机关共建议工商、税务等行政执法机关向公安机关移送涉嫌犯罪案件297件，同比上升65%。2008年7月，省检察院与省公安厅再次对11件(含2007年挂牌督办尚未办结4件)久侦未结的立案监督案进行挂牌督办，其中1人被法院判处六年有期徒刑。

2009年初，省检察院根据省委"保增长、抓转型、重民生、促稳定"的工作主线，组织全省检察机关开展为期一年的"涉企"案件侦查监督专项工作，重点监督纠正对损害企业利益、破坏企业正常生产经营的犯罪案件该立不立，违法立案、滥用刑事追诉权插手企业经济纠纷，办理涉企案件违法冻结、查封、扣押款物以及违法取证等问题。是年，各级检察院共监督立案69件，监督撤案27件。2月，为全面掌握全省监督撤案工作开展情况，进一步规范监督撤案工作，提高监督实效，省检察院对2008考评年度各级检察院监督撤案工作进行专项检查并通报，进一步明确撤案监督工作的指导思想、范围、程序等，并制发《监督撤案案件审查报告格式(样本)》进行规范。6月，为及时掌握立案监督案件诉讼进程，防止立案监督案件久侦不结、诉讼拖沓，提升监督案件质量和效果，省检察院制发《关于进一步健全立案监督案件跟踪监督机制的意见》，明确专人负责制度、台账制度、跟踪监督制度、违法行为调查制度、备案审查制度、沟通协调制度、对下指导制度等7项制度，从而对立案监督案件予以全程跟踪监督。对超过6个月未结的，要求公安机关说明原因。对已经进入公诉、审判环节的案件，要及时加强与公诉部门、法院的沟通，保证立案监督案件及时得到起诉、判决。

2010年7月底，省人大常委会通过《关于加强检察机关法律监督工作的决定》。9月，省检察院制发《浙江省检察机关贯彻落实省人大常委会〈关于加强检察机关法律监督工作的决定〉的实施方案》，其中要求省检察院侦监处在全省范围内开展对行政执法机关移送后公安机关未处理案件的专项立案监督；要与省公安厅联合制定规范意见，对执法信息查询、案卷材料调阅以及立案监督超期未侦结案件说明原因，对立案监督、纠正漏捕漏诉、纠正违法等重点侦查监督事项进行规范；要贯彻最高检察院、公安部《关于刑事立案监督有关问题的规定（试行）》，制定《浙江省检察机关刑事立案监督工作细则》。同时决定于12月至次年6月在全省检察机关开展行政执法机关移送未立案案件专项立案监督活动。12月，省检察院、省公安厅共同决定，再次对10件（含2008年挂牌督办尚未办结3件）久侦未结的立案监督案进行挂牌督办。

表19-3-2-1　　1998—2010年浙江省检察机关立案监督情况一览表

年份	受理（件）	要求公安机关说明不立案理由（件）	其中公安机关直接立案（件）	通知公安机关立案（件、人）		有罪判决（人）	监督公安机关撤案（件）
1998	383	330	118	104	123	-	-
1999	512	485	236	139	172	-	-
2000	527	507	324	131	184	-	-
2001	637	600	428	123	155	-	-
2002	727	678	419	170	203	-	-
2003	657	704	559	132	148	-	74
2004	757	739	624	92	100	-	145
2005	871	856	783	50	53	-	337
2006	788	781	725	44	56	280	620
2007	792	789	753	25	25	356	595
2008	822	823	782	18	18	346	1253
2009	858	860	835	6	6	408	234
2010	1183	1183	1163	6	7	481	303

资料来源：根据省检察院检察业务统计表综合。

说明：立案监督有罪判决统计数据自2006年开始；监督公安机关撤案数据自2003年开始。

第三节　侦查活动监督

1954年《检察院组织法》规定检察机关对公安机关的侦查活动实行监督，但未明确具体的监督形式。1955年，杭州市、宁波市、温州市检察院和定海、嘉善、东阳、汤溪（今属金华市婺城区)、乐清、新登、余姚等县检察院对公安机关侦查中发生的违法行为提出改进意见。汤溪县(时属金华地区)检察院在审查批捕中发现某些公安干部作风粗糙、材料质量过低和不合格的情况,向公安局提出改进意见,公安局在工作中予以改进。

1956 年,杭州市、宁波市、嘉兴县检察院选择 10 个案件,采取参与公安机关办案的方法,进行对侦查活动监督的试验。7 月,杭州市检察院与市公安局建立联系制度,探索对侦查活动进行监督,规定公安机关在侦查重大案件中制作的《立案报告》《侦查计划》《继续报告》《破案报告》等文书要及时抄告检察机关;检察院派员参加公安机关的有关业务会议和重要侦破活动,发现违法办案即以口头或书面形式提出纠正建议。是年,参与公安机关执行逮捕 12 人,参与侦查活动 20 件次,列席侦查业务会议 70 次;退回公安机关补充侦查 2683 人。但由于缺乏侦查活动监督的经验,存在着参与面过宽,对公安机关侦查活动不恰当干涉等问题。

1957 年 2 月,全省第三次检察工作会议确定:从参加公安机关预审开始和预审终结两个环节入手,逐步开展对公安机关侦查活动的监督。此后,全省检察机关相继开展侦查活动监督。6 月,全省市(分)检察院检察长会议根据最高检察院召开的 19 省、市检察长会议精神,确定只对公安机关侦查活动行为的申诉和控告,以及发现有问题的案件进行检查监督和处理,对人犯逮捕前的阶段不再进行侦查监督。

1958—1959 年,全省检察机关在与公安局、法院合署办公中,侦查活动监督工作严重削弱。1960 年,在侦查案件中遇到问题时,往往由公安机关侦查员、法院审判员、检察机关检察员或相关政法干部进行集体讨论,偏重运用政策来统一认识进行处理,忽视对侦查活动的监督。

1961 年后,全省检察机关对侦查活动的监督,主要是审查侦查部门报送的各种办案材料,发现事实不清、证据不足的重大疑难案件,进行实地查对补充,提出改进意见。是年,全省检察机关实地查对补充 1058 件;发现公安机关应逮捕而未报捕的案犯 239 人,审查公安机关提请批捕案件材料后退回补充侦查 1228 人。1962 年,一些地方检察院相继复建,公、检、法三机关互相制约机制有所恢复。全省检察机关在审查批捕时发现性质不清、证据不足的 2440 人中,自行查对人数占 44.22%;通过实地查对补充证据,核实犯罪事实,发现罪该逮捕而没有提请逮捕的有 21 人。

1963 年,全省检察机关全面推行提讯被告人制度,在提讯被告人时注意了解公安机关在侦查阶段有无刑讯逼供、制造伪证、徇私枉法等违法乱纪行为。全省检察机关共提讯公安机关侦查案件的被告 5589 人,发现并纠正漏捕罪犯 56 人,退回公安机关补充侦查 432 件。

1964—1965 年,全省检察机关全面推行依靠群众办案。据余姚、黄岩等 11 个县检察院统计,依靠群众核实案件证据材料 205 件,从中发现公安机关报捕案件中犯罪嫌疑人主罪失实、定罪不当的 32 件,发现漏捕案犯 1 人。2 年间,全省检察机关审查批准后退回侦查机关补充侦查 273 人。

“文化大革命”开始后,全省检察机关侦查活动监督工作中断。

1980 年后,全省检察机关根据《刑事诉讼法》规定,对公安机关的侦查活动全过程包括采取强制措施是否依法进行,行使法律监督职权,逐步积累经验。是年,共发现公安机关应当提请批捕而没有提请逮捕的 97 人；向公安机关提出后，均得以纠正。对于公安机关等单位某些不合法的做法，口头或书面提出纠正 321 次。

1980—1986 年，在全国“严打”“经打”的形势下，全省侦查犯罪案件的数量大。但检察机关的侦查活动监督工作刚刚重新起步，对这项工作的重要性认识不足，对其范围、方式方法、程序要求等不很明确，工作缺乏经验，没有相应的工作制度；加之检察机关案多人少，不善于运用法律武器，习惯于内部协商通气；全省检察机关的侦查活动监督工作开展不够。7 年间，全省检察机关不批准逮捕 8769 人，有 50%左右属于不构成犯罪或不需要追究刑事责任的人；建议公安机关撤回 674 人，两项合计约占审查批捕办结数的 6.4%。同时，注意深挖犯罪，1982—1986 年，全省检察机关经对侦查活动监督后发现并决定追捕 1303 人，占审查批捕总人数的 2.2%。

1985 年下半年，最高检察院先后召开全国侦查活动、审判活动“两个监督”座谈会。12 月，最高检察院下发《侦查活动监督工作试行规定》，提出开展侦查活动监督工作的任务、原则、内容、方法、程序等规范性内容。1986 年 1 月，最高检察院一厅制发《关于开展侦查活动、审判活动监督工作的情况和今后的意见》，进一步明晰侦查活动监督工作的要求。据此，1986 年始，全省检察机关加强侦查活动监督工作。6 月下旬，省检察院召开“两个监督”座谈会，强调全省检察机关应把纠正徇私枉法和刑讯逼供等造成的错、漏案件作为侦查活动监督的重点。是年，全省部分检察院及时对应该随卷移送而没有移送的赃款赃物提出意见，并进行追缴。全省检察机关共提出口头、书面纠正违法意见 268 次，其中书面 18 次。

1987—1989 年，全省检察机关提高对依法独立行使检察权的认识，对公安机关侦查活动的法律监督工作有所加强。1988—1989 年 4 月，发现公安机关对罪该逮捕而未提请批捕的有 501 人，均依法批准逮捕；对提请批捕的犯罪嫌疑人中不构成犯罪或虽已构成犯罪但不够逮捕条件的 1757 人，决定不批准逮捕。另外，1988 年向公安机关提出纠正违法意见 510 件(次)。1989 年对公安机关侦查活动中出现的违法现象，提出各种形式的纠正意见 314 件(次)。

1993 年 7 月，省检察院制发《关于审查批捕案件的跟踪监督制度(试行)》，建立和实行批准逮捕犯罪嫌疑人后实际执行情况的跟踪监督制度。对经审查作出批准逮捕、不批准逮捕和退回补充侦查的案件，主动了解掌握侦查机关及检察院自侦部门的执行落实情况，及时发现侦查活动中的违法行为，提出纠正意见。

1993—1994 年，全省检察机关以开展对批准逮捕犯罪嫌疑人后的实际执行情况实行跟踪监督为突破口，加强侦查活动监督工作。1994 年 1 月，全省检察长工作会议提出，对侦查活动的监督，要重点抓有罪不究、以罚代刑问题的监督，使执法监督工作真正落到实处。同时提出，对检察机关自身在办案中出现的违法问题更要从严查处。全省不少检察院探索和积累了一些对侦查活动进行监督的经验。仙居县检察院确定侦查活动监督的重点，建立退查案件跟踪监督制度，对退查的 19 件 46 人逐一监督，落实处理。

1997 年，全省检察机关根据修改后的《刑事诉讼法》和最高检察院《人民检察院刑事诉讼规则》，把侦查活动监督工作的重点放在有罪不究、以罚代刑、执法不严等突出问题上，在监督效果上下功夫。4 月，省检察院根据最高检察院《人民检察院刑事诉讼法律文书格式》，征得省公安厅同意后，对涉及侦查活动监督工作的法律文书具体适用有关问题作出规定。5月，省检察院《关于检察机关自侦案件延长侦查羁押期限审批程序的通知》要求，检察机关自行侦查的案件需要延长侦查羁押期限的，均应由批捕部门审查。各县(市、区)检察院自行侦查的案件延长侦查羁押期限需要由批捕部门审查后层报至省、市(分)检察院。8月，全省市(分)检察院检察长座谈会议要求全省检察机关把加强对执行“两法”中不严格执法情况的监督纠正，作为工作重点。对批准逮捕后有关机关违法变更强制措施，该提出纠正违法意见的就要提出，该决定重新予以逮捕的要决定逮捕；要通过加强对执行“两法”中违法情况的监督纠正，保障和促进修改后“两法”的正确贯彻实施。此外，要把执法监督与查办犯罪案件更好地结合起来，大力加强对司法和行政执法人员徇私舞弊、贪赃枉法、徇私枉法等犯罪案件的查办。

2000—2001年，全省检察机关将制止刑讯逼供、纠正超期羁押工作作为侦查活动监督的重点。2000年后，各级检察院提请省检察院批准延押案件大量增加，不少检察院实行羁押期限提示告警制度，变事后纠正为事前防范，有效减少超期羁押现象。至2001年，全省检察机关共审查延长羁押案910件。2001年10月，省检察院制发《关于规范办理提请批准延长侦查羁押期限案件的通知》，重申并进一步规范提请批准延押案件的办理。是年，针对公安机关在侦查活动中存在的滥用强制措施等违法问题，全省检察机关共发出纠正违法通知99件，已纠正92件，纠正数同比增加60.7%；纠正超期羁押532人(次)。

2002—2003年，全省侦查监督工作重点集中于纠正违法取证、滥用和随意改变强制措施等问题。2002年1月，全省检察长会议要求侦查活动监督工作要在注意防错防漏的同时，着力监督纠正刑讯逼供，违法取证，随意改变强制措施等违法问题。2003年，全省检察机关共向侦查机关发出纠正违法通知书41件；其中，侦查机关纠正36件，纠正漏捕194人。

2005年6—12月，全省检察机关根据最高检察院部署，开展以纠正刑讯逼供为重点的专项侦查监督活动。省检察院制定专项侦查监督活动工作方案，成立领导小组。各级检察机关整合内设各部门力量，全面开展排查线索，纠正违法案件查办工作。重点是注意通过讯问犯罪嫌疑人、审查案卷材料、接受控告举报等，发现刑讯逼供违法犯罪线索，开展必要的核查工作；经查证确实存在刑讯逼供的，及时向侦查部门提出纠正意见；侦查部门对纠正意见拒不改正的，提请上级检察院通过同级侦查部门进行监督纠正；对于侦查人员刑讯逼供行为涉嫌犯罪的，及时将案件线索移送有关职能部门依法立案查处；在审查逮捕工作中，加强对非法证据的排除，凡是刑讯逼供获得的言词证据，不能作为批准逮捕的根据。专项侦查监督活动中，全省检察机关共排查案件线索34件35人，口头纠正违法4件4人，发出书面纠正违法通知书2件3人，移送侦查机关处理5件7人，立案侦查刑讯逼供案件4件4人，提起公诉并被法院判决1件1人。

2006年，全省检察机关根据最高检察院部署，开展为期一年的专项监督活动，重点纠正批捕后不及时执行或者随意变更逮捕措施等突出问题。对作出批准逮捕决定的案件加强跟踪监督，对“批捕在逃”的案犯，督促侦查机关加大抓捕力度；对“另案处理”的，了解处理的具体情况；对作出不批捕决定的案件，监督执行机关及时释放犯罪嫌疑人或者变更强制措施；对证据不足不予批捕并附补查提纲的，跟踪侦查机关的补查情况，督促及时重新提请批准逮捕，防止案件流失；对重特大犯罪案件，坚持适时介入侦查；并重视追究遗罪漏犯，确保罪犯受到法律追究。杭州市上城区检察院在办理一件聚众斗殴案件中，发现犯罪嫌疑人夏某某有故意杀人犯罪嫌疑，及时向公安机关发出追捕建议书。将夏某某抓获后经审查起诉，被法院判处死缓。专项监督活动期间，全省检察机关共参与重大案件侦查阶段的讨论 1735 件，参加现场勘察 424 件；向公安机关发出纠正违法通知书 126 份，同比增加一倍，公安机关纠正 115 件(次)；纠正漏捕 557 人，同比上升 28.9%。

2007 年，省检察院在考核文件中明确要求，对公安机关侦查活动中的违法违规行为，坚持以检察建议书或纠正违法通知书形式予以纠正。6 月，省检察院与省公安厅联合制发《关于开展刑事拘留监督试点工作的通知》，确定杭州市下城区、慈溪市、瑞安市、义乌市 4 个县级市、区为试点地区，对刑事拘留是否超范围、有无违法延长刑事拘留期限、有无刑事拘留超期限、审批和通知程序是否规范等情形进行监督，在全国率先开展刑事拘留监督试点工作。要求检察机关发现公安机关适用刑事拘留(以下简称刑拘)违法的，应当提出纠正意见；公安机关对于检察机关的纠正意见应当落实整改，并将纠正情况及时告知检察机关；检察机关发现公安机关对刑拘未报捕案件作下行处理确有错误的，应按照立案监督程序办理。是年，全省检察机关共纠正公安机关侦查违法活动 111 起；对以事实不清、证据不足不批准逮捕案件列出详细的补充侦查提纲，通知公安机关补查 886 件 1455 人，补查重报后批捕 136 件 192 人；共纠正漏捕 210 件 732 人，人数同比上升 31.4%。

2008 年 2 月，为进一步规范办理提请批准延长和重新计算侦查羁押期限案件，省检察院与省公安厅联合制发《关于规范办理提请批准延长和重新计算侦查羁押期限案件的意见》。对延长(重新计算)侦查羁押期限案件的提请、审批的案件范围、时间期限、报送文书材料以及相关条文的理解等作出规定，规范侦查羁押期限延长案件的办理。要求坚持程序审查和实体审查并重，既要审查犯罪嫌疑人是否需要继续羁押，也要对原批捕决定是否正确进行重新审查；既要审查提请延长的理由、依据和事实，也要注重审查延长羁押的必要性和程序合法性。对手续不齐备的，不予受理；对不符合延长羁押期限条件的，依法作出不批准延长侦查羁押期限的决定。6 月，省检察院与省公安厅联合制发《关于深入开展刑事拘留监督试点工作的通知》，将安吉县、嘉兴市南湖区、嵊州市、常山县、舟山市普陀区、温岭市、丽水市莲都区列入试点范围，由此试点单位扩大到 11 个县(市、区)。是年，全省试点单位共不批准延押 11 人，同比增加 83.3%。

2009 年，全省检察机关侦查活动监督工作以落实省检察院帮助企业解困服务经济平稳较快增长的“十五条意见”为重点，针对侦查机关在办理涉企案件中，非法插手经济纠纷，以及对涉嫌犯罪的企业经营管理人员采取强制措施、查封、扣押和冻结企业财产等不当行为加强监督。是年，全省检察机关对侦查中滥用强制措施等违法情况提出纠正意见 286 件(次)。

2010 年 2 月，为进一步加强和规范书面纠正违法工作，提高办案质量和效果，省检察院侦监处对 2009 年度全省书面纠正违法工作情况进行专项检查，通报全省进一步明确书面纠正违法的适用范围和监督方式，规范书面纠正违法的程序。6 月，省检察院与省公安厅决定增加杭州市滨江区、宁波市北仑区、温州市(鹿城区、龙湾区、瓯海区)、湖州市南浔区、海盐县、绍兴市越城区、诸暨市、金华市金东区、永康市、衢州市衢江区、舟山市定海区、三门县、缙云县为刑拘监督试点，试点范围扩大到 26 个县(市、区)。7 月，省人大常委会作出《关于加强检察机关法律监督工作的决定》后，省检察院在制发实施方案贯彻落实中，要求侦监部门要围绕群众反映的执法不严、司法不公等问题，坚持日常监督、专项监督、制度监督多管齐下，加强对诉讼活动的法律监督，维护司法公正。重点监督有罪不究、无罪追究、违法办案、侵犯人权等问题。与省公安厅联合制定“规范侦查监督工作若干意见”，对执法信息查询、案卷材料调阅以及捕后改变强制措施告知等相关工作制度予以明确，对纠正漏捕、纠正违法等重点侦查监督手段进行规范。是年，全省对不构成犯罪或事实不清、证据不足的案件，决定不批捕 2900 余人；对应当逮捕而未提请逮捕的，纠正漏捕 940 余人；对侦查活动中存在的采用强制措施错误、超期羁押、违法取证等违法侦查行为依法纠正 1300 余件。

表 19-3-3-1　　1955—1965 年浙江省检察机关侦查监督案件情况一览表

单位：人

年份	退回补充侦查	纠正漏捕	年份	退回补充侦查	纠正漏捕
1955	3886	-	1961	1228	239
1956	2583	-	1962	622	21
1957	-	-	1963	432	56
1958	-	-	1964	150	-
1959	533	17	1965	123	1
1960	-	—			

资料来源：根据省检察院检察业务统计表综合。

表 19-3-3-2　　1980—2010 年浙江省检察机关侦查监督书面纠正违法情况一览表

年份	纠正违法案件数	年份	纠正违法数	年份	纠正违法案件数	年份	纠正违法数
1980	9 件	1988	-	1996	206 件 270 人	2004	69 件
1981	4 件	1989	-	1997	201 件 305 人	2005	60 件
1982	3 件	1990	240 件 287 人	1998	68 件 84 人	2006	126 件
1983	2 件	1991	170 件 235 人	1999	104 件 136 人	2007	110 件
1984	4 件	1992	144 件 223 人	2000	84 件 103 人	2008	263 件
1985	3 件	1993	209 件 340 人	2001	92 件 133 人	2009	1047 件
1986	18 件	1994	221 件 379 人	2002	42 件 57 人	2010	303 件
1987	-	1995	230 件 359 人	2003	41 件		

资料来源：根据省检察院检察业务统计表综合。

第四节　侦查监督业务建设

1978年全省检察机关重建后，即着手加强侦查监督业务能力建设。针对侦查监督工作逐步恢复，业务能力水平要求逐步提高，从事侦查监督工作的新人员多、业务不熟等情况，主要采取以会代训、工作中以老带新等形式，提高侦查监督人员业务水平，业务建设不断加强与规范。

1988年5月，省检察院根据最高检察院《办理批捕案件的质量标准》等3个试行规定，提出加强审查批捕工作规范化的措施。要求各级检察院总结制定审查批捕工作的具体规定，作为审查批捕的工作准则及批捕办案人员业务教育学习的基础内容。省检察院和各市(分)检察院采取办研讨班或以会代训等形式，开展审查批捕工作的培训；采取实行“目标管理”或评选优秀办案人员等形式，普遍开展审查批捕工作的评比竞赛活动。

1990—1992年，省检察院连续举办3期全省刑检业务骨干审查办理贪污、贿赂、挪用公款犯罪案件的业务培训班，提高刑检干部审查自侦案件能力，其中包括审查逮捕业务。

1995年3月，省检察院决定首次在全省开展批捕工作评比活动，制发《审查批捕工作评比活动试行办法》。评比以各市(分)检察院为单位，各市(分)检察院刑检处(科)为本地区参加评比活动的组织者，辖区内两级检察院的批捕工作总量为参加评比的具体内容。各市(分)检察院负责对辖区内基层院进行考核评比。评比按准确率、办案质量、开展侦查监督情况和总结经验材料等四项内容进行考核，根据统一规定的计分标准累计积分，按全年得分多少排列名次。经评比，台州、杭州、金华3市分获前三名。此后，在1996年、1997年又开展2次审查批捕工作的年度评比活动。

1996年6月，省检察院召开全省检察机关刑事检察研讨会，专题培训修改后《刑事诉讼法》中包括侦查监督在内的刑事检察业务，部署修改后《刑事诉讼法》实施前的各项准备工作。省检察院主要领导要求各级检察院注重清理积案，特别强调要重点把握逮捕条件变化的问题。

1999年5月，省检察院制发《刑事立案监督工作考核评比办法》，开始在全省开展考评刑事立案监督先进单位活动。考评以县(市、区)和市(分)检察院为单位分别进行。各市(分)检察院对辖区各县(市、区)检察院的立案监督工作进行考评。采用累计积分，按全年得分多少排列名次，对前十名进行通报表彰。此后，该项考核工作每年进行一次，一直延续到2005年。

2001年3月始，全省检察机关侦监部门根据最高检察院侦监厅统一部署，进行审查逮捕工作方式改革，以《审查逮捕案件意见书》将审查逮捕案件阅卷笔录、审查报告和审批表三合为一，简化工作程序，加强分析说理，改进审查批捕的工作方式。

2002年，省检察院为提高批捕案件的办案质量，规范《审查逮捕案件意见书》的制作，组织全省侦监部门开展《审查逮捕意见书》质量交叉对口检查活动。6—9月，省检察院组织各级检察院对2000年以来的批捕案件开展质量检查，全省以地区为单位分为11个检查组，对全省 22 个基层院(每个地区 2 个)审查逮捕案件的质量进行检查。是年,最高检察院开展全国检察机关侦监部门优秀《审查逮捕案件意见书》评选活动。经省检察院评选推荐,杭州市检察院、宁波市检察院制作的 2 份《审查逮捕意见书》获二等奖。

2003 年,省检察院以制作评比《审查逮捕意见书》为主题,首次组织全省检察机关侦监部门开展岗位练兵活动。经评选,从各地报送 52 篇文书中评出全省优秀《审查逮捕案件意见书》25 篇。2006 年 7 月,省检察院开展以实际案例为基础的第二次优秀《审查逮捕案件意见书》的评选活动,共评选出 17 篇优秀《审查逮捕案件意见书》。

2005 年初,省检察院决定开展全省检察机关刑事立案监督经济犯罪案件评选表彰活动。经过各市检察院初评和推荐,省检察院评选出 2003 年以来经济犯罪立案监督精品案 10 件。7 月,省检察院对全省检察机关刑事立案监督经济犯罪精品案件通报表彰。

2006 年初,省检察院制发《浙江省检察机关侦查监督业务工作考核办法》,首次对全省各级检察院进行侦查监督工作综合业务考评。2007 年,省检察院对考评办法进行调整,仅对综合考评和立案监督专项进行评比。

2007 年 9 月,省检察院根据最高检察院部署,首次组织全省检察机关侦监部门开展"十佳"侦查监督办案能手评比活动。通过对选手 2005 年以来办理案件进行随机抽查,及对日常绩效考核、案件审查及文书制作、案件汇报及答辩、侦查监督实务问答的综合评比,评出全省检察机关"十佳"侦查监督办案能手 10 人,推荐参加最高检察院组织的"全国侦查监督十佳检察官"评选。12 月,最高检察院表彰首届"全国侦查监督十佳检察官",浙江省 2 名检察干部分获"全国侦查监督十佳检察官""全国侦查监督优秀检察官"称号。省委领导先后对此进行批示,要求全省检察干警向他们学习。

2008 年 7 月,省检察院组织全省检察机关侦监部门开展《不捕说理文书》评比活动,经对选手现场制作《不批准逮捕理由说明书》评审,15 名选手制作的文书被评为优秀《不捕说理文书》。

2009 年 11 月,省检察院举办自侦案件上提一级审查逮捕工作培训班,培训班对全省检察机关侦监部门 50 余名办案骨干参加职务犯罪案件审查逮捕质量标准的把握、受贿案件的证据审查和有关实务问题进行培训。

2010 年 7 月,省检察院按照最高检察院第二届"全国侦查监督十佳检察官暨全国侦查监督优秀检察官"业务竞赛的要求及规则、评分标准等,组织开展"全省侦查监督十佳检察官"业务竞赛活动,评选出"全省侦查监督十佳检察官"和"全省侦查监督优秀检察官"人选。12 月,经省检察院推荐参加最高检察院组织的全国侦查监督业务竞赛的 2 名检察干部,分获"全国侦查监督十佳检察官提名奖""全国侦查监督优秀检察官奖"。

表 19-3-4-1　　浙江省检察机关获最高检察院表彰的侦查监督工作人员名录

时　间	荣誉称号	获奖人员
2007 年	全国侦查监督十佳检察官	瑞安市检察院张天煜
	全国侦查监督优秀检察官	杭州市江干区检察院施景新
2010 年	全国侦查监督十佳检察官提名	义乌市检察院何小航
	全国侦查监督优秀检察官	杭州市江干区检察院胡葵阳

资料来源:高检政〔2007〕235 号、高检发政字〔2010〕132 号文件。

表 19-3-4-2　　浙江省检察机关获省检察院表彰的侦查监督工作人员名录

时　间	荣誉称号	获奖人员
2007 年	十佳侦查监督办案能手	杭州市江干区检察院施景新、杭州市滨江区检察院张海峰、杭州市萧山区检察院万应君、杭州市余杭区检察院郑惠敏、瑞安市检察院张天煜、湖州市检察院邵健儿、德清县检察院赵哲含、海宁市检察院朱玮、金华市婺城区检察院朱每恒、舟山市普陀区检察院戴静达
2010 年	侦查监督十佳检察官	杭州市江干区检察院胡葵阳,杭州市滨江区检察院张海峰,宁波市北仑区检察院张静,温州市检察院郭磊,瑞安市检察院吴晓萍,诸暨市检察院陈仙萍,义乌市人民检察院何小航,丽水市检察院蓝夏明,浙江省检察院王云燕、高庆盛

资料来源:浙检政〔2007〕174 号、浙检政〔2010〕60 号文件。

专记:建立行政执法与刑事司法衔接机制

2001 年 4 月,国务院《关于整顿和规范市场经济秩序的决定》要求:加强行政执法与刑事执法的衔接,建立信息共享、沟通便捷、防范有力、查处及时的打击经济犯罪的协作机制,对破坏市场经济秩序构成犯罪行为的,及时移送司法机关处理。7 月,国务院公布实施《行政执法机关移送涉嫌犯罪案件的规定》,确立行政执法与刑事执法相衔接(以下简称两执法相衔接)工作机制的基本框架;明确行政执法机关、公安机关和检察机关对涉嫌犯罪案件的移送、立案和立案监督的责任。该工作机制的建立,是加大对破坏社会主义市场经济秩序犯罪打击力度,促进经济持续协调健康发展的要求;是推进依法治国、促进社会公平正义的需要;是维护广大人民群众切身利益的需要。9 月,最高检察院下发《人民检察院办理行政执法机关移送涉嫌犯罪案件的规定》,要求全国检察机关建立完善该工作机制,使行政执法机关发现的涉嫌犯罪案件都能顺利进入刑事诉讼程序,及时查处、严厉打击制假售假、侵犯知识产权等违法犯罪行为,使犯罪分子受到应有的惩罚,以维护法制的权威和社会公平,促进社会和谐;保障和改善民生，维护社会稳定。为检察机关加强与行政执法机关的联系，建立协作工作机制，推动行政执法机关移送涉嫌犯罪案件提供了明确的法律依据。根据上述要求，全省检察机关与各地各部门协调配合，从直接关系人民群众切身利益、群众反映强烈、社会危害严重的问题入手，集中力量打击制售假冒伪劣商品，并先后组织开展打击传销、“扫黄打非”（“打非”是指打击非法出版物，即打击违反《中华人民共和国宪法》规定的破坏社会安定、危害国家安全、煽动民族分裂的出版物，侵权盗版出版物以及其他非法出版物）、整顿建筑市场、集贸市场和加油站、整顿税收秩序、财经秩序、安全生产秩序和防范危险化学品毒害等一系列专项整治活动，取得一定成效。

2003 年 11 月，省检察院与省公安厅牵头召开建立和完善“两执法相衔接”工作机制座谈会，省直有关厅局、国家直属在浙企事业等 30 多个单位参加会议，就建立和完善全省“两执法相衔接”工作机制问题进行沟通和商讨。

2004 年 2 月，省检察院会同省公安厅、省工商局等 16 个行政执法机关联合制发《关于行政执法机关移送涉嫌犯罪案件几个具体问题的规定》，首次对全省检察机关、公安机关和各行政执法机关相互之间移送和办理涉嫌犯罪案件的相关事宜作出规范，明确全省开展“两执法相衔接”工作的具体要求。此举措受到省人大常委会领导肯定。各市检察院和不少基层检察院也通过召开联席会议等方式加大与行政执法机关的工作联系力度，先后制定一批“两执法相衔接”工作方面的规范性文件。此后，公安、烟草、工商等行政执法单位与检察机关沟通、商讨案件的情况明显增多。6 月，省检察院应未参与 2 月份联合发文的省卫生厅、省农业厅等单位要求，牵头召开省卫生厅、省农业厅等 10 余个省级行政执法机关参加的座谈会，就加强相互之间工作联系与协作，及时规范移送涉嫌犯罪案件等问题进行讨论和磋商。新华社“内参”报道称浙江检察机关此举是依法扩权。8 月，省检察院与省烟草专卖局联合会签订《关于建立烟草行政执法与刑事执法相衔接工作机制的意见》，对打击烟草行业的制假售假、侵犯知识产权犯罪作出更完善、操作性更强的规定。

2005 年初，全省检察长会议明确要求各级检察院落实《关于行政执法机关移送涉嫌犯罪案件几个具体问题的规定》，拓展和运用好“两执法相衔接”工作机制，并将该工作纳入绩效考评。4 月，省检察院联合省公安厅、省食品安全委员会制发《关于建立和完善涉嫌食品犯罪案件移送工作机制的意见》，对涉嫌食品犯罪案件的“两执法相衔接”工作机制提出意见。

2006 年初，省检察院进一步完善“两执法相衔接”工作机制，对各级检察院落实该机制情况加大考核力度，深化考核内容，细化考核标准。自 2004 年 12 月至 2006 年 11 月，全省检察机关建议工商、质监、税务、烟草等行政执法机关向公安机关移送涉嫌犯罪案件 294 件，公安机关从中立案侦查 281 件。2006—2007 年，省检察院联合省公安厅和相关行政执法机关联合制发《关于质量技术监督行政执法机关移送涉嫌犯罪案件的若干意见》《关于国土资源部门与公安、检察机关在查处土地违法犯罪案件中加强协调配合的意见》《关于农业行政执法部门移送涉嫌犯罪案件的若干意见》等规范性文件，完善与省质量技术监督、国土资源、农业系统的执法衔接制度。全省检察机关与工商、质监、烟草、税务、文化、土地等行政执法机关加强联系，普遍开展走访、查阅案卷材料等活动，对行政执法机关移送案件工作加大监督力度。在

2006 年 10 月最高检察院、全国整规办、公安部等系统联合召开的全国行政执法与刑事司法衔接机制座谈会上，省检察院作典型经验介绍。

2008 年，全省检察机关贯彻省检察院的工作部署，扎实推进“两执法相衔接”工作，加大对严重破坏市场经济秩序犯罪的打击力度。全省不少地方检察机关牵头建立信息共享平台，畅通“两执法相衔接”信息共享渠道。

2009 年 2 月，省检察院就进一步推进全省“两执法相衔接”工作专题向省委政法委书面报告，其中提出推行重大行政处罚案件向监察和检察机关备案制度，尽快建设全省行政执法与刑事司法“网上衔接、信息共享”平台等建议。

2010 年 9 月，省检察院制发《浙江省检察机关贯彻落实省人大常委会〈关于加强检察机关法律监督工作的决定〉的实施方案》，其中要求省检察院侦监处要以即将开展的对行政执法机关移送后公安机关未处理案件专项立案监督活动为契机，进一步发现“两执法相衔接”工作中存在的问题，加强检察机关对行政执法机关移送涉嫌犯罪案件的监督，推动完善“两执法相衔接”机制。11 月，省检察院、省公安厅、省监察厅、省商务厅根据最高检察院、公安部、监察部、商务部《关于印发〈关于开展对行政执法机关移送涉嫌犯罪案件专项监督活动的工作方案〉的通知》，要求相关机关、部门在开展“专项监督活动”中，要以查办案件为重点，按照工作方案的时间要求，走访相关行政执法机关，通过建议行政执法机关自查、查阅行政执法案件台账和案卷、召开联席会议、相互通报情况等方式摸排一批涉嫌犯罪未移送或作行政处罚的案件线索。12 月，省检察院制发《浙江省检察机关开展行政执法机关移送未立案案件专项立案监督活动工作方案》，决定全省检察机关于 2010 年 12 月至 2011 年 6 月开展行政执法机关移送未立案案件专项立案监督活动，对 2009 年 1 月至 2010 年 11 月工商、国税、质监、烟草、农业、国土资源、文化新闻出版、卫生、食品药品监管 9 个行政执法机关移送公安机关后未立案（含不予立案、退回、未回复等）的案件进行立案监督。

截至 2010 年，全省检察机关均建立“两执法相衔接”工作机制，普遍建成“两执法”信息共享平台，监督了一批该移送而未移送、该立案而未立案案件，在全省初步形成“两执法”有机融合、相互促进的工作格局。自 2008 年至 2010 年，全省检察机关通过“两执法相衔接”机制，共建议行政执法机关移送涉嫌犯罪案件 868 人，监督公安机关立案 43 件，发现并移送职务犯罪线索 7 件。

第四章　公诉(审查起诉)和刑事审判监督

清末时期,浙江省各级检察厅行使《各级审判厅试办章程》规定的刑事提起公诉、监督审判并纠正其违误、监视判决之执行等职权,各级审判厅在预审或公判刑事案件时,均须检察官莅庭监督,但“不得干涉审判事务”。《法院编制法》也规定,“检察官不问情形如何,不得干涉推事之审判”。检察官与被告人均享有控诉、上告、抗告等上诉权。

民国初期,浙江省检察机构的公诉、监督审判职能与清末时期大体相仿。北洋政府时期,浙江省检察官对审判中发现的新罪行,由参加审判的检察官口头起诉。检察官仅有权对判决中运用证据欠妥部分提起上诉。浙江省检察机构收受办理的刑事案件,既包括提起公诉的案件,也包括核办刑罚案件。民国17年(1928年),浙江省检察机构按照南京国民政府《刑事诉讼法》等规定,对刑事案件提起、追加、撤回公诉,协助自诉,提起上诉、声请提起非常上诉。民国33年,浙江省检察机构按照国民政府《特种刑事案件诉讼条例》规定,对危害民国、汉奸等特种刑事案件,由司法警察官署移送法院并提起公诉;法院审判期日,检察官可以不出庭。

中华人民共和国成立初,省检察署办案用省政府名义交下级政府查明处理;对案情重大复杂的案件,由省检察署派员实地调查,查明案情后认为构成犯罪的则向法院提起公诉;对不服法院判决的上诉案件,检察署认为确系违法判处即可要求法院重新办理,否则予以驳回。1951年,全省检察署根据《各级地方人民检察署组织通则》,对反革命及其他刑事案件实行检察,提起公诉。1954年后,全省检察机关按照《宪法》和《检察院组织法》规定,参照《最高检察院组织条例及各厅工作试行办法(草案)》开展公诉和刑事审判监督工作,由于人员少、机构不健全等原因,该项工作自1955年9月才全面落实。1962年,省检察院制发《刑事案件检察工作条例(试行草案)》中,对公诉工作作出具体规定,发到12个检察院试行。1963年,省检察院召开全省批捕、起诉工作会议,对公诉工作作了部署。“文化大革命”开始后,全省检察机关公诉和刑事监督工作陆续瘫痪。1969年各地军管会下设审批组后,负责审理、上报和下批由革委会审批的抄、拘、捕、判案件,全省检察机关的审判监督部门随即撤销,公诉业务中断。

1978年省检察院重建时,即设第一处承担对刑事犯罪案件审查起诉工作。全省检察机关均建立审查起诉机构,指定负责审查、决定起诉和出庭公诉任务的检察人员。1980年2月,省检察院第一处改称刑检处。7月,省检察院规定的刑检处职责中,包括审查起诉、出庭支持公诉、侦查监督、审判监督等。1997年8月,省检察院撤销刑事检察处,分设起诉处。

2002年1月,省检察院起诉处更名为公诉处。2006年6月,省检察院公诉处更名为公诉一处,增设公诉二处。10月,增设公诉三处。公诉一处负责对全省检察机关审查起诉、出庭公诉、抗诉工作和社会治安综合治理工作的指导;掌握分析社会治安动态情况,参与社会治安综合治理;承办由省法院作一审的案件的审查起诉和出庭公诉工作;承担二审案件和抗诉案件的出庭工作(死刑案件相关工作除外);负责审判活动的监督和死刑临场监督;办理下级检察院公诉工作中复杂疑难案件的请示;研究制定全省公诉检察业务工作计划、规定和办法。公诉二处负责承办危害国家安全、危害公共安全、侵犯公民人身、民主权利犯罪的死刑二审上诉案件的出庭公诉工作。公诉三处负责承办破坏市场经济秩序、侵犯财产、妨害社会管理秩序的犯罪和其他犯罪的死刑二审上诉案件的出庭公诉工作。

第一节　审查起诉

清代末期,浙江省检察机构已开展刑事案件公诉事务。清宣统二年(1910年),因坚持对被判处"绞立决"的结伙持械抢夺殴伤事主案犯方得胜照章等候覆核执行,宁波地方检察厅遭人滋闹,被捣毁办公处室门窗什物及大小轿四乘。次日,宁绍台道会督宁波知府未知照检察厅即对该犯立予正法,宁波地方审检两厅为此联名向浙江巡抚反映情况,并以全体辞职相抗议。① 宣统三年,杭州、宁波地方检察厅分别对"金月仙等捏称无夫自行骗嫁""方得胜白昼结伙抢夺持械拒伤事主""咨议局书记沈荔孙因贫盗窃公款""陈一根等开设花会"等案件提起、实行公诉,审判厅分别判决金月仙"罚银五十两"、方得胜"绞立决"、沈荔孙"绞监候,秋后处决"、陈一根"收入本地习艺所工作十年"。

民国3—14年(1914—1925年),全省检察机构收受、办理刑事案件已成常态。省高等检察厅每年收受、办结刑事案件大多在1000件以上。各地方检察厅也收受、办结大批刑事案件。

表19-4-1-1　　民国时期浙江高等检察厅及其分厅收受办结刑事案件情况一览表

单位:件

年　份	署　别	收受	结案
民国3年(1914年)	浙江高等检察厅	823	819
民国4年(1915年)	浙江高等检察厅	1496	1482
	浙江高等检察分厅	169	169
民国5年(1916年)	浙江高等检察厅	1282	1269
	浙江高等检察厅第一分厅	77	77
	浙江高等检察厅第二分厅	139	139

① 李启成著:《晚清各级审判厅研究》,北京大学出版社2004年版,第179—180页。

续表

年份	署别	收受	结案
民国6年(1917年)	浙江高等检察厅	1248	1245
	浙江高等检察厅第一分厅	462	462
	浙江高等检察厅第二分厅	608	608
民国8年(1919年)	浙江高等检察厅	1321	1317
	第一分厅	731	731
	第二分厅	731	731
民国9年(1920年)	浙江高等检察厅	1288	1279
	第一分厅	723	723
	第二分厅	934	928
民国10年(1921年)	浙江高等检察厅	1449	1448
	第一分厅	814	814
	第二分厅	1024	1019
民国12年(1923年)	浙江高等检察厅	1357	1357
民国13年(1924年)	浙江高等检察厅	1255	1255
	第一分厅	897	897
	第二分厅	926	926
民国14年(1925年)	浙江高等检察厅	1013	1013
	第一分厅	818	818
	第二分厅	664	664

资料来源:根据《浙江公报》《司法公报》所附统计内容综合。

民国28年(1939年)12月,武义县兼理检察事务县长以检察官身份,对当地金某诈欺一案出庭公诉,诉被告金某诈骗徐某妻子徐李氏钱财。此案系徐得知被骗后向自卫队告发,自卫队将金逮住送县政府,县政府即交司法处查处。经审理,金某被判处有期徒刑。

民国33年(1944年),全省检察官检举起诉的刑事案件,涉及刑法的罪名有杀人、伤害、抢夺强盗及海盗、窃盗、妨害自由、渎职、妨害公务等21种,另适用妨害兵役治罪条例、惩治贪污条例等7种特别法对一些案件实行起诉。

民国34年(1945年)8月抗日战争胜利后,受害人民无不争先控告汉奸案件,国民政府司法行政部先后通令各普通法院,重申检察官对汉奸案件务须随时注意检举,对汉奸的通缉一律责成高等法院首席检察官查核认定。国民政府虽然公布《惩治汉奸条例》等法令,但对汉奸案的查处十分混乱，也不彻底。有些检察官办理的汉奸案件久拖不决。如杭州城沦陷时期的“四大金刚”之一、罪大恶极的日伪探长金德春，直到杭州解放后才被处决。

中华人民共和国成立后，浙江省检察机关根据法律规定，对公安机关、国家安全机关、监狱、海关走私犯罪侦查局、人民检察院自侦部门侦查终结移送审查起诉的案件进行审查，决定起诉或者不起诉。

一、对公安机关等侦查案件的审查起诉

1950年5月，省检察署委托各级公安部门查处案件并将结果回复省检察署，或与省公安厅会签后交下级公安机关查复。有些案件由下级公安机关查清后提出处理意见，经省检察署同意或修正后，即交由该公安部门向当地法院提起公诉，如系重大案件仍由省检察署研究向省法院提起公诉。后由于全省检察机关人员少、机构不健全，没有对公安机关侦查的案件进行审查起诉。9月后，全省检察机关根据全国司法会议精神，以镇压反革命活动、巩固人民民主专政为主要任务。为保障秋征、土改、镇压反革命分子和打击不法地主的破坏活动，配合公安、司法机关审核判处极刑的反革命案件；受理部分反革命案件，派员调查处理；对反革命案件，由省检察署、省公安厅、省司法厅各派干部组织审核小组联合审查。在中共中央10月发出关于“镇反”的指示后，全省检察机关在省委部署下投入“镇反”斗争，有重点地起诉几批重大刑事案件，宣传法制、教育群众。

1951年1月上旬，省检察署指示各级检察署在“反贪污、反浪费、反官僚主义”斗争中，要求通过重点检查，及时抓住几件重大贪污违法案件，提起公诉，进行宣传，打击邪气，扶植正气。下旬，省检察署分别对杀人犯张某某、徐某某、贪污犯陈某某提起公诉。省检察署副检察长陈雨笠出席省法院召开的公判大会支持公诉，省政府副主席谭启龙到会讲话。

1954年10月，省检察院确定试点的萧山县检察署拟定《审判监督工作实施细则》，改变之前由公安机关侦查终结的刑事案件直接起诉到法院的做法。

1955年9月下旬始，全省检察机关贯彻6月份最高检察院召开的起诉工作会议精神，全面担负起公安机关移送审查起诉案件的审查起诉任务；至第四季度，已全面担负审查起诉工作的有37个检察院，部分担负的有48个检察院。11月，最高检察院召开全国省、市、自治区检察长会议，重申各级检察机关必须按照法律规定全面担负起审查起诉任务。据此，全省检察机关全面担负起公安机关侦查终结移送刑事案件的审查起诉工作。是年，全省检察机关受理审查公安机关预审移送刑事案件后，起诉人数占审查数的95.7%。1—11月，经检察院审查起诉案件7569件；经对54个检察院5450份起诉书进行检查，发现起诉质量较好的案件有4323件，占79.3%。另由公安机关直接移送法院判决的7609件，后根据中共中央和省委指示补办了法律手续。

1956年，全省检察机关会同有关部门对暗藏的反革命分子开展政治攻势，运用审查起诉职能进行分化瓦解。1—10月，决定对投案自首人员免予起诉454人。同时，开始试行在对犯罪嫌疑人提起公诉前的讯问审查制度，以核实证据，防止错案。杭州市公安局预审认定的周某反革命现行破坏案件，准备作为从严处理的典型；杭州市检察院在讯问周某后发现疑点，

经实地查对,证实系一假案,决定不予起诉。

1957 年 10 月,省检察院召开全省检察长会议,贯彻 7 月省政法委会议精神和 8 月省委传达彭真、董必武等中共中央领导指示,对检察机关审查起诉工作进行自我检查,并按照省委"抓紧时机、有计划、有把握地打击反革命分子和其他刑事犯罪分子破坏活动"的指示,积极开展审查起诉工作。是年审查起诉各类案件中,出席法院审判庭支持公诉的占 80.1%。

1958 年 3 月,省检察院向各级检察院发出《检察工作大跃进竞赛评比标准(草案)》,其中要求审查起诉一般案件在 2 天内作出起诉或不起诉决定;起诉出庭,每人 3 天办结 1 件(包括审查起诉、出庭准备、出席法庭)。8 月,省检察院向全国第四次检察工作会议报告:从 7 月 1 日到 8 月 10 日奋战 40 天,全省检察机关全部办结审查起诉案件 2200 余件,"基本上实现全面无积案"。是年,全省检察工作贯彻群众路线,实行检察机关的公诉活动和群众的诉苦、辩论、大字报结合起来的做法。不少地区全部出庭公诉,并开始推行到案发地就地起诉、就地出庭的办案方法。

1958—1959 年,全省市(分)检察院及县级检察院陆续与公安机关、法院合署办公。一些检察院在"一长代三长""一员顶三员"的办案方式下,审查起诉办案速度加快,但公、检、法三机关互相监督制约的机制受到削弱。1959 年,全省检察机关共出庭支持公诉 2986 次,其中协同法院深入田头、工地、车间就地处理的典型案件,占出庭案件总数的 22.3%。

1960—1961 年,全省检察机关重点审查起诉、出庭公诉破坏"总路线、大跃进、人民公社"三面红旗(以下简称三面红旗)的典型案件,发动群众揭发犯罪事实,提出处理意见。通过讨论,结合案件处理,引导群众查找犯罪原因、漏洞和提出预防措施。全省检察机关共出庭支持公诉 7978 件,其中对破坏"三面红旗"中心工作或情节严重、民愤甚大的典型案件就地出庭公诉 1709 件,有些地方还配合有关部门举办罪证展览会。

1962 年后,浙江省公、检、法三机关互相制约机制得到恢复,"一员顶三员"的办案做法得到纠正。全省检察机关将特务间谍、组织反革命集团、张贴散发投寄反革命标语、传单、信件及制造反革命谣言、与敌特"心战"电台搭线挂钩、叛国投敌、行凶暗害干部、积极分子,以及抗拒改造、反攻复辟等现行重大破坏的反革命案件作为起诉工作的重点。审查起诉案件中,进行实地核实材料和提讯被告人有 3889 人,占是年受理审查起诉案件人数的 48.7%。

1963 年,全省检察机关根据最高检察院《关于审查批捕、审查起诉、出庭公诉工作的试行规定(修改稿)》,贯彻执行"专人审查、集体讨论、检察长决定"的办案制度并推行依靠群众办案的方法,对于疑难案件及有关部门认识不一致的案件,都深入实地进行查对。是年,审查起诉工作中提讯被告人制度全面推行、基本落实。

1964 年后,全省检察机关贯彻执行中共中央"三少"政策,对审查起诉的被告人,依靠群众查明事实证据,征求处理意见,受理侦查机关移送审查起诉及提起公诉案件数量逐年大幅下降。"文化大革命"开始后,检察机关审查起诉工作受到影响,陆续停止。1973 年 2 月始,全省公安机关逐步恢复,内设检察部门负责审查公诉等检察业务。

1978 年全省检察机关重建后,即开始履行审查起诉、出庭支持公诉职责。7 月,在杭州市中级法院对"文化大革命"期间担任省革委会常委、省总工会副主任、省委候补委员职务的翁森鹤开庭审理时,省检察院派员出庭支持公诉。翁森鹤自1970年后利用职权贪污盗窃,敲诈勒索,腐化堕落,奸污妇女;为首策划和指挥多起打、砸、抢事件,煽动停工停产,挑动武斗,唆使和授意私设监牢、严刑拷打干部和群众等。8月,杭州市中级法院以反革命罪判处翁森鹤无期徒刑,剥夺政治权利终身。1979年3月,省检察院对原担任省革委会副主任、省委委员等职务的张永生向杭州市中级法院提起公诉,并派员出庭。张永生自1969年后纠集他人秘密策划、多次在全省挑起大规模武斗,制造大规模流血事件,大肆打、砸、抢,任意抓人,私设监狱、公堂搞刑讯逼供,造成不少干部、群众家破人亡、妻离子散。4月,杭州市中级法院以反革命罪判处张永生无期徒刑、剥夺政治权利终身。上述两案,系省检察院重建后直接审查起诉的重大案件。

1979年10月,省检察院会同省法院、省公安厅,确定绍兴、桐乡2县为实施7月颁布的"两法"试点县。同时,省检察院确定绍兴、桐乡、余杭、丽水、余姚、兰溪、定海、临海、瑞安和杭州市江干区等10个县(区)检察院为开展实施"两法"的试点。至年底,绍兴、桐乡2县试点单位依据"两法"办理起诉案件107件,出庭支持公诉48次,取得初步经验。经试点推动,全省大多数检察院按"两法"办理了一批典型案件,约有80%的检察院试行了出庭支持公诉。

1980年1月"两法"实施后,全省检察机关以最高法院、最高检察院、公安部《关于执行人大常委会关于刑事诉讼法实施问题的决定的具体意见》为审查起诉工作的重要依据。10月,省法院在象山县开庭审理县公安局民警丁某故意杀人一审被判死刑不服上诉案,省检察院指派检察员出庭,发表出庭意见。此案系省检察院恢复重建后首次出席二审法庭履行职务。

1981年4月,省检察院召开刑事检察工作会议,检查交流1980年以来审查起诉工作,各级检察院的审查起诉工作在整顿社会治安的斗争中,联系当地形势,会同公安机关、法院主动坚决打击现行犯罪活动,在防错防漏上发挥法律监督的职能作用,并积累了一些经验。

1982年3月,全国人大常委会通过《关于严惩严重破坏经济的罪犯的决定》后,全省检察机关狠抓审查起诉案件质量,在"准"字上下功夫。为在确保质量前提下从快办理案件,各级检察院普遍参与公安机关的主要侦查、预审活动,提前熟悉案情,把工作做在审查起诉之前。9月初,杭州市公安局侦破该市湖滨银行办事处金库被盗案后,杭州市检察院立即派人参加公安机关的预审活动,研究案情,分析证据,提前做好起诉、出庭准备工作。案件进入审查起诉阶段后,抓紧审查,准确适用法律,及时起诉到法院。瑞安县发生一起故意杀死某厂党委副书记案,该县检察院和温州市检察院当天派人参加公安机关的现场勘察和侦查活动,准确把握案件基本事实和证据,审查批捕和审查起诉两道诉讼程序均在法定期限内办结。绍兴市检察院对高某某投机倒把案进行复查,认为高某某长途贩运芋艿的行为有利于搞活农村经济,不宜定投机倒把罪,作不起诉处理。省检察院以此要求各级检察院严格把握此类案件的政策法律界限。

1983年8月至1986年12月,全省检察机关投入"严打"斗争。1983年7月,省检察院为及时掌握全省的重大恶性刑事案件,通知各市(分)检察院将重大恶性案件情况上报省检察院,首次明确审查起诉案件报备制度。8月和12月,分别召开全省市(分)检察院检察长会议和全省检察长会议,部署下一阶段"严打"工作。1984年,全省检察机关刑检部门在"严打"斗争中，主要采用“两先”“两提前”抓“两个基本”的工作方法。“两先”即先办理杀人、抢劫、强奸、爆炸等严重危害社会的“七类”重大案件①；一般案件先易后难，穿插办理，尽量减少案件积压。“两提前”即对重大疑难案件和拉网前的案件采取提前介入公安侦查、预审（以下简称提前介入）；“两个基本”即着重抓住基本事实清楚、基本证据确凿，不纠缠细枝末节。普遍重视实地调查核实和补充侦查，“依法从重从快”与区别对待相结合，既防漏又防错。1985 年全省刑检工作会议着重研究继续贯彻“依法从重从快”方针和提高办案质量问题。是年，湖州市检察院在审查起诉张某某奸淫幼女案时，从其交代的一句“肯定不是一个人搞过她”为线索，又挖出奸淫幼女的罪犯 4 人。1983—1986 年，全省检察机关受理审查起诉案件 5.45 万件 8.29 万人，提起公诉 4.41 万件 6.52 万人，严厉打击了严重刑事犯罪案件。

1987 年后，省检察院在坚持“严打”的同时，把打击经济犯罪提到重要位置，加强对经济犯罪案件的审查起诉和出庭公诉工作。1988 年 4 月，为保证案件质量，省检察院规定各级检察院对提起公诉后被判无罪的案件实行专报制度，把是否出现无罪案件作为考量刑检部门公诉办案质量的一项重要依据，明确对被法院判决无罪的刑事案件，各承办检察院无论是否提出抗诉，均应向省、市检察院刑检部门上报专题分析报告和相关法律文书。此后，全省经提起公诉后被法院判决无罪的案件，承办检察院均上报该案专题分析报告和相关法律文书。

1989 年春夏之交政治风波中，浙江省个别地方发生动乱。全省检察机关依法审查起诉一批反革命犯罪和打、砸、抢、烧、杀的严重刑事犯罪被告人。

1990 年，全省检察机关坚持“依法从重从快”的方针，重点打击犯罪集团或团伙分子、劳改释放或解除劳教重新犯罪分子、流窜犯罪分子、杀人犯、强奸犯、抢劫犯、重大盗窃犯等严重危害社会的“七类”犯罪，做到依法加快起诉。各级检察院刑检部门针对案件成批受理、办案力量严重不足的情况，优先办理团伙犯罪案件和“七类”案件、重特大恶性案件、被告人被羁押和公开宣判的典型案件；在保证质量的前提下，定人、定时、定要求办理；坚持和完善提前介入制度，提前了解斗争重点和斗争部署，提前了解摸排情况，提前阅卷提出补证建议。起诉重特大刑事案件，均能在确保案件质量的前提下，在法定期限内较快办结。省检察院丽水分院和丽水市检察院对赵伟高盗窃旅法华侨 160 万元特大案件、叶丽华奸淫并杀死 2 名幼女案件，均在较短时间内完成审查起诉工作，两案被告人均被法院依法判处死刑。10 月，省检察院制发《关于执行无罪案件专报制度的情况通报》，进一步严格提起公诉后被判无罪案件的专报制度，要求对提起公诉后被判决无罪的案件，各承办检察院不论是否提起抗诉，均应在接到判决书后 7 天内向市（分）检察院和省检察院刑检处报告情况并报送起诉、判决法律文书；如果承办检察院认为法院判决无罪正确，应随后报送专题分析报告；如需抗诉的，抗诉程序完毕后仍判无罪的，应尽快报送专题分析报告。是年，德清县检察院在审查起诉翁某流氓案中，发现其

① 1983 年 7 月 29 日至 8 月 3 日召开的全国政法工作会议确定七类“严打”对象：一是流氓团伙分子；二是流窜作案分子；三是杀人犯、放火犯、爆炸犯、投毒犯、贩毒犯、强奸犯、抢劫犯和重大盗窃犯；四是拐卖妇女、儿童的人贩子，强迫、引诱、容留妇女卖淫的犯罪分子和制造、复制、贩卖内容反动、淫秽的图书、图片、录音带、录像带的犯罪分子；五是有现行破坏活动的反动会道门分子；六是劳改逃跑犯，重新犯罪的劳改释放分子和解除劳教人员以及其他通缉在案的罪犯；七是书写反革命标语、传单、挂钩信、匿名信的现行反革命分子，以及有现行破坏活动的林彪、“四人帮”残余分子。

有贪污、贿赂犯罪嫌疑,通过走访4省8市调查取证共108天,获取证据材料300余份,深挖出翁某贪污4万余元、受贿8000余元的余罪。

1991年2月,省检察院针对各级检察院刑事检察工作在案件请示和案件备案审查方面存在的问题,制发《关于严格案件请示报告和备案审查制度的有关问题的通知》,再次明确刑事检察案件请示报告制度和备案审查制度的有关问题。规定市(分)检察院向省检察院请示的案件,必须事实清楚;事实不清、证据不足的不应报送(各方面对证据的判断认识有分歧需向省检察院请示或探讨的除外)。请示的案件,都必须经过该检察院检委会讨论,并在请示报告中写明检委会或检察长意见。各级检察院刑事检察案件请示工作逐步规范。

1992年,省检察院3次组织人员和派员参加省政法委关于政法机关和检察机关刑检部门如何为改革开放和经济建设服务的调查,研究制定刑事检察工作为经济建设服务的具体意见和措施。全省市(分)检察院及所属刑检部门都提出为深化改革开放和经济建设保驾护航的具体意见。

1994年3月底,杭州市千岛湖发生吴黎宏、胡志翰、余爱军抢劫、故意杀人案后,在公安机关移送审查起诉前,省、市、县三级检察院办案人员提前介入公安预审、阅卷,为审查起诉做准备。经杭州市检察院提起公诉,法院依法判处吴黎宏等3名被告人死刑、剥夺政治权利终身。

1995年5月后,全省检察机关刑检部门执行《浙江省检察机关追究错案责任办法(试行)》,在审查起诉工作中严格把关,严防错案。

1997年3月,为确保不起诉案件的质量,省检察院制发《关于当前做好不起诉案件审查工作的通知》,明确不起诉备案审查制度。要求各级检察院对拟不起诉案件,要严格按照最高检察院《刑事诉讼规则》规定的范围、条件、程序进行审查审批办理,要一律经该检察院检委会讨论决定,3日内报上一级检察院备案审查,上级检察院要加强对下级检察院决定不起诉案件的审查工作。6月,省检察院刑检处结合各级检察院出庭的经验,制发《检察官出庭规范用语》,对全省检察公诉人员的出庭用语提出规范性意见。是年,为缓解案多人少的矛盾,集中主要精力办理重大刑事犯罪案件,提高诉讼效率,全省检察机关试行建议或同意各级法院对依法可能判处3年以下有期徒刑的部分案件适用简易程序审理。是年下半年至1998年期间,侦查机关陆续将“金华税案”的89名犯罪嫌疑人移送检察机关审查起诉。这批案件涉及面广,案卷量大,金华市检察院集中时间、人员进行审查并提起公诉。案件起诉后,法院以虚开增值税专用发票罪判处吴跃冬、胡银峰、吕化明死刑;其他案犯均被判处刑罚。

1998—2002年,全省检察机关在审查起诉刑事案件中加强深挖余罪余犯并追诉的工作,追诉余罪余犯数量大幅度上升。同比前5年,追诉案件增加244%,追诉被告人增加64.3%。其中,1999—2002年每年追诉案件在100件以上,1999年追诉被告人有500余人。兰溪市检察院把追诉工作摆在重要位置,5年共追诉被告人101人,法院均作出有罪判决,其中有8名被告人被判处10年有期徒刑、1名被告人被判无期徒刑。在办理一件盗窃案时,承办人发现有个叫“太子”的案犯共同参与盗窃,经深入讯问、调查,查清该案犯的真实姓名和共同作案的犯罪事实,建议公安机关追诉;后公安机关立案并追捕该犯罪嫌疑人到案,查清其参与盗窃

20余次、抢劫2次的重大犯罪事实。案件起诉后,该被告人被法院判处有期徒刑16年。

2002年,全省检察机关对2000年1月至2002年6月期间提起公诉后被判无罪的案件开展专项检查和分析。自1988年建立无罪案件专报制度后,全省检察机关无罪案件数量逐步减少,但仍有一些提起公诉的案件因种种问题被判无罪。其中有的是提起公诉时认定的犯罪证据不够充分,有的是因鉴定结论、被告人供述、证人证言等证据发生变化,有的是因法律政策变化、指控适用法律错误、法律规定本身不明确等法律适用意见分歧被判无罪,还有的是因认定事实、案件定性问题不够准确或与法院对有罪证据和无罪证据的采信不一致,等等。2002年,全省检察机关起诉案件后被判无罪的数量比上年下降50%。

2003年5月,省检察院在全国各省中率先实行公诉案件分类办理的专业化分工,在公诉处成立专门办理经济犯罪、职务犯罪、普通刑事犯罪的3个办案科;部分市检察院和县(市、区)检察院亦陆续实行公诉办案专业化分工。2004年3月,省检察院公诉处制定《浙江省检察机关刑事案件出庭活动指引》,加强审查起诉工作的规范化、制度化建设。

2004年1月,开化县公安局向省检察院提请复核余维春投放危险物质案。开化县人余维春因对邻居不满而产生投毒报复恶念,于2003年4月某日将毒鼠药投入邻居厨房,致3名被害人相继中毒,其中1名被害人抢救无效死亡。次日,余维春转移、抛弃投毒罪证。衢州市检察院以证据不足对余维春作出不起诉决定,即行释放。省检察院审查后认为公安局提请复核理由成立,于6月撤销衢州市检察院的不起诉决定,后案件由衢州市检察院提起公诉,衢州市中级法院以投放危险物质罪判处余维春死刑缓期两年执行。余维春不服提出上诉,被省法院驳回。

2002—2005年,省检察院将不断完善公诉工作机制作为重点,进一步提高公诉案件质量。义乌市、德清市等一些检察院建立和完善追诉工作机制,加强与公安机关沟通协调,加强侦诉协作,总结追诉方法,重视在阅卷、讯问等中发现犯罪线索进行追诉。2005年上半年,最高检察院召开全国检察机关第二次公诉工作会议。8月,省检察院召开自1997年刑检分设两个部门后的唯一一次全省侦查监督、公诉工作会议,部署贯彻落实最高检察院精神,明确公诉工作目标任务,对正在试点的公诉改革提出循序渐进的要求。

2007年2月,经湖州市检察院请示,省检察院受理安吉县村民夏某理、夏某云、熊某凤敲诈勒索案。经查,两年前,夏某理认为安吉县某管委会实施拆迁造成其亲属间矛盾,遂将要求该管委会等单位赔偿61万元和控告项目开发违法违规的举报信分别投送有关部门。后经商谈,夏某理等人承诺不再举报该项目,拿到首期赔偿款10万元。对此,安吉县法院判决夏某理等人构成敲诈勒索罪,分别判处有期徒刑。夏某理等提出上诉。省检察院审查该案后批复,认为夏某理等3人不构成敲诈勒索罪,法院二审据此改判3人无罪。4月,省检察院按照最高检察院公诉厅《公诉人出庭举证质证指导意见(试行)》,进一步规范公诉人出庭举证质证活动,增强指控犯罪效果。7月,省检察院和省法院制定《死刑二审案件办理工作协调会纪要》,规范公诉部门办理死刑二审案件工作。7月上旬,省检察院举办参观杨乃武与小白菜奇案展示馆(杭州市余杭区)暨死刑案件质量座谈会,省检察院检察长陈云龙作《责任重于泰山》的讲话,要求各级检察院公诉部门要牢固树立和践行社会主义法治理念,建立健全办案机制,切实强化工作作风建设，加强对审查起诉死刑案件的组织领导，确保死刑案件质量。8月，省检察院受理省法院通知阅卷的黄某抢劫一案。此案经杭州市中级法院一审判处黄某死刑，黄某提出上诉，但未对年龄提出异议。省检察院二审阅卷时发现黄某作案时可能不满18周岁，若此则依法不能适用死刑。经赴黄某出生地深入走访派出所查看户口登记底卡、询问黄某母亲、调取当地按风俗习惯记载家庭成员生辰八字的“命簿”原件并委托专业技术鉴定，认定黄某作案时不满18周岁。据此，省检察院出席二审法庭时提出纠错意见，被省法院二审采纳，改判黄某无期徒刑。

2007年8月，丽水市检察院经省检察院交办，受理省公安厅侦查的浙江省第一起泄露内幕信息、内幕交易案。2007年1月，原杭萧钢构股份有限公司(以下简称杭萧钢构公司)证券办副主任、证券事务代表罗某某将杭萧钢构公司某个项目的信息泄露给曾担任杭萧钢构公司证券办主任的陈某某、杭州市民王某某。陈、王据此买入杭萧钢构股票并随后卖出，非法获利4075万元。丽水市检察院受理后，从大量证据中理清犯罪事实，找准法律依据，对该类新型案件提起公诉，法院依法判决罗某某犯泄露内幕信息罪，陈某某、王某某犯内幕交易罪，均判处有期徒刑并处罚金。12月，省检察院制发《办理死刑二审案件的规定》，明确死刑二审案件的主办协办制度；制发《死刑二审案件技术性证据复核工作规程》，对省检察院审查死刑二审案件的技术性证据复核工作进行规范。是年，东阳市检察院、淳安县检察院在全省率先尝试刑事和解工作、在审查起诉阶段探索恢复性司法措施，即避免再犯罪的帮教措施。

2008年1月，省检察院制发《关于规范报送死刑案件备案材料的通知》，就公诉部门办理死刑案件建立专门的备案审查制度；制发《关于规范临场监督执行死刑活动及备案制度的实施意见(试行)》，规范公诉部门临场监督执行死刑工作，并规定监督死刑执行工作完毕后，各市检察院应及时将临场监督执行死刑中的有关情况一案一报省检察院。2月，省检察院制发《关于办理死刑二审案件复核存疑证据的若干规定(试行)》，明确对“被告人的身份、年龄、责任能力等基本情况不明确的；被指控的犯罪行为或部分犯罪行为是否存在有疑问”等案件，应重点加以审查、复核。8月，省检察院制定较为全面的公诉案件报备制度。是年，省检察院对各级检察院2007年提起公诉后发现案件不符合起诉条件而向法院申请撤回起诉的案件开展专项检查，并专门研究各级检察院撤回起诉案件分布不均衡、自侦案件撤诉率相对较高、撤回起诉案件类型相对集中、案件撤回起诉后作无罪处理等情形。9月，省检察院制发《2007年全省撤回起诉案件调查与分析》，对撤回起诉工作提出规范意见。

2009年1月，宁波市北仑区检察院在审查宁波市公安局北仑分局移送的外省流窜人员王涛、水某某抢劫一案中发现，在公安侦查阶段仅有1名犯罪嫌疑人一句供述提及“因被害人认清其长相，为防止被害人事后报警而将其杀害”，而公安机关对此未予重视。承办检察人员认为该案有遗漏故意杀人罪的可能。该检察院在确认2名犯罪嫌疑人故意杀人罪的证据后，将该案上报宁波市检察院审查起诉；宁波市检察院采纳其追诉意见，以抢劫罪、故意杀人罪提起公诉，法院审理后予以认定，依法判决王涛死刑，水某某无期徒刑。宁波市北仑区检察院因该案被省检察院记集体二等功。是年，该检察院追诉漏犯漏罪54件(人)，其中判处3年以上有期徒刑的20人。5月7日晚，在校大学生胡某违反道路交通安全管理法规，驾驶非法改装且灯光光束偏移不符合技术标准的小型轿车严重超速行驶，致正在人行横道上通行的谭某颅脑损伤，当场死亡，引起社会各界高度关注。20 日，杭州市西湖区检察院受理该案审查起诉，在省检察院、最高检察院公诉厅和杭州市检察院指导和关注下，该检察院认定胡某构成交通肇事罪。案件起诉后，法院以交通肇事罪依法判处胡某有期徒刑 3 年。8 月，为及时掌握全省检察机关撤回起诉案件情况，加强撤回起诉案件备案审查工作，省检察院根据 2008 年专项检查情况，制发《关于进一步加强撤回起诉案件备案审查工作的通知》，再次明确撤回起诉案件备案审查制度，要求各级检察院对撤回起诉的案件说明具体情况和理由，形成分析报告连同相关材料，于案件撤回起诉后 3 日内向上级检察院报告，基层检察院撤回起诉的，同时将材料报省检察院；最终处理情况，应当在作出处理决定 3 日内向上级检察院和省检察院续报。8 月，省检察院制发《关于公诉案件报送省检察院指定管辖的若干规定》，明确各级检察院对省检察院指定管辖公诉案件办理情况的报送范围、时间、材料、程序等内容。针对审查报告制作不规范、起诉书制作粗糙、出庭行为不规范、内部管理不规范等问题，省检察院制发《关于进一步规范公诉工作的意见》，严格规范文书制作、出庭等基本工作，切实加强各级检察院公诉部门内部管理。10 月，省检察院制发《关于进一步加强办理死刑案件证据审查工作的意见(试行)》，提出树立证据为本意识、明确对死刑案件证据的审查责任、从严掌握死刑案件的证据标准、全面审查核实案件的证据等要求，对死刑案件的证据审查工作进行规范。省检察院制发《关于建立健全办理死刑案件工作机制的若干意见(试行)》，规范各级检察院公诉部门办理死刑案件工作。

2010 年 5 月，省检察院为确保死刑案件质量，化解社会矛盾，制发《死刑案件涉检信访风险评估预警办法》。6 月，省检察院就贯彻宽严相济刑事政策，扎实推进社会矛盾化解、社会管理创新、公正廉洁执法 3 项重点工作开展调研形成的经验材料《多措并举破难题提质保效办好案》，在第四次全国检察机关公诉工作会议上作交流发言。

2006—2010 年，全省检察机关公诉部门持续加强追诉工作。5 年共追诉案件 1217 件，超过 1990—2005 年总数的 2.8%；追诉被告人 5182 人，超过 1990—2005 年总数的 28.8%，成为追诉犯罪的一个高峰期。其中，2010 年追诉案件 366 件，追诉被告人 2100 人，为历年最高值。

表 19-4-1-2　　1955—1967 年浙江省检察机关审查起诉案件情况一览表

单位：人

年份	受理	决定起诉	免予起诉	不予起诉	补充侦查
1955	9444	9268	-	123	53
1956	12204	9725	-	1595	715
1957	13791	11753	301	324	-
1958	37001	35246	1232	129	-
1959	7966	7148	392	30	45
1960	9198	7542	53	85	58
1961	9098	8670	19	411	-

续表

年份	受理	决定起诉	免予起诉	不予起诉	补充侦查
1962	7971	5401	81	196	-
1963	5386	5017	26	135	223
1964	1837	1614	16	59	53
1965	1264	1123	44	66	19
1966	729	685	7	16	-
1967	394	364	1	7	-

资料来源:根据省检察院检察业务统计表综合。

表 19-4-1-3　　1979—2010 年浙江省检察机关审查起诉案件情况(包括自侦案件)一览表

年份	受理(件)	受理(人)	起诉(件)	起诉(人)	年份	受理(件)	受理(人)	起诉(件)	起诉(人)
1979	4003	4541	3471	3944	1995	20937	33625	18386	28322
1980	4406	5481	3427	4142	1996	30253	48824	28015	43272
1981	6158	8784	5154	7893	1997	23015	35208	20547	30451
1982	12445	10997	6634	9356	1998	27843	42068	24906	36804
1983	18358	30323	14419	23130	1999	34399	51658	31440	46262
1984	15831	24530	13927	20713	2000	38481	58651	35259	52340
1985	10405	14140	7646	10478	2001	45882	70736	42010	62867
1986	9932	13943	8172	10941	2002	47302	70004	43851	63816
1987	8739	12647	8115	11120	2003	46080	67959	40937	58744
1988	10773	16772	9317	13716	2004	53249	82199	49774	75168
1989	15107	25909	13280	21179	2005	57457	92008	51125	79565
1990	17896	29745	16332	26228	2006	55178	92168	50480	82514
1991	16055	24745	14238	21528	2007	60509	103209	56415	94415
1992	16585	26237	14682	22501	2008	64096	109652	58592	98743
1993	17076	28732	14907	24120	2009	61642	107979	55645	96237
1994	20006	32655	18133	28685	2010	61151	106267	55731	96188

资料来源:根据省检察院检察业务统计表综合。

表 19-4-1-4　　1990—2010 年浙江省检察机关追诉工作情况一览表

年份	追诉(件)	追诉(人)	年份	追诉(件)	追诉(人)
1990	22	164	2001	128	334
1991	96	273	2002	105	274
1992	26	174	2003	58	159
1993	19	199	2004	68	256
1994	27	222	2005	92	366
1995	32	191	2006	158	457
1996	64	223	2007	210	603
1997	43	126	2008	265	771
1998	54	185	2009	218	1251
1999	238	538	2010	366	2100
2000	112	338			

资料来源:根据省检察院检察业务统计表综合。

二、对检察机关自侦案件的审查起诉

1950 年 4 月后,全省检察机关内部对业务工作未作细化分工,各级检察署对于自侦案件,采取从受理案件到侦查、审查批捕、审查起诉,都由同一组办案人员从头到尾负责到底的方法(以下简称包干式)。

1951 年,省检察署对挪用、贪污 7087 万元人民币(旧币)的原省航运公司上海代理处经理缪某某予以逮捕,向省法院提起公诉。

1952 年“三反”斗争中,省检察署将初审终结的贪污犯罪案件分发至下级检察机关或起诉到法院处理,省检察署派员出庭公诉。是年,省检察署与杭州市组织省、市联合宣判大会,对贪污案件提起公诉,法院宣判 97 人。

1953 年 2 月,全省检察机关投入“新三反”斗争。奉化县原某乡乡长吴某某强奸侮辱妇女达 11 人,致妇女周某羞愤而死,并吊打某村民以致残废,该县检察署在全县干部大会上向县法院提起公诉。10 月,省检察署围绕全国“增产节约”运动,部署各级检察署重点投入“反偷漏税”斗争。至年底,杭州市检察署和省检察院宁波分署、温州分署、金华分署及兰溪县检察署共公诉自行侦查的偷税漏税案件 15 件,其中杭州市检察署重点公诉自行侦查的 8 户偷税漏税、抗税的不法资本家,其中 4 户作典型处理。

1954 年 3 月,省检察署根据全国第二届检察工作会议精神,在杭州市等 8 个检察署进行自侦工作正规程序试点,将检察机关侦查人员担负审查起诉的做法,改为另派检察人员负责审查起诉,以对自侦案件质量进行监督。7 月,杭州市检察署制定《侦讯工作细则》,在全省率先设置对检察机关自侦案件的侦查、审查起诉两个阶段的工作由不同检察人员负责的程序,相互监督制约。其中规定自侦案件侦查终结后,转给负责审判监督的检察员审查起诉。先由负责侦查的检察员制作起诉意见书，连同案卷全部证据材料送交检察长，再由检察长批交负责审判监督工作的检察员接收；负责审判监督工作的检察员审查材料后，提出起诉或作不起诉处理，或者由原侦查人员补充侦查的意见。此后，全省大多数检察机关对自侦案件的审查起诉工作，逐步试行或改进该程序进行操作。1955 年，全省检察机关共审查起诉自行侦查的重大刑事案件 1958 件(其中妨碍农业生产、互助合作、统购统销、增产节约、征集新兵等中心工作的案件 1119 件)。其中，检察机关侦查部门将案件侦查终结后交由负责审判监督的检察员审查起诉 916 件，占 46.8%。

1958—1959 年，全省市(分)检察院及县检察院先后与公安机关、法院合署办公。1959 年 3 月，全省检察机关对自侦案件侦查终结后移送至负责审判监督的检察员审查起诉的程序停止实行，改为实行“一长代三长”“一员顶三员”的做法，由检察机关负责审查起诉的名义仍然保留。1962 年全省陆续恢复部分检察院后，自侦案件侦查终结后交由负责审判监督的检察员审查起诉的正规程序工作没有恢复，直至“文化大革命”期间检察机关被“军管”撤销。

1978 年检察机关重建后，全省检察机关自侦案件的审查起诉、出庭公诉和抗诉工作由办理案件的自侦部门担负。1981—1986 年，随着全省检察机关逐步加大查办国家工作人员严重违法犯罪案件的力度，审查起诉和出庭公诉自侦案件的数量同步上升，从 1981 年不到 100 件(人)上升到 1986 年的 1500 件(人)左右。

1988 年 2 月，省检察院开始试行最高检察院《关于人民检察院自行侦查案件由刑事检察部门审查起诉的几点规定》。此后，全省检察机关所有自侦案件侦查终结后，交由刑检部门审查起诉。

1989 年 7 月，为保证检察机关立案侦查的原担任副处职务以上国家工作人员职务犯罪案件的质量，省检察院《关于进一步抓紧贪污、受贿大要案审查起诉工作的通知》规定，省检察院和各市(分)检察院刑检部门必须对承办贪污、受贿大要案审查起诉工作的检察院加强帮助指导和检查督促；要密切掌握贪污、受贿大要案审查起诉的具体进度，对于疑难问题要及时帮助研究解决；有的案件还应派员去协办或督办。

1992 年，为落实检察工作为经济建设服务的政策，省检察院研究制定审查起诉自侦案件运用法律政策的具体意见和措施。全省检察机关明确把“是否有利于发展社会主义社会的生产力、是否有利于增强社会主义国家的综合国力、是否有利于提高人民的生活水平”(以下简称“三个有利于”)作为根本指导思想，把为经济建设服务的具体要求和严格依法办案统一起来。杭州、宁波、温州、绍兴、嘉兴、湖州等市(分)检察院在审查起诉中尝试采用缓诉和挂罪考察等措施，保障一些因有人涉嫌贪污、贿赂犯罪被查处的企业生产经营活动的正常进行，妥善处理案件。12 月，省检察院制发《关于省院自行侦查案件审查逮捕、审查起(免)诉工作的几点规定》，其中明确省检察院的自侦案件，依法需要对犯罪嫌疑人起(免)诉的，应由自侦部门移送刑检部门审查；刑检部门经审查后，认为主要犯罪事实不清，证据不足，或遗漏罪行遗漏同案犯，或需要补查影响定罪定性及量刑的有关证据的，应退回自侦部门补充侦查。

1995 年 5 月，省检察院明确自侦大要案的审查起诉指导范围为党政领导机关、行政执法部门、司法部门、经济管理部门(以下简称一机关三部门)副处长以上国家工作人员及贪污、受贿50万元以上大案。1996年3月,省检察院通知各市(分)检察院进一步加强对大要案包括自侦案件审查起诉工作的指导,省检察院重点指导各市(分)检察院立案侦查的“一机关三部门”副处长以上的贪污、贿赂案件。

1997年4月,为提高起诉自侦案件的出庭能力,取得良好出庭效果,省检察院制发《贿赂案件庭审举证的范围》和《贪污、挪用公款案件庭审举证的范围》,确定各级检察院起诉部门承担对自侦案件的出庭公诉举证工作,明确受贿、行贿、贪污、挪用等案件的举证范围。

1998—2001年,全省检察机关对自侦案件加强审查起诉工作,依法起诉了省检察院立案侦查的台州市原市长孙炎彪,宁波市原市委常委、常务副市长谢建邦,省边防局原政委位保国,杭州海关原关长耿永祥,省新闻出版局原局长罗鉴宇,浙江国信(控股)集团有限公司原董事长陈文宪(温州市原市长)等一批有影响的受贿案件。

2002年5月,湖州市检察院立案侦查长兴县工商局干部池某某受贿20余万元案。池犯到案后拒不认罪。审查起诉承办人审查全案每一个证据,找出池犯可能翻供、翻证的细微情节。讯问池犯时,切断其各种辩解的退路;并对重要证人进行复核,固定证人证言。7月,长兴县检察院对该案提起公诉,开庭中池犯继续否认受贿事实,辩护人对出示的每份证据均提出异议,质证过程激烈。在辩护人庭前取证以及在3名重要证人出庭翻证的情况下,公诉人有针对性地在细节问题上询问证人,使证人在庭上翻证时不能自圆其说。该县法院最终完全采纳公诉意见,以受贿罪判处池某某有期徒刑七年十个月。池某某上诉后被湖州市中级法院裁定驳回,该“零口供”受贿案依法受到有罪判决。10月,省检察院明确公诉部门指导的自侦案件大要案范围为“省检察院和各市检察院立案侦查且由市检察院提起公诉的贪污、贿赂、徇私舞弊等国家工作人员职务犯罪要案”以及“省及省检察院领导有批示的全省有影响的重特大刑事案件”,同时规定指导工作的程序。

2004年7月,根据最高检察院《关于人民检察院办理直接受理立案侦查案件实行内部制约的若干规定》,全省检察机关对自侦案件的受理、立案侦查、审查逮捕、审查起诉等工作由不同的内设机构承办,进一步严格实行分工负责、互相配合、互相制约,分管侦查工作的检察长不得同时分管审查起诉工作。

2006年3月,省检察院进一步明确公诉处对职务犯罪大要案的指导范围为:省检察院和各市级检察院立案侦查且由市检察院提起公诉的副处职或者副厅级以上党政机关(包括工青妇等人民团体)工作人员以及其他副厅级以上国家工作人员职务犯罪案件;最高检察院、省检察院督办案件;在全国、全省范围内有影响的重特大案件,以及省委、最高检察院或本院领导有批示的其他案件;省检察院公诉处认为需要指导且报经分管检察长批准的案件。同时规定公诉处办理流程、下级检察院报送要求等内容。

2002—2010年,省检察院对各市检察院起诉的重特大职务犯罪案件进行重点审查指导,取得良好出庭效果。2007年,省检察院转发湖州市检察院审查起诉省交通厅原厅长赵詹奇受贿案和温州市检察院审查起诉福建省委原常委、宣传部部长荆福生受贿案的经验材料。2010年,省检察院重点指导宁波市检察院审查起诉的杭州市原副市长许迈永受贿、贪污、滥用职权案,省检察院派员提前介入侦查、加强与省法院沟通,及时向最高检察院公诉厅汇报。

2010年12月,宁波市检察院对许迈永提起公诉。

表 19-4-1-5　　1981—2010年浙江省检察机关自侦案件提起公诉情况一览表

年度	贪污贿赂案件数	贪污贿赂案人数	渎职侵权案件数	渎职侵权案人数	年度	贪污贿赂案件数	贪污贿赂案人数	渎职侵权案件数	渎职侵权案人数
1981	66	75	15	18	1996	1456	1676	240	320
1982	43	58	13	55	1997	1055	1186	138	172
1983	86	-	-	-	1998	1117	1247	55	78
1984	753	993	150	213	1999	1002	1129	40	48
1985	894	1152	145	214	2000	1076	1196	52	63
1986	1159	1454	197	281	2001	1035	1140	87	97
1987	471	567	216	301	2002	911	1049	44	47
1988	808	963	218	306	2003	853	929	67	80
1989	1305	1604	184	243	2004	1027	1112	108	128
1990	1431	1725	195	251	2005	925	1030	121	130
1991	1492	1740	225	306	2006	902	1008	104	115
1992	1309	1583	182	241	2007	949	1096	139	152
1993	782	946	150	216	2008	1204	1384	216	231
1994	1506	1811	202	287	2009	966	1123	201	245
1995	1355	1646	209	293	2010	957	1147	201	277

资料来源:根据省检察院检察业务统计表综合。

第二节　刑事审判监督

清宣统三年(1911年),杭州地方审判厅对许行彬行使伪印花案,以计赃准窃盗论作出判处刑罚。杭州地方检察厅认为审判厅援引法条错误,呈请浙江高等检察厅上告。后浙江高等审判厅判决"该地方检察厅上告所根据之理由系属误会,应毋庸议"。此为见诸资料的浙江省检察机构因不服审判厅判决而提起上告(类似于今天的抗诉)的首例案件。

民国元年(1912年)6月,浙江都督颁布《暂行执法科简章》规定"检事厅复核时查有判决未合者,得饬令再审或拟"。是为监督审判职责之依据。民国6—10年,浙江高等检察厅共提起非常上告案件18起。民国17年后,浙江省检察机构参照南京国民政府《刑事诉讼法》中"非常上诉之权由最高法院首席检察官行使"的规定,可出具意见书申请提起非常上诉。

中华人民共和国成立后,1950年7月,全省检察机关根据华东军政委员会《关于清理积案的指示》,配合公安机关、法院清理积案。省检察署负责对金华专区案件和宁波、丽水、绍兴3个专区的部分案件进行刑事审判监督。11月上旬,省委决定派省检察署副检察长率检察小组赴嘉兴专区，传达中共中央指示及省委具体指示精神，并了解该专区反革命分子活动及积案情况。是年，省检察署办理不服法院判决案件8件。

1951年2—4月，省检察署在“镇反”工作中受理审核反革命案件1500余件，在审核中发现临安专区所办案件中存在司法程序不合等问题，组织小组赴该专区实地检察，发现相关案件存在罪名不当、判刑主要依据错误等问题，提出纠正意见被接受。6月，经省委、省政府研究决定，省检察署负责对嘉兴、临安2个专区的未决案犯开展案件复核工作，对其中案情重大复杂而有疑问者，即进行实地调查，发现涉及原则性问题，即行通报。至11月底，基本完成1950年7月开始的清理积案任务。是年，原杭州天生布厂老板毒打凌辱工人，杭州市检察署侦查终结后向杭州市中级法院提起诉讼；该法院判处不当，省检察署向省法院提起抗诉，省法院判处该被告人有期徒刑3个月。

1952年，全省检察机关对判决失当的重大案件实行检察，进行法律监督。金华县发生“不法地主陈某某逼死范某某”案，经省检察院金华分署核查后认为是一件不法地主企图复辟的典型案件，报省检察署拟判处死刑。经省检察署审核材料和派干部实地调查，查明陈系离校不久的青年学生，土改前后虽有瞒报黑田、收买雇工、改变成分等违法行为，但范某某自杀时，其既不在家，又未预闻其事，与范某某自杀事件无关。此案实系村干部内部不纯，将错误推给陈某某。为此，省检察署提出撤销原核查结论的意见；省政府批准省检察署意见并将此案审查情况通报各级政府，教育干部。

1953年，全省检察机关落实中共中央关于检查“镇反”工作中错判案件的指示和省委部署。省检察署和宁波、台州、金华3个检察分署，诸暨、绍兴、衢县3县检察署共受理纠正错判、错杀、错管案件72件，其中错判65人。省检察署金华分署协助义乌县检察署配合有关部门检察上溪区“匪东南人民反共救国军萧衢段行动总队第二支队”假案，牵涉3个乡、7个村171人，错判、错杀、错管(以下简称三错)的案件30余人。经公开平反后，群众纷纷来信感激人民政府实事求是，决心搞好生产。

1954年，全省检察机关贯彻第二届全国检察工作会议决议的方针，加强审判监督工作。9月，杭州市检察机关试点出庭公诉，选择江某纵火烧毁麻筋案在法院预备庭上进行试答辩，总结提高后于10月正式出席法庭审判。杭州市检察署还开展死刑临场监督的试点。此后，这项监督逐步开展。是年，据全省34个检察院统计，共提起刑事抗诉18件。部分检察院对“三错”案件继续进行检察处理，其中鄞县检察院纠正错判7人。

1955年，全省检察机关在全面开展审查起诉工作中，开始参加法院的审判庭，重点进行支持公诉和审判监督的工作。全省检察机关共出席审判庭383次，占起诉数的2.4%；按照上诉程序和审判监督程序对法院的错误判决提出抗诉53件，其中经法院改判的25件。1956年，各级检察院选择对保障中心工作有教育意义的刑事案件，出席法院审判庭476次，支持公诉；并出席二审法庭13次，监督审判活动的合法性；对法院错误判决按上诉程序或审判监督程序提出抗诉57件，法院改判率为79.1%。

1958年后，全省检察机关根据全国省、市、自治区检察长会议和3月省政法会议精神，开始推行就地起诉、就地出庭的办案方法，注意扩大办案效果，全省大部分检察院出庭支持公诉并监督审判活动的合法性,发挥监督和法制宣传的作用。但在"一长代三长""一员顶三员"工作制度下,刑事审判监督受到削弱。至1962年,上述办案做法得以改变,检察机关担负审判监督,互相制约机制得到恢复。

1963—1966年,全省检察机关贯彻省委和最高检察院确定的方针和任务,参加"打击现行、政治清理、社会镇反、内部肃反准备"等斗争,适应对敌斗争"由紧到松,由松到紧"的变化,执行中共中央关于"在今后一定时间内,社会治安管理必须从严"指示,通过出庭支持公诉来监督审判活动的合法性。在严厉打击反革命分子和其他犯罪分子现行破坏活动的同时,复查一批案件。1967年下半年,刑事审判监督工作停止。

表19-4-2-1　　1955—1967年浙江省检察机关刑事审查抗诉情况一览表

单位:人

年份	受理	抗诉	法院改判	出庭次数	出庭率(%)
1955	9444	53	25	308	24
1956	12204	57	46	-	21
1957	13791	-	-	-	90
1958	37001	-	-	-	-
1959	7966	39	38	2986	76.6
1960	9198	-	-	5125	61.4
1961	9098	-	-	2853	29.4
1962	7971	-	-	2334	39
1963	5386	85	6	2989	78.6
1964	1837	-	-	1162	78.9
1965	1264	-	-	-	-
1966	729	-	-	-	-
1967	394	-	-	-	-

资料来源:根据省检察院检察业务统计表综合。

1978年检察机关重建及1979年《刑事诉讼法》颁布后,全省检察机关开始对刑事审判活动实行法律监督。1980年6月,温岭县发生某公司原副经理、党支部副书记狄某某及原副经理吴某非法拘禁以致1人上吊自杀的案件。温岭县检察院立案侦查并起诉后,温岭县法院以非法拘禁罪判处狄某某有期徒刑二年,判决吴某无罪。省检察院台州分院认为判刑畸轻依法提出抗诉后,台州市中级法院维持对吴某的无罪判决,改判狄某某免予刑事处分。1981年,省检察院根据被害人家属的申诉、群众控告及省检察院台州分院提请抗诉的报告,经审查认为法院判决不当,再次提出抗诉。12月,省人民法院再审采纳省检察院抗诉理由,撤销一审、二审判决,以非法拘禁罪改判狄某某有期徒刑七年、吴某有期徒刑三年。该案为全省检察机关首例经省检察院提出抗诉后获得改判的案件,最高检察院法纪检察厅将该案主要做法转发各省、市、自治区检察院。

1982年,省检察院在全省检察机关起诉工作会议上第一次提出加强审判监督工作,纠正超越法律、违背法律、妨碍法律统一实施的司法活动。

1985年1月,最高检察院一厅下发《关于开展侦查活动、审判活动监督工作的情况和今后的意见》,进一步明晰刑事审判活动监督工作的要求,全省检察机关据此加强刑事审判监督工作。

1987—1988年,全省检察机关刑检部门在开展审判监督中,严格掌握《刑事诉讼法》以及最高检察院一厅《人民检察院刑事检察工作细则》的有关规定,承办人审查法院判决或裁定后认为法院判决不当的,提出个人意见报告处(科)领导审查,由处(科)务会讨论是否提出抗诉;处(科)务会讨论认为应提出抗诉的案件速报分管检察长审查,分管检察长也认为应抗诉的,经该院检委会讨论决定后提出抗诉。县(市、区)检察院决定提出抗诉的,及时向市(分)检察院报送一审判决材料,市(分)检察院落实专人审查,并由处(科)集体讨论,认为应抗诉的,认真做好出庭准备;认为抗诉理由阐述不充分的,补充抗诉理由;认为有必要撤回抗诉的,提交市(分)检察院检委会讨论决定。

1990年1月,省检察院受理杭州市检察院提请抗诉的余杭县乔司镇吴家村原党支部书记陆某某、原村长葛某某、村民汪某某、徐某贪污案。1985年11月,4名被告人合伙与河南省某纺织器材厂联营"余杭县乔司东风纺织器材商店",随后4人利用职务之便,分5次从商店提取税前列支款4.55万余元,除交该村7500余元外,余款均分,各得8300余元。余杭县检察院以4名被告人犯贪污罪向该县法院起诉,该县法院以贪污罪分别判处4人有期徒刑三年六个月至一年六个月。4名被告人上诉后,杭州市中级法院裁定发回重审,该县法院再次判决4人有罪。1989年8月,杭州市中级法院以联营商店不属集体经营性质,4名被告人不属受委托从事公务人员为由,判决4人无罪。省检察院经审查后认为,余杭县乔司东风纺织器材商店由河南省某纺织器材厂占大部分投资和利润分配,该商店使用集体账号,按集体企业税率纳税,按照司法解释的规定,应视为集体经济组织性质的经营单位。1991年6月,省检察院就该案向省法院提出抗诉。11月,省法院采纳省检察院抗诉意见,作出再审判决,认定4人有罪,以贪污罪判处陆某某、汪某某、葛某某各有期徒刑三年,徐某有期徒刑一年。

1994年6月,省检察院制定《关于刑事抗诉工作规定(试行)》,首次对刑事抗诉工作作出全面系统的规范。其中明确规定抗诉案件应由专人审查,处(科)讨论,提出意见,报检察长决定,对需要提出抗诉的案件经检察长提交检委会决定。1995年10月,根据最高检察院《关于抗诉案件向同级人大常委会报告的通知》,省检察院要求各级检察院向法院提出抗诉的案件,一律将抗诉书副本报同级人大常委会。

1997年始,省检察院在办理各市检察院提请抗诉和提出二审抗诉的案件中,对涉及专业技术的问题,邀请专业人员参与论证及运用科学鉴定手段予以确认,以保证案件质量。1月,衢州市检察院对开化县粮食局干部汪某某受贿案提请省检察院抗诉。省检察院针对该案中汪某某是从事技术服务收取报酬还是利用职权受贿犯罪的事实和政策界限不清的情况,先后2次邀请省检察院特约检察员咨询、会诊,促进对案件的正确定性。

2000年5月,省检察院受理温州市检察院提请抗诉的温州市民陈某某绑架案。陈某某曾因流氓罪被判刑,刑满释放后前往法国。1996年7月在法国某市绑架被害人并勒索200万法郎。1998年5月被温州市公安局取保候审期间,陈某某另实施贩卖毒品犯罪。1999年12月,温州市鹿城区法院以陈某某亲属代为退赃及缴纳罚金可酌情从轻处罚为由,以绑架勒索罪、贩毒罪判处陈某某合并执行有期徒刑四年,并处罚金1.8万元。温州市鹿城区检察院认为一审量刑畸轻,提出抗诉。温州市中级法院二审采纳部分抗诉意见,以绑架勒索罪改判陈某某有期徒刑七年,并处罚金1万元,连同贩毒罪合并执行有期徒刑七年六个月,并处罚金1.8万元。温州市检察院认为二审判决仍不当,提请省检察院按照审判监督程序提出抗诉。省检察院审查认为陈某某无法定减轻处罚情节,其虽在法国受过缺席刑事审判,但未受法国司法部门实际执行刑罚处罚,缴纳罚金不能作为主刑减轻处罚的理由,二审法院适用法律不当导致量刑畸轻。即于2000年11月向省法院提出抗诉。之后,省法院再审判决全部采纳抗诉意见,以绑架勒索罪、贩毒罪判处陈某某合并执行有期徒刑十二年六个月,并处罚金1.8万元,连同在二审宣判后发现的漏罪寻衅滋事罪判处有期徒刑二年之判决并罚,决定执行有期徒刑十四年六个月,并处罚金1.8万元。

2002年后,全省检察机关对法院审判案件中程序违法情形的监督有所加强,通过检察建议、口头纠正等方式履行法律监督职责。针对省内个别法院在判决书中载明判决前预收罚金的情况,省检察院函告相关市检察院发检察建议要求法院予以纠正。在坚持对有罪判无罪、重罪轻判的案件依法提出抗诉的同时,注重对轻罪重判案件的抗诉。温州市翁某某、钟某某抢劫、盗窃犯罪案中,一审法院认定钟某某犯抢劫、盗窃罪,但有立功表现,判处其有期徒刑三年五个月。温州市检察院审查认为,钟犯的立功表现属于重大,即向法院提出抗诉。二审法院改判钟某某有期徒刑二年五个月。

2003年4月,省检察院就温州市检察院提请的民警谢某某刑讯逼供案向省法院提出抗诉。1999年10月某日,平阳县某派出所接警后抓获3人予以留置盘问,谢某某采用迫使被审问人跪地、打耳光、用手铐吊扣在窗栅栏上仅使脚尖着地等方式进行审问。其中1名被审问人从派出所回家后小便出血,经鉴定为轻伤(偏重)。2000年7月,该县法院以刑讯逼供罪判处谢某某有期徒刑一年缓刑一年。谢某某不服,提出上诉,温州市中级法院维持原判。谢某某提出申诉后,2002年7月温州市中级法院再审改判谢某某无罪。省检察院受理后审查认为,谢某某为逼取口供,对3人分别实施跪地受审、打耳光、双手吊扣仅脚尖着地等肉刑或变相肉刑,已达到刑讯逼供罪的构罪标准;其行为虽与轻伤(偏重)的损伤后果无直接的因果关系,但并不影响构成刑讯逼供罪。10月,省法院再审采纳省检察院抗诉意见,改判谢某某犯刑讯逼供罪,判处有期徒刑一年,缓刑一年。

2004年4月,省法院、省检察院制发《关于规范刑事再审案件审理的若干意见(试行)》,规定法院决定对刑事案件再审后与检察院之间的工作程序及开庭程序,及再审案件不开庭审理的条件和检察院提出意见的方式,进一步规范各级检察院对法院决定再审案件的审判监督工作。

2005年6月,根据最高检察院《关于进一步加强公诉工作强化法律监督的意见》,鉴于公诉工作的业务特征及重要性,省检察院提出各级检察院公诉处(科)长担当该院检委会委员的工作制度。9月,根据最高检察院公诉厅《关于进一步加强刑事抗诉工作、强化审判监督的若干意见》，省检察院提出各级检察院检察长列席同级法院审判委员会(以下简称审委会)制度。至此，全省检察机关检察长列席同级法院讨论刑事抗诉案件的审委会会议形成制度。

2006年始，省检察院要求上级检察院对下级检察院抗诉理由部分或全部不当但仍决定支持抗诉的案件，制作《支持抗诉意见书》，及时修正、补充、完善下级检察院的抗诉理由。此后，各级检察院公诉部门制作《支持抗诉意见书》逐渐成为办理二审抗诉案件的一项常规性工作。5月，省检察院在《2003—2005年全省刑事抗诉工作情况分析》中再次明确建立刑事抗诉案件的备案和通报制度、抗诉书补充说明制度、分管检察长或处长(科长)出庭抗诉案件制度、检察长列席审委会制度。

2007年，全省检察机关围绕“强化法律监督，维护公平正义”的检察工作主题，不断加大刑事抗诉工作力度。审判监督程序抗诉意见采纳率达48.15%。省检察院推广江山市检察院对抗诉案件“三比照”的方法，要求承办人收到法院判决、裁定后进行三方面比照：一比共同犯罪被告人之间的量刑，看判决是否有失公平；二比法律条文规定的量刑，审查法院判决是否突破了量刑档次；三比案件的事实，看判决认定的事实与起诉认定事实是否一致。6月，省检察院受理一起省法院二审生效后被害人亲属申请抗诉的案件。经查明，两年前某日，宁波慈溪市人忻元龙将小学三年级女生杨某(9岁)骗上车，之后从杨某处骗得其亲属电话号码，将其杀害掩埋后向杨某家打电话索取60万元赎金。法院一审判决忻元龙犯绑架罪，判处死刑。忻犯提出上诉，省法院以“鉴于本案具体情况”为由，改判忻犯死刑，缓期二年执行。8月，省检察院审查认为，该案事实清楚，证据确实充分，省法院二审改判忻犯死刑缓期二年执行确有错误，遂提请最高检察院按照审判监督程序提出抗诉。最高检察院派员到浙江省专门核查该案，经最高检察院检委会2次审议，认为依法应当判处忻犯死刑立即执行，遂向最高法院提出抗诉，最高法院指令省法院再审。2009年6月，省法院再审改判忻犯死刑。后经最高法院裁定核准，忻犯被执行死刑。该案为全省检察机关首例提请最高检察院抗诉后获得改判的案件。

2008年，全省检察机关公诉部门落实最高检察院公诉厅《在公诉工作中全面加强诉讼监督的意见》，按照“坚决、慎重、准确、及时”的工作方针，着重抓刑事抗诉工作。在抗诉实践中，除考虑裁判确有错误外，还充分考虑抗诉的时效性，把抗诉工作的重点放在第二审程序抗诉上，以二审抗诉为重点全面加强刑事抗诉。以宽严相济政策为指导判断刑事抗诉必要性，对法院处罚偏轻的，一般不提出抗诉；从构建和谐社会需求出发，对轻微刑事案件一般不提出抗诉；对事实、证据及定性争议案件，严格按照最高检察院《关于刑事抗诉工作的若干意见》，不提出抗诉。6月，台州市检察院对临海市人项兆友抢劫案提出抗诉。项兆友伙同张东海绑架被害人严某，遭严某反抗时指使张东海开枪，张东海遂向严某腿部、头部连开数枪，致严某当场死亡。案件起诉后，法院判处张东海死刑、剥夺政治权利终身；判处项兆友死缓、剥夺政治权利终身。台州市检察院审查后认为该判决对项犯量刑畸轻提出抗诉，省检察院支持抗诉。省法院采纳抗诉意见改判项犯死刑、剥夺政治权利终身，后经最高法院核准执行。9月，经金华市检察院提请抗诉，省检察院受理审查浦江县某公司原经理助理黄某某受贿案。浦江县法院判决认定黄某某受贿5.6万元，在诉讼过程中有检举他人盗窃罪的立功表现，从轻判处黄某某有期徒刑四年六个月。黄某某上诉后，金华市中级法院认定二审期间黄某某又有检举贩毒的重大立功表现,再次予以从轻处罚,改判黄某某有期徒刑一年六个月。但浦江县检察院认为黄某某所检举的"贩毒"案事实不清、证据不足,对"贩毒"案作出不起诉决定。省检察院审查后认为黄犯在二审期间的立功不能成立,提出抗诉,省法院判决认为抗诉理由成立,改判有期徒刑四年六个月,重新收监。12月,经宁波市检察院提请抗诉,省检察院受理审查宁波市北仑区安全生产监督管理局原干部邵某受贿、玩忽职守案。经查明,邵某在多次参与事故调查中利用职权收受贿赂计8.3万元,并滥用职权帮助被责令停产停业整顿的企业复工,以致该企业违规实施爆破,造成工人死亡3人、受伤6人的严重后果。法院一审以邵某所犯的受贿罪、玩忽职守罪均以自首论,判处邵某犯受贿罪、玩忽职守,决定执行有期徒刑三年,缓刑四年。宁波市北仑区检察院认为量刑畸轻提出抗诉,宁波市中级法院驳回抗诉,维持原判。省检察院检委会讨论认为,原审法院认定邵某犯罪后的"自首"缺乏事实和法律依据,原判对邵量刑畸轻,遂向省法院提出抗诉。省法院再审判决认为抗诉理由成立,改判邵某受贿罪有期徒刑三年,玩忽职守罪有期徒刑六个月,合并执行有期徒刑三年,并对邵犯收监执行。是年,全省87%的检察院履行了刑事抗诉职能,抗诉案件数量与质量同步增长,抗诉意见采纳率为58.5%,较上一年度明显提升。

2009年2月,为使刑事案件抗诉工作做到及时、准确,宁波市北仑区、绍兴县、义乌市、东阳市等检察院试点判前预测或量刑预测制度。案件承办人在审查报告中对法院判决可能认定的罪名、适用法条及量刑幅度做出预测;如果法院量刑幅度超过预测范围20%的,承办人、主诉检察官即提出处理意见,提交集体讨论,提高抗诉成功率。6—12月,根据最高检察院部署,全省检察机关与同级人大、政法委、政协、法院、公安等机关沟通,开展刑事审判法律监督专项检查活动,省检察院自查发现办案中阅卷、调卷工作不规范,联合省法院制发《关于进一步加强工作协作、提高办案效率的会议纪要》;温州、金华、绍兴等检察院除检查最高检察院要求的内容外,还分别增加对发回重审、二审改判案件、被害人申请抗诉案件、近3年所有抗诉案件以及法院回避、公开审理、适用简易程序等刑事诉讼程序适用合法性等问题进行检查;宁波、温州市检察院自查发现刑事审判监督缺乏可操作性以及约束机制,分别制定《公诉部门刑事审判监督工作规程》和《关于人民检察院检察长列席同级人民法院审判委员会会议的若干意见》。全省检察机关共检查各类刑事案件4万余件,其中抗诉案件168件、建议法院再审案17件34人、无罪判决7件9人、法院改变定性案214件376人;从检查中发现判决错误该抗未抗案20件,此后各级检察院提出抗诉7件。同时检查各类纠正违法建议书177件(次),检察建议函1221件次。检查全省刑事审判法律监督各类机制、制度156件,从中发现影响、制约审判监督工作的缺陷和问题15项,为此制定、设立各类办法、机制和制度20余项。10月,省检察院制发《关于开展刑事案件不抗诉说理工作的通知》,开始探索不抗诉案件说理工作。要求各级检察院对于一审判决后,被害方请求抗诉而检察机关决定不抗诉的案件,在书面或口头答复请求人时,从认定事实、采信证据、诉讼程序、适用法律、量刑5个方面对一审裁判进行综合评判,充分阐述请求抗诉的理由不成立或抗诉理由不充分、不宜抗诉的依据,做到法理准确、事理充分、情理到位、以理服人,力求案结事了、化解矛盾、促进和谐。对于下级检察院提出抗诉后上级检察机关决定撤回抗诉的,除制作撤回抗诉通知书之外,还应附函详细说明撤回抗诉的理由。对于下级检察院提请抗诉的案件，上级检察机关决定不支持抗诉的，除下达批复外，附函详细说明不支持抗诉的理由。2009 年 1—9 月，有 88.8%的基层检察院办理了抗诉案件，采纳意见率 56.89%。2007—2009 年，全省检察机关刑事抗诉案件数量总体呈上升趋势；抗诉案件质量总体稳定，再审程序抗诉案件总体质量好于二审程序抗诉案件，全省采纳意见率总体呈上升趋势，3 年间法院改判 121 件 224 人，其中改变量刑的占 81.7%，改变定性的占 6.69%，改变事实的占 10.7%，无罪改有罪的占 0.89%。刑事抗诉案件类型、罪名相对集中，主要集中在侵犯财产类、侵犯公民人身权利、民主权利和妨害社会管理秩序类犯罪，共 332 件，占全部抗诉案件的 68.6%。

2010 年 4 月，绍兴市检察院对罗祥故意杀人、放火案提出抗诉。经查明，罗祥于一年前某日在某宿舍对女青年陈某某实施强奸，并放火焚尸灭迹。不仅造成该宿舍焚毁，还危害到了宿舍楼居住的其他人员生命和财产安全。案件起诉后，绍兴市中级法院以罗犯具有自首情节，一审判处其无期徒刑，剥夺政治权利终身。绍兴市检察院认为罗犯社会危险性、人身危险性极大，一审量刑不当，提出抗诉。省检察院支持抗诉。12 月，省法院二审改判罗犯死刑缓期二年执行，剥夺政治权利终身。是年，全省检察机关刑事抗诉数为历年最高值。

表 19-4-2-2　　1980—2010 年浙江省检察机关刑事抗诉工作情况一览表

单位：件

年份	抗诉数	改判数	年份	抗诉数	改判数
1980	49	17	1996	87	14
1981	59	31	1997	95	20
1982	66	31	1998	99	12
1983	57	31	1999	119	32
1984	85	36	2000	138	15
1985	50	14	2001	109	13
1986	59	24	2002	106	23
1987	76	14	2003	73	12
1988	75	19	2004	81	18
1989	82	25	2005	100	26
1990	104	31	2006	124	34
1991	107	18	2007	124	29
1992	121	40	2008	122	44
1993	87	16	2009	168	52
1994	104	19	2010	174	63
1995	84	19			

资料来源：根据省检察院检察业务统计表综合。

第三节　公诉(审查起诉)和刑事审判监督业务建设

1978年全省检察机关重建后，一直重视加强审查起诉(公诉)和刑事审判监督业务建设，采取举办审查起诉(公诉)和刑事审判监督业务培训班，开展岗位练兵、优秀公诉人评选、庭审观摩等活动，提高全省刑事检察人员的业务水平。20世纪90年代，在全国司法改革的大背景下，在最高检察院统一部署下，全省检察机关逐步开展对公诉制度改革的探索实践，审查起诉(公诉)和刑事审判监督业务建设跨上一个新台阶。2003年5月下旬，省检察院制定《全省公诉部门岗位练兵五年规划》，首次对公诉业务建设作出系统的规划。2007年3月，省检察院又制定《公诉部门基础工作的第二个五年规划》，进一步完善公诉业务建设的内容，将起诉书格式规范、不起诉说理改革、省级优秀公诉人评比、控辩大赛、实庭观摩评议、优秀抗诉案件的评选等均列入其中，要求各级检察院公诉部门按照该规划组织实施。截至2010年，全省检察机关涌现出一批全国十佳公诉人、全国优秀公诉人、全省十佳公诉人、全省优秀公诉人等公诉人才。

一、探索公诉制度改革

1997年4月，省检察院制发《关于严格依法适用简易程序的通知》，全省检察机关试行刑事诉讼简易程序的出庭实践，开始对公诉制度改革的探索实践。2000年8月，最高检察院召开全国检察机关公诉改革工作会议，全面推行公诉改革试点，作为全国检察改革工作中的重要组成部分。2001年8月，省检察院制发《关于进一步做好公诉改革有关工作的通知》，提出公诉改革应遵循的原则和“主诉检察官办案责任制、简易程序适用和普通程序简易审、多媒体示证”3项改革重点。

2005年8月，省检察院在全省检察机关侦查监督、公诉工作会议上提出进一步完善主诉检察官办案责任制，落实最高检察院有关各级检察院公诉处(科)长应当进检委会的规定，部署开展职务犯罪不起诉案件监督制约机制、未成年犯罪案件公诉改革、量刑建议、公诉一体化机制等4项改革措施试点工作。2006年4月，为掌握各级检察院公诉工作的情况，进一步推动公诉改革和业务工作的开展，省检察院确定杭州市西湖区、萧山区、余姚市、温州市鹿城区、湖州市南浔区、嘉兴市秀洲区、诸暨市、义乌市、温岭市、舟山市定海区、龙游县、缙云县共12个检察院为公诉工作联系点。2008年2月，省检察院提出“不起诉说理改革、依法适用简易程序和普通程序简化审办理(繁简分流)”等改革举措。2009年12月，省检察院对2009年开展的轻罪和解、认罪程序、量刑建议、未成年人轻微盗窃案件适用宽缓政策公诉改革举措进行总结。2010年始，按照省检察院的要求，平阳市、宁波市北仑区、衢州市柯城区等县(市、区)检察院开展轻微犯罪附条件不起诉试点。

截至2010年，全省检察机关不断提高对公诉改革重要性和必要性的认识，开展的刑事和解、量刑建议、附条件不起诉、证据开示、简易程序等多项公诉制度改革，得到最高检察院肯定。

(一)推行公诉案件简易程序制度

1997年,修订后《刑事诉讼法》增设简易审判程序。4月,省检察院制发《关于严格依法适用简易程序的通知》,提出检察机关适用简易程序工作应注意:(1)适用简易程序审理案件,要严格依照法律规定的条件、范围和程序办理,不得随意扩大,避免将应适用普通程序审理的案件适用简易程序审理。对依法可能判处三年以上有期徒刑的,尤其对暴力犯罪、涉毒涉枪犯罪、共同犯罪和带有黑社会性质的犯罪案件,不能建议或同意法院适用简易程序。对案件事实证据是否清楚充分,是否构成罪,构成何罪可能有争议的案件,也不能建议或同意适用简易程序。(2)要坚持少用、慎用的原则,切实纠正一些地方图省时、省事的不正确做法。适用简易程序审理案件的比例,要控制在公诉案件总数的10%以内。重点要把功夫下在多实践、多出庭上,通过出庭公诉,加大执法监督的力度、提高出庭公诉的技能和水平。1—7月,全省检察机关共建议或同意法院适用简易程序审理案件1241件,适用比例为11.1%。

2003年5月,省检察院根据最高检察院公诉厅《关于检察机关公诉部门贯彻执行〈关于适用普通程序审理"被告人认罪案件"的若干意见(试行)〉和〈关于适用简易程序审理公诉案件的若干意见〉的几点意见》,在各级检察院推行"被告人认罪案件的简化审理"和适用简易程序审理公诉案件,努力解决案多人少的矛盾。

2008年7月,杭州市萧山区检察院根据本地公诉疑难复杂、不认罪、重大职务犯罪等三类案件办理经验,制定《杭州市萧山区人民检察院"三类案件"公诉应对办法》,逐渐形成一套办理模式和具体工作流程。其中对审查时应注意的问题、审批与集体讨论、庭审指挥与技巧等方面内容的规定逐项细化,使三类案件的庭前审查、庭审应对及庭后沟通工作做到有章可循。2008年8月,省检察院对该办法进行推广。

(二)推行主诉检察官办案责任制度

1999年,根据最高检察院部署,省检察院开展主诉检察官的试点工作,对主诉检察官的选拔、任用、管理及办案责任制的实现形式等进行探索和实践。各级检察院在公诉部门从事审查起诉出庭公诉工作的检察人员中,按照规定的条件和程序选任产生主诉检察官,在检察长授权下,依法独立行使国家检察权。5月,省检察院在杭州市萧山区、慈溪市、绍兴市越城区、嘉兴市秀城区共4个检察院开展主诉检察官负责制的试点。省检察院制发《关于主诉检察官负责制的试行规定》,对主诉检察官的资格、职权、监督制约、考核等作出规定。至12月,全省有4个市(分)检察院和38个县(市、区)检察院开展了试点工作。

2000年3月,省检察院根据最高检察院要求,通知各级检察院在审查起诉部门全面推行主诉检察官办案责任制,规定主诉检察官应尽量从现职检察员中选任;条件不具备的地方,具有独立承办案件能力和水平的助理检察员,也可以担任主诉检察官。

2003年7月,省检察院举办全省检察机关首次主诉检察官资格考试,实考687人,及格率75.5%。之后,省检察院每2年举行1次主诉检察官资格考试。截至2010年,共举办4次主诉检察官考试,为公诉部门选用了一批独立承担办案职责的主诉检察官。

(三)推行控辩证据开示制度

2000 年,省内部分检察机关开始试行庭前证据开示。4—12 月,丽水市莲都区检察院、永康市检察院分别对 6 起、10 起案件进行实践,在法院对案件开庭审理前,在法官主持下,控辩双方相互展示各自收集的证据,并进行讨论力求达成共识。永康市检察院制定《庭前证据展示暂行办法》,使庭前证据展示在试行中有章可循。省检察院予以推广。

2003 年 5 月,省检察院确定建德市检察院、东阳市检察院为证据开示制度改革试点单位。2004 年 11 月,省检察院对证据开示制度试点情况进行调研,认为试点总体运行情况良好,为全省检察机关该项制度改革积累一定经验,也出现一些尚待解决的问题。2005 年 3 月,省检察院制发《关于增加证据开示制度试点单位的通知》,增加宁波市江北区检察院、温州市鹿城区检察院为试点单位,要求各试点单位制订计划、方案、相应规定和配套措施。

2008 年 6 月,修改后的《中华人民共和国律师法》(以下简称《律师法》)开始施行。为避免控辩双方掌握案件证据信息不对称给公诉工作带来的不利影响,省检察院对杭州市余杭区检察院与区法院、区司法局联合制定的《刑事案件庭前证据开示实施办法(试行)》予以肯定,并推广各级检察院学习参考。

(四)推行量刑建议制度

2003 年 5 月,根据最高检察院的改革试点要求,省检察院确定宁波市北仑区检察院、瑞安市检察院进行公诉案件量刑建议的改革试点。6 月始,宁波市北仑区检察院试行量刑建议制度,制定《求刑试行规则》,确定在提起公诉案件时向法院提出对被告人应处何种刑罚或一定幅度内刑罚的建议,对量刑建议的审批程序、提出方式、具体内容、法律文书及后续监督等问题作出明确规定;并与北仑区法院联合制定实施《量刑程序规范化实施规则(试行)》(以下简称《量刑程序规则》),设置一套贯穿全程、相对独立、法官引导、控辩对抗、裁判回应的规范化量刑程序,使量刑建议由检察机关的单方行为转变为控、辩、审三方参与的诉讼活动。其中规定:“检察长列席审判委员会时,可以就量刑发表意见。”检察长在充分听取审委会意见的同时,对法院的量刑活动进行监督。《量刑程序规则》为量刑建议制度的全面推进积累了实践经验。

2009 年 3 月,宁波市北仑区检察院将《求刑试行规则》修改为《量刑建议实施规则》。5 月,最高检察院公诉厅组织 16 个省、市检察院公诉部门负责人到宁波市北仑区检察院庭审观摩,向全国推广浙江省检察机关开展量刑建议改革的经验。6 月,省检察院进一步总结推广宁波市北仑区检察院推行量刑建议经验。7 月,为规范量刑程序,有效制约法院的量刑裁量权,切实加强审判监督,省检察院制发《关于全省检察机关开展量刑建议改革试点工作的通知》,确定在绍兴市、绍兴市越城区、杭州市萧山区、宁波市北仑区、湖州市南浔区、永康市共 6 个检察院开展量刑建议改革试点。各试点检察院加强与同级法院的沟通与协调,与法院系统推行的量刑规范化改革试点进行对接。

(五)推行轻微刑事案件和解制度

2007年始,省检察院以贯彻落实宽严相济刑事司法政策、化解人民内部矛盾为宗旨,探索开展刑事和解的公诉改革。东阳市检察院尝试刑事和解工作;淳安县检察院在公诉环节探索恢复性司法措施,在检察人员主持下,对一般犯罪行为轻微的案件,由案件双方当事人在自愿基础上就民事赔偿达成一致和对是否追究犯罪嫌疑人(被告人)刑事责任达成谅解后,检察机关作出不诉或撤案处理的决定。2007—2009年,淳安县检察院因开展刑事和解而作不诉或撤案处理的刑事案件27件。11月,省检察院制发《关于办理当事人达成和解的轻微刑事案件的规定(试行)》,将刑事和解作为一项新型刑事案件解决机制,在全省检察机关进行推广。2008—2009年,宁波市鄞州区检察院探索将人民调解引入刑事和解办案领域,共办理刑事和解案件86起,其中38起通过人民调解委员会调解成功。

2009年3月,省检察院确定宁波市鄞州区、东阳市检察院作为刑事和解制度改革的试点单位。东阳市检察院制订《关于办理当事人达成和解的轻微刑事案件的规定》,规范刑事和解的适用范围和程序,强化刑事和解案件的跟踪回访和监督制约机制,为推进刑事和解创造条件,达成刑事和解作相对不诉的案件数和人数增幅明显。2007—2009年,东阳市检察院共办理刑事和解案件142件172人,其中作不捕决定的26件28人,作相对不诉处理的86件108人,移送起诉后建议法院从轻处理的30件36人。2007年、2008年和2009年1—8月达成刑事和解作相对不诉的案件数和人数增幅明显,分别为20件23人、29件40人、37件45人,分别占当年案件受理总人数的1.50%、2.19%、2.86%。

2007年10月至2010年6月,杭州市西湖区检察院对21名达成刑事和解的轻微刑事案件犯罪嫌疑人依法作出相对不起诉处理。根据未成年人心智发育尚不成熟等特点,办案中尽量体现温情,在对未成年犯罪嫌疑人作出相对不起诉处理决定后,承办人根据其犯罪原因、悔罪表现等,在不起诉决定书后附上符合其特点的“检察官寄语”,让被不起诉人进一步感受到社会、办案部门对其的关心、关爱,促使其迷途知返。

二、业务训练

自全省检察机关重建后,省检察院审查起诉部门就将庭审观摩作为提高审查起诉业务能力、特别是出庭能力的重要措施。1980年10月,省法院在象山县开庭审理该县公安局民警丁某某持枪故意杀人被一审判处死刑不服上诉案,省检察院首次组织台州、宁波、舟山、绍兴、杭州等市(分)检察院刑检部门负责人庭审观摩。

1986年始,全省检察机关普遍开展典型案件组织观摩,不少检察院分管检察长、刑检部门负责人和出庭骨干带头出庭示范。据杭州、衢州、湖州、台州、金华、丽水、舟山等市(分)检察院统计,下半年直接组织观摩庭审14次,参加旁听的检察人员745人次。

1987年4—5月,省检察院举办重建以来的第一期刑事检察业务培训班,重点培训出庭公诉工作的理论和主要做法,研究出庭工作中遇到的问题,交流经验;进一步系统地掌握出庭公诉的业务知识,提高出庭公诉能力。

1990—1992年,省检察院连续举办3期全省检察机关审查办理贪污、贿赂、挪用公款犯罪案件的业务培训班,重点培训审查办理上述三类案件的法律、政策、司法解释和具体操作要领,有452名优秀公诉人和批捕办案能手等刑检业务骨干参训。

2000年开始,省检察院每2年举办1次全省审查起诉(公诉)业务培训班,每期培训不同的审查起诉(公诉)业务内容,由各级检察院审查起诉(公诉)部门负责人参训。5月,省检察院在省电视台演播厅举行全省优秀公诉人竞赛决赛,吕祖善、祝耀祖等省领导和葛圣平等省检察院领导出席并为获奖单位和省级优秀公诉人颁奖。

2003年6月,省检察院发出《关于建立重点公诉案件跟踪观摩制度的通知》,决定开始对各级检察院有影响的重点公诉案件进行动态跟踪,并通过连续3年有选择地组织观摩评议与评比,切实加强重点案件的公诉工作效果,以点带面推动出庭公诉工作的整体提高。之后,省检察院先后在杭州、宁波、嘉兴、金华、舟山等地组织庭审观摩活动,促进岗位练兵。

2006年4月,省检察院举办以公诉人和律师为主体的控辩对抗赛,并在浙江电视台进行决赛,省人大常委会副主任葛圣平、省检察院检察长陈云龙参加颁奖仪式。

2008年11月,省检察院发出《关于进一步规范和加强庭审观摩活动的意见》,提出精心选择观摩案件,完善庭审评议内容,建立邀请人大代表等参加庭审观摩评议等措施。2003—2010年,省检察院共组织各市(分)检察院庭审观摩17次。

截至2010年,省检察院共组织全省公诉部门业务培训班11次。

表19-4-3-1　　浙江省检察院组织全省检察机关公诉业务培训情况一览表

时　间	培训班名称	参加人员	培训内容
1987年4月2日至5月1日	出庭公诉研讨班	从事刑检起诉工作多年,有一定出庭经验的业务骨干	学习出庭公诉工作的理论和主要做法,研究出庭工作中遇到的问题,交流经验,以进一步系统地掌握出庭公诉的业务知识,提高出庭公诉的实际能力
1990年11月2—14日	贪污、贿赂、挪用公款罪法律知识讲习班	各市(分)、县(市)、区检察院刑一、刑二部门各1人,由各市、分院刑检部门各派1名领导1名带队	贪污、贿赂、挪用公款罪业务
1991年10月18—27日	各县刑一、刑二科长业务培训	各县(区)院刑一、刑二科长参加。各市(分)院刑检部门1名领导带队	贪污、贿赂、挪用公款罪业务
1992年10月10～18日	全省三类案件出庭公诉培训班	由各县、区检察院刑二科负责人或业务骨干各1人参加,各市、分院刑二处(科)领导各1名带队	贪污、贿赂、挪用公款案件出庭公诉培训

续表

时　间	培训班名称	参加人员	培训内容
1995年10月10—13日	《刑法》新罪名培训班	各市、地刑检部门4人参加(包括刑一、刑二),各分、市检察院派1名刑检处长带队	《刑法》新罪名培训,为全省开展普遍培训培养师资力量。
2000年10月11—19日	全省检察机关起诉处(科)长培训班	各级院审查起诉处处长、审查起诉科科长	公诉业务
2002年3月初至4月8日结业	全省检察机关公诉处科长续职资格培训班	全省检察机关公诉处科长	公诉业务
2004年10月10—16日	全省公诉工作会议暨举办公诉处科长培训班	全省各市检察院分管公诉工作的副检察长、公诉处长、各级院尚未参加培训的公诉处、科长(主要指副处、副科长)各1人、2002年全省优秀公诉人	公诉业务
2006年7月10—14日	全省检察机关公诉处科长培训班	全省各市检察院公诉处长,基层院公诉科长	公诉业务
2008年3月24—28日	全省公诉处、科长培训班	各市检察院公诉处长,基层院公诉科长	公诉业务
2010年4月26—30日	全省检察机关刑事审判监督实务培训班	各市检察院公诉处领导、各市、县(市、区)院公诉科科长各1人	刑事审判监督实务

资料来源:根据省检察院历年公诉工作培训计划综合。

表19-4-3-2　　浙江省检察院组织全省检察机关庭审观摩情况一览表

时　间	地点	案　件	参加观摩人员
2003年10月	舟山	李军贪污受贿案	各市检察院公诉处处长、刑二庭庭长、省检察院特约检察员、舟山市各区(县)院公诉骨干
2004年7月	嘉兴	马继国受贿、滥用职权案	各市检察院公诉处处长、省检察院特约检察员代表、第六届全省优秀公诉人
2005年10月	金华	金海生合同诈骗案	各市检察院公诉处处长、部分年办案超千件单位和省检察院公诉处工作联系点的分管检察长,以及金华地区各基层院公诉科科长
2005年12月	杭州	方金贵受贿案	各市检察院公诉处处长
2006年5月	宁波	江进贩卖毒品案	各市检察院公诉处处长,省检察院公诉工作联系点分管检察长,以及宁波市各基层院公诉科科长

续表

时　间	地点	案　件	参加观摩人员
2006 年 5 月	宁波	王建国受贿案	各市检察院公诉处处长,省检察院公诉工作联系点分管检察长,以及宁波市各基层院公诉科科长。
2007 年 9 月	杭州	洪菊芳故意伤害案 李红受贿案	各市检察院公诉处负责人、全国优秀公诉人及省级优秀公诉人代表,杭州铁路运输检察院公诉科科长
2008 年 7 月	舟山 湖州	潘宝富诈骗案 严亚军受贿案	宁波、台州、舟山和杭州、湖州、嘉兴、绍兴地区的公诉处、科长、主诉检察官
2009 年 8 月	杭州	浙江世纪黄金制品有限公司、张勇、王剑平非法经营、抽逃出资案	杭州、宁波、温州、金华、台州 5 个市两级检察院公诉部门负责人
2009 年 9 月	台州	王小林贩卖毒品案	宁波、舟山、台州 3 个市的两级检察院公诉部门主要负责人
2009 年 9 月	丽水	王国永等人合同诈骗、抽逃出资案	杭州、绍兴、嘉兴、湖州市县(区)两级检察院的公诉部门负责人和办案骨干
2009 年 11 月	金华	李培清过失致人死亡案	金华、丽水、温州、衢州 4 个市的两级检察院公诉部门主要负责人和部分主诉检察官
2009 年 11 月	绍兴	吴金良玩忽职守、贪污案	杭州、湖州、嘉兴、绍兴 4 个市的两级检察院公诉部门主要负责人和办案骨干
2010 年 5 月	绍兴	郑樟林受贿、滥用职权案	温州、衢州、舟山、绍兴两级检察院公诉部门负责人和办案骨干
2010 年 7 月	金华	陈江波诈骗案	杭州、台州、金华 3 个市的两级检察院公诉部门负责人和办案骨干
2010 年 8 月	杭州	闻丽君、闻藕君非法经营案	杭州、金华、台州 3 个市的两级检察院公诉部门主要负责人和主要骨干
2010 年 11 月	丽水	周良吾、何赵勇、邱小宝受贿案	全国检察机关公诉工作咨询专家会议与会人员

资料来源:根据省检察院公诉部门历年有关庭审观摩计划实施情况材料综合。

三、考核评选

1987—1988 年,省检察院在全省检察机关刑检部门开展第一次评选优秀公诉人活动。经过县(市、区)检察院、市(分)检察院和省检察院三级评选,共评出县级优秀公诉人 124 人,地市级优秀公诉人 34 人。1988 年,最高检察院开始组织评选全国优秀公诉人活动。经省检察院推荐,杭州、金华 2 市检察院 2 名公诉人员被评为全国优秀公诉人。

1993 年,在评选优秀公诉人基础上,省检察院又开始在全省检察机关评选公诉竞赛优胜团体。绍兴、衢州、温州 3 市检察院代表队被评为团体前三名。

2004 年 2 月,根据全省检察机关检察业务量化考核部署,省检察院制发《浙江省检察机关公诉工作量化考核办法(试行)》,首次在各级检察院公诉部门开展量化考核。12月,省检察院制发《浙江省公诉案件审查报告(样本)》,制定审查报告格式。

2005年始,省检察院每年均修改《浙江省检察机关公诉工作量化考核办法》,每年通报当年各级检察院公诉工作的量化考核情况;省检察院开始组织评选全省检察机关“十佳公诉人”,是年评选出10人;开始组织各级检察院公诉部门开展优秀审查报告评比,是年评选出优秀审查报告16篇。

2006年,最高检察院开始组织评选全国“十佳公诉人”,经省检察院选拔推荐,杭州市、绍兴市检察院2名公诉人员被评为全国“十佳公诉人”。是年,省检察院组织各级检察院评选优秀刑事抗诉案件,从参评的35个案例中,评选出全省优秀刑事抗诉案件16件。

2009年2月,最高检察院公诉厅组织“十佳诉讼监督案件”评选,温州市龙湾区检察院办理的吴某某抢劫案被评选为“十佳诉讼监督案件”的第4件,武义县检察院办理的金某某等人非法制造注册商标标识、包庇案以及省检察院办理的黄某等人抢劫案,德清县检察院办理的仲某某等人抢劫案,台州市检察院办理的张某某等人绑架、故意杀人案共4件案件入选“全国检察机关百优诉讼监督案件”。3月,省检察院组织全省检察机关对2005年以来办理的诉讼监督案件进行评选,在各市检察院申报基础上,评选出全省检察机关优秀诉讼监督案件10件。

截至2010年,省检察院共组织开展评选优秀公诉人活动8次,评出全省优秀公诉人49人;被最高检察院评为全国优秀公诉人11人。省检察院共组织开展评选全省“十佳公诉人”2次,评出全省“十佳公诉人”20人;被最高检察院评为全国“十佳公诉人”3人。共组织开展评选公诉竞赛优胜团体3次。

表19-4-3-3　　浙江省检察机关获全国“优秀公诉人”“十佳公诉人”称号情况

时　间	称　　号	获奖人员
1988年11月	全国“优秀公诉人”	杭州市检察院金秀水、金华市检察院吴玉莲
2000年12月	全国“优秀公诉人”	绍兴市越城区检察院陈志君、湖州市检察院沈亮、嘉兴市检察院黄敏
2003年11月	第二届全国“优秀公诉人”	宁波市检察院吴超、兰溪市检察院白秀丽、温州市检察院赵海霞
2006年12月	第三届全国“十佳公诉人”	杭州市下城区检察院鲍健、绍兴市检察院柴峥涛
2006年12月	第三届全国“优秀公诉人”	杭州市余杭区检察院沈亚平
2010年10月	第四届全国“十佳公诉人”	温州市检察院高峰
2010年10月	第四届全国“优秀公诉人”	杭州市西湖区检察院葛淑芳、杭州市拱墅区检察院桂益萍

资料来源:根据最高检察院相关表彰类文件综合。

表 19-4-3-4　　浙江省检察机关获省“优秀公诉人”“十佳公诉人”称号情况一览表

时　间	获奖人员
1987—1988 年	杭州市检察院金秀水、金华市检察院吴玉莲、宁波市检察院戚德杨
1991 年	杭州市江干区检察院王兴法、绍兴县检察院成鉴清、舟山市定海区检察院钱海舟、余姚市检察院孙国敖、衢县检察院袁鲁厦、德清县检察院张秋辞
1993 年	嘉兴市检察院张高栋、衢州市检察院郑柯迅、绍兴市检察院陈志君、湖州市检察院张建明、嘉兴市检察院李永红、温州市检察院黄清钰、绍兴市检察院沈卫东、杭州市检察院金志刚、宁波市检察院李海平、温岭市检察院洪玲华
1997 年	绍兴市检察院陈志君、浙江省检察院吕献、永康市检察院朱立平、湖州市检察院张建明、温岭市检察院洪玲华、温州市检察院杨际平、温州市鹿城区检察院黄鹄、浙江省检察院戴红霞、衢县检察院郑柯迅、遂昌县检察院徐荷生
2000 年	萧山市检察院吴炜炜、嘉兴市检察院黄敏、浙江省检察院丽水分院王奕、杭州市江干区检察院胡葵阳、绍兴市检察院王荣彪、嘉兴市检察院周建军、宁波市江北区检察院郑敏、泰顺县检察院薛海华、湖州市检察院沈亮、三门县检察院洪欢东
2002 年	舟山市检察院王良军、宁波市检察院吴超、兰溪市检察院白秀丽、衢州市检察院江峰、嘉兴市检察院潘雪奎、杭州市萧山区检察院吴炜炜、台州市检察院姚石京、新昌县检察院张莉、瑞安市检察院应维新、温州市检察院赵海霞
2005 年“十佳公诉人”	杭州市下城区检察院鲍健、绍兴市越城区检察院柴峥涛、杭州市余杭区检察院沈亚平、金华市检察院陈世河、温州市鹿城区检察院高峰、杭州市上城区检察院胡青、湖州市检察院屠晓景、浙江省检察院徐海峰、金华市婺城区检察院冯丹、宁波市镇海区检察院夏冰
2008 年“十佳公诉人”	杭州市西湖区检察院葛淑芳、杭州市拱墅区检察院桂益萍、诸暨市检察院李莉、丽水市检察院余萍、台州市检察院杨丹、浙江省检察院柴志华、海盐县检察院朱琛瑶、温州市检察院陈富、瑞安市检察院林正览、浙江省检察院翁寒屏

资料来源:根据省检察院相关表彰类文件综合。

表 19-4-3-5　　浙江省检察机关公诉业务竞赛各市代表队获取名次情况一览表

竞赛时间	代　表　队
1993 年	团队第一名:绍兴市代表队　团队第二名:衢州市代表队　团队第三名:温州市代表队
1997 年	团队第一名:绍兴市代表队　团队第二名:湖州市代表队　团队第三名:温州市代表队
2000 年	团队第一名:嘉兴市代表队　团队第二名:杭州市代表队　团队第三名:丽水市代表队、绍兴市代表队

资料来源:根据省检察院相关通报文件综合。

表 19-4-3-6　　浙江省检察机关公诉部门基础工作第二个五年规划培训竞赛内容(2007 年 3 月制)

年份	活动内容	参与部门、人员
2007	起诉书格式的规范	全省公诉干部
	主诉检察官考试	全省主诉检察官
	不起诉书说理改革	试点单位
2008	省级优秀公诉人评比	全省公诉干部
	举办一期业务培训	全省公诉处(科)处(科)长、业务骨干
	退查补证提纲的规范	省检察院公诉干部
2009	控辩大赛	全省公诉干部
	实庭观摩评议	省检察院每年两次
	主诉检察官考试	全省主诉检察官
2010	优秀抗诉案件的评选	全省公诉干部
	省级优秀公诉人评比	全省公诉干部
	优秀二审出庭意见评比	全省公诉干部

资料来源:省检察院公诉一处内存资料及培训计划。

第五章　贪污贿赂犯罪检察

清末时期，浙江省检察机构依照《法院编制法》《检察厅调度司法警察章程》等规定，对包括职官犯罪在内的各类刑事案件，拥有搜查处分、指挥或参与勘验检验、调度司法警察、逮捕人犯、参与预审等侦查职权。

民国初期，检察机构的侦查职能与清末时期大体相仿。至北洋政府时期，浙江省检察官拥有侦查职权、调度司法警察甚至森林、铁路、海船、税务等方面警察的职权，必要时还可以调动指挥军队。民国17年(1928年)，浙江省检察机构依照《刑事诉讼法》，按照“检察官因告诉、告发、自首或其他事情，知有犯罪嫌疑者，应即侦查犯人及收集证据”的规定，实行和指挥侦查。检察官在侦查犯罪过程中可以行使传唤被告人、拘提嫌疑犯、通缉被告人、羁押被告人、搜索和扣押物品、勘验和讯问证人、鉴定等职权。

中华人民共和国成立后，刚成立的全省检察机关即依法承担对国家工作人员利用职权实施的经济犯罪(以下简称职务经济犯罪)案件的侦查工作，直至“文化大革命”开始后停顿。

1978年全省检察机关重建后，即恢复自行侦查国家工作人员职务经济犯罪案件的工作。1979年7月“两法”公布，规定检察机关对国家工作人员利用职务便利实施的贪污，挪用救灾抢险等物款，受贿、行贿和介绍贿赂等犯罪案件行使侦查权。12月，最高检察院、最高法院、公安部联合发布《关于执行刑事诉讼法规定的案件管辖范围的通知》，明确检察机关直接受理侦查管辖案件范围。同月，省检察院成立经检处，作为承担组织和领导全省侦查职务经济犯罪的主要职能部门，各级检察院随后相继成立经济检察部门(以下简称经检部门)。1980年，最高检察院确定贪污案、行贿受贿案、偷税抗税案、挪用救灾抢险等物款案、盗伐滥伐森林案、重大责任事故案、玩忽职守案、假冒商标案等8类案件为检察机关经济检察职能管辖范围。1983年，最高检察院将玩忽职守和重大责任事故案划归法纪检察部门，经检部门职能管辖范围调整为6类案件。1985年，最高检察院和公安部决定将滥伐盗伐森林案划归公安机关管辖，检察机关经济检察管辖范围调整为5类案件。1988年，全国人大常委会《关于惩治贪污贿赂犯罪的补充规定》增加挪用公款罪、巨额财产来源不明罪和隐瞒境外存款罪，检察机关经济检察管辖范围又调整为8类案件。全省检察机关重建后，发现和查办一大批国家工作人员职务经济犯罪案件，特别是1982年4月中共中央、国务院作出《关于打击经济领域中严重犯罪活动的决定》后，全省检察机关坚持“经打”为改革、经济建设服务的指导思想，及时调整方针政策和举措，查办职务经济犯罪的社会影响不断扩大。

1990年5月，省检察院经检处更名为贪污贿赂侦查局。1996年3月后，根据最高检察院规定，全省检察机关经检部门先后统一更名为反贪局(经检部门改称“反贪部门”)。1998年1月，最高法院、最高检察院、公安部、司法部、国家安全部、全国人大常委会法制工作委员会(以下简称两高四部委)依据1996年、1997年先后修改的“两法”，调整刑事案件侦查管辖范围，其中检察机关侦查管辖职务经济犯罪案件范围为修改后《刑法》第八章“贪污贿赂罪”12个罪名；2009年又增加“利用影响力受贿罪”，至此管辖案件范围扩大到13个罪名。自省检察院经检处更名为侦查局后，全省检察机关反贪部门不断适应法律修改和执法环境变化，深入探索侦查规律、对策，总结推广侦查经验，完善侦查机制，加强侦查基础工作和队伍建设，提高侦查专业化水平。特别是2000年全省检察机关第五次反贪侦查工作会议(以下简称“五侦”会议)和2005年全省检察机关第六次反贪侦查会议(以下简称“六侦”会议)后，全省检察机关反贪部门加快推进侦查方式转型升级，加强反贪基础工作，不断增强自行发现和突破案件的能力，促进办案力度与质量、效果全面协调发展，全省检察机关反贪工作始终走在全国前列。2005年3月31日，省委书记、省人大常委会主任习近平为省检察院反贪局成立15周年发贺信祝贺，对全省检察机关反贪工作表示肯定并提出希望和要求。

第一节　贪污贿赂犯罪案件侦查

1950年5月，省政府颁布《浙江省惩治贪污暂行办法》，其中第二条规定，凡有“利用职权收受贿赂，或不正当利益者、克扣或截留应发给或解交之公粮、公款、物资，而图谋个人私利者、盗卖吞没、窃取公有财物或群众斗争果实者、借端敲诈、勒索或向人民非法加派财物者、经管公有财产或买卖公物公粮，索取回扣徇私舞弊者、伪造账目，以少报多，或以多报少，图谋私利者、擅自挪用公款公粮物资而营利自肥者”行为之一者，均以贪污论。全省检察机关据此承担查办国家工作人员贪污案件职能，此外还承担查办不法资本家破坏经济的案件。是年，全省检察机关查处贪污案件37件。

1951—1953年，全省检察机关贯彻落实中共中央和省委部署，先后积极投入“三反”“五反”和“新三反”等斗争，大力查办国家工作人员职务经济犯罪案件。1951年“三反”斗争中，省检察署共收到检举信1071件，先后立案查办原中国油脂公司浙江省公司副经理李某等人贪污10亿余元人民币及该公司某仓库主任刘某贪污1000余万元案件，原省人民广播电台服务科代科长陈某某勾结私商贪污6000余万元案，并在报上公布公诉书，教育广大干部群众，震慑贪污分子和奸商。杭州市检察署立案查办并公布杭州市民政局原局长冯某某贪污腐化案件，杭县检察署立案查办原留下镇合作社经理高某某等人共同贪污2460余万元案等。1952年“三反”“五反”中，省检察署抽调干部协助其他机关“打虎”，仅在省直属各部门就逮捕贪污犯178人，连同其他机关转来的贪污犯共215人。宁波市检察署举办“贪污分子集训审查班”，运用政策教育等做法，查明原先难以定案的贪污案38件，其中认定贪污的36人，无贪污的2人，报市(地)委批准后分别作出处理。该项工作得到最高检察院华东分署检察长魏文伯表扬。1953年“新三反”中，全省检察机关共立案查办贪污案191件，还受理其他经济案

4681件，其中偷税漏税案128件、违反劳动法令案25件。其间，省检察署加强办案指导，要求各级检察署事前要掌握确切的事实，更要全面搜集有关政策法令，尤其注意当地已公布、有效的法规，并使罪证与法令一致。

1954年《宪法》颁布后，全省检察机关参照最高检察院第二厅（侦查厅）的"工作试行办法"①，把查办国家工作人员贪污、贿赂等职务犯罪案件的范围扩大到破坏经济建设、重大责任事故等犯罪。12月后，省检察院及其分院以探索建立各项办案制度为重点，组织部分检察院开展试点。杭州市、萧山县等地检察院参照外地经验，拟定《侦查工作试行细则》等业务制度，规范办案程序、办法。1956年后，根据最高检察院、最高法院、司法部等机关确定的刑事案件受理范围，全省检察机关承担查办国家工作人员职务经济犯罪案件的侦查工作，全省经济检察办案工作采取依靠群众调查收集证据和依程序侦查相结合、以及侦查人员穿插办案等方法。1954—1957年，全省检察机关针对合作社干部贪污，盗窃公共财产严重的现象，加大打击力度。1954年共立案查办该类案347件，对巩固互助合作运动的发展起到很大作用。4年间，全省检察机关共立案自行侦查贪污案1640件。

1958—1959年，全省专区、市、县检察机关陆续与公安机关、法院合署办公。1958年3月，省检察院向各级检察院发出《检察工作大跃进竞赛评比标准（草案）》，要求查办自侦案件随到随办，不积压，无积案；要求每人平均5天办结1件侦查工作；采取措施预防、减少职务犯罪。6月，省检察院嘉兴市召开全省检察机关侦查工作现场会议。是年，全省检察机关立案侦查贪污犯罪案数量跃升至2000余件，比上年增加21%，办案效率从上年每人每月结案3件上升到10件左右。1959年3月后，不少检察院在"一长代三长""一员顶三员"的联合办案制度下，办案程序和方法简化、要求降低，办案速度加快，缺乏监督制约，案件质量得不到保证。

1960年后，根据中共中央、省委指示和最高检察院部署，全省检察机关适应形势的发展变化来查办贪污等职务经济犯罪案件，办案数量逐渐下降。1962年后，省内部分检察机关陆续恢复，公、检、法三机关互相制约机制有所恢复。1963年，根据中共中央关于"五反"的指示，省检察院召开市（分）检察院检察长会议，部署全省检察机关开展"五反"和"社教运动"。1965年，全省检察机关根据中共中央关于依靠群众加强专政的指示和全省检察长会议精神，配合"社教运动"，把自行侦查贪污犯罪案件作为日常工作来抓，发动群众，拓展案件来源渠道，注重办案质量。1966年，受"文化大革命"影响，全省检察机关仅立案侦查贪污案9件，后该项工作停止。

---

① 1954年11月，《最高检察院组织条例及各厅工作试行办法（草案）》第三节。

表 19-5-1-1　　1951—1966 年浙江省检察机关侦查贪污案件情况一览表

年份	立案侦查数（件）	贪污财物折款（万元）	追回贪污财物折款（万元）	年份	立案侦查数（件）	贪污财物折款（万元）	追回贪污财物折款（万元）
1951	37	-	-	1959	1066	-	-
1952	179	-	-	1960	860	-	-
1953	191	-	-	1961	633	-	-
1954	347	-	-	1962	288	-	-
1955	339	-	-	1963	184	95.01	29.64
1956	374	-	-	1964	31	16.80	6.66
1957	580	-	-	1965	215	40.43	12.09
1958	2497	-	-	1966	9	6.34	-

资料来源:根据省检察院自办经济案件统计表综合。

1980 年 1 月开始实施“两法”,重建后的省检察院针对检察机关侦查管辖案件中贪污、盗伐滥伐森林、重大责任事故 3 类案件高发的状况,明确将此作为全省检察机关经济检察办案重点。杭州市检察院专门提出办理盗伐滥伐森林案件的意见。11 月中旬,省检察院召开全省检察机关第一次经济检察工作会议,要求各级检察院在抓好业务建设、队伍建设同时,加强调研掌握情况,大力拓展线索来源渠道,主动出击找案办,尽快打开办案局面,提高办案影响;坚持“以事实为根据、以法律为准绳”,狠抓依法办案,严格收集证据,逮捕人犯必须严格依法办理。慈溪县检察院深入 30 多个单位开展调查研究,广泛获取线索,先后立案查办 13 件职务经济犯罪案件,其中 5 件当年办结起诉后,法院均作出有罪判决,追回赃款 2.7 万元。余姚县检察院在办案中广泛收集证据,不仅收集有罪和罪重证据,也重视收集无罪和罪轻证据,所办 5 件贪污案件,法院均作出有罪判决,涉案被告人无一上诉,在当地产生良好反响。1981 年 9 月,省检察院制发《关于办理经济检察案件的几点试行规定》,确定全省检察机关对贪污、贿赂、偷税抗税等 8 类案件的办案标准和侦查管辖等办案制度,指导全省检察机关经检部门开展办案工作。其中规定贪污、受贿、挪用公款案立案标准为涉案金额 500 元,1 万元以上为大案。1980—1981 年,全省检察机关立案查办贪污案 412 件,盗伐滥伐森林案 481 件,分别占职务经济犯罪立案总数的 38.3%和 45.9%。

1982 年 1 月,中共中央发出《关于严厉打击走私贩私、贪污受贿等经济犯罪活动的紧急通知》。2 月 17 日,省检察院党组向省委专题汇报,提出全省检察机关要集中力量查处重大职务经济犯罪案件,建议各级党委加大对经济检察工作的领导,支持检察机关依法办案。3 月,全国人大常委会通过《关于严惩严重破坏经济的罪犯的决定》。根据中共中央和省委、最高检察院部署,省检察院部署全省检察机关开展“经打”斗争。3 月中旬,省检察院召开全省市(分)检察院检察长会议贯彻中共中央通知和全国人大常委会决定精神,会后制发《以“决定”为武器,打击经济犯罪活动》,指导全省检察机关进行“经打”斗争。4月13日,中共中央、国务院作出《关于打击经济领域中严重犯罪活动的决定》后,6月下旬至7月上旬,省检察院再次召开全省市(分)检察院检察长会议进行部署。“经打”斗争期间,省检察院多次组织在职务经济犯罪活动高发领域、行业、系统的专项侦查活动。全省检察机关突出查办发生在国家机关、企事业单位,以及经济犯罪数额、社会影响大的职务经济犯罪大案要案。同时加强与有关部门配合,对重大复杂疑难案件线索,由党委牵头联合调查;对需要追究刑事责任的,由检察院依法办理;办案力量不足的,吸收有关单位配合工作;先后从发案单位和有关部门抽调640余人办理严重职务经济犯罪案件,解决案多人少、办案力量严重不足矛盾。10月,经省检察院交办,杭州市检察院立案查明省总工会原副主席方剑文利用职权索取贿赂2000余元,投机倒把致使某集体企业严重亏损的犯罪事实。案件起诉后,法院以受贿、投机倒把罪判处方剑文有期徒刑,为全省检察机关重建以来立案查办的第一件省级机关领导人员职务经济犯罪案件。各地坚持以社会危害性大小作为罪与非罪主要标准,慎重把握法律政策;在办案中广泛宣传,敦促犯罪分子投案自首;探索开展综合治理,帮助和推动发案单位堵塞管理漏洞。针对一些国有企事业单位财务管理人员贪污案件频发,宁波、温州、金华等地检察机关先后查办余姚县饮食公司原出纳朱某某贪污营业款7.5万元、粮票1.75万千克,温州市儿童食品厂原出纳方某贪污5.2万元,金华市某粮管所原票证员端木某某贪污粮票3.25万千克等大案,遏制该类案件高发态势。是年,全省检察机关立案、办结职务经济犯罪案件数为1981年的两倍多;挽回经济损失为1981年的4.7倍;其中重大案件占办案总数的21.38%,内有1万元以上重大案件113件,为1981年的3倍;向发案单位部门发出建议960余次;有297名经济犯罪嫌疑人向检察机关投案自首,共退赃96万元。

1983年6月上中旬,省检察院召开全省检察机关经济检察工作会议,传达1982年12月全国检察院自行侦查工作座谈会精神,推广“经打”斗争经验,部署深化“经打”斗争。根据最高检察院规定,贪污、受贿案件立案标准为1000元,贪污、受贿2000元以下的根据情节决定是否起诉判刑。省检察院确定贪污、贿赂5000元以上、盗伐滥伐森林50立方米以上为大案,科局级以上干部案件为要案。全省检察机关以机关、企事业单位内部的职务经济犯罪大案要案为主攻方向,以查办贪污、贿赂、盗伐滥伐森林案件为重点,有60%的检察长直接查办大案要案,突破一批影响大、阻力大的案件。3月和11月,最高检察院分别下发《人民检察院直接受理自行侦查刑事案件的办案程序(暂行规定)》和《关于检察院自侦案件内部分工的意见》后,全省检察机关经检部门以此规范侦查工作。9月,最高检察院分别下发《关于查处盗伐滥伐森林案件的情况和意见》《关于办理重大责任事故案件的情况和意见》《关于各级检察院查处粮食系统贪污犯罪案件的情况和今后意见》等文件后,各级检察院以此规范盗伐滥伐森林、重大责任事故和粮食系统职务经济犯罪案件的查办工作。

1984年,全省检察机关突出查办内外勾结的窝案串案、犯罪数额大和涉及领导机关、领导干部、影响大、顶风作案的贪污、贿赂等职务经济犯罪案件。绍兴县检察院立案查办某皮鞋厂原供销员沈荣贪污销货款6万余元大案。案件起诉后,法院判处其死刑。该案为全省检察机关重建后首例判处被告人死刑的职务经济犯罪案件。温州市城区检察院办理4件“万字号”重大贪污案时，采取职务经济犯罪和刑事犯罪并案侦查办法，不仅查清4名案犯贪污总额6.9万元的贪污罪行，还查明他们的赌博犯罪，追回赃款5.8万元，教育了84名参赌人员，办案效果得到好评。一些检察院开始探索运用“抓系统、系统抓”方式，抓住当地经济问题严重、群众反映强烈、以往办案未深入的系统和单位，以点带面逐一突破“死角死面”(指没有立案查处或办案很少的单位、系统)。云和县检察院立案侦查某水电站受贿案10件13人，追回赃款3.5万元。11月上旬，省检察院召开全省检察机关经济检察工作座谈会，贯彻最高检察院《关于坚决打击破坏经济体制改革的严重经济犯罪活动的紧急通知》，把“经打”作为全省检察工作的主要任务，总结推广“抓系统、系统抓”的经验做法；要求对涉及经济改革、知识分子、乡镇企业、城镇集体企业等方面的案件要分清政策界限、慎重对待。

1985年，全省检察机关对农业银行、财税、粮食等系统的“经打”工作进行重点参与、指导。各级检察院主动深入财税、粮食、供销、商业、银行、外贸等职务经济犯罪多发部门重点系统排摸线索。杭州市半山区检察院与区法院、公安分局等部门组成12人办案组，历时1个月，查清杭州市某砖瓦厂原会计翁友法贪污24.7万元的犯罪事实。案件起诉后，法院对其判处死刑。针对犯罪嫌疑人串供、转移赃款、毁灭证据等反侦查活动猖獗的情况，各地办案中注重以快制胜，强化组织指挥和办案人员的配合协调，提高侦查取证效率，有效打击各类企图逃避刑事责任的犯罪分子。杭州市检察院查办省五金矿产进出口公司材料包装科原科长芦某等2人受贿5万余元的大案，立案当天深夜就进行搜查，当场查获他们企图转移的赃款4万余元，2人在确凿证据面前不得不交代犯罪事实。各级检察院还结合办案加强综合治理，扩大社会效果。绍兴县检察院明确“查办职务经济犯罪案件为经济建设服务”的指导思想，办案中注重保护和促进乡镇企业发展，同时还协助发案单位畅通业务渠道，共同研究搞好生产的措施，促进企业的发展经营；当年该县乡镇工业总产值同比增长35%，当地反响良好。是年，全省检察机关立案查办职务经济犯罪数同比增加57%，万元以上大案数同比增加2.7倍，查办科级以上干部案件数同比增长4倍，挽回经济损失同比增加2.8倍。其中立案侦查1万元以上大案284件，同比增加2.7倍；特别是在省级机关查处职务经济犯罪案13件15人，万元以上大案6件8人。

1986年，全省检察机关根据“经济检察工作为改革和经济建设大局服务”的方针，按照“保护支柱、消灭蛀虫”思路，逐步完善对乡镇企业职务经济犯罪案件的处理政策、方法。不少检察院主动到发案单位回访，协助企业配好领导班子，帮助疏通供、产、销渠道，提供法律服务，促进企业发展。11月上旬，省检察院召开全省检察机关经济检察工作会议，进一步明确经济检察工作要把有利于改革开放搞活、生产力发展作为区分罪与非罪的重要原则；把打击、扶持、防范、教育有机结合起来，扩大办案社会效果；按照政策正确处理商品流通和经济体制改革中的投机倒把行为和乡镇企业的职务经济犯罪。12月，省委办公厅向全省转发省检察院的意见，要求各级党委研究执行。

1987年上半年，全省检察机关查办职务经济犯罪案件数同比下降较大。8月，省检察院召开市(分)检察院检察长会议和全省经济检察工作座谈会，要求各级检察院增强“经打”责任心。会后，各级检察院组织干警进行整训，采取多种形式开辟案源，深挖重点单位、系统窝串案，使全省检察机关“经打”斗争取得进展。8—12月，全省检察机关职务经济犯罪案件立案数比前7个月增加30.6%。金华市两级检察院检察长带队深入20多个系统和上百个单位，全市检察机关共立案职务经济犯罪案件225件，其中大案65件。杭州、金华、绍兴、丽水等地检察机关分别在供销、粮食、林业、物资等重点系统查办职务经济犯罪案件89件92人。杭州市检察院立案查办扬伦造纸厂原党委书记孙某某等10人贪污受贿犯罪大案，清查涉案金额及追缴赃款114万元。省检察院丽水分院在省检察院领导支持、经检处指导和绍兴市检察院协作下，集中力量查办丽水地区工业局原局长余某某贪污受贿4.2万元的大要案。

1988年，全省检察机关贯彻“治理经济环境、整顿经济秩序、全面深化改革”政策要求，集中力量深挖发生在党政机关及国有企事业单位的贪污贿赂等职务经济犯罪大要案；全年共查处上述部位万元以上贪污、受贿案162件，占大要案总数的48.4%。7月，省检察院经检处在嘉兴市召开全省检察机关“经打”工作现场经验交流会，推广嘉兴市检察院和慈溪县、余姚市检察院深入基层广辟案源的经验。同时，全省检察机关按照最高检察院要求陆续成立经济罪案举报中心后，至年底，全省检察机关经检部门从举报中心移送的职务经济犯罪线索中立案侦查253件，其中1万元以上大案76件。11月后，根据最高检察院部署，全省检察机关开始实行侦诉分开，改变以往自侦部门将侦查、起诉工作一竿子到底的做法。各级检察院结合办案，保障和促进深化改革和经济发展；运用宽严相济政策，提高查办职务经济犯罪案件的成效，办案质量不断提高。温州、宁波两市检察机关查办大要案同比分别增长78%和54.5%。青田县检察院查办县商业局原局长叶某某等8件受贿案，还牵出杭州市的12名县（区）国家工作人员的职务经济违法犯罪案件，其中4人为受贿犯罪大案。永嘉县检察院针对当地偷税抗税严重的情况，召开大会以案论法，组织纳税户旁听，督促犯罪分子投案自首，会后1个月内有565户排队申报纳税。杭州市检察机关在办案中帮助企业追回拖欠款304万元，保持和疏通业务往来渠道，促进企业的生产经营。宁波、温州、湖州等市检察机关针对发案单位在管理上存在的问题，提出检察建议370余份，帮助完善规章制度。湖州、嘉兴和浦江、兰溪等检察院探索在各主要系统、部门、重点厂矿或乡镇聘请检察联络员的做法，广泛掌握职务经济犯罪案件信息、线索。嘉兴市两级检察院从聘请的检察联络员中获取各类职务经济犯罪线索，审查后立案侦查40件。是年，全省检察机关受理职务经济犯罪案件线索和立案数同比分别增长21.7%和9.78%。

1989年，全省检察机关贯彻落实中共中央关于“治理”“整顿”方针和坚决反腐败的精神，在全省掀起严惩贪污贿赂等职务经济犯罪的高潮。1月，在省检察院组织协调下，省、金华市、婺城区三级检察院组成侦查组，查明农业部所属公司原业务经理李某民、国家计委对外经济贸易司原副处长李某福在帮助金华某商场承包人采购紧俏物资长虹牌彩电过程中，利用职权共同受贿16万元的犯罪事实，追回赃款15万元。案件起诉后，法院判决李某民死刑，缓期二年执行；判决李某福有期徒刑五年。该案为中华人民共和国成立以来浙江省最大的受贿案件，该案侦查组被省检察院记集体一等功。5月后，依据最高检察院《关于审批使用技术侦查手段有关问题的通知》，全省检察机关对查办职务经济案件中使用技术侦查手段进行规范。7

月，省检察院向省委汇报正在查办的29件贪污受贿大要案，提出抓紧结案、从严惩处等5点意见，得到省委领导肯定。至9月，全省检察机关立案查处贪污贿赂等职务经济犯罪案件同比增加97%，其中县处级以上干部案件24人，比前7年“经打”立案总数增加60%，基层检察院平均立案查处18件，同比增加100%。特别是注重深挖细查职务经济犯罪窝串案，1—9月查处的窝串案占大案总数的23.9%。11月上中旬，省检察院召开全省检察机关第一次反贪污贿赂侦查工作会议，要求全省检察机关坚定办案信心，敢于查办贪污贿赂等职务经济犯罪案件，着力提高侦查水平，提出案件分级责任制、大要案备案、大要案请示报告、赃款赃物处理等4项办案制度。全省检察机关经检部门突破重大疑难案件特别是贿赂案件的实践能力得到提高。萧山市检察院查办杭州江南纺织厂原厂长郁某某等人共同贪污29万元案，从中深挖贪污、受贿违法犯罪分子50余人，其中立案13人，万元以上案件5人。是年，全省检察机关立案查办职务经济犯罪案件数为历年之最，其中查办贪污、贿赂2类案件占立案总数的77.16%，同比增加110%；查办县处级以上要案从以往每年的寥寥数件，突增到37件。至是年，历时8年的“经打”斗争基本结束，全省检察机关共立案查处各类职务经济犯罪案1.17万件，挽回经济损失1.1亿元。

1990年，全省检察机关反贪部门贯彻落实全国检察长座谈会和省委领导“关于要把反贪工作抓紧”的指示精神，加大查办贪污、贿赂等职务经济犯罪大要案力度。4月，省检察院根据最高检察院规定，要求全省检察机关查办自侦案件坚决不能使用收容审查措施。8月后，按照省检察院《关于执行经济违法犯罪要案线索报告制度有关问题的通知》要求，全省检察机关对贪污、贿赂等职务经济犯罪要案线索进行规范管理，及时报告省检察院。省检察院与省公安厅联合通知，就侦查重大经济犯罪案件使用技侦手段有关问题进行规范。是年，全省检察机关立案查办贿赂犯罪案件占比提升到职务经济犯罪案总数的37.78%，与贪污犯罪案件基本持平。杭州市下城区检察院立案查办的杭州市化工轻工公司财务科袁某贪污68万余元案，上城区检察院立案查办的杭州市工业品贸易中心陈某某、周某某共同受贿17万余元案，均为中华人民共和国成立后至是年杭州市最大的贪污案和受贿案。该案办案组被省检察院记集体一等功。全省检察机关侦查重点行业、系统贪污贿赂犯罪窝串案取得明显成效。衢州市检察院从柯城区某干部入手侦查，先后立案查办市供电局原局长、柯城区原常务副区长2名处级干部在内的21件贪污贿赂案件，还带出市化学工业公司原经理王大森（副厅级）受贿案。温州市鹿城区检察院针对当地基建领域贪污贿赂等职务经济犯罪严重的实际，抓住温州师范学院基建办原副主任吴某受贿线索进行深挖突破，先后从温州师范学院、市电业局、市工商银行等41个机关、企事业单位立案查处88人，内县处级干部5人，科级干部20人，1万元以上重特大案犯19人。

1991年1月，最高检察院进一步重申和规范各级检察院自行侦查的职务犯罪案件由刑事检察部门审查逮捕、审查起诉或者免予起诉和出庭支持公诉工作的规定后，全省检察机关反贪部门进一步加强办案质量把关。2月下旬，省检察院召开全省检察机关第二次反贪污贿赂侦查工作会议，专题研究审讯策略，推广以智取胜的经验；要求加强对职务经济犯罪大要案的侦查指导，规定各市（分）检察院侦查的涉及县委常委、正副县长、县人大常委会、政协一把手、市地部委办局一把手以上的干部案件以及其他影响大的案件，各县(市、区)检察院侦查的涉及县科局长案件，上级检察院都要派员到场指导侦查取证。8月，最高检察院下发《高检院党组关于查办要案的党内请示报告制度》规定，全省检察机关严格遵守，坚持查办要案的党内请示汇报工作程序。是年，全省检察机关反贪部门突出查办金融系统贪污贿赂等职务经济犯罪案件，共立案139件。湖州市检察院立案查办该市工商银行信托投资公司财务计划股原股长冯阳伙同徐建新共同贪污500万元的大案。案件起诉后，法院以贪污罪、偷越国(边)境罪两罪并罚判处冯阳合并执行死刑(徐建新在最高法院核准期间因病死亡)。全省检察机关反贪部门结合纠正行业不正之风，深入重点行业、部门开展秘密调查，不断拓展案件线索，立案查办贿赂犯罪案件数为历年之最，占是年立案查办职务经济犯罪案件总数的42.97%，占比首次超过贪污案件。此后，全省检察机关反贪部门查办贿赂案件成为主要案件。

1992年4月下旬，省检察院召开全省检察机关第三次反贪污贿赂侦查工作会议，部署查处基建领域贪污贿赂等职务经济犯罪案件，并强调各地要按照最高检察院党组关于查办要案的党内请示报告制度要求，坚持查办要案党内请示汇报工作程序。全省检察机关根据最高检察院《关于加强对假冒商标犯罪案件查处工作的通知》，加强查处假冒商标、偷税抗税和挪用公款等其他职务经济犯罪活动。是年，全省检察机关共查办假冒商标、偷税抗税等经济犯罪案794件，占立案职务经济犯罪案总数的32.26%，为检察机关重建以来最多的一年。

1993年，全省检察机关继续加强对贪污贿赂、假冒商标、偷税抗税等职务经济犯罪的打击，重点查办发生在“三机关一部门”工作人员中的贪污贿赂犯罪案件。8月，省检察院召开部分全国和省人大代表座谈会，听取人大代表对加强反腐败斗争的意见，接受监督。9月，省检察院向省人大常委会专题汇报惩治贪污贿赂等职务经济犯罪工作。各级检察院普遍开展接受人大司法评议和执法执纪大检查活动，落实整改自查中发现的问题和人大代表的评议意见。是年，全省检察机关共立案侦查“三机关一部门”职务经济犯罪案件366人，占立案职务经济犯罪案总数的16.3%。大要案数量同比上升18.6%。其中，全省检察机关通过举报宣传月活动，精心梳理举报中的重点线索，组织力量快速查证突破，立案侦查大案要案445件，其中县处级以上干部9人。省检察院先后排出3批共115件全省重点职务经济犯罪大要案，至年底侦查终结103件。嘉兴市检察院立案查办中国银行嘉兴支行原出纳员吴仲廉贪污人民币10万余元、美元1万余元，诈骗7.3万元，挪用公款1.9万元的特大案件。案件起诉后，法院判处吴仲廉死刑，缓期二年执行。杭州市西湖区检察院在公安机关支持配合下，立案查处该市公安局机动车辆管理处5名公安人员贪污贿赂犯罪案件。淳安县检察院在查处一起偷税案中，挖出一批以林木谋私的违法犯罪人员，其中立案16人，内有党政机关和司法、行政执法人员8人。是年，为贯彻中共中央关于加强经济宏观调控的决策，全省检察机关立案查办假冒商标案108件，同比上升10.2%；立案查办偷税抗税案235件。

1994年2月和5月，根据最高检察院要求，省检察院先后发通知，要求各级检察机关继续加强对使用技术侦查手段和要案线索的规范化管理。5—6月，省检察院和衢州市检察院联合办案，先后立案查办衢州市委原常委、副市长詹某某(副厅级)，开化县原县委书记刘某某，开化县原县委常委、常务副县长应某某等18件受贿串案，其中县处级以上要案7件；最高检察院在次年的工作报告中对此系列案件点名披露。是年，全省检察机关立案查办职务经济犯罪案件数同比增加17%；其中大案占65.7%，同比增加58.4%；立案查办贿赂案件大案数首次超过贪污案件大案数，占大案数的50.2%。立案侦查“三机关一部门”工作人员职务经济犯罪案件481件，占总数的21%；科局级以上领导干部案件171件，同比上升58.33%，其中处级以上干部要案38人，为全省检察机关重建以来最多的一年。围绕“改革、发展、稳定”大局，立案查办严重破坏经济秩序、危害改革措施实施的重大职务经济犯罪案件668件；其中，伪造、倒卖和非法使用增值税专用发票案138件，假冒商标和制售伪劣产品案62件，重特大偷税抗税骗税案273件。

1995年4月上旬，省检察院召开全省检察机关第四次反贪侦查工作会议，要求突出查办领导干部职务经济犯罪大案。7月，省检察院对萧山市委原副书记、市长莫妙荣立案侦查，查明其利用职务之便受贿人民币11万元、港币7万元、美元7000元。案件起诉后，法院判处莫妙荣无期徒刑。为配合贯彻中共中央关于加强经济宏观调控的决策，全省检察机关立案查办一批在整顿金融秩序中揭露出来的贪污贿赂和挪用公款等犯罪案件，其中重特大案件60件，同比上升62.2%。还立案查办证券市场、期货市场运行中的挪用公款犯罪案件24件，犯罪总金额达2.67亿元，内有嘉兴市信托投资公司证券营业部原经理李某某等5人挪用公款1.89亿元炒股大案。为维护正当、公平竞争，全省检察机关进一步加强查处假冒商标、偷税抗税犯罪，立案查办假冒商标犯罪案件108件，同比上升10.2%；偷税抗税犯罪案件235件，内有重特大案件183件。是年，全省检察机关立案查办“三机关一部门”工作人员职务经济犯罪大要案442件，占34.6%；查处科局级以上领导干部案件240件，内有县处级领导干部要案79件，是上年的2.08倍，其中现职领导干部案件55件。查处贪污贿赂大案1277件，占立案总数的86.1%，同比增加30.3%。内有贪污、挪用等10万元以上特大案件86件，是上年的1.32倍。

1996年5月，省检察院反贪局根据省检察院关于对修改后《刑事诉讼法》实施准备工作的部署，通知各级检察院反贪部门按照修改后《刑事诉讼法》的要求，围绕初查、预审、12小时内审讯突破等重点难点问题开展个案试点工作，探索适应修改后《刑事诉讼法》的侦查方法。9月，省检察院对富阳市委原书记周宝法立案侦查，查明其利用职权收受贿赂46万元。案件起诉后，法院判处周宝法无期徒刑。11月下旬，省检察院召开全省检察机关反贪侦查工作座谈会，再次要求全省反贪干警积极探索侦查思路的转变，从侦查重心前移、提高首次讯问成功率、用活法律手段措施、正确对待律师介入等方面入手提高侦查水平，尽快适应修改后的《刑事诉讼法》的要求。12月，杭州市检察院立案查办该市江干区公安分局原局长吴伟虎受贿大案，查明其利用办案、办理车牌、解冻资金等权力索贿受贿150余万元，吴伟虎案发后潜逃被抓获归案。案件起诉后，法院判处吴伟虎死刑，缓期二年执行。各级检察院还深入金融证券、土地批租、税收征管等重点行业领域，着力查办破坏改革措施实施和经济发展的职务经济犯罪案件。内有温州国际信托投资公司永嘉证券交易营业部原副经理邹某某贪污100万元、丽水市农业银行金穗分理处原主办会计李某贪污315万元等特大案件121件，是上年的1.41倍。是年，全省检察机关反贪部门保持查办职务经济犯罪大要案、“三机关一部门”领导干部要案的声势，立案查办大案数为历年之最；在贪污、贿赂2类案件中，大案占94.6%，同比增加8.4%。立案查办科局级以上领导干部职务经济犯罪案件同比增加41.7%；其中要案同比增加19%。同时，全省检察机关立案侦查假冒商标案45件，偷税抗税案158件。

1997年开始实施修订后的“两法”，检察机关反贪侦查管辖范围限缩为《刑法》第八章规定的贪污贿赂等职务犯罪案件(以下简称贪污贿赂犯罪)，同时强化对侦查权的制约监督，办案规范化要求明显提高。4月，全省市(分)检察院反贪局长座谈会专题研究解决反贪侦查工作在施行修改后“两法”中遇到的情况和问题。同月，省检察院对宁波市人大常委会原副主任范文浩立案侦查，查明其利用职务之便收受贿赂人民币13万元、美元8000元、财物折计4.8万元。案件起诉后，法院判处其有期徒刑十四年。是年，全省检察机关突出查办有影响的领导干部贪污贿赂犯罪案件。立案查办的县处级以上领导干部要案中，省检察院查处12件12人(其中厅级干部5人)，占县处级以上领导干部要案总数的13.3%。此外，全省检察机关反贪部门依据原来的管辖分工，共立案查处偷税抗税案33件，假冒商标案12件。1998年1月，“两高四部委”依照修改后的《刑事诉讼法》，对刑事案件管辖范围作出调整，检察机关将原管辖的非国家工作人员实施的破坏社会主义经济秩序犯罪案件移交公安机关管辖，不再办理涉税等经济犯罪案件。

1998—1999年，全省检察机关反贪部门继续适应修改后的“两法”，突出重点查办有影响有震动的贪污贿赂大案要案。为提高审讯能力、规范办案行为，全省检察机关开始探索实施首次讯问全程同步录像制度。两年间，全省检察机关立案查办贪污贿赂犯罪案件总量趋于稳定，查办大案要案比重上升。其中大案占立案总数的92.3%，同比上升1.9个百分点；1998年查办要案数首次超百件。省检察院带头查办要案12件17人，内有厅级干部8人。1998年8月，省检察院对台州市原市长孙炎彪立案侦查，查明其利用职权收受贿赂人民币31万元、美元9.5万元、港币10万元等。案件起诉后，法院判处其无期徒刑。同时，对宁波市原市委常委、常务副市长谢建邦立案侦查，查明其利用职权非法收受他人贿赂人民币31万元、港币12万元、美元2.5万元。案件起诉后，法院判处其无期徒刑。1999年10月，省检察院对省边防局原政委位保国贪污、受贿案立案侦查，查明其利用职务之便侵吞公款、收受贿赂，还参与走私活动。案件起诉后，法院以数罪并罚判处其有期徒刑二十年。12月下旬，省检察院对杭州海关原关长耿永祥立案侦查，查明其利用职权收受走私犯罪分子贿赂人民币145万元、美元4万元。案件起诉后，法院判处其死刑，缓期二年执行。此外，各级检察院还加强对直接危害改革建设措施实施的职务犯罪大案要案的查办工作。1998年，各级检察院围绕国有企业改革，共立案查办国有企业转制等过程中发生的贪污贿赂犯罪430件；围绕金融、粮食和税收等体制改革查办贪污贿赂犯罪案件，其中立案金融领域案件109件，粮食领域案件34件。

2000年7月，省检察院召开全省检察机关反贪“五侦”会议，提出依法独立办案思路。全省检察机关以提高侦破贪污贿赂犯罪案件能力为着力点，以查办大案要案为重点，加大办案力度。同月，舟山市检察院对舟山万顺储运有限公司原总经理董欣東立案侦查，查明其为进行走私犯罪牟取非法利益，先后向杭州海关原关长耿永祥、舟山海关原关长陈立钧(均已判刑)等人行贿财物共计230余万元，还涉嫌走私犯罪。案件起诉后，法院以走私罪、行贿罪判处其无期徒刑。10月，省检察院以受贿罪对省供销社原主任朱承岭立案侦查。案件起诉后，法院以受贿罪判处朱承岭有期徒刑十三年。11月下旬，省检察院对省新闻出版局原局长罗鉴宇立案侦查，查明其单独受贿人民币76万元、港币10万元、美金1.5万元，伙同省委政策研究室原副主任李伯云共同受贿人民币200万元。案件起诉后，法院判处罗鉴宇死刑，缓期二年执行。12月，省检察院以受贿罪对杭州市原副市长叶德范立案侦查。案件起诉后，法院以受贿罪判处其有期徒刑六年。是年，全省检察机关立案查办贪污、贿赂2类犯罪案件数继续上升，占立案总数的87.8%，同比上升27.7%；要案数过百，同比增加18.8%，其中厅级干部8人，内有检察院立案侦查5件5人。各级检察院进一步加强对行贿犯罪的打击，共立案查处行贿犯罪案件92件，其中行贿犯罪数额在10万元以上的有23件。

2001年初，省检察院召开全省检察长会议；7月召开全省检察机关依法独立办案座谈会。省检察院反贪局和各市检察院带头贯彻会议精神，发挥依法独立办案示范引领作用。4月，温州市检察院立案查办温州市鹿城区公安分局原局长王天义受贿、巨额财产来源不明案，查明其利用职权，在治安管理、车辆牌照办理等事项上受贿250万元案的犯罪事实，王天义案发后潜逃被抓获归案。案件起诉后，法院判处其死刑，缓期二年执行。5月，省检察院立案查办浙江国信(控股)集团有限公司原董事长陈文宪(温州市原市长，正厅级)受贿案。案件起诉后，法院判处其有期徒刑十一年。10月上旬，省检察院对省药品监督管理局原局长周航受贿案立案侦查，查明其担任省政府副秘书长、省药品监督管理局局长期间，在工程承包、职务提拔等事项上先后近200次收受他人贿赂，折合人民币共计400余万元。案件起诉后，法院判处其死刑，缓期二年执行。是年，全省检察机关立案贪污贿赂犯罪案件数、侦查终结数为修改后《刑事诉讼法》实施至2010年的最高点，其中“三机关一部门”案件占30%。省检察院立案侦查12件，同比增加71.42%，内有厅级以上干部6件；其中依靠自身力量，自行发现突破的有9件，占75%。各市级检察院共立案侦查121件，内有县处级以上要案54件。

2002年1月，省检察院制发《进一步规范要案线索管理和初查工作的暂行规定》，提高规范执法水平。全省检察机关反贪部门突出重点环节健全办案制度，落实依法独立办案各项保障性措施。是年，各级检察院从群众反映强烈的问题入手找案源，从情报网络中寻信息，加强与公安、审计等相关机关、部门协作，以金融、医疗卫生、城建、民政殡葬和农村基层组织等热点行业、领域为重点，加大查办贪污贿赂犯罪窝、串案和行业性、系统性案件的力度，共立案查处贪污贿赂犯罪窝串案316件367人。全省检察机关自行发现后立案查处的贪污贿赂犯罪案件比重继续递增，占立案总数的88%。杭州市检察院从举报信入手，立案查办省轻工业进出口公司进口材料部原副经理林立伙同原经理助理黄丽容共同贪污案，查明2人利用职务之便，先后20次侵吞公司外汇额度交易款达1350万元；案件起诉后，2人均被法院判处死刑，缓期二年执行。

2003年，全省检察机关反贪部门贯彻中共十六大确定的反腐败斗争总体部署，重点查办发生在党政机关、司法机关和行政执法机关等部位科局级以上现职领导干部贪污贿赂犯罪案件，以及犯罪金额大、社会危害大、影响大的贪污贿赂犯罪案件。2月，温州铁路房地产开发公司原副总经理杨光荣(省建设厅原副厅长杨秀珠的弟弟)因涉嫌受贿犯罪，被温州市鹿城区检察院立案侦查。4 月，杨秀珠畏罪潜逃国外。随后，省检察院对杨秀珠以涉嫌贪污犯罪立案侦查，并通过国际刑警组织发布红色通缉令①。此后还立案查办杨秀珠案的共犯、温州市规划局原副局长高云光等 4 人。杨秀珠案共犯的案件起诉后，法院均判处有期徒刑。8 月，省检察院立案查办省国际信托投资公司原董事长王钟麓（副省级，曾任浙江省副省长）受贿案，查明其在担任省国际信托投资公司董事长、总经理期间，利用职务上的便利，为他人在资金借贷、土地转让、土地加价等事项上牟取利益，非法收受贿赂 39 万元；在项目决策中，因徇私舞弊造成省国际信托投资公司亏损 4446 万余元。案件起诉后，法院判处其有期徒刑十年。9 月后，各级检察院按照省检察院反贪局《关于进一步加强侦查办案安全防范工作的意见》，制定办案安全防范预案，细化安全防范措施，预防和杜绝办案事故。是年，全省检察机关查办科局级以上领导干部贪污贿赂犯罪案件同比增加 12.5%，大案同比增加 26.5%；在查办受贿案件的同时加大对行贿犯罪的打击力度，行贿犯罪案同比增加 7.6%。

2004 年，全省检察机关反贪部门围绕省委关于深入实施“八八战略”、建设“平安浙江”、推进经济社会全面协调发展等决策，以查办县处级以上领导干部贪污贿赂犯罪大要案，以及其他严重损害群众利益、犯罪金额大、影响大的贪污贿赂犯罪案件为重点。7 月，省检察院对省打私办原副主任周克立案侦查，查明其在土地拍卖等环节利用职务之便为他人提供便利，收受贿赂 28 万元。案件起诉后，法院判处其有期徒刑十一年。省检察院还对最高检察院交办的江西省检察院原检察长丁鑫发（副省级）受贿案立案侦查。9 月，各级检察院按照省检察院反贪局《关于进一步加强侦查办案安全防范工作的意见》，制定办案安全防范预案，细化安全防范措施，坚持抓办案与抓安全防范工作并重，预防和杜绝办案事故。是年，各级检察院围绕社会经济发展的热点问题，集中力量查办行业系统性贪污贿赂犯罪窝串案。全省检察机关共立案查处电力系统案 70 人，金融保险系统案 47 人，医疗系统案 55 人、交通系统案 65 人、城建系统案 47 人。杭州市检察机关深挖国土、广电、冶金等系统贪污贿赂犯罪窝串案 94 人，占该市检察机关立案贪污贿赂犯罪案总数的 52.5%。宁波市检察机关在水利、交通、城建等行业系统立案查办贪污贿赂犯罪窝串案 97 件 123 人。绍兴市检察机关在该市医药卫生系统、国土部门、交通系统共立案查处贪污贿赂案 27 件，在当地产生较大影响。各级检察院针对贿赂犯罪出现规避法律、变换作案手段的各种动向，主动对新型贿赂犯罪案件进行侦查实践和法理探索，及时查处披着“合法”外衣、掩盖权钱交易实质的贿赂犯罪。象山县检察院对该县某经济开发总公司原副总经理张某某立案侦查，查明其在既未出资又未参与经营的情况下，以合作投资经营挖泥船分红的名义，收受他人为承包工程得到帮助而送予的钱财 2.5 万元。县检察院对其以受贿罪起诉后，县法院予以认定，判处其有期徒刑二年，缓期二年执行。该案为全省首例被法院判定有罪的新型受贿犯罪案件。全省检察机关查办贪污贿赂犯罪大案同比增加 32.4%，其中 100 万元以上的案件 49 件；查办要案数同比增加 29.8%。在最高检察院反贪总局对全国各省检察机关反贪工作考评中，浙江省的综合考评位居第一。

---

① 2016 年 11 月，在中央反腐败协调小组国际追逃追赃工作办公室的统筹协调下，经中央有关部门和浙江省追逃办密切协作，“百名红色通缉令人员”头号嫌犯杨秀珠回国投案自首。

2005年，全省检察机关反贪部门围绕检察工作“强化法律监督、维护公平正义”主题，按照“加大工作力度、提高执法水平和办案质量”的总体要求，全省反贪办案数量、质量和效果同步提升和协调发展。10月中旬，省检察院召开全省检察机关反贪“六侦会议”，部署提高反贪侦查能力，加强反贪基础，推动反贪工作健康深入发展。会后制定《全省检察机关反贪基础工作实施意见》和《2006年度反贪基础工作建设要点》，指导各级检察院加强反贪基础工作。9月后，全省检察机关反贪部门严格执行最高检察院《关于省级以下人民检察院对直接受理侦查案件作撤销案件、不起诉决定报上一级人民检察院批准的规定(试行)》和《人民检察院直接受理侦查案件立案、逮捕实行备案审查的规定(试行)》，加强案件指导和管理，严把案件质量关。10月下旬，省检察院报经省委批准对湖州市委原书记徐福宁立案侦查，查明其利用职务之便非法收受他人贿赂60余万元。案件起诉后，法院判处其有期徒刑十年六个月。该案的查办在全省乃至全国引起重大反响。12月，省检察院对绍兴市委原副书记范雪坎受贿案立案侦查，查明其利用职务之便在企业改制、人事任免等事项上为他人谋取利益，收受他人贿赂350余万元。案件起诉后，法院判处其无期徒刑。是年，在省检察院带动下，各级检察院反贪办案工作成效明显。杭州市检察院立案查办余杭区原副区长马惠明受贿400余万元特大案件、临安市政协原主席方金贵受贿110万余元案；宁波市检察院立案查办宁波市建委原主任张鸿兴、宁波市广播电视局原局长赵仲登等5起厅级干部在内的案件23件47人。各级检察院先后在教育、金融证券、电力、医疗、城建、土管、交通等重点行业系统立案查办贪污贿赂犯罪案380件413人，占全省立案总数的31.9%和28.5%。全省反贪立案总数为“五侦会议”以来新高；查办大案及要案数分别占立案总量60.5%和8.4%，要案同比上升11.9%，其中厅级干部8人。经最高检察院反贪总局组织考评，浙江省检察机关反贪工作继续名列全国第一。

2006—2008年，全省检察机关反贪部门围绕服务发展大局与和谐社会建设，以中共中央和最高检察院部署的开展治理商业贿赂专项工作为重点，持续加大反贪侦查力度，提高侦查水平和办案质量。3年间，全省检察机关反贪部门立案查办县处级以上干部382人，其中处级干部355人，厅级干部27人。其中有省政府原党组成员、秘书长(曾任绍兴市委书记)冯顺桥(正厅级)，杭州市委原常委、统战部部长徐松林(正厅级)，浙江长广有限责任公司原董事长卢福禄(正厅级，曾任金华市委常委、常务副市长)，绍兴市原副市长谢卫星，绍兴文理学院党委书记俞永谷(曾任绍兴市副市长)，浙江省石化建材集团有限公司原董事长王先龙(正厅级)等一批党政机关和国有企事业单位厅级领导干部受贿大要案，在全省引起很大反响。宁波市检察院以涉嫌受贿犯罪立案查办镇海石油储备基地原董事长赵锦萱、总经理杨仁海、监事会主席蒋凯生3名厅级领导班子的塌方式腐败案，引起国家发改委、中石化集团总部关注。全省各级检察院拓展反贪侦查领域，加大对贪污贿赂犯罪窝案串案和司法领域贪污贿赂犯罪案件的查处力度。其中仅杭州市检察机关2008年就查办贪污贿赂犯罪窝案串案47批145件202人，占该市当年立案总人数的81%。全省检察机关3年共查办司法人员贪污贿赂犯罪案件86人，其中公安机关38人，法院27人。其中有江山市法院原院长谢某某、宁波边防支队原支队长艾某某、金华市公安局交警支队原支队长李某某以及衢州两级法院6名法官；台州市中级法院法官及律师等一批行、受贿串案被查处。同时，随着国家对惩治贪污贿赂犯罪法律法规的健全,各地加强对新型贪污贿赂犯罪的侦查工作。2006 年 6 月,龙游县检察院对龙游县河道管理整治工作领导小组办公室原副主任雷某某收受干股案立案侦查。经查明,龙游县胡某、蒋某某 2 人为在开采砂石料有关事项上得到雷某某帮助,表示不需要雷某某出资,只要其提供帮助就能获得 1/3 的入股分红,雷某某表示同意。事后,雷某某分得胡某、蒋某某的转让获利款 8 万元。案件起诉后,法院一审对该犯罪事实没有作出认定。龙游县检察院认为雷犯不出资而参加分红,其与胡某等人之间实质上是权钱交易关系而非合伙关系,该 8 万元款应认定为受贿犯罪,即向法院提出抗诉;经衢州市中级法院二审发回重审,历经 5 次开庭。次年 6 月,龙游县法院最终改判其有期徒刑六年六个月。该案为全国首例因收受干股被依法认定构成受贿罪追究刑事责任的案件,在社会上和法学界产生较大影响。7 月下旬,省检察院对省交通厅原厅长赵詹奇立案侦查,查明其在担任杭州萧山机场工程建设指挥部常务副总指挥、省交通厅厅长等职务期间,为他人谋取利益,收受贿赂共计人民币 560.77 万元、新加坡元 1 万元、美元 7.6 万元;并查办其情妇和儿子以顾问费、咨询费等名义共同受贿。案件起诉后,法院判处赵詹奇无期徒刑;次年 10 月,法院又依照最高法院、最高检察院《关于办理受贿刑事案件适用法律若干问题的意见》规定,认定其情妇系赵詹奇的特定关系人,与赵詹奇构成共同受贿犯罪,判处其情妇有期徒刑七年。该案系“两高”《关于办理受贿刑事案件适用法律若干问题的意见》施行后,全国首例特定关系人共同受贿被依法追究刑事责任的案件。2007 年,省检察院反贪局被省检察院记集体一等功。在最高检察院反贪总局对全国各省反贪办案年度综合考评中,浙江省 2007 年位列第三,2008 年名列第一。

2009 年,全省检察机关反贪部门贯彻省委“标本兼治、保稳促调”的经济工作方针和省检察院关于帮助企业解困服务经济平稳较快增长的“十五条意见”,从有利于维护企业正常生产经营、职工利益、促进社会和谐稳定出发,把握办案重点、时机,慎重采取强制措施,在严格依法办案的同时提升办案综合效果;继续加强规范化机制建设,规范办案行为,提高依法文明办案水平。12 月下旬,省检察院对杭州市原副市长许迈永(正厅级)以涉嫌受贿罪、贪污罪、滥用职权罪立案侦查,查明其在担任萧山市副市长、杭州市西湖区区长、区委书记、杭州市副市长的十多年时间里,利用职务便利,为有关单位和个人在地块转让和取得、开发和转让楼盘、承接工程、工程款结算等方面谋取利益,收受贿赂金额特别巨大,犯罪情节特别恶劣,其中一次受贿就达 700 万美元。此案系浙江省查办的厅级干部中贪污、受贿金额之最。[①] 是年,全省检察机关反贪办案呈现大案和要案数大幅上升、撤案数大幅下降的“两升一降”态势,办案质量明显提高。查办大案占总数的 89.2%;要案数(内厅级干部 13 人)同比上升 25.4%;撤案同比下降 67.8%。查办行业系统性贪污贿赂犯罪窝串案成为常态化侦查模式。杭州市检察机关立案查办窝案串案 42 批 132 件 175 人;嘉兴市立案查处嘉兴港区与平湖市的窝串案 29 件 36 人;省检察院 8 月份牵头查办衢州市委原常委、巨化集团公司董事长叶志翔受贿案,

---

① 2011 年 5 月,宁波市中级法院认定许迈永受贿 14529 万元、贪污 5359 万元,以受贿罪判处其死刑,剥夺政治权利终身,并处没收个人全部财产;以贪污罪判处死缓,剥夺政治权利终身,并处没收个人全部财产;以滥用职权罪判处有期徒刑十年,合并决定执行死刑,剥夺政治权利终身,并处没收个人全部财产。7 月,经最高法院核准,对其执行死刑。

衢州市检察院在巨化集团公司立案查处贪污贿赂犯罪案 12 件 18 人；丽水市在国土、建设和交通 3 个部门立案查处该市国土局原局长叶某某等 35 人受贿案。

2010 年 5 月，省检察院针对上半年各级检察院反贪办案下降幅度大的情况，召开专题会议部署开展“集中办案段”活动。各级检察院按照省检察院提出的办案“保持稳定、有所增长”要求，以医疗、教育、农村土地规划等民生领域为重点，实现办案政治效果、社会效果和法律效果的有机统一。德清县检察院全面推广敦促自首方法，立案查办的 14 件贪污贿赂犯罪案件中，有 8 人主动到检察机关投案自首，无一出现翻供或上诉现象。6 月，省检察院对杭州市滨江区委原书记尚国胜（副厅级）受贿案立案侦查，查明其 2008—2010 年间，利用职务之便为他人谋取利益，先后收受他人所送钱物 31 万余元。案件起诉后，法院判处其有期徒刑七年。8 月，省检察院对杭州市政协原副主席、市二医院院长吴正虎（正厅级）受贿案立案侦查，查明其利用职权在承接医院医疗综合楼、设备采购等事项上收受贿赂 1500 余万元。案件起诉后，法院判处其死刑，缓期二年执行。9 月，省检察院对反贪办案数量下降大的 4 个市检察院进行预警通报，要求各级检察院狠抓办案不放松；下半年全省检察机关反贪办案数量止跌回升。是年，全省检察机关加大查处司法领域贪污贿赂犯罪案件力度，共立案查办司法工作人员 22 人，其中涉及公安机关的 11 人、法院的 8 人。金华市检察院立案查处该市公安局消防支队防火处原处长黄某某等 2 名副处级干部受贿案件，丽水市检察院立案查处云和县法院原院长蓝某某、缙云县法院原院长张某某等法院系统贪污贿赂犯罪案 4 件 4 人。全省检察机关继续推进查办商业贿赂犯罪案件工作，共查办 789 件 881 人，占反贪立案总数的 70.54%。

表 19-5-1-2　　1980—2010 年浙江省检察机关立案侦查贪污贿赂案件情况一览表

年份	立案（件）	贪污案件（件）	贿赂案件（件）	其他案件（件）	大案（件）	要案（人）	侦查终结（件）	挽回经济损失（万元）
1980	413	163	8	242	-	-	328	45
1981	636	249	27	360	-	-	601	142
1982	1300	639	175	486	278	2	1216	465
1983	1281	496	53	732	-	-	1174	196
1984	865	503	35	327	77	2	1055	292
1985	1361	898	171	292	284	1	1256	1152
1986	1757	1167	380	210	359	-	1853	445
1987	1441	777	311	353	204	-	1270	1644
1988	1582	803	374	405	375	2	1492	2169
1989	3205	1292	1181	732	959	37	2570	5128

续表

年份	立案(件)	贪污案件(件)	贿赂案件(件)	其他案件(件)	大案(件)	要案(人)	侦查终结(件)	挽回经济损失(万元)
1990	2951	1160	1115	676	869	24	3098	5187
1991	3148	1098	1353	697	635	26	2994	5840
1992	2461	812	855	794	1028	14	2534	6513
1993	1958	664	566	728	1210	9	1739	6574
1994	2291	697	926	668	1734	38	2356	16724
1995	2094	600	883	611	1769	79	2072	24533
1996	1960	447	811	702	1772	94	2044	45870
1997	1510	318	692	500	1365	90	1497	42739
1998	1262	290	802	170	1166	112	1332	19374
1999	1284	378	680	226	1186	85	1213	19857
2000	1351	420	766	165	692	101	1283	15478
2001	1313	375	758	180	704	111	1256	18810
2002	1199	358	726	115	536	85	1139	14586
2003	1243	294	815	134	679	88	1156	24377
2004	1197	223	822	152	729	109	1162	28212
2005	1191	244	735	212	720	122	1064	17574
2006	1059	175	736	148	658	110	1063	15052
2007	1153	183	872	98	706	135	1092	20391
2008	1203	197	872	134	943	139	1326	26130
2009	1095	128	873	94	999	168	1059	15700
2010	1006	146	802	58	840	157	1051	15873
总计	47770	16194	20175	11401	23476（不完全统计）	1940（不完全统计）	46345	417072

资料来源：根据省检察院检察业务统计表综合。

说明：1. 1980—1987 年部分大案要案数量资料不齐，故相应表格空白，两类案件总数系不完全统计。2. 1980 年以来，不同时期大案标准不一，数据来源以当时的报表和文件材料为准。3. 要案统一为县处级以上职务犯罪案件。

第二节 专项侦查活动

1951 年，省检察署在省委、省政府领导下，组织 8 个检查组，先后对省财经委员会及下属企业进行检查。其间反复宣传政策，发动群众举报，查办了一批贪污浪费典型案件。

1954 年 11 月，省检察署发出《关于检察工作为今冬粮棉统购统销和互助合作运动服务的指示》，全省检察机关集中查办破坏和违反粮食政策的违法犯罪案件，是年共查办上述案件 330 件。

1961 年，根据省委要求，全省检察机关参加反对商品“走后门”斗争，查办内外勾结投机倒把、贪污盗卖国家物资的重大案件 57 件。

1981 年，根据最高检察院《关于配合税务机关清查偷漏、拖欠税款的通知》，全省检察机关经检部门深入企业单位开展清查偷漏、拖欠工商税款工作，查办情节严重的偷税抗税犯罪案 6 件 8 人。省检察院会同省财政厅组织查处临海县某草编厂偷税 24 万元案、乐清县二轻局下属 8 个企业偷税 129 万元等严重偷税案件。

1982 年 11 月，丽水地区等林区较多的检察院根据中共中央、国务院有关坚决制止乱砍滥伐森林的决定，集中开展打击盗伐滥伐森林案件。是年，全省检察机关立案查处盗伐滥伐森林犯罪案 330 件，占立案职务经济犯罪案总数的 25.4%，全省乱砍滥伐森林歪风得到遏制。

1982—1985 年，全省检察机关在“经打”斗争中突出查办农业银行系统职务经济犯罪。至 1985 年 6 月底，共立案查办 109 件 118 人，其中 5000 元以上 55 件 61 人；涉案金额 110 万余元，为国家挽回经济损失 74 万余元。1985 年 8 月，省检察院与省农业银行召开“经打”工作座谈会，决定联合组织在农业银行系统开展“经打”专项活动。东阳县检察院立案查办农业银行横店分理处原会计吴某某贪污 1.9 万元的大案后，金华地区农业银行系统在东阳县召开现场会议，部署全地区农业银行深入开展专项斗争。鄞县检察院在县农业银行系统立案查办职务经济犯罪 8 件，以此为突破口，是年立案职务经济犯罪案 41 件，其中 1 万元以上大案 12 件。

1983—1985 年，根据中纪委有关指示、最高检察院意见和商业部、审计署、财政部联合通知要求，全省检察机关在粮食系统开展“经打”专项活动。1984 年 9 月，省检察院与省粮食局联合要求各级检察院、粮食部门深入开展账务大检查活动，双方加强联系，互通情报，集中查办职务经济违法犯罪案件，通过办案搞好企业整顿等综合治理工作。1985 年 1 月中旬，省检察院与省粮食局联合召开全省粮食系统“经打”活动座谈会，部署深入推进专项斗争。3 年间，全省检察机关共受理粮食系统职务经济违法犯罪案件 106 件，立案侦查 83 件 130 人，其中贪污粮款 5000 元或粮油 5000 千克以上的有 23 件 57 人；结案 80 件 124 人，起诉 54 件 82 人，其中被判刑 46 人，挽回国家经济损失 33 万元和粮油损失 9 万余千克。

1985 年国务院通知在全国开展财税大检查后，全省检察机关根据最高检察院关于积极查处偷税、抗税案件的指示，在财税领域开展查处严重偷税抗税案件专项斗争。是年，各级检察院即立案查办偷税抗税犯罪案件 41 件，超过前 4 年总和 10.8%。湖州市郊区检察院在当地财税分局配合下，在横街乡某兔毛集散地立案查处 7 件严重偷税抗税犯罪案件，半个月内有 300 余人主动缴税 30 万元。1987 年，国务院下发《关于严肃税收法纪加强税收工作的决定》；4 月，最高检察院下发《关于积极查处偷税抗税案件的通知》。8 月，省检察院和财政厅联合召开打击严重偷税抗税犯罪活动座谈会，对“经打”斗争特别是运用“系统抓、抓系统”方法打击严重偷税抗税犯罪进行部署。会后，全省检察机关和财税部门密切配合开展工作。是年，各级检察院立案查办偷税抗税犯罪案件同比增加 2.2 倍，其中大案 102 件，为国家挽回税款 520 万元，有效促进税务征管工作，全省财税入库增加 1.5 亿元。1988 年 10 月，省检察院、省财政厅再次召开会议，部署深入推进查办偷税抗税案件工作。各级检察院是年立案查办偷税抗税犯罪 1 万元以上大案 113 件，占总数的近 41%；全省工商税款收入同比增加 16%。1989 年，全省查处严重偷税抗税案件专项斗争基本结束。5 年间，全省检察机关共立案查办偷税抗税犯罪案件 980 件，占同期职务经济犯罪案立案总数的 10.49%。此后，根据最高检察院部署，全省检察机关在税务部门陆续建立税务检察室，经济检察部门对财税领域经济违法犯罪进行查处和预防指导成为常态。

1988 年 4 月，省检察院与省商业厅联合召开全省商业系统“经打”会议，部署开展“经打”专项活动。是年，全省检察机关立案查办商业系统职务经济犯罪案件 91 件。杭州市下城区检察院立案查办某商业公司批发部原经理谢某等人共同贪污受贿案，该案涉及人员 47 人，涉及金额人民币 89 万元、港币 6.5 万元；其中立案侦查 14 人，追回赃款 30 万元。

1989 年 8 月 15 日，“两高”联合发布《两院通告》后，省检察院向省委汇报贯彻《两院通告》的意见，提出动员群众揭发犯罪、敦促自首、认真开展排查、抓紧查办贪污、受贿、投机倒把等犯罪大案要案的意见，得到省委肯定，认为“省检察院党组提出的意见是切实可行的”。在各级党委支持下，全省广泛宣传《两院通告》。《两院通告》限期内，全省有千余名贪污、受贿等违法犯罪分子向检察机关投案自首，案值 1 万元以上的有 286 人，退赃 690 万元。杭州市检察院先后 7 次向新闻界通报办案情况，《两院通告》后两个半月内有 178 人投案自首，退赃 140 余万元。全省检察机关根据《两院通告》精神，对投案自首者予以兑现政策，对有关线索深入查处。时任省邮政储汇局局长到省检察院投案自首，根据其交代，又立案查办该局储蓄科科长等人重大受贿案件。宁波砂轮厂厂长到该市北仑区检察院投案自首，交代受贿犯罪事实，该检察院对其作免予起诉处理。1990 年 8 月，省检察院列出 25 件贪污贿赂大要案名单，要求各相关检察院结合“严打”抓紧侦查终结和起诉，争取在国庆节前后公开处理。10 月后，各级检察院利用公开处理大要案的声势，发动群众检举揭发，敦促犯罪分子坦白自首，全省有 210 名贪污贿赂等职务经济犯罪分子向检察机关投案自首。

1992 年 3 月，省检察院党组专题向省委作出《关于我省建筑领域贪污贿赂犯罪严重情况和意见的报告》，得到省委、省人大、省政府主要领导支持，并将该报告转发全省各级党委，要求各地坚决支持检察机关办案。4 月，省检察院在第三次反贪侦查工作会议上专门部署，把查办基建领域贪污贿赂犯罪案件作为反贪工作的主攻方向。针对基建领域贿赂案件“多头送、多头收”，包工头互知根底等特点，全省检察机关加强线索传递协作，扩大战果。宁波市镇海区检察院从1990年11月开始，坚持不懈深入省第二建筑公司等3个单位查办贪污贿赂犯罪案件，至1992年共立案查办基建领域贪污贿赂犯罪案件43件，其中大案14件，要案3人；运用宽严相济政策展开政治攻势，号召群众检举揭发、敦促犯罪分子投案自首，有55人向该检察院投案自首，追缴赃款和挽回国家损失70余万元。温州市鹿城区检察院从一条300元的小线索入手，较短时间内查办基建领域贪污贿赂犯罪大要案47件。遂昌县、松阳县检察院加强沟通交流，及时传递涉案线索，分别立案查办基建领域贿赂案17件和8件。是年，全省检察机关反贪部门共立案查办基建领域贪污贿赂犯罪案376件，占反贪立案总数的15.5%。

2001年3月，根据最高检察院、公安部部署，省检察院与省公安厅联合对全省开展追捕在逃贪污贿赂等职务犯罪嫌疑人专项行动（以下简称追逃）作出部署。4月下旬，省检察院、省公安厅联合召开全省检察、公安机关集中“追逃”专项行动电视电话会议，省检察院检察长葛圣平进行动员。“追逃”专项行动中，省、市（分）检察院以侦查指挥中心为指挥、指导、协调和督捕的中枢，形成侦查指挥协调、协作机制。至年底，全省在逃职务犯罪嫌疑人归案率达58%，一批多年积案得以侦结，并深挖出一批案件。省检察院、绍兴市检察院、温州市鹿城区检察院被最高检察院评为全国检察机关“追逃”先进集体。

2002年，最高检察院部署开展清理积压案件线索、久侦不结案件和对撤案、不起诉处理的案件进行分析检查（以下简称双清一查）专项行动。省检察院反贪局提出专项行动的具体方案和要求，加强统计分析，及时掌握进展，阶段性布置任务，确保专项行动有序完成。全省检察机关共疏理积压案件线索1500余条，检查久侦不结案件160余件，对反贪办案中作撤案和不起诉等处理的390余件案件进行检查分析。针对清理和检查过程中发现的各类案件质量问题，省检察院召开全省市（分）检察院反贪局长座谈会，要求各级检察院反贪部门高度重视撤案、不起诉工作，撤案、不起诉率偏高的地区要采取措施切实整改，确保依法独立办案健康发展。

2005年4月，最高检察院反贪总局先后两次召开部分省级检察院反贪局长座谈会，专题部署查办教育、金融证券、电力3个系统职务犯罪案件专项行动。省检察院反贪局制订专项行动工作方案，召开各市检察院侦查指挥中心办公室负责人座谈会，就查办教育系统贪污贿赂犯罪案件特别是部分高校工作人员收受教材回扣问题布置任务。省检察院反贪局根据杭州市检察院移送的教育系统职务犯罪案件线索，组织全省7个市检察院反贪局对相关行贿人集中取证。其间，杭州市检察机关共立案查办教育系统贪污贿赂犯罪案41件45人，包括处级干部19人，涉及在杭高校15所、高级中学和职业学校9所，并为其他市检察机关提供一批线索；宁波市检察机关共立案查办23件28人；温州市检察机关共立案查办15件15人。是年，全省检察机关共立案查办教育系统贪污贿赂犯罪案101件109人，是上年的3倍多，查办案件数居全国前列。此外，全省检察机关还查办电力系统贪污贿赂犯罪案49件54人，金融证券系统47件49人。

2006年1月，按照最高检察院、公安部统一部署，省检察院会同省公安厅开展为期两个半月的集中“追逃”专项行动。至3月底，全省共抓获在逃职务犯罪嫌疑人27人，追回赃款

655 万元。省检察院、温州市和台州市检察院被最高检察院评为“全国检察机关‘追逃’专项工作先进集体”。4 月，全省检察机关根据省委领导指示精神，部署各级检察院集中开展查办国有企业改制环节贪污贿赂犯罪专项行动，省检察院反贪局挂牌督办一批重点案件和线索。至年底，全省检察机关共立案查办发生在国有企业中的贪污贿赂犯罪案 211 件 255 人，占反贪案件立案总数的 21.3%和 21.5%。其中发生在国有企业改制环节中的有 35 件，涉案总金额 1500 多万元。

2006—2008 年，中共中央部署开展为期 3 年的治理商业贿赂专项工作，省检察院成立治理商业贿赂专项工作领导小组，办公室设在反贪局。2006 年 5 月、8 月，省检察院先后两次确定 20 件案件为省级挂牌督办案件；并结合中共中央、省委关于建设社会主义新农村的部署，以及最高检察院查办医药购销领域商业贿赂案件座谈会精神，突出查办严重侵犯群众利益的商业贿赂犯罪大案要案。2007 年，湖州市检察机关在工程建设、医疗购销、土地出让、资源开发、出版发行、银行信贷 6 个领域立案查处商业贿赂犯罪案 59 件 59 人，占该市检察机关反贪立案总数的 86.8%；宁波市鄞州区、宁海县检察院结合本地实际，在标准农田改造领域和征地拆迁领域分别立案查办商业贿赂犯罪案 13 件 13 人、7 件 11 人，涉及处级干部 7 人。2007 年 5 月，省检察院根据最高检察院部署，召开全省检察机关治理城镇建设领域商业贿赂专项工作电视电话会议，要求各级检察院重点查办城镇建设领域商业贿赂犯罪案件。是年，台州市检察机关共立案查办城镇建设领域商业贿赂犯罪案 41 件 43 人，占该市检察机关反贪立案人数的 35.29%；温州市检察机关共立案查办城镇建设领域商业贿赂犯罪案 63 件 74 人，占该市检察机关反贪立案人数的 40.2%；苍南县检察院立案查办城建领域商业贿赂犯罪案 16 件 18 人，其中 3 人迫于声势投案自首，形成一定的规模效应，得到当地党委肯定。2008 年，宁波市检察院在国有企业基建领域查办镇海石化原董事长赵锦萱等厅级干部 5 人。3 年间，全省检察机关共立案查办各类商业贿赂犯罪案 2481 件 2939 人，占反贪立案总人数的 70.1%，办案量始终位居全国前列。其中，工程建设领域的 958 件 1155 人，医药购销领域的 175 件 186 人，土地出让领域的 204 件 239 人，环保、资源开发、电力系统的 242 件 274 人。其中大案 1575 件，占总数的 63.5%，涉案金额 4.77 亿元；涉及处以上要案 327 人，占总数的 11.1%，其中厅级干部 21 人。在查办商业贿赂犯罪过程中，各级检察院加强对行贿犯罪的打击，从源头上遏制商业贿赂。共立案查办行贿案 397 件 758 人，占反贪立案总数的 18%。

2008 年，按照最高检察院部署，全省检察机关反贪部门组织开展清理积案专项行动。省检察院反贪局对全省反贪积存案件进行梳理分析并通报全省。全省检察机关共清理贪污贿赂积案 400 件，对 231 件案件分别作出撤案、移送不起诉或移送起诉等处理。

2008—2009 年，省检察院根据最高检察院部署，在全省开展查办涉农（指涉及农业、农村、农民范畴）职务犯罪（以下简称“涉农”职务犯罪）服务社会主义新农村建设工作专项侦查活动。省检察院向省委汇报后，省委书记、省人大常委会主任赵洪祝批示要求省内各有关部门要好好配合。省检察院反贪局专题调研查办涉农贪污贿赂犯罪的特点、规律、主要发案环节，以查办事关国计民生和损害群众切身利益的犯罪案件为重点，明确工作目标和要求。2009 年，金华市检察机关立案查办涉及农村土地征用开发、农村基础设施建设和拆迁改造等犯罪案54件59人。湖州市检察机关仅2009年就立案查处农村基层组织负责人在土地征用、土地整理、矿山复绿、康庄工程和小康示范村建设过程中涉农贪污贿赂犯罪案18件,维护农民合法权益,保障社会主义新农村建设。两年间,全省检察机关共查办涉农贪污贿赂犯罪案738件965人,占反贪立案总数的42%。

2009—2010年,全省检察机关根据最高检察院要求,开展工程建设领域突出问题专项治理工作。2009年,省检察院成立治理工程建设领域突出问题工作领导小组,制定实施方案和意见,组织召开新闻发布会,通报全省检察机关查办该领域犯罪案件的情况;并对10件领导干部涉及工程建设的受贿犯罪案件挂牌督办。2010年2月,最高检察院召开全国检察机关反贪部门深入推进工程建设领域专项治理工作电视电话会议,浙江省查办工程建设领域贪污贿赂犯罪的经验在会上得到推广。之后,省检察院反贪局对最高检察院和省检察院挂牌督办的17件(最高检察院5件、省检察院12件)工程建设领域贪污贿赂犯罪大要案加强督促指导,将责任落实到人,实行跟踪指导。台州市检察机关对近10年来有重点建设项目的单位、容易产生权钱交易的部门、社会反映强烈的有关热点问题进行重点摸排,是年共立案查办工程建设领域贿赂犯罪案32件32人,其中大案27件,处级干部4人。衢州市检察院立案查办巨化集团原副总经理黄华章(副厅级)利用职权,在工程承接等项目中为他人谋取利益,收受贿赂78万余元的案件。两年间,全省检察机关对工程建设领域突出问题的专项治理工作保持良好发展态势,共立案查办工程建设领域贪污贿赂犯罪案1024件1199人,办案数名列全国前茅。

第三节　侦查指挥和协作

1980年,全省检察机关经检部门开始探索侦查指挥和协作的工作方法,主要侧重于个案的侦查组织协调、线索的收集和管理等活动。随着"经打"斗争的深入,针对跨行业跨地区贪污贿赂犯罪增多、窝案串案被不断发现和查处的趋势,各级检察机关纷纷强化对重大复杂贪污贿赂犯罪案件的侦查组织、指挥和协调协作等活动。

1989年,省检察院在全省检察机关第一次反贪污贿赂侦查工作会议上,将加强侦查协作,实行内部协作配合、联合作战,突破跨行业跨地区的重大复杂贪污贿赂犯罪作为主要经验之一进行推广,要求全省检察机关建立适应反贪工作需要的侦查工作体制,加强检察机关内部的侦查协作和与纪委、审计、工商等机关的协调配合工作。1996年后,省检察院为适应修订后《刑事诉讼法》对自侦工作的要求,提出"侦查机制要从分兵单独作战为主转变为整体作战"的工作目标,作为转变侦查方式的内容之一,开始探索转变侦查机制,整合检察机关侦查力量,加快培育侦查一体化机制。

2000年12月,省检察院成立职务犯罪大案要案侦查指挥中心,负责统一指挥和协调全省检察机关查办职务犯罪大要案工作。主要是组织指挥查办跨行业跨地区的大案要案,以及特别重大、群众反映强烈、下级检察机关侦查确有困难的案件;组织与有关部门配合的集中统一行动；组织大规模的专项侦查工作；协调跨省、市案件的侦查协助工作；决定对一些重大、特殊的案件进行交办、督办、参办、提办；指定案件管辖；领导市级检察院侦查指挥中心工作等等。侦查指挥中心办公室设在反贪局，侦查一体化机制开始形成。2001年后，省检察院反贪局先后制发《全省检察机关侦查指挥中心工作细则》《浙江省人民检察院二级侦查人才库管理和使用办法》《浙江省检察机关推进职务犯罪侦查一体化机制建设若干意见》《浙江省检察机关侦查协作工作暂行规定》等规范性文件，逐步完善侦查一体化工作机制。2005年9月，省检察院职务犯罪侦查指挥中心办公室单列。之后，各市检察院也根据最高检察院、省检察院要求，成立相应的侦查指挥中心，各市检察院反贪局承担该办事机构职能。经过多年探索实践，全省检察机关反贪侦查指挥和协作机制逐渐成熟，侦查一体化运行机制不断完善，有效推动查办贪污贿赂犯罪大案要案工作。

一、侦查指挥

1981年，省检察院经检处对查办职务经济犯罪案件作出规定，对涉及几个县(市、区)的职务经济犯罪案件，由最初受理的县(市、区)检察院办理，必要时移交主要犯罪地检察院为主办理，也可以由上级检察院指定办理。

1989年，根据最高检察院要求，全省检察机关第一次反贪污贿赂侦查工作会议制定案件分级管辖责任制和大要案请示报告等制度，加强对领导干部职务经济犯罪线索及侦查管辖的管理。规定对特别重大复杂与在当地影响很大的案件，上级检察院可直接派人参与或为主查办；涉及县级以上干部职务经济犯罪的要案线索，要及时向省检察院通报；对省管干部立案侦查及采取强制措施的，事先应经省检察院同意；贪污、受贿万元以上和科局级以上干部犯罪案件，由主办检察院经检部门直接报送省检察院备案。全省检察机关职务经济犯罪侦查的集中统一指挥体系开始形成。

1990年，省检察院侦查局发出《关于执行经济违法犯罪要案线索报告制度有关问题的通知》，要求各级检察院发现或受理的所有县团级干部案件线索报省检察院侦查局备案，规范要案线索管理，加强要案的分级侦查管辖。1994年5月，省检察院制发《关于县(团)级以上干部贪污贿赂挪用公款等经济违法犯罪线索上报、备案、移送的通知》，进一步细化重大案件线索管理工作。规定各级检察院发现厅局级以上干部犯罪要案线索后，必须在3日内直报省检察院侦查局，由省检察院侦查局确定侦查管辖。

1996年8月，省检察院制发《关于加强重大贪污贿赂犯罪要案侦查指挥与侦查协作的通知》，首次对全省上下级检察院之间在查办贪污贿赂犯罪大要案中的侦查指挥与侦查协作工作进行规范。规定上级检察院需要涉案地检察院共同参与侦办重大贪污贿赂犯罪要案的，可以统一侦查指挥，要求下级检察院提供侦查协作；上级检察院可从辖区内下级检察院抽调办案力量参与办案，参与上级检察院办案的人员，由上级检察院统一指挥调度等，形成全省侦查一体化机制的早期内容。

2000年底省检察院侦查指挥中心办公室建立后，逐步在全省检察机关推进涉案信息库的开发建设和使用，搭设侦查信息及时通报平台，强化案件线索的统一管理。2001年，省检察院以集中“追逃”专项行动为切入点，首次通过侦查指挥中心进行全省侦查指挥、协调、协作工作实战。杭州市检察院侦查指挥中心共指挥、协调该市检察机关立案查办贪污贿赂犯罪案件33件，其中科、处级干部案件12件，涉及金额694.56万元。嘉兴市检察院侦查指挥中心在广泛收集办案信息基础上，通过综合分析，发现线索的行业特点，统筹协调指挥所辖5个县(区)检察院查办行业性贪污贿赂犯罪串案。台州市检察院在立案查办台州高速公路建设指挥部原副总指挥王某某、椒江区政府原副区长杨某某等领导干部受贿犯罪串案中，从该市检察院反贪侦查机动支队调集10名机动队员，与有关县(区)检察院组成专案组成功突破案件。

2002年后，省、市检察院采用参办、督办、交办和指定管辖等方式，通过开展专项侦查、专案侦查，把对行业系统性贪污贿赂犯罪窝串案和重大疑难复杂案件的协调查处作为侦查指挥中心的实战重点。杭州市检察院以萧山区检察院办理的殡葬行业贪污贿赂犯罪系列案件为突破口，统筹协调有关县(区)检察院，在全市查处殡葬行业贪污贿赂犯罪窝串案8件，为省检察院反贪局于次年部署全省开展查办殡葬行业贪污贿赂犯罪案件专项行动取得经验。杭州市检察院还以江干区检察院立案查办省肿瘤医院原副院长王某某受贿案为突破口，组织各城区检察院反贪局突破包括省肿瘤医院原院长吕某某等人在内的医药卫生系统贪污贿赂犯罪窝串案17件。2003年11月，台州市检察院在立案查办台州市建设规划局原副局长花某某受贿大案中，针对涉案对象社会背景复杂、反侦查能力强的特点，启动职务犯罪侦查支队运行机制，先后调用基层检察院多名侦查人员参战，形成集中力量查办大要案的态势，确保案件的成功突破。

2004年10月，省检察院反贪局部署各级检察院反贪部门建立反贪侦查信息资料库。各级检察院按照要求，普遍建立反贪侦查信息资料库，做好侦查信息收集和动态输入、运用管理工作。针对线索移送机制不畅等问题，全省检察机关进一步完善线索移送机制，重点规范线索移送程序和奖励措施。

2005年2月，省检察院反贪局制定《关于加强反贪督办工作的若干规定(试行)》，加强全省反贪案件的交办、督办和提办工作。3月，省检察院制发《浙江省检察机关推进职务犯罪侦查一体化机制建设的若干意见(试行)》，进一步明确侦查一体化机制建设的工作内容和具体措施，规定侦查指挥中心办公室的10项职责。是年，各级检察院运用侦查一体化办案机制，查办一批行业系统性案件。杭州市两级检察院在协助外地检察院取证过程中发挥深挖意识，发现该市一些高等院校在采购教材过程中收取回扣的线索；全市检察机关形成合力，共立案查办教育系统内的教材回扣窝案串案19件23人；后又在省检察院组织的查办教育系统贪污贿赂犯罪专项行动中继续扩大战果。湖州市检察院在立案查办该市环保局受贿犯罪窝串案时，先后从全市检察机关抽调23名反贪侦查骨干参与办案，集中优势兵力打歼灭战，在12小时法定讯问时间内，分兵突破该市环保局原局长王某某等主要犯罪嫌疑人口供，促使该系统30多名有违法违纪问题的人到检察院讲清问题。绍兴市检察院针对该市电力系统在农网改造中贪污贿赂犯罪的相互关联性，协调、指挥全市检察机关反贪骨干力量共立案查办19件贪污贿赂犯罪案件。为贯彻最高检察院提出的业务建设、队伍建设和信息化建设“三位一体”的检察工作思路，省检察院在全省反贪“六侦”会议上，要求把反贪侦查信息工作纳入侦查信息化整体框架,加强侦查信息库、侦查管理库、侦查谋略库和预防职务犯罪信息库(以下简称四库)建设。全省检察机关反贪部门以侦查信息化建设为目标,不断推进信息情报机制建设和加快实战运用步伐。

2006 年 2 月,省检察院反贪局制定《反贪基础工作框架体系》,指导各级检察院加快构建以反贪信息情报机制和信息化侦查指挥系统 2 个部分为主的反贪基础工作体系。3 月,省检察院制发《关于加强全省检察机关反贪基础工作建设的若干意见》,将强化信息情报收集研判工作作为反贪基础工作的重点之一。4 月,省检察院反贪局通过抽调各级检察院侦查骨干,采用"省检察院提审—交办线索—深挖拓展"的侦查指挥运作模式,从台州市检察院立案查处 1 件电力系统商业行贿犯罪案入手,不到 1 个月时间就在全省电力系统立案查处商业贿赂犯罪案件 30 件 30 人,其中处、科级干部 17 人,10 万元以上大案 14 件,涉案总金额达 775.2 万元。9 月,湖州市检察院召开专题会议对医疗卫生系统贪污贿赂案件线索进行分析并推广安吉县检察院的经验,该市检察机关年内查办医疗系统受贿犯罪窝案 9 件。是年,各市检察院加快反贪侦查信息库建设,为侦查指挥搭建科技平台。杭州市检察院重点落实行贿人犯罪资料库建设;宁波市检察院着重落实涉案人员信息资料库、举报线索资料库、侦查人才资料库等信息情报资料库的收集管理工作;金华市检察院加快全市行政执法资料信息库建设。省、市检察院侦查指挥中心共组织专案侦查案件 116 件,交办案件 36 件,督办案件 60 件。之后,全省检察机关反贪部门运用侦查指挥机制查办案件成为常态化方式。

2007 年 3 月,金华市检察院指挥协调婺城区、金东区检察院,以浙江师范大学教学物资采购环节为突破口,集中力量在教育系统等查办贿赂犯罪窝串案 26 件 29 人,其中大案 14 件,处、科级干部 11 人;并向省检察院提供 1 条厅级干部受贿案件线索,后经查实构成犯罪。

2008 年,省检察院组织指挥丽水、嘉兴、温州等市检察机关共立案查办安全监督管理系统贪污贿赂犯罪案件 37 人,其中涉及正副局长 14 人。杭州市检察院组织指挥江干区、西湖区等检察院,在教育系统立案查办涉及教育主管部门、高等院校、开发商等不同领域的贪污贿赂犯罪窝案串案 12 件 14 人,其中涉及厅级干部 2 人,处级干部 5 人。金华市检察院带领多个县(区)检察院,集中力量立案查办交通系统贪污贿赂犯罪案 23 件 24 人,其中大案 20 件,处、科级领导干部 5 人。丽水市检察院先后组织指挥立案查办矿山管理领域贿赂犯罪窝串案 15 件,查办电脑网络购销领域贿赂犯罪案 17 件,还查办城镇建设领域贿赂犯罪案 41 件。

2009 年 1—8 月,省检察院先后对省环保局原局长戴备军、交通银行杭州分行原行长刘毓钧等 5 名厅级干部贪污贿赂案件线索进行交办和督办。3 月,嘉兴市检察院整合若干基层检察院反贪侦查人员,查处发生在嘉兴港区、平湖市的系列贪污贿赂犯罪案件,共立案查办 29 件 36 人,其中处、科级领导干部 14 人。台州市与椒江区两级检察院反贪局紧密联动,以 1 家房地产企业为突破口,先后查办涉及房地产行业的贿赂犯罪窝串案 14 件 15 人,涉及台州市国土资源局原局长、台州市建设银行原行长、台州市路桥区委原副书记等领导干部,在全市引起重大反响。

2010 年,省检察院对 13 件贪污贿赂犯罪大要案进行协调和交办。4 月起,温州市检察院反贪局抓住 1 条医药代表行贿的线索,带领洞头、平阳、乐清、苍南 4 县(市)反贪侦查人员一路深挖，共立案查办洞头县人民医院原院长等6家医院工作人员受贿犯罪案13件14人，多家全国性媒体进行详细报道。嘉兴市检察院调集桐乡、南湖、海盐3个检察院全部反贪人员，连续加班2个多月，获取各类证据万余份，立案查办桐乡市原副市长李某某、政协原副主席朱某某等县处级领导干部在内的贿赂案10件10人。是年，温州市检察院建立反贪侦查信息交流平台，特别是开发运用手机话单分析系统，在反贪信息研判、预审突破、追逃中发挥重要作用，在全国检察机关反贪部门引起较大反响。湖州市检察院以情报信息中心办公区和网络舆情预警系统为平台，建立4套情报信息研判机制，精确找准案件入口，全市检察机关查办贪污贿赂犯罪窝串案占比从2006年的51%逐年上升，2010年达85.9%。

2006—2010年，省检察院先后开展贪污贿赂犯罪专项侦查指挥活动4次，对下交办案件64件，先后督办案件8次，涉及案件68件。通过狠抓侦查一体化办案，全省检察机关反贪部门上下指挥有力、横向协作紧密、侦查资源合理配置的工作机制稳步建立，深挖行业系统性贪污贿赂犯罪窝串案、组织查办重大疑难复杂大要案、帮助下级检察院排除办案干扰阻力的能力明显提高，反贪侦查的整体办案规模和水平不断提升。

二、侦查协作

1980年始，全省检察机关经检部门在办案实践中探索加强检察机关之间的相互协作和与其他机关、单位的工作联系，逐渐与有关单位、部门形成查办职务经济犯罪的合力。

1982年9月，省检察院经检处要求各级检察院根据最高检察院规定，在外地检察机关来函要求本地协助取证过程中，做好配合协调工作，提高办案效率。

1985年6月，省检察院经检处通知各地，要求发现外地的职务经济犯罪案件线索，要及时传递给涉案地检察机关或有关部门查处；本地职务经济犯罪案件有涉及外地的，由两地协商并案处理还是转交所在地查办；对外地转来的职务经济犯罪案件线索要及时审查调查，有犯罪事实的应抓紧立案侦查。7月，根据最高检察院通知，省检察院、省审计局联合发文，加强和规范全省检察机关与审计部门在职务经济犯罪案件线索移送、审计鉴定等方面的协作配合关系。

1986年8月，江苏、浙江、上海三省、市检察机关召开查处乡镇企业职务经济犯罪案件座谈会，交流办案经验，制定三省、市检察机关对职务经济犯罪案件的侦查协作配合办法。10月后，全省检察机关根据最高检察院《关于人民检察院在办理经济犯罪案件中加强协作、密切配合的通知》要求，在查处跨区域、共同犯罪、涉港澳的职务经济犯罪案件中，按规定办理案件管辖、侦查取证、审讯异地犯罪嫌疑人、追赃协作、案件移送、跨区域办案协调等侦查协作事宜。

1989年1月，省检察院根据最高检察院《关于加强检察机关协同办案的通知》，要求各级检察院到异地检察院辖区办案，在侦查协作中必须出具证明信和所需法律文书，以规范侦查协作行为。10月，义乌市检察院在立案查处当地一件职务经济犯罪案件中发现绍兴市电业局原局长刘某某受贿案线索，即逐级上报省检察院要求绍兴市检察院协助。绍兴市检察院领导向市委汇报后将刘某某传唤到检察院，很快查明其受贿犯罪事实，金华市检察院干警赶到后顺利将刘犯刑拘查办。之后,省检察院以此为例,要求加强各级检察院之间的侦查协作,并制定侦查协作和到外地、境外办案的指导性意见。

1990—1993年,浙江、上海等华东六省一市检察院先后召开4次贪污贿赂案件侦查协作会议,其中1991年8月第二次会议在浙江舟山市召开。会议修订《华东地区检察机关加强贪污贿赂案件侦查协作的若干规定》。通过相互密切联系协同作战,提升跨省、市贪污贿赂犯罪案件的侦查效能。

1997年5月,省检察院反贪局制发《贪污贿赂案件协查协调办法(试行)》,开始对各级检察院反贪部门协查协调案件工作进行规范。2001—2002年,省、市(分)检察院加大贪污贿赂犯罪案件的协查力度。2001年,省检察院反贪局接受省内外侦查协作49件次;2002年,省检察院反贪局接受各地侦查协作要求49件次,另外还承担最高检察院交办的涉外司法协助任务7件次。是年,杭州市检察院协查84件,同比增加18.3%;温州市检察院配备专人负责协查工作,制定规范明确职责,完成协查案件209件,其中省外协查154件,涉外协查3件。

2003年1月,省检察院与省纪委、省监察厅联合制发《关于纪检监察机关与检察机关在查办案件中协作配合工作的暂行规定》,对相互在查办职务犯罪案件中的配合协作关系进行规范。

2005年5月,根据最高检察院和审计署《关于进一步加强检察机关和审计机关在反腐败工作中协调配合的意见的通知》,省检察院、省审计厅要求全省审计机关在审计工作中发现职务犯罪线索的,应当及时移送,检察机关应及时审查并反馈;审计机关在审计中发现职务犯罪线索需要检察机关协助的,可请求协助;检察机关在工作中发现需要审计的,可请求协助。8月,省检察院制发《关于省级新闻媒体单位移送职务犯罪案件线索和奖励的暂行办法》,建立新闻媒体移送职务犯罪案件线索奖励制度。

2007年,根据最高检察院、建设部《关于在查处贪污贿赂等职务犯罪案件中加强协作配合的通知》,省检察院与省建设厅进一步加强双方在查处和预防贪污贿赂等职务犯罪工作中的协作配合。

2008年5月,省检察院制发《浙江省检察机关侦查协作暂行规定》,明确将侦查协作作为侦查指挥中心办公室的一项重要职能,从协作原则、内容、方式、范围、文书手续、协作的组织机构以及侦查经费保障等方面进一步规范全省检察机关反贪部门侦查协作活动。12月,省检察院反贪局召开侦查协作工作专题会议,部署内外配合协作工作。各市检察院按照省检察院要求,结合本地实际制定规章制度和细则,执行协查工作登记备案、查验、审批制度。至年底,省检察院和部分市检察院建立自侦案件的协作渠道和网络,为实施跨地区侦查协作提供有力保障,同时各市检察院基本形成侦查协作工作由"一名反贪局领导主抓,并配备一名专职或兼职人员从事协查工作"的格局。是年,省检察院加强与纪检监察、政法委、公安、司法等机关的联系与沟通,建立防逃、追逃工作联系与配合机制。省检察院反贪局先后制定《关于规范查询通信用户信息资料工作的若干规定》《反贪污贿赂和反洗钱工作协作的暂行规定》《建立查询工商企业注册信息便捷通道的合作备忘录》。全省检察机关加强与工商行政管理局、税务、银行、电信、联通、移动、反洗钱、房产管理等机关、部门的工作协商机制,进一步畅通公共信息的查询机制。

2009年，上海、江苏、浙江三省、市检察机关召开反贪工作会议，就加强侦查协作机制工作签署会议纪要，促进和规范三省、市检察机关之间的侦查协作工作。

2010年1月，根据最高检察院、质检总局《关于在各级人民检察院使用全国组织机构代码共享平台的通知》要求，省检察院和省质量技术监督局加强沟通联系与合作。5月，根据最高检察院、审计署《关于进一步加强检察机关与审计机关在反腐败工作中协作配合的通知》要求，省检察院反贪局与审计署上海特派办建立工作联系和协调机构，完善案件线索移送管理工作。2009—2010年，省检察院反贪局对80件省外反贪案件进行协查协调，对省内37件请求外省协助的反贪案件进行协调，协助省内外检察机关查询通信信息资料253件次。

第四节　侦查业务建设

1978年检察机关重建后，全省检察机关经检（反贪）部门紧扣执法办案，围绕依法、文明、规范、安全办案的要求，通过加强政治思想教育和严格监督自律机制、强化办案目标考核、激励机制，不断完善业务工作管理。通过各种业务技能训练和评选，提高反贪干警业务素质。同时，各级检察院为经济检察（反贪）工作加强各项业务保障，运用先进侦查装备和科技手段服务办案，增强反贪侦查的科技含量。反贪部门加强讯问全程同步录音录像、讯问监控系统、办案工作区等侦查业务保障性措施的运用，在规范侦查行为、保证侦查质量、提高侦查水平、保护侦查干警等方面取得良好效果。

一、业务工作管理

1980年全省检察机关经检部门陆续成立后，一些地方检察院开始探索经济检察业务工作和侦查办案考核等管理方式，自行制定岗位责任制、办案责任制等一些管理、考核制度。办案责任制主要是实行定领导、定办案人员、定办案措施，对受理的案件一包到底。在1983年、1984年的全省经济检察工作座谈会上，省检察院领导肯定并要求各级检察院建立和健全查办职务经济犯罪案件责任制，做到职责明确，赏罚分明，提高工作质量和效率，切实改变案件“办多办少、办对办错一个样”的现象。全省检察机关经检部门根据要求，普遍建立办案责任制，同时还探索其他考核评比方式，调动办案积极性。此后，各级检察院经检部门探索在办案中人尽其才、优化组合的做法，根据各人的能力、文化和法律知识结构等合理分工，组成若干办案组；有的根据特长进行分工，组成预审、外调取证组等。

1989—1992年，省检察院在全省检察机关第一、第二、第三次反贪污贿赂侦查工作会议（以下简称反贪侦查工作会议）上，反复强调经济检察干警要加强政治思想和职业道德教育，自觉抵制各种不良思想的侵蚀；坚持从严治检，严格办案纪律，加强纪律执行情况的检查监督；要严格依法办案，加强预审纪律，文明预审，不搞逼供信，不能滥用戒具；发现干警违法违纪要严肃查处，绝不姑息。全省检察机关经检部门普遍建立侦查人员拒绝贿赂、说情报告制度、保密制度、赃款赃物保管制度，规范各项侦查业务工作。

1995 年，省检察院检察长葛圣平在全省检察机关第四次反贪侦查工作会议上，针对 1994 年以来全省检察机关有 20 多名检察干警违法违纪情况，专门强调队伍纪律作风建设问题，严令侦查干警不准通风报信，不能到发案单位接受宴请、拿要财物，禁止插手经济纠纷，严禁非法办案、刑讯逼供。

1996 年《刑事诉讼法》修改后，全省检察机关围绕转变反贪侦查思路的要求，修改完善反贪工作目标考核制。引入竞争机制，分解目标任务，考核与奖罚直接挂钩；完善考核内容，加重对大要案的破案考核；强调案件质量和依法办案，对错案或严重违法违纪，坚决实行一票否决制，取消记功评奖资格。是年，省检察院根据省委书记办公会议"反贪局长要高配"的决定，狠抓反贪队伍纪律作风整顿。重申不准私自会见案件当事人及其律师、严禁与查处的违法犯罪人员不正当来往等办案纪律，提出建立专人接待律师、重大事项报告、岗位交流 3 项监督制度；要文明办案，严禁刑讯逼供，一旦发现即严肃处理；并决定在各级检察院反贪局开展设立政委、教导员的试点工作。

1998 年，全省检察机关反贪部门在最高检察院部署的全国检察队伍作风纪律教育整顿活动中，着重围绕少数干警在执法中存在的执法不公、执法不严、以案谋私、不文明办案等问题，进行开门整顿，广泛征求社会各界对反贪队伍建设与执法办案工作的批评、意见和建议；主动开展执法大检查，清理超期羁押案件。经过队伍纪律作风整顿活动，各级检察院反贪队伍执法程序观念增强，办案纪律更加严明，侦查行为不断规范，违法违纪事件明显减少，社会上有关反贪干警刑讯逼供、非法取证的反映迅速减少。

2000 年初，根据最高检察院关于在侦查部门开展主办检察官办案责任制试点工作的要求，省检察院决定在温州市、嘉兴市检察机关开展反贪部门主办检察官试点，明确侦查人员的办案责任。在全省反贪"五侦"会议上，再次要求上级检察院对试点工作要加强领导、稳妥推进，同时加强对主办检察官的监督管理。全省检察机关第五次反贪侦查工作会议后，省检察院反贪局着重建立健全重大事项报告、回避、岗位责任、专人复审、初查终结报告等业务工作制度。

2003 年 1 月，根据最高检察院要求，省检察院确定建立全省检察机关二级侦查人才库，从各级检察院入选反贪干警 35 人；其中，10 名反贪干警入选最高检察院建立的全国检察机关一级侦查人才库。9 月，省检察院制定《二级侦查人才库管理和使用办法》，从参与办案范围、调用程序、办案期间的管理、考核等多方面对全省职务犯罪侦查人才库作出详细规定。2004 年 5 月，省检察院根据职务犯罪侦查干警变动情况，对二级侦查人才库进行调整。11 月，省检察院制发《浙江省检察机关侦查部门主侦检察官办案责任制试行办法》，明确主侦检察官办案的 14 项职权。是年，省检察院参照最高检察院对全国各省自侦案件办案质量考评办法，开始试行对各市检察机关反贪办案工作实行考评统一考核。2005 年，省检察院对考评办法进行修改完善，进一步突出依法独立办案主线，全面综合反映办案数量、质量、结构和效果等要素，推进各地依法、文明、规范办案，提高办案质量。

2007 年，根据最高检察院反贪总局修改后的各省检察机关反贪办案工作考评办法，省检察院反贪局提出以考评为导向全面加强办案工作，修订考评办法，强化对各办案环节的管理和监督。10月下旬，省检察院召开全省检察机关反贪队伍建设座谈会，省检察院检察长陈云龙对加强全省检察机关反贪队伍建设提出要求。

2010年始，省检察院将反贪工作列入对各市检察院的年度工作考评范围。

二、业务训练与表彰

1979年底省检察院经检处成立后，针对全省经济检察干警新手多、侦查基础知识普遍薄弱、业务水平不齐等情况，引领各级检察院探索研究侦查业务培训的方式方法，并及时总结推广经济检察工作的先进做法和办案的成功经验，以此作为提高全省经济检察干警现代法治思维、侦查技能、办案质量和成效的重要抓手。

1988年7月，省检察院经检处首次举办全省经济检察干警(司法会计)培训班。

1989年，省检察院首次在全省检察机关开展评选自侦部门优秀侦查工作者活动，5名经济检察干警获评。5月底，省检察院召开全省检察机关查处贪污受贿大要案记功授奖大会，为各级检察院在经济检察工作中作出突出贡献的14个单位记集体一、二、三等功，5名个人记二等功。6—7月，省检察院举办由全省100多名经济检察干警参加的侦查预审培训班。

1991年5—6月，省检察院围绕秘密调查、以智取胜等反贪侦查业务，举办全省反贪侦查工作研讨班，以各级检察院具有实战经验的优秀侦查人员为教员，采取学员互教互学等方式，拓宽学员办案思路，提高侦查技能。

1995年，全省检察机关反贪“四侦”会议决定每3年评选一次反贪优秀侦查员。是年，4名反贪干警被评为全省检察机关优秀侦查员。

1998年，宁波市检察院反贪局、建德市检察院反贪局分别被最高检察院记集体一等功。

1999年，省检察院反贪局、宁波市检察院反贪局分别被最高检察院记集体一等功。

2000年，全省检察机关第五次反贪侦查工作会议要求各级检察院注重反贪干部培训，把培训工作放到重要的议事日程。省检察院决定在5年内对各级检察院反贪干警进行一次系统的业务培训；市(分)检察院反贪局正副局长、基层检察院反贪局局长由省检察院负责培训，其他反贪干警由市(分)检察院培训。

2001年8月，省检察院组织全省反贪局长培训班，围绕审讯突破主题，对各级检察院反贪局长和省检察院反贪局干警共150人进行系统培训。

2002年6月，省检察院首次开展评选全省检察机关优秀反贪局长活动，金华市检察院反贪局局长李斌等6人被授予“优秀反贪局长”称号。是年，省检察院反贪局侦查二处、温州市检察院反贪局分别被省检察院记集体一等功。

2003年始，省检察院反贪局组织开展全省检察机关反贪岗位技能训练和竞赛活动。5月，省检察院反贪局率先在本局开展训练，摸索经验。

2004年，省检察院反贪局制定《2004—2007年全省反贪岗位技能训练规划》，确定每年对不同的侦查技能进行训练和竞赛。年初，省检察院反贪局首次在全省反贪部门组织评选精品案件，由全省优秀侦查员及省检察院相关业务部门领导组成评审委员会，按照“案件影响、数值大，侦查谋略和技能运用到位，办案规范、质量高，体现我省反贪依法独立办案较高水平”的评选标准，通过分组评选、集中会审、最终复核等程序，评定10件案件为全省检察机关反贪侦查“十大精品案件”。10月，省检察院反贪局以制作初查预案和侦查预案为主题，首次组织全省检察机关反贪干警进行岗位技能竞赛。经过评审、复核，报请省检察院领导决定，20名参赛干警被评为优秀。

2005年2月，最高检察院首次表彰全国检察机关职务犯罪侦查部门“百优双十佳”，浙江省1名基层检察院反贪局局长获评“全国十佳反贪局长”，2名反贪局副局长获评“全国优秀侦查员”；1个市检察院反贪局获评“全国优秀反贪污贿赂局”。10月，省检察院首次评选全省优秀反贪局，宁波市检察院反贪局等8个反贪局当选。11月，按照最高检察院反贪总局组织开展全国检察机关反贪侦查“十大精品案件”评选活动的要求，省检察院反贪局评选出8件“全省检察机关反贪侦查精品案件”，其中湖州市环保局原局长王某某受贿案推荐上报后，次年被最高检察院反贪总局评为“全国检察机关反贪侦查十大精品案件”之一。是年，省检察院组织全省检察机关反贪侦查骨干41人赴香港培训。

2006年5月，省检察院在各级检察院反贪部门推行反贪案件“一案一总结”制度，各级检察院将落实该制度作为技能性业务培训和机制建设的重要抓手，在个案或有影响有震动的窝串案侦查终结后及时总结办案经验，分析成败得失，提出改进侦查方式、提高案件质量的意见。8月，省检察院给宁波市检察院反贪局记集体一等功。根据最高检察院反贪总局关于开展3年全员轮训的要求，省检察院制定《2006—2008全省检察机关反贪部门全员轮训工作方案》。11月，省检察院反贪局组织省检察院和部分市检察院反贪局领导、办案骨干参加由最高检察院举办的“全国检察机关反贪部门全员轮训示范班”，为全省检察机关开展反贪干警全员轮训工作积累经验。是年，全省检察机关反贪部门共举办培训班30次，培训反贪干警达560人。

2007年，最高检察院反贪总局开展“全国检察机关反贪侦查十大精品案件”评选活动，省检察院反贪局查办的湖州市委原书记徐某某受贿案获评“全国检察机关反贪侦查十大精品案件”之一。

2008年，最高检察院组织评选全国检察机关优秀反贪局、优秀反贪局长、优秀侦查员。经省检察院初评后推荐，宁波市检察院反贪局获评“全国十佳反贪局”，1名市检察院反贪局局长获评“全国优秀反贪局长”，2名反贪干警获评“全国优秀侦查员”。

2007—2008年，根据最高检察院反贪总局要求，省检察院反贪局通过远程培训班和集中研讨班等形式继续对全省反贪干警进行全员轮训。2008年2月，省检察院制定《全省检察机关反贪部门2008年至2012年岗位技能训练规划》；是年，组织各级检察院反贪部门开展以侦查终结报告说理性为主题的竞赛活动，共评选出3个优胜集体和8名优胜个人。

2009年，省检察院反贪局首次在各级检察院反贪部门开展“反贪办案效果好案件”评选活动，要求参评案件不仅质量高、侦查规范，而且通过案件办理，对当地经济发展和社会和谐稳定起到积极促进作用。12月，评选出全省检察机关“反贪办案效果好案件”10个。2010年12月，评选出全省检察机关“反贪办案效果好案件”5个。

截至2010年，全省检察机关反贪局中获评“全国优秀反贪局”2个，获评“全国十佳反贪局长”、“全国优秀反贪局长”各 1 人，获评“全国优秀侦查员”的 4 人。省检察院共评选全省检察机关优秀反贪局和反贪局长各 2 次，12 个反贪局和 10 名反贪局局长获省检察院授予的称号；共组织评选全省检察机关优秀侦查员（侦查工作者）6 次，40 名侦查人员受到表彰。省检察院共组织各级检察院开展各类反贪业务培训班 20 余次，组织开展不同主题的反贪岗位技能训练和竞赛活动 7 次，通报表彰优胜集体 15 个和优胜个人 46 人。共组织评选全省反贪侦查精品案件 6 次，评出并通报表彰精品案件 53 件；其中获评“全国反贪侦查十大精品案件”2 件。组织评选办案效果好案件 2 次，评出并通报表彰 15 件。各级检察院反贪工作中被记一等功、二等功的集体 36 个，干警 25 人。

表 19-5-4-1　浙江省检察机关获全国优秀（十佳）反贪局、反贪局长、侦查员称号情况一览表

时　间	称　号	获奖单位或个人
2005 年	全国十佳反贪局长	杭州市萧山区检察院反贪局局长赵桔水
	全国优秀侦查员	嘉兴市检察院反贪局副局长郑美良、金华市检察院反贪局副局长陈庆林
	全国优秀反贪局	温州市检察院反贪局
2008 年	全国优秀反贪局长	舟山市检察院反贪局局长王彬
	全国优秀侦查员	省检察院反贪局陈正南、杭州市萧山区检察院反贪局来利明
	全国十佳反贪局	宁波市检察院反贪局

资料来源：〔2005〕高检政发第 22 号、〔2008〕高检发 3 号。

表 19-5-4-2　浙江省检察机关获省优秀反贪局、反贪局长、侦查员称号情况一览表

时　间	称　号	获奖单位或个人
1988 年	全省检察机关优秀侦查工作者	余姚市检察院王兴灯、德清县检察院王邵明、庆元县检察院吴国平、玉环县检察院金根法、洞头县检察院郑加敏
1996 年	全省检察机关优秀侦查员	温州市鹿城区检察院倪海平、宁波市检察院李长江、拱墅区检察院钟发根、临海市检察院冯敏
2000 年	全省检察机关优秀侦查员	温州市鹿城区检察院倪海平、杭州市检察院王伦、宁波市检察院张建平、嘉善县检察院俞文华、开化县检察院毛晓鸥、省检察院毛建岳
2002 年	全省优秀反贪局长	慈溪市检察院反贪局局长胡乔斐、诸暨市检察院反贪局局长黄国千、德清县检察院反贪局局长冯建勇、金华市检察院反贪局局长李斌、龙游县检察院副检察长兼反贪局局长黄耀奎、舟山市检察院反贪局局长陈伟
2003 年	全省检察机关优秀侦查员	杭州市检察院张蜂、杭州市萧山区检察院赵桔水、宁波市鄞州区检察院张刚军、嘉兴秀洲区检察院尹立栋、武义县检察院傅显平、舟山市检察院王彬、江山市检察院郑煊

续表

时 间	称 号	获奖单位或个人
2005 年	全省优秀反贪局	宁波市检察院反贪局、金华市检察院反贪局、舟山市检察院反贪局、杭州市西湖区检察院反贪局、杭州市萧山区检察院反贪局、温州市鹿城区检察院反贪局、江山市检察院反贪局、松阳县检察院反贪局
	全省优秀侦查员	桐乡市检察院商晓东、湖州市检察院陈章、宁波市北仑区检察院张建勇、瑞安市检察院曾建忠、象山县检察院纽建军、温州市检察院黄卓平、杭州市萧山区检察院戴伯先、舟山市检察院黄志刚
2008 年	全省优秀反贪局	杭州市余杭区检察院反贪局、宁波市鄞州区检察院反贪局、瑞安市检察院反贪局、台州市椒江区检察院反贪局
	全省优秀侦查员	省检察院反贪局张友宝、杭州市江干区检察院反贪局陈荣土、宁波市检察院反贪局张季闰、温州市检察院反贪局金显雄、德清县检察院反贪局汪庆新、金华市检察院反贪局邓国力、衢州市检察院反贪局刘建华、舟山市检察院反贪局李文义、景宁县检察院反贪局叶森林、临海市检察院反贪局章维浩
	全省优秀反贪局长	杭州市西湖区检察院反贪局局长高翔、余姚市检察院反贪局局长陈吉明、嘉善县检察院反贪局局长万宝其、龙游县检察院反贪局局长姜建明

资料来源:根据省检察院相关表彰文件综合。

三、侦查保障性措施

1989 年,全省检察机关第一次反贪侦查工作会议召开。在会上,省检察院针对各级检察院经济检察办案力量严重不足、侦查装备落后、保障措施滞后等情况,提出要按照最高检察院要求,强化侦查装备设施的配置和使用,要求各级检察院配置车辆、通信设备和复印机、照相机等固定保全证据的侦查设备,特别是有条件的地方要努力先装备、运用起来,提高办案效率和质量。

1996 年《刑事诉讼法》修改后,省检察院要求各级检察院围绕转变侦查方法,由强攻硬取、打疲劳战转变为以智取胜、以科技取胜,提高侦查科技含量。全省检察机关反贪部门开始主动探索科学技术和侦查手段、措施、谋略相结合,强化现代科学方法和侦查装备、设施等侦查保障性措施的作用,不断将先进科技转化为现实侦查能力。

1998 年,宁波市检察院率先探索反贪侦查首次讯问职务犯罪嫌疑人全程同步录像(以下简称讯问全程同步录像)的做法。1999 年 12 月,省检察院反贪局在全国率先提出试行首次讯问全程同步录像制度,要求全省各级检察院对自己发现、自己初查、自己立案的贪污贿赂案犯罪嫌疑人试行首次讯问全程同步录像,对侦查讯问工作进行规范。各级检察院开始执行该规定,安排专人负责,并结合实际作进一步规定,并配合检察技术部门加快技术装备设施建设。

2000 年 8 月,省检察院反贪局针对一些检察院在首次讯问贪污贿赂犯罪嫌疑人时落实全程同步录像规定不到位等问题,通知各级检察院反贪部门必须全面执行首次讯问全程同步录像规定,要求各级检察院将此项工作作为办案考评、评选优秀反贪局长、优秀侦查员、记功表彰的重要条件,列入个案指导的重要内容,加强监督检查。是年后,各级检察院纷纷探索运用先进侦查装备和技术，侦查突破能力有了长足进步。

2001年，省检察院要求各级检察院对自侦的贪污贿赂案件严格执行首次讯问全程同步录像，省、市检察院对查办的要案和重特大案件实行讯问全程同步录像，并制定首次讯问同步录像检查评分表等规范性文件；要求各级检察院加强讯问监控设施规范化建设，并加紧看守所专用审讯室建设，更好地落实讯问全程同步录像录音工作制度，保障案件的突破和办理。8月，省检察院对全省检察机关执行首次讯问同步录像情况等3项工作进行专项检查。检查表明，2000—2001年，各市检察机关执行首次讯问同步录像率达80%，其中2001年上半年执行率达96%。是年，全省检察机关建成讯问监控室99个，22个检察院按照要求在看守所内建成检察专用讯问室。2002年，全省98%的检察院建立讯问监控系统。

2002年后，随着各级检察院讯问同步录像设施的改善，执行首次讯问同步录像率进一步提高。2003年1月，省检察院与省公安厅协商一致，联合制发《关于在看守所设置检察特审室的通知》，决定在全省各看守所建立检察专用讯问室。是年，杭州市检察机关反贪部门落实首次讯问12小时同步录像达100%，落实要案讯问全程同步录像达50%以上。是年，全省45%的检察院在看守所建立检察专用讯问室；到2004年，这一比例上升到95%以上。这些措施设备的落实，为检察机关反贪部门审讯在押犯罪嫌疑人提供有力保障。

2004年6月，为加强反贪办案内部监督，省检察院反贪局制发《关于开展自侦案件在提请批捕、审查起诉时随案移送讯问全程同步录像资料试点工作的通知》，各级检察院对照要求，将贪污贿赂案件讯问全程同步录像资料随同提请批捕意见书、起诉意见书一并移送给侦监、公诉部门审查。2005年底，根据最高检察院关于讯问犯罪嫌疑人同步录音录像工作要审、录分离的规定，原由反贪审讯人员承担的录制工作原则上由检察技术人员实行。2006年1月中旬，最高检察院在宁波市召开全国检察机关推行讯问全程同步录音录像工作现场会，充分肯定浙江省检察机关首创的讯问全程同步录像制度，并要求全国检察机关从3月起推开。4月，省检察院对全省检察机关加强自侦案件讯问全程同步录音录像工作提出意见，并召开专题会议，部署巩固和强化讯问全程同步录音录像规范化工作。

2006年始，全省检察机关按照省检察院部署，以侦查信息化建设为重点，加强信息情报收集研判工作，以信息引导侦查。2008年，根据最高检察院要求，省检察院反贪局配合检察警务、检察技术等部门推进办案工作区建设，并确定办案区由检察警务部门管理，反贪等自侦部门使用。2009年，全省检察机关贯彻落实最高检察院《人民检察院办案工作区设置和使用管理规定》等规定要求，坚持依法、文明、规范使用办案工作区办案，规范讯问(询问)行为，确保办案安全。2010年，省检察院反贪局与省公安厅联合通知，要求各地采取措施，改造检察专用讯问室，将检察审讯人员与被审讯的犯罪嫌疑人进行物理隔离，以杜绝刑讯逼供等违法行为，防止办案安全事故的发生。各级检察院严格落实检察审讯室物理隔离规定，着力规范审讯行为，保障侦查取证的合法性。这一时期，各级检察院反贪部门还和检察技术部门配合，积极探索心理测试、电子数据取证技术在办案中的运用，在突破贪污贿赂犯罪嫌疑人心理防线、提取、固定电子数据等客观性证据方面取得一定效果。

自1999年后，全省检察机关反贪侦查讯问工作先后经历"首次讯问全程同步录音录像、大要案讯问全程同步录音录像、所有自侦案件讯问全程同步录音录像、同步录音录像资料随案移送批捕起诉部门、实行审讯、录制相分离”5个发展阶段。截至2010年,已形成“一把手亲自抓,分管领导具体抓,侦查、技术部门合力抓”的良好局面,对推动全省检察机关反贪部门依法独立办案,提高侦查审讯水平,强化侦查业务素质,深化依法、文明、安全办案起到了重要作用,违法违规讯问行为得到了有效遏制,也没有在讯问环节发生过一例重大安全事故。

专记:探索实践依法独立办案

1996年修改后的《刑事诉讼法》对刑事诉讼程序包括反贪侦查工作提出更严格的要求,省检察院党组部署全省检察机关要努力适应。5月,省检察院反贪局发出《关于切实做好修改后刑诉法实施准备工作的通知》,指导各级检察院反贪部门做好实施修改后《刑事诉讼法》的准备工作。通过半年多实践探索,一些检察院反贪部门按照修改后《刑事诉讼法》规范侦查办案145件,为全省检察机关反贪部门适应修改后《刑事诉讼法》摸索经验。

1997年后,全省检察机关反贪部门大力转变侦查观念,逐步将侦查工作重心从过去偏重于正面接触犯罪嫌疑人获取口供,转变为正面接触前秘密调查、全面收集各种证据上来;侦查方法由从过去偏重于对讯问犯罪嫌疑人强攻硬取、打疲劳战,转变为以智取胜、以科技取胜和对有关人员场所同步取证上来(以下简称两个转变)。加强与纪检监察部门联系配合,形成办案合力,在相互配合中发挥检察职能,立足检察机关自己办案。

1999年10月,省检察院召开全省市(分)检察院反贪局长会议,在原有的侦查思路“两个转变”基础上又增加转变侦查决策和侦查机制2个内容,即侦查决策由无风险决策转变为风险决策;侦查机制由单兵分散作战转变为整体作战;形成侦查思路的“4个转变”。要求加快探索侦查机制向规模化立体同步快速侦查的转变,整合检察机关侦查合力,建立高效的反贪侦查指挥系统,形成侦查一体化运行机制。全省检察机关反贪部门以此为指导,不断提高自行发现和突破案件的能力,反贪案件立案数稳中有升,大要案比例逐年递增,查处有影响有震动的领导干部要案获得突破性进展,1997年1月至2000年6月立案查办厅级干部贪污贿赂犯罪案31件。这些侦查实践成效为依法独立办案思路的提出奠定了基础。

2000年7月,省检察院召开全省检察机关反贪“五侦”会议。经省委领导同意,省检察院检察长葛圣平在会上着重围绕规范与纪委办案中的配合协作关系提出“依法独立办案”4条意见:一是检察机关掌握的可能构成犯罪的线索,除特殊情况外,一律由检察机关进行初查并依法决定是否立案,不宜移送纪委;二是侦查工作必须以获取证据为核心,立案要适时果断,采取措施要灵活。鉴于受贿犯罪,口供是重要证据,在一次传讯中难以突破但其他证据又不到位而难以采取强制措施的就要主动放人。三是检察机关立案侦查后应依照法律规定进行,不得借用纪委“两规”。四是对纪委移送的需要追究刑事责任的线索,立案前要坚持依法独立审查。省委副书记周国富到会指出,各级党委要加强对反贪工作的支持,支持检察机关依法独立办案。会议提出调整5个方面侦查对策:一是侦查程式上由过去的由人到事转变到由事到人上来。二是侦查重心从过去偏重于正面接触嫌疑人获取口供转变到正面接触前的秘密调查上来。三是侦查措施上从过去孤立地机械运用转变到作为程序对策综合灵活地适用上来。四是讯问策略上从过去兜底式讯问转变到重视阶段性讯问、积小胜为大胜的思路上来。五是侦查机制从过去的分散的各自为战的状态转变到整体作战的大侦查格局上来。

全省检察机关反贪“五侦”会议后，省检察院连续召开全省市检察院领导班子会议、基层检察院检察长培训班、市检察院检察长读书会等会议，反复阐述依法独立办案对于强化检察机关在反腐败斗争中职能作用的意义。同时始终密切关注依法独立办案的发展走势，及时纠正工作中出现的偏差。

2001年7月，省检察院召开依法独立办案座谈会，进一步明确依法独立办案的内涵，提出依法规范与纪委在办案中的关系，调整侦查策略的意见和进一步推进依法独立办案的具体措施意见。要求实行反贪侦查“5个根本性转变”，即：侦查观念从偏重于打击犯罪转变为打击犯罪和保障人权相统一，从偏重于实体法转变为实体法和程序法并重；侦查重心从讯问犯罪嫌疑人获取口供，转变为正面接触、讯问前的秘密调查；侦查方法特别是讯问从偏重于强攻硬取打疲劳战，转变为运用谋略和科技手段获取证据；侦查决策从以往立案即已破案的无风险决策转变为风险决策；侦查机制从分兵单独作战为主转变为整体作战。12月，省检察院向省委和最高检察院专题汇报全省检察机关反贪“五侦”会议后一年来依法独立办案的主要经验和成效，并提出深入推进依法独立办案的工作意见。17日，省委书记张德江批示：省检察院在反贪污贿赂工作中开展的依法独立办案经验很好。希望认真总结，不断完善提高。之后，省委副书记、省纪委书记李金明批示：这份报告针对工作中的新情况新问题进行了认真研究，提出了一些意见具有可操作性，特别是与纪委如何配合上的一些意见是好的，今后可以研究两家相互支持和配合的工作机制。省委副书记周国富批示：省检察院在依法独立办案，加强反贪污贿赂工作中进行了积极有益的探索，取得了很好的经验和效果，值得肯定和赞扬。希望再接再厉，不断完善提高，在反腐败斗争中显示出更好的法律效果。最高检察院检察长韩杼滨在12月的全国检察长会议上指出：“浙江等地在规范和完善依法独立办案的工作机制方面，积累了好的经验。”是年，各级检察院围绕贯彻落实“5个根本性转变”要求，积极探索侦查思路的转变，依法规范与纪委的协作关系，增强依靠自己发现、突破案件的自觉性和能力，大力查办重大贪污贿赂案件窝串案。其中，舟山市检察院立案查办该市土管局原局长徐某某贪污受贿150万元案件在内的要案7人，台州市检察院立案查办该市交通局原副局长王某某等要案10人，金华市检察院立案查办义乌市公安局原局长柳某某受贿45万元等6件6人受贿案，柳某某被判处无期徒刑。杭州市萧山区检察院立案查办浙江钱啤集团17件17人受贿案，涉案总金额达180余万元。

2002年后，省检察院党组把推进依法独立办案作为全省检察工作的重中之重，始终把统一执法思想、促进执法观念转变作为首要任务，引导各级检察院反贪干警把思想和行动统一到依法独立办案的目标和要求上来。6月，省检察院召开全省检察机关职务犯罪侦查工作会议，省检察院检察长葛圣平提出职务犯罪侦查工作必须坚持“依法、文明、公正、效率”，强调侦查工作要体现程序与实体的统一，效率与效益的统一，法律与社会效果的统一，进一步丰富依法独立办案的内涵。明确要求各级检察院检察长要担负起依法独立办案第一责任人的责任，咬定目标决不退缩，坚决杜绝打"擦边球"和违规操作。11月，省检察院召开全省依法独立办案经验交流会，向全省检察机关推广依法独立查办现职领导干部贪污贿赂犯罪要案的10条经验。会上有15个市、县检察长和反贪局局长介绍本单位依法独立查办"三机关一部门"现职领导干部犯罪案件经验。省检察院要求各级检察院进一步转变执法思想，转变侦查思路、调整侦查对策，规范侦查行为，推动依法独立办案深入发展。2003年底，最高检察院检察长贾春旺批示：浙江省检察院不仅履行法律监督职能力度大，办案质量高，而且查办职务犯罪还有新的经验，值得肯定和其他地区参考借鉴；浙江省检察院查处职务犯罪案件近90%均是检察机关自己发现、突破的，这是一个很大变化和进步，说明浙江省检察机关查办职务犯罪的指导思想、能力、水平有了很大提高，各地均应向这个方向努力。

2004年，省委书记、省人大常委会主任习近平在听取省检察院党组汇报时指出："省委一直以来支持2000年经省委同意的关于依法独立办案的四条意见，这些年来始终坚持这个原则，并且给予了有力的支持。现在省委重申这四条意见，坚决支持检察机关依法独立办案，并且要向各级党委强调这一要求，统一各级党委的认识，在反腐败工作中全面落实纪委与检察机关既互相配合又各司其职的格局。"2月25日，习近平在参加省检察院党组民主生活会时指出，全省检察机关要坚定不移地推进依法独立办案。依法独立办案是依法治国，加强民主法制建设的有益尝试，要坚持走这个路。工作中，既要不违法、又要办好案，这是个矛盾的对立统一，要不断探索、完善，继续把这项工作搞好。依法独立办案，查办大要案，是要克难攻坚的，要坚定信心，一查到底。

从2000年7月全省检察机关反贪"五侦"会议至2005年10月全省检察机关反贪"六侦"会议召开前，各级检察院围绕省检察院推进依法独立办案工作的各项部署要求，积极转变思路，加强侦查重心向前延伸和审讯活动向后延伸的探索实践，依法规范与纪委的协作关系，落实侦查终结前的证据审查措施，推行侦诉协同、一案一总结等办法，不断增强依靠自己发现、突破案件的能力，努力实现办案数量、质量和安全、规范，抓办案力度、结构和抓办案3个效果的统一，有力推动依法独立办案朝着更深层次迈进，办案始终保持平稳健康的发展势头，依法独立办案的工作局面基本形成。从2000年7月至2005年9月，全省检察机关共立案查处贪污贿赂犯罪案件6474件7137人，大案3598件，要案531件。所立案件中，检察机关自己发现、自行突破的占立案总数的89.5%，包括要案394件，实现"贪污、挪用案件自己办，非领导干部贿赂案件大部分自己办，领导干部贿赂案件一部分自己办"的目标要求。经过5年探索，全省检察机关反贪部门依法独立办案的工作局面基本形成，依赖纪委"两规"办案的做法得到纠正，基本实现从被动、依赖型向主动、理性化的转型。其间，全省检察机关依靠自身力量先后在金融、电力、城建、交通、土管、医疗、教育等人民群众反映强烈的重点行业系统查处一批在全省或当地有影响有震动的贪污贿赂犯罪窝串案和现职领导干部要案。同时采取有效措施，加强案件质量把关，共侦查终结贪污贿赂犯罪案件6298件6830人，提起公诉后有罪判决率达99.5%，案件质量得到同步提升；安全防范责任和措施全面落实，全省检察机关反贪侦查办案始终未发生安全事故。

第六章　渎职侵权犯罪检察

从清末到民国时期，浙江省检察机构对包括贿赂、渎职等职官犯罪的各类刑事案件，拥有实行搜查处分、指挥或参与勘验检验、调度司法警察、逮捕人犯、参与预审侦查职权，但在检察机构内部对该职权没有作进一步分工。

1950年5月省检察署成立后，即履行检察各级政府机关、公务人员和国民违法乱纪的职权。8月，内设第一处承担该项业务工作。1951年10月，省检察署内设第一处（又称“查处违法乱纪处”），根据《各级地方人民检察署组织通则》规定，行使对各级政府机关、公务人员和国民是否严格遵守中国人民政治协商会议共同纲领、人民政府的政策方针和法律法令进行监督的职权，称为“法纪监督（检察）”。1955年，省检察院成立一般监督处，按照最高检察院要求开始试行“一般监督”制度，工作职权包括对违法犯罪的国家机关工作人员提出处理意见，移交有关单位办理；同时由侦查处负责查办国家机关工作人员违法犯罪案件。1956年，公安部、最高法院、最高检察院确定三机关受理刑事案件的临时办法，其中职务犯罪（包括渎职犯罪、侵犯人权犯罪，以下简称渎职侵权犯罪）由检察机关负责侦查。1957年“反右”后一般监督工作停止，法纪监督（检察）工作由检察机关侦查部门负责。至“文化大革命”开始后，法纪检察工作停止。

1978年全省检察机关重建后，即恢复法纪检察工作，省检察院内设第二处为该项业务的职能部门。1979年“两法”实施后，检察机关法纪检察部门主要受理立案侦查徇私舞弊、报复陷害、非法拘禁等国家工作人员渎职侵权犯罪的14类案件。1980年省检察院第二处更名为法纪检察处。1983年8月，最高法院、最高检察院、公安部发文将部分重婚案划归检察机关；最高检察院决定由法纪检察部门管辖。1984年起，最高检察院将玩忽职守案和重大责任事故案划归法纪检察部门管辖。1986年3月，最高检察院下发《人民检察院直接受理的法纪检察案件立案标准的规定（试行）》，规定法纪检察部门侦查管辖国家工作人员渎职侵权犯罪的16类案件。1990年起，根据最高检察院规定，重婚案件移交检察机关控申部门查处。1998年5月，最高检察院依据1996年、1997年先后修改的“两法”，下发《关于人民检察院直接受理立案侦查案件范围的规定》，规定检察机关直接受理侦查的国家工作人员渎职侵权犯罪案件有41个罪名。1999年9月，最高检察院下发《人民检察院直接受理立案侦查案件立案标准的规定（试行）》，取消“国家机关工作人员徇私舞弊案”。2001年12月，全国人大常委会通过《刑法修正案（四）》，反渎职侵权部门增加管辖执行判决、裁定滥用职权罪与执行判决、裁定失职罪的立案侦查。2002年1月，省委批准省检察院法纪检察处更名为渎职侵权检察处（各级检察院渎职侵权检察部门以下简称反渎职侵权部门）。

2005年1月，省检察院渎职侵权检察处更名为反渎局。2006年6月，全国人大常委会通过《刑法修正案（六）》，反渎职侵权部门增加侦查管辖枉法仲裁罪。截至2010年，检察机关反渎职侵权部门侦查管辖范围共有36个渎职罪名和7个侵权罪名；全省渎职侵权检察部门全部更名为反渎局。

第一节　渎职侵权犯罪案件侦查

1950年2月底，省政府为贯彻中央人民政府政策，保护国家人民利益，巩固社会革命秩序，命令公布《六大禁令》。[①] 全省检察署成立后，据此对规定禁止的违法犯罪行为进行查处。10月20日，最高检察署华东分署针对浙江解放以来县以下干部违法乱纪现象严重的情况，指示省检察署"对乱捕乱杀，逼死人命的严重案件，尚应尽力依法检举，以保障人权。以镇反为中心工作中，应注意有无宽大无边，有积压者，应督促速应判决"。[②] 是年，全省检察机关共处理各专区及直属市、县违法乱纪案63件；其中乱杀案8件、乱刑乱捕案38件、破坏森林案3件、侵犯宗教居住案3件、诈欺案10件。

1951年，宣平县人民武装部在剿匪工作中，派工作人员陶某某、吴某岳整顿民兵组织。他们将一些人集中起来，逼迫要求提供土匪的线索。5月某日，吴某岳派吴某德、蓝某某、吴某武等10余人去某村收缴物资。他们采用捆绑吊起毒打、坐"老虎椅"等手段，逼3家妇女交出赃物，对其中1名已怀孕数月的妇女也上刑，导致3名妇女感觉绝望投河、悬梁自杀。8月，省检察署作出"关于宣平县乱捕乱打逼死人命及东阳收缩方针后乱捕问题的报告"，将严重违法乱纪的陶某某等5人扣押，由专区检察分署提起公诉，送法院依法惩处。

1952年，全省检察机关在投入"三反"运动同时，还检察侵犯人权、破坏政府威信及违法乱纪的重大案件。於潜县守寡贫妇潘某某，因当地土改有偏差，干部分配土地不公允，所得土地既少且劣，向区政府和县政府一再要求改正而被非法拘禁。省检察署临安专区分署盲目批复於潜县法院称："……如潘屡教不改，亦可按普通刑事犯随时惩罚之。"使潘遭到2次非法逮捕，拘禁2个多月。经省检察署派干部实地调查，查清案情，重新作出处理。

1953年，全省检察机关在"新三反"斗争中，共办理违法乱纪案件线索901条。奉化县某乡前乡长吴某某，捆绑吊打村民邬某某以致其残废；并有强奸侮辱妇女10余人、致1名妇女羞愤而死的罪行。奉化县检察署在全县干部大会上提起公诉、逮捕法办，并将全部材料摄制成照片，进行案情展览、组织座谈。当地区委书记作出检讨，群众反映检察署铁面无私。

---

① 1950年2月28日，浙江省人民政府《六大禁令》规定：（一）禁止任何人、任何机关、任何团体擅自逮捕人犯，除现行犯外，凡未奉县以上人民政府命令，不得逮捕人犯。（二）禁止任何人乱打人犯。（三）禁止未经县、市人民政府法庭判决、未经省人民政府批准，擅自处决人犯。（四）禁止任何机关、团体及县以下区、乡人民政府向人民摊派、征用财物及一切额外负担。（五）禁止任何机关、团体人员贪污、浪费、破坏、霸占、盗卖公粮、公物及一切国家财产。（六）禁止私占或贪污、浪费、破坏、盗卖人民斗争果实。

② 浙江省检察院文书档案-000-w1950-1-0001-00030。

1954年，全省检察机关对在粮食预征、派购、统购统销斗争中发生的违法乱纪行为开展“一般监督”工作，对违法乱纪行为进行检察。仅省检察院和东阳、诸暨、义乌、永嘉、兰溪等9个检察院，共向当地党委呈送纠正错误的报告29份，其中经党委批示通报的13件，促进当地纠正粮食工作中执行政策的偏向，改进干部的工作作风。

1955—1956年，全省检察机关选择重点地区或要害部门开展“一般监督”工作，重点查处破坏中共中心工作的严重违法犯罪事件。采取“一般监督”与侦查工作相结合的方法，通过“一般监督”发现干部违法犯罪案件，主要打击贪污、盗窃社会主义财产和侵犯人民民主权利的刑事犯罪分子。1955年，全省检察机关按一般程序提出建议书220件、提请书123件、抗议书5件，提起民事案件54件、提起刑事案件116件，向各级党委作出报告195次，并以其他方式处理了978件，在一定程度上消除了妨碍中共中心工作顺利进行的违法行为，并追究违法者的法律责任。1956年，定海县某乡在选举工作中，有2个选区只有23%～40%的选民出席进行选举。经定海县检察院提出监督意见后，当地选举委员会决定原选举结果无效，进行另选。松阳县某垦荒高级合作社主要负责人擅自在社员大会上对5个社员分别“判处”管制五年、三年或管制生产后，又以“管制中表现不好”为由而开除；5个月中被斗、关、管的社员有21人，被罚工分的有33人。经松阳县检察院查清事实报告党委后作出处理。

1958年4月，省检察院在全省检察机关开展检察工作“大跃进”期间，向福建省检察工作人员发起大跃进竞赛。竞赛指标第一条规定：从检察工作方面创建“无渎职、无侵犯人权的安全机关、企业、学校和人民团体”。是年，全省侵犯人身权利案件的发生率较上年同期降低90%，上年遗留下来的案件基本办结。

1959年，全省检察机关逐步加强对“火灾、爆炸、中毒、交通事故和工伤事故”等治安灾害事故的斗争，抽调适当人员参加工矿、企业等“治安安全”大检查运动，重点检查重大责任事故、失火、渎职等违法乱纪行为。

1960—1962年，全省检察机关对农村中的三类社、队(指落后的人民公社、生产队)，城镇中的三类厂矿(指落后的厂矿)，落后角落和个别基层企业、事业单位等部位的严重违法乱纪情况进行调查研究。1960年向各级党委作出书面报告137次，口头报告116次。1962年，全省检察机关办理有关逼死人、打死人、私设公堂及乱搜查没收造成严重后果的严重违法乱纪案件80件。3年间，全省检察机关共查处渎职侵权案件6206人。

1963—1965年，全省检察机关建立、加强调查研究和案件分析等一些制度，发现严重违反政策和内部工作中的漏洞，及时向当地党委反映。1964年，全省检察机关加强同国家工作人员违法犯罪的斗争，主要办理干部打死人、逼死人等严重违法犯罪案件；其中捆绑吊打造成严重后果的73人。同时，对于带有倾向性、代表性的国家工作人员违法乱纪犯罪现象进行调查研究，向各级党委报告共93次，经各级党委批转和通报的有10%，起到整纪煞风作用。1965年，全省检察机关依靠群众，在查明事实、分清性质基础上，对其中违法乱纪情节严重的追究刑事责任100多人。省检察院丽水分院配合监委，依靠群众调查处理青田县某公社少数干部严重违法乱纪、吊打迫害贫下中农事件后，向当地党委报告。地委专门将此材料印发给各县常委，有的县还在3级干部会上再次印发，组织干部进行讨论，防止类似事件的发生。

1966年5月"文化大革命"开展后，全省检察机关法纪检察工作停止。

表19-6-1-1　　1950—1965年浙江省检察机关查处渎职侵权案件情况一览表

单位：人

年份 / 案件类型	1950	1951	1952	1953	1954	1955	1956	1957	1958
侵犯人权	100	157	-	901	330	-	309	327	-
渎职	4	-	-	-	-	-	-	-	117
年份 / 罪名	1959	1960	1961	1962	1963	1964	1965	1966	-
侵犯人权	2644	1964	2772	1336	2925	774	1897	825	-
渎职	128	97	20	17	-	-	-	-	—

资料来源：根据省检察院公务人员贪污渎职情况统计表综合。

1978年全省检察机关重建后一段时期内，通过接待、处理来信来访和纠正冤假错案，发现并查处一批在"文化大革命"中大搞逼、供、信，无辜侵犯公民人身权利、民主权利和渎职的干部违法乱纪案件。

1980—1981年，全省检察机关根据中共中央关于在经济上进一步调整、政治上进一步安定的重大方针，执行1980年实施的"两法"，重点查处国家工作人员特别是基层干部中严重违法乱纪侵犯人权、危害安定团结的非法拘禁、刑讯逼供、非法搜查、侵犯通信自由等方面的案件。两年间，全省检察机关共立案查处非法拘禁、非法搜查、刑讯逼供3类犯罪案件130件179人，分别占渎职侵权犯罪立案总数的49.9%和50.3%。

1982—1983年，全省检察机关在先后开展的"严打"和"经打"斗争中，把查办国家工作人员利用职务包庇、窝藏犯罪分子，为犯罪分子销毁罪证或者制造伪证，威胁、打击、报复执法人员和揭发检举人、作证人，徇私枉法和诬告陷害等犯罪案件作为法纪检察工作重点。两年间，全省检察机关共立案查办上述重点案件18件。1981年4月，温州市东城区（今鹿城区）检察院原检察长吴某某在办理温州市公安局提请批捕的以林某某为首的重大走私集团案过程中，接受请托，明知事实清楚应当依法逮捕，却违背事实与法律提出3条不符合退查条件的所谓"退查理由"，将林某某案件退回温州市公安局，最终导致林某某被违法释放。温州市检察院对吴某某立案侦查后，作出构成徇私舞弊罪的处罚决定。（林某某案件起诉后，法院以走私罪、脱逃罪两罪并罚判决林某某合并执行有期徒刑八年。）

1984年9月，省检察院转发最高检察院《关于转发湖南省人民检察院〈关于加强同玩忽职守犯罪的斗争〉的通知》，要求依法认真查处玩忽职守犯罪案件，并做好经验总结。此后，全省检察机关逐步加大查处玩忽职守犯罪力度。

1985年，全省检察机关法纪检察工作重点是配合"严打"和"经打"斗争。5月后，根据中共中央总书记胡耀邦在省、自治区、直辖市负责人座谈会上"要认真查处县以上干部中那些极端不负责任甚至不顾人民死活的严重失职行为，以及严重违法乱纪行为”的指示和最高检察院部署，突出查处由于严重官僚主义、极端不负责任给国家造成重大经济损失的玩忽职守、重大责任事故案件和侵犯公民人身权利、民主权利的非法拘禁、刑讯逼供、诬告陷害等犯罪案件。1985 年 1—6 月，全省检察机关查办渎职侵权大要案成效比较突出，共立案查办渎职侵权案件 89 件，其中大要案 13 件，占渎职侵权犯罪案立案总数的 14.6%，同比增加 1.1 倍多。8 月上旬，省检察院在全国法纪检察工作会议上介绍全省查办法纪检察大要案的经验做法。是年，全省检察机关共立案查办玩忽职守犯罪案 22 件，同比上升 83.3%，重大责任事故犯罪案 42 件，同比上升 207.1%。

1986 年 2 月下旬某日晚，在金华市婺州公园举办的“虎年元宵灯会”发生群众拥挤踩踏特大事故，造成 35 人死亡、34 人受伤。事故发生后，金华市检察机关迅速介入调查，查明金华市原副市长陈某某在具体负责灯会筹备工作过程中，未经认真研究就盲目决定在不具备举办大型群众活动条件的婺州公园举行灯会；对筹备组下设各部门均未明确职责，致使职责不清、管理混乱；灯会前一天已知晓公安部关于江苏省某县元宵灯会发生重大伤亡事故的紧急通报精神，仍未引起重视，也没有认真落实安全措施；尤其是预展时婺州公园门口已经出现数千群众拥挤的事故苗头，但陈某某依然没有引起重视，最终导致灯会当晚发生特大伤亡事故。5 月，金华市检察院以玩忽职守罪对陈某某立案侦查。案件起诉后，法院判处陈某某有期徒刑二年，缓刑二年。7 月，省检察院召开以研究查处玩忽职守犯罪为主题的座谈会，传达贯彻最高检察院 6 月召开的查处玩忽职守犯罪座谈会精神，特别强调要突出查处玩忽职守犯罪，同时也不放松对重大责任事故案、侵权案的查处。

1987 年，根据最高检察院部署，全省检察机关把法纪检察工作摆到更重要的位置上。1 月，省人大常委会专题听取省检察院关于法纪检察工作的报告，作出加强法纪检察工作的决定，要求各级检察院排除干扰，秉公执法，严肃查处国家工作人员玩忽职守案件、严重违法乱纪案件和重大责任事故案件，切实维护国家、集体和人民的利益。8 月后，全省检察机关根据最高检察院《关于正确认定和处理玩忽职守罪的若干意见(试行)》，加强查办玩忽职守犯罪案件。

1988 年 1 月，省检察院召开全省法纪检察工作会议，贯彻 1987 年 11 月全国法纪检察工作座谈会精神，要求大力加强法纪检察工作。并根据最高检察院部署，将侵权案、重大责任事故案、玩忽职守案作为办案重点来抓，重点办好大案要案。11 月召开全省法纪检察工作会议，要求各级检察院法纪检察部门在 1989 年要把侵权、渎职、重大责任事故 3 类案件作为重点，并根据形势变化逐步加大对“人质型”非法拘禁案(指绑架、扣押人质逼索债务的非法拘禁案)的查处力度。是年，全省检察机关共立案查处重大责任事故犯罪案 107 件，侵权犯罪案 140 件，分别比 1987 年增加 20.2%和 11.1%。

1990 年 1 月，全省检察长会议要求“查办侵权、渎职案件特别是重特大案件有新的突破”；2 月制发的全省法纪检察工作要点将该要求明确为“立案查处法纪案件数，特别是重特大法纪案件的比重要有新的增加；敢于查处国家工作人员侵权、渎职犯罪案件，发生一件，查处一件；侦查水平，尤其是突破复杂、疑难案件的能力有新的提高；逐步使办案工作规范化；进一步扩大法纪检察工作的影响”。4月，在全国检察机关第一次侵权、渎职案件侦查工作会议上，省检察院法纪检察处总结的《妨害邮电通信“无头”案侦查十策》和宁波市检察院总结的《聚众型侵权案件侦查取证的几种做法》作了经验交流。8月后，最高检察院检察长刘复之先后对法纪检察工作作出6次批示，反复强调法纪检察工作重要性，明确提出要将法纪检察工作摆到检察工作中反贪污贿赂和刑检工作之后的第三位。10月，最高检察院以“关于反对刑讯逼供、加强法纪检察工作的报告”为题向中共中央报告，并发出《关于加强法纪检察工作、坚决查处刑讯逼供案件的通知》，要求全国检察机关稳定和健全法纪检察机构，集中力量查处大要案。12月，全省检察长会议贯彻最高检察院部署，明确要求把法纪检察工作的开展情况作为衡量整个检察工作好坏的一个重要标志，切实改变少数地方存在的“说起来重要，干起来次要，忙起来挤掉”状况；各级检察院领导要像抓贪污贿赂犯罪大要案那样，直接指挥或参与办理重特大案件；集中精力查办刑讯逼供、非法拘禁、玩忽职守、重大责任事故、徇私舞弊案件(以下简称5类渎职侵权案件)，特别是大案要案。首次提出将徇私舞弊犯罪作为法纪检察部门的办案重点。1991—1992年，全省检察机关共立案查处上述5类重点案件806件，占渎职侵权犯罪案立案总数的75.2%。1992年3月上旬某日上午，青田县某乡瓯江渡口摆渡个体户郭某某置渡船限载26人的规定于不顾，一船搭载该乡某学校的45名学生和老师摆渡，途中又将船交由一名学生驾驶，自己以江水大为由向乘船人员加倍收取过渡费。由于严重超载，船至江心时沉没，人员全部落水，其中19人(内有教师4人)被淹死(郭某某被救)。3月，青田县检察院以重大责任事故罪对郭某某立案侦查。案件起诉后，法院判处郭某某有期徒刑五年。

1993年后，根据最高检察院部署，全省检察机关法纪检察部门突出查办5类渎职侵权案件，特别把查办司法人员徇私舞弊案作为重中之重。1994年1月下旬某日凌晨3时左右，杭州天工艺苑购物中心发生特大火灾，失火面积达1.1万平方米，造成可计算的直接经济损失达近1000万元。经公安机关查明火灾原因是电源线短路打火，喷溅溶珠飞溅引燃可燃物而起火；同时，夜间值班人员严重违反值班制度和劳动纪律，没有按规定巡逻，未能及时发现，贻误了初起阶段灭火的时机。还查明天工艺苑在二期改建扩建工程中，违反消防有关规定，埋下了火灾隐患，致使起火后火势迅速蔓延，商场通体燃烧。据此，杭州市上城区检察院于2月中旬对天工艺苑原经济民警吕某某等5人(均为当夜值班的直接责任人员，吕为班长)以玩忽职守罪立案侦查(后移送杭州市检察院并案处理)。杭州市检察院于5月上旬对天工艺苑原总经理、二期工程负责人谭某某，天工艺苑原党委书记、副总经理马某某(系分管安全保卫包括消防)，天工艺苑原基建科科长倪某某以玩忽职守罪立案侦查。案件起诉后，杭州市中级法院以玩忽职守罪对上述8名被告人分别判决有期徒刑三年至免予刑事处分的刑事处罚。4月上旬某日上午，缙云县某小学组织四年级小学生春游，由于缺乏组织指挥，导致100多名小学生蜂拥搭乘运砂水泥船而发生沉船事故，43名学生溺水身亡。4月中旬，缙云县检察院以玩忽职守罪对该小学校长吕某某、班主任田某某、赵某某、江某某、蒋某孙、蒋某新等人立案侦查。案件起诉后，法院以玩忽职守罪判处吕某某有期徒刑四年，分别判处江某某等4人有期徒刑一至二年(其中3人缓刑)，1人免予刑事处罚。

1996年3月，省检察院党组专题听取法纪检察工作汇报，作出《关于进一步加强法纪工作的意见》，将查办徇私舞弊犯罪案件作为全省法纪检察工作的重中之重，决定建立激励机制，促进对徇私舞弊犯罪案件的查处。4月，省检察院制发《对侦破徇私舞弊犯罪案件有功集体和个人记功表彰的暂行规定》，明确对查办徇私舞弊案成效突出的集体和个人记功表彰的标准。9月，省检察院根据举报，决定对原中国新技术创业投资公司浙江代理处副主任、金融部经理童金芳以玩忽职守、受贿罪立案侦查。经查明，童犯利用职务便利，借为多家公司、单位办理贷款及贷款展期业务之机，多次收受贿赂共计27.7万元，给国家造成直接经济损失290万余元。案件起诉后，法院判决童金芳构成受贿、贪污、非法发放贷款罪，以三罪并罚决定执行死刑，缓期二年执行，剥夺政治权利终身。1993—1996年，全省检察机关共立案查办渎职侵权犯罪案2015件，其中重大责任事故案695件、非法拘禁案576件、玩忽职守案280件、徇私舞弊案82件、刑讯逼供案31件，5类案件合计占渎职侵权犯罪案立案总数的82.7%。其中徇私舞弊案从1993年的7件逐年上升，1996年立案41件，上升4.9倍。

1997年初，省检察院根据修正后《刑事诉讼法》规定，要求各级检察院法纪检察部门突出查处国家工作人员渎职侵权犯罪特别是徇私舞弊犯罪案件。2月后，金华市检察院在集中批捕"金华税案"犯罪嫌疑人时，注意查办其中的滥用职权、玩忽职守案件，迅速组织力量对涉嫌玩忽职守犯罪的金华县财政局原局长王某某、金华县国税局原局长虞某某、金华县国税局原副局长吴某某，以及金华县一些干部的渎职犯罪案件立案侦查。6月后，省检察院以玩忽职守罪对金华县原县委书记王某某和金华县委原常委、宣传部部长周某某，以受贿罪对金华市委原常委、宣传部部长叶某某立案侦查。案件起诉后，法院均分别以玩忽职守罪、受贿罪、贪污罪、徇私枉法罪等，判处上述人员三年以上有期徒刑。7月，省检察院党组根据"两法"修改对渎职罪作出大幅度修改、法纪检察管辖案件范围扩大、管辖主体限定于国家机关工作人员等情况，专题听取法纪检察工作汇报，要求法纪检察工作只能加强不能削弱；把办案重点集中到查办国家机关工作人员的渎职犯罪和利用职权实施的侵权犯罪上，进一步突出徇私舞弊、玩忽职守、刑讯逼供3类重点。9月，省检察院以徇私舞弊罪对丽水地区中级法院刑一庭庭长金某某立案侦查。查明金犯在审理兰某某流氓、故意伤害(致死)、脱逃一案过程中，接受其家属的礼金、吃请等，明知兰某某行为已构成犯罪且情节严重，却徇私情私利，利用职权向其他承办人打招呼，并在合议庭评议中故意提出枉法判决的意见。在该法院审判委员会讨论决定一审判处兰某某死刑后，金犯又安排兰某某家属与省法院办案人员见面、送礼，并向有关人员打招呼，企图使兰某某得到轻判。案件起诉后，法院对金某某以徇私舞弊罪、受贿罪两罪并罚决定执行有期徒刑四年。是年，全省检察机关共立案查办3类重点案件120件，其中徇私舞弊犯罪案29件34人，同比有所下降；玩忽职守犯罪案80件，同比上升19.4%；刑讯逼供犯罪案11件，同比上升83.3%。

1998年始，全省检察机关法纪检察部门集中查办行政执法人员和司法人员的渎职犯罪，并注意查办管辖扩大后增加的罪名。5月，仙居县检察院以违法发放林木采伐许可证罪对该县某乡林业工作站原站长周某某立案侦查，查明周犯明知无权审批，却先后6次越权审批林木采伐许可证共计202立方米，实际砍伐269.949立方米，致使集体森林资源遭受严重破坏。

案件起诉后，法院判处周某某有期徒刑一年，缓刑一年。此为全省检察机关查办后首例被作有罪判决的违法发放林木采伐许可证案。10月，三门县检察院以徇私舞弊不移交刑事案件罪对该县工商局某工商所原所长毛某某立案侦查，查明毛犯在查封没收非法商标标识后，不仅不按规定将有关人员以非法制造、销售非法制造的注册商标标识罪移送公安部门查处，反而在收受好处后将已没收的非法商标标识又卖给非法制造者，使其得以继续作案。案件起诉后，法院判处毛某某有期徒刑二年，缓刑二年六个月。此为全省检察机关查办后首例被作有罪判决的徇私舞弊不移交刑事案件案。

1999年9月，省检察院以滥用职权罪对省委原常委、宁波市委书记、市长许运鸿立案侦查，查明许犯于1994—1998年间，多次受妻儿请托，违反规定，在明知某公司存在严重违规经营问题本应撤销后仍予以支持，致使其长期违规经营未被查处，造成资产损失和经营亏损10多亿元；违规要求有关单位贷款或借款数千万元给某公司，后因该公司资不抵债宣告破产，仅收回17万余元等滥用职权犯罪事实。案件起诉后，法院依法判处被告人许运鸿有期徒刑十年。此为全省检察机关立案查办的渎职犯罪案中级别最高(副部级)、量刑最重的案件。1998—1999年，全省检察机关共立案查办渎职侵权犯罪案155件，其中查办行政执法人员渎职犯罪新罪名案件有所起步，在林业、工商、税务、国土等部门共立案查办13件。

2000年6月，省检察院召开全省检察机关渎职侵权检察工作会议，要求各级检察院法纪检察部门以党政领导机关工作人员特别是县处级以上领导干部渎职犯罪、司法人员徇私枉法、枉法裁判和刑讯逼供、非法拘禁和行政执法人员的渎职犯罪为重点，不断拓展办案领域，突出查办新领域、新罪名的案件。5月，余姚市检察院以滥用管理公司职权罪对该市工商局某工商所登记室原负责人杨某某立案侦查，查明杨犯违规进行企业工商登记，造成重大损失。案件起诉后，法院判处杨某某有期徒刑二年，缓刑二年。此为全省检察机关查办后首例被作有罪判决的滥用管理公司职权案。是年，全省检察机关共立案查办渎职侵权犯罪案105件，同比增加20.7%，县处级以上干部要案7件，造成直接经济损失500万元以上的重特大案件26件；其中玩忽职守案37件，滥用职权案26件，徇私枉法案13件，合计占渎职侵权犯罪案立案总数的72.4%。

2001年4月，省检察院党组听取渎职侵权检察工作专题汇报，要求进一步加大力度。5月，省检察院召开全省检察机关查办渎职、侵权案件会议，提出加大记功表彰力度、两年内没有立案的到上级检察院说明情况、与评先进挂钩等一系列加强渎职侵权工作的具体措施；制发《浙江省检察机关内部移送渎职侵权犯罪案件线索的规定》和《浙江省检察机关查办渎职侵权犯罪案件记功奖励暂行办法》。8月，舟山市定海区检察院以商检徇私舞弊罪对该市出入境检验检疫局检测中心原副主任贺某立案侦查，查明贺犯收受他人好处并事先商定后，先后两次在承检过程中，违规默许货主在其上船抽取豆油样品后调换成棕榈油，依据调换后的棕榈油样品进行检测，并出具“符合进口棕榈油规格质量要求”的检验报告，致使该两船伪报为棕榈油的豆油得以顺利通关，造成国家关税和进口环节增值税的重大损失。案件起诉后，法院判处贺某有期徒刑三年，缓刑四年。此为全省检察机关查办后首例被作有罪判决的商检徇私舞弊案。

2002年,全省检察机关渎职侵权检察部门继续将行政执法人员和司法人员渎职、侵权犯罪作为工作重点,并按照最高检察院部署加大查办黑恶势力“保护伞”案件的力度。10月,丽水市检察院、遂昌县检察院以办理偷越国(边)境人员出入境证件罪、受贿罪分别对丽水市公安局出入境管理处原处长王某某、遂昌县公安局原副政委徐某某、县公安局国保大队原大队长柳某某、县公安局某派出所原所长梁某某立案侦查。查明该4人在收受好处或接受说情后,明知为外地人办护照违法,仍违反规定审批办理异地出国人员护照118本。案件起诉后,法院以办理偷越国(边)境人员出入境证件罪、受贿罪判处王某某有期徒刑七年六个月,判处柳某某有期徒刑一年;以办理偷越国(边)境人员出入境证件罪判处徐某某拘役五个月,缓刑六个月,判处梁某某免予刑事处罚。此为全省检察机关查办后首例被作有罪判决的办理偷越国(边)境人员出入境证件案。是年,全省检察机关共立案查办渎职侵权犯罪案155件163人,其中行政执法人员61人,司法人员55人,合计占渎职侵权犯罪案立案总人数的71%;还立案查办黑恶势力“保护伞”案件5件。

2003年3月,省检察院党组专题听取渎职侵权检察工作汇报,提出增加数量、确保质量、提高素质的要求。4月,全省第十三次检察工作会议进一步要求各市(地)平均每个检察院要立案并提起公诉1件以上渎职、侵权犯罪案件,不足1件的,所在市(分)检察院检察长和渎职侵权检察部门负责人要到省检察院说明情况,同时在统计上要扣除掉被判无罪的和撤案的案件;要求对“发生在民事行政审判环节和监管场所内的司法腐败”案件,分别由民事行政检察部门和监所检察部门查处。10月,宁波市海曙区检察院以徇私舞弊发售发票罪、徇私舞弊不征少征税款罪对宁波市海曙区国税局原主任科员丁某某立案侦查,查明丁犯在办理个体工商户发票验旧稽核、增值税发票认证及发票发售的4年间,违反税收法规,发售140余本《浙江省宁波市商业零售统一发票》给宁波市海曙某百货商行,致使该商行共偷逃税款达90余万元;同时还徇私违规降低征税标准,少征收该辖内有关企业税收合计30余万元。案件起诉后,法院以两罪并罚判处丁某某有期徒刑二年六个月。此为全省检察机关查办后首例被作有罪判决的徇私舞弊发售发票案、徇私舞弊不征少征税款案。12月,宁波市鄞州区检察院以执行判决裁定滥用职权罪、受贿罪对宁波市鄞州区法院执行庭原副庭长卢某立案侦查。查明卢犯在办理申请人中国工商银行鄞县支行等3家金融单位与被申请执行人鄞县交通造船厂借款合同案中徇私舞弊,擅自将被申请执行人偿还的执行款250余万元随意处分,致使申请执行人遭受重大经济损失。案件起诉后,法院以两罪并罚判处卢某有期徒刑九年。此为全省检察机关查办后首例被作有罪判决的执行判决裁定滥用职权案。是年,全省检察机关共立案查办渎职侵权犯罪案151件162人;其中,国家机关工作人员徇私舞弊、滥用职权和玩忽职守犯罪案126件,刑讯逼供、非法拘禁等侵犯公民人身权利和民主权利的犯罪案15件;重特大案件50件,同比增加25%;科级以上干部54人。

2004年3月,嘉兴市检察院以滥用职权罪、受贿罪对海宁市原副市长马某某立案侦查,查明马犯于2002年6月在处理该市某房产有限公司建筑项目商品房总面积超过规定标准的事务中,违反程序,超越职权,在国土部门提出应当补缴超面积部分土地出让金的报告上违法签署免缴意见，致使国土部门根据该意见办理了免缴土地出让金核销手续，造成175万余元土地出让金被违法免交，给国家利益造成重大损失。由于该房产有限公司在案件侦查过程中补缴了土地出让金，审理中对立案后审判前追回的损失能否认定为滥用职权罪的损失产生分歧。2004年11月，最高法院就省法院的请示批复："对于行为人滥用职权致使公共财产、国家和人民利益遭受的损失，计算至侦查机关立案之时。立案以后，判决宣告以前追回的损失，作为量刑情节予以考虑。"12月，法院对马某某以两罪并罚决定执行有期徒刑十五年。

2005年7月间，温州市瓯海区某镇原畜牧兽医员诸某某出于私情，未经现场检疫，授意猪贩伪造动物防疫标识(耳标)后，两次开具动物检疫合格证和《动物及动物产品运载工具消毒证明》，涉及生猪186头，其中2头在屠宰时被发现患有疫病。9月，温州市瓯海区检察院以动植物检疫徇私舞弊罪对诸某某立案侦查。案件起诉后，法院判决诸某某免予刑事处罚。此为全省检察机关查办后首例被作有罪判决的动植物检疫徇私舞弊案。

2006年，全省检察机关反渎部门按照省检察院"案件数量稳步上升、案件质量进一步提高、机构和队伍建设进一步加强"的要求，围绕查办破坏社会主义市场经济秩序的渎职犯罪专项活动，推动反渎职侵权工作全面开展。4月，温州市检察院以帮助犯罪分子逃避处罚、受贿罪对温州海关缉私分局原副局长彭某某立案侦查，查明彭犯多次利用职务之便，将杭州海关针对某公司涉嫌严重低报不锈钢进口价格走私犯罪开展的侦查措施等工作内情泄露给该公司负责人，导致有关人员销毁单证、更换手机，逃避侦查。11月，法院以两罪并罚判处彭某某有期徒刑六年。11月，省检察院对宁波市政协原副主席励奎铭以涉嫌滥用职权罪、受贿罪立案侦查。案件起诉后，法院依法判处励奎铭有期徒刑十三年。

2007年5月，余姚市检察院以非法批准占用土地罪、受贿罪对该市国土资源局某土管所原副所长陈某某立案侦查，查明陈犯于2003—2005年间，明知该市梁弄镇某村将土地卖给外地人后借用本村村民户头及伪造村民户籍证明申请建房，仍违反规定在《呈报表》上签署同意意见，导致合计36.20亩土地被非法占用，且造成其中林地10.13亩遭到毁坏的严重后果。案件起诉后，法院以两罪并罚判处陈某某有期徒刑四年。此为全省检察机关查办后首例被作有罪判决的非法批准占用土地案。7月，省检察院根据6月全国检察机关第四次反渎职侵权侦查工作会议精神，制发《关于进一步加强反渎职侵权工作的意见》，要求把反渎职侵权工作摆在更加突出的位置；加强反渎职侵权能力建设，突出办案。8月，最高检察院下发《关于加强反渎职侵权能力建设的决定》，提出要不断提高宏观驾驭工作全局、侦查突破案件、综合运用法律政策、查办案件的组织指挥、创新办案机制等5个方面的能力。各级检察院反渎部门根据最高检察院和省检察院的工作要求，突出查办危害公正司法、破坏土地资源和环境以及重大安全生产责任事故背后的渎职犯罪等案件，不断加大打击渎职犯罪的力度。是年，全省检察机关立案查办渎职侵权犯罪案件数在实施修改后《刑法》后首次超200人，比1998年增加1倍多。

2008年，全省检察机关反渎部门从保障改革开放、推动科学发展、促进社会和谐出发，坚决查办人民群众反映强烈的严重侵犯民生民利、破坏和谐稳定，危害改革开放、阻碍科学发展的危害国家资源和生态环境的渎职犯罪案件，严肃查办危害公正司法的渎职犯罪案件，认真查办发生在社会保障、食品卫生、医疗医药、征地拆迁工作中的渎职犯罪案件，不断加大反渎职侵权工作力度。1月，省检察院以故意泄露国家秘密罪、受贿罪对中纪委、监察部驻司法部纪检组监察局二室原主任林某某立案侦查，查明林犯于2007年7—8月间，利用职务之便摘抄2007年国家司法考试卷的部分试题和答案后，应人所请或收受贿赂后，将试题和答案泄露给深圳石某某等人，并由此进一步泄露给20余名考生。案件起诉后，法院以两罪并罚判处林某某有期徒刑五年六个月。林某某上诉后，省法院裁定维持原判。此为全省检察机关查办后首例被作有罪判决的国家部委机关人员渎职犯罪案件。

2009年，全省检察机关反渎部门围绕"保增长、调结构、重民生、促稳定"，深入开展查办涉农渎职侵权犯罪工作和查办危害能源资源和生态环境渎职犯罪专项工作，把影响构建和谐社会、妨碍经济社会发展、扰乱市场经济秩序、破坏社会公平正义和损害人民群众切身利益的渎职侵权犯罪作为办案重点。4月，宁波市检察院以玩忽职守罪、受贿罪分别对该市住房资金管理中心原主任王某某、原副主任顾某某、资金科原科长陈某某立案侦查，查明该3人将市住房资金管理中心持有的1.7亿元国债违规给某证券公司做国债回购使用，并违规将上述国债进行长达3年的7次国债回购合同续签；又擅自决定将5000万元国债给该证券公司进行短期国债回购。后因该证券公司违规经营，其擅自挪用的市住房资金管理中心2.06亿国债被中国证券登记结算有限公司上海分公司强行平仓出售，导致公共财产遭受重大损失。案件起诉后，法院以玩忽职守罪、受贿罪两罪并罚判处王某某有期徒刑十二年六个月，判处陈某某、顾某某各有期徒刑十一年六个月。此为全省检察机关在住房资金领域立案查办的损失数额最大的渎职犯罪案件。是年，全国人大专题审议反渎职侵权工作，认为反渎职侵权工作亟须加强，决定在2010年继续审议；最高检察院为此要求各级检察机关进一步加大反渎职侵权工作力度。

2010年，根据最高检察院和省检察院的部署要求，全省检察机关反渎部门严肃查办重大工程建设、公共资金使用、公共资源配置、公共项目实施等领域和环节发生的渎职犯罪案件，从严查办司法人员滥用职权、徇私枉法、枉法裁判、侵犯人权等犯罪案件，突出查办重特大案件和要案。3月，杭州市萧山区检察院以徇私枉法罪对杭州市公安局萧山区分局某派出所原副所长俞某某、民警傅某某、周某某立案侦查，查明该3人明知4起贩卖毒品案件的线索来自他人，却在收受虚开增值税专用发票犯罪嫌疑人赵某的好处和接受吃请情况下，分别对涉案证人和赵某做了具有虚假内容的笔录，并出具了案件系赵某提供线索从而抓获犯罪嫌疑人的情况说明，导致法院根据上述虚假材料认定赵某具有重大立功表现，从而予以减轻处罚。案件起诉后，法院以徇私枉法罪分别判处俞某某有期徒刑三年，周某某、傅某某各有期徒刑一年，缓刑一年。

表 19-6-1-2　　1979—2010 年浙江省检察机关查处渎职侵权案件情况一览表

单位:件

年份	受理	立案					结案
		合计	侵权案	渎职案	重大责任事故案	其他	
1979	365	-	-	-		-	267
1980	160	-	-	-		-	138
1981	1080	119	82	21		16	123
1982	1051	128	70	27		21	112
1983	777	100	52	38		10	96
1984	1322	185	75	40	15	55	196
1985	1327	215	84	51	42	37	202
1986	1578	275	100	75	52	48	280
1987	2007	351	128	78	87	58	326
1988	2094	393	136	86	107	64	381
1989	2279	399	130	102	100	67	359
1990	2275	467	201	121	116	29	469
1993	2393	427	197	74	146	10	411
1994	2489	539	197	114	206	22	516
1995	2712	535	202	125	195	13	539
1996	2740	514	214	126	148	26	548
1997	1362	196	33	120	21	22	190
1998	899	68	13	54		1	75
1999	877	87	13	73		1	71
2000	1031	105	9	95		1	87
2001	983	145	14	130		1	129
2002	884	155	11	144		0	117
2003	680	151	15	127		9	141
2004	578	171	7	163		1	166

续表

年份	受理	立案					结案
		合计	侵权案	渎职案	重大责任事故案	其他	
2005	492	159	12	147		0	152
2006	415	155	9	146		0	140
2007	420	186	2	183		1	176
2008	384	250	4	246		0	261
2009	372	242	4	238		0	241
2010	311	224	2	217		5	230

资料来源:根据省检察院检察业务统计表综合。

说明:重大责任事故案的管辖历经多次调整:1983 年之前由检察机关经济检察部门管辖,1984—1997 年 10 月由检察机关法纪检察部门管辖,1997 年 10 月后由公安机关管辖。

表 19-6-1-3　**2000—2010 年浙江省检察机关立案查处渎职侵权犯罪主要类型案件人数情况一览表**

单位：件；人

案件类型		2000		2001		2002		2003		2004		2005		2006		2007		2008		2009		2010	
		立案	判决	立案	判决	立案	判决	立案	判决	立案	判决	立案	判决	立案	判决	立案	判决	立案	判决	立案	判决	立案	判决
合　计		113	73	151	98	163	97	162	125	176	10	168	116	171	123	204	151	275	208	293	238	324	273
滥用职权案		31	19	45	34	46	31	58	46	82	52	56	47	67	56	74	59	129	112	148	125	146	134
其中	滥用职权罪	27	16	33	24	32	21	39	29	69	43	48	42	61	53	72	58	122	107	143	120	141	132
	违法发放林木采伐许可证罪	4	2	12	10	11	6	15	14	11	7	7	4	5	3	2	1	7	5	5	5	5	2
玩忽职守案		45	23	39	14	43	23	54	44	63	30	75	42	56	41	86	61	95	57	66	52	80	60
其中	玩忽职守罪	40	22	39	14	38	21	54	44	62	30	65	38	52	40	83	58	94	57	66	52	77	57
	失职致使在押人员脱逃罪	5	1	–	–	4	1	–	–	–	–	6	3	1	–	3	3	1	–	–	–	1	1
泄露国家秘密案		1	1	1	0	5	1	1	1	3	3	3	3	3	2	7	5	10	10	4	4	9	7
其中：故意泄露国家秘密罪		1	1	1	–	5	1	1	1	3	3	3	3	3	2	7	5	10	10	4	4	9	7
徇私舞弊案		24	–	49	41	55	36	18	14	19	15	20	17	27	13	31	24	35	26	69	53	66	62
其中	徇私枉法罪	17	14	28	22	14	10	10	7	8	5	5	5	6	5	6	6	8	7	9	6	17	17
	民事、行政枉法裁判罪	2	2	–	1	3	1	1	1	–	–	1	1	4	–	–	–	1	1	–	–	2	2
	徇私舞弊不移交刑事案件罪	3	2	4	4	9	3	2	1	6	5	3	2	2	2	1	–	–	–	10	7	–	–
	徇私舞弊不征、少征税款罪	–	–	2	–	3	1	1	1	1	1	–	–	4	–	3	3	4	3	2	2	3	3
	帮助犯罪分子逃避处罚罪	2	2	13	11	3	3	3	3	4	4	7	5	9	4	18	13	20	13	42	36	42	38
侵犯公民权利案		9	7	14	8	14	6	22	14	8	4	13	7	11	9	3	2	4	3	6	4	8	8
其中	国家机关工作人员非法拘禁	2	1	7	3	1	–	3	1	4	2	3	3	6	6	–	–	–	–	3	3	7	7
	国家机关工作人员刑讯逼供	4	4	4	3	7	5	8	6	3	2	7	3	4	3	3	2	–	–	2	1	1	1
其　他		2	2	2	1	–	–	9	6	1	–	1	–	7	2	3	–	2	–	–	–	15	2

资料来源：根据省检察院检察业务统计表综合。

第二节 专项侦查活动

1978年全省检察机关重建后，随时根据社会形势变化，针对国家工作人员或特定人员中一些突出的渎职侵权等职务犯罪进行阶段性集中查处。1980年，浙江省根据1月实施的《中华人民共和国全国人民代表大会和地方各级人民代表大会选举法》，进行“文化大革命”结束后首次县、乡两级人大代表选举。全省检察机关根据案件管辖，依法查办破坏选举的案件，确保选举工作顺利进行。是年，全省检察机关共立案查办破坏选举案10件。至1993年，全省县、乡两级人大选举每3年一次，1993年《宪法修正案》将县级人大代表选举修改为5年一次，乡镇人大代表选举仍为3年一次。每逢县、乡两级人大代表换届选举，省检察院均部署全省检察机关依法查办破坏选举案件。2003年1月，在永康市第十四届人大代表换届选举中，第14选区某投票点工作人员俞某某利用工作职务便利，采用涂改选票手段帮助本村代表候选人，致使该选区选举无效。5月，永康市检察院以破坏选举罪对俞某某立案侦查。案件起诉后，法院判处俞某某拘役四个月，缓刑六个月。截至2010年，全省检察机关共立案查办破坏选举案73件。

1983年1月，青田县检察院以破坏邮电通信罪对徐某某、吴某道、吴某言、刘某翠(吴某道妻子)、张某某立案侦查，查明邮递员徐某某于1982年12月在投递中国驻意大利使馆给青田县某村归国华侨刘某某邮汇养老金443.7万里拉(折合人民币6095.98元)时私拆邮件；当地村民吴某道得知此事后，即编造了收件人即王某某已死亡多年、该款应由其妻叶某某继承的谎言，并拉拢徐某某的妹夫张某某找到徐某某。徐某某明知是谎言却表示只要有大队的证明就可把钱领去，并索要侨汇券等好处。于是吴某道、吴某言、张某某等人经策划后，写了大队假证明盖章后，由张某某到徐某某处领取了挂号信。之后，上述3人与刘某翠陪叶某某来到青田城关假造私章，向银行领取汇款进行分赃。案件起诉后，法院以破坏邮电通信罪判处徐某某、吴某道各有期徒刑三年，吴某言有期徒刑二年，刘某翠有期徒刑二年、缓刑二年，张某某有期徒刑六个月、缓刑一年。11月，最高法院、最高检察院、公安部、邮电部下发《关于加强查处破坏邮电通信案件工作的通知》，要求加强对破坏邮电通信案件的查处。12月，省检察院、省法院、省公安厅、省邮电管理局通知要求各级公、检、法、邮电部门密切配合、通力协作，加强邮电通信安全防范和查处破坏邮电通信案件的工作。1985年7月，省委书记王芳在省检察院《检察情况反映》第56期《温州邮电系统违法犯罪活动的一些新情况》上批示，“要采取严肃态度，认真查处”。各级检察院立即向党委汇报，积极与当地邮电部门联系，加强查办案件中的协作配合。1984—1985年，全省检察机关共查处破坏邮电通信案38件。

1986年6月，最高检察院召开查处玩忽职守犯罪座谈会，强调要突出查处玩忽职守犯罪。7月，省检察院召开以查处玩忽职守犯罪为主题的座谈会，传达贯彻最高检察院会议精神，要求依法严惩玩忽职守犯罪。1987年8月，最高检察院下发《关于正确认定和处理玩忽职守罪的若干意见(试行)》，对玩忽职守罪的犯罪主体、客观要件、损失计算、责任区分等问题做出规定。1986—1988 年，全省检察机关共立案查办玩忽职守案 165 件，占同期立案渎职案件的近 70%。此后，全省检察机关查办玩忽职守案件成为常态性工作。

1986 年 3 月某日上午，杭州某工厂原仓库保管员沈某某在该厂外贸成品仓库封扎装有生姜片的麻袋口时，违规用随身携带的火柴将棉纱线烧成两根，不久就回家吃午饭。其中一根棉纱线并未熄灭，经慢慢燃烧引燃下面的纸板箱、松木板等物，造成烧毁库房、生姜片、蘑菇片、包装材料等，造成实际损失 56.9 万元的重大火灾。杭州市江干区检察院即以重大责任事故罪对沈某某立案侦查。案件起诉后，法院判处沈某某有期徒刑二年六个月，缓刑三年。4 月，最高检察院、劳动人事部下发《关于查处重大责任事故的几项暂行规定》，规定管辖案件范围、报告或控告程序、检察机关参与调查的程序、职责以及处理等内容。1987 年 5 月，最高检察院召开九省、市检察机关查办重大责任事故案件座谈会，要求严肃查处此类案件。全省检察机关法纪检察部门按照最高检察院座谈会要求，坚持对重大责任事故重点关注，发现一起查办一起；有时事故频发，即集中查办。1986—1997 年，全省检察机关共立案查办重大责任事故犯罪案 1470 件，年均立案 120 余件。1997 年 10 月后，根据修改后“两法”，重大责任事故案由公安机关管辖。

1988 年 4 月，省检察院对 1986—1987 年全省检察机关查办非法拘禁犯罪情况进行分析总结，发现“人质型”非法拘禁案呈持续上升趋势，即部署各级检察院法纪检察部门集中力量专门查处。

1989 年 7 月下旬，省检察院、省邮电管理局联合召开查处破坏邮政通信案件经验交流会，制定检察机关和邮电部门关于查处妨害邮电通信案件工作中协调配合的规定，提出进一步加强查处工作的具体要求。8 月，省检察院、省邮电管理局制发《关于查处妨害邮电通信案件工作中协调配合的规定》。1988—1989 年，全省检察机关共立案查办破坏邮电通信犯罪案 66 件，为历年来最多。1990 年 6 月，最高检察院、邮电部下发《关于查处邮电工作人员渎职案件的暂行规定》。后全省检察机关查办破坏邮电通信案件的数量逐步减少，1990—1997 年的 8 年间，全省检察机关共立案查办破坏邮电通信犯罪案 63 件。1997 年 10 月后，检察机关不再管辖该案件。

1990 年 8 月，省检察院调研后发现商贸活动中的“人质型”非法拘禁案有增多趋势。9 月，最高检察院鉴于全国此类案件也日益多发，召开查处“人质型”侵犯公民人身权利案件座谈会，要求全国检察机关法纪检察部门把查处“人质型”非法拘禁案作为一个阶段的突出问题来抓。10 月，最高检察院下发《关于查处人质型侵犯公民人身权利案件的若干意见》，就此类案件的有关法律界限、查处重点、管辖、对涉案司法人员的处理等问题做出规定，特别强调查处此类案件首先要无条件解救人质。至年底，全省检察机关共立案查办“人质型”非法拘禁犯罪案 45 件，占非法拘禁案立案总数的 45.9%。在此后的 6 年间，全省检察机关法纪检察部门共立案查办“人质型”非法拘禁犯罪案 527 件，占非法拘禁案立案总数的 62.3%，协调解救人质数千人。

1995 年 5 月，省检察院召开全省第一次徇私舞弊案件侦查工作会议，将查办徇私舞弊案件提到法纪检察工作的重中之重和检察机关反腐败斗争的高度，部署专项查办徇私舞弊案件工作。是年，全省检察机关共立案查办22件，为前3年总和的88%。1996年4月，为促进徇私舞弊案件的查办工作，省检察院制发《对侦破徇私舞弊案件有功的集体和个人记功表彰的暂行规定》。同月，省检察院以徇私舞弊罪对泰顺县检察院原检察长高某某、刑事一科原副科长王某立案侦查，查明该2人在办理邱某某强奸案过程中，明知邱的行为已构成犯罪，在接受邱犯亲友的说情、礼物后，违反职责要求，指点他们伪造关键证据；之后又违反办案纪律，同意邱犯的家属参与取证，并积极采信虚假证据，致使该案出现重大反复。案件起诉后，法院判处高某某、王某有期徒刑。是年，全省检察机关共立案查办徇私舞弊犯罪案39件，同比增加95%。此后，全省检察机关查办徇私舞弊案件成为常态性工作，持续加大力度。

2001年7月，义乌市检察院以徇私枉法罪对该市公安局某派出所原所长金某立案侦查，查明当地一托运站经营户贾某为垄断托运业务，多年间网罗人员，以暴力、威胁等手段有组织进行故意伤害、寻衅滋事、非法拘禁、敲诈勒索等犯罪行为垄断托运市场，涉案110余起；其中朱某某等人受贾某指使，持刀砍伤他人。案发后，贾某指使下属找金犯说情。金犯安排朱某某投案自首，并多次调解被害人同意结案，致使朱某某等其他涉案人员均未受到刑事追究。案件起诉后，法院对金某以徇私枉法罪、行贿罪两罪并罚决定合并执行有期徒刑一年。

2002年6月，最高检察院为配合全国开展的“严打整治”斗争，部署全国检察机关渎职侵权检察部门开展查办黑恶势力“保护伞”背后渎职犯罪案件专项工作，重点查办国家工作人员包庇、放纵、保护黑恶势力，阻挠、干扰查处黑恶势力犯罪的案件，以及司法人员贪赃枉法、徇私舞弊私放在押人员、徇私舞弊减刑假释暂予监外执行、帮助犯罪分子逃避处罚等案件。全省检察机关共立案查办“保护伞”案件14件。2004年1月，最高检察院对专项工作中的先进集体和先进个人予以表彰，浙江省检察机关法纪检察部门有1个集体和2名个人受到表彰。

2004年5月至2005年6月，根据最高检察院部署，全省检察机关渎职侵权检察部门开展查办国家机关工作人员利用职权侵犯人权犯罪案件专项活动，重点查办因严重渎职造成人民生命财产重大损失的案件；非法拘禁、非法搜查案件；刑讯逼供、暴力取证案件；破坏选举，侵犯公民民主权利案件；虐待被监管人的案件。2004年8月，泰顺县检察院以玩忽职守罪对该县质量技术监督局原局长毛某某、原副局长陈某某立案侦查，查明该2人于2001—2002年间，在该县奶粉企业标准备案评定会上，未严格履行《中华人民共和国食品卫生法》有关生产婴幼儿奶粉主、辅食品的营养卫生标准的强制性规定，同意有关奶粉企业降低婴幼儿奶粉中蛋白质含量；在日常检查中多次发现大多数奶粉企业违反有关规定，奶粉质量不合格，却放任自流，以致该县奶粉企业所生产的不合格婴幼儿奶粉流入市场，严重危害婴幼儿身体健康，在社会上造成恶劣影响。案件起诉后，法院以玩忽职守罪追究该2人的刑事责任。专项行动期间，全省检察机关共立案专项案件38件39人，分别占同期渎职侵权犯罪案立案总件数和总人数的20.8%和20.5%。其中，查办轰动全国的假奶粉导致“大头娃娃”事件背后的渎职犯罪5件5人，重大责任事故背后渎职犯罪13件，刑讯逼供案和非法拘禁案10件。

2005年7月至2006年12月，根据最高检察院部署，全省检察机关反渎部门开展查办破坏社会主义市场经济秩序渎职犯罪专项活动，重点查办国家机关工作人员失职渎职严重扰乱市场经济秩序的犯罪案件，负有市场监管职责的行政管理、执法机关工作人员和司法人员滥用职权、徇私枉法、放纵制售伪劣商品犯罪行为和徇私舞弊不移交刑事案件等犯罪案件。省检察院成立专项工作领导小组，制发专项工作实施方案。云和县工商局经检队原队长黄某某于2002—2003年间，明知该县某公司将县工商局查处没收的地条钢非法销售给原货主，却在收受好处后不予查处，放纵犯罪行为，数量达200余吨，货值20余万元。经云和县检察院立案侦查、起诉后，法院以放纵制售伪劣商品犯罪行为罪判处黄某某拘役六个月，缓刑一年。专项活动期间，全省检察机关共立案查办破坏社会主义市场经济秩序渎职犯罪194件200人。2007年2月，最高检察院表彰专项活动先进集体和先进个人，浙江省检察机关有2个集体和2名个人受到表彰。

2008年5月至2009年11月，根据最高检察院部署，全省检察机关反渎部门开展查办危害能源资源和生态环境渎职犯罪专项工作，重点查办破坏土地、矿产、林业资源、水资源等导致能源资源和生态环境严重破坏，致使公共财产和国家、人民利益遭受损失的犯罪案件。省检察院向省委领导专题汇报专项工作实施安排。省委书记、省人大常委会主任赵洪祝作出批示，认为省检察院提出的五点意见是可行的，要抓好落实。① 省委副书记、省长吕祖善批示则要求进一步做好依法行政②。2008年6月，嵊泗县检察院以滥用职权罪、受贿罪对该县国土资源局原副局长王某某立案侦查，查明王犯接受请托，违规指使地质大队在某石料矿地质普查中减少实测储量，给国家造成经济损失34万余元。案件起诉后，法院对王某某以两罪并罚决定执行有期徒刑十一年。2010年2月，最高检察院发文表彰专项活动先进集体和先进个人，浙江省检察机关有4个集体和4名个人受到表彰。

2008年5月至2009年11月，根据最高检察院部署，全省检察机关反渎部门开展查办涉农职务犯罪保障社会主义新农村建设专项工作，重点查办非法侵占、破坏土地的渎职犯罪，破坏林业资源、土地资源和水资源的渎职犯罪。2009年4月，缙云县检察院以滥用职权罪、受贿罪对该县水利局副局长楼某某立案侦查，查明楼犯在接受吃请、收受香烟等礼物或入股以后，借疏浚之名核发河道采砂许可证，违规许可20余名砂场老板在河道采砂，给国家造成经济损失115万余元，并严重影响溪水水质，造成恶劣社会影响。案件起诉后，法院对楼某某以两罪并罚决定执行有期徒刑四年。专项活动期间，全省检察机关共立案查办各类破坏社会主义新农村建设的渎职侵权犯罪案件217件226人，分别占同期渎职侵权犯罪案立案总件数的49.89％和总人数的47.08％。

2009年7月至2011年6月，根据最高检察院部署，全省检察机关反渎部门开展查办工程建设领域渎职犯罪专项工作，重点查办土地出让、矿产开发、规划审批、招标投标、工程项目规划、立项审批等工作中失职渎职造成重大损失或恶劣影响的渎职犯罪案件。2009年12月，金华市检察院以滥用职权罪、受贿罪对兰溪市建设局原局长许某某立案侦查，查明许犯在任职期间，收受好处后违规将该市某厂地块的临时建筑转为永久性建筑，将工业用地作商业化使用，违规办理相关审批手续，并违规少收配套费、易地绿化费等费用，给国家造成用地费用差价、规费等51万余元的经济损失，在社会上造成严重不良影响。案件起诉后，法院对许某

①② 《检察工作要况》2008年第1期，2008年5月23日。

某以两罪并罚决定执行有期徒刑十二年六个月。2009 年 7 月至 2010 年底，全省检察机关共立案查办工程建设领域渎职犯罪 105 件 115 人，占同期渎职侵权犯罪案立案总件数的 30.5％和总人数的 24.5％。

第三节 侦查协作

1978 年检察机关重建后，全省检察机关法纪检察工作面临管辖案件特殊、人员配备相对不足、社会公众对法纪检察职能作用了解不够等情况，在查办渎职侵权犯罪案件上长期存在发现难、查办难、处理难、阻力大的“三难一大”问题。为此，省检察院多次要求省、市（分）检察院法纪检察部门强化对下业务指导，下级检察院要通过上级检察院组织协调以化解干扰阻力、解决疑难问题。全省检察机关法纪检察部门加强侦查一体化和与内外各部门协作配合的实践探索，尝试上下级联合查办案件、有关部门协作配合等做法，对法纪检察工作起到一定的推动作用。

1989 年始，省检察院提出上级检察院要直接查办法纪犯罪大要案，对侦查一体化和与内外各机关、部门协作配合工作的要求逐步深化；省检察院首次与有关单位建立法纪检察工作协调配合制度，一些地方也建立相关制度。1997 年，最高检察院下发《关于加强跨省市、跨地区渎职侵权重大罪案侦查指挥与协作的规定》，对跨区域渎职侵权重大罪案的侦查指挥与协作做出具体规定；一些市检察院开始组建法纪检察的机动办案队伍。2000 年 5 月，最高检察院下发《关于加强渎职侵权检察工作的决定》，其中提出要建立以分、州、市检察院为“龙头”，县、区检察院为支点的办案体制，形成区域联动、上下一体、指挥有力、协调高效的侦查工作运行机制。2002 年 5 月，最高检察院召开全国检察机关职务犯罪侦查工作会议，要求建立以省检察院为指导、市（地）检察院为主体、基层检察院为基础的查办重大疑难渎职侵权案件工作机制。2005 年，省检察院明确要求建立和加强适合反渎工作特点的侦查一体化机制。截至 2010 年，全省检察机关反渎工作的侦查指挥和协作机制逐渐成熟，侦查一体化运行机制不断完善，有效推动查办渎职侵权犯罪大案要案工作。

一、侦查一体化

1980 年 6 月，温岭县某公司原副经理狄某某、吴某为调查该公司员工江某的生活作风问题，擅自将江某拘禁并进行逼供和秘密录音。温岭县检察院发现后提出异议予以制止，狄某某虽口头向江某宣布解除拘禁，但仍继续派人将江某看管在原地，致其上吊自杀。温岭县检察院对该案立案侦查并起诉后，与有关部门存在认识分歧，经台州检察分院和省检察院先后派员到当地协调沟通，并 2 次向法院提出抗诉，最终使狄某某、吴某依法受到法律惩处。

1982 年 10 月，三门县检察院立案侦查该县花桥公社某村党支部书记王某某非法拘禁致人死亡案。经台州检察分院 2 次复查、省检察院 1 次复查、省检察院检委会讨论，均认为王某某构成犯罪，但因种种原因一直不能侦查终结。直至 1985 年 1 月，根据省检察院领导意见，省检察院法纪检察处派人到三门县督促落实，先后与县委、县政府领导沟通，统一认识，终于使该案顺利起诉、判决。

1989 年，省检察院要求上级检察院将工作重点放在加强对基层检察院办案指导和直接参与办理渎职侵权重特大案件上，省检察院直接参与办理特大案件和对全省有影响的大案，市（分）检察院直接参与办理重大案件和对市、地有影响的大案。1990 年 6 月，全省第一次渎职侵权案件侦查工作会议进一步明确下级检察院办案中遇到较大阻力和困难的，必要时可由上级检察院办理；在此基础上，市（分）检察院要参与重大案件的办理和指导，省检察院要参与和指导办理特大案件。据此，台州地区检察机关 1991 年立案查处渎职侵权重、特大案 10 件，其中省检察院台州分院法纪处参与办理 8 件。1991 年，丽水地区检察机关立案 2 件公安干警徇私舞弊案、刑讯逼供案，省检察院丽水分院法纪处在各个主要环节上都共同参加，进行指导、把关和协调。

1993 年 5 月，省检察院在全省第二次渎职侵权案件侦查工作会议上，要求上级检察院对徇私舞弊案从线索开始跟踪，及时掌握侦查阶段各个环节的进展情况；涉及一般人员的案件要派人参加面对面指导；涉及科级以上干部和检察机关内部的案件，原则上由市（分）检察院为主查办；案情复杂、阻力较大的，省检察院除尽力做好沟通协调工作外，还要派人直接参与办理。

1995 年 5 月，省检察院在全省检察机关徇私舞弊案件侦查工作会议上，要求发挥上下级业务部门的整体战斗力，上级检察院要加强对徇私舞弊案件侦查工作的组织指挥和参办、督办、协办工作；有条件的地方可探索调配案发地外的检察院侦查人员办理的方法，减轻案发地检察院的办案压力；县（市、区）检察院难以办理的案件，市（分）检察院可以调配本辖区其他县（市、区）检察院侦查人员办理，市（分）检察院认为本地难以办理的，可经省检察院协调由其他市（分）检察院侦查人员办理。是年，永嘉县检察院在办理该县公安局某派出所原所长周某某徇私舞弊案中，温州市检察院法纪处全体干警赶赴永嘉县，一起制订侦查计划、调查取证、审问嫌疑人，突破案件。1996 年 6 月，遂昌县发生公安局原副局长田某某等人刑讯逼供致人死亡案，省、地、县三级检察院接到报告后立即赶赴案发现场，迅即组织进行尸体解剖、鉴定取样及外围取证工作，并及时对 3 名主要犯罪嫌疑人采取强制措施，迅速突破全案。

1997 年 1 月，台州市检察院从基层检察院抽调法纪检察骨干，组建全省检察机关第一支法纪案件特别侦查队伍，市检察院可灵活机动调动全市范围内的所有法纪检察干警查办渎职侵权案件。8 月，省检察院抽调全省一些检察院的法纪检察侦查骨干组建重点案件侦查组，专门负责对全省有重大影响的渎职侵权大要案进行查处，并负责跨地区疑难复杂案件的攻坚和协调。嘉兴市检察院由各县检察院派出侦查骨干组建全市检察机关侦查机动支队，其中二大队办理徇私舞弊、刑讯逼供等法纪案件。1997—1999 年，温州、绍兴、丽水、杭州、宁波等市（分）检察院相继组建侦查机动支队、特别案件侦查队、法纪案件指挥中心等查办渎职侵权案件的侦查骨干队伍。12 月，省检察院总结全省检察机关查办徇私舞弊案件基本情况后，在全国率先提出上级检察院尤其是市（分）检察院要成为查办徇私舞弊案件的“龙头”。1998 年 10 月，省检察院召开全省检察机关查处渎职犯罪座谈会，要求对查办案件要下管一级，市（分）检察院要带头办案，抓紧成立重案组、特侦队、法纪案件指挥中心等，调动办案力量查处渎职犯罪。

1999年，一些市（分）检察院为减轻案发地检察院查办渎职侵权案件的压力，开始探索将案件交由案发地外的检察机关办理。11月，省检察院召开全省检察机关法纪检察工作会议，要求上级检察院业务部门加强对查办渎职犯罪案件侦查力量的统一调配和侦查办案工作的协调指挥，加大提办、参办、协办、督办力度，并充分发挥各地业已成立的办案骨干队伍的作用。2000年，宁波市检察院获悉镇海海关工作人员渎职犯罪线索后，交由该市北仑区检察院侦查。北仑区检察院在宁波市检察院的支持帮助下，先后立案查办该海关业务一科科长陈某某滥用职权案和业务二科副科长盛某某、审价员贝某某玩忽职守案。

2001年4月，宁波市检察院总结了自1998年成立渎职侵权犯罪侦查指挥中心后，坚持统一调配使用办案力量，解决力量不足问题；统一管理案件线索，统一部署查处；统一协调、指挥立案侦查；逐步形成以市检察院为“龙头”、上下一体、区域联动、协调高效的渎职侵权犯罪侦查工作办案机制的经验做法。省检察院即将这一做法推广至全省检察机关。5月，省检察院在全省检察机关查办渎职侵权犯罪案件会议上，要求进一步加强和完善以市检察院为“龙头”的办案机制，对基层检察院办案中遇到的阻力和困难，上级检察院要通过提办、协办、督办等方法加强协调指挥，帮助突破阻力，解决困难，为基层检察院创造较好氛围。2002年6月，全省检察机关职务犯罪侦查工作会议将侦查指挥机制一体化作为职务犯罪侦查工作的发展方向之一，要求建立上下一体、信息畅通、指挥有力、协调高效的侦查指挥新机制。2000—2003年，金华、宁波、丽水、温州、台州等市检察院带头办案，统一集中管理全市渎职侵权违法犯罪线索，协调全市侦查力量，灵活运用提办、督办、参办等形式，为下级检察院办案排除阻力，帮助解决办案中遇到的各种问题，这几个市检察机关的办案数量均居全省前列。

2005年3月，省检察院制发《浙江省检察机关推进职务犯罪侦查一体化机制建设的若干意见（试行）》，对侦查一体化机制建设进行规范。6月，全省检察机关反渎职侵权工作会议要求进一步加强查办渎职侵权案件的一体化建设，在加强内外认识、线索发现及移送与管理、案件查办、保证案件质量等方面都要适合反渎工作特点。

2007年7月，省检察院贯彻落实全国检察机关第四次反渎职侵权侦查工作会议精神，制发《关于进一步加强反渎职侵权工作的意见》，要求积极探索建立符合浙江实际的纵向指挥有力、横向协作紧密、侦查资源得到合理配置的反渎职侵权工作一体化机制，实现侦查活动统一指挥、侦查人员统一调配、侦查资源统一使用。各市检察院的侦查一体化机制初步建立，成功办理一批有影响有震动的渎职侵权犯罪案件。5月，丽水市检察院在办理缙云县经贸局原局长李某某、技术改造科科长杜某、缙云县财政局国有资产管理科副科长厉某某、缙云县壶镇镇企业办公室主任谢某某等人滥用职权导致技改资金损失一案过程中，抽调全市反渎侦查骨干集中办案，采用市检察院领办和指定下级检察院办理相结合的方式，有效排除阻力突破案件。6月，金华市检察院在办理一件公安民警刑讯逼供致人死亡案过程中，抽调全市反渎侦查骨干，由市检察院统一组织排除阻力突破案件，使3名涉案公安干警依法受到惩处。

2008年2月，全省检察机关反渎职侵权工作会议要求上级检察院在查办渎职侵权犯罪工作中发挥更大作用,省检察院要发挥“龙头”引导作用、市检察院要发挥主体主导作用、基层检察院要发挥基础作用。是年,全省多数市检察院都对本市渎职侵权犯罪案件线索统一掌控,对基层检察院所立渎职侵权案做到件件过问、把关,对基层检察院办案中遇到的困难,采取派员参与或抽调全市办案骨干等方式帮助解决。10 个市检察院均有立案,其中温州市检察院立案 4 件 4 人,杭州市检察院立案 3 件 3 人。

2010 年 2 月,全省检察机关反渎职侵权工作会议提出,在侦查一体化建设上,市检察院的中心作用尤为重要;市检察院必须强化与各基层检察院紧密结合、集中办案的整体作战机制。

二、内外协作配合

1988 年始,为扩大案源渠道,全省法纪检察部门注意加强横向联系,建立信息网络,互通情报。杭州市上城区检察院与杭州市邮电管理局加强联系,及时获得杭州市邮电管理局的案件线索报告,共受理破坏邮电通讯案 8 起,其中立案侦查 4 件 6 人。

1989 年 2 月,省检察院法纪处在 1989 年工作要点中,要求建立和加强联系制度以疏通和扩大案源渠道,与各级纪委、监察、劳动、邮电等机关、部门和有关区、乡建立完善各种办案联系协调制度。7 月,省检察院和省邮电管理局联合制发《关于查处妨害邮电通讯案件工作中协调配合的规定》,对协作配合的具体程序等内容做出明确规定。宁波市检察院与该市劳动局制订《生产事故防范、查处工作联系制度》,湖州市检察院制订《矿山重大责任事故现场勘查工作意见》,对查处责任事故有关事项作出规范。是年,金华市检察机关通过与有关部门加强联系,有关部门主动报案并协查重大责任事故案 20 件 40 余人次,妨害邮电通讯案 10 件 25 人次。

1991 年,省检察院要求各级检察院继续建立和健全与各级纪委、公安、司法、监察、审计、劳动、邮电等机关、部门的联系制度,加强相互间的协调配合,及时了解法纪案件信息,为办案创造良好条件。同时密切与检察院内部刑检、反贪、控申等部门之间的联系配合,既注意在办理法纪案件中发现职务经济犯罪、刑事犯罪线索,也注意从职务经济犯罪、刑事犯罪案件中发现法纪案件线索。是年,全省检察机关从刑事犯罪案件中发现并立案查处法纪犯罪案 54 件;在办理法纪案件中发现并移交刑事、职务经济犯罪案 25 件,其中贪污、贿赂犯罪案件占 88%。金华市检察机关共受理公安、法院、劳动、纪委、矿管、建工、邮电等部门报案或移送的渎职侵权案 120 余件,占全市渎职侵权案受理数的 50%左右;从公安机关办理的诈骗案件和侦查局办理的贪污贿赂案件中,发现并立案查办法纪犯罪案 10 件。嘉兴市郊区检察院在侦破嘉兴市第二地方工业供销公司副经理李某某玩忽职守造成 2000 余万元损失特大案件中,抓住蛛丝马迹,从中挖出 6 件重大贪污贿赂犯罪案件。

1992—1998 年,全省检察机关继续加强内设部门之间及与各级人大、纪委的联系,疏通案源渠道。1997 年,台州市检察机关法纪检察部门立案查办 6 件徇私舞弊案,有 3 件是从检察院刑检部门获取的,有 2 件是从人大、纪委获取的;省检察院丽水分院立案查办的 2 件徇私舞弊案均是从纪委获取的。

1999年11月，全省检察机关法纪检察工作会议要求建立渎职侵权犯罪线索移送举报的考核奖励制度，纳入目标考核。省检察院与省法院、省纪委、省公安厅、省监察厅、省审计厅、省工商局联合制发《关于在案件查处过程中相互提供案件材料的若干规定(试行)》，规定上述机关在查处违反党纪政纪案件过程中，发现共产党员或监察对象涉嫌犯罪的，均应及时将有关材料提供给有管辖权的司法机关。12月后，全省检察机关执行最高检察院与国土资源部、公安部等九机关《关于在查办渎职案件中加强协调配合建立案件移送制度的意见》，受理公安、国土资源等机关发现或经调查后认为国家机关工作人员涉嫌渎职犯罪、需要追究刑事责任的案件。

2000年6月，全省检察机关渎职侵权检察工作会议提出，除要继续加强内外联系与协作外，还要加强与新闻界的联系与协作，扩大案源。2001年5月，省检察院制发《浙江省检察机关内部移送渎职侵权犯罪案件线索的规定》，规定各级检察院内设业务部门应及时将办案中的相关法律文书以及可能涉嫌渎职犯罪线索移送渎职侵权检察部门。2004年1月，为鼓励全省检察机关内设部门移送职务犯罪案件线索，省检察院制发《关于职务犯罪案件线索内部移送奖励的暂行办法》，明确检察机关内部移送职务犯罪线索的奖励制度。2月，省检察院和省公安厅、省经济贸易委员会、省工商局、省国土厅、省建设厅、省国税局等16家省级机关联合制发《关于行政执法机关移送涉嫌犯罪案件几个具体问题的规定》，规定行政执法机关在依法查处违法行为过程中，发现贪污贿赂、国家工作人员渎职或者国家机关工作人员利用职权侵犯公民权利等违法行为，涉嫌构成犯罪的，应当及时将案件移送检察机关。6月，省检察院与省纪委、省监察厅联合制发《关于进一步加强协作配合严肃查处失职渎职侵权行为的意见》，规定各级纪检监察机关对可能涉嫌构成失职渎职、侵权犯罪案件的线索，应及时移送给有管辖权的检察机关；坚决查处有案不立、有案不移交、以罚代刑、重罪轻判及违法办理减刑、保外就医等现象，严肃查办滥用职权、玩忽职守、枉法裁判、徇私舞弊等违纪违法案件。2002—2004年，全省检察机关各内设部门向渎职侵权检察部门移送线索数量呈逐年上升趋势，2002年移送230件(含举报中心转来举报信件，下同)；2003年同比上升56.5%；2004年又同比上升29.72%。渎职侵权检察部门经对各内设部门移送线索初查后立案侦查的数量也逐年上升，2002年立案34件，2003年同比上升11.8%，2004年又同比上升32.5%。至2004年底，全省共有84个检察院建立对内部移送渎职、侵权犯罪案件线索的奖励制度；2004年有9个检察院对线索移送部门或个人给予不同形式的奖励。

2005年3月，省检察院召开全省检察机关加强内部移送职务犯罪案件线索工作电视电话会议，提出进一步完善这项工作的要求，并向湖州市检察院颁发线索移送奖，推广温州市、金华市、杭州市江干区等检察院的经验。

2007年，根据8月最高检察院、环保总局《关于环境保护行政主管部门移送涉嫌环境犯罪案件的若干规定》，11月最高检察院、国家质量监督检验检疫总局《关于在查处和预防渎职等职务犯罪工作中加强协作联系的若干意见(暂行)的通知》，以及12月最高检察院、国土资源部《关于人民检察院与国土行政主管资源部门在查处和预防渎职等职务犯罪工作中协作配合的若干规定(暂行)》等规定，省检察院先后与省环境保护厅、省质量技术监督局、省出入境检验检疫局、省国土资源厅加强联系协作，建立涉嫌渎职等职务犯罪案件线索移送制度。

2008年2月，根据最高检察院、国家林业局《关于人民检察院和林业主管部门在查处和预防渎职等职务犯罪工作中加强联系和协作的若干意见》，省检察院和省林业局建立涉嫌渎职等职务犯罪及利用职权实施的其他犯罪案件或线索移送制度。

2009年12月，省检察院与省纪委、省监察厅联合制发《渎职侵权案件线索移送规定》，规定浙江省各机关应及时向纪检监察和检察机关移送渎职侵权案件线索，要求各机关在工作中发现有涉嫌渎职侵权犯罪的案件线索，应及时移送检察机关；对已作过调查的，移送时应附有相关的调查材料和物证、书证。

第四节　侦查业务建设

1978年检察机关重建后，全省检察机关法纪检察（渎职侵权检察、反渎）部门紧扣执法办案，围绕依法、文明、规范、安全办案的要求，通过加强政治思想教育和严格监督自律机制、强化办案目标考核、激励机制，不断完善业务工作管理。通过备案审查、业务指导、技能训练、评选先进等方式，提高法纪干警业务素质。

一、业务工作管理

1980年2月，省检察院法纪处建立有关办案工作制度：凡立案侦查的案件，要填写立案审批表，由主管检察长批准；对已批准立案的案件，应制订侦查计划，经主管检察长同意后，由2名检察人员侦查；办结后，要写出结案报告，提出处理意见，并报上级检察院备案。5月，省检察院召开第一次全省法纪检察工作座谈会，对各级检察院明确案件报备制度：凡经检察长批准立案的案件，要立即报上级检察院备案；其中涉及国家工作人员的案件，应按干部管理范围的规定层报相应的检察院备案，重大案件应及时向省检察院备案。9月，省检察院就案件上报问题专门规定，各级检察院确定立案的所有渎职侵权案件，其法律文书均需抄报省检察院法纪检察处备案审查。

1984年6月，根据最高检察院《关于法纪案件大要案件报告制度的通知》，省检察院进一步明确各级检察院立案法纪案件的备案材料上报程序、内容和数量。1985年，省检察院审阅各级检察院上报的法纪案件备案材料199件，对其中11件定性、定罪、量刑不当的提出纠正意见。3月，温州市鹿城区检察院对1名公安人员立案，经侦查后认为情节轻微不构成犯罪，作出撤案处理。省检察院审查后认为有疑点，调卷审阅后认为构成徇私舞弊罪，遂向温州市检察院提出纠正意见，使该案重新受到查处。

1988年1月，全省检察机关法纪检察工作会议要求建立案件质量检查制度。要求市（分）检察院每年有目的、有重点进行2次案件质量检查，并报告省检察院；省检察院每年进行1次案件质量检查。3月，省检察院制发《关于健全案件审查和质量检查制度的意见》，明确规定下级检察院要将所有法律文书报省、市（分）检察院备案；上级检察院指定专人审查，审查意见报处(科)长或检察长;对备案审查发现的问题和意见,及时通知下级检察院。各办案单位都要一案一总结,各市(分)检察院每年自行检查2次,省检察院及时组织检查或抽查。6月,湖州市检察院对全市法纪案件质量进行检查后,针对免诉率偏高,办案程序和法律文书中的一些问题提出改进意见。下半年,全市县(区)检察院查办的法纪案件免诉率下降91.6%,起诉率上升33.3%,办案程序和法律文书比较规范。

1989年下半年,省检察院制发《法纪检察办案工作细则》,制订办案程序和工作制度,使侦查工作制度化、规范化。

1993年5月,全省第二次渎职侵权案件侦查工作会议以提高初查水平为主题,对做好渎职侵权案件初查工作提出具体要求。

1995年6月,省检察院制发《关于加强法纪案件和情况报告制度的通知》,进一步要求各级检察院上报查办重特大案件情况,对县级机关正副局长以上的徇私舞弊案件线索和副处级干部以上的渎职侵权案件线索、死亡3人以上重大事故和刑讯逼供致人死亡案、经济损失500万元以上玩忽职守案和重大责任事故案,要迅速上报。10月,根据最高检察院《关于要案线索备案、初查的规定》,省检察院要求对法纪要案线索建立分级备案和分级初查制度,要案一律报省检察院备案,其中涉案金额特别巨大、后果特别严重和厅级以上干部的案件一律呈报最高检察院备案;市(分)检察院初查处级干部案件,省检察院初查厅级干部案件;负责初查案件的检察院要及时报告党委。1995—1996年,杭州、温州、金华、台州、绍兴等市(分)检察院先后制定法纪检察工作考核评比细则,明确规定对查办徇私舞弊、刑讯逼供、非法拘禁、玩忽职守等不同案件的考核评比计分标准,明确对查办徇私舞弊案件有功集体和个人记功表彰。

2001年5月,全省检察机关查处渎职侵权犯罪案件会议确定建立查办渎职侵权案件的评价机制,对查办渎职侵权案件不力的检察院和省、市(分)检察院法纪处,不得评为先进。

2002年11月,为加强上下级制约,防止案件人为流失,省检察院制发《关于加强对渎职侵权案件线索的管理督查和撤案、不起诉案件进行事前报告的规定》,要求基层检察院将所有渎职侵权犯罪线索上报市(分)检察院备案,其中县级机关副局长以上和副处级以上案件线索报省检察院备案;侦查终结后拟作撤案处理的,应事先征求上级检察院意见,其中县级机关副局长以上、副处级以上干部的案件、直管部门的案件、司法系统的案件、市(分)检察院立案的案件以及其他有重大影响的案件,应事先征求省检察院的意见;原则上都要起诉,决定作不起诉的,应当事先报上级检察院审核同意。

2003年3月,省检察院党组听取渎检处汇报后,要求省检察院和市(分)检察院加大对渎职侵权案件的指导力度,建立激励和考核评价机制;并对年内未立案的检察院到上级检察院说明情况制度作了一定变更,每个市(地)所有检察院年平均立案不到1件的,市(分)检察院检察长、渎检处处长要到省检察院说明原因。5月,省检察院对全省渎职侵权犯罪案件质量情况进行调研分析后,提出对渎职侵权犯罪案件原则上不作不起诉处理,尽量减少撤案,绝不允许出现无罪案件。同月,省检察院制发《全省渎职侵权检察部门年度目标考核办法》,对办案工作和综合工作提出具体要求,促进全省渎检部门提高办案积极性,加大办案力度,确保案件质量，规范业务工作。12月，省检察院制发《关于个案指导工作的若干规定》，其中对渎检部门需要个案指导的案件范围作出规定。2004年始，省检察院渎检处按照规定，对属于指导范围的案件进行面对面指导。至2010年底，省检察院渎检处(反渎局)共指导渎职侵权案件100余件。

2004—2007年，省检察院根据办案形势的变化，多次对2003年《全省渎职侵权检察(反渎职侵权)部门年度目标考核办法》进行修改完善，考核重心从立案环节逐步转移到起诉环节和判决环节，通过突出判决环节的分值强调案件质量。同时考评办案规范化和业务综合工作。2004年2月，首次有2个渎职侵权检察工作未达标的市检察院领导带队到省检察院说明情况。

2006年5月，省检察院制发《关于进一步加强渎职侵权案件质量管理的通知》，要求加强初查工作，严格立案把关；坚持可上可下的坚决下，不拔高，不凑数；对因工作不细、把关不严导致撤案、不诉、无罪的，要逐件通报；年度撤案、不诉数超过该年渎职侵权案件立案总数15%的地区，市检察院应就此主题向省检察院说明情况。8月，全省检察机关反渎职侵权工作会议肯定全省反渎工作已经初步形成以考评办法为主，以记功奖励规定、说明情况制度和案件质量管理办法为补充的办案工作评价机制。2007年7月，省检察院制发《关于进一步加强反渎职侵权工作的意见》，规定一年内没有查办渎职侵权犯罪案件的检察院，年终由检察长带队向上级检察院说明情况。

2008年始，省检察院直接对各级检察院的工作进行综合考评，其中反渎工作加分不设上限。是年3月及2009年2月，共有3个反渎职侵权工作未达标的市检察院领导带队到省检察院说明情况。

二、业务训练与评选

1987年6月，省检察院举办法纪检察侦查业务研讨班，就法纪案件证据的收集、审查、判断和讯问被告人及几类重点法纪案件的侦查方法等内容进行培训研讨。

1988年5—6月，省检察院针对全省法纪检察部门立案查处重大责任事故案件逐年上升的情况，举办2期各为期半个月的重大责任事故现场勘查培训班，重点培训现场勘查摹本方法和绘制现场图、拍摄现场照相等基本技能。

1989年11—12月，省检察院举办全省法纪检察侦查业务研讨班，重点培训法纪犯罪案件侦查的特点、基本原则、侦查策略、预审、询问证人及其他侦查手段和措施及几类重点法纪案件的侦查等内容。截至2010年，省检察院又先后举办6次全省法纪检察(渎职侵权犯罪侦查)业务培训班，就重大责任事故现场勘查、徇私舞弊案和刑讯逼供案侦查技能、发现掌握渎职侵权犯罪案件线索技能、有关执法部门的行业知识和职务犯罪特点规律等内容进行培训。

1991年，最高检察院决定表彰全国法纪检察先进集体和优秀侦查员。据此，省检察院从各级检察院法纪检察部门评选出先进集体和优秀个人向最高检察院推荐。5月，在全国检察机关第二次侵权渎职案件侦查工作会议上，浙江省检察机关法纪检察部门有2个集体、5名个人被最高检察院通报表彰。

1995年，省检察院首次组织评选全省检察系统优秀侦查员，共评出8名优秀侦查员，其中法纪检察干部2人。2000年、2003年，省检察院又组织第二次、第三次优秀侦查员评选，法纪检察(渎职侵权检察)部门各有2人入选。

2001年4月，省检察院制发《浙江省检察机关查办渎职侵权犯罪案件记功奖励暂行办法》，对以检察院或渎职侵权检察部门为单位的集体记功表彰工作作出专门规定。2002年6月，省检察院对2001年度查办渎职、侵权犯罪案件成绩比较突出的4个集体和2名个人记二等功。2003年6月，省检察院制定综合性记功表彰规定，原针对查办渎职侵权犯罪的记功表彰规定废止，但仍对渎检部门专门发文记功表彰，一直持续到2006年。2003—2006年，全省检察机关渎职侵权检察(反渎职侵权)部门共有20个集体和7名个人被省检察院记二等功。2008年11月，省检察院修改记功表彰办法。此后截至2010年，全省反渎部门被省检察院记二等功的有6个集体和2名个人。

2003年4月，全省第十三次检察工作会议提出打造高素质检察队伍的目标，要求积极开展多层次、多形式的岗位练兵和技能竞赛活动，使全体工作人员都参加到练兵活动中，形成浓厚的人人争当行家里手的氛围。此后，全省检察机关按此要求开展渎职侵权检察业务训练。2004年，全省检察机关渎职侵权检察部门首次开展以制作"初查计划"为主题的岗位练兵活动。10月，由各市(分)检察院组织初选胜出的22名优秀者在省检察院进行初查计划的撰写竞赛，有6名参加者获得优胜，受到省检察院表彰。截至2010年，省检察院共组织全省检察机关反渎部门开展以"一案一总结""电脑制作笔录竞赛""侦查终结报告评比""优秀调研报告评比"为主题的岗位练兵活动，表彰优胜者共46人(份)次。

2005年2月，最高检察院首次组织评选表彰全国职务犯罪侦查"百优双十佳"[其中：十佳渎职侵权检察局(处、科)10个，十佳渎职侵权检察局(处、科)长10人，优秀渎职侵权检察局(处、科)20个，优秀渎职侵权检察局(处、科)长20人，优秀侦查员100人]。经省检察院组织评选并推荐，全省检察机关反渎部门有1个集体、2名个人受到表彰。2008年1月，最高检察院组织第二届全国职务犯罪侦查"百优双十佳"评选表彰活动，全省检察机关反渎部门有1个集体、2名个人受到表彰。

2007年12月，最高检察院组织举行全国检察机关反渎部门第一届"十大精品案件"和"百件优质案件"评选活动。经省检察院组织评选、推荐，2008年7月，温州市检察院立案侦查的温州市海关缉私分局原副局长彭某某帮助犯罪分子逃避处罚、受贿案等4件案件，入围最高检察院评定的"百件优质案件"。在此基础上，省检察院评选出全省渎职侵权犯罪侦查"十大精品案件"。

2008年1月，在省检察院组织的"第二届全省检察机关优秀反贪局、反渎局、优秀反贪局长、反渎局长和优秀侦查员"评选活动中，全省检察机关反渎部门有2个反渎局、5名个人受到省检察院表彰。

2009年4月，根据最高检察院统一组织安排，全省检察机关反渎干警参加"全国检察机关反渎职侵权岗位侦查技能全员轮训"，通过最高检察院组织的专家学者视频授课，对渎职侵权犯罪的主体、罪数、徇私舞弊、损失认定等侦查业务进行培训。

表 19-6-4-1　　浙江省检察机关反渎职侵权(法纪检察、渎职侵权检察)工作获最高检察院表彰情况一览表

时　间	活动名称	获奖集体	获奖个人
1991 年 5 月	先进集体和优秀侦查员	温州市检察院法纪处、诸暨市检察院法纪科	优秀侦查员:丽水市检察院法纪科副科长魏剑明、杭州市下城区检察院法纪科科长常炳昌、慈溪市检察院法纪科科长胡建龙、兰溪市检察院法纪科副科长吴高春、临海市检察院法纪科检察员吴一民
2005 年 2 月	第一届全国职务犯罪侦查“百优双十佳”	全国优秀渎检处(科):苍南县检察院渎检科	全国十佳渎检处(科)长:丽水市检察院渎检处处长周科庆 全国优秀侦查员:温州市鹿城区检察院渎检科检察员周世铭
2006 年 2 月	先进集体和先进个人		一等功:丽水市检察院渎检处处长周科庆、嵊州市检察院反渎局副局长钱永胜
2008 年 1 月	第二届全国职务犯罪侦查“百优双十佳”	全国十佳反渎局:温州市检察院反渎局	全国优秀反渎局长:永康市检察院反渎局局长吕剑英 全国优秀侦查员:平阳县检察院反渎局副局长戚春雷
2008 年 7 月	全国反渎系统第一届十大精品案件和百件优质案件	优质案件: 1. 桐庐县检察院办理的桐庐县公安局原副政委何兆发等二人办理偷越国(边)境人员出入境证件案 2. 温州市检察院办理的温州市海关缉私分局原副局长彭兴光帮助犯罪分子逃避处罚、受贿案 3. 湖州市检察院办理的湖州市人民防空办公室原主任赵建伟滥用职权、受贿案 4. 宁波市江北区检察院办理的宁波市国土资源管理局江北区分局洪塘国土资源所原土管员王信达滥用职权、受贿案	

资料来源:根据最高检察院相关表彰类文件综合。

说明:2009—2010 年未开展上述评比。

表 19-6-4-2　　浙江省检察机关反渎职侵权(法纪检察、渎职侵权检察)工作获省检察院表彰情况一览表

时间	荣誉称号	获奖集体或个人
1989 年	优秀侦查工作者	嘉兴市郊区检察院法纪检察科科长傅一峰、绍兴县检察院法纪科科长鲁永华、洞头县检察院法纪科副科长曾国勇
1995 年	优秀侦查员	杭州市检察院法纪处处长陈嘉祥、嘉兴市检察院法纪处处长赵陆鸣
2000 年	优秀侦查员	丽水检察分院法纪处处长魏剑明、省检察院法纪处郑武洪

续表

时间	荣誉称号	获奖集体或个人
2003年	优秀侦查员	余姚市检察院渎检科科长褚承焕、义乌市检察院渎检科科长何俊
2008年	优秀反渎局	金华市检察院反渎局、诸暨市检察院反渎局
	优秀反渎局长	嘉兴市检察院反渎局局长尹立栋
	优秀侦查员	绍兴市越城区院反渎局局长王建中、丽水市检察院反渎局副局长刘国富、温岭市检察院反渎局检察员徐宝才、海盐县检察院反渎局局长宋建良

资料来源：根据省检察院相关表彰文件综合。

说明：2009—2010年未开展上述评比。

第七章　监所检察

清末时期,浙江省检察机构行使监察判断执行之职权。检察官履行执行监督职权的主要内容是指挥、监督嫌疑人之移送、无辜之释放、有罪之行刑,并对羁押场所进行监督。民国初期,浙江省检察机构延续清末的监察判断执行职能,浙江高等检察厅检察长监督省内各监狱,检察官覆准及呈报死刑案件、核办无期徒刑案件、核办各等有期徒刑及拘役、罚金案件。杭县、鄞县两个地方检察厅附设有看守所。民国16年(1927年),《地方法院检察官办理权限暂行条例》等法律法规规定检察官监察刑事判决之执行。民国24年,《刑事诉讼法》规定"执行裁判由为裁判之法院之检察官指挥执行之;但其性质应由法院或审判长、受命推事指挥或有特别规定者,不在此限"。

中华人民共和国成立后自1951年始,全省检察机关执行《各级地方人民检察署组织通则》规定,"检察监所及犯人劳动改造机构之违法措施"。1954年后,按照《检察院组织法》确定监所监督的职权和内容,检察机关负有司法监督和部分行政监督的职能,"对于刑事案件判决的执行和劳动改造机关的活动是否合法实行监督",包括对狱政管理机关(监狱、看守所、劳改机关)的监督和对不属于狱政范围的劳动教养机关的监督。1956年10月,省检察院设劳动改造监督处,承担检查犯人("犯人"一词特指罪犯,下同)接受劳动改造、认罪服法的情况;对犯人重新犯罪案件进行侦查、起诉、出庭公诉;审查处理犯人申诉案件;对监所、劳改队在劳动改造犯人中执行政策法律方面进行检察的职责。1958年4月,省检察院劳动改造监督处改称"监所劳改检察处"。1959年10月,省检察院监所劳改检察处改称"社改劳改检察处"。"文化大革命"开始后,监所检察工作随着检察机构被撤销而中断。

1978年省检察院重建后即设劳改检察处。1979年《检察院组织法》恢复检察机关对于刑事案件判决、裁定的执行和监狱、看守所、劳动改造机关的活动是否合法实行监督的职权。1980年2月,省检察院劳改检察处改称监所检察处。至1981年,全省各市(分)检察院均设立监所检察科(处)。9月,省检察院在检察机关重建后全省第一次监所检察工作会议上,要求各级检察院贯彻最高检察院《人民检察院劳教检察试行办法》和《人民检察院监所检察工作试行办法》,建立健全监所检察机构与监所检察工作机制。1982年12月,省检察院制发《劳改检察工作试行细则》,全省监所检察工作有了明确的规范性文件依据,监所检察机构建设和职能范围基本定型。此后,全省凡是在辖区内有监狱、劳教所、看守所的县(市、区)检察院,先后设置监所检察工作部门,并开始向辖区内的监管羁押场所派驻监所检察机构。

2003年7月后,全省检察机关根据最高法院、最高检察院、司法部、公安部《关于开展社区矫正试点工作的通知》,对社区矫正工作进行试点,开始承担对社区矫正工作的法律监督职能。2008 年 3 月，最高检察院下发《人民检察院监狱检察办法》《人民检察院看守所检察办法》《人民检察院劳教检察办法》和《人民检察院监外执行检察办法》，全面规范监所检察各项业务，确定监所检察工作职责为：对监狱、看守所、拘役所执行刑罚和监管活动是否合法实行监督；对人民法院裁定减刑、假释是否合法实行监督；对监狱管理机关、公安机关、人民法院决定暂予监外执行活动是否合法实行监督；对劳动教养机关的执法活动是否合法实行监督；对公安机关、司法行政机关管理监督监外执行罪犯活动是否合法实行监督；对刑罚执行和监管活动中的职务犯罪案件立案侦查，开展职务犯罪预防工作；对罪犯再犯罪案件和劳教人员犯罪案件审查逮捕、审查起诉，对立案、侦查和审判活动是否合法实行监督；受理被监管人及其近亲属、法定代理人的控告、举报和申诉；办理检察长交办的案件。

截至 2010 年，全省检察机关共有派驻监狱检察室 20 个、派驻劳教检察室 12 个、派驻看守所检察室 84 个，派出检察院（即“余杭临平检察院”）1 个。

第一节　监管场所检察

民国元年（1912 年），省提法司颁行《看守所章程》，规定检事厅相关管理职责。之后，全省检察机构对监狱看守所的经费和业务工作行使一定的监督管理职权。监狱建设和奖惩监管人员等事务由检察厅呈请。尽管检察机构行使有“管束羁押之被告应以维持羁押之目的及押所之秩序所必要者为限，被告非有暴行或逃亡自杀之虞者不得束缚其身体”及“羁押被告之处所检察官应勤加视察”①等法律规定的职责，但其时乱捕滥押、镣铐酷刑几乎习以为常，检察官亦惯于此道，何论监督。浙江高等审判厅、高等检察厅亦以核定囚粮银额控制捕押数，然而温岭县在县知事（县长）兼检察官时期，连年超支囚粮银多达两三倍，屡被指驳严令清理押犯并赔补超支亦不见效，足见乱捕滥押积重难返。大量的“特种刑事案件”，国民党特务机关秘密审判裁决，检察官更无从监视或指挥此等裁判执行。

中华人民共和国成立后，全省检察机关严格依法对监管改造场所实行广泛深入的法律监督工作。1958 年 6 月，省检察院召开全省第一次劳改检察工作会议，贯彻全国劳改检察工作会议精神。特别是 1978 年检察机关重建后，通过不断加强派驻机构建设和规范化建设，建立健全监所检察各项业务，刑罚执行和监管活动监督机制日益完善，推动监管场所检察工作的全面发展，维护监管秩序稳定，保障刑事诉讼活动的顺利进行和法律的正确实施。

一、看守所检察

1951 年始，全省检察机关即承担对看守所的法律监督工作。1958 年，全省检察机关协调有关部门对看守所放松管教、刑讯逼供、吊打犯人等现象进行检查纠正。瑞安县检察院针对该县看守所内被拘留人犯殴打看守人员等破坏活动时有发生、长期拘押的人犯不作处理等管

① 民国 24 年（1935 年）1 月南京国民政府公布的《刑事诉讼法》第四六一条。

理混乱的情况，协调有关部门进行检查，在10天内处理被拘留人犯53人。1959年，全省检察机关着重对看守所拘押犯人的思想状态和认罪服法情况进行定期或不定期检查，据23个县（市）检察院统计达183次。

1960年始，全省检察机关对看守所的监督工作进一步加强。10月，全省政法“三长”（法院院长、检察院检察长、公安局局长）会议后，各级检察院根据“在农村不搞拘留”[①]的要求，与相关部门一起清理拘留扣押的农村籍人员，仅永康、丽水、嘉兴、萧山、永嘉5县即清理2289人，分别作出妥善处理。9—12月对看守所重点检查84次。

1962年，全省检察机关对看守所检查达307次。通过检查，发现和纠正少数单位的管理混乱和某些违法乱纪现象，建立相应制度，改善狱政管理；并协助相关部门清理拘押人员，纠正错拘错押现象。1963年，着重检查扩大拘留范围、错拘错押和久押不决情况，极少数干警放松管教或刑讯逼供现象。当地有监管场所的检察院半数以上达到每月检查1次的要求；共检查监所517次，同比增加96.5%。1964年，全省检察机关根据中共中央关于依靠群众加强专政的指示和1月全国检察长会议精神，与公安机关进一步落实看守所工作制度，严格收押人犯制度。1967年下半年始，全省检察机关的看守所检察工作受“文化大革命”影响被中断。

1979年，省检察院根据最高检察院《关于加强看守所检察工作的通知》精神，要求各级检察院结合实际情况，贯彻执行看守所检察制度化的规定，全面恢复对看守所的检察监督工作。各级检察院会同公安机关对全省看守所普遍进行1次～2次检查，对其中久押不决、以拘代侦、以拘代捕、以拘代惩等问题提出整改意见。至9月底，全省检察机关会同各地看守所根据《逮捕拘留条例》规定，清理久押不决人犯1795人，占此类人犯在押总数的95%。

1980年，省内看守所在押人犯自杀、逃跑等事故屡有发生。省检察院根据最高检察院《关于配合整顿社会治安，加强监所检察工作的通知》，要求各级检察院加强对在押人犯的认罪服法教育，整顿监所秩序，堵塞漏洞，严防在押人犯逃跑；加强对看守所检察工作的领导和对监管措施的检查；根据看守所检察的实际情况，制定监所检察干警的岗位责任制；积极协同有关部门掌握人犯的思想动态，预防和打击人犯的逃跑犯罪活动。是年，全省监所检察部门对全省看守所的检查全面开展，平均对每个看守所检查近14次，通过检查发现并纠正了一批违法事件及监管措施上的问题。

1981年，省检察院在瑞安县开展检察干部派驻看守所检察监督的试点工作，通过半年实践，使该看守所检察工作基本实现经常化、制度化。9月，全省检察机关监所检察工作会议将瑞安县检察院该经验推广全省。

1982年1月，根据最高检察院《关于检察办理刑事案件中超过法定期限的通知》要求，省检察院组织全省检察机关对超过法定期限的羁押人犯进行专项检查，在看守所检察中发现并提出纠正无证关押9人、超过拘留时限72人、超过批捕时限1人、超过侦查时限75人、超过起诉时限61人、超过审判时限183人。3月，省检察院通知各级检察院监所检察部门迅速向在押人犯和劳教人员深入宣传全国人大常委会《关于严惩严重破坏经济的罪犯的决定》，要求

① 《1960年检察工作总结报告》，浙江省检察院综合档案1961-1-3-46。

对在押人犯和劳教人员坦白检举的材料、线索及时转交有关办案单位，对积极检举，主动坦白的在押人犯和劳教人员要依法从宽处理或给予奖励。4月，省检察院转发省检察院嘉兴分院、嘉兴地区公安处《关于组织看守、检察干部对全区看守所进行互查情况的联合报告》，推广嘉兴地区检察、公安机关联合互查经验。

1983年，省检察院贯彻中共中央关于“严打”的指示，组织全省检察机关集中打击在押人犯于羁押期间的犯罪活动。8月，省检察院制发《关于健全监管改造场所重大情况报告制度的通知》，规定凡监管改造场所发生反革命案件、暴力或集体逃跑、聚众哄监闹狱等重大违法乱纪事件，均应迅速先行电话报告，然后专题书面报告省检察院。9月，根据最高法院、最高检察院、公安部《关于严厉打击看守所在押人犯于羁押期间进行犯罪活动的通知》，省检察院要求各级检察院通过严厉打击看守所在押人犯羁押期间的犯罪，力争刹住看守所在押人员（包括在押人犯和余刑一年以下在看守所执行刑罚的罪犯，下同）逃跑现象，铲除“狱霸”，杜绝恶性案件发生，把看守所和收审站的秩序整顿好。据此，各级检察机关与公安机关共同摧毁一批犯罪团伙，在押人员的逃跑和违规抗改现象减少。

1984年1月，省检察院推广湖州市检察院在看守所开展在押人犯坦白检举、深挖犯罪工作的做法。5—6月，省检察院与省公安厅、省卫生厅针对“严打”以来关押人犯增多的情况，加强对看守所等收押场所的卫生和防治疫病工作检查。三机关组成联合检查组，对温州市所属监管场所的防疫治病工作进行检查；联合制发《关于搞好在押犯和收审人员防疫治病工作的紧急通知》，要求各级检察院与有关部门落实措施，控制各类传染性疾病的发生和蔓延。是年，各级检察院监所检察部门共促使4000余名在押人员坦白检举各种犯罪案件线索16500余条。其中经预审调查，破获各类刑事案1432件，深挖出其他犯罪分子498人，促进“严打”斗争向纵深发展。

1985年5月，根据最高法院、最高检察院、公安部、司法部《关于抓紧审查处理看守所在押人犯的通知》，省检察院要求各级检察院对看守所关押的已决犯和超期羁押的未决犯进行清理。全省检察机关与有关部门配合，对70名超期羁押的未决犯和900余名余刑一年以上应投送劳改的已决犯进行检查和清理，基本纠正拘捕人犯和收审人员混关混押现象。10—11月，省检察院分南北两片召开监所检察工作座谈会，贯彻最高检察院召开的十二省、区、市看守所检察工作座谈会精神，明确看守所检察的职责任务和业务范围，推动驻所检察等经常化、制度化工作的开展。至年底，全省76个辖区内有看守所的检察院都恢复了监所检察机构，有21个检察院实行驻所检察。

1986年，省检察院继续推动各级检察院加强看守所检察工作经常化、制度化建设。4月底，全省实行经常化、制度化驻所检察的检察院增加到31个。至年底，绍兴、金华、台州、杭州、温州5个市（地）检察机关落实驻所检察，全省有53个县（市、区）检察院实行驻所检察，驻所检察率达70.6%。

1986—1988年，省检察院部署加强看守所监管安全防范检察工作。1986年7月，根据最高检察院《关于加强在看守所羁押的经济犯罪分子看管工作的通知》，省检察院要求各级检察院针对看守所在押经济犯出现的问题，严格提审制度，严守案件机密，监督和协助看守所把好入监搜身、分管分押、接见接物、信件审查、出入所、变更强制措施“六关”，进一步加强监管检察。1987 年 12 月，省检察院制发《关于抓好当前监所检察工作几点意见的通知》，要求各级检察院切实加强对监所的安全防范检察，建立经常检查、定期检查、重点检查以及联合检查的安全防范检察制度。1988 年 6 月，针对省内少数看守所发生在押人犯集体越狱事件，省检察院制发《关于加强对看守所监管安全工作检察严防集体越狱事故发生的通知》，部署各级检察院监所检察部门进一步加强对监管安全工作的检查监督。3 年间，全省检察机关共配合公安机关整顿看守所 154 个(次)；发现和预防重大事故 358 起；配合平息已发生的集体越狱、劫狱、闹监、绝食等事件 129 起；对看守所发生的重大事故和各种违法行为基本上做到及时发现，及时查明情况，及时提出纠正和处理意见。

1988 年 4 月，根据最高检察院把纠正违法超期羁押作为工作重点的要求，省检察院制发《对监外执行(含保外就医)罪犯执行情况和对违法超期羁押人犯情况检察意见的通知》，各级检察院对看守所在押人犯的羁押时限情况进行全面检查。检查表明，绝大多数案件能在法定时限内办结，但少数案件违法超期羁押的现象依然存在。1—6 月底，全省看守所有 300 余名案犯超期羁押，占羁押人犯总数的 2.9%。各级检察院及时向办案单位提出纠正意见，使一些久押不决的案件得到处理。11 月，省检察院就全省超期羁押基本情况、具体表现及原因向省委政法领导小组提交《关于在押人犯超期羁押问题检察情况的报告》，提出严格执行法定办案时限纠正超期羁押的 4 点意见。省委政法领导小组对此予以肯定，在《政法动态》上摘要刊登，要求全省各级公、检、法机关重视解决违法超期羁押问题，维护法律严肃性。至年底，全省在押未决人犯中超期羁押人数比上半年下降 34.5%，占羁押人犯总数的 1.9%。

1989 年 4 月，为推动看守所检察工作的经常化、制度化、规范化，省检察院制发《驻看守所检察工作标准(试行)》，对派驻看守所人员、工作时间、驻所挂牌及工作制度等作出统一规定。8 月，省检察院组织人员对全省派驻看守所检察室(以下简称驻所检察室)实施《标准》的情况进行检查评定，其中合格的占 43.7%；基本合格的占 52.1%。至年底，全省检察机关驻所检察率同比上升 11%，为 96%。

1990 年，根据最高检察院《关于在“严打”斗争中切实加强监所检察工作的通知》，省检察院组织各级检察院对 1—6 月期间判决生效的看守所在押犯(已决犯，下同)交付执行情况进行全面检察。检查表明，上半年符合规定的留所服刑罪犯占留所服刑总数的 98.4%，但也存在投送劳改不及时、留所服刑不合法、法律手续不完备等问题。省检察院要求把判决生效后是否依法及时交付执行的检查，作为驻所检察工作的一项重要内容，做到经常化、制度化、规范化。12 月，省检察院推广《金华市人民检察院看守所检察工作实施条例(试行)》，要求各级检察院参照该条例内容，推进看守所检察规范化工作。

1991 年 6 月，为防止在押人犯脱逃事故发生，省检察院通报看守所在押人犯脱逃情况，要求各级检察院进一步加强对看守所的安全防范检察，加强对人犯劳动、押解、提审、收押等看管工作的检查，及时提请清除和堵塞可资人犯逃跑的隐患和漏洞。11 月，省检察院通报全省监管改造场所收押、收容工作的情况及问题，要求各级检察院监所检察部门重视并加强对收押、收容情况的检察监督，建议或协助监管改造部门从建立健全和严格执行有关收押、收容的各项制度入手，把好收押、收容关，以减少和防止违法问题的发生。

1992 年，省检察院制发《看守所检察工作实施条例(试行)》，规定每日检查、定期检查、及时检查的具体内容、方法和程序，推动看守所检察规范化建设。省检察院开始对省看守所实行派驻检察。

1993 年，泰顺县检察院对该县法院滥用职权拘禁民事当事人杨某某一年三个月的案件多次提出纠正，但未被采纳。温州市检察院、法院和市、县两级人大、政法委多次干预无效。省检察院将该案列为重点督促案件，通过省法院限令该院在 24 小时内放人，使这起严重侵犯公民人身权利的事件得到纠正。

1994 年，省检察院以看守所关押、释放、留所服刑和羁押时限等执法活动中的突出问题和典型事件为重点，要求各级检察院开展检察监督，各级检察院查处、纠正一批违法违规行为。7 月，省检察院针对监管改造场所面临超负荷关押、“牢头狱霸”现象滋生等情况，会同省公安厅联合部署打击“牢头狱霸”专项斗争，对处理“牢头狱霸”的政策、法律界限作出具体规定。11 月，省检察院根据群众举报，查明金华市看守所以“特情”为名，将判刑十五年的罪犯葛某在刑期未过半的情况下放出所外为当地公安局开办公司。之后，省检察院函告省公安厅，并由金华市检察院发出纠正违法通知书，促使葛犯被收监执行。

1993—1997 年，省检察院部署对看守所已决犯交付执行活动进行专项检查监督。1993 年，全省检察机关监所检察部门对 1—5 月判决、裁定生效的罪犯交付执行情况逐一检查，发现存在不按规定及时投送劳改、违法截留犯人从事劳动生产、劳改单位拒收犯人、审前未羁押罪犯未依法交付执行等 4 方面问题，向监管单位提出纠正意见。1994 年 1 月，省检察院综合全省检查情况，形成《关于检察刑事判决生效后的罪犯交付执行情况的报告》，提出 4 条改进意见，报告省委政法委。1995 年第二季度，全省检察机关对上年度看守所已决犯留所服刑、投监的情况进行专项检察，对发现的违法违规问题进行监督纠正。1996 年 7 月，省检察院和台州市路桥区检察院针对路桥收审所缺乏必要的监管设施和警力、无武警警戒等问题分别发出检察建议书。省公安厅收到检察建议书后，即要求对该所进行整改，将该所关押的部分人犯进行分流。1997 年 2 月，省检察院通知各级检察院监所检察部门，对全省看守所余刑一年以上罪犯留所服刑情况进行专项检察。5 月，将专项检察的情况报告省委政法委。7 月，省委政法委就罪犯留所服刑及投监等问题召开省公、检、法机关和监狱管理局联席会议。会后，4 机关联合制发《关于认真做好罪犯留所服刑和投送监狱执行的有关问题的通知》，就罪犯留所条件、审批和投监等问题作出具体规定。8 月，省检察院受省委政法委委托，起草关于罪犯留所服刑和投监执行的意见，由公、检、法机关和监狱管理局联合制发，要求各地对余刑一年以上罪犯留所服刑情况进行清理。至年底，共清理 170 余人。经过几年不间断连续检查监督，全省看守所已决犯交付执行工作均已规范化。

1997 年，全省有 11 个收审所改建为看守所，为落实对新改建看守所的驻所检察，省检察院对新改建看守所提出要求，并与有关检察院研究提出落实驻所检察的方法。至年底，全省检察机关共新设监所检察科 5 个、检察室 10 个；派驻检察工作和办公条件进一步改善。

1997—1999 年，省检察院针对刑事诉讼中超期羁押这一痼疾，进一步开展清理、纠正和防止超期羁押犯罪嫌疑人、被告人的专项检查活动，保证修改后《刑事诉讼法》的正确执行。专项检查实行分级督办制度，超期羁押五年以上的由省检察院督办；三年以上的由市（分）检察院督办。各级检察院监所检察部门制定办案期限提前告知、看守所和驻所检察室联席会议、换押和提审等有效跟踪犯罪嫌疑人、被告人诉讼进程的制度，使防止和纠正超期羁押犯罪嫌疑人、被告人的工作实现制度化、规范化。1998 年，省检察院选编 9 个超期羁押三年以上的典型案例报省委政法委，经省委政法委协调，全部得到解决。3 年间，全省共开展 5 次专项检查活动，超期羁押案件纠正率达 93.1%。

1999 年，省检察院对看守所留所服刑现象进行严格监督控制，针对看守所存在的截留罪犯进行生产创收情况，规定对余刑一年以上罪犯留所服刑须经检察机关审查同意。至年底，全省检察机关监所检察部门对 95 件留所服刑不当的案件提出纠正意见，其中 78 件得到纠正。

2000 年，根据最高检察院通知要求，省检察院组织各级检察院监所检察部门对罪犯交付执行活动进行专项调查，发现至 5 月底，全省看守所违法截留余刑一年以上罪犯留所服刑 18 人、监狱部门拒收投劳罪犯 248 人，审前未羁押罪犯判处实刑后未依法交付执行 323 人。对此，省检察院要求各级检察院监所检察部门加大检察力度，充分运用监督手段，协助监管部门做好罪犯交付执行工作，同时强化管理制度，防止因工作失职或其他因素导致的执行不严或不公情况。

2001 年 4 月，省检察院对平阳县 4 名审前未羁押罪犯被判处实刑后长期未交付执行的情况进行调查后，向省委政法委提交调查报告，建议由省委政法委召集省公、检、法、司机关协商研究有关规定，以明确全省在处理此类问题时的相互关系和各自责任；同时对未羁押罪犯的刑罚执行情况开展一次专项检查，彻底查清并逐个解决此类案件。省委政法委将上述案件列入其当年重点督办案件。省检察院以此为契机，在全省开展调查，陆续发现有 17 名罪犯属同类情况，即提出检察建议，使上述罪犯得以收监或上网追逃。是年，省检察院继续开展清理余刑一年以上留所服刑罪犯的检查活动。建立看守所检察工作责任制，要求 3 类人（严重暴力犯罪罪犯、余刑三年以上罪犯和原身份为领导干部的罪犯）不得留所服刑和留所总比例不超过 4%。各级检察院监所检察部门对不当留所的已决犯严格按规定予以纠正。4—7 月，全省共清理留所服刑罪犯 137 人。

2002 年 4—5 月，根据最高检察院通知要求，省检察院组织力量，对前几年全省看守所发生“通风报信、传递信件”等影响刑事诉讼活动正常进行的违法情况进行专项检查，发现自 1998 年以来，全省看守所系统共发生 15 件“通风报信、传递信件”等违法犯罪案件，此类违法犯罪行为作案形式多样、隐蔽性强、社会危害性大。为此，省检察院要求各级检察院切实发挥监所检察法律监督职能，加强看守所职务犯罪预防工作，贯彻“打防并举，以防为主”工作方针，适时开展警示教育，同时加大查办此类案件的力度。省委政法委针对专项检查中发现的问题，要求省公安厅组织全省监所管理部门和看守所开展专项整顿。5 月，省检察院与省公安厅联合制发《看守所在押人员现金管理暂行规定》，加强对在押人员接、会见等情况的检察监督，杜绝在押人员大量收取接见款的现象。6 月，省检察院就案件超正常审理期限现象向省法院发出检察建议，督促省法院规范内部制度，严格执行换押和审理期限制度，并对所有超期案件进行清理。

2003年10月，省检察院与省公安厅、省法院联合制发《浙江省看守所留所服刑罪犯奖惩考核办法》，对全省看守所留所服刑犯人的考核和减刑、假释条件作出具体规定。此外，就尚未投送执行的看守所在押人员立功兑现处理办法、看守所在押犯呈报减刑的时间条件等刑罚执行实践中存在分歧的问题，分别与省公安厅、省法院协商达成一致意见，解决刑罚执行实践中的一些疑难复杂问题。是年，省检察院派出人员常驻省看守所检察室，开展谈话教育、提出检察建议、受理申诉案件、审查减刑假释、审批留所服刑等工作；同时加强对省安全厅看守所的巡回检察。

2001—2004年，根据最高检察院通知精神，全省检察机关继续深入开展清理和纠正超期羁押犯罪嫌疑人、被告人的专项检查。2001年2月，省检察院要求各级检察院在自侦案件中，凡涉及对犯罪嫌疑人刑事羁押的所有程序手续，有关业务部门应及时将决定书副本抄送监所检察部门，发生超期羁押的案件必须及时向检察长汇报。1—6月，全省检察机关自侦办案中未发现超期羁押现象。2002年2月、2003年7月，省检察院先后制发《关于进一步规范换押制度通报的通知》和《关于进一步加大纠正和预防超期羁押工作力度实现全省检察机关无超期羁押的通知》等文件，对执行换押制度通报、超期羁押案件责任人、责任形式、监督和督办主体等作出详细规定。2004年初，全省检察机关防止超期羁押现场会在杭州市萧山区召开，推广被最高检察院评为全国清理纠正超期羁押先进集体——杭州市萧山区检察院预防超期羁押的经验。4月，省检察院对本院办理自侦案件进行规定，羁押人犯时自侦部门和监所部门相互实行告知提示制度，防止出现超期羁押犯罪嫌疑人现象。经持续清理，4年间，全省看守所超期羁押纠正率达到95.9%；至2004年底，全省20多个县(区)看守所实现无超期羁押，全省检察机关自侦案件杜绝超期羁押现象。

2004年，省人大常委会要求全省检察机关将纠防超期羁押作为对《刑事诉讼法》执法检查的主要内容，并向省检察院提出《刑诉法执法检查反馈意见》。2005—2008年，省检察院将防止和纠正隐性超期羁押和规避法律延长羁押期限作为看守所检察工作的重点，着力建立遏止超期羁押人犯的长效机制。2005年2月，省检察院向省人大常委会提交《关于执行刑事诉讼法、防止超期羁押及加强对看守所法律监督的整改报告》，对照要求，进一步规范检察机关内部请示制度，严格防止因案件请示答复不及时造成犯罪嫌疑人、被告人超期羁押。2007年，全省检察机关监所检察部门对死刑、死缓案件二审法院审理期限情况及无期、死刑案件审结前羁押情况进行2次专项检查。2008年，省检察院继续落实纠防超期羁押的长效机制，部署开展对久押不决案件集中清理纠正工作，引导各地防止和纠正超期羁押及规避法律延长羁押期限的情况。

2009年，根据最高检察院和公安部部署，省检察院和省公安厅在全省看守所组织开展监管执法专项检查活动。4月，联合制发专项检查活动方案进行部署。4—9月专项检查活动期间，省检察院专门制订检查督导方案，采取普查和抽查相结合的方式，对全省10个市级看守所、19个县(市、区)看守所以及上述单位的派驻检察室进行抽查。全省看守所“牢头狱霸”现象杜绝了，余刑一年以上罪犯违规留所服刑情况得到彻底清理；驻所检察室在监管执法和法律监督方面存在的突出问题基本解决。

2010 年，根据省检察院《贯彻落实省人大常委会〈关于加强检察机关法律监督工作的决定〉的实施方案》部署，全省检察机关监所检察部门开展看守所在押人员久押不决案件的专项监督，对 2006 年 7 月至 2007 年 12 月羁押未结的案件进行催办。省检察院督促省法院及时办结最高检察院通报督办的羁押期限已超过 4 年的案件 1 件 1 人。8 月，根据最高检察院通知要求，省检察院与省公安厅联合开展全省看守所安全管理纳入综合治理考核和大检查专项活动，发文规范看守所讯问室的设置和管理，对讯问室实现物理隔离提出明确要求。各级检察院监所检察部门加强对看守所检察专用讯问室物理隔离工作的督促检查。截至年底，全省有 75 间检察专用讯问室实现物理隔离。

二、监狱、劳教检察

1950—1951 年，省检察署到吴兴、金华、兰溪等县的监狱进行检查，听取湖州市、杭县 2 个检察署对监狱检查的情况汇报后，将当地存在的“犯人多监房少，生活条件差；管教干部素质差，管制不够严格，时有违法犯罪”等问题，向省领导进行汇报。省政府采取措施：省公安厅及杭州市公安局共同成立劳改总队，调配干部，开始将犯人组织起来进行劳动改造；改善监房条件减少犯人死亡率等。

1953 年 10 月，全省检察机关根据最高检察署《关于检查监所和劳改队的几个问题》通知，重点检查监所和劳改队有无错捕、错押、错判的案件；是否存在久押不问、刑期已满应放未放、有人无卷无判、对犯人加、减刑期不经过一定的司法手续等现象；犯人的守法情况和监所、劳改队在管教制度方面有无违法现象。至 1965 年，全省检察机关对监所、劳改队的检查形成惯例，打击在押犯和劳改犯破坏监规的活动，并纠正某些监狱、劳改工作中的超期羁押等违法现象。

1956 年 10 月省检察院设劳动改造监督处后，监所劳改监督工作得到加强。是年，全省检察机关对劳改犯人的犯罪活动，决定予以加刑起诉的有 540 余件，检查监所、劳改队 78 次。1957 年检查 190 次，纠正监所、劳改机关在狱政管理上的一些违法现象，并与一些监所、劳改队初步建立联系制度。

1959 年 1—6 月，全省检察机关与公安机关等联合对拘押、劳教和未决犯进行专项清理。对罪该逮捕的，都经党委批准补办法律手续，对不需继续劳动教养拘押的人，亦请示党委决定分别予以释放或作其他处理，全省清理劳动教养人员 199 人。是年，全省检察机关会同相关部门，对监所、劳改单位进行全面或局部的检查，着重检查犯人的思想状态和认罪服法情况，及时打击抗拒改造、重新犯罪行为。据 23 个县（市、区）检察院统计，达 183 次。

1960 年后，全省检察机关会同相关部门对监所及劳改队进行检查时多时少。1960 年 86 次，1961 年 167 次，1962 年 307 次，1963 年 63 次。通过检查，协助主管部门改善狱政管理，督促纠正个别单位存在的违法乱纪现象。1963 年 12 月，省检察院制发《劳改检察工作条例（草稿）》，对劳改、监所检察工作的性质、任务、工作范围等作出具体规定。

1964—1965年，省检察院组织工作组派驻乔司劳改农场，结合劳改机关“四清”工作，检查劳改单位贯彻执行劳改方针政策的情况。同时，各级检察院配合公安机关对监管场所进行专项检查，1964年481次，1965年189次，对在押犯进行清理。

1966年，省检察院根据最高检察院关于加强劳改检察工作的指示精神，要求各级检察院进一步明确劳改检察工作的任务，协助劳改单位正确贯彻国家各项劳改政策，正确处理劳改犯人、刑满就业人员、劳动教养人员（以下简称三类人员）重新犯罪的案件。切实提高办案质量与办案效果。“文化大革命”开始后，劳改、劳教（以下简称两劳）检察工作被中断。

1978年检察机关重建后，全省检察机关监所检察工作逐步恢复。

1980—1981年，根据第一次全国检察机关监所检察工作会议精神，省检察院会同“两劳”主管机关，先后4次分赴省属8个劳改单位和杭州、温州、嘉兴地区劳教大队，对如何开展“两劳”检察工作进行专题调研。针对派驻“两劳”场所检察机构设置、“两劳”场所干警执法情况、“两劳”人员思想动态和反改造表现等情况中的问题，提出纠正建议和措施，为开展“两劳”检察工作奠定基础。之后，省检察院确定由所在地的市（分）检察院承担“两劳”检察，并向“两劳”场所派驻检察组或检察员。

1982年，省检察院与省检察院金华分院、金华市检察院组成调查组，到蒋堂农场对刑罚执行等劳改检察情况进行蹲点调查。10月，省检察院吸收蹲点调研成果，制发《劳改检察工作试行细则》，明确劳改检察是一项在特定范围内负有多种法律监督职能的综合性检察工作，规定劳改检察的业务范围、工作方法和程序、工作制度、工作关系等内容。全省检察机关监所检察部门开展劳改检察工作实践的结果和对以后工作的规范，为最高检察院修订《人民检察院监所检察工作试行办法》提供了经验，最高检察院对此予以肯定。11月，省检察院召开全省检察机关劳改、劳教检察会议，通过蒋堂农场和杭州市第三劳教大队2个劳教检察试点单位的经验介绍，明确劳改、劳教检察工作的任务和开展“两劳”检察工作的主要方法。

1983年开展“严打”斗争后，全省在押人员（包括在押人犯、劳教人员和在押犯）大量增加。为遏止在押人员逃跑现象，省检察院开展监管安全和管理教育检察监督，集中打击在押人犯和劳教人员的犯罪活动。至年底，劳改场所的犯罪团伙基本上被摧毁，劳教人员违规抗改的现象明显减少，逃跑的劳教人员同比下降33.64%。

1985年1月，省检察院召开全省检察机关监所检察工作会议，贯彻全国检察机关“两劳”检察工作座谈会精神，提出“两劳”检察工作要加强执法监督和政策监督，把促进提高改造质量提到首要位置。10—11月，省检察院分南北两片召开监所检察工作座谈会，贯彻全国检察机关劳教、劳改检察工作座谈会精神，要求各级检察院将打击在押人员的重新犯罪活动作为“两劳”检察的重要任务，继续积极开展对“两劳”场所执行法律、政策情况的检察。是年，全省检察机关针对“两劳”场所推行“双承包责任制”中片面追求经济利益，出现有悖于改造方针、政策和法律的问题，一经发现，即通过情况报告、反映、建议等多种形式向“两劳”单位及其主管部门提出纠正意见。

1986年，省检察院针对全省监管场所出现在押人员急剧增多和劳动分散的情况，要求派驻“两劳”场所的检察机构进一步加强监管安全防范检查，把对棚点外宿犯、生活杂务犯的使用是否符合规定，是否有脱管、失控现象，以及有无使用“两劳”人员外出跑业务等问题列为检查重点。各派驻“两劳”场所的检察机构共进行安全防范检查 387 次，提出纠正意见和改进工作的建议 244 条。

1987 年 6 月，省检察院召开全省检察机关监所检察工作会议，贯彻第二次全国监所检察工作会议精神，提出把对在押人犯和“两劳”人员进行法制教育作为监所检察工作的一项新任务；要求监所检察部门坚持把法制教育贯穿于从犯人投入改造到期满释放的全过程，贯穿于监所检察各项业务活动中。

1988 年 1 月，省检察院制发《配合劳改单位开展百日竞赛活动，认真做好安全防范检察工作的通知》，要求各承担劳改检察任务的监所检察部门密切配合全省劳改单位的百日安全竞赛活动，通过履行检察职能，切实加强安全防范检察工作。

1989 年 5 月，省检察院会同衢州市检察院在十里坪农场进行“两劳”检察工作经常化、制度化试点，帮助制订经常化、制度化的标准、职责等制度。8 月，为加强对“两劳”场所的法律监督，省检察院与省司法厅联合制发《关于加强基层检察机关与监狱、劳改队、劳教所联系、配合的若干规定》试行。同月，根据《两院通告》精神，省检察院与省法院、省公安厅、省司法厅联合发布《关于敦促在押罪犯、劳教人员坦白检举的通告》，在全省“两劳”场所开展职务经济犯罪的坦白交代、检举揭发工作。全省检察机关监所检察部门与有关部门密切协作，通过多种形式教育和发动，从《两院通告》发布至 10 月 31 日期限届满，全省“两劳”场所共有 126 人被监管人员（根据《关于敦促在押罪犯、劳教人员坦白检举的通告》，此处被监管人员特指在押罪犯和劳教人员）坦白交代贪污、受贿等罪行，追回赃款 33 万元；有 1500 余名被监管人员检举贪污、受贿等各类违法犯罪线索 2200 余条，其中贪污、受贿数额万元以上大案线索 128 条，县处级以上干部要案线索 4 条。至年底，查证核实大要案线索 49 条，其中立案 40 件。

1990 年 4 月，省检察院召开全省检察机关监所检察工作会议，根据最高检察院《关于提高警惕，配合监管改造场所做好安全戒备工作的通知》要求，把加强监管安全防范检察列为要着重抓好的 4 项工作之一，尤其强调集中精力抓好第二季度的监所安全检察。1—5 月，全省检察机关监所检察部门共进行安全防范检查 5664 次，提出安全防范意见或建议 609 次，防止各类事故 73 起 108 人。在被监管人员（包括未决犯、劳改犯和劳教人员，下同）骤增，关押十分拥挤的情况下，全省监管改造场所秩序继续保持稳定，没有发生重大恶性案件、事故，被监管人员脱逃比去年同期下降 42％。

1990—1991 年，针对省内一些监狱、劳改单位犯人脱逃、非正常死亡事件增多的情况，省检察院要求各级检察院监所检察部门把安全教育和监规纪律教育作为检察监督重点，协同监管单位掌握犯人思想动态，有针对性地做好疏导和监护工作。同时建议监管单位改善犯人的居住条件和饮食供应，加强犯人的劳动保护。两年间，各级检察院监所检察部门配合监管单位共防止和消除行凶、自杀、脱逃等各类事故 300 余起。

1991 年，根据最高检察院要求，省检察院部署开展对罪犯减刑、假释、保外就医是否合法的专项检查工作。全省检察机关监所检察部门贯彻执行最高检察院关于列席参加劳改单位讨论呈报罪犯减刑、假释、保外就医的规定，共列席会议 134 次，审查讨论 9000 余份呈报材料。通过提前审查呈报材料、对重点对象进行调查等方法，发现不符合法定条件的 135 人，法律手续不合法、不完备的 14 人；经提出意见，全部得到劳改单位的采纳和纠正。

1992 年 7 月，金华市检察院了解到该市法院对辖区内假释罪犯实行保证金制度的规定，以及试行单位已宣告裁定假释罪犯 51 人、收取保证金 9 万多元。该检察院认为上述做法缺乏法律依据，影响生效裁定的及时执行，即向该市法院提出纠正意见，并向市人大常委会报告。10 月，金华市人大常委会责成该市法院废止假释保证金制度，该市法院随即决定废止该制度，并于年底前把已收取的保证金如数退还缴纳人。

1993 年 8 月，省检察院通知全省检察机关，把检察纠正监管场所向被监管人员及其家属乱收费问题作为反腐败斗争的一件大事，切实纠正自身和监管改造场所存在的乱收费问题。9 月，省检察院向省委政法委提交《关于纠正向被监管人员及其家属乱收费的意见的报告》，建议省委政法委召集省政法各部门统一认识，作出纠正乱收费现象的决定。经过全省检察机关的努力，全省监管改造场所乱收费问题得到遏制。

1992—1994 年，省检察院组织各级检察院监所检察部门对罪犯减刑、假释，劳教人员减期、提前解教等变更执行工作进行普遍监督，同时加强事后监督，查处和纠正一批违法裁定、决定。3 年间，共列席监狱劳改单位会议 130 次，审查讨论 10800 余人；其中发现不符合减刑、假释、保外就医法定条件的 179 人，法律手续不完备的 35 人。1992 年 1 月至 1993 年上半年，共审查劳教人员所外执行、所外就医、提前解教、延期、减期情况 5059 人，对存在的法律手续不完备、法律文书抄送不及时、所外执行和所外就医无人监督帮教、所外执行条件消失不收监等 4 个方面问题提出纠正和处理建议。

1994 年 12 月《中华人民共和国监狱法》(以下简称《监狱法》)公布施行后，1995 年 10 月，省检察院、省法院、省公安厅、省司法厅联合制发《关于〈监狱法〉执行中有关问题的通知》，对《监狱法》实施过程中存在的若干问题进行规范。全省检察机关据此对罪犯交付执行时特殊情况的处理、暂予监外执行、不同类别罪犯减刑、假释等方面加强监督。

1996 年，省检察院继续加强对罪犯的减刑、假释、保外就医活动的检查。各级检察院主动加强与公安机关、劳改单位联系，不断提高监督范围和效果。全省检察机关共审查 16700 余名罪犯减刑、假释材料，发现不符合法定条件的 340 人，法律手续不合法、不完备的 33 人，经提出检察意见，共有 361 名罪犯的违法减刑、假释得到纠正。

1997 年，全省检察机关加强对罪犯和劳教人员在监管期间离监离所管理的检察监督。1 月，省检察院转发省劳动教养委员会(以下简称省劳教委员会)《关于进一步加强对劳教人员所外执行、所外就医审批工作管理的通知》。7 月，转发省监狱管理局《关于进一步加强对罪犯特许探家、离监探亲管理的通知》，要求各驻监检察室加强与监狱狱政部门的沟通，以每月至少 1 次的频率向所驻监狱狱政部门了解有关罪犯特许探家、离监探亲的执行情况，尤其是对原在社会上担任一定职务的罪犯，以及暴力型罪犯特许探家、离监探亲的审批与执行情况，发现问题及时提出纠正。

1998 年，根据最高检察院部署，省检察院开展对被监管人员及其家属收费问题的专项检查，发现公、检、法三机关和劳教系统有 37 个单位向被监管人员及其家属收费 300 余万元，经各级检察院监所检察部门提出纠正并督促清理，至11月底，已清退297万元，清退率达90.62%。

1999年3月，为执行修改后《刑法》，进一步做好减刑、假释工作，省检察院要求各级检察院监所检察部门参照省法院、省司法厅《浙江省减刑、假释工作座谈会纪要》规定，做好减刑、假释的检察监督工作。6—12月，根据最高检察院部署，省检察院开展对1998年1月至1999年6月间罪犯减刑、假释裁定活动的专项检查。全省检察机关监所检察部门共审查减刑、假释裁定案15780件，对裁定不当案提出纠正意见18件。12月，为适应监管改造工作中不断出现的新情况、新问题，使原有的罪犯奖惩考核工作适应监管改造工作需要，省检察院与省法院、省司法厅联合修订《罪犯奖惩考核办法》，遵循"惩办与宽大相结合"的政策，主要考核罪犯思想改造和劳动改造，实现监管工作的规范化、制度化和程序化。

2000年7月，根据省检察院通知要求，各级检察院监所检察部门对全省监狱、公安机关呈报和法院裁定假释的情况进行专项检查。9月，省检察院针对全省开展假释工作中存在的呈报提请假释不当、地方政策违背法律规范等问题进行通报，要求完善检察监督机制，加强监督力度。

2001年，省检察院加强对减刑、假释的检察监督工作。上半年，省检察院对全省监狱、看守所办理罪犯减刑、假释的基本情况和驻监、驻所检察室对减刑、假释的检察监督情况进行调查，要求各级检察院监所检察部门对减刑、假释实行呈报审查和裁定审查双重审查制度，进一步规范对减刑、假释进行检察监督的工作程序。是年，全省检察机关监所检察部门参与监狱、看守所呈报减刑、假释审查16600余件；提出对减刑、假释不当的纠正意见349件，全部被执行机关采纳。

2002年5月，省检察院对原担任县处级以上领导职务罪犯的假释、保外就医情况进行调研，随后通报全省检察机关，要求加强对此类罪犯假释和保外就医的监督，建立假释和保外就医的备案审查制度。同时，省检察院与省监狱管理局联合制发《关于进一步规范在押罪犯接见款管理有关规定的通知》。全省检察机关监所检察部门加强对在押罪犯接、会见等情况的检察监督，杜绝了在押罪犯大量收取接见款的现象。8月，在省公安厅、省检察院、省法院、省司法厅联合召开的全省减刑、假释工作会议上，省检察院对减刑、假释法律监督的程序和方法提出具体意见，经与省法院、省监狱管理局协调，在《浙江省减刑、假释工作会议纪要》"法律监督"章节中，首次明确规定检察机关对减刑、假释进行呈报审查的程序，为全省检察机关开展对执行机关呈报罪犯减刑、假释工作的监督提供依据。

2003年，为应对"非典"疫情，省检察院要求各级检察院派驻检察室（驻监检察室、驻所检察室和驻劳教所检察室，下同）加强对监管场所卫生安全防范工作的现场检查、指导，并制订应对防范措施。全省检察机关先后共计30批次的监所检察人员进入监区，与派驻检察室一起按照监狱封闭式管理模式进行检查，全力配合监管机关实现零"非典"。该做法得到最高检察院肯定并向全国检察机关推广。是年，为提高对减刑、假释检察监督的有效性，省检察院与省监狱管理局联合制发《关于向检察机关通报减刑、假释建议的通知》，就驻监检察室监督减刑、假释的程序进行规范。

2004 年，最高检察院和公安部、司法部联合部署开展减刑、假释、保外就医（以下简称“减、假、保”）专项检察活动。省检察院在做好宣传、发动、部署工作的基础上，引导各级检察院摸清底数、逐件清理，并将整改措施落实到位。此次专项检查加大对县处级以上职务犯罪罪犯“减、假、保”的检查力度，深挖隐藏在执法不公背后的司法腐败案件。各级检察院监所检察部门共检查减刑 75900 余人，假释 1700 余人，保外就医 1000 余人；其中发现不符合要求的 36 人，纠正 32 人。浙江省的专项检查工作受到最高检察院肯定和好评，全省检察机关监所检察部门有 2 个集体和 2 名个人在最高检察院评比中获“全国先进”称号。

2005—2008 年，省检察院落实最高检察院提出的刑罚变更执行案件“逐案审查、逐件登记、逐人建档”要求，先后组织 5 个工作组分赴各级检察院具体指导开展专项检查活动，建立健全“减、假、保”长效检查机制。各级检察院监所检察部门对检查期内的 200 余名县处级以上职务犯罪罪犯的“减、假、保”案件进行登记建档，逐个审查、验收。2007 年，省检察院调研完成《加大减刑、假释力度，认真贯彻宽严相济刑事司法政策》报告，得到省委政法委肯定，多个观点被其综合报告采用。2008 年 6 月，省检察院与省法院、省公安厅、省司法厅联合制发《浙江省办理减刑、假释案件的若干规定（试行）》，其中，检察机关法律监督的内容单列一章，吸收宁波市北仑区检察院的羁押表现量刑化制度，坚持事前、事中、事后监督相结合和两级备案审查制度。2005 年 1 月至 2008 年 8 月，全省检察机关共发现减刑、假释、暂予监外执行不当案件 2034 件，提出纠正 2016 件。

2009—2010 年，根据最高检察院与司法部联合部署，省检察院与省司法厅联合开展全省监狱清查事故隐患促进安全监管专项检查活动。通过专项活动，全省检察机关共发现监狱各类问题 400 余个，其中整改或纠正 374 个，建议追究监狱民警党纪政纪责任 3 人，督促监狱建立规章制度 54 个。监管执法中存在的违规组织劳动、伙食保障不足、高价加餐等问题得到改进，各类事故隐患明显消除，进一步保障服刑人员合法权益，维护监管安全和监管秩序。2010 年 9 月，省检察院组织开展对 2008 年后全省监管场所在押人员非正常死亡情况的专题调研，提出情况分析及预防建议，并通报省公安厅、省司法厅等职能部门，督促监管单位建立健全事故应对和安全防范的长效机制。

第二节　监外执行（社区矫正）检察

1953 年 7 月，杭州市检察机关参加整顿管制反革命分子的统一行动。10 月，整顿管制工作结束。

1958 年 6 月后，全省检察机关根据全国第四次检察工作会议提出的社改检察工作任务，主要任务是对社会上的地主分子、富农分子、反革命分子、坏分子和“右派”分子（以下简称五类分子）及其他被剥夺政治权利的分子认罪服法、接受改造情况，及改造工作中执行政策的问题，有重点地协调有关单位进行季度、年度评审，分别处理。此外，参加对不事生产、危害社会治安的懒汉、地痞等的改造工作，并检查纠正某些混淆两类矛盾的偏向。一方面考察了解这些人员的表现，进行教育；另一方面检查执行机关的监管改造、考察措施是否落实，有否违反政策的行为。

1959—1962年，全省检察机关对“五类分子”抗拒改造情况和监管工作中放松管教、不讲政策等现象进行专题调研，协助有关部门落实社改制度，加强对“地主、富农、反革命、坏分子”(以下简称四类分子)的监管工作，惩办少数严重抗拒改造的分子，检查纠正被错划和漏划的社改对象。据1959年温州、宁波、嘉兴3个专区的1000多个生产队统计，在评审工作中发现抗拒改造、进行破坏的“四类分子”，报请党委批准逮捕270余人；纠正漏划对象4700余人。

1963年，省检察院、各地区检察分院和一些县检察院派出干部参加“社教运动”试点工作，协助有关部门对专政对象进行“四清”，注重进行评审和说理斗争，发动群众强化对“四类分子”的监督改造工作。11月后，全省检察机关抽调大批干部在参加“社教运动”的同时，参与办理和监督当地揭露发现的“四类分子”报复案件和一些干部违法乱纪案件。

1964年1月，全国省市自治区检察长会议根据中共中央指示精神，要求检察机关对一般的现行反革命分子和其他刑事犯罪分子不采取逮捕判刑的办法，尽可能依靠群众处理；多数案件应当深入群众，查对事实、证据，征求处理意见。据此，省检察院要求各级检察院贯彻中共中央和省委批转的《诸暨县枫桥区社会主义教育运动中开展对敌斗争的经验》，依靠群众处理批捕、起诉案件，依靠群众把“社教运动”中贪污所得300元以上的案件切实掌握起来，依靠群众处理申诉案件。各级检察院根据省检察院部署，对作不捕不诉、依靠群众处理的犯罪分子普遍开展考察与再教育活动，落实改造措施，由专人负责思想政治教育；对其家属明确政策，争取他们配合监督改造犯罪分子。至5月，全省70个县(市、区)检察院中有62个搞了试验，上报省检察院的典型案例70多件。1964—1965年，全省检察机关作不捕不诉处理的有1600余人，其中一部分在社会上接受监督改造。“文化大革命”开始后，社改检察工作中断。

1978年检察机关重建后，全省检察机关的监外执行检察工作逐步恢复。1981年6月，杭州市检察机关对在1979—1980年中被判处管制、缓刑和监外执行的罪犯464人进行考察检查，其中执行监管较好的占35%；措施不够落实的占48%；无人过问的占17%。7月，省检察院推广杭州市检察院的做法，要求省内凡已建立监所检察机构的检察院，每年至少对管制、缓刑、假释、暂予监外执行(含保外就医，下同)、剥夺政治权利的罪犯(以下简称五种罪犯)执行情况检查一次。

1982年12月，省检察院召开全省检察机关监所检察工作会议，推广平湖县检察院对该县被判处管制、缓刑、假释和暂予监外执行罪犯(以下简称四种罪犯)的执行情况进行调查摸底和全面检察的做法。是年，全省有56个县(市、区)检察院开展对监外执行刑事判决、裁定情况的检查，部分检察院还建立监改、考察小组。

1983年，省检察院把开展对“四种罪犯”执行情况的检查作为参加社会治安综合治理的重要措施。各级检察院协同执行单位共检查“四种罪犯”的执行情况2100余人，督促执行单位落实监改、考察和帮教措施。

1984年11月，全省检察机关监所检察工作会议推广长兴县、临海县、衢州市等检察院参加社会治安综合治理、开展监外执行罪犯检察工作的经验。是年，各级检察院主动协同执行单位共检查2100余名罪犯的执行情况，其中检查次数2次以上的500余人，进一步督促和帮助执行单位及有关公安派出所和基层组织，落实监改、考察和帮教措施。

1985年1月，全省检察机关监所检察工作会议要求各级检察院坚持每年对"四种罪犯"全面检查1次～2次的制度。5月，省检察院根据全国政法会议提出"公、检、法对缓刑、管制、监外执行、假释等罪犯，要加强监督改造和回访考察"的要求，会同杭州市检察院对"四种罪犯"的监督改造及依法执行情况进行专题调查，并向有关部门提出对"四种罪犯"刑满及时解除监督、考察措施，规范交付执行的法律文书，落实"同工同酬"政策等建议。

1986—1987年，全省检察机关采取"一般检查和重点检查、单独检查和联合检查、分散检查和集中检查"三个相结合的方式，加强对"五种罪犯"执行情况的专项检查。各级检察院检查2次以上的重点对象800余人，督促落实监改考察措施的700余人。

1988年5月，省检察院、省公安厅联合转发嘉兴市检察院和公安局《关于对监外"五种罪犯"的依法执行职责和定期对重点问题联合检查的通知》，要求全省公安与检察机关既要各司其职又要互相配合，加强对"五种罪犯"的监督考察，促进罪犯的改造。是年，针对全省一些监管主管单位在罪犯暂予监外执行工作上存在把关不严、监督改造不落实等问题，省检察院对全省监外执行罪犯执行情况进行全面检查，发现由于脱管失控以及该收监不收监等原因所导致的重新犯罪问题突出，各级检察院及时敦促有关部门予以纠正。省检察院综合全省检查情况，提出加强改进罪犯暂予监外执行的具体工作意见。省委政法领导小组在11月市、地政法工作会议上，摘要印发省检察院关于监外执行工作的检察情况报告。

1989年，全省检察机关共检查监外服刑罪犯执行情况4300余人次，发现监督考察组织措施不落实的11人，应收监而未收监的37人，应办理而未办理解除手续的10人。经提出纠正，督促落实监督考察措施371人，纠正违法执行24人。

1990年6月，省检察院根据嘉兴市检察院反映的对管制、暂予监外执行罪犯刑满是否依法办理法律手续问题，要求各级检察院监所检察部门对此加强检查监督，对提前办理执行期满手续的，应提请执行机关依法继续实行监督考察，以维护执行刑事判决、裁定的严肃性。

1991年，省检察院贯彻中共中央、国务院及全国人大常委会《关于加强社会治安综合治理的决定》精神，把加强监外罪犯执行监督作为参加社会治安综合治理的一项最直接任务。全省检察机关共检查监外执行罪犯7500余人，发现监改组织措施不落实1034人，应收监未收监38人，未按规定释放和解除监督考察措施64人，均提出纠正意见。

1992年9月，省检察院与温州市检察院监所检察部门对温州市鹿城区、乐清县现有保外就医罪犯是否符合法定条件，监督、考察措施是否落实等监外执行情况进行专题调查。针对调查中发现的保外就医法定条件掌握不严、监督考察措施不落实等问题，向有关部门提出严格保外就医审批程序、落实监督考察措施、加强检察监督等建议。是年，各级检察院与有关部门建立定期或不定期的联合检查制度，共检查监外罪犯执行情况8600余人次。省检察院编印《监外执行法规节录》发至政法各部门、基层组织以及监改小组，明确监外执行职责任务，为加强监外罪犯管理提供相关执法资料。

1993年，省检察院要求各级检察院将对监外执行罪犯进行法制教育作为监所检察工作

“经常化、制度化、规范化”的一项重要内容，加强对监外执行人员的法制教育。全省检察机关对被监管人员集体上课教育600余次，个别谈话教育20800余人次，动员家属规劝3300余人次，受教育达113600余人次。

1994年，省检察院组织各级检察院重点就“五种罪犯”的帮教组织措施是否落实、监外执行条件消失后是否及时收监执行、法律手续是否完备等情况进行检查，发现监督改造措施未落实614人，应收监未收监35人，未按规定释放或解除45人，提出纠正意见654人次，纠正355人，并及时督促执行机关加强和落实监督考察工作。

1996—1997年，针对保外就医工作中出现“一保了之”“以保代放”等问题，省检察院连续组织各级检察院开展保外就医专项检查工作。共检查保外就医罪犯近3000人，发现并收监执行不符合条件的29人。

1998年8月，针对上一年专项检查中暴露的问题，省检察院与省法院、省公安厅、省司法厅联合制发《关于进一步规范罪犯保外就医的会议纪要》，协助省卫生厅制定《浙江省医学司法鉴定工作程序》，建议省政府及时指定保外就医鉴定医院，使全省的罪犯保外就医工作规范化。是年，保外就医违法或不当的比例由前一年的26.9%下降到11.9%；专项检查后新增保外就医的500余人中，除2人外，其余全部合法并落实了监管措施。1999年，省检察院要求各级检察院对呈报罪犯保外就医进行审查把关，继续加强对罪犯暂予监外执行的监督力度。是年，全省检察机关与公安机关对监外执行罪犯开展联合检查159次，对不符合暂予监外执行条件的建议收监118人次，至年底已收监106人次。

2000年6月，省检察院根据最高检察院《关于进一步加强监外执行检察工作的通知》，要求各级检察院摸清监外执行5种罪犯的情况，加大对监管工作的法律监督力度。8—10月，省检察院按照省委政法委要求，组织各级检察院监所检察部门对执行《关于进一步规范罪犯保外就医的会议纪要》情况和罪犯保外就医工作进行专项检查，摸清保外就医罪犯的底数，并收监执行92人，补办手续313人。11月，省检察院对此进行通报，明确工作意见，推动保外就医执法检察工作进一步深入。

2001年，为落实对保外就医罪犯的执行和监管，省检察院组织各级检察院监所检察部门对保外就医罪犯进行逐一核查，发现有98名保外就医罪犯脱管。8月，省检察院发函督促省公安厅落实监管措施，省公安厅复函并对脱管罪犯上网追逃。

2003年3—5月，根据最高检察院要求，省检察院部署对罪犯暂予监外执行开展专项检查，同时检查全省司法机关执行1998年8月《关于进一步规范罪犯保外就医的会议纪要》的情况，发现没有经过省政府指定医院鉴定而暂予监外执行的罪犯12人，应继续暂予监外执行而未办理暂予监外执行手续的罪犯35人，暂予监外执行条件消失应收监而未收监的29人。相关检察院一一提出纠正意见。7月，最高法院、最高检察院、公安部、司法部联合下发《关于开展社区矫正试点工作的通知》，确定浙江省为全国社区矫正试点省份之一。

2004年4月，为保证全省社区矫正试点工作的开展，省检察院与省法院、省公安厅、省司法厅、省人事厅、省财政厅联合制发《浙江省社区矫正试点工作实施方案》，规定检察机关对司法行政机关、公安机关的社区矫正执行工作实行监督，对社区矫正的检察监督开始成为监外执行检察工作的重要内容。

2005年5月，省检察院制发《浙江省检察机关社区矫正法律监督工作办法》，从交付执行检察、执行变更与中止环节检察、监督管理活动检察等方面对社区矫正检察作出具体规范。解决监外执行司法实践中存在的文书交接不衔接、交付执行不规范、监督管理不到位等问题，加强与法院、公安、司法行政机关协作和配合，建立健全社区矫正法律监督的协作机制。

2006年初，根据最高检察院通知要求，省检察院要求各级检察院加大保外就医法律监督力度，提高监督水平。至3月，各级检察院监所检察部门共审查执行机关呈报保外就医263人，对保外就医不当的，及时提出监督意见。6月，省检察院根据最高检察院《关于在社区矫正试点工作中加强法律监督的通知》，要求各级检察院对监所检察部门要配足力量，没有设立监所检察科的检察院，要专门确定一名检察人员负责社区矫正的法律监督工作，将监外执行专项检察与社区矫正试点工作结合进行，切实加强对社区矫正工作的法律监督。

2007年7月，根据中央综治委办公室（以下简称中央综治办）部署，省检察院与省综治委办公室（以下简称省综治办）、省法院、省公安厅、省司法厅联合召开专项行动电视电话会议，部署全省开展核查纠正监外执行罪犯脱管、漏管专项行动，各地专项行动领导小组办公室设在检察机关。至10月底，全省共查明监外执行罪犯46000余人，其中脱管、漏管的1900余人。事后，大部分得到纠正。2008年，全省检察机关对监外执行罪犯进行2次专项检查，对脱管、漏管等问题提出纠正意见651人次。11月，最高检察院国际合作局在杭州召开“社区矫正体制及其监督和人权保护”国际研讨会，省检察院在会上作经验介绍。

2009年8月，省检察院根据最高法院、最高检察院、公安部、司法部《关于加强和规范监外执行工作的意见》，要求各级检察院依照社区矫正有关规定，认真做好对社区服刑人员的交付执行、监督管理及其检察监督等工作。11月，省检察院推广余姚市检察院在社区矫正工作中实现多部门信息化联动管理机制的经验。该机制借助当地政府网平台，将50余家社区矫正职能单位进行联网，实现跨部门横向之间的信息共享，提高社区矫正工作的信息化管理水平。该做法被评为2009年全省检察系统六项创新成果之一，《新华社内参》《检察日报》等十几家媒体对此进行报道。

2010年1月，省检察院与省综治办、省法院、省公安厅、省司法厅联合制发《浙江省监外执行考核工作联席会议纪要》，建立监外执行工作联席会议制度，联席会议办公室设在检察院。6月，省检察院在长兴县召开全省检察机关社区矫正法律监督工作专题会议，推广余姚、长兴等8个县（市、区）检察院开展社区矫正法律监督的经验，部署下一步工作。10月，省检察院与省委政法委联合制发《2010年全省社会治安综合治理监外执行工作考核评比办法》，将监外执行工作纳入全省综合治理考核范围。年底，经湖州市编委批复同意，湖州市检察院设社区矫正检察处，为全国首个内设社区矫正部门的市级检察院。

第三节　查办监管场所案件

1953年始，全省检察机关根据最高检察署《关于检查监所和劳改队的几个问题》通知精神，受理被监管人申诉控告，检查监所和劳改队有无错捕、错押、错判的案件。1978年检察机关重建时，确定监所检察部门对监管场所工作人员执行职务中的犯罪案件承担侦查职责，对监管场所内被监管人员和留场就业人员再犯罪的案件承担批捕、起诉职责，并受理被监管人员及其亲属的申诉。1995年后，全省检察机关开始执行最高检察院要求监所检察"以办案为龙头，带动执法检察工作的全面开展"的工作方针。1998年，最高检察院决定检察机关监所检察工作部门不再立案侦查贪污贿赂案件(体罚虐待被监管人案，私放在押人员案，徇私舞弊减刑、假释、暂予监外执行案，失职致使在押人员脱逃案4种职务犯罪案件仍由监所部门查办)。2001年，根据最高检察院《关于监所检察工作若干问题的规定》对职责范围的调整，全省检察机关监所检察部门不再立案复查被监管人的申诉案件。2003年，省检察院决定全省检察机关在全国率先恢复监所检察部门立案侦查发生在监管场所的贪污贿赂案件，此举受到最高检察院肯定。2004年9月，最高检察院决定将前述案件重新划归检察机关监所检察部门立案侦查。

一、查办被监管人员申诉控告和再犯罪案件

1958年6月，省检察院贯彻全国劳改检察工作会议精神，部署打击全省监管劳改场所有严重破坏行为未处理的罪犯。"大跃进"开始后，全省检察机关严厉打击监管场所内组织逃跑、破坏生产、行凶、盗窃等抗拒改造的不法行为。是年，全省检察机关处理监外执行罪犯、取保候审或监视居住的犯人或被告人、刑满释放或解除劳动教养人员申诉案件182人，其中申诉无理予以驳回的160人，对借申诉进行反扑活动的予以加刑起诉3人，对合理的申诉经法院审理予以改判的9人；经审查向法院起诉罪犯1076人，不予起诉134人。

1959年，全省检察机关共办理重新犯罪犯人加刑起诉案件820余人，并召开犯人大会进行处理和宣传教育。共受理犯人申诉案件177人，驳斥无理申诉68人，对借申诉进行破坏活动的加刑20人。少数处理不当的案件，经请示党委后作出纠正。

1960年1—9月，全省检察机关结合协助主管部门开展政治攻势与宣传教育，办理不服管教、不认罪服法，重新犯罪犯人加刑起诉案件1000余人。

1961—1962年，全省检察机关结合对劳改场所"三类人员"(指监外执行罪犯、刑满释放人员、劳教解除人员)思想动态和重新犯罪活动的调研，配合公安机关与劳改单位进行清理，协同监狱劳改单位改进管理制度，打击"三类人员"重新犯罪。共受理"三类人员"的批捕和审查起诉案件690余人。通过审查，批准逮捕和办理不服管教、不认罪服法、重新犯罪的犯人500余人。

1963年，全省检察机关在打击劳改场所"三类人员"重新犯罪的同时，办理"三类人员"及

其家属申诉案件85件。经调查核实，会同有关部门平反9人，对于轻罪重判提请法院减刑14人，对无理申诉予以驳回28人，作其他处理34人。

1964年，全省检察机关办理劳改场所重新犯罪的“三类人员”批捕起诉案件110余人；并配合劳改单位，对其中12人进行说理斗争，初步摸索通过说理斗争改造“三类人员”的方法；处理申诉案件66件。至1965年，全省检察机关在配合公安部门对监管场所进行专项检查中，对在押人犯进行清理，办理“三类人员”批捕、加刑起诉案件210余人。

1979年，省检察院发出通知，要求各级检察院对所管辖的监所劳改单位进行一次摸底调查，抓紧复查平反在押犯人中的“冤假错案”。1980年，全省检察机关受理在押犯人的申诉、控告信件2500余件，省检察院组织人员复查平反“冤假错案”，经法院复查作无罪释放338人，改判360人。其中，省检察院与省检察院金华分院专门到十里丰劳改农场进行重点调查，安吉、常山、开化、余杭等检察院到当地劳改场所调查，在6个劳改单位共发现受刘少奇冤案株连的案件160余起，分别建议、配合法院进行复查平反。是年，全省检察机关监所检察部门开始承担罪犯再犯罪案件的审查批捕和审查起诉，共受理审查批捕48件，其中批准逮捕41人，受理移送起诉290件。

1981年3月，省检察院部署各级检察院监所检察部门继续做好受理申诉和纠正冤错工作。9月，省检察院根据最高检察院《十一个省、市、自治区监所检察办案工作座谈会纪要》，要求凡有监所检察办案任务的检察院加强领导，切实担负办案任务，为争取社会治安的根本好转作出贡献。并在全省检察机关监所检察工作座谈会上，确立办理再犯罪案件必须坚持“两人办案，专人审查，集体讨论，检察长决定”制度；各地有“两劳”检察任务的监所检察部门，要把打击再犯罪作为首要任务。

1982年12月，全省检察机关监所检察工作会议要求没有“两劳”单位的检察院把打击看守所在押犯再犯罪的任务提到议事日程上，及时、准确惩处“牢头狱霸”、教唆犯和严重破坏监管改造秩序的犯罪分子；明确打击再犯罪活动的重点和处理原则，对于受理申诉和复查工作，要注意发现和纠正冤、错、假案，所有受理的申诉信件都要做到件件有着落，件件有交待。1983年，全省检察机关监所检察部门共受理申诉1400余件，按规定自行查处206件；其中建议法院改判处理14件。在处理申诉中，对定性定罪正确或基本正确，只是量刑偏重的，加强教育，不予改动；对定罪不当，量刑畸重的建议法院改判；对冤错案件，坚决纠正，不留尾巴；对无理申诉的除依法制作驳回通知书外，一些地区还采取到劳改场所进行面对面批驳教育的方法，取得较好的成效。

1983—1986年，根据中共中央关于“严打”的指示，省检察院组织各级检察院监所检察部门集中打击在押犯人和劳教人员的重新犯罪活动。1983年9月，省检察院根据最高检察院关于加强监所检察工作的通知，统筹解决办案力量不足的问题，部署打击严重破坏监所秩序的活动和重新犯罪分子。1984年2月，根据上年底全国、全省政法会议和检察长会议部署，省检察院继续组织力量，坚决打击犯罪集团首要分子、“牢头狱霸”、脱逃作案的累犯、惯犯等对社会治安和监管改造秩序破坏影响较大的犯罪分子。1985年1月，全省检察机关监所检察工作会议要求各级检察院监所检察部门督促、协同有关部门及时查证落实在押犯人检举揭发的案件线索，贯彻“坦白从宽，抗拒从严”政策；明确凡“两劳”人员逃跑后流窜在社会上犯罪的案件，由监所检察部门受理批捕、起诉，以推动“严打”斗争深入开展。1986 年，“两劳”人员逃跑率和监内再犯罪率同比分别下降 4.7‰和 20.2%。

1987 年 6 月，省检察院召开全省检察机关监所检察工作会议，要求各级检察院贯彻“宽严相济”政策，重点复查有冤错可能的案件，认真做好“两劳”人员的申诉工作，维护监管改造秩序的持续稳定。10 月，根据省人大常委会在全省执法检查中发现的杭州市第二劳改支队干部体罚虐待犯人的严重违法乱纪问题，萧山县检察院对该单位少数干警严重违法问题进行查处，同时配合监管部门开展整改活动。

1988 年 4 月，省检察院召开全省市(分)检察院监所检察处(科)长会议，要求继续坚持依法从重从快的方针，严厉打击“两劳”人员重新犯罪活动；认真抓好“两劳”人员的申诉工作，选择一些定性正确、量刑得当而罪犯又多次无理申诉的案件，进行当面驳回的活动，促使罪犯认罪服法。8 月，温州市看守所发生以章某某为首的 5 名“牢头狱霸”无故殴打在押人犯詹某某，并致其死亡的案件。温州市和鹿城区检察院提前介入办案，及时审查起诉和出庭支持公诉，法院以抢劫罪、故意伤害罪判处被告人章某某死刑；以流氓罪、故意伤害罪判处被告人黄某某无期徒刑；其余 3 名被告人分别被判处二年至十七年不等有期徒刑。温州市检察院结合办案，配合该市公安局在看守所开展“打狱霸、整秩序、订预案、保安全”专项斗争，发动在押人犯揭发“牢头狱霸”，先后查清并处理狱霸案件 6 件 9 人。

1989 年 3 月，省检察院召开全省检察机关监所检察工作会议，贯彻最高法院、最高检察院、司法部《关于坚决取缔“牢头狱霸”维护看守所秩序的通知》，与省公安厅、省法院、省司法厅联合制发《关于严厉打击劳改犯和劳教人员在改造期间犯罪活动的通知》，部署各级检察院参加整顿监狱和看守所秩序，加强以防行凶、防暴狱和反脱逃为重点的打击重新犯罪工作。1986—1989 年，各级检察院在看守所检察工作中共配合公安机关、法院惩处“牢头狱霸”140 余人，其中有 2 人被判死刑。1989 年 8—10 月，省检察院与省法院、省公安厅、省司法厅在“两劳”人员和在押人犯中联合开展贪污、受贿、投机倒把等经济犯罪的坦白交代、检举揭发工作，并建立坦白、检举情况报告制度。其间，共有 120 余人坦白交代各种违法犯罪行为，1500 余人检举各类违法犯罪线索 2200 余条，内有万元以上大案线索 128 条，县处级以上要案线索 5 条；其中立案 59 件。

1990 年 4 月，省检察院在全省检察机关监所检察工作会议上，要求各级检察院加强同监管单位的联系配合，密切关注和掌握被监管改造人员的动向，做好处置突发事件的充分准备。6 月，根据最高检察院《关于在“严打”斗争中切实加强监所检察工作的通知》，强调各级检察院监所检察部门务必做好监管改造场所内发生的重大刑事犯罪案件办理工作，要提前介入公安、劳改机关的侦查、预审活动，依法快捕快诉，坚决打击再犯罪活动。

1991 年 3 月，省检察院发出通知，要求各级检察院监所检察部门对组织反革命集团和进行反革命宣传煽动的罪犯，组织越狱、集体脱逃的首犯、主犯和脱逃后再犯罪的罪犯，暴狱和严重哄监闹狱的为首分子，行凶杀人的案犯和“牢头狱霸”，要坚持露头就打，决不手软。

1992 年 2 月，省检察院发出通知，要求各级检察院坚持严厉打击被监管人员的再犯罪活动，维护监管改造秩序的稳定；认真受理“两劳”人员及其家属的申诉，对确属错误的判决、决定，要提请有关部门依法纠正或依法抗诉，对无理申诉应依法驳回，并配合监管单位进行认罪服法教育。是年，全省检察机关监所检察部门对脱逃在社会上抢劫、杀人等7件重大恶性案件提前介入，后法院判处5人死刑，判处2人无期徒刑。其中，温州市劳教所劳教人员梁某某在所外就医期间再犯盗窃罪并挥霍一空，数额特别巨大，情节特别严重，法院对其判处无期徒刑。对此，温州市检察院以量刑畸轻提出抗诉，被省法院采纳，发回重审，改判梁犯死刑。

1994年，省检察院继续加大打击“牢头狱霸”犯罪的力度。7月，会同省公安厅联合部署开展打击“牢头狱霸”专项斗争，明确规定处理的政策和法律界限，使全省监管场所内的重大恶性案件发案率显著下降。是年，通过联合打击，全省监管场所发生的“牢头狱霸”案件数量同比降低67%。9月，海宁市检察院发现该市看守所在押未决盗窃犯王某某经常殴打同监人犯，严重危害监内秩序稳定；该检察院监所检察部门向公安机关提出意见却未见查处，遂以王犯涉嫌流氓罪主动立案侦查，并建议刑检部门对王犯以流氓罪予以起诉，经法院审理，以流氓罪判处王某某有期徒刑三年。

1996—1998年，省检察院要求各级检察院把打击被监管人员再犯罪活动、深挖犯罪线索作为“严打”斗争的一项重要任务。1996年，全省检察机关监所检察部门通过对被监管人员开展攻心教育和召开家属座谈会等形式，共取得坦白自首线索740余条，检举揭发线索3600余条，其中破获案件488件；对建议有关部门立案侦查后仍不立案侦查的再犯罪案件，自行立案侦查4起。还重点办理控告干警违法犯罪案件和确有冤错可能的申诉案件，共受理被监管人控告157件，其中按分工转请有关部门处理104件，自行立案查处5件。4月，驻十里丰监狱检察室检察人员了解到盗窃犯许某某自入监以来多次口头申诉的情况，通过提审和调查，查明此案确属错判。经多方努力，法院宣判许某某无罪并予以释放。1997年6月，省检察院根据最高检察院《关于充分发挥监所检察职能作用维护监管改造场所安全与稳定的通知》，把行凶杀人、暴狱和“牢头狱霸”、集体脱逃作为重点，继续坚持打击被监管人员再犯罪活动；对涉及被监管改造人员的重特大再犯罪案件坚持提前介入、从重从快予以处理。至1998年，全省检察机关监所检察部门共受理罪犯再犯罪案253人，批捕48人，起诉204人。

1999年5月，省检察院制发《关于对监管场所进行立案监督的有关问题的通知》，规定发生在监管场所内被监管人的犯罪或再犯罪，由检察机关监所检察部门负责立案监督工作。

2001年，最高检察院《关于监所检察工作若干问题的规定》对检察机关监所检察部门的职责范围作出调整，不再立案复查罪犯不服刑事判决、裁定的申诉案件。同时，未明确规定对于服刑罪犯再犯罪案件和劳教人员犯罪案件的审查批捕、审查起诉工作是否由监所检察部门继续承担。自此，全省检察机关不再统计监所检察部门办理被监管人再犯罪案件数据。

表 19-7-3-1　　1956—1966 年浙江省检察机关监所检察办案情况一览表

单位:人

年份	批准逮捕	不批准逮捕	受理起诉	起诉	免予起诉	不予起诉	受理申诉	驳回申诉	改判
1956	-	-	543	543	-	-	-	-	-
1957	-	-	482	399	3	22	-	-	-
1958	-	-	1246	1076	-	134	182	160	9
1959	-	-	995	827	-	217	177	68	25
1960	-	-	1982	1737	-	159	52	19	48
1961	-	-	799	755	-	44	5	1	1
1962	-	-	599	424	-	158	23	11	8
1963	169	60	478	346	-	68	92	28	8
1964	40	10	126	72	-	30	126	39	17
1965	15	9	168	97	-	72	60	23	18
1966	21	7	72	47	-	12	58	-	5

资料来源:《浙江省检察院简史(1950—1985 年)》附表第 165 页。

表 19-7-3-2　　1980—2000 年浙江省检察机关办理被监管人员再犯罪和控告申诉案件情况一览表

单位:件

时　间	被监管人再犯罪案件			控告申诉案件		
	审查批捕	审查起诉	并案或追诉	受　理	立　案	提出纠正、抗诉
1980	48	290	-	2596	-	698
1981	143			1085		
1982	123	489	10	1468	276	21
1983.9—1984.10	462	1456	81	890	68	6
1986	32	192	19	-	84	42
1987	8	243	-	406	94	28
1988	32	198	61	523	111	31
1989	29	229	41	-	39	16

续表

时间	被监管人再犯罪案件			控告申诉案件		
	审查批捕	审查起诉	并案或追诉	受理	立案	提出纠正、抗诉
1990	27	267	-	547	71	15
1991	30	100	-	265	46	8
1992	61	115	44	565	44	5
1993	60	120	51	335	27	6
1994	176			128	11	5
1995	46	199	-	-	-	-
1996	55	237	-	251	17	10
1997	44	124	32	252	24	8
1998	3	74	-	167	-	10
1999	31	145	-	228	70	20
2000	26	138	-	335	-	15

资料来源:根据省检察院检察业务统计表综合。

二、查办监管工作人员违法犯罪案件

1950—1967年,监管场所工作人员职务违法犯罪案件由检察机关侦查部门办理,检察机关监所检察部门没有该项职责。

1980—1981年,省检察院贯彻最高检察院《人民检察院监所检察工作试行办法》开展监管工作人员违法犯罪案件检察工作。1981年3月,省检察院要求各级检察院加强对监管工作人员的法制宣传;对于严重违法违纪已构成犯罪的,要坚决依法追究刑事责任。至1981年6月,全省检察机关发现监管工作人员各种违法事件1800余件,并向有关部门提出纠正意见。

1982年11月,省检察院召开全省检察机关劳改、劳教检察会议,明确监所检察部门原则上办理监管工作人员严重经济犯罪和监管改造工作中渎职构成犯罪的案件。

1983—1984年,省检察院要求各级检察院监所检察部门对看守干警和办案人员的违法行为,做到及时发现,及时提出纠正。1983年9月,省检察院根据最高检察院《关于贯彻全国政法工作会议精神加强监所检察工作的通知》,要求对于监管工作人员徇私枉法、私放人犯,严重渎职等违背中央“约法三章”的行为,触犯刑律的要适时进行检察,依法严肃处理。11月,省检察院派员协助金华市检察院查处蒋堂农场干警林某某、徐某某、鲍某某3人刑讯逼供犯人致死一案。经侦查,林某某等人在提审时用电警棍等多种器械持续拷打犯人俞某某致死。案件起诉后，法院以故意伤害罪判处3名被告人三年至七年不等的有期徒刑。2年间，全省检察机关向监管单位共提出纠正违法840余次，同时直接查处一批刑讯逼供、体罚虐待人犯、徇私枉法、侮辱猥亵女犯等严重违法乱纪事件。

1985—1989年，省检察院要求各级检察院监所检察部门将打击监管工作人员职务经济犯罪作为重要任务，重点在“两劳”单位深入开展“经打”斗争。1985年9月，龙游县检察院立案查处十里坪劳改支队工作人员方某贪污案。经查明，方犯在带领犯人外出承包建筑工程期间，利用职务之便，将犯人劳动所得人工费、管理费、装运费计1.1万元占为己有。案件起诉后，法院以贪污罪判处方某有期徒刑六年。1986年3月，省检察院与省司法厅联合召开“经打”联席会议，明确对“两劳”场所“经打”案件，立案前以“两劳”单位为主调查，检察机关配合；立案后以检察机关侦查为主，“两劳”单位配合的原则。1987年4月，省检察院与省劳改局召开“经打”工作联席会议，专门研究继续抓好“两劳”系统“经打”斗争，形成《两劳系统“经打”工作联席会议纪要》，要求切实加强同“两劳”单位的密切配合，主动协助排查线索，参加重大案件线索的调查取证。6月，省检察院在全省检察机关监所检察工作会议上，要求各级检察院通过打击“两劳”单位的经济犯罪活动，帮助监管场所建立、健全各种规章制度，进一步落实改造方针政策。1988年初，省检察院针对全省“两劳”系统的“经打”工作出现案源不足和查处难度增大的情况，组织金华、丽水、衢州、湖州、杭州、余杭等地检察院对11个“两劳”单位进行以摸情况、找案源为主要内容的调查，发现“两劳”单位的经济违法犯罪活动并没有得到有效遏制。4月，省检察院在全省市(分)检察院监所检察处(科)长会议上，要求各级检察机关继续抓好打击“两劳”单位经济违法犯罪的斗争。1989年3月，省检察院召开全省检察机关监所检察工作会议，要求各级检察院以反贪污、反受贿为重点，认真抓好监管场所尤其是“两劳”单位的“经打”工作。对全省有重大影响的监管场所经济犯罪案件，省检察院要直接办理或参与办理；对本地区有重大影响的监管场所经济犯罪案件，市(地)检察院要直接办理或参与办理。是年，衢州市和衢县检察院在十里丰劳改支队连续侦破监管工作人员贪污、贿赂案10件，其中万元以上大案5件。4年间，全省检察机关共查处监管工作人员经济违法犯罪案件222件251人，其中构成犯罪依法追究刑事责任的58件69人。

1990年4月，省检察院在全省检察机关监所检察工作会议上，要求各级检察院主动开展对监管改造场所贪污贿赂等经济违法犯罪行为的检察，增强侦查意识，重点查处大要案。10月，衢州市检察院对十里丰劳改支队副政委龚某某以徇私舞弊罪立案侦查，查明其利用职权庇护下属干部受贿犯罪、收受犯人贿赂后为犯人呈报虚假减刑材料，致使犯人被非法减刑六个月等事实。该案是全省检察机关重建以来办理的首件县处级监管干部犯罪案件。12月，余杭县检察院对杭州市第一劳改支队水泥仓库发货负责人邵某某以挪用公款、贪污、受贿罪立案调查，查明其利用职务之便，挪用库存水泥，收受他人财物，涉案金额合计达91万余元，为全省检察机关重建以来监所检察部门办理数额最大的经济案件。是年，全省检察机关监所检察部门共查处监管工作人员贪污贿赂违法犯罪案件62件70人，其中立案侦查14件18人。

1991年3月，省检察院要求继续在监管改造场所深入开展贪污贿赂等职务经济违法犯罪案件侦查工作。7月，余杭临平地区检察院收到有关省第六监狱1名监管干部收受1条呢裤子的举报线索，集中力量内查外调。在2个月内，侦破10余名监管工作人员收受犯人及其家属贿赂的问题，其中4名监管工作人员被以受贿罪立案侦查，分别被法院判处二年有期徒刑至免于起诉不等的处罚。

1992年，省检察院要求各级检察院将监管工作人员利用权力受贿、索贿行为作为重点，严肃查处监管工作人员贪污贿赂等经济违法犯罪案件。9月，衢县检察院在劳改单位开展查办监管工作人员职务经济犯罪案件的经验被全国监所检察工作会议交流推广。12月，省检察院召开全省检察机关监所检察工作会议，部署加强监所检察办案工作任务。是年，全省检察机关监所检察部门共查处监管工作人员职务经济违法犯罪案件19件20人，其中立案侦查10件11人，大要案3件4人。

1993年2月，省检察院要求各级检察院将监管工作人员利用职权侵吞囚款、囚粮，索取、收受被监管改造人员及其家属财物的贪污受贿案件和在生产经营活动中贪污、受贿万元以上的大案作为查处重点。是年，全省检察机关立案侦查发生在监管场所的贪污、受贿和渎职、侵权犯罪案件共7起，其中贪污案2起，受贿案4起(其中万元以上大案2起)，徇私舞弊案1起。各级检察院注意扩大办案效果，将办案与执法监督紧密结合，通过办案，有针对性地向监管单位提出纠正违法以及建章立制、防范堵漏方面建议。

1994年，省检察院将办理监管工作人员贪污贿赂案件作为执法监督的重点。4月，召开全省检察机关监所检察办案工作经验交流会，提出通过加强办案来强化执法监督的工作要求。至6月底，各级检察院立案侦查监管工作人员职务犯罪9件9人，是上年同期的9倍。是年，省检察院监所检察处带头办案，对省劳改局供销处原副处长周某某、杭州青春医院原管教员周某某受贿案立案侦查。案件起诉后，2人分别被法院判处有期徒刑七年和有期徒刑二年、缓刑二年。金华市检察院带领下级检察院业务部门深入省第五监狱和蒋堂支队排查线索，展开初查，立案侦查职务经济犯罪案件3件。此后，省第五监狱1名副监狱长和2名干部主动到驻监检察室投案自首。

1995年3月，省检察院召开全省检察机关监所检察办案工作交流会，进一步贯彻“严格执法、狠抓办案”方针。各级检察院坚持“以办案为龙头，带动执法检察工作的全面开展”，加大在监管场所查办贪污、受贿、徇私舞弊、刑讯逼供和体罚虐待等案件的力度。是年，各级检察院监所检察部门共立案查处监管工作人员贪污、受贿、徇私舞弊等案33件；其中突破查办徇私舞弊案的空白，立案3件。

1996年4月，省检察院召开全省检察机关监所检察办案工作座谈会，推广查办监管工作人员贪污、受贿、徇私舞弊等职务犯罪案件的经验，深化“以办案为龙头、带动执法工作全面开展”的途径和方法。是年，各市检察院监所检察部门加强对自侦办案工作的组织领导，形成本地区监所检察办案的合力，共立案查办监管工作人员贪污、受贿、徇私舞弊和玩忽职守等案38件，是历年来办案数最多的1年；其中立案查办玩忽职守案5件，也是历年来最多的1年。同月，温州市鹿城区检察院根据该市劳教所管教员向劳教人员“借钱”的线索，立案查处市劳教所某打火机厂教导员兼党支部书记陈某某等在为劳教人员办理所外执行、所外试工、减教、提前解教过程中收受贿赂的5件案件。案件起诉后，陈某某等5人分别被法院以受贿罪判处有期徒刑四年至拘役四个月不等的处罚。这是全省检察机关首次成功侦查发生在劳教场所的司法人员职务犯罪案件。

1997年6月，萧山市检察院立案查处南郊监狱监管工作人员王某某、翁某某共同贪污25.5万元囚粮款一案，为检察机关重建后全省监管场所首例查处的贪污囚粮款案件，在全省监狱系统引起强烈反响。

1998年6月，最高检察院将监所检察部门查办职务犯罪案件的范围，调整为刑罚执行和监管改造中的体罚虐待被监管人案，私放在押人员案，徇私舞弊减刑、假释、暂予监外执行案，失职致使在押人员脱逃案4种职务犯罪案件。9月，省检察院根据线索，对省监狱管理局中心医院原外科副主任医师、一级警督吴某某徇私舞弊暂予监外执行案立案侦查。查明吴犯采取调包方法，为省女子监狱无期徒刑罪犯王某某保外就医提供依据，致使王某某违法保外就医三年四个月的犯罪事实。江干区检察院依法对吴某某作出处罚。

1999年11月，温州市检察院通过审查看守所呈报的罪犯减刑、假释材料，发现罪犯吴某某的立功材料系虚构捏造，进而对永嘉县看守所原所长周某某等3人徇私舞弊假释案立案侦查。案件起诉后，法院以徇私舞弊假释罪分别判处3人有期徒刑一年六个月至免于刑事处分不等的处罚。是年，全省检察机关监所检察部门共初查监管场所司法工作人员违法犯罪案件线索120余条。

1999—2002年，根据1999年全省检察长会议提出的发生在监管机关的案件由监所检察部门负责初查的精神，全省检察机关监所检察部门积极查办属于检察机关管辖的各类案件线索，共初查监管工作人员违法犯罪案件线索230余条，除检察机关直接立案侦查的外，移送其他部门立案侦查21件22人，移送有关机关作党政纪处理的86件99人。

2003年6月，省检察院召开全省检察机关监所检察办案工作电视电话会议，部署调整监所检察工作重点，要求各级检察院积极查办司法工作人员的职务犯罪案件，并就办案工作提出具体任务和要求。7月，根据最高检察院要求，省检察院开展对2000—2002年全省监所检察部门查办职务犯罪案件质量的检查，对其间所有撤案和不起诉的案件逐件审查材料，查找办案中存在的薄弱环节。要求各级检察院重视和确保办案质量，充分发挥微机联网和动态监督的优势，将办案工作寓于日常的执法监督工作之中，保证监管活动依法规范进行。

2004年3月，省检察院召开全省各市检察院监所检察处长会议，部署年度各地区的办案目标。是年，省检察院监所检察处除加大指导力度、帮助下级检察院排除办案工作中的困难和阻力、及时掌握全省监所检察部门查办职务犯罪案件情况外，直接初查案件5件，调查其他案件线索5件，对下级检察院立案查办的职务犯罪案件进行指导和协助4件。

2005年3月，省检察院制发《关于贯彻高检院调整案件管辖分工加强我省监所检察办案工作的意见》，把办案工作与规范化建设结合起来，建立案件线索移送奖励机制和监所检察办案督促机制。8月，省检察院对省南湖监狱二监区原指导员宋某某受贿案立案侦查，查明宋犯在监管工作中受贿33笔，共计10万余元。案件起诉后，法院以受贿罪判处宋犯有期徒刑十年。

2006年5月，省检察院根据最高检察院《人民检察院监所检察部门查办职务犯罪案件线索管理办法》，要求各级检察院对案件线索实行分级备案审查制度。科级以下（含科级）干部的职务犯罪案件线索，层报省检察院备案；县处级以上(含县处级)干部的案件线索、涉嫌犯罪金额50万元以上的线索及重大、复杂、跨地区的案件线索，层报最高检察院备案。8月，为推动监所检察工作发展，省检察院制发《关于建立监所检察狱侦工作机制的若干意见》，并与省公安厅、省监狱管理局联合制发《关于在罪犯中物建狱侦特情工作会议纪要》，对选建条件和程序、管理和使用规则、考核奖励措施作出具体规定。

2007年，省检察院坚持把查办监管工作人员职务犯罪案件作为监所检察工作的重点，总结推广办案经验，加强对下指导。先后推广余杭临平地区检察院、省检察院监所检察处查办案件的经验。5月，省检察院监所检察处对省南湖监狱前任监狱长钱某某受贿案立案查处，查明钱犯受贿46万余元。案件起诉后，法院以受贿罪判处钱犯有期徒刑十二年。该案是全省检察机关重建后监所检察部门查办的案值最大、量刑最重的案件。

2008年10月，省检察院召开全省检察机关监所检察工作会议，提出以省检察院为龙头，市检察院为主体，发挥整体合力，建立健全监所检察一体化侦查办案机制。

2009—2010年，省检察院全力支持下级检察院查办监管工作人员职务犯罪案件，加强对下办案工作指导。直接参与、帮助和指导衢州市检察院立案侦查的省十里坪监狱原副监狱长钱某某受贿案，文成县检察院立案侦查的温州市瓯海区看守所原所长吴某某、原副所长刘某某徇私舞弊减刑案，诸暨市检察院立案侦查的诸暨市看守所原民警陈某某受贿案等案件。

表 19-7-3-3　　2000—2010年浙江省检察机关查办监管工作人员职务犯罪案件情况一览表

单位：件

年份	贪污	受贿	玩忽职守	挪用公款	体罚虐待被监管人	帮助犯罪分子逃避处罚	失职致使在押人员脱逃	徇私舞弊减刑、假释、暂予监外执行	其他	总数
2000	1	1	1	0	4	0	1	0	0	8
2001	0	1	0	0	2	0	0	0	0	3
2002	0	0	0	0	3	0	0	0	2	5
2003	3	6	0	2	2	0	0	0	0	13
2004	0	4	0	1	1	0	0	0	0	6
2005	1	3	0	0	2	2	1	0	0	9
2006	2	4	0	1	1	3	1	1	0	13
2007	0	5	2	0	0	4	0	1	0	12
2008	0	6	2	0	3	4	0	0	1	16
2009	1	9	1	1	1	0	0	2	0	15
2010	0	4	0	0	0	2	0	0	3	9

资料来源：根据省检察院检察业务统计表综合。

说明：2000年前案件因未分类，不列入统计。

第四节　监所检察业务建设

1956年10月后，省检察院和各市（分）检察院劳动改造监督部门设立伊始，即与各地监所、劳改队陆续建立联系制度；并组织学习劳改方针政策、法规条例等业务知识。

1958年6月，省检察院召开全省检察机关第一次劳改检察工作会议后，组织全省监所检察干部学习全国劳改检察工作会议文件等，明确劳改检察工作的基本任务。

1966年，全省检察机关监所检察部门贯彻最高检察院关于加强劳改检察工作的指示精神，重点学习中共中央和毛泽东有关指示，学习最高检察院领导在十省、市劳改检察工作会议上的讲话，明确劳改检察工作的任务。

1978年全省检察机关重建后，开始重视加强监所检察业务建设。1979年12月，省检察院贯彻第一次全国检察机关监所检察工作会议精神，规定各级检察院要及时研究解决组织、业务和日常工作中的问题；要求各级检察院建立监所检察机构，配备监所检察干部，把组织建设作为刻不容缓的一项重要任务抓紧抓好。

1980年1月，省检察院召开各市（分）检察院检察长座谈会。要求各市（地区）、县（区）检察院都必须设立监所检察科，建立健全监所检察制度。此后，各级检察院普遍建立在押人犯登记表、办案进度登记表、纠正违法登记表等各种表格账册，为准确掌握监管场所动态，及时发现纠正违法创造条件。

1982—1984年，省检察院要求全省检察机关加强监所检察制度建设。1982年6月，省检察院推广上虞县公、检、法三机关建立联席会议制度做好监所检察工作的做法，要求各级检察院参照并总结完善。1984年11月，省检察院在全省检察机关监所检察工作会议上，推广东阳县检察院建立健全业务登记、安全检查、文明管理、人犯教育、请示汇报等制度的经验。至1984年底，各级检察院监所检察部门在实践中普遍制订岗位责任制、登记制度、联席会议制度、监外“四种罪犯”（即被判处管制、缓刑、假释、和暂予监外执行罪犯）检察制度等一些行之有效的工作制度。

1983—1989年，全省检察机关监所检察部门涌现出一批先进单位和先进个人，共有43个监所检察科（处）被评为各级检察院先进集体，274名监所检察干部被评为先进个人或受到表扬；其中，被评为全省检察系统先进个人2人。

1989年12月，省检察院举办全省第一期监所检察业务培训班。另外，部分监所检察干部参加全省经济检察侦查预审培训班和反贪污、贿赂侦查工作会议。

1990年5月，为进一步沟通监所检察工作信息，及时准确反映工作情况，省检察院制发《关于加强监所检察信息报告制度的规定》，对重大案件和重大事故层报的范围、时限和程序，严重违法和重大经济犯罪线索报告的时限和程序，自侦案件报告事项等内容作出详细规定。

1991年8月，省检察院对全省检察机关办理“两劳”人员再犯罪案件进行分析总结，要求加强对办案业务的学习，进一步提高办案质量和法律文书的制作水平。是年，各级检察院监所检察部门有 4 名干警被评为全省检察系统先进个人。

1992 年，省检察院加强对监所检察规范化、经常化、制度化（以下简称“三化”）建设的检查指导，总结推广东阳市、萧山市和龙游县检察院“三化”建设经验，带动全省监所检察“三化”建设的开展。是年，省检察院组织开展优秀驻看守所检察员评选活动，全省检察机关共评出市（分）检察院级优秀驻看守所检察员 16 人，省级优秀驻所检察员 10 人。

1995 年 2 月，为进一步沟通信息，加强业务指导，做好下情上达和信息反馈工作，省检察院制发《监所检察情况报告制度》，规定按监所检察情况性质作出不同时限和形式的报告。

1996 年，在全国检察机关第三次监所检察会议上，浙江省有 2 个县级检察院驻看守所（监狱）检察室被最高检察院评为“派驻检察室先进集体”；2 名检察干部被评为全国“派驻检察先进个人”。有 1 名监所检察干部被省检察院评为“全省检察机关优秀侦查员”称号。

2000 年 7—8 月，省检察院举办全省检察机关监所检察业务培训班，以市（地）、县两级监所检察处、科长为主要培训对象，全面学习监所检察业务，着重探讨在新形势下监所检察工作面临的问题和开展工作的对策及方法。

2002—2003 年，全省检察机关监所检察部门积极参与“严打”整治斗争，涌现出一批先进集体和个人。在全省检察机关“严打”整治斗争先进表彰中，余姚市检察院监所科被评为先进集体，3 名监所检察干部被评为先进个人。

2004 年 3 月，省检察院举办全省检察机关新任监所检察处、科长、派驻检察室主任培训班，加强对业务骨干的专业化技能培训。

2005 年，省检察院建立全省监所检察部门二级侦查人才库，为调集办案力量打下基础。

2006 年 4 月，省检察院制发《全省监所检察工作考评办法（试行）》，规范监所检察业务综合考评工作，明确日常检察监督工作和规范化建设、办案工作、队伍建设、综合材料 4 个方面的考评内容。12 月，省检察院根据考评办法的规定，对各级检察院监所检察工作进行综合考评并对先进单位予以表彰。截至 2010 年，省检察院共组织考评 2 次。

2007 年，安吉县检察院被最高检察院评为全国检察机关查办刑罚执行和监管活动中职务犯罪案件先进集体。

2008 年 3 月，为正确理解、系统掌握最高检察院制定的《人民检察院监狱检察办法》《人民检察院看守所检察办法》《人民检察院劳教检察办法》和《人民检察院监外执行检察办法》（以下简称“四个办法”），省检察院举办全省检察机关监所部门“四个办法”培训班。5 月，省检察院开展全省检察机关派驻监管场所“十佳派驻检察官”评选活动，并决定自 2008 年起，每 3 年开展 1 次“十佳派驻检察官”评选活动。是年，经各级检察院择优推荐，省检察院组织统一考试、考察，评选出首届“全省十佳派驻检察官”。

2009 年 2 月，省检察院制发《关于贯彻落实高检院〈关于加强和改进监所检察工作的决定〉的实施意见》，从加强领导、强化监督、提高素质 3 个方面对加强和改进监所检察工作提出具体要求。

截至 2010 年，全省检察机关有 12 个监所检察部门被省检察院记集体二等功 18 次，三等功 2 次。其中，余杭临平地区检察院记集体二等功 5 次，安吉县检察院监所检察科记集体二等功 4 次。

表 19-7-4-1　　浙江省检察机关监所检察工作获最高检察院表彰情况一览表

时　间	称　　号	受表彰单位、人员
1996 年	派驻检察室先进集体	义乌市检察院驻市看守所检察室、余杭临平地区检察院驻乔司监狱检察室
	派驻检察先进个人	新居县检察院驻县看守所主任陈伟荣、衢州市柯城区检察院驻省第一监狱检察室主任徐金锦
2004 年	全国检察机关清理纠正超期羁押工作先进集体	萧山区检察院监所科
	全国检察机关监所检察网络化建设先进集体	浙江省检察院监所处
2005 年	全国检察机关减刑、假释、保外就医专项检查活动先进集体	安吉县检察院监所科、婺城区检察院
	全国检察机关减刑、假释、保外就医专项检查活动先进个人	衢江区检察院监所科科长刘根英、丽水市检察院监所处副处长舒鸣
2007 年	全国检察机关查办刑罚执行和监管活动中职务犯罪案件先进集体	安吉县检察院

资料来源：根据最高检察院相关表彰类文件综合。

表 19-7-4-2　　浙江省检察机关监所检察工作获省委政法委等表彰情况一览表

时　间	称　　号	受表彰单位、人员	表彰单位
2002 年	全省“严打”整治斗争先进个人	温岭市检察院监所科科长陈正敏	省委政法委
2003 年	浙江省防范和处理邪教问题先进个人	省检察院监所处副处长朱世洪	省政府防范和处理邪教问题办公室、省人事厅
2004 年	全省政法系统执法（司法）为民先进个人	衢江区检察院驻省十里丰监狱检察室主任方银山	省委政法委
2005 年	浙江省防范和处理邪教问题先进个人	省检察院监所处副处长朱世洪	省政府防范和处理邪教问题办公室、省人事厅
2008 年	“0805”行动先进个人	省检察院监所处副处长朱世洪	省委政法委
2009 年	“0956”行动先进个人	省检察院监所处副处长朱世洪	省委政法委
	“学枫桥、保平安、促发展”先进个人	温州市检察院监所处处长赵海霞	省委政法委
2010 年	“1045”行动先进个人	省检察院监所处副处长朱世洪	省委政法委

资料来源：根据省委政法委等相关表彰类文件综合。

表 19-7-4-3　　浙江省检察机关监所检察工作获省检察院表彰情况一览表

时　间	称　　号	受表彰单位、人员
1985 年	全省检察系统先进集体	萧山县检察院监所科
1996 年	全省检察机关优秀侦查员	衢州市检察院监所处副处长吴江
2003 年	全省检察机关“严打”整治斗争先进集体	余姚市检察院监所科
	全省检察机关“严打”整治斗争先进个人	杭州市检察院驻监狱检察室副主任顾仲飞、岱山县检察院监所科科长王伟忠
2006 年	全省监所检察工作先进单位	宁波市检察院、温州市检察院、金华市检察院、台州市检察院
2007 年	全省监所检察工作先进单位	温州市检察院、宁波市检察院、台州市检察院、余杭临平地区检察院
2010 年	省级先进基层检察院	余杭临平地区检察院

资料来源：根据省检察院相关表彰类文件综合。

表 19-7-4-4　　浙江省检察机关获省“优秀驻所检察员”和“十佳派驻检察官”称号情况一览表

时　间	称　　号	获　奖　人　员
1992 年	全省优秀驻所检察员	仙居县人民检察院陈荣伟、瓯海区人民检察院潘振松、嵊县人民检察院裘伟刚、浦江县人民检察院周成木、柯城区人民检察院余春耀、鄞县人民检察院高元梅、平湖市人民检察院傅新春、临安县人民检察院周秉水、湖州市城郊院人民检察院姚根松、遂昌县人民检察院董家骧
2008 年	全省十佳派驻检察官	杭州市萧山区人民检察院驻区看守所检察室徐晖、余杭临平地区人民检察院驻省乔司监狱检察室郁勇、安吉县人民检察院驻县看守所检察室申江、余姚市人民检察院驻宁波市黄湖监狱检察室王孝江、玉环县人民检察院驻县看守所检察室潘海波、云和县人民检察院驻县看守所检察室程良清、上虞市人民检察院驻市看守所检察室朱永兴、金华市人民检察院驻市看守所检察室余作斌、温州市鹿城区人民检察院驻区看守所检察室施虹、衢州市人民检察院驻市看守所检察室杨旭东

资料来源：浙检监〔1993〕058 号、浙检政〔2008〕59 号。

专记：派驻监管场所检察室规范化建设

1989 年 4 月，为推动看守所检察工作的规范化建设，省检察院制订《驻看守所检察工作标准(试行)》，对派驻看守所人员、工作时间、驻所挂牌及工作制度等做出统一规定。6 月，省检察院向最高检察院提交《关于看守所检察工作实现规范化的设想》，提出根据看守所检察工作的任务和业务范围，在监督工作的具体方法、程序和要求上制定统一的规章制度（包括各种表、牌、簿、卡），在全省逐步实现看守所检察工作规范化。

1990 年 4 月，省检察院召开全省检察机关监所检察工作会议，推广龙游县检察院驻省十里坪农场检察组关于劳改检察工作经常化、制度化的做法。全省多数派驻监管场所的检察机构制订一些工作制度，设置必要的表、簿、卡、册，为“两劳”检察工作经常化、制度化奠定基础。

1991 年 4 月，省检察院在龙游县召开“两劳”检察经常化、制度化经验现场交流会，进一步推广龙游县检察院驻省十里坪农场检察组探索、实现“两劳”检察工作经常化、制度化（以下简称“两化”）的经验。会后，全省检察机关各个派出检察院（组）都着手制订实施“两化”的具体方案。11 月，根据最高检察院通知要求，省检察院向最高检察院提交《关于我省劳改、劳教检察工作经常化、制度化情况的报告》，汇报全省“两劳”检察开展“两化”的情况及存在的主要问题，提出实现“两化”的 4 条标准及其内容，并对下一步工作提出意见。

1992 年，为推动看守所检察规范化建设，省检察院制发《看守所检察工作实施条例（试行）》，规定每日检查、定期检查、及时检查的具体内容、方法和程序。1993 年 7 月，省检察院制发《浙江省 1993—1995 年监所检察派驻机构建设三年规划》，各级检察院据此确定看守所检察规范化标准来开展达标活动。各市（分）检察院业务处对未达标的单位通过上门指导、带出取经等方法，加强达标建设，并结合年终评比，对看守所检察实行规范化的情况进行检查验收，推动基层检察院监所检察部门规范化建设工作的发展。

1995 年 1 月，省检察院转发最高检察院《劳教检察工作一志十表式样》，规定各级检察院负有劳教检察任务的监所检察部门和各驻劳教所检察室从 1995 年开始按所发表格和使用说明认真登记和填报，使劳教检察各项工作逐步规范化。

2000 年 3 月，省检察院制发《浙江省检察机关派驻监管场所检察室规范化建设标准》，对派驻检察室的地位、人员机构、工作条件、工作制度和任务等作出具体规定。4 月，省检察院召开全省派驻监管场所检察室规范化建设座谈会，并部署开展派驻监管场所检察室规范化建设达标活动。6 月，为促进检察室工作规范化、制度化，省检察院通知全省检察机关在派驻检察室统一使用《检察日志》《谈话情况记录表》等“一志五表”。

2001 年 4 月，省检察院和比特信息有限公司共同研制开发的《监所检察信息管理系统》软件在各级检察院监所检察部门推广使用，为全省监所检察特别是日常派驻检察的办公自动化打下基础。该软件在次年全国检察机关监所检察管理软件考评会上名列同类第一。是年，省检察院规范化建设达标考评小组对省内 24 个派驻监管场所检察室进行验收，其中有 16 个检察室通过验收达标。各级检察院投入派驻检察室规范化建设资金共 430 万元，工作条件得到很大改善。

2002 年 4 月，省检察院制发《关于 2002 年派驻检察室规范化建设达标考评的意见》；并在余杭临平地区检察院召开全省派驻检察室规范化建设现场会，明确规范化建设工作总的要求、目标和日程安排。至年底，各级检察院共有 91 个检察室通过省检察院的考核验收，占全省派驻监管场所检察室的 79%。通过规范化建设达标活动，各检察室建立“经常化、规范化、制度化”工作机制，各项日常执法监督的工作方法、程序及台账日趋完善。11 月，省检察院与省监狱管理局联合制发《关于检察院驻监检察室与监狱狱政计算机系统联网工作的实施意见》，对计算机联网的试点单位、方式和范围、网络安全与保密等作出具体规定，为全省检察机关驻监检察室与监管单位计算机的联网工作提供依据。

2003年2月，省检察院与省劳教局联合制发《关于检察机关驻劳教所检察室与各劳教所计算机系统联网工作的实施意见》。4月，省检察院与省公安厅联合转发最高检察院、公安部《关于加快看守所监管信息系统与驻所检察管理信息系统联网建设推行监所网络化管理和动态监督工作的通知》；并制发《浙江省检察机关规范化建设达标检察室管理办法》，通过指定抽查和随机抽查的方法对已达标检察室实行动态管理。6月，最高检察院下发《关于加强派驻监管场所检察室规范化建设的意见》和《人民检察院派驻监管场所检察室规范化等级标准和评定办法》，要求各级检察院要切实抓好派驻检察室与监管机关的网络化建设工作，实现派驻检察工作的网络化管理和动态监督。同时规定派驻检察室实行规范化等级管理，在规范化等级评定中明确规定网络化建设的内容。10月，省检察院制发《浙江省检察机关派驻监管场所检察室规范化等级评定实施细则》，对规范化等级评定的组织领导、评定方法和评定细则作出具体规定，使派驻检察室规范化达标活动与上等级活动紧密衔接，相互融合。

2004年12月，在首届全国检察机关派驻监管场所检察室规范化等级评定工作中，浙江省检察机关有6个派驻检察室被最高检察院评为一级规范化检察室，数量名列全国第二。

2005年12月，省检察院制发《浙江省检察机关规范化等级检察室动态管理办法》，提出派驻检察室规范化建设“完成工作任务、执行工作制度、配备检察人员、具备工作条件”4个方面的具体目标和要求，实行规范化等级动态管理。该办法被最高检察院以文件形式推广全国。根据该办法，全省检察机关共评定二级规范化检察室27个、三级规范化检察室49个。是年，省检察院制发《2004—2007年监所检察部门科技强检实施意见》，对监所检察信息管理系统软件的开发、应用、建立监所检察专用网站等内容提出具体实施意见。

2007年10月，最高检察院评选全国检察机关派驻监管场所“一级规范化检察室”，全省检察机关有10个派驻检察室入选。2008年2月，省检察院按照最高检察院部署，开展第二届派驻监管场所规范化等级检察室评定工作，评定各级检察院二级规范化检察室45个、三级规范化检察室46个。

2008年11月，省检察院在各级检察院监所检察部门推广使用由余杭临平地区检察院研制开发的监所检察“四个办法”信息管理系统。该系统根据“四个办法”的体例研制，被评为当年全省检察系统创新成果之一。至年底，全省检察机关104个派驻检察室已与监管单位联网，实现监所检察的动态管理和动态监督。是年，根据最高检察院《关于加强和改进监所检察工作的决定》，省检察院启动派驻监狱、劳教所检察室的“县改市”（原来由各县级检察院派驻监狱、劳教所检察室改由各市级检察院派出）工作。省检察院和省编办联合发文，对县级检察院13个派驻监狱、劳教所检察室“县改市”工作作出部署，采取先易后难、分步实施的方式，改为由市检察院派驻。次年，全省检察机关派驻监狱、劳教所检察室“县改市”工作按计划完成。

2009年，浙江省监所检察“四个办法”信息管理软件在最高检察院举办的3期一级检察室主任培训班上演示，之后省检察院派员为6个省、市检察机关进行全系统培训，并为全国

20 多个省、市检察机关提供该软件。

2010 年 5 月，省检察院开展第三届派驻监管场所检察室规范化等级考核评定工作。12 月，经过书面审查申报材料和实地检查，各级检察院有 67 个派驻检察室被评定为二级，33 个派驻检察室被评定为三级。经最高检察院评定，浙江省检察机关有 20 个派驻检察室被评定为一级，其中余杭临平地区检察院驻省乔司监狱检察室被评定为全国检察机关派驻监管场所示范检察室。

表 19-7-4-5　　浙江省检察机关获评全国检察机关派驻监管场所一级规范化检察室情况一览表

届　别	一级检察室名称
第一届(2004 年)	萧山区人民检察院驻区看守所检察室、鄞州区人民检察院驻区看守所检察室、瑞安市人民检察院驻市看守所检察室、安吉县人民检察院驻省南湖监狱检察室、温岭市人民检察院驻市看守所检察室、青田县人民检察院驻县看守所检察室
第二届(2007 年)	萧山区人民检察院驻区看守所检察室、余杭临平地区人民检察院驻省乔司监狱检察室、西湖区人民检察院驻省女子监狱检察室、鄞州区人民检察院驻区看守所检察室、瑞安市人民检察院驻市看守所检察室、鹿城区人民检察院驻区看守所检察室、安吉县人民检察院驻省南湖监狱检察室、上虞市人民检察院驻市看守所检察室、温岭市人民检察院驻市看守所检察室、义乌市人民检察院驻市看守所检察室
第三届(2010 年)	萧山区人民检察院驻区看守所检察室、余杭临平地区人民检察院驻省乔司监狱检察室、余杭临平地区人民检察院驻余杭区看守所检察室、淳安县人民检察院驻县看守所检察室
	鄞州区人民检察院驻区看守所检察室、北仑区人民检察院驻区看守所检察室、温州市人民检察院驻市看守所检察室、鹿城区人民检察院驻区看守所检察室、瑞安市人民检察院驻市看守所检察室、湖州市人民检察院驻南湖监狱检察室、湖州市人民检察院驻湖州监狱检察室、海宁市人民检察院驻市看守所检察室、上虞市人民检察院驻市看守所检察室、嵊州市人民检察院驻市看守所检察室、金华市人民检察院驻省第五监狱检察室、义乌市人民检察院驻市看守所检察室、衢州市人民检察院驻省第一监狱检察室、衢州市人民检察院驻十里丰监狱检察室、温岭市人民检察院驻市看守所检察室、遂昌县人民检察院驻县看守所检察室

资料来源：根据最高检察院三届监管场所一级规范化检察室评定文件综合。

第八章 民事行政检察

清光绪三十三年(1907年)十月,清廷颁布实施《各级审判厅试办章程》,规定检察官对于民事诉讼之审判,必须莅庭监督,在审理婚姻事件、亲族事件、嗣续事件时不待检察官莅庭而为判决者,其判决无效。确定了检察机构承担民事诉讼监督的职能。民国时期,也有一些章程、条例中有关于检察机构或者检察官对民事诉讼进行复核、监督的规定。

中华人民共和国成立后,省检察署建立伊始即参照1949年12月《中央人民政府最高人民检察署试行组织条例》规定,开始履行与清末、民国时期有本质区别的民事检察职能。1951年9月,按照《各级地方人民检察署组织通则》规定,全省检察机关“代表国家公益参与有关社会和劳动人民利益之重要民事案件及行政诉讼”。1954年后,根据《检察院组织法》规定,全省检察机关对于有关国家和人民利益的重要民事案件有权提起诉讼或者参加诉讼,但不参与行政诉讼。1957年“反右”斗争开始后,上述职权即告中断。

1978年检察机关重建后至1989年,国家立法未规定检察机关的民事行政检察职权。1990—1991年,《中华人民共和国行政诉讼法》(以下简称《行政诉讼法》)和《中华人民共和国民事诉讼法》(以下简称《民事诉讼法》)先后施行,确立了检察机关的民事行政检察制度。1990年2月,省检察院设立民行检察处。9月,省检察院制发《关于认真做好〈中华人民共和国行政诉讼法〉实施中有关工作的通知》,要求各市(分)检察院原则上应建立民事行政检察处,积极稳妥地开展民事行政检察监督试点工作。

1995年9月,全省各市(分)检察院均设立民事行政检察部门,各县级检察院陆续设立民事行政检察科。1996年,省检察院决定增加全省民事行政检察人员配置,并向各市(分)检察院下达民事行政检察办案目标责任制,进行工作考核。2002年后,全省检察机关民事行政检察工作一方面深化措施,通过推行民事行政检察抗诉书说理改革(以下简称抗诉书说理改革)、网上办案、抗诉裁量权规范,查办民事行政案件审判人员职务犯罪等,加强以抗诉监督为中心的原有职能;另一方面克服立法不完善、工作起步晚等因素制约,积极拓展职能,探索开展民事公益诉讼、支持起诉、督促起诉、申诉案件调处、行政执法监督等工作,打造有浙江特色的民事行政检察工作品牌与亮点。2005年2月,省检察院制发《关于基层院民行检察监督职责的规定》,规范和推行基层检察院民事行政检察监督工作的10项职责,发挥基层检察院的主体作用,缓解上级检察院案件数量多、下级检察院案件数量少的办案结构。全省检察机关民事行政检察工作的规模不断扩大,工作质量和效率不断提升。

截至2010年,全省民事行政检察工作形成以抗诉监督为中心,多种监督方式并举,职能拓展不断深入的格局,多项工作受到最高检察院及省委、省政府领导肯定和社会各界关注。

12 月，省检察院召开全省民事行政检察工作会议，根据全国第二次民事行政检察工作会议上提出的民事行政检察工作跨越式发展的工作思路，部署下一步强化诉讼监督、转变执法理念、构建多元化监督格局、建设执法公信力等加强和改进民事行政检察工作的任务与措施。

第一节　民事行政诉讼监督

清宣统元年十二月二十八日(1910 年 2 月 7 日)奏准《法院编制法》后，浙江省各级检察厅对民事及其他事件，“遵照民事诉讼律及其他法令所定，为诉讼当事人或公益代表人，实行特定事宜”。宣统年间，浙江高等检察厅有办理民事案件的实务。民国元年(1912 年)6 月，浙江军政府都督颁布暂行《执法科简章》，执法科判决事件，诉讼当事人不服请求上诉者，应由执法员将上诉状转送地方法院或检事厅，检事厅复核时查有判决未合者，得饬令再审或拟。民国 3 年 4 月，《县知事审理诉讼暂行章程》《县知事兼理司法事务暂行条例》颁行，浙江省内多县设司法处，第一审民事诉讼由县知事审理，县知事关于司法事务受高等审判检察厅长之监督。民国 16 年起，南京国民政府规定检察官之职权对民事及其他事件，依照民事诉讼法规及其他法令所定为诉讼当事人或公益代表人实行特定事宜。

1949 年 10 月中华人民共和国成立后，全省检察机关在开始办理的民事检察案件中，对案情复杂而重大的，即派员实地调查；对附近地区的，即将原告、被告找来询问或由省检察署派员调查，经查明案情后，重则向法院提起公诉，轻则由省检察署进行调解。

1988 年，根据最高检察院要求，省检察院确定杭州市下城区、江干区、富阳县检察院开始民事行政检察监督试点，探索检察机关参与民事诉讼的方式、范围、程序等。

1990 年始，全省检察机关依法对民事、行政诉讼裁判结果实行法律监督。对法院错误的生效裁判，通过抗诉、再审检察建议等方式启动法院再审程序，纠正错误裁判。此后，这一监督的规模不断扩大。2003 年后，省检察院推行民事行政抗诉书说理改革，再审改判纠错数和纠错率均大幅提高，诉讼监督案件质量明显提升。此外，全省检察机关还对民事行政诉讼全过程进行监督，开展审判人员职务犯罪监督、执行监督、虚假诉讼监督。2009 年始，为在民事行政诉讼监督中化解社会矛盾，实现案结事了，省检察院探索建立申诉案件调处工作机制。

一、民事行政案件抗诉

1988 年，杭州市下城区、江干区、富阳县检察院对民事行政检察监督工作进行试点中，共参与民事行政诉讼监督案件 52 件。

1990 年《行政诉讼法》和 1991 年《民事诉讼法》施行后，省检察院按照最高检察院《检察机关要认真做好〈中华人民共和国行政诉讼法〉实施中有关工作的通知》《关于民事审判监督程序抗诉工作暂行规定》，遵循“积极、认真、稳妥”原则，对需要通过审判监督程序对错误的生效民事、行政裁判提起抗诉的案件，慎重从事，务必搞准，依法纠正错误的生效裁判。1991 年 7 月，省检察院就夏某某治安处罚一案向省法院提出抗诉。富阳县村民夏某某在本村与邻村纠纷中煽动闹事，致两村村民对峙、推打而致伤。该县公安局以夏某某违反《治安管理处罚条例》而作出行政处罚。夏某某不服处罚裁决，诉至法院。杭州市中级法院终审行政判决认为夏某某的行为不能单独构成“造谣惑众，煽动闹事”的违法情形，该县公安局为此向检察机关申诉。经杭州市检察院提请，省检察院审查认为，夏某某煽动闹事的行为能够单独构成《治安管理处罚条例》规定的“造谣惑众，煽动闹事”的违法情形，应当受到处罚，原审判决法律适用错误，即提出抗诉。后省法院采纳抗诉理由，对原审予以改判。该案是浙江省乃至全国检察机关第一例行政抗诉案件。中央电视台、《法制日报》、《中国检察报》等媒体纷纷作出重点报道，《最高人民检察院公报》(1991 年第 3 号)刊登该案。在是年全国民事行政检察处长座谈会上，最高检察院专门推广省检察院办理此案的经验，认为“浙江省院民检处根据省院党组和最高检察院的要求，把突出办案作为开展民事行政检察工作的指导思想，这是完全正确的”。9 月，省检察院制发《关于办理民事、行政抗诉案件的暂行办法》，对抗诉案件受理、立案审查、提出抗诉、出席法庭的整个工作流程作出规定，规范全省检察机关的民事行政抗诉工作。

1991—1995 年，根据最高检察院指示精神，全省检察机关对民事行政抗诉的运用极其慎重，仅对必须通过抗诉才能解决的案件才提出抗诉。1993 年 10 月，省检察院制发《民事行政检察工作试行细则》及民事行政检察文书格式，细化民事行政诉讼监督的工作流程和要求，规定专人审查、两人办案、集体讨论、重大疑难案件报检委会讨论决定等工作制度，规范受案、立案、交办、送达、统计等 18 类工作文书制作格式，推动抗诉工作规范化、制度化。1994 年 2 月，省检察院就中国人民建设银行丽水市支行(以下简称丽水建行)借款合同纠纷申诉案向省法院提出抗诉。夏某某以丽水地区纺织服装公司(以下简称服装公司)下属经营部名义向丽水建行贷款，服装公司作担保，期满后经营部未还款，丽水建行诉至法院。丽水市中级法院终审民事判决认定丽水建行与经营部自行达成协议，且双方均已履行，服装公司的担保关系随之消失，丽水建行的诉讼请求不成立。丽水建行为此向检察机关申诉。经丽水市检察院提请，省检察院审查认为，丽水建行与经营部自行达成的协议无效，保证人服装公司应负连带责任，即向省法院提出抗诉。后省法院未采纳省检察院抗诉理由，对原审予以维持。该案是全省首例检察机关民事抗诉案件。

1996—2000 年，随着实践经验积累，办案人员增加，以及与省法院之间工作渠道进一步畅通，全省检察机关办理民事行政抗诉案件的节奏明显加快，每年办案数均比上年翻倍增长。1996 年，全省民事行政抗诉案件数与前 5 年抗诉案件总数基本相当。1997 年 6 月，省检察院与省法院联合制发《关于办理民事行政抗诉案件的若干意见》，就抗诉监督工作中借用审判卷宗、抗诉案件的法院再审时限等问题进行规范。

2002 年 3 月，省检察院召开各市检察院民事行政检察处长座谈会，贯彻 2001 年 8 月第一次全国检察机关民事行政检察工作会议精神，根据最高检察院关于依法强化监督职能、突出监督重点、规范监督程序、注重监督实效、探索监督新途径的民事行政检察工作任务的要求，提出全省检察机关要对民事行政检察工作高度重视，上级检察院加强对下级检察院的指导，加强与法院的协调配合，狠抓队伍建设，重深化、抓提高、求发展；民事行政检察抗诉工作在稳定数量的基础上突出重点，办重大案件、有影响的案件，提高办案质量、效率、效果等举措。

2003年4月，鉴于抗诉是民事行政检察监督的法定方式和主要手段，而说理在抗诉中处于核心地位，为增加抗诉书说理性，从根本上提升抗诉书的品质，增强民事行政诉讼监督的权威和实效，第十三次全省检察工作会议将民事行政抗诉书说理改革确定为检察改革重大举措。5月，省检察院制发《关于推行民事行政抗诉书说理改革的通知》，对全省推行民事行政抗诉书说理改革作出部署，并根据最高检察院有关规定，制发审查终结报告格式，细化诉讼监督法律文书制作要求，增强审查终结报告等文书的说理性。全省检察机关民事行政诉讼监督案件审查文书格式自此规范化。6月，全省检察机关全面推行民事行政抗诉书说理改革，将此作为一项重要办案制度，列入办案人员岗位目标考核项目。是年，金华市婺城区检察院办理民事行政诉讼监督案件经法院开庭再审13件，其中维持2件、改判11件，另有2件经抗诉在再审前由当事人自行和解结案，改判纠错率达87%。其经验由省检察院推广全省。

2004年6月，为解决全省检察机关民事行政抗诉工作中普遍存在的“借卷难”等问题，省检察院与省法院联合制发《关于办理民事行政抗诉案件若干问题的意见》，就检察机关调阅案卷、撤回或撤销抗诉、出席法庭等程序事项达成共识，明确检察机关调查取证权的行使以及再审检察建议的适用，细化抗诉案卷材料内容、法院审理抗诉再审案件的范围等，进一步规范和推动抗诉工作。11月，最高检察院以民事行政抗诉书说理改革为主题，在东阳市召开全国检察系统民事行政检察工作座谈会，省检察院就民事行政抗诉书说理改革的经验作重点交流。最高检察院副检察长姜建初指出，浙江省检察机关的抗诉书说理改革是提高办案质量和法院再审改判率的一种行之有效的方法，是使民事行政检察工作公开、透明，便于社会监督和实现司法民主的重要举措，全国检察机关都应该学习浙江这一成功做法。之后，最高检察院民事行政检察厅下发《关于加强民行抗诉书说理的意见》，在全国推广。

2005年始，为调整办案结构，整合办案资源，提高办案效率，省检察院在全国率先探索设计并逐步推行网上办理民事行政诉讼监督案件，全省检察机关之间以及各检察院内部通过办案系统实现案件受理、审查办理、审批等。是年，省检察院制发《关于推行基层人民检察院民事行政检察监督职责的通知》《关于基层人民检察院民事行政检察监督职责的规定（试行）》，推行基层检察院民事行政检察监督职责，全省基层检察院民事行政检察部门立案数同比增长18%；向上级检察院建议提请抗诉数同比增长7%，提请抗诉数同比增长5%。此外，有10余个基层检察院就有关抗诉等程序问题与法院及有关职能部门联合制发文件，畅通工作渠道，为基层检察院民事行政检察工作的发展提供制度保障。姜建初在最高检察院刊发省检察院该项工作规范主要内容的文件上2次批示肯定，认为浙江省推行基层检察院民事行政检察监督职责的做法“很有适时性、新颖性和基础性”。

2006年3月，嘉兴市检察院就原桐乡市胜利丝厂（以下简称胜利丝厂）职工俞某某等283人与中国人寿保险股份有限公司桐乡市支公司（以下简称桐乡人寿公司）的保险合同纠纷串案向嘉兴市中级法院提出抗诉。此案系胜利丝厂与桐乡人寿公司解除企业人寿险保险合同后又重新投保，由于所缴保险费减半，导致职工在退休后应获保险金减半。俞某某等283人诉至法院后，桐乡市法院生效民事判决认定胜利丝厂与桐乡人寿公司解除企业人寿险保险合同后又重新投保的行为合法有效。俞某某等人不服，向检察机关提出申诉。嘉兴市检察院审查认为:胜利丝厂和桐乡人寿公司未签订过正式保险合同,每个职工个人手持的《养老金领取证》才是保险合同,《养老金保险费缴费清单》为该保险合同附件。因此,应认定保险合同系职工个人与桐乡人寿公司直接签订,桐乡人寿公司解除合同应经投保人即申诉人同意;原审认定事实、适用法律存在错误。嘉兴市检察院提出抗诉后,在省检察院指导下与该市法院协作配合,检察机关全过程参与并主导案件调解。最终50件抗诉案件以再审调解书改变原判决,其余233件抗诉案件以再审和解协议改变原判决,终止再审,保护了众多弱势当事人权益。该串案是全省检察机关办理的涉及面最广、同类型案件最多的民事抗诉案件。姜建初对此案批示:此举立足检察职能,关注社会民生重大案件,深入开展工作解决社会改革中遗留问题,以法律监督服务与保障社会和谐建设,堪为典范。最高检察院将办理该案经验转发全国。9月,省检察院部署在全省检察机关正式实施民事行政案件网上办理。

2007年10月,修正后的《民事诉讼法》颁布,对检察机关民事抗诉工作的开展产生较大影响:一方面,法院再审事由细化,检察机关民事抗诉的可操作性增强;另一方面,法院再审渠道进一步畅通,当事人向检察机关申诉减少,导致检察机关诉讼监督案源大量减少。是年,全省检察机关实施民事行政诉讼监督案件网上办理后,各级检察院审查职责与范围更加明确,办案环节减少,办案周期缩短,办案效率提高,全省检察机关抗诉案件数同比增加23%,省检察院多年积案问题得到根本解决,实现零积案。最高检察院对浙江省网上办理民事行政诉讼监督案件予以肯定,并倡导全国检察机关借鉴。

2008年3月,省检察院召开全省检察机关民事行政检察部门电视电话会议,部署贯彻执行修正后的《民事诉讼法》。此后,全省检察机关积极拓展案源,着力解决人民群众对民事生效裁判申诉困难的问题,加强抗诉工作,确保民事行政检察监督规模效应。4月,修正后的《民事诉讼法》正式实施。是年,在全国大多数省份民事行政申诉案源和抗诉案件数量明显减少的情况下,全省检察机关民事行政抗诉案件数量同比基本持平,位居全国第五;改判纠错率进一步提升,位居全国第七。

2009年9月,省检察院制发《关于规范民事行政抗诉裁量权的意见(试行)》,规范检察机关办理民事行政抗诉案件事实认定与法律适用中的裁量权,确立与细化民事行政抗诉裁量权基准,将公平正义、诚信和善、司法良知融入具体操作规范,坚持诉讼监督与矛盾纠纷化解相结合,维护司法公正和当事人合法权益,促进社会和谐稳定,实现诉讼监督的政治、社会、法律"三个效果"有机统一。该意见属全国首创,最高检察院予以推广。是年,全省检察机关民事行政案件抗诉数和改判纠错数大幅上升,抗诉案件数位居全国第一,改判纠错数位居全国第二。

截至2010年,全省检察机关民事行政抗诉书说理改革成效显著,抗诉文书说理水平、案件质量显著提升,所办理案件的再审改判纠错率始终保持在70%以上。

表 19-8-1-1　1991—2010 年浙江省检察机关办理民事行政抗诉案件情况一览表

年份	抗诉案件数(件)	改判纠错数(件)	改判纠错率(%)	年份	抗诉案件数(件)	改判纠错数(件)	改判纠错率(%)
1991	1	1	100.0	2001	646	283	50.7
1992	2	2	100.0	2002	629	189	51.1
1993	4	2	66.7	2003	579	190	56.7
1994	8	2	50.0	2004	487	290	69.4
1995	14	5	41.7	2005	488	283	73.7
1996	27	16	64.0	2006	577	311	73.5
1997	75	26	51.0	2007	711	559	70.0
1998	172	38	66.7	2008	703	320	81.0
1999	499	114	69.5	2009	1192	517	86.0
2000	550	187	45.5	2010	896	608	77.0

资料来源:根据省检察院检察业务统计表综合。

说明:改判纠错率按当年法院再审数计算。

二、再审检察建议

1991 年,根据《行政诉讼法》《民事诉讼法》关于检察机关对审判机关行政诉讼、民事审判实行法律监督的原则性规定,全省检察机关开始探索民事行政案件再审检察建议(以下简称再审检察建议)的监督实践,对法院错误的生效裁判,通过向同级法院发出再审检察建议的方式,建议法院启动再审,纠正错误。是年,全省检察机关共向法院发出再审检察建议 9 件。

1992 年后,全省检察机关鉴于再审检察建议相比抗诉的诉讼环节减少、监督效率提升、易为法院接受、能够及时有效将矛盾纠纷解决在基层,更多采用这一方式开展民事行政检察工作。1993 年 10 月,省检察院制发《民事行政检察工作试行细则》,对各级检察院再审检察建议的适用作出规范,规定判决、裁定虽有错误,但不是必须抗诉的,经检察长或检委会讨论决定,建议法院自行纠正。1992—1994 年,全省检察机关每年发出的再审检察建议数均多于提出抗诉数。1995 年,发出民事行政再审检察建议数与民事行政抗诉数持平。1995—2000 年,全省检察机关通过再审检察建议进行诉讼监督的案件数逐年上升。

2001 年 9 月,最高检察院下发《人民检察院民事行政抗诉案件办案规则》,规定检察院向法院提出再审检察建议的范围。11 月,最高法院下发《关于当前审判监督工作若干问题的纪要》,明确对检察院的再审检察建议可依职权启动再审程序。据此,全省检察机关开始对原判决、裁定符合抗诉条件,经与法院协商一致,法院同意再审的;原裁定确有错误,但依法不能启动再审程序予以救济的;法院对抗诉案件再审的庭审活动违反法律规定的;以及其他应当向法院提出再审检察建议的情形,通过再审检察建议方式进行监督。12 月,省检察院在全省民事行政检察业务骨干培训会上，明确要求全省检察机关积极探索研究总结民事行政再审检察建议的适用范围，探索规范再审检察建议的适用程序，充分发挥再审检察建议的作用和效能。此后，全省市、县两级检察院就再审检察建议的适用与法院陆续沟通协调。至2003年底，衢州市柯城区、建德市、余姚市、安吉县等20余个县级检察院与法院达成共识，通过联合制发文件，确保再审检察建议的效力。

2004年6月，省检察院与省法院联合制发《关于办理民事行政抗诉案件若干问题的意见》，对检察机关通过提出再审检察建议启动法院再审程序提供具体操作依据，为再审检察建议的规范化发展提供保障。此后，全省检察机关仅对符合抗诉条件或检察院、法院协商一致、法院同意立案再审的个案提出再审检察建议。12月，省检察院制发《关于人民检察院适用民事行政再审检察建议的实施细则(试行)》，进一步细化再审检察建议适用范围和具体程序，再审检察建议的适用进一步规范化、制度化。是年，全省检察机关向各级法院发出的再审检察建议，被采纳79件。2005年再审检察建议的数量达到同年抗诉案件数8成以上，发出的再审检察建议，被法院采纳184件，建议数和法院采纳数均大幅增加。

2008年4月，《民事诉讼法》修正后施行，法院再审审级提高，检察机关提出的再审检察建议因属“同级检察监督”，作用受限。是年，全省检察机关提出再审检察建议数大幅下降。2009年、2010年，全省检察机关提出再审检察建议数均在250件左右，2009年被法院采纳60余件，2010年被法院采纳180余件。

表19-8-1-2　1991—2010年浙江省检察机关提出民事行政案件再审检察建议情况一览表

年份	数量(件)	年份	数量(件)	年份	数量(件)	年份	数量(件)
1991	9	1996	18	2001	166	2006	289
1992	14	1997	72	2002	175	2007	236
1993	25	1998	97	2003	135	2008	139
1994	11	1999	133	2004	272	2009	253
1995	14	2000	158	2005	268	2010	281

资料来源：根据省检察院检察业务统计表综合。

三、其他民事行政诉讼监督

1950年，省检察署处理周某某被他人侵占房屋案、杭州信源金店与嘉兴太和粮行经济纠纷案等民事案件2件。1951—1956年，全省检察机关共受理劳资纠纷、财产纠纷、不服法院民事判决等民事案件518件；部分案件由检察机关自办，部分案件转给法院或其他机关办理。

1993年，最高检察院在全国检察机关法纪检察工作会议上明确：“今后在查办民事、经济纠纷案件判决的过程中，发现是因为司法人员收受贿赂、徇私舞弊的案件，可由民事行政检察部门直接立案侦查。”由此确定检察机关民事行政检察部门查处审判人员职务犯罪的职能。

10月，省检察院决定，审查民事行政抗诉案件中发现审判人员徇私舞弊、枉法裁判的，由民事行政检察部门一查到底，力量不够的可由法纪、反贪部门协助侦查。1994年，全省检察长会议再次提出，民事行政检察部门要注意发现和立案查办审判人员在办理案件中贪污受贿、徇私舞弊、枉法裁判等涉嫌职务犯罪的案件，以确保民事行政案件抗诉权的正确有效行使。

1995年，省检察院将审判人员职务犯罪侦查工作作为全省民事行政检察工作的重点之一。此后，全省民事行政检察部门突出办案重点，查处一批审判人员职务犯罪案件。1996年3月，省检察院立案查处嘉兴市秀城区法院原院长周某职务犯罪案。在嘉兴市检察院协助下，查明周某利用职务之便，在办理民事案件过程中私下会见当事人，收受当事人礼品贿赂，为当事人谋取不正当利益，构成犯罪。后省检察院依法对周某免予起诉。周某不服，向最高检察院申诉，最高检察院经复查决定维持原免予起诉决定。该案系全省民事行政检察部门查处的首例审判人员职务犯罪案件。是年，全省民事行政检察部门立案查处审判人员职务犯罪案件6件6人，其中省法院处级审判员2件2人。

1998—2002年，根据最高检察院“侦查归口”的工作部署，民事行政检察部门不再行使侦查权，只行使对审判人员职务犯罪的初查权，以及配合检察机关自侦部门开展审判人员职务犯罪侦查工作。此阶段，全省民事行政检察部门的立案侦查和初查工作停顿。

2003年，第十三次全国检察工作会议提出强化诉讼监督，加大惩处司法腐败力度，注意发现和查处司法不公背后的职务犯罪案件并取得新的突破，增强监督权威，提高监督实效的工作要求。据此，省检察院在全国率先明确民事行政检察部门可以直接立案侦查发生在民事行政诉讼环节的审判人员职务犯罪案件，并对民事行政检察部门查处司法不公背后职务犯罪案件提出具体的工作目标。

2003年4月至2004年5月，全省民事行政检察部门自行立案查处审判人员职务犯罪案件7件，在全省司法界引起反响，民事行政检察监督的影响力进一步增强。2003年10月，龙泉市检察院民事行政检察科在调查该市某公司改制过程中国有资产流失案时，发现该市法院副院长刘某某、经济庭副庭长李某某在财产处置过程中涉嫌受贿、挪用公款犯罪，即对2人立案侦查。经查明，刘某某在担任经济庭庭长期间，利用审理企业破产案的职务之便，受贿7万元和挪用公款40余万元；李某某同样利用职务之便受贿5万元和挪用公款21万元。案件起诉后，法院以受贿、挪用公款二罪并罚依法判处刘某某有期徒刑四年，并处没收财产1万元；依法判处李某某有期徒刑二年六个月。不仅惩治了司法不公背后的腐败，而且避免了国有资产流失。

2004年始，随着社会金融形势和诉讼环境的变化，虚假诉讼案件在省内频发，当事人借助诉讼形式蒙蔽审判机关，利用司法裁判的强制力谋取不法利益，严重侵害他人合法权益，扰乱正常司法秩序。全省检察机关为维护当事人合法权益和司法公信力，探索开展对虚假诉讼的监督。

2006年，根据中央政法委和最高检察院指示精神以及司法体制改革要求，围绕“强化法律监督，维护公平正义”的检察工作主题，全省检察机关逐步探索开展对法院民事、行政执行活动的监督（以下简称执行监督），以规范法院执行活动，确保当事人裁判文书上的权利变成现实的权利。省检察院将对执行监督工作的调研与论证列入当年工作要点，将对执行监督范围、方式、程序的探索列入“十一五”期间全省民事行政检察工作计划，倡导全省民事行政检察部门开展执行监督试点。

2007年，省检察院在全国检察机关民事行政检察侦查工作会议上介绍全省民事行政检察部门的自侦工作经验，最高检察院将该经验推广全国。是年，省检察院将执行监督纳入业务工作目标考核，以考核推进全省检察机关执行监督的尝试和探索。杭州、宁波、温州、绍兴、丽水、台州6市检察机关均开展执行监督的探索实践。针对执行监督缺乏具体法律规定的情况，全省多地检察机关与当地法院联合制发关于开展执行监督的规范性文件。

2008年5月，经湖州市检察院提请，省检察院就原湖州市溪西丝厂（以下简称溪西丝厂）职工顾某某等98人与中国人寿保险公司湖州分公司（以下简称湖州人寿公司）、湖州市菱湖镇企业服务中心（以下简称菱湖服务中心）98件养老保险合同纠纷串案中经过二审的4件向省法院提出抗诉（另有经过一审的94件由湖州市检察院向湖州市中级法院提出抗诉）。此案系溪西丝厂为顾某某等98人向湖州人寿公司办理了个人养老保险，后企业转制时在职工不知晓的情况下，向湖州人寿公司申请减少保费，致使顾等98人退休后每月可享受的养老金减少。溪西丝厂宣告破产后，顾等98人以菱湖服务中心和湖州人寿公司未经其同意擅自减少养老保险金为由提起诉讼。一审法院认为溪西丝厂作为投保人有权与保险公司协商变更保险合同条款减少保费，无须征得被保险人的同意，故判决驳回顾等98人诉讼请求，其中94件一审生效；另4件上诉后二审驳回上诉，维持原判。顾等98人即向检察机关申诉。省检察院审查后认为，有权申请变更保险费的主体应是被保险人顾某某等98人，而非投保人溪西丝厂，原审判决确有错误。在向省法院提出抗诉后的再审期间，省检察院和湖州市检察院在有关部门配合下，妥善做好当事人工作，98件案件均以调解结案。最高检察院以“浙江省检察机关充分发挥检察职能妥善协调处理一涉及近百人的民事申诉串案”为题在《检察情况反映》上刊发此案，最高检察院检察长曹建明、省委政法委书记王辉忠对此案分别作出批示，给予充分肯定。

2004—2008年，全省民事行政检察部门共立案查办审判人员职务犯罪案件16件，其中市级法院审判员、执行员4人，县级法院领导1人，庭长、副庭长5人，审判员、执行员4人。2008年2月，永嘉县检察院民行检察科对该县民事审判第二庭原副庭长鲍某某以涉嫌受贿罪立案侦查，查明其利用职务上的便利，为他人谋利，先后4次收受某交通建设集团股份有限公司诸永高速公路温州段某项目经理杨某某贿赂款9万余元。案件起诉后，法院以受贿罪判处鲍某某有期徒刑六年。

2009年初，最高检察院再次规定民事行政检察部门不再行使职务犯罪侦查权。4月，为配合检察机关自侦部门开展审判人员职务犯罪侦查工作，省检察院民行检察处会同反贪、反渎部门制发《关于浙江省检察机关反贪、反渎部门与民行部门加强工作协作的规定（试行）》，为全省检察机关民事行政检察部门与自侦部门在审判人员职务犯罪线索移送、初查和侦查等方面的配合协作提供操作依据。同月，嘉兴市检察院制定《关于民商事申请抗诉案件和解（调解）机制的若干规定（试行）》，明确检察机关对民商事申请抗诉案件和解（调解）的原则、适用范围、程序等内容。这是全省检察机关首个关于调处民事行政纠纷的规范性文件。5月，省检察院就武汉阳光置业有限公司虚假诉讼案向省法院提出抗诉。武汉阳光置业有限公司为逃避向债权人宏厦投资建设有限公司(以下简称宏厦公司)交付相关房产的义务，与武汉青青商业管理咨询有限公司等恶意串通，虚构担保事实和证据提起涉案标的2200万元的担保合同纠纷诉讼。杭州市中级法院终审民事判决就讼争房产做出不利于宏厦公司的判决。宏厦公司向检察机关申诉。经杭州市检察院提请，省检察院查明该案系虚假诉讼。后省法院采纳省检察院抗诉理由，对原审予以全部改判。此案是全省涉案金额最大的虚假诉讼案件，也是全省改判金额最大的民事抗诉案件。11月，为贯彻最高检察院、省政法委领导对2008年湖州市溪西丝厂顾某某等98人养老保险合同纠纷串案调处工作的批示精神，省检察院在全国率先制发《关于民事、行政申诉案件调处工作的若干意见(试行)》，对民事、行政申诉案件调处工作的原则、范围、程序、工作形式等作出明确规定。对此，省委书记、省人大常委会主任赵洪祝和省委副书记、省长吕祖善分别作出批示，充分肯定该做法。为贯彻落实省委、省政府领导意见，省检察院召开全省检察机关电视电话会议，全面推行民事行政申诉案件调处工作。同时将此纳入年度业务考核，鼓励各级民事行政检察部门多办“和谐案”。此后，省检察院制发《民事行政申诉案件调处结案决定书格式样本》，进一步规范调处工作文书格式。是年，全省民事行政检察部门共初查职务犯罪案件15件，均及时移送反贪、反渎部门办理。

2005—2009年8月，台州市两级检察机关共查处虚假诉讼案件27件，并对涉嫌帮助伪造证据等犯罪的26人依法建议公安机关立案侦查。洪某某、丁某某夫妇离婚后为逃避债务，分别伪造借条，指使8名“借款人”到法院提起虚假诉讼，并获法院支持。2008年5月，台州市椒江区检察院查证后就该8起案件提请台州市检察院抗诉。台州市检察院查证后就该8案向该市中级法院提出抗诉，法院再审后全部改判，驳回8名“借款人”的诉讼请求。2009年2月，椒江区法院以妨害作证罪判处洪某某有期徒刑一年六个月；椒江区检察院以帮助伪造证据罪对丁某某等10人作不起诉处理。2006年下半年至2009年6月，绍兴市两级检察机关共受理申诉中反映的虚假民事诉讼案件61件，查明案件事实后向法院提出抗诉24件，向法院发再审检察建议8件，为当事人挽回损失1000余万元，追究刑事责任35人。绍兴市检察机关查处虚假诉讼的成功经验做法，被最高检察院转发。

2010年5月，杭州市检察院牵头与该市中级法院、市公安局、市司法局联合制发《关于建立打击虚假诉讼联动机制的会议纪要》，明确公、检、法、司四机关在查处虚假诉讼案件中的职责分工和办案规程，建立公、检、法、司四机关合力打击虚假诉讼联动机制，形成针对虚假诉讼的线索发现、案件查办、防范监督等环节通力协作的全方位联动，在全省乃至全国均属首创。该机制被省检察院评为全省检察机关年度检察创新成果，推广全省。是年，慈溪市检察院立案查办虚假诉讼案件6件，涉案金额近500万元，审查后建议法院再审6件，移送刑事犯罪线索追究刑事责任5人，其中1人为执业律师。杭州市检察机关监督纠正虚假诉讼案件7件，其中构成犯罪被提起公诉的6件14人均被追究刑事责任，挽回经济损失800余万元。是年底，省委副书记、省政法委书记夏宝龙在省政法委题为《杭州市检察院牵头构建联动新机制破解打击虚假诉讼三大难题》的专报上批示：破解打击虚假诉讼难题的效果好，建立一个有效的机制很重要，要不断地研究新情况，解决新问题。

截至2010年，全省检察机关通过抗诉和再审检察建议形式共办理虚假诉讼案件100余件，移送犯罪线索130余条。2006—2010年，全省检察机关纠正法院违法民事、行政执行案件450余件。2009—2010年，全省民事行政检察部门在受理诉讼监督案件后，主持双方当事人调解或者协调，以及配合法院再审调解，促成当事人达成和解或者调解协议，化解民事纠纷和行政争议1600余件。

第二节　民事行政检察职能拓展

1991年《民事诉讼法》规定："机关、社会团体、企业事业单位对损害国家、集体或者个人民事权益的行为，可以支持受损害的单位或者个人向人民法院起诉。"但法律并没有明确检察机关作为支持起诉的机关，全国检察机关长期未开展支持起诉的工作实践。2002年始，全省检察机关根据上述规定及2000年最高检察院《关于强化检察职能依法保护国有资产的通知》规定精神，探索拓展民事行政检察职能，对损害国家、集体或者个人民事权益的行为，支持受损害的单位或者个人向法院起诉，即为支持起诉；对侵害国家利益、社会公共利益的民事违法行为提起公诉，即为民事公益诉讼。

2003年，省检察院在全国检察机关首创督促起诉职能，对负有国家或社会公共利益监管职责的有关监管部门或国有单位不履行或怠于履行职责、案件性质可通过民事诉讼获得司法救济的，检察机关以监督者身份，督促其及时提起民事诉讼。

2009年，全省检察机关根据最高检察院相关指示精神，探索开展对行政机关行政执法违法行为的检察监督，服务社会管理创新，监督行政机关依法行政，促进法治政府建设。

一、民事公益诉讼

2002年5月，浦江县检察院调查获悉该县某国有事业单位通过一家拍卖公司，将所属浦阳镇小北门巷某号房地产以大大低于该房地产实际价值的价格拍卖给洪某等19人，竞买人洪某与其他4名竞买人有恶意串通行为。浦江县检察院以原告身份向该县法院提起民事诉讼，主张该单位处理国有资产的行为严重损害国家利益，扰乱社会公共秩序，要求法院判决这一房地产拍卖行为无效，并依法制裁被告的民事违法行为。11月，该县法院判决支持检察机关的诉讼请求。该案是全省首例检察机关民事公益诉讼案件，引起社会各界关注。葛圣平批示：作为探索，这起民事诉讼是很有意义的。下一步要在寻求法理支撑和进一步探索上下功夫，要认真总结这起诉讼。

2003年，省内多地检察院与有关部门联合制发文件，为有效开展民事公益诉讼提供操作规范。4月，金华市检察院与该市财政局、市国有资产管理委员会联合制发《关于强化民行检察和国资监管职能防止国有资产流失的意见》，建立检察机关和国资监管部门的联系协作机制，明确检察机关和国资监管部门防止国资流失的诉讼形式包括公益诉讼等。10月，缙云县检察院与该县法院就检察机关提起民事公益诉讼等问题达成共识，印发专题会议纪要。

2008年，省检察院在嘉兴市试点探索环境公益诉讼，倡导建立环境公益诉讼协作机制，推动浙江省生态文明建设。2009 年 6 月，嘉兴市南湖区检察院与该区环境保护局联合制发《关于环境保护公益诉讼的若干意见》，就民事公益诉讼、支持起诉、督促起诉等作出具体规定，省检察院予以推广。8 月，嘉兴市南湖区检察院立案审查某村村民沈某废塑料清洗作坊环境污染案件。经查，沈某在未通过环境影响评价许可的情况下，在承包田内违法搭建作坊从事废塑料清洗，对当地的空气、水源均造成污染，但当地环境保护部门多次处置未果，其他村民基于同村邻里关系不愿出面起诉。该检察院拟作为公共利益代表人向法院提起民事公益诉讼，追究沈某污染环境的民事法律责任。沈某认识到自己行为的错误，自愿提前将废塑料清洗作坊全部拆除，与检察机关达成诉前和解，使该案得到解决。是年，嘉兴市秀洲区、海宁市等地检察院也陆续与环境保护部门建立关于环境保护公益诉讼的工作机制，对环境保护公益诉讼的分类、取证、办案程序、协同机制等作出较为详细的规定。

2010 年 8 月，省检察院与省环境保护厅联合制发《关于积极运用民事行政检察职能加强环境保护的意见》，就共同探索建立长效协作机制，通过环境公益诉讼、支持起诉、督促起诉等方式共同保护环境资源做出具体规定。

二、支持起诉、督促起诉

2002 年 7 月，丽水市莲都区检察院支持丽水市财政局对该市私营企业某羽绒有限公司提起诉讼。国有企业丽水地区燃料公司经理赵某擅自将公司资金 20 万元借给该羽绒有限公司经理颜某使用，一直未归还。莲都区检察院认为赵某行为造成国有资产流失，损害国家利益，支持原告向法院起诉后，法院判决认为该支持起诉理由充分，予以支持。该案是全省首例检察机关支持起诉获得法院判决支持的案件。2003 年，全省检察机关共支持民事起诉 76 件，其中温州地区 36 件、丽水地区 35 件、金华地区 5 件。

2003 年，省检察院在丽水地区开展民事督促起诉试点工作。2004 年，长兴县检察院在侦查吴某、裘某共同挪用公款职务犯罪案件时，发现该县财政局 1000 余万元公款被两犯罪嫌疑人挪走并打入陈某开办的公司账户后被提走，虽经该县检察院全力追缴赃款，仍有 500 余万元公款未能追回。而陈某始终否认使用过这笔公款，导致该县检察院不能认定陈某与犯罪嫌疑人吴某、裘某串通挪用的犯罪事实，无法通过刑事诉讼程序直接向陈某追缴。对此，该县检察院在省检察院指导下，根据这 500 余万元公款已进入陈某公司账上的事实，以不当得利为由督促该县财政局提起民事诉讼来追回国有资产损失。陈某最终如数归还巨额国有资产。这是全省首次检察机关运用督促起诉制度追回国有资产的成功案例。此后，督促起诉试点工作在全省范围开展。

2005 年 2 月，省检察院制发《关于基层人民检察院民事行政检察监督职责的规定（试行）》，将督促起诉与支持起诉、民事公益诉讼等一并列为基层检察院民事行政检察工作 10 项职责之一，要求各级检察院积极探索、认真实践。2005—2006 年，全省检察机关每年督促起诉办案数均为前一年的 2 倍左右。

2006 年 11 月，最高检察院指定省检察院在全国相关会议上专门介绍开展督促起诉工作的经验做法，将该经验推广全国。2004—2006 年，宁海县检察院督促有关国家机关、国有企业提起诉讼57件,经法院判决全部胜诉,涉案标的2000余万元。2005—2006年,新昌县检察院对该县经济开发区中存在的1200多万元土地出让金被拖欠情况发出督促起诉书,督促该县国土局追回被拖欠的国有资产800余万元。

2007年8月,省检察院制发《浙江省检察机关办理民事督促起诉案件的规定(试行)》,在全国率先以文件形式系统规定督促起诉的条件、程序及相关制度,明确保护国有资产的重点和方向,为开展督促起诉工作提供规范依据。9月,省委书记赵洪祝对此批示:这个问题抓得准,所发《规定》也有较好的可操作性,要抓好执行的工作。最高检察院副检察长姜建初批示:浙江省检察院立足法律监督机关的基本性质,紧随社会发展的进程,密切联系社会重大问题,认真履行检察职责,本着自觉发展检察事业的精神,积极创新检察实践和推动法治社会的建设,实践的前行意义大,社会影响大及成效显著,法理基础扎实(监督、督促而不是代行),工作规范提升及时。10月,为进一步规范督促起诉的适用,省检察院在全国率先制发立案、起诉、不予起诉、撤回、撤销、终止审查6种督促起诉法律文书的格式样本,涉及督促起诉的全过程及各种处理方式。

2008年2月,最高检察院再次指定省检察院在全国相关会议上专门介绍开展督促起诉工作的经验做法,将该经验推广全国。6月,为深入贯彻落实《浙江省检察机关办理民事督促起诉案件的规定(试行)》,建立与行政监管部门的协作机制,省检察院与省政府国有资产监督管理委员会联合制发《关于积极运用检察民事督促起诉保护企业国有资产的意见》,在全国率先就探索建立运用检察民事督促起诉保护企业国有资产的协作机制、加大保护企业国有资产力度作出具体规定。9月,新华社《国内动态清样》以"浙江省检察机关通过督促起诉防止国资流失"为题报送中央领导参阅;新华社《经济参考报》《每日电讯》等予以深度报道。

截至2010年,全省检察机关共办理督促起诉案件4760件,经过诉讼和诉前追讨,依法挽回国有资产损失48.5亿元。

表19-8-2-1　　2004—2010年浙江省检察机关办理督促起诉案件及挽回国有资产损失情况一览表

年　度	2004	2005	2006	2007	2008	2009	2010
数量(件)	150	311	600	655	693	777	1574
挽回损失(亿元)	0.4	0.6	1.5	6	7	8	25

资料来源:根据省检察院检察业务统计表综合。

说明:2004年前无系统统计。

三、行政执法监督

2009年4月,义乌市检察院与该市政府建立行政投诉举报线索统一管理机制,对全市有关行政执法的群众投诉举报线索进行统一受理和集中管理,针对全市统一行政投诉举报电话平台反映出的行政执法问题,通过发出检察建议、纠正意见等进行监督。这一机制保证检察机关对行政执法的知情权,为检察机关开展行政执法监督创造良好条件。是年,省检察院提出对行政执法监督进行探索实践，并确定遂昌县检察院为试点单位。是年，遂昌县检察院与该县15家重点行政执法单位建立行政执法信息共享平台，建立联席会议制度，并与该县政府法制办公室联合制定《关于人民检察院试行行政执法事中监督的实施意见》，纠正行政违法案件2件，书面审查行政复议案件12件，发出检察建议5件。省检察院在总结该检察院试点工作经验的基础上，将行政执法监督纳入检察业务考评，推动全省检察机关开展此项工作。

2010年6月，最高检察院副检察长姜建初来浙调研行政执法监督工作，对义乌市、永康市检察院的行政执法监督工作予以充分肯定。8月，省检察院与省环境保护厅联合制发《关于积极运用民事行政检察职能加强环境保护的意见》，进一步明确加强与行政执法部门的配合协作，推动环境保护行政执法监督工作深入开展。9月，最高检察院召开全国行政检察工作座谈会，义乌市、永康市和海宁市检察院专门就行政执法监督工作介绍经验。是年，永康市检察院在全省率先实行民事、行政检察科室分设，设立行政执法检察科。是年，全省检察机关针对行政违法行为，严重损害国家利益和社会公共利益，难以通过其他途径解决的情况，向行政机关提出监督意见1220条，被行政机关采纳1108条。

第三节　民事行政检察业务建设

省检察院设立民行检察处后，就将业务培训作为提高干部业务能力的重要措施。

1992年，省检察院以工作座谈会的形式，组织民事行政检察人员旁听、交流台州市中级法院开庭审理的不服行政税务上诉案、舟山市定海区法院开庭审理的全国首例涉外行政处罚案，以会代训。此后，省检察院通过组织专题培训班、以会代训、组织旁听典型民事行政案件庭审等多种形式，定期举办业务骨干培训班。并组织部分民事行政检察业务骨干参加最高检察院举办的民事行政检察业务培训班。全省各市（分）检察院定期或不定期组织民事行政检察业务培训。

2001年，省检察院联合省检察学会组织召开全省首次民事行政检察专题理论研讨会，并对入选的25篇论文进行评奖。

2002年，省检察院组织全省检察机关“民事行政检察精品抗诉案件”评选活动，评选出精品抗诉案件21件。

2003年6月，省检察院规定将“民事行政抗诉案件改判数”作为记功表彰的条件；省检察院推广抗诉书说理经验及办案人员说理心得，编印《个案参考》，登载精选出的全省检察机关典型抗诉案例及法理点评，指导各级检察院办理民事行政检察抗诉案件。9月，省检察院联合省检察学会召开全省民事行政检察制度专题理论研讨会，围绕民事行政检察监督制度建构、举证责任与民事抗诉事实审查、法官自由裁量与民事检察监督、民事公益诉讼、民事行政检察侦查权等问题进行研讨和评选；并对其中9篇优秀论文进行表彰。另外报送最高检察院的6篇均被采用，有3篇论文在全国民事诉讼法学研究会年会上分获一、二、三等奖。是年，省检察院组织全省检察机关民事行政抗诉书（审查终结报告）制作技能比赛，评选出优秀民事行政抗诉法律文书10篇。

2004年10月，省检察院将抗诉书说理改革实践与探索中形成的课题论证、规范性文件、经典案例等集结，形成《说理：民事行政抗诉书活的灵魂》一书，印发全省检察机关学习借鉴。是年，省检察院组织全省检察机关进行民事行政案件审查终结报告说理竞赛，评选出优秀审查终结报告15篇。

2005年9月，省检察院组织首届全省检察机关“十佳民事行政检察办案人”评选活动，评选出十佳民事行政办案人以及优秀民事行政办案人各10人予以表彰。

2006年，最高检察院组织评选全国检察机关民事行政检察工作先进集体、先进个人。省检察院民行检察处、金华市检察院民行检察处被评选为先进集体；温州市检察院胡金龙、绍兴市检察院曾于生、龙泉市检察院王土旺、宁海县检察院王长河等被评选为先进个人。10月，省检察院组织评选全省“十大精品民事行政抗诉案件”，评选出精品民事行政抗诉案件10件。

2007年9月，省检察院组织评选第二届全省检察机关“十佳民事行政检察办案人”，各级检察院通过三级网视频同步观摩复赛民事行政实务案例答辩，评选出十佳民事行政检察办案人。

2010年10月，由省检察院承办、湖州市检察院协办的中国法学会民事诉讼法学研究会年会在湖州市召开，会议围绕司法改革与民事诉讼监督制度完善的主题，就完善民事抗诉制度、民事审判过程监督、民事执行监督、民事诉讼中的检法关系等问题进行研讨，获得中国法学会和最高检察院检察长曹建明的肯定，被誉为“规模最大”“规格最高”“研讨最深入”“解决问题最多”的一次年会。11月，省检察院组织评选全省检察机关首届“十佳民事行政申诉调处案件”，评选出杭州市检察院调处的吴某某诉浙江省劳动保障厅行政纠纷案等10个案件。是年，省检察院完成中国行为法学会的部级法学课题《民事行政申诉案件调处问题研究》。

2008—2010年，全省民事行政检察人员在《新华文摘》《中国社会科学文摘》《人民检察》等刊物上发表理论文章200余篇，其中获国家级、省级奖励40多篇。

截至2010年，全省检察机关民事行政检察部门有96个检察院、92位个人受到省检察院记功表彰。

表19-8-3-1　浙江省检察机关获省“十佳民事行政检察办案人”称号情况一览表

届　别	时　间	“十佳”办案人名单
第一届	2005年9月	浙江省检察院王水明、绍兴市检察院曾于生、上虞市检察院叶源源、衢州市检察院王荣国、杭州市上城区检察院何靖、温州市检察院胡金龙、浙江省检察院申金玉、东阳市检察院吴宪忠、仙居县检察院张黎明、温州市鹿城区检察院徐缨
第二届	2007年9月	苍南县检察院项延焕、安吉县检察院钱建美、舟山市检察院柳涛、杭州市检察院陈莺、绍兴市检察院周玉苹、慈溪市检察院倪时颖、诸暨市检察院陈阳光、义乌市检察院何小航、宁波市北仑区检察院潘申明、金华市检察院王波

资料来源：浙检政〔2005〕200号、浙检民行〔2007〕157号。

第九章　控告申诉检察

清代末期浙江检察厅成立后，根据清光绪三十三年(1907 年)清廷颁布实施的《高等以下各级审判厅试办章程》，由检察官收受诉状请求，于 24 小时内移送审判厅。

民国元年(1912 年)12 月后，全省各级检察厅根据浙江提法司通告，受理并转送不服民刑事判决的案件。民国 4 年 11 月，北洋政府总检察厅发布《检察执务应行注意事项规则》，对到检察机构告诉、告发等作出一些规定。民国 17 年，南京国民政府发布《地方法院检察官办事权限暂行条例》，规定地方法院所用之刑事状纸由首席检察官向高等法院首席检察官请领发行。民国 18 年 8 月，《浙江高等法院检察处暂行处务章程》规定检察官职掌"上诉及再审之件"等事项。民国 24 年，浙江省检察官根据《办理刑事诉讼案件应行注意事项》规定，对委托他人代行告诉或告发者，应注意区分其委托是否真确，及本人有无意思能力与是否自由表示；对于告诉人不服县司法机关判决之呈诉，有准驳之权。

中华人民共和国成立后，省检察署建立伊始即在办公室内配有专门负责办理"人民群众来信来访工作"的人员，受理来信来访的范围不限，处理则归口。全省检察机关均指定专人负责这项工作，直至"文化大革命"开始后停止。

1978 年检察机关重建后，省检察院由办公室承担处理信访、申诉案件职能，恢复办理人民群众来信来访工作。1981 年 4 月，省检察院根据《检察院组织法》和《刑事诉讼法》的规定，制发《浙江省检察机关处理来信来访工作细则(试行)》，明确检察机关办理的信访案件包括检举、控告国家工作人员贪污、渎职、侵犯公民民主权利案件，控告公安、法院和监狱、看守所、劳动改造机关、劳动教养机关工作人员在侦查、审判活动和管教工作中的违法犯罪案件，不服法院复议过的已发生法律效力的刑事判决和裁定的申诉及不服检察机关办理的各类案件的申诉。1982 年 7 月，省检察院成立信访处，负责受理涉及刑事问题的控告、申诉等案件，从中发现违法犯罪，纠正冤假错案，实行法律监督。1984 年 2 月，最高检察院要求各市(分)检察院应当设立专职信访机构，县(市、区)检察院可根据实际情况设置专职信访机构和配备专职人员。全省各级检察院先后内设信访部门。1985 年 7 月，省检察院信访处更名为控申处。1988 年 8 月，省检察院成立举报中心。至年底，各级检察院均成立控申(举报)机构(以下简称控申部门)。

1994 年 5 月，全国人大常委会公布《中华人民共和国国家赔偿法》(以下简称《国家赔偿法》)，1995 年 1 月施行。12 月，最高检察院颁布《人民检察院刑事赔偿工作办法(试行)》，规定检察机关作为赔偿义务机关，其担负的国家赔偿案件办理职能由控申部门承担。

截至 2010 年，全省检察机关控申部门承担受理公民向检察机关的来信来访、职务犯罪举报工作，办理检察机关管辖的刑事申诉、国家赔偿案件和司法救助案件，履行化解社会矛盾和法律监督职能。

第一节　受理来信来访

中华人民共和国成立后的全省检察机关，受理群众来信来访内容中有涉及党纪政纪的，也有关于刑事、民事案件的；其中多数是检举揭发反革命分子、不法资本家的“五毒”（指“行贿、偷税漏税、盗窃国家资财、偷工减料、盗窃国家经济情报”）行为、国家工作人员贪污腐化、违法乱纪等问题。全省检察机关通过受理并调查人民群众对违法犯罪者控告举报等来信来访后，按归口办理的原则及时转交有管辖权的机关或部门。1950 年 8 月，省监察小组（省监察厅前身）成立后，省检察署只办理省监察小组移送的干部构成犯罪的案件。对不服法院判决上诉案件，省检察署认为确系违法判处的，即要求法院重新办理，否则予以驳回。是年，全省检察机关受理来信来访案件线索大部分是群众如实检举，经查明后处理案件 194 件；其中反革命刑事案 19 件、普通刑事案 50 件、干部违反政策 100 件、民事 2 件、不服法院判决 8 件、其他 15 件。

1951—1953 年，全省检察机关受理来信来访案件线索中有特种刑事案件、普通刑事案件、违法乱纪案件、民事案件、申诉案件、重大责任事故案件等；对来信来访案件根据不同性质采取不同的处理方式，凡重大案件基本上由检察署派员调查。1952 年 11 月后，全省检察机关根据最高检察署华东分署关于设置人民接待室、人民检举箱的要求，相继设置人民举报箱。1953 年，全省检察机关把处理人民来信来访工作，作为密切政府和人民联系的一项重要措施，酌情配备干部。省检察署建立登记、交办、催办、归档等制度。有的检察署（余杭县）派人随身携带检举箱下乡进村开展宣传，号召群众揭发检举，择其重要者予以查办。是年，全省检察机关受理来信来访案件线索后自行查办 650 余件；其中省检察署自办 13 件，与其他单位共同办理 4 件，下级检察署查办 630 余件。

1954—1957 年，全省检察机关受理来信来访逐渐增多，信访工作稳步发展。对属于检察业务范围的，及时调查处理；对不属于检察业务范围的，转交有关部门处理，基本上做到件件有着落，案案有答复。1954 年，全省检察机关受理来信来访中自办和与其他单位共同办理 1467 件，占受理数的 55.1%。1956 年，全省受理 2 次以上重复来信和报告 710 余件，来访不作案件受理或交给有关部门查处的有 820 余件。

1958 年 4 月，省检察院通过最高检察院向福建省检察院发出《革命竞赛书》，提出“跃进”指标：来信来访收到后次日办出；申诉案件每人 5 天办结 1 件；来信来访做到“件件有着落，案案有结果”。8 月，省检察院向全国第四次检察工作会议报告：从 7 月 1 日到 8 月 10 日奋战 40 天，全省检察机关办结人民来信来访所有新老案件，基本实现全面无积案。

1961 年后，全省检察机关停止“大跃进”式片面求多、求快的办案方法，办理人民来信来访工作正常运作。1961—1963 年，全省检察机关受理来信来访数逐年上升；1963 年达到万件以上，为“文化大革命”前的最高点。3年间，全省检察机关受理来信来访中检举揭发违法犯罪线索占大多数；其中，检举侵犯民主权利的占总数的24.9%；检察机关自行查办数均保持在高位，占受理总数的21.5%。

1964年1月，全国检察长会议座谈会传达“关于依靠群众加强专政”的指示后，全省检察机关贯彻执行中共中央、省委“依靠群众专政，矛盾不上交”的方针，受理来信来访数、自行查办数略有下降，但仍保持在高位。1965年，依靠群众处理申诉案件180余件，查清纠正冤错案33件42人。

“文化大革命”开始后，全省检察机关受理来信来访工作受到冲击。1966年，全省检察机关受理来信来访数同比下降41%，其中自行查办825件。1967年3月后，各级检察院的受理来信来访工作陆续停顿。

1978年全省检察机关重建后，面临大量的人民群众来信来访。6月，省委转发省检察院党组《关于重新设置各级人民检察院有关问题的请示报告》中指出，各级检察院要把“搞好人民来信来访工作，办好申诉案件和劳改犯重新犯罪的加刑起诉案件，处理好‘文化大革命’期间的冤错案件，落实好党的政策”作为重建之初的主要工作任务之一。6月底省检察院挂牌对外办公前，最高检察院就收到浙江省群众信访570余件，省检察院收到信访平均每月有100余件。7—9月，省检察院收到信件780余件，接待来访100余人次。9月，省检察院党组专门研究加强信访工作，提出各级检察院必须在党委领导下，坚持以揭批“江青反革命集团”为纲，突出抓住从中反映出来的严重违法乱纪和冤错案件，认真及时进行查处，把办理“由于反对林彪、‘江青反革命集团’和为邓小平受诬陷而鸣不平被打成反革命，遭受迫害的申诉冤、错案件”作为工作重点，优先处理。省检察院先后有7名干部集中处理信访，基本做到来信来访不积压。

1979—1980年，全省检察机关为落实政策，平反冤假错案，通过办理申诉案件共纠正冤假错案2200余件。1980年5月，省检察院通过信访了解到在临海县某林场与某生产大队发生山林纠纷中，当地公安机关以“扰乱社会秩序”为由逮捕了到省城上访的3名大队干部和1名代写告状材料的群众。省检察院将此事报告省委和最高检察院并多次要求当地放人后，撤销了对上述4人的逮捕决定。但临海县委个别领导对政策理解不够深刻，也向省委报告，指责省检察院“以势压人”，坚持当地捕人有理。省检察院7名干部写信向中央领导反映情况，得到中央和最高检察院领导的重视和支持，临海县委于次年5月向省委作出检查报告，省委将此案批转全省。

1981年4月，省检察院制发《浙江省检察机关处理来信来访工作细则(试行)》中，明确各级检察院均应建立检察长接待日制度。5月上旬，省检察院首次召开全省信访工作会议，提出各级检察院要切实加强领导，把信访工作摆到议事日程上定期分析研究，检察长要亲自批阅重要信件，接待重要来访；努力提高信访工作质量，多办少转，切实解决老信访户问题，对转办信访要加强催办；信访干部的质量和数量要和信访工作任务相适应等要求。

1982年，全省检察机关信访工作贯彻全国和省委信访会议精神，围绕中共的中心任务和检察工作重点，密切配合有关部门，打击经济领域中的严重犯罪活动，整顿社会治安，参加综合治理，清理信访老户，平反冤、假、错案。全省检察机关共受理信访老户700件，纠正冤、假、错案计133件136人。

1984年，全省检察机关在开展“严打”和“经打”斗争中，来信来访出现检举、控告刑事犯罪的多，要求对已处理的历史老案重新处理的多，犯罪分子及其家属不服判刑的申诉大幅减少的“两多一少”情况。全省检察机关信访部门普遍加强来信来访接待工作，及时向有关部门提供犯罪线索；向控告申诉的群众加强法制宣传、防止矛盾激化。在省委组织的1983年度信访工作大检查、大评比中，省检察院信访处等36个检察院的信访部门被评为省、市（地）、县级先进集体，26人被评为省、市（地）、县级先进个人。

1985年3月下旬，省检察院召开第二次全省检察机关信访工作会议，要求各级检察院信访部门积极查办职责范围内的案件，切实发挥法律监督职能作用，带动其他各项业务的开展。下半年，省检察院控申处组织各级检察院控申部门对1985年度内受理的属检察机关管辖的重复信访进行全面清理，对排查出的3000余件次重复信访，逐一分析原因，制订计划，分期分批解决。为解决好信访老户和方便群众控告申诉，全省绝大多数检察院采取下乡接待的措施。是年，全省检察机关共下乡370余人次，接待群众1500余人，既方便群众控告申诉，又发现自侦案件及刑事案件线索43条。

1986年，在连续多年“经打”斗争中，人民群众与经济犯罪分子作斗争的积极性持续提高，全省检察机关受理的检举经济犯罪信访数量同比上升96.6%。但由于一些浮在面上的经济犯罪活动受到打击，对于隐藏更深的经济犯罪活动，发现和揭露需要一个过程，因此下半年受理的检举经济犯罪信访量逐月下降。

1987年，根据全国检察机关第三次控申工作会议确定控申检察工作以办理刑事申诉案件为主的精神，全省检察机关对信访线索的初查力度有所下降。经对受理的控告申诉信访归口处理，筛选出各类控告检举违法犯罪线索17500余条。其中，为检察机关提供自侦案件线索3100余条，为公安、法院提供刑事犯罪线索7450余条。

1988年，全省检察机关根据《人民检察院控告申诉细则（试行）》的规定，采取多种形式宣传法制，提供法律咨询，为民排忧解难，全年共提供法制宣传和法律咨询4000余人次。全省大多数控申检察部门注重控申信息反馈，坚持“月有情况反映，季有工作简报，半年及全年有总结报告”，及时为领导决策提供依据，向各相关业务部门反映控申检察情况和提供案件线索。

1989年8月15日，《两院通告》发布后，全省检察机关建立昼夜值班制度，保证任何时候来检察院自首的人都受到接待。《两院通告》限期的两个半月内，全省检察机关共接待1270余人投案自首。宁波、嘉兴、舟山等市（地）控申检察部门还对已掌握有经济问题的人，有选择地寄发《两院通告》敦促他们放弃观望态度，尽快投案自首争取宽大处理。鄞县检察院先后寄发82封敦促信后，有85人前来检察院讲明情况，其中投案自首26人，占该县《两院通告》限期内投案自首总人数的79%。

1990年，为确保北京亚运会安全举办，省检察院于6—7月2次向各级检察院发出通知，要求注重处理集体上访，及时处理矛盾可能激化的“告急”信访，积极劝阻去京上访人员。各级检察院在做好排查摸底工作的基础上，逐个落实防范措施，深入走村入户，保持与人民群众联系渠道的畅通，切实解决群众“告状”难问题。永嘉县检察院控申科由院领导带队，到全县最偏僻的乡村接待来访，6天内接待来访51人次，收到来信19件，还平息即将引发的两个村群众相互斗殴事件1起。

1993年，全省检察机关注重收集带有倾向性、苗头性的来信来访问题，注意收集社情民意，及时向上级机关反映。象山县检察院从信访工作中发现有关部门以纪代法、以罚代刑、内部消化等情况严重，通过收集资料整理素材，编写了《切实纠正以罚代刑、以纪代法的现象》一文，被《中国检察报》头版头条刊出。省检察院控申处收到各级检察院上报各类信息材料共1400余份，比1992年增加1倍多。1994年，全省检察机关共受理集体上访260余批次，并及时处理一批“告急”信访和告状无门案件。

1996年4月，省检察院控申处召开各市（分）检察院控申信息、统计工作座谈会，在全省控申检察部门建立信息联系点11个；针对各级检察院报表统计不准的情况，统一规定统计方法，试行《控申举报综合情况月报表》；开始推进控申举报工作管理微机化，对全省已配置控申信息处理软件的20余个检察院有关人员进行上机培训；加强信息统计工作。

1998年，全省检察机关进一步健全检察长接待日制度。该制度自1981年建立后逐步推广和深化，检察长接待范围、案件的处理反馈等工作不断完善。是年，全省各级检察长共接待群众4200余批次，直接批信17000余封，参与查办接待后的案件760余件。各级检察院妥善处理集体访、告急访、上访老户（以下简称两访一户）案件570余件，其中集体访94件，告急访79件，上访老户76件，告状无门23件。

1999年4月，省检察院制发《信访工作领导责任制》，强化信访工作的领导责任，坚持落实检察长接待日制度。是年，全省各级检察长共接待群众来访3900余批次，批阅信件12500余件，参与办案500余件，对接待的事项做到件件有着落、事事有回音。

2000年下半年，省检察院为遏制越级上访势头，息诉一批上访老户，抓紧解决在检察环节滞留的信访问题，组织各级检察院集中开展对群众信访反映问题的专项整治工作，重点消化解决来省去京上访、集体上访、上访老户等10类群众反映突出的信访问题，全省共摸排并化解重点信访案300余件。

2001年，全省检察机关加大化解“两访一户”案件的力度。省检察院对25件案件挂牌督办，由责任单位落实措施；在全省建立重大节假日和敏感时期信访值班、重大信访情况上下通报和处置“两访一户”案件工作协作3项基本制度，形成对重大信访和异常信访快速反应，及时有效进行处置的工作机制。全省检察机关共接待处理“两访一户”案件680余件。

2002年初，最高检察院下发《关于实行“人民检察院控告申诉工作首办责任制”的通知》，要求各级检察机关按照法律规定的职责和管辖范围，对属于本级检察院管辖的控告、举报和刑事申诉、刑事赔偿案件，“谁主管，谁负责；谁办理，谁负责”，将问题解决在首次办理环节，避免当事人重复申诉、久诉不息。据此，全省检察机关将推行控告申诉首办责任制作为“一把手”工程；至次年，初步形成以检察长为第一责任人，各内设部门有责、人人有责、不推不拖、责任到人、负责到底的大信访格局。4—10月，根据最高检察院部署，全省检察机关开展对上访老户反映的问题、积压举报线索、上级检察院交办案件和积压刑事申诉、刑事赔偿案件的专项清理工作。经专项清理，最高检察院交办的4件案件和省检察院排出的21件挂牌督办上访老户案件全部办结，各级检察院还化解各类重点信访案件340余件，积压的1200余条举报线索全部消化处理，实现刑事申诉和刑事赔偿无积案。清理工作结束后，省检察院对14个先进单位和12名先进个人进行通报表彰。

2003年，全省检察机关建立信访情况通报制度和检察长包案制度，来省上访情况每季度通报，去京上访情况及时通报，重点信访案件实行检察长包案。同时确定责任部门和责任人，包案件的处理，包问题的解决，包做说服教育等息诉工作，促使重点问题的解决。一些基层检察院深化检察长接待日制度，推行检察长预约接待和随访随接制度。

2004年2月，根据中央政法委、省委政法委和最高检察院部署，全省检察机关分两个阶段开展为期2年的集中处理信访突出问题及群体性事件工作。各级检察院对涉法上访案件进行全面排查，省检察院对最高检察院交办的涉法上访案件和排查确定的重点案件进行挂牌督办，重点案件逐件落实包案领导，确保案件有效化解。第一阶段工作从活动部署到2004年底，全省检察机关共清理涉法上访案件1500余件，从中直接办理重点涉检上访案件1186件，办结1171件，息诉息访968件。9月，省检察院制发《控告申诉首办责任制实施办法(试行)》，明确检察机关各内设部门处理信访案件的职能分工和办理要求，以责任落实推动矛盾化解。

2005年，全省检察机关开展集中处理信访突出问题及群体性事件第二阶段工作。年初，省检察院党组听取控申处关于工作安排的汇报，强调集中处理涉法上访工作是全院性工作，必须由各部门密切配合，坚持领导包案；省检察院各有关部门要派干部参与检察长接待日，做好接待处理工作；明确要采取多种方式来充实和加强控申处的人员力量，凡是新进省检察院的人员都要到控申检察部门锻炼。7—11月，全省检察机关还根据最高检察院部署，开展集中处理涉检信访问题专项活动，全力排查化解矛盾纠纷。是年，全省检察机关共清理排查各类信访案件1200余件，其中涉检信访813件，办结811件，息诉720件；使一些久拖未决的问题得到解决，该纠正的及时进行纠正，该赔偿的依法给予赔偿，依法保护了当事人的合法权益。

2006年1月，全国检察长会议部署“今年要重点解决反映检察机关违法查封、扣押、冻结款物以及插手经济纠纷的信访问题。对这类涉检上访案件，要坚持定领导、定专人、定方案、定时限，逐件落实责任，及时依法处理”。2月，全省检察机关开展对反映检察机关不文明办案，违法查封、扣押、冻结款物以及插手经济纠纷等“三类”涉检信访案件的清理排查活动。省检察院共排查出2003年后的“三类”涉检信访案件94件通报各市检察院，并于3月底召开各市检察院控申处长座谈会逐案听取情况汇报。各级检察院强化责任落实，加大工作力度，排查出的“三类”案件大部分得到有效处理。至年底，全省检察机关共纠正“三类”案件13件，返还扣押款553万元。6—11月，全省检察机关根据最高检察院部署，开展涉检信访集中整治、联合接访活动。各级检察院从来省进京访、重复访、异常访、集体访和结案不息诉的上访案件中确定重点案件，定领导、定专人、定方案、定时限，根据“谁办理的案件谁承担接访责任”的原则，逐件落实责任单位开展联合接访活动，包括上下级检察院之间及内设部门之间的联合接访，也包括会同政法委等其他机关、部门联合接访。各级检察院共联合接访38件，息诉21件。8月，最高检察院下发《检察机关开展下访巡访试点工作的指导意见》，对下访巡访试点工作提出具体要求。据此，省检察院确定丽水市、象山县、苍南县、长兴县和舟山市普陀区5个检察院开展下访巡访试点工作。各试点检察院采取带案下访、上门约访、重点走访、定期巡访等多种形式，共下访巡访183批次484人，及时解决涉检信访案件58件，进行举报宣传35次，受理职务犯罪举报45件，为238人次提供法律咨询。12月后，根据省委办公厅和省政府办公厅转发的《浙江省委政法委关于加强司法救助工作的意见》，全省检察机关司法救助工作开始起步。各级检察院成立司法救助工作领导小组，根据本地实际制定司法救助专项资金使用办法，逐级落实司法救助专项资金。其中，省检察院从省委政法委司法救助专项资金中获得每年25万元额度专项资金。

2007年1月，省检察院部署各级检察院开展矛盾纠纷集中排查调处活动，要求对2006年后的涉检信访案件进行全面彻底排查，对排查出的重点涉检信访案件全力调处，将矛盾纠纷化解在畄头、解决在基层。3月，根据省委统一部署，省检察院组织各级检察院开展为期一年的"涉检进京零上访"活动，要求各级检察院对本院管辖的涉检上访案件100%办结、100%息诉，力争做到无涉检进京上访，切实把涉检上访问题解决在基层。同时，根据最高检察院部署，省检察院在全省检察机关开展"涉检上访案件责任倒查专项活动"，从源头上预防和减少涉检上访问题的产生。4月，根据最高检察院"涉检信访重点案件办理工作会议"精神，省检察院部署各级检察院开展涉检信访排查化解和重点案件办理工作。8月，根据省处理信访突出问题及群体性事件联席会议办公室《关于集中开展来省去京重信重访问题专项整治工作的意见》要求，为中共十七大顺利召开营造良好和谐的社会环境，省检察院部署各级检察院于8—12月开展来省去京重复涉检信访问题专项治理工作，要求处置与防范来省去京重复涉检信访，努力实现来省去京重复访、集体访大幅减少，无大规模群体性事件、无恶性事件的"两少两无"基本目标。是年，全省检察机关通过"矛盾纠纷排查""排查化解和案件重点办理"和"来省去京重复涉检信访专项治理"3大专项活动，共清理排查涉检信访案件260件，其中落实领导包案203件，交办督办130件，息诉230件，来访秩序逐步好转，缠访、闹访等现象基本绝迹，集体访大幅减少，未发生大规模群体性事件和恶性事件。全省涉检进京访同比下降63.9%；全省有82个县(市、区)检察院、9个市检察院实现"涉检进京零上访"。在"涉检上访案件责任倒查专项活动"中，全省检察机关共对49件涉检重复访、去省进京访案件进行个案实地倒查，逐案分析引起涉检上访的原因和执法中存在的问题，提出进一步规范执法的意见和建议。是年，全省检察机关共对12件涉检信访案件进行救助，发放救助资金36.5万元，所救助的案件全部息诉。

2008年，为确保"北京夏季奥运会和残奥会"(以下简称北京奥运会)成功举办和改革开放30周年纪念活动的顺利进行，全省检察机关把解决涉检信访作为控申工作的重中之重和首要任务。4月，省检察院部署开展"涉检信访案件百日攻坚大行动"；6月，又部署"涉奥信访与维稳百日行动"。各级检察院以这两项活动为抓手，深入开展涉检信访排查化解工作。通过专项活动，中央政法委和省政法委交办的案件100%息诉；省、市两级检察院交办的408件信访案件中息诉367件;其中省检察院交办的76件案件中息诉73件,息诉率达96%;确保全省、全国人民代表大会和政治协商会议(以下简称“两会”)以及北京奥运会期间,全省未发生1件涉检进京访。司法救助制度建立后,全省检察机关拓展救助形式,发挥司法救助作用,促进息诉息访。省检察院采取各级检察院联合的“捆绑式”救助,上下联动,直接对7件老大难信访案件进行司法救助,发放救助金27万元,取得息诉罢访的良好效果,多起十几年甚至几十年的信访老户成功息诉。

2009年3月,为切实做好全国“两会”及中华人民共和国成立60周年纪念活动期间的信访工作,根据中共中央办公厅《关于把矛盾纠纷排查化解工作制度化的意见》的精神,省检察院部署开展矛盾纠纷排查与集中化解涉检重复信访案件活动,要求各级检察院坚持经常性排查与集中排查相结合,各市检察院每20天向省检察院报告交办案件的办理情况。省检察院分2次集中交办的45件重点案件,至年底办结息诉43件。是年,全省检察机关贯彻年初中央信访联席会议下发的《关于领导干部定期接待群众来访的意见》,按照县级检察院每月不少于1次、市级检察院每季度不少于1次、省检察院每年不少于2次的要求开展下访巡访活动,依法处理涉检信访问题。全省各级检察长共接待群众来访1030余件3200余人;接待后批办案件820余件,至年底办结451件。全省检察机关受理各类信访件同比增加7.9%。

2010年初,中央政法委、最高检察院先后部署信访积案化解和案件评查工作,将该工作作为深入推进社会矛盾化解、社会管理创新、公正廉洁执法3项重点工作的重要举措和一个时期的重点工作,并提出两年内基本消化信访积案的工作目标。省委政法委据此下发《集中清理涉法涉诉信访积案方案》,要求在2011年7月底完成2008年底前发生且尚未息诉罢访的涉法涉诉信访集中清理工作。4月,省检察院在全省控申检察工作会议上,将筛选的74件信访积案和省委政法委5月份交办给检察机关的29件信访积案进行集中交办。至年底,各级检察院办结省委政法委交办的22件和省检察院交办的57件信访积案。5—10月,上海世博会期间,省检察院落实省委领导提出的“确保浙江去上海的人不惹事,上海来浙江的中外游客不出事”指示,要求各级检察院在做好信访积案排查清理的同时,及时妥善处理群访和缠访闹访案件,做到分级负责、快速反应、统一指挥、协调联动,确保上海世博会顺利进行。6—11月,根据省委政法委部署,省检察院制发《浙江省检察机关案件评查工作实施意见》,对群众反映强烈的信访案件,容易滋生腐败、容易发生违法违规的案件开展评查工作,找出存在的问题与不足,分析原因与教训,提出进一步规范执法工作的意见和建议,促进提高执法水平和办案质量。通过实地倒查、剖析,省委政法委分配给检察机关的200件案件评查任务全部完成;评查发现存在执法过错或重大瑕疵的14件、应给予刑事赔偿或返还扣押款物的案件7件、存在一般瑕疵但不影响原处理决定的36件,相关检察院均采取措施予以整改。11月广州市举办亚运会期间,各级检察院开展针对性信访维稳工作,全省检察机关未发生一件涉检赴广州上访案。

表 19-9-1-1　1950—1966 年浙江省检察机关办理控告申诉案件(线索)情况一览表　单位:件

年份	受理	检举反革命	检举贪污	检举侵犯民主权利	检举其他刑事犯罪	不服判决申诉	民事纠纷	自行查办
1950	194	13	-	100	50	8	-	-
1951	402	14	-	157	-	-	-	-
1952	1211	-	1211	-	-	-	-	-
1953	3097	364	191	901	396	-	289	655
1954	2661	-	347	330	-	-	-	1467
1955	1070	-	-	-	-	108	-	99
1956	1219	83	124	309	68	457	59	-
1957	2030	47	-	327	-	-	-	-
1958	-	-	-	-	-	-	-	-
1959	9805	485	233	2644	4047	841	852	232
1960	6407	206	-	1164	1408	390	-	1424
1961	8399	1621	-	2772	-	1030	314	1527
1962	9763	169	-	1336	1417	-	1506	2340
1963	10093	2118	1124	2925	-	678	-	2207
1964	8405	1156	-	774	-	255	-	1641
1965	8790	988	-	1887	-	685	-	1251
1966	5192	-	-	825	-	332	-	828

资料来源:根据省检察院检察业务统计表综合。

表 19-9-1-2　1979—2010 年浙江省检察机关受理来信来访情况一览表　单位:件

年份	受理案件	年份	受理案件	年份	受理案件	年份	受理案件
1979	44262	1987	48294	1995	35244	2003	22722
1980	65007	1988	54365	1996	42413	2004	26475
1981	63747	1989	84714	1997	33131	2005	27288
1982	65086	1990	54848	1998	38846	2006	25201
1983	46637	1991	44536	1999	34382	2007	22989
1984	59138	1992	34486	2000	33730	2008	21807
1985	48601	1993	36442	2001	34401	2009	23539
1986	44970	1994	36601	2002	29522	2010	23007

资料来源:根据省检察院检察业务统计表综合。

第二节 处理举报案件

1950—1966年，全省检察机关的案件举报工作称为“来信来访”工作，由办公室分管。

1978—1987年，检察机关重建后的十年期间，处理举报案件仍作为“来信来访”工作，与其他的来信来访一并处理。1978年1月至1982年6月，省检察院办公室为职能部门；1982年7月后，省检察院信访处为职能部门。

1988年3月，全国检察机关第一个举报中心“深圳市经济罪案举报中心”成立，最高检察院肯定并有计划地向全国检察机关推广；使举报中心成为检察机关受理人民群众控告、举报国家公务人员违法犯罪的专门内设机构。4月始，全省检察机关陆续设立举报中心，受理范围主要是国家工作人员贪污、贿赂、挪用公款、非法所得、偷税抗税等经济犯罪案件，同时也受理检察机关管辖的其他刑事案件，并接收违法犯罪人员的投案自首。11月上旬，全省检察机关第一次举报工作会议召开，省检察院要求各级检察院一把手亲自抓，分管的领导集中精力抓，其他领导大力支持；切实抓好提高认识、加强宣传、抓紧查处、兑现政策4个方面的工作；要统一指挥协调，上下左右密切配合；要集中力量突出抓好大要案，涉及领导干部、知名人士或案情重大、紧急的，要集中力量有效查处；要努力增强侦查意识，充分运用侦查手段，不断提高侦查水平；使举报工作深入持久开展下去。至12月，各级检察院举报中心全部成立。群众通过电话、信函和面谈等方式向检察机关举报不断增多。8—12月，全省控申检察部门为自侦部门提供经济、法纪犯罪线索7900余条，占全年提供线索数的72%。同时，接受并移送投案自首的违法犯罪分子97人。经对移送的犯罪线索逐一追踪反馈，在初查的3200余条线索中，立案侦查270件，其中万元以上案件78件。

1989年4月下旬，省检察院召开全省检察机关第二次举报工作会议，提出加强举报工作的关键是“取信于民”，举报线索的调查、举报案件的查处和举报情况的反馈等各个环节都要围绕“取信于民”来开展。在抓紧查处举报案件的同时，要严格保密措施，加强对举报人合法权益的保护。全省各市(分)检察院相继召开举报工作会议进行贯彻，发挥控申、举报部门在反贪肃贿斗争中的职能作用，推进举报工作深入发展。是年，全省检察机关受理举报案件大幅度上升，举报工作成为发现贪污贿赂犯罪案件的主渠道，检察机关控申、举报部门的办案工作取得突破性进展；受理的来信来访总量同比上升56%，其中群众举报各类案件线索的占首次信访总量的69%。检察机关从中初查8500余件，初查后立案侦查的职务经济犯罪案件有1980余件，占职务经济犯罪案件立案总数的62%。各级检察院控申部门共初查举报线索4280条(占检察机关初查总数的44%)，直接立案侦查贪污贿赂等案件351件。

1990年初，根据全国、全省检察长会议提出的实行举报、初查、侦查工作一体化要求，省检察院控申处、贪污贿赂侦查局制定《关于实行举报、初查、侦查一体化的具体意见》，明确从3月起，举报中心的牌子仍挂靠在控申处，凡是人民群众直接向省检察院举报的案件线索，统一由控申处受理、分流；其中对认为应由检察机关自行受理的贪污、贿赂等8类职务经济犯罪线索，统一归口交由侦查局处理，控申部门不直接转往下级检察院。12月，省检察院制发《关于举报工作分工若干问题的规定(试行)》，明确举报中心原则上归控申部门管理，省检察院控申处负责对全省检察机关举报线索的管理。举报中心受理属于检察机关管辖的举报后，根据分级负责查处的规定进行分流；对举报线索的初查，除性质不明、难以归口的或需要作紧急处置的由举报中心进行外，其余的由各有关工作部门负责。

1991年5月，最高检察院公布《关于保护公民举报权利的规定》，全省检察机关采取多种形式宣传该规定的有关内容和贯彻执行意见，同时利用举报中心成立3周年之机大力宣传举报工作成果，并深入到问题较多的行业进行宣传发动，调动群众的举报热情，促使一批经济违法犯罪分子投案自首。

1992年初，最高检察院下发《关于认真清理举报线索加强初查工作的通知》。据此，全省检察机关对举报中心成立后至1991年底受理的举报线索进行全面清理。各级检察院将待清理的线索重新登记核对，对清理出来的积压举报线索逐件审查，对不属于检察机关管辖的线索及时移送有关机关、部门查处，对内容笼统无查处价值的线索予以存查，对有查处价值的线索安排力量抓紧处理。全省检察机关共清理出积压举报线索4900余条；至年底，清理出的积压举报线索基本上得到处理消化。

1993年5月，省检察院根据全国检察机关第二次举报工作会议部署，通知各级检察院在7月份广泛开展举报工作5周年专项宣传活动。各级检察院在各新闻媒体的大力支持和密切配合下，整个7月份，全省各种媒体几乎每天都有关于举报工作的报道。通过大规模的举报宣传活动，下半年全省检察机关受理的举报线索数量分别比上半年和上年同期增加2.9倍和1.8倍。各级检察院还注重依法查处涉及举报的违法犯罪案件，既查处打击报复举报人案件，保护举报人的合法权益；又查处利用举报诬告陷害他人的案件，保护被举报人的合法权益。全省检察机关共查处利用举报诬告陷害他人的案件13件，查处打击报复举报人案件15件。

1994年4月始，省检察院建立检察长举报接待日制度，规定每月1日、15日由省检察院正、副检察长轮流在举报中心接待室接待群众对贪污、贿赂等犯罪案件的举报。7月，省检察院制发《浙江省检察机关奖励举报有功人员暂行办法》，鼓励和规范举报奖励工作。8月，全省第三次举报会议提出“控申部门要把工作中心转移到初查举报案件上来”的要求，各级检察院普遍加大举报初查力度，进一步加强对举报有功人员的奖励工作。是年，全省各级控申检察(举报)部门初查的线索数量同比增加28.4%，举报奖励单笔奖额最高达1万元，是举报中心成立以来颁发奖金最多和个人奖额最高的一年。

1995年，各级检察院贯彻全省检察机关第三次举报会议精神，大力加强举报初查工作。11月，在全国检察机关第五次控告申诉检察工作会议上，省检察院大会介绍全省检察机关开展“检察长举报接待日”工作的做法和主要成效。是年，全省控申检察(举报)部门初查案件线索占检察机关初查总数的33.3%。经检察长批准，从中直接立案侦查贪污贿赂等职务犯罪案155件，同比增加55%；其中大要案108件。

1996年，全省检察机关继续深化检察长接待日制度，把举报初查作为举报工作的重中之重，加快消化举报线索，取信于民。6月中旬至10月中旬，根据最高检察院通知精神和省检察院部署，全省检察机关对1993年1月至1996年3月受理的举报线索进行清理，进一步健全举报线索受理、分流、备案、反馈、保密等制度，大多数单位做到举报线索归口举报中心统一管理，对要案线索专人负责管理，按规定向上级检察院备案，对暂时不具备初查条件的线索或经初查未成案的举报线索，普遍建立“缓查档案”。9月，最高检察院发布《人民检察院举报工作规定》后，各级检察院结合举报中心成立8周年契机，开展以“举报——正义之剑”为主题的举报宣传活动，不断拓宽举报宣传领域，推进举报奖励工作。青田县检察院《深入初查，智破窝案》的经验在全国检察机关第三次举报工作会议上作大会发言。

1997年，全省检察机关对举报中心开展初查的思路作适当调整，将原先鼓励举报中心对举报线索直接立案，调整为举报中心严格依照职能和分工范围进行初查，加快消化线索；对初查成案的，原则上都要移送反贪等侦查部门立案侦查，以最大限度减少线索积压，取信于民。8月，根据最高检察院通知，全省检察机关开展对贯彻执行《人民检察院举报工作规定》情况的检查活动，各级检察院举报中心对举报宣传常抓不懈，群众举报热情高涨。1996年9月至1997年7月，全省检察机关共召开新闻发布会和在电视（台）宣讲93次，开展举报讲座200余次，举办宣传栏（刊）380余期，上街下乡举报宣传360余次，随案宣传560余次，共发放宣传资料3.6万份。

1998年，全省检察机关控申工作突出举报初查，积极为查办贪污贿赂大要案工作服务。各级检察院举报中心分流给本院有关业务部门的举报线索6600余条，反贪等部门初查3400余条，从中立案侦查747件，占总立案数的56.2%。举报中心自行初查举报线索1970余条，比上年增加15%；从中移送反贪等部门立案侦查204件，移送主管部门作党政纪处理65件。

1999年，随着检察机关依靠群众惩治职务犯罪取得的成果日益显著，最高检察院决定将每年6月的最后一周确定为“举报宣传周”。4月，省检察院制发《浙江省检察机关举报线索统一管理和审查协调工作暂行规定》，建立省检察院举报线索审查协调小组，规范举报线索的统一管理。6月，根据最高检察院部署，全省检察机关通过制作宣传图板横幅、上街开展宣传接待、散发宣传资料等方式，开展“举报宣传周”活动，全省各级新闻媒体进行报道共380余次，宣传达到预期效果。根据最高检察院规定，全省检察机关将举报电话号码后4位统一调整为“2000”，有不少检察院开设电子语音信箱、举报声讯热线、网络举报等。义乌市检察院在“163”电信国际互联网上设立电子举报信箱，为省内首家开通网络举报的检察院。

2000年后，全省检察机关按照“科技强检”的总体部署，不断加大举报工作的科技投入，拓展举报手段。全省有73个检察院开通使用举报电话自动受理系统，宁波市、绍兴市检察机关实现24小时电脑值班，绝大多数举报中心加强对举报日常工作的微机管理。2001年，全省有2/3以上检察院开始用电脑管理举报线索，有90个检察院开通举报电话自动受理系统。有的检察院还设立电子举报信箱，建立检察网站。2003年，一些检察院在接待室配置电子触摸屏，方便群众查询；在原有的举报电话自动受理系统基础上，开通网上举报、传真举报、语音信箱等，拓展联系群众的渠道。10月，省检察院开通网上举报。2005年，全省检察机关注重利用网络等现代信息技术加强举报线索的受理，通过网络受理线索460余条，同比增加81.2%。

2005年5月，省检察院决定在“举报宣传周”活动期间，对2003年后全省检察机关查处的职务犯罪案件中的举报有功人员或单位进行集中奖励。6月，经各级检察院上报，省检察院集中奖励举报有功人员共150人，发放奖金32.3万元。

2006年1月，全国检察长工作会议提出“拓宽发现和获取职务犯罪案件的渠道，健全案件线索管理制度，严禁有案不办、压案不查”的要求。据此，省检察院决定各级检察院于3—6月开展集中清理排查职务犯罪举报线索专项活动，对2003年后的职务犯罪举报线索进行一次彻底清理。各级检察院举报中心与自侦部门联动，对积存、未查线索开展初查，排查出的未处理线索均得到及时妥善处理，未报备线索及时履行报备手续，实名举报未答复案件除个别无法及时联系举报人的外，均向举报人作出答复反馈。全省检察机关共清理排查出未查举报线索660余条，应当报备而未报备线索59条，实名举报未答复的46条。

2007年，针对上一年集中清理举报线索活动中暴露出的问题，省检察院部署各级检察院控申检察部门会同反贪部门对举报线索管理进行一次专项检查，督促各级检察院严格执行举报线索统一归口管理规定，进一步规范举报线索管理。根据省检察院关于加强举报初查及时消化线索的要求，各级检察院举报中心以消化线索、化解矛盾、促进息诉罢访为目的，按照市级检察院人均初查不少于1件、基层检察院人均初查不少于5件的基数，加大力度开展举报初查。

2008年，全省检察机关围绕北京举办奥运会和改革开放30周年，把及时消化举报线索，开展举报初查促进息诉、化解矛盾作为控申检察工作的重中之重。义乌市稠城街道某经济服务社900余名失地农民因第三产业用地出让款问题，从2003年至2007年多次到有关行政单位上访，甚至发生聚众冲击国家机关的行为。2008年7月到义乌市检察院上访后，经检察长接待成立专案组开展初查，查明该经济服务社4名董事涉嫌贪污受贿并移送反贪部门立案侦查。案件起诉后，不仅4被告人均被判处有罪，涉案赃款22万元全部追回，还为该社群众追回价值2500万余元的房产等经济损失。300多名村民敲锣打鼓给该检察院送来写有“心底无私天地宽”的牌匾。

2009年，全国重大活动多、敏感节点多，全省检察机关举报中心把维护稳定作为首要任务。是年底，全省检察机关全面开通12309全国举报统一电话，进一步畅通群众诉求渠道。

2010年，全省检察机关举报中心在依法办案化解矛盾纠纷的同时，对发现的相关领域存在的管理漏洞，通过检察建议等方式向相关部门提出消除隐患、强化管理的对策建议。举报奖励力度加大，奖励人数、发放奖金总额及单笔奖励金额均为历史最高，其中诸暨市检察院发放的一笔举报奖励金额高达2.5万元，是举报奖励制度施行以来单笔金额最高的奖励。

表 19-9-2-1　　1988—2010 年浙江省检察机关受理举报工作情况一览表

年　份	举报线索受理量(件)	初查(核)数量(件)	奖励举报人数(人)	奖励举报金额(万元)
1988.8—1990.12	50758	6753	279(至 1991.6)	5.00(至 1991.6)
1991	12678	809	80	0.97
1992	9929	972	88	1.29
1993	15292	862	43	0.98
1994	19566	1076	69	5.56
1995	16997	1287	21	1.95
1996	21636	2093	102	6.32
1997	11059	1715	-	-
1998	11866	1972	-	-
1999	10721	2098	-	-
2000	9959	2575	-	-
2001	9250	2278	27	-
2002	7976	1889	10	-
2003	9323	2219	47	1.90
2004	9479	1623	53	7.00
2005	9601	1770	150	32.30
2006	8837	1202	23	5.07
2007	7696	1209	36	7.06
2008	7999	1861	3	0.35
2009	9106	1955	381	46.46
2010	7835	736	596	106.42

资料来源:根据省检察院检察业务统计表综合。

说明:2009 年,“初查”改为“初核”。

第三节　办理刑事申诉案件

1950 年 4 月省检察署建立后,即开展办理刑事申诉工作。1952 年,全省检察机关在“三反”运动中协助各机关“打虎”(指查办干部贪污贿赂等职务违法犯罪,下同)的同时,注意发现并纠正个别单位在运动中产生的冤假错案。省商业厅抽调人员前往省畜产公司协助“打虎”，该公司不少行政领导和党员干部被错误当“老虎”打。省检察署接到当事人申诉后组织力量核查，发现案情失实，予以纠正。1953年，全省检察署在“新三反”斗争和保障粮食统购统销工作中，收到群众申诉案件570余件，自行查办80件。1955年，全省检察机关受理申诉案件100余件，自行查办53件。1959年，全省检察机关纠正错划“四类分子”4000余人，纠正漏划3000余人。

1962年3—6月，全省检察机关贯彻省政法会议提出的“一手抓治安，一手抓政策”的方针，会同有关部门重点复查1958年“大跃进”以来捕办的案件、改造落后队的案件和“偷窃、赌博、投机倒把”3类案件。据不完全统计，先后复查批捕案件人数24800余人，从中查实冤错案件人数1000余人，占复查总数的4.03%；并根据边复查、边甄别、边平反处理的精神，报请党委批准予以平反处理。1963年，全省检察机关受理申诉案件670余件，自行查办案件236件。

1965年，全省检察机关执行中共中央“依靠群众专政，少捕，矛盾不上交”方针，受理申诉案件680余件。其中，依靠群众处理182件，查清纠正冤错案33件42人。1966年，全省检察机关受到“文化大革命”影响，受理申诉案件330余件，同比下降51.5%。1967年下半年，全省检察机关刑事申诉工作停止。

1978年后，全省检察机关把纠正“文化大革命”等历次政治运动造成的冤假错案作为最重要的工作内容。12月，省检察院和省公安局联合通知各级检察院、公安局：对于在“内部肃反”中作免予起诉处理，以后又给予选举权的人，即已摘掉了其“反革命”帽子。有些地方，没有任何新的犯罪事实，又把这些人揪出来重新列为“反革命分子”是错误的，应予纠正。

1979—1980年，全省检察机关根据中共中央十一届三中全会的方针政策和“全错全平、部分错部分平、不错不平”的原则，平反纠正一大批冤假错案。其中多数是“文化大革命”时期的冤假错案，有的是“三反”等历次政治运动中遗留的错案，还有的是粉碎“江青反革命集团”后的错案。1979年，建德县检察院重建不久，从该县公安局转来一件已被判处死刑的在押犯洪某才的申诉。该县法院一审认定洪犯强奸并逼死妇女洪某某的犯罪事实，判处其死刑立即执行；杭州市中级法院二审维持原判，经省法院复核并报省委批准，该县法院正准备交付执行枪决。刑前，洪犯又向该县检察院写喊冤信，委托同监犯为其申冤。该县检察院检察长李德芳带领干部赴案发地，深入群众进行广泛调查后查明真相，以确凿证据确认原判认定的事实有重大出入，要求杭州市中级法院撤销原判重新审理。省法院3次派员复核，支持建德县检察院的意见，决定改判洪某才有期徒刑。这是全省检察机关重建后的首件要求法院纠正的错判死刑申诉案件。

1981年4月始，省检察院根据最高检察院通知，对因反对林彪、“江青反革命集团”而当事人仍在服刑的案件进行检察纠正。至1982年1月，无罪释放2人，撤销原判、不追究刑事责任1人。1983年6月，省委书记王芳将省委办公厅、省政府办公厅信访处某期《信访反映》中提到“四类分子摘帽后，强行索夺房产，造成人命案件”的5个事例批转省检察院查处。省检察院听取下级检察院汇报并派员调查，查清各相关检察院对5个事件的处理并无不当。

1986年5月至1987年6月，全省检察机关根据中共中央和最高检察院关于复查历史老案、平反纠正冤假错案的指示，对“文化大革命”前做出免予起诉处理的案件进行全面复查并配合有关部门落实政策，共清理出6200余件，复查5800余件，其中纠正2060件，占复查总数的35.3%；据10个市(地)检察机关统计，纠正的案件中落实政策的有1290余人，当事人(家属)到各级检察院口头表示感谢的有695人，写信感谢的有76人。

1987年，全国检察机关第三次控申工作会议确定控申检察工作以办理申诉案件为主。省检察院检察长胡灿时就全省检察机关如何贯彻会议精神，提出将控申检察部门职能和地位由对自侦案件进行初查的准备车间转变到对申诉案件进行检验的质量检验车间。各级检察院控申部门开始承办不服检察院作出不批捕决定、不起诉决定、免予起诉决定的申诉案件(以下简称“两不一免”申诉案件)，刑满释放人员不服法院裁判且经法院复查仍有错误可能的申诉案件，上级机关和检察长交办的控告申诉案件、认为需要自己办理的共“六类”控告申诉案件。是年，全省检察机关查办“六类”控告申诉案件750余件。

1989—1990年，全省检察机关控申工作以办理不服检察机关“两不一免”的申诉案件为重点。1989年，磐安县某乡共青团干部张某某因帮助他人如实起草一份控告乡干部的书面材料，被该县检察院以诬告陷害罪立案、逮捕，后被作免诉处理。张某某向金华市检察院申诉被驳回后，又向省检察院申诉。经省检察院控申处调卷复查，认为张某某帮他人起草的控告材料内容是属实的，其行为不构成诬告陷害罪。金华市检察院根据省检察院决定，撤销原免诉决定，予以纠正。张某某收到撤销免诉决定书后，立即到邮局给省检察院发电报：“万分感谢省检察院实事求是纠正错案。”

1991年，省检察院提出要重点对不服检察机关免予起诉的申诉案件(以下简称不服免诉的申诉案件)进行复查。各级检察院控申部门克服“调查取证难，统一思想难，善后落实难”问题，把复查不服免诉的申诉案件作为加强内部制约的一项重要工作。是年，全省检察机关对不服免诉的申诉案件纠错率达到35.5%；其中仅省检察院丽水分院就纠正13件，占总数的30%。

1992—1993年，全省检察机关控申工作继续以复查不服免诉申诉案件为重点，同时重视办理刑满释放人员不服法院判决的申诉案件。1992年6月，为总结分析全省检察机关免诉错案的成因，进一步增强办案质量意识，省检察院控申处对1991年度经各级检察院复查后纠正的免诉错案进行专门分析，指出免诉错案中自侦案件比例高、不构成犯罪而撤销免诉的占绝大多数等特点，提出增强办案质量意识、严格执行自侦案件内部制约制度、提高办案执法水平等意见建议。1992年8月，省检察院制发《关于对免诉决定的复议、复核、申诉受理的具体实施意见》，明确对免诉决定的复议、复核、申诉案件由控申检察部门办理；复查后应起诉的由控申检察部门提起公诉。

1994年，全省检察机关加强对不服法院发生法律效力的刑事判决的申诉案件复查。金华县检察院受理徐某某申诉案后，经查知，该县法院于1984年以贪污1460元判处徐某某有期徒刑二年，金华地区中级法院二审维持原判。徐某某多次向法院提出申诉，金华县和金华地区两级法院均复查驳回，维持原判。徐某某仍旧不服，继续向检察机关申诉。该县检察院重新聘请司法会计做鉴定，认为原判确有错误，将案件移送金华市检察院审查。金华市检察院审查后建议省检察院复查抗诉。省检察院控申处仔细阅卷，并2次深入当地调查核实，确认徐某某的行为系错账，其主观上没有贪污的故意，客观上也没有贪污行为，遂向省法院提出抗诉。省法院经审理后采纳省检察院抗诉理由，撤销原判宣告徐某某无罪。这是全省检察机关控申检察部门首例复查后抗诉成功的案件。

1998年6—7月，各级检察院按照省检察院部署，结合执法大检查，对1997年后受理的贪污、受贿数额万元以上决定不立案侦查，以及立案后作撤案处理的案件，检察机关自行立案侦查后作不起诉处理的案件，群众有反映和意见的"三类"重点案件进行"回头看"复查工作。经复查，依法纠正实体处理不当的贪污贿赂案4件；并纠正不少违反程序的案件，其中有撤销案件没有侦查终结报告的5件，超期羁押的2件。

1999年4月，省检察院在全省检察机关控申工作会议上，针对控申部门办理申诉案件总量不多、各市(地)之间工作开展不平衡，特别是基层检察院办案数量少的情况，要求加大刑事申诉办案力度，基层检察院要做到申诉案件每案必办，省检察院收到凡是下级检察院管辖的申诉，每件必交。温州市检察院控申处受理的吴某某不服鹿城区检察院不起诉申诉一案，经查明吴某某被吴某星殴打致重伤，一只眼球摘除。鹿城区检察院认为此案事实不清，证据不足，对吴某星作出存疑不起诉处理。温州市检察院控申处审查认为该案事实清楚，证据确实，应予起诉。案件起诉后，法院对吴某星做出有罪判决。温州市文成县朱某某等4人于1996年被当地检察院以扰乱社会秩序罪做免诉处理后一直不服而逐级申诉。省检察院控申处受理立案复查后认为，该案性质属于人民内部矛盾，不应用刑法手段调整。经省检察院检委会决定，撤销对4名申诉人的免诉决定。之后，省检察院控申处专门向省、市、县三级人大汇报沟通，与有关部门交换意见，配合当地做好该案的善后工作，取得较好社会效果。

2000年4月，最高检察院召开刑事申诉复查和刑事赔偿工作研讨会，推行刑事申诉案件公开审查程序，即在复查刑事申诉案件中，由主办检察官主持，申诉人、原案承办人以及有关人员共同参与，充分听取申诉人陈述意见和申辩理由，就案件事实问题在一定范围内公开展示证据，进行质证。7月，省检察院召开全省检察机关控申工作会议，决定在金华地区开展试点，并确定义乌市、东阳市检察院为重点试行单位。9月，在义乌市召开刑事申诉案件公开审查程序现场观摩会，总结、推广该经验。

2003年6—12月，根据最高检察院部署，全省检察机关开展服刑人员申诉专项清理工作。共清理服刑人员申诉案件39件，审查结案19件，立案复查20件；立案复查案件中，不予抗诉17件，提出纠正意见2件。下半年，省检察院为提高全省控申检察人员的刑事申诉案件复查业务能力，加强岗位技能训练，组织开展刑事申诉案件复查终结报告评比活动。经评审，全省10篇优秀刑事申诉复查终结报告受到省检察院表彰。

2004年5—11月，全省检察机关根据最高检察院部署，开展不服检察机关不起诉的申诉案件(以下简称不服不起诉的申诉案件)专项复查活动，从源头上预防和减少涉检上访。各级检察院均成立专项复查活动领导小组，对2003年后的不起诉案590余件750余人逐件阅卷复查，提出审查意见，尤其对147件检察机关自侦案件、当事人提出申诉案件和公安机关提请复议复核案件进行重点复查，确保复查工作质量。省检察院在其中确定一批重点督办案件，先后派出工作组到杭州、宁波、温州、台州4个市检察院和13个基层检察院检查专项复查工作情况，并抽查130件不起诉案件。各级检察院共派出27个检查组，检查不起诉案件266件。经专项复查，认定2003年检察机关不起诉案件中，认定事实清楚、适用法律正确、程序完整规范的达到99%以上；并撤销不起诉决定提起公诉2件，撤销不起诉作无罪宣告1件，改变法律适用维持不起诉3件。

2005年4—10月，为提高办案质量，规范执法行为，省检察院根据最高检察院部署，组织全省检察机关开展对2004年度刑事申诉、刑事赔偿案件质量检查活动，把2004年办理的所有刑事申诉和国家赔偿案件都纳入检查范围。各级检察院在逐件检查基础上，把立案复查的不服检察机关处理决定的自侦案件作为检查重点。省检察院控申处逐一检查各市检察院办理的申诉、赔偿案件，并抽查部分县（市、区）检察院所办案件。通过专项检查，发现检察机关办案中存在的问题，制定和完善规章制度，进一步规范自侦、批捕、起诉、控申等部门的办案工作，促进“规范执法行为，促进执法公正”专项整改活动。12月，省检察院对2000年后各市检察院制作的刑事申诉法律文书进行分析通报，提出进一步规范刑事申诉法律文书制作的要求。

2006年6月，省检察院部署在全省检察机关开展刑事申诉案件质量检查和法律文书制作评比活动。各级检察院对2005年1月至2006年6月办结的刑事申诉案件进行逐案检查，提出改进和加强的意见。省检察院对各级检察院上报的22件案件组织评比，评选出10件优秀申诉复查案件进行表彰。同时，省检察院组织开展刑事申诉法律文书制作评比活动，从各级检察院推荐上报参加评比的44篇法律文书中，评选出15篇优秀法律文书进行表彰。

2007年始，全省检察机关执行最高检察院2006年《不服检察机关处理决定申诉案件办案标准》，突出办理不服法院生效刑事裁判的申诉中裁判明显不公、群众反映强烈的案件，把握抗诉条件，提高检察机关法律监督的公信度。

2008年7月，省检察院根据最高检察院部署，组织全省检察机关开展刑事申诉案件质量检查暨优质刑事申诉案件评比活动。经各市检察院初评、推荐，省检察院评出优质刑事申诉案件10件进行通报表彰，从中推荐4件上报最高检察院参加全国优质案件评比。其中，省检察院办理的“陈某某不服对黄某某涉嫌投放危险物质不起诉申诉案”被最高检察院评为“十大精品案件”之一。

2009—2010年，全省检察机关控申工作通过办理申诉案件达到息诉目的。对不服法院生效刑事判决的申诉案件，复查后发现原判确有错误符合抗诉条件的，坚决提起抗诉，切实履行法律监督职能，努力实现办案数量、办案质量和办案效果的统一。2009年4月，省检察院控申处对金华兰溪市施某某申诉案立案复查。经查，施某某于1997年10月被金华市中级法院以故意杀人罪判处死刑；施某某上诉后，省法院于1998年改判其死刑缓期二年执行。施某某以其未实施故意杀人犯罪行为为由一直向法院申诉，省法院3次驳回其申诉。施某某不服，继续向检察机关申诉。省检察院复查后认为原判事实不清、证据不足，向省法院发出再审检察建议，要求省法院启动审判监督程序进行再审。①

表 19-9-3-1　　1979—2010 年浙江省检察机关受理刑事申诉工作情况一览表　　单位：件

年　份	立案复查	复查纠正	年　份	立案复查	复查纠正
1979—1980	21217	2214	1996	143	40
1981	-	-	1997	101	29
1982	642	133	1998	102	18
1983	-	-	1999	160	23
1984	-	-	2000	183	12
1985	442	94	2001	205	14
1986	212	99	2002	158	8
1987	384	173	2003	174	11
1988	141	45	2004	243	14
1989	155	33	2005	234	20
1990	162	38	2006	153	15
1991	158	44	2007	121	6
1992	269	59	2008	128	10
1993	265	71	2009	140	16
1994	155	57	2010	232	30
1995	104	25			

资料来源：根据省检察院检察业务统计表综合。

第四节　办理刑事赔偿案件

1994 年 11 月下旬，为做好实施《国家赔偿法》的准备工作，省检察院集中各市（分）检察院分管控申工作的检察长和各级检察院批捕、控申部门负责人共 200 余人，举办全省检察机关贯彻实施《国家赔偿法》培训班。

1995 年 1 月《国家赔偿法》实施后，省检察院和市（分）检察院成立刑事赔偿工作办公室，与控申部门合署办公，全省检察机关刑事赔偿工作开始起步。随后，各级检察院落实机构、人

① 2014 年 12 月，省法院再审改判施某某无罪。

员，加强对《国家赔偿法》的宣传力度，为开展刑事赔偿工作奠定基础。5月，省检察院制发《追究错案责任制(试行)》，明确按照谁办案谁负责的原则，对办错的案件坚决纠正，及时予以赔偿。为掌握和指导各级检察院的刑事赔偿工作，省检察院要求各级检察院把可能涉赔的案件及时上报省检察院控申处。

2000年7月，全省检察机关控申举报工作会议指出，《国家赔偿法》施行以来，在全省检察机关赔偿案件中，经法院赔偿委员会决定的赔偿案件数量占近40%。要求各级检察院必须正视自身办理刑事赔偿案件工作的被动性、与法院之间对有些规定的认识分歧等问题，尽快扭转局面；对公民的赔偿请求要及时受理，凡符合立案条件的都应及时立案，凡符合赔偿条件的都应依法给予赔偿。2000—2001年，全省检察机关受理刑事赔偿申请案件数量逐年减少，其中2000年比上年减少11%，2001年比上年又减少18.8%；立案办理数量与前两年持平。

2002年2月，省检察院制发《关于加强刑事赔偿工作的几点意见》，要求各级检察院加强刑事赔偿工作，健全刑事赔偿工作机构，严格依法办理刑事赔偿案件，加大刑事赔偿决定的执行力度，加强对刑事赔偿原因的分析。2003—2004年，全省检察机关刑事赔偿工作稳步开展。其中2003年办理的赔偿案件数量同比基本持平，但决定给予赔偿的数量大幅增加，赔偿率达82.1%，增长187.5%。

2005年，全省检察机关相继对《国家赔偿法》实施10年来办理刑事赔偿案件情况进行分析，从加强内部监督、规范执法的角度提出加强和改进建议。在办理刑事赔偿案件中做到依法赔偿，赔偿决定作出后及时全额支付赔偿金，确保当事人的合法权益；对决定给予赔偿的案件，吸取教训，引以为戒。

2006年，省检察院根据最高检察院部署，组织开展“清理落实未执行赔偿决定活动”。对2002年后已作赔偿决定但尚未执行的案件情况进行排查汇总，共清理出3件案件，逐案落实责任，加强协调沟通，督促有关部门处理，促使3件案件均得到妥善处理。

2007年4月，根据最高检察院部署，全省检察机关对2006年后办结的不予确认、不予立案、不予赔偿的3类刑事赔偿案件逐案进行检查，对检查发现的办案程序不太熟悉、法律文书不太规范、赔偿理念仍有差距等问题，提出增强赔偿理念，坚持公正执法；加强业务指导，提高办案质量等改进措施，促进刑事赔偿工作进一步开展。

2008年4月，省检察院部署对2007年办理的刑事赔偿案件进行全面分析总结，发现检察办案各环节中存在的问题，加强检察机关内部监督，促进规范执法和整体工作水平的提高。全省检察机关共立案办理刑事赔偿案件17件，所办的刑事赔偿案件给予赔偿率达100%，赔偿金全部及时执行到位。

2010年4月，全国人大常委会通过《关于修改〈中华人民共和国国家赔偿法〉的决定》，定于12月1日起施行。据此，省检察院要求各级检察院对已受理的刑事赔偿案件抓紧办理，该赔则赔，争取在新《国家赔偿法》实施前全部结案。是年，全省检察机关办理刑事赔偿案件赔偿率为85.7%。

表 19-9-4-1　　1995—2010 年浙江省检察机关开展国家赔偿工作情况一览表

单位:件

年份	受理申请数	立案办理数	决定赔偿数	年份	受理申请数	立案办理数	决定赔偿数
1995	18	5	2	2003	53	28	24
1996	17	10	4	2004	39	20	16
1997	24	11	2	2005	42	36	22
1998	48	21	8	2006	37	27	17
1999	54	29	5	2007	33	32	30
2000	48	31	8	2008	19	17	17
2001	39	29	16	2009	20	16	14
2002	53	30	8	2010	16	15	12

资料来源:根据省检察院检察业务统计表综合。

专记:创建文明接待室

1992 年初,为加强人民群众来访接待工作,进一步密切检察机关与人民群众的联系,促进控申检察业务的开展,最高检察院下发《人民检察院文明接待室评比条件和评比方法(试行)》,通知全国检察机关开展文明接待室评比活动。该项评比综合考量检察机关控申部门来访接待、办案工作、信息工作和队伍建设等各方面工作,对整体工作突出的检察院接待室授予“文明接待室”称号,对更加优秀的授予“文明接待示范窗口”称号。4 月,根据最高检察院的评比条件和评比方法,省检察院制发“百分加分制”的《浙江省检察机关文明接待室评比条件和评比办法(试行)》,组织各级检察院开展省级文明接待室评比活动。

2003 年 5 月,省检察院制发《省级文明接待室动态考核管理与升级办法》,规定对省级文明接待室采用动态考核的办法进行管理,每年考核一次,出现规定情形的,取消文明接待室称号;“省级文明接待示范窗口”每 3 年开展一次评选,已被评为文明示范窗口的单位,每次需重新参加评选。

全省检察机关在文明接待室创建活动中,采取一级抓一级的办法,把“文明接待室评比活动”与“控申工作目标责任制”“控申系统先进集体”等结合起来,按照自评、抽查、评议 3 个步骤,对各级检察院接待室的各项指标进行全面考核。各市(分)检察院负责对各县(市、区)检察院进行检查评比;省检察院负责对各市(分)检察院进行检查评比和市(分)检察院提请省检察院授予省级“文明接待室”的县(市、区)检察院进行考核,决定表彰“省级文明接待室”和“省级文明接待示范窗口”,并向最高检察院推荐“全国文明接待室”和“全国文明接待示范窗口”

参评单位。

1992—2010年，全省检察机关在“文明接待室”创建过程中，始终重视接待场所等的“硬件”建设。1992年后，全省检察机关控申信访接待环境从无到有，从简陋到舒适便民，不断规范。过去没有专用接待室的检察院想方设法设立专用接待室。至年底，全省共有53个检察院设立专用接待室；过去已有专用接待室的检察院，继续改善接待环境，配备桌椅、沙发、茶具等便民设施，《接待人员岗位职责》《群众来访须知》等制度张贴上墙。1994年，省检察院修改“浙江省检察机关文明接待室评比标准”。至1996年，全省除个别检察院，均设立专用的信访接待室，并不断向全国文明接待室评比标准的要求靠拢，逐步实现候访、接访分开，有独立的检察长接待室、举报接待室，便民利民设施、安保设施齐备。截至2010年，全省检察机关普遍建成整洁、文明、安全、便民的信访接待环境。

同时，全省检察机关不断加强控申检察队伍建设，抓好文明接待“软件”建设，不断增配控申部门力量，控申检察队伍的知识结构不断优化。1992年6月，省检察院组织第一期全省控申检察干部培训班，进行“如何搞好文明接待工作”的专题业务培训。之后，省检察院平均每2年组织1次控申检察培训班，着力提高控申检察队伍的政治理论素养、业务理论水平和实务操作能力。至2002年，全省所有基层检察院和市检察院的接待室都被评为“省级文明接待室”。省检察院每年对省级文明接待室实行动态考核，市检察院负责考核基层院，并将考核结果报省检察院备案；省检察院负责考核市检察院。2003年，省检察院组织开展控申检察业务理论研讨活动，经评审评出17篇优秀论文。全省15名控申检察人员被授予全省检察机关“优秀接待员”称号。

截至2010年，全省控申检察干警中本科及以上学历的人员比例达到75%以上，有自侦部门或公诉部门工作经历的人员比例达到70%以上。全省共有38个检察院的接待室先后被最高检察院评为“全国文明接待室”，有8个检察院的接待室被最高检察院授予“全国文明接待示范窗口”称号，有17个检察院的接待室被省检察院授予“省级文明接待示范窗口”称号。

表19-9-4-2　1993—2008年浙江省检察机关获“全国文明接待室”“全国文明接待示范窗口”称号情况一览表

年份	全国文明接待室	全国文明接待示范窗口
1993	北仑区检察院	
1995	北仑区检察院、诸暨市检察院、温岭市检察院	
1997	诸暨市检察院、永康市检察院、丽水市检察院、江干区检察院、普陀区检察院、苍南县检察院	
1998		诸暨市检察院
2000	宁波市检察院、江干区检察院、萧山市检察院、慈溪市检察院、秀城区检察院、东阳市检察院、龙游县检察院、仙居县检察院、温岭市检察院、莲都区检察院、普陀区检察院、湖州城郊检察院	诸暨市检察院、苍南县检察院、永康市检察院

续表

年份	全国文明接待室	全国文明接待示范窗口
2004	省检察院、温州市检察院、鄞州区检察院、杭州市检察院、瓯海区检察院、越城区检察院、绍兴县检察院、秀洲区检察院、婺城区检察院、莲都区检察院、缙云县检察院、湖州市检察院、衢州市检察院、江干区检察院、宁波市检察院、秀城区检察院、温岭市检察院、仙居县检察院、普陀区检察院、龙游县检察院	萧山区检察院、义乌市检察院、北仑区检察院、苍南县检察院
2008	省检察院、富阳市检察院、象山县检察院、鹿城区检察院、瑞安市检察院、南湖区检察院、桐乡市检察院、安吉县检察院、绍兴市检察院、诸暨市检察院、新昌县检察院、金华市检察院、永康市检察院、义乌市检察院、柯城区检察院、临海市检察院、缙云县检察院、杭州市检察院、萧山区检察院、鄞州区检察院、湖州市检察院、龙游县检察院	江干区检察院、普陀区检察院、仙居县检察院、北仑区检察院、苍南县检察院

资料来源：根据最高检察院 2010 年前历届“全国文明接待室”评定文件综合。

说明：2009—2010 年，最高检察院未开展评比“全国文明接待室”和“全国文明接待示范窗口”活动。

表 19-9-4-3　1993—2006 年浙江省检察机关获“省级文明接待室”“省级文明接待示范窗口”称号情况一览表

评比年份	省级文明接待室	省级文明接待示范窗口
1993	宁波市检察院、绍兴市检察院、嘉兴市检察院、北仑区检察院、鄞县检察院、诸暨市检察院、建德市检察院、永康市检察院、桐乡市检察院、普陀区检察院	
1995	宁波市检察院、温州市检察院、绍兴市检察院、丽水市检察院、江干区检察院、北仑区检察院、余姚区检察院、苍南县检察院、诸暨市检察院、秀城区检察院、永康市检察院、龙游县检察院、温岭市检察院、丽水市检察院、普陀区检察院	
1997	江干区检察院、萧山市检察院、鄞县检察院、鹿城区检察院、苍南县检察院、诸暨市检察院、秀洲区检察院、平湖市检察院、湖州城郊检察院、永康市检察院、东阳市检察院、龙游县检察院、衢县检察院、临海市检察院、仙居县检察院、丽水市检察院、普陀区检察院	
1999	保留了 1997 年评出的 17 个单位，新增 23 个：杭州市检察院、宁波市检察院、丽水市检察院、绍兴市检察院、温岭市检察院、天台县检察院、婺城区检察院、慈溪市检察院、金华县检察院、北仑区检察院、余姚市检察院、玉环县检察院、奉化市检察院、淳安县检察院、乐清市检察院、长兴县检察院、海盐县检察院、越城区检察院、西湖区检察院、定海区检察院、永嘉县检察院、庆元县检察院、柯城区检察院	

续表

评比年份	省级文明接待室	省级文明接待示范窗口
2001	在1999年基础上新增28个单位:温州市检察院、湖州市检察院、嘉兴市检察院、金华市检察院、台州市检察院、舟山市检察院、下城区检察院、富阳市检察院、余杭市检察院、建德市检察院、象山县检察院、宁海县检察院、瓯海区检察院、瑞安市检察院、洞头县检察院、上虞市检察院、绍兴县检察院、安吉县检察院、海宁市检察院、义乌市检察院、武义县检察院、江山市检察院、常山县检察院、黄岩区检察院、路桥区检察院、龙泉市检察院、遂昌县检察院、景宁县检察院	江干区检察院、北仑区检察院、温岭市检察院、普陀区检察院
2002	在2001年基础上新增32个单位:衢州市检察院、滨江区检察院、镇海区检察院、江北区检察院、海曙区检察院、江东区检察院、平阳县检察院、泰顺县检察院、秀洲区检察院、桐乡市检察院、德清县检察院、新昌县检察院、嵊州市检察院、浦江县检察院、兰溪市检察院、开化县检察院、椒江区检察院、缙云县检察院、云和县检察院、拱墅区检察院、上城区检察院、临安市检察院、桐庐县检察院、龙湾区检察院、文成县检察院、嘉善县检察院、磐安县检察院、三门县检察院、青田县检察院、松阳县检察院、岱山县检察院、嵊泗县检察院	
2005	新增2个单位:南浔区检察院、吴兴区检察院	
2006		江干区检察院、萧山区检察院、象山县检察院、瑞安市检察院、苍南县检察院、桐乡市检察院、安吉县检察院、新昌县检察院、永康市检察院、义乌市检察院、柯城区检察院、普陀区检察院、临海市检察院、仙居县检察院、缙云县检察院

资料来源:根据省检察院相关表彰类文件综合。

说明:2007—2010年未开展“省级文明接待室”和“省级文明接待示范窗口”评比活动。

第十章　职务犯罪预防

检察机关职务犯罪预防工作起步较晚，1978 年重建时没有设立专门的职务犯罪预防机构(以下简称预防机构)，职务犯罪预防工作(以下简称预防工作)主要是检察机关侦查部门结合办案，组织相关人员旁听案件的公开审理、运用检察建议帮助发案单位建立健全规章制度等途径来开展。

1992 年 10 月，最高检察院在贪污贿赂检察厅成立贪污贿赂犯罪预防检察处，并要求各级检察院建立相应的专门机构，运用检察职能开展职务犯罪预防工作。1993 年 11 月，嘉兴市检察院内设对外联络处，协调有关单位开展职务犯罪预防工作；1997 年下半年撤销对外联络处，成立独立在编的职务犯罪预防中心，为全省检察机关首个专职职务犯罪预防机构。

2000 年 8 月最高检察院成立职务犯罪预防厅后，省检察院于 11 月在反贪局内设职务犯罪预防处，指导各级检察院按照中共中央确定的反腐败体制和工作机制要求，坚持“打防并举、标本兼治”的工作方针，采取多种途径和方法开展预防工作。2001 年 3 月下旬，省检察院召开全省各市检察院第一次职务犯罪预防工作碰头会，全省检察机关预防工作开始从分散向集中转变。8 月中旬，全省检察机关第一次预防职务犯罪工作会议召开，省检察院检察长葛圣平参加会议并讲话。

2002 年 1 月，省检察院职务犯罪预防处的主要任务确定为负责对全省检察机关预防工作的指导，研究并提出预防对策；负责对预防工作的法制宣传；办理下级检察院有关预防工作疑难问题的请示；研究制订全省预防工作计划、规定和办法。之后，全省检察机关陆续设置职务犯罪预防工作部门，结合法律定位加强职务犯罪预防工作调研与立法研究。2006 年 11 月，省十届人大常委会第二十八次会议审议通过《浙江省预防职务犯罪条例》(以下简称《预防条例》)后，全省检察机关进一步拓展预防渠道，创新预防举措，先后创设“预防共建单位联席会议制度”“行贿犯罪档案查询”“预防教育基地”等工作机制与方法；着力开展社会化预防，在各个行业系统和重大工程建设项目做好系统预防和专项预防，扎实推进教育、制度、监督并重的惩治和预防腐败体系建设；关口前移，防微杜渐，帮助有关单位、部门建章立制，加强防范，堵塞漏洞，强化拒腐防变的思想防线和制度防线。

截至 2010 年，全省检察机关均设立专门的职务犯罪预防工作机构。

第一节 社会化预防

1992年后，省检察院根据最高检察院关于进一步加强预防职务犯罪工作、确立检察机关预防工作是党和国家反腐败工作重要组成部分的指示精神，要求各级检察院必须立足法律监督职能，积极探索、参与、推动在党委统一领导下，检察机关、监察机关和审计机关依法监督、指导，相关职能部门分工负责、协作配合的社会化预防职务犯罪工作机制，并推动地方人大将预防工作纳入法治途径，依靠人民群众的支持对职务犯罪进行综合治理。

一、参与预防立法和建立工作机制

1998年3月，中共嘉兴市委成立预防工作指导小组，为全省首个地方党委领导的预防工作机构。嘉兴市检察院作为指导小组成员之一，承担指导小组办公室日常工作。

2000年8月，中共宁波市委成立预防工作领导小组，宁波市检察院作为成员之一，承担领导小组办公室日常工作，并建立相应的工作制度。12月最高检察院下发《关于进一步加强预防职务犯罪工作的决定》后，全省检察机关开始探索在党委领导之下，把预防工作纳入党和国家反腐败斗争和综合治理总体格局中的做法。

2002年2月，三门县检察院向该县人大常委会作专题报告，该县人大常委会通过《关于加强预防职务犯罪工作的决议》，为全省首个县级人大常委会就“预防工作”通过的决议。7月，嘉兴市检察院向该市人大常委会作专题报告，该市人大常委会通过《关于加强预防职务犯罪工作的决议》，要求在全市开展以法制宣传教育为主要内容的预防工作。随后，东阳市、海宁市、新昌县、绍兴市检察院向当地人大常委会作专题报告，当地人大常委会均通过与预防工作有关的决议。

2003年9月，省检察院根据省委《关于印发〈浙江省反腐倡廉防范体系实施意见(试行)〉的通知》中“加快制定预防职务犯罪的有关法规”的要求，向省人大内务司法委员会提出《关于〈浙江省预防职务犯罪条例〉的立法可行性报告》。

2004年，金华市金东区、婺城区、龙游县、武义县、磐安县检察院先后向当地人大常委会作专题报告，当地人大常委会均通过《关于加强预防职务犯罪工作的决定》。8月，桐乡市检察院联系协调该市纪委、组织部、审计局、建设局、教育局、卫生局等相关机关建立预防职务犯罪工作协会，为全省首个预防工作协会。9月，宁波市人大常委会通过《宁波市预防职务犯罪条例》，明确检察、行政监察、审计机关对预防工作的监督和指导；2005年1月经省人大常委会批准，为全省首个关于预防工作的地方性法规。

2005年5月，省检察院向省人大常委会提交《关于报请制定〈浙江省预防职务犯罪条例〉的报告》；10月，向省人大常委会法制工作委员会提交《关于将〈浙江省预防职务犯罪条例〉列入2006年度立法计划的报告》。随后，受省人大内务司法委员会委托，省检察院起草《浙江省预防职务犯罪条例(建议稿)》，并于2006年3月报送省人大内务司法委员会。9月，省人大常委会对《浙江省预防职务犯罪条例(草案)》进行审议，会后将草案印发各市、县(市、区)人大常委会和省人大代表、省级有关部门征求意见。11月，《浙江省预防职务犯罪条例》(以下简称《预防条例》)通过，浙江省成为全国对职务犯罪预防工作立法的第12个省(市、自治区)。12月，省检察院通知部署全省检察机关学习和贯彻落实《预防条例》。

2007年1月18日，省检察院配合省人大内务司法委员会召开新闻发布会，省人大常委会、省纪委、省检察院和省审计厅领导分别在会上就贯彻落实《预防条例》作出部署。3月1日《预防条例》实施后，4月，省检察院举办《预防条例》学习研讨班，收到论文79篇，探讨《预防条例》实施中可能遇到的相关问题。

2008年10月下旬，省检察院、省监察厅、省审计厅等9个单位就贯彻落实《预防条例》召开座谈会，决定建立联席会议、案件线索移送及协查、信息交流与情况通报、《预防条例》执行情况的督导4项工作制度。10月下旬，为贯彻落实《预防条例》有关检察、监察、审计机关对预防工作进行指导监督的规定，推进全省社会化预防工作，省检察院党组向省委提交《关于进一步贯彻落实〈条例〉，加强职务犯罪预防工作的建议》的报告，建议成立“浙江省预防职务犯罪工作领导小组”(以下简称省预防工作领导小组)。12月，省委决定成立由10个省级机关为成员单位的省预防工作领导小组，办公室设在省检察院(以下简称省预防办)，作为日常办事机构，具体负责组织协调、检查、监督、指导国家机关、国有企事业单位、人民团体的职务犯罪预防工作。

2009年3月，省预防办制发《落实〈浙江省预防职务犯罪条例〉工作任务分解》。6月，省预防工作领导小组增补7个成员单位后，省预防办制发《新增单位成员落实〈浙江省预防职务犯罪条例〉工作任务分解》和《浙江省预防职务犯罪工作领导小组成员单位落实“预防条例工作任务分解”的具体意见措施》，对各成员单位的任务进行分解和细化。8月，省预防办制发《落实〈浙江省预防职务犯罪条例〉专项督导意见》，要求各级预防办每年组织本级检察、监察、审计机关和相关部门对有关预防主体落实《预防条例》情况进行专项督导，增强预防工作的实效。11月，省预防办组织省发改委、省监察厅、省审计厅、省国资委到杭州萧山机场有限公司开展落实《预防条例》工作专项督导检查。是年始，全省各级预防工作领导小组每年召开会议部署预防工作；各成员单位结合本系统(行业)实际研究部署预防工作。根据省预防工作领导小组的任务分解和工作部署，省委政法委把预防工作纳入“平安浙江”年度考核，有的地方还纳入社会治安综合治理和党风廉政责任制考核，促进全省社会化大预防格局的逐步形成。

2010年3月，省预防办制发《关于组织开展职务犯罪预防重点课题理论研究活动的通知》，面向社会组织课题申报，得到全省检察机关和在浙大专院校积极响应。省预防办确定对30个理论课题予以立项开展研究，着力在完善预防工作机制上下功夫。是年，全省各级预防办普遍成立《预防条例》专项督导小组，组织检察、监察、审计等有关部门，对99个重大建设项目和医药卫生等相关领域开展专项督导。

截至2010年，全省各级党委均成立预防工作领导小组，并在各级检察院设立办事机构。省和宁波市人大常委会各自通过预防职务犯罪条例，另有4个市、12个县(市、区)人大常委会对职务犯罪预防工作作出决议或决定。

二、行业系统预防

2001年3月，最高检察院下发《关于在金融证券等八个行业和领域开展系统预防工作的通知》，要求全国检察机关从是年开始，加强与金融证券、国企、海关、税务、建筑、司法、工商、医药8个行业和领域的联系和配合，共同做好系统预防职务犯罪工作。省检察院按照要求，先后分别与上述行业系统以及其他相关行业主管部门联合发文，针对行业系统职务犯罪特点建立工作机制，共同组织实施预防工作。4月，省检察院与中央金融纪工委驻浙金融特派办（以下简称驻浙金融特派办）联合制发《关于在金融系统共同开展职务犯罪预防工作的意见》，商定在全省金融系统建立预防工作机制，共同开展预防工作。这是省检察院成立预防处以来首次与行业系统共同开展预防工作。5月，省检察院与驻浙金融特派办成立浙江省金融系统预防工作指导协调小组，明确工作任务。6月，省检察院与省建设厅联合制发《关于在建筑领域开展职务犯罪预防工作的意见》，建立预防工作机制，落实预防工作内容。9月，成立浙江省建筑领域预防职务犯罪工作指导小组，并在各地级市重点工程交易中心确定联络员。11月中旬，省检察院、省建设厅、省监察厅联合召开全省规范有形建筑市场工作会议，省检察院通报全省检察机关查处建设领域职务犯罪情况和发案原因，并就检察机关和建设部门共同开展预防职务犯罪提出了严把“市场准入关”等5条意见，得到省委肯定。

2002年4月，省检察院、省卫生厅、省药品监督管理局联合制发《关于在医药卫生领域开展职务犯罪预防工作的意见》，共同在全省医药卫生领域开展预防工作。8月中旬，省检察院、驻浙金融特派办、省建设厅、杭州海关、省卫生厅、省药品监督管理局、浙江大学、省监狱管理局、省第四监狱、省第六监狱在杭州召开全省行业预防工作交流会，对下一步工作提出要求。

2003年2月，为加大从源头上预防和治理建设领域违法违纪行为和职务犯罪的力度，省检察院、省建设厅联合制发《关于进一步加强建设领域职务犯罪预防工作的通知》。5月，省检察院、省国土资源厅联合制发《关于在国土资源系统开展职务犯罪预防工作的意见》，共同在全省国土资源系统开展预防工作。6月，省检察院、浙江移动通信有限责任公司联合制发《关于共同做好浙江移动系统职务犯罪预防工作的通知》，共同开展预防工作。

2004年5月，省检察院、省工商行政管理局联合制发《关于在工商系统共同开展职务犯罪预防工作的通知》，在全省工商行政管理系统共同开展预防工作。7月，驻浙金融特派办及省金融系统职务犯罪预防工作指导协调小组撤销，省检察院会同浙江银监局、浙江证监局、浙江保监局和各省级银行、保险公司联合制发《关于建立省金融系统预防职务犯罪联席会议制度的通知》，建立省金融系统预防职务犯罪联席会议制度，并于9月下旬召开第一次联席会议，提出检察机关和金融系统联合开展预防工作的意见和建议。8月，省检察院、省交通厅联合制发《关于在交通重大工程建设中加强联系配合共同开展预防职务犯罪工作的通知》。11月，省检察院、省电力公司联合制发《关于建立全省供电系统预防职务犯罪联席会议制度的通知》，共同开展预防工作。

2005年10月，省检察院、浙江沪杭甬高速公路股份有限公司（以下简称省沪杭甬高速公路公司）联合制发《关于在沪杭甬高速公路拓宽工程建立预防职务犯罪联系制度的通知》，共同开展预防工作。

2007 年 10 月，省检察院、省电力公司联合制发《关于进一步加强预防职务犯罪工作的意见》，进一步加强联系和配合，落实预防职责，加强预防工作。

2008 年 8 月，省检察院、省监察厅、省审计厅、省国资委、杭州萧山国际机场有限公司联合制发《关于在杭州萧山国际机场二期工程建设中共同开展预防职务违法违纪工作的通知》，共同预防职务违法违纪。

2009 年 1 月，省检察院、省商业集团有限公司联合制发《关于共同开展职务犯罪预防工作的实施意见》，明确公司内部预防为主、检察机关指导监督，建立联席会议、案件协调查处和预防对策调研 3 项机制。

2010 年 6 月，省检察院应邀参加由中纪委监察部和国土部领导组织的“土地领域突出问题及治理对策调研座谈会”，专题汇报 2004 年以来浙江省国土资源系统职务犯罪情况并提出预防对策。会后，省检察院、省国土资源厅联合制发《关于加强国土资源系统预防职务犯罪工作的意见》，健全联席会议制度，明确预防工作内容。

三、工程建设领域专项预防

2000 年 11 月，最高检察院提出加强重点工程项目专项预防工作的意见。2002 年 11 月，省检察院对各市检察院预防工作的考核办法中设立重大工程专项预防项目，明确各市检察院至少确定 1 个由政府立项的重点工程开展专项预防工作。

2003 年 1 月，省委、省政府作出 2003—2007 年在全省全面实施“百亿基础设施建设”“百亿信息化建设”“百亿科教文卫体建设”“百亿生态环境建设”和“百亿帮扶致富建设”（以下简称五大百亿）工程的决策部署。省检察院对此高度重视，将“五大百亿”工程列为预防工作的重中之重。下半年，省检察院开展服务“五大百亿”工程建设的调研工作。通过召开座谈会、上门交换意见、走访相关部门等方式，与省监察厅、省建设厅等 8 个行业主管部门共同研究在“五大百亿”工程建设中开展专项预防工作。10 月，省检察院制发《关于在重点建设项目中开展职务犯罪预防工作的意见》，明确工作任务、要求、范围和重点。10 月下旬，省检察院在宁波市召开全省重点项目职务犯罪预防工作经验交流会，重点交流宁波市检察院与该市高等级公路指挥部在高等级公路工程建设中共同开展专项预防工作，舟山市、嵊泗县检察院与上海市南汇区检察院，上海深水港工程指挥部港口分指挥部、大桥分指挥部两地五方在（嵊泗）上海国际航运中心洋山深水港区一期工程中共同开展专项预防工作的经验。

2004 年，省检察院全面启动“五大百亿”工程建设领域预防工作。1 月，省检察院、省监察厅、省发改委联合制发《关于在浙江省“五大百亿”工程建设中共同开展预防职务犯罪违法违纪工作的意见》，对开展“五大百亿”工程建设中的预防工作作出具体规定。5 月，省检察院与省监察厅、省发改委等 22 个管理部门、21 个责任部门、54 个建设项目单位，成立浙江省“五大百亿”工程建设预防职务违法违纪工作领导小组，办公室设在省检察院，并建立联络员工作机制，负责指导、协调“五大百亿”工程建设中预防违法违纪工作的实施。5 月下旬，省检察院、省监察厅、省发改委联合召开全省“五大百亿”工程建设预防职务犯罪违法违纪工作第一次联席会议，54个项目103位负责人参加会议，宁波市检察院、杭州湾跨海大桥工程建设总指挥部介绍在大桥建设项目中共同开展预防工作后未发生违法违纪的经验做法，省检察院、省监察厅、省发改委就查处和预防职务犯罪、加强不良行为记录公示和行贿档案查询工作、严把“市场准入”的关口、进一步完善管理机制、定期召开联席会议等事项提出具体要求。8月下旬，省检察院在全省构建惩防体系理论与实践研讨会上作《“五大百亿”工程职务违纪违法预防体系的实践与思考》重点发言后，省委副书记周国富指出：“省检察院、省监察厅、省发改委围绕‘五大百亿’工程的实施，整合部门职能，综合运用法律、纪律、政策及行政管理手段，预防职务犯罪违纪违法的联合构建方式，为全省惩防体系的构建提供了新鲜经验。”11月下旬，省检察院在绍兴县召开第二次重点工程建设项目预防工作经验交流会，推广绍兴县检察院、绍兴县水务集团、宁波市检察院与杭州湾跨海大桥工程指挥部等8个单位在重点建设项目中开展预防工作的做法。

2005年，省检察院加强对“五大百亿”工程建设中职务犯罪的预防力度。6月中旬，省检察院、省监察厅、省发改委联合召开省“五大百亿”工程建设预防职务犯罪违法违纪工作小组第二次联席会议，通报预防工作进展情况，部署预防工作。9月下旬，省检察院在宁海县召开省重点建设项目暨“五大百亿”工程建设职务犯罪预防第三次现场交流会，推广杭州市检察院在“杭千高速公路”工程建设、宁波市检察院和杭州湾跨海大桥工程指挥部在“杭州湾跨海大桥”工程建设、舟山市检察院在“舟山跨海金塘大桥”工程建设中共同开展预防工作的做法。10月，省检察院与省沪杭甬高速公路公司联合制发《关于在沪杭甬高速公路拓宽工程建立预防职务犯罪联系制度的通知》，成立预防工作领导小组，部署杭甬高速公路拓宽工程专项预防工作。是年，省检察院指导各级检察院会同建设单位及其主管部门，在杭州湾跨海大桥、舟山连岛金塘大桥、国华宁海电厂、杭千高速公路等20多个“五大百亿”工程项目中开展争创“双优”、记录行贿行为并提供查询、健全规章制度等一系列预防工作。

2006年10月底，省检察院、省发改委召开“五大百亿”工程建设项目相关负责人专题警示教育会，采取通报查处贿赂案件情况、职务犯罪服刑人员现场悔罪说法等方法，提高警示预防的震慑效果。11月上旬，省检察院在湖州市召开全省检察机关重点工程建设项目暨“五大百亿”工程建设预防工作第四次情况交流会，推广湖州市检察院在浙北高速公路管理公司开展预防职务犯罪违法违纪工作的做法，对重点工程建设领域中容易滋生职务违法违纪的环节、部位及存在的问题等进行分析，对建设主管等部门在工程建设中应注重防范的环节提出意见。

2007年是“五大百亿”工程建设专项预防的收官之年。8月中旬，省检察院在全省推进惩治和预防腐败体系建设工作会议上，介绍《紧紧围绕“五大百亿”工程着力预防职务违法违纪行为》经验。省委书记赵洪祝指出，检察机关与有关部门开展的“五大百亿”工程预防职务犯罪工作，使“五大百亿”工程建设项目基本实现了预防职务犯罪的工作目标；同时，检察机关围绕“五大百亿”工程，在整合部门职能，综合运用法律、纪律、政策及行政管理等手段预防职务犯罪方面，为构建浙江特色的惩防体系提供了经验。10月底，省检察院、省监察厅、省发改委联合在兰溪市召开全省“五大百亿”工程预防职务犯罪违法违纪工作经验交流会，宁波市检察院等14个单位介绍经验。至2007年，全省检察机关共对66个“五大百亿”工程建设项目开展预防工作，推动相关项目单位建立或完善制度290个。“五大百亿”工程项目中涉及职务犯罪的仅4个项目共8人，仅占全省同期建设领域职务犯罪的1.4%。

2008年开始，省委、省政府为贯彻落实中共中央关于进一步扩大内需促进经济增长的10项措施，发布《重大项目建设行动计划(2008—2012)》，作出开展基础设施网络、产业提升和惠民安康等“三个千亿”工程建设的重大部署。为确保“三个千亿”工程建设成为廉洁工程，省检察院会同有关部门开展“三个千亿”工程建设专项预防工作。8月，省检察院、省监察厅、省国资委联合制发《关于在杭州萧山国际机场二期工程建设中共同开展预防职务违法违纪工作的通知》，成立领导小组，开展该项目建设中的预防工作。12月，省检察院、省发改委、省监察厅、省审计厅联合制发《关于在“三个千亿”工程建设中共同开展预防职务违法违纪工作保障我省经济平稳较快发展的意见》，成立“三个千亿”工程建设预防工作领导小组，建立预防职务违法违纪工作网络机制、预防责任机制、信息共享机制和督查考核机制，全面推动“三个千亿”工程建设预防工作。

2009年，全省检察机关按照最高检察院要求，参与工程建设领域突出问题专项治理工作，省检察院制定实施方案和工作意见。3月，省检察院制发《关于检察机关在“三个千亿”工程建设中开展预防职务犯罪工作的实施方案》，按照分级管理、分工负责、分层协作原则，将杭州地铁工程等37个工程项目分解，由各市检察院牵头负责开展预防工作。5月，省检察院要求各级检察院贯彻最高检察院《关于加强和规范涉及工程建设项目的预防职务犯罪工作的意见》，严格遵守涉及工程建设项目的预防工作纪律，加强自身监督制约。

2010年是开展“三个千亿”工程建设专项预防的关键之年，也是最高检察院部署开展“预防工程建设领域职务犯罪、推进社会管理创新”之年。9月，省检察院对各级检察院集中开展该专项预防工作提出实施方案。是月下旬，省检察院在宁波市召开沪苏浙检察机关职务犯罪预防工作座谈会，交流工程建设领域专项预防工作，省检察院介绍全省开展“三个千亿”工程专项预防的经验。12月上旬，省检察院在台州市召开全省检察机关“三个千亿”工程建设专项预防工作交流会，推广杭州市等16个检察院开展重点工程建设专项预防的经验。

截至2010年，全省检察机关在“三个千亿”工程中开展预防工作的项目250个，对29个百亿元以上“三个千亿”工程项目落实预防责任制，共开展工程建设领域预防调查550件，案件剖析505件，发送检察建议170件，预防咨询1168次，警示教育851次，查询行贿犯罪档案8761批次，协助完善内部控制制度70项，发现职务犯罪线索24条，预防工作取得阶段性成果。

四、商业贿赂和涉农惠民领域专项预防

2006年，全省检察机关根据最高检察院部署，组织开展治理商业贿赂专项预防工作。6月，省检察院根据最高检察院《关于在治理商业贿赂专项工作中做好预防职务犯罪工作的通知》，对开展治理商业贿赂专项预防作出部署。省检察院先后会同杭州、宁波、绍兴、金华、嘉

兴、舟山等市检察机关，在电力、医药卫生、金融保险、国土资源等行业系统召开案件剖析会。9月，省检察院根据最高检察院《关于加强涉农职务犯罪预防工作的通知》，对涉农职务犯罪预防工作作出部署。是年，杭州、宁波、温州、湖州、金华、武义、宁波江北区等检察院共撰写“村官”职务犯罪剖析报告20多篇，配合相关单位推进和完善村账镇代理、村民监督自治等制度。

2007年，全省检察机关预防部门根据最高检察院《关于深入开展治理商业贿赂专项工作的通知》和《关于加强城镇建设领域商业贿赂犯罪预防工作的通知》要求，配合反贪部门召开全省检察机关参与治理城镇建设领域商业贿赂专项工作电视电话会议，对专项工作进行动员部署，营造有利的办案与预防工作氛围。全省检察机关结合“五大百亿”工程建设，抓好工程建设领域商业贿赂犯罪专项预防工作。3月，省检察院根据最高检察院《关于进一步做好涉农职务犯罪预防工作服务社会主义新农村建设的通知》，进一步部署开展涉农职务犯罪预防工作，将涉农职务犯罪预防工作纳入考核项目。6月，省检察院根据省农村基层党风廉政建设工作领导小组要求，部署落实以加强反腐倡廉教育、做好群众来信来访和农村矛盾纠纷排查化解工作为内容的专项预防工作。

2008年，全省检察机关继续深入开展涉农职务犯罪预防工作。省检察院题为《当前影响社会主义新农村建设职务犯罪情况分析》的调研报告呈报省政府领导后，副省长茅临生批示：此件请农口各厅局领导班子研究如何采取有效的针对性措施加以解决；请农业厅对村级财务如何有效规范监督，探索找到好的制度和办法。11月上旬，省检察院召开全省检察机关涉农职务犯罪预防工作座谈会，9个基层检察院交流开展涉农职务犯罪预防工作做法。

2008—2010年，全省检察机关预防部门继续配合反贪等部门开展治理商业贿赂工作，继续加强涉农职务犯罪预防工作。省检察院向最高检察院提交的《浙江省商业贿赂职务犯罪案件分析》，获“全国检察机关十佳案例分析”评选第一名。

第二节 专业化预防

2001—2010年，省检察院贯彻落实最高检察院《关于进一步加强预防职务犯罪工作的决定》，在检察机关内部建立预防工作机制，落实预防工作责任制，运用预防调查、案件分析、警示教育、预防宣传和预防信息收集等专业措施开展预防工作。省检察院先后召开全省检察机关预防工作会议3次和省检察院预防工作领导小组会议6次，举办全省检察机关预防工作培训班5期，创办内部刊物《惩治和预防职务犯罪专刊》和《预防职务犯罪研究》，编发《浙江预防工作简报》，多次开展岗位训练和优秀预防调查、案件剖析、检察建议评比活动，汇编《浙江省职务犯罪预防调研报告精选》和《优秀检察建议荟萃》各3辑共77篇，推动专业化预防工作深入开展。

一、调查分析和预防建议

2000年，根据全省检察机关查办中小学和国有企业领导干部职务犯罪案件增多的情况，省检察院重点对中小学教师队伍和国有企业工作人员职务犯罪开展专项预防调查，形成《关于我省中小学教师队伍贪污贿赂犯罪情况的调查报告》《关于我省国有企业中职务犯罪情况的分析报告》，提出预防建议。省长柴松岳批示：对中小学校长犯罪问题，希望作调研、分析，并提出预防措施。引起各级党委和政府重视。

2002年上半年，针对全省检察机关查办殡葬行业贪污贿赂犯罪案件增多的情况，省检察院向省政府领导和有关部门提交《我省殡葬行业贪污贿赂犯罪严重亟须引起重视》的调研报告。副省长章猛进批示：连死人的钱也要捞一把，这种腐败作风必须严惩，请民政厅认真调处，配合检察机关狠抓整顿，并且要下决心改革。省民政厅为此专门制发《关于加强殡葬事业单位管理的通知》，提出4条整改措施。9月，省检察院查办省药品监督管理局原局长周航受贿案后，对周航职务犯罪的原因和犯罪特点进行深度剖析，形成题为《在贪欲中沉沦》的剖析材料，被省纪委用作"领导干部违法违纪案件剖析材料"，印发全省县处级以上干部学习。

2003年，根据全省检察机关查办土管部门职务犯罪案件增多的情况，省检察院向省委、省政府报送《28名土管局长职务犯罪情况分析报告》，引起省委、省政府高度重视，多位领导作出批示。

2004年，省委高度重视土管系统和农村干部涉土职务犯罪问题。1月上旬，省委书记、省人大常委会主任习近平在中纪委信访室以"村官卖地问题不容忽视"为题编发的《信访简报》上批示：各类来信来访反映出基层在土地出让方面存在一定程度的腐败现象，有必要认真加以解决，应列入省纪委、监察厅、国土厅的重点工作，进行专项整治。2月25日，习近平来省检察院参加党组民主生活会时指出："检察机关要做好涉法上访问题的处理工作，要千方百计减少信访积案、减少涉法上访。""既要严厉打击贪污贿赂等犯罪，又要加强对干部犯罪的预防，要标本兼治。"据此，省检察院开展涉土领域职务犯罪专项预防调查，形成《农村经营权转让过程中职务犯罪情况分析》《89名副处级以上领导干部职务犯罪情况分析》等调研材料。是年，武义县检察院针对该县某街道村干部职务犯罪多发情况，提出在后陈村成立"村务监督委员会"的检察建议。后该村"村务监督委员会"的经验作为推进农村基层民主建设的"后陈经验"，被省纪委在全省推广。2010年10月，全国人大常委会修改《村民委员会组织法》时，吸收了这一做法。

2005年，全省检察机关预防部门开展案件剖析、专题调研和岗位技能训练"三位一体"活动，评选出7篇优秀专题报告进行通报表彰，其中省检察院《审判和民事裁判执行中职务犯罪对策及预防对策》被最高检察院评为"全国首届优秀预防专题调研报告"。

2006年，省检察院通知各级检察院预防部门在重点行业开展职务犯罪案件剖析工作。6—9月，省检察院组织各级检察院先后召开9次案件剖析会。其中，省检察院、宁波市检察院和宁波市海曙区检察院就中华保险公司宁波分公司职务犯罪窝串案，与发案单位及主管部门共同召开案件剖析会，剖析保险行业职务犯罪原因并提出预防对策建议。

2007年11月，针对嘉善县检察院立案查处的该县邮政局党委书记等3人采用私设“小金库”、发放奖金等形式私分国有资产案件暴露出的问题，省检察院向省邮政公司发出检察建议书。12月，省邮政公司向省检察院报送《关于对嘉善县邮政案件检察建议整改情况的报告》，反馈整改情况，加强整改措施。

2008年，全省检察机关着力加强预防职务犯罪案例剖析和检察建议工作。省检察院先后对教育、环保等系统的职务犯罪进行剖析。9月24日，省长吕祖善在省检察院《对22名环保局长职务犯罪案件分析》上批示：要以这一系统案件为案例，在全系统开展一次专项教育；同时要加强制度建设，阻塞漏洞，不能环保上去了，干部倒下一批。是年，全省检察机关共向有关部门和发案单位发出预防检察建议394份，其中365份被当事单位采纳。宁波市检察院《中华联合财产保险宁波分公司黄某某等人贪污受贿、挪用公款犯罪系统窝串案剖析》和绍兴市检察院《周某某受贿、挪用公款案件剖析》被最高检察院评为“全国检察机关预防干部职务犯罪优秀案例分析”。

2010年，最高检察院首次部署开展年度预防职务犯罪工作综合报告的撰写与向当地党委、政府、人大提交报告的工作。8月，省检察院组织对各级检察院的职务犯罪案件分析情况进行专项检查，并开展职务犯罪案件的专题分析，为向最高检察院呈报《2009年至2010年度我省职务犯罪发生情况、发展趋势和预防对策综合报告》作准备。11月，省检察院组织第三次预防职务犯罪优秀检察建议评选工作，评选出“十佳检察建议”和10篇优秀检察建议。

二、警示教育和预防宣传

2001年10月，应驻浙金融特派办邀请，省检察院检察长葛圣平为全省各金融机构领导干部作预防职务犯罪专题报告。是年，省检察院领导在省委党校有关干部培训班、省商业集团、省经贸委、省公安厅等10个单位上警示教育课15次，听课人数达3000余人。

2002年2月，省检察院、省监狱管理局联合制发《关于建立警示教育基地开展职务犯罪预防工作的意见》，成立警示教育基地指导协调小组，在省第四监狱和省第六监狱建立职务犯罪预防警示教育基地，明确“现身说法”、参观考察和座谈帮教等警示教育内容。3月底，省检察院副检察长何永星应邀为全省各级药品监督管理部门领导班子成员讲授预防职务犯罪专题课。4月中旬，省检察院与省建设厅联合召开建筑企业负责人职务犯罪预防警示专题会，对全省105家一级企业负责人进行警示教育；省检察院通报建筑领域职务犯罪情况，并提出预防工作建议；3名服刑犯进行“现身说法”。9月，省纪委和省检察院组织省级机关600余名厅级干部集中观看由省检察院拍摄的“周航、王天义职务犯罪案件警示教育专题片”。11月，省检察院联合省卫生厅、浙江大学召开省级医疗单位预防职务犯罪警示教育会，还联合驻浙金融特派办，针对义乌建设银行、富阳工商银行发生的特大挪用案件，召开金融职务犯罪案件剖析会。

2003年3月，省检察院与省监狱管理局商定在省第二监狱、女子监狱增设2个警示教育基地。6月，省检察院会同省建设厅召开全省房地产管理部门负责人职务犯罪预防警示教育会，剖析房地产领域职务犯罪特点、规律和原因，提出防范对策和建议。是年，全省4个警示教育基地开展活动90余次，受教育人数1万余人。

2004年，省检察院与省监狱管理局商定增加杭州南郊监狱为警示教育基地。至年底，全省有省级警示教育基地5个、市级警示教育基地5个，县级警示教育基地28个。是年，全省检察机关共开展警示教育活动283次，接受教育人数超2万人。

2005年8月、11月，省检察院先后联合省建设厅和省沪杭甬高速公路公司，对全省园林绿化行业行政主管部门负责人、省园林绿化一级企业负责人及沪杭甬高速公路拓宽工程各项目负责人开展警示教育。

2006年7月，杭州市余杭区检察院组织召开该区电力系统案件剖析会，全省检察机关分管领导或部门领导，省电力公司、杭州市电力公司及下属基层单位或部门领导、案发单位及下属单位相关领导参加。

2007年10月中旬，杭州市检察院、市环保局联合召开全市环保系统职务犯罪案件剖析会，省检察院、杭州市及各区检察院和环保部门140余人参加会议。

2008年9月上旬，杭州市及江干区检察院与省教育厅首次联合举办“预防职务犯罪高校校长与检察长”论坛，浙江大学、浙江工业大学、杭州电子科技大学、浙江中医药大学、浙江科技学院、浙江金融职业技术学院等高校领导和杭州市检察院及其各基层院检察长参加论坛并作发言。9日，省检察院在宁波市鄞州区召开“城镇建设领域案件剖析观摩会”，听取鄞州区检察院对近两年来查办城镇建设领域职务犯罪案件的情况通报，观看鄞州区检察院制作的《鄞州区城镇建设贿赂案件剖析》专题警示片。

2009年7月下旬，省检察院、省发改委、省监察厅、省审计厅联合在杭州召开全省部分“三个千亿”工程建设项目相关负责人专题警示教育会，33个工程建设项目的172名业主、施工、监理单位和24个工程建设项目的省级主管部门等相关负责人共220人参加警示教育。11月上旬，省检察院、宁波市及江东区检察院、杭州市上城区检察院与浙江中烟工业公司及杭州、宁波制造部共同召开职务犯罪案件剖析会。11—12月，省预防办协调省人大、省委宣传部、监察、审计等成员单位，组织省级报社、电视、电台等媒体集中开展《预防条例》实施三周年宣传活动。12月上旬，省检察院通知要求各级检察院与监察、审计机关分工负责、密切配合，报社、电视、电台三管齐下共同实施，在全省掀起宣传贯彻《预防条例》的热潮。

2010年1—6月，为配合召开全省检察机关第三次预防工作会议，省检察院预防处完成预防工作巡礼专题片《阳光浙江》的拍摄，展现全省检察机关探索浙江特色检察预防之路的历程和成效。11月，省检察院根据最高检察院《关于做好全国检察机关惩治和预防渎职侵权犯罪展览巡展工作的通知》，启动“法治与责任——全国检察机关惩治和预防渎职侵权犯罪展览浙江巡展”，全省共有6656个单位10万多人参观展览，发放宣传资料近20万册。

三、预防信息库建设

2001年，为加强职务犯罪预防信息基础建设，提高分析职务犯罪案件的针对性和准确性，省检察院将1998年后全省检察机关查处的6000余件职务犯罪案件基本情况整理入库，初步形成预防信息数据库。3月，针对永康市检察院查处的34件建筑行业职务犯罪案件，省委书记、省人大常委会主任张德江在新华社内参《是谁制造了“炸药包”》一文后批示：本文就建筑领域的腐败现象进行了深刻的揭露和剖析，很值得各级领导干部深思。此后至2003年下半年，永康市检察院在全省率先建成建设行业行政主管部门的行政信息资料库，实现行政执法信息资料共享。2004年10月，永康市人大常委会通过《关于加强预防职务犯罪工作的决定》，规定实行行政执法资料移送检察机关备案制度。

2005年5月，省检察院预防处在最高检察院预防业务应用管理软件汇报会上汇报演示“预防信息库”软件，受到最高检察院副检察长王振川肯定。同月，省检察院制发《浙江省检察机关预防信息库建设标准(试行)》，提出建立职务犯罪案件信息库、行贿人信息库、重点工程建设信息库和重点行业信息库。

2009年10月底，省检察院在象山县召开全省检察机关预防信息化建设现场观摩会，指出加强预防信息化建设是全国检察机关第三次预防工作会议的重要内容之一，全省检察机关要改进预防信息软件设计不完善、功能不统一、应用不普及等问题，逐步建立多方采集、高度共享的信息化建设体系，提高预防信息的收集运用和成果转化能力，以信息化手段推动预防工作整体水平的不断提升。会后，省检察院开发应用“职务犯罪侦防信息系统”，通过收集、整理、统计和分析行政执法部门、重大工程项目、政府采购、相关行业系统、企事业单位和基层组织的信息资料，实现检察院与有关行政执法机关信息共享，为惩治和预防职务犯罪服务。

2010年，苍南县检察院向该县县委提出成立“苍南县执法信息中心”的建议。苍南县委表示支持，同意设立事业编制的“苍南县执法信息中心”，委托苍南县检察院管理。该县检察院在各执法部门协助配合下，对全县各行政执法单位的执法信息进行汇总、筛选、分析、研判，定期向该县县委、县政府报告全县执法情况；实时监控执法动态，发现非正常执法信息，向有关部门发出预警信号。这一做法领先全省，将预防信息库建设工作推进到一个新的阶段。①

截至2010年，省检察院开发应用“侦防信息系统”，湖州市检察机关联网应用“预防信息系统”；永康市、台州市黄岩区、象山县检察院建立“行政信息资料库”，收集的信息量分别达到15万条、25万条和7万条；桐乡市、淳安县、宁波市海曙区检察院自主设计行政执法与刑事司法信息共享平台，由行政执法部门将执法信息自行输入政府政务内网；义乌市检察院建立“96150”行政执法统一举报投诉信息平台和“网格化”管理监督机制。

专记：建立行贿犯罪档案查询制度

浙江省检察机关在全国率先探索创新的行贿犯罪档案查询制度，是检察机关将个人和单位构成行贿犯罪的情况进行录入并对外提供查询，运用技术手段开展预防腐败的工作形式，是制度预防和技术预防在实践中的有机结合。

2001年始，浙江省一些检察院先后参与建立有关工程建设领域的廉政准入制度。1月，

① 苍南县执法信息中心于2011年2月批准成立，为县检察院下属事业单位。

上虞市检察院与该市建设局共同制定《上虞市市政公用工程建设施工单位“绿卡”管理办法》，由该市建设局为17个具有较好施工业绩、廉政无劣绩的施工单位颁发“绿卡”资质证书，优先推荐参加招投标并适当加分，11月在最高检察院召开的全国检察机关预防工作经验交流会上交流推广此做法。2002年9月下旬，宁波市北仑区检察院在收集整理1998年后立案查处的建筑领域相关案件资料的基础上，在全省率先建立“行贿人资料库”（又称“行贿人黑名单”），出台《行贿人资料管理办法》，向该区招标投标中心、建设局、建筑业协会及业主单位提出检察建议，禁止被列入“黑名单”的行贿人在一定期限内参加政府投资工程建设项目的投标。2003年7月，最高检察院预防厅组织有关专家对此进行论证后，省检察院决定把该项制度作为职务犯罪预防的重要措施，进一步规范完善提升，在全省推广应用。11月，省检察院、省监察厅、省建设厅联合制发《浙江省建设市场不良行为记录和公示暂行办法》，明确检察机关在案件查处结束后，对案件查处中涉及的需要行政处罚或应向社会公示的不良行为，通过检察建议或通报等形式，向同级建设行业行政主管部门提出，建设行业行政主管部门应及时反馈公示结果。省建设厅同时开发应用不良行为公示信息系统，在全省建设信息网上对行贿行为进行公示。浙江省检察机关首创的建设市场不良行为记录公示和行贿行为查询制度得到最高检察院肯定。

2004年4月，最高检察院、建设部、交通部、水利部联合下发《关于在工程建设领域开展行贿犯罪档案查询试点工作的通知》，决定在浙江等省（市、自治区）工程建设领域开展行贿犯罪档案查询试点工作。6月中旬，省检察院与省建设厅、省交通厅、省水利厅召开全省行贿档案查询工作座谈会，联合制发《关于在全省工程建设领域开展行贿行为档案查询工作的通知（试行）》，把经法院判决、裁定的工程建设领域的个人和单位行贿犯罪行为，经法院判决、裁定的工程建设领域的个人行贿行为，检察机关立案侦查后作撤销案件或不起诉的行贿案件认定的工程建设领域个人行贿行为纳入查询范围，并对档案系统的建立、查询、管理、职责分工等提出要求和部署。同时，省检察院明确检察机关各内设部门向预防部门移送行贿案件资料，由预防部门将行贿行为录入计算机系统并向社会提供查询。7月，省检察院在全国率先开发启用“浙江行贿行为查询系统”，启动工程建设领域行贿犯罪网上查询工作。11月，省检察院根据省政府建设“信用浙江”要求，加入省企业信用发布查询中心理事会，探索将行贿犯罪信息与“信用浙江”对接。是年，全省检察机关共录入行贿信息188条，接受查询104批次，对参与建筑投标的1878个单位进行了查询，24个单位被查出有行贿记录，并受到有关主管单位的处理。试点工作取得明显的社会效果，被最高检察院和中央相关部委肯定。

2006年3月，最高检察院发布《关于行贿犯罪档案查询工作暂行规定》，决定建立检察机关行贿犯罪档案查询系统，将修改后的《刑法》实施以来由检察机关立案侦查并经法院裁判的发生在建设、金融、教育、医药卫生和政府采购领域的所有行贿犯罪案件建立档案，并在全国受理上述领域的行贿犯罪档案查询。5月，最高检察院、教育部、建设部、交通部、水利部、卫生部、国家食品药品监督管理局、中国银行业监督管理委员会、中国证券监督管理委员会和中国保险监督管理委员会联合下发《行贿犯罪档案查询工作座谈会纪要》，要求各级相关部门将向检察机关查询行贿犯罪档案作为开展业务活动或工作管理的必经程序。7月，省检察院会同省教育厅、省财政厅、省建设厅等 11 个单位联合制发《关于共同做好行贿犯罪档案查询工作的意见》。检察机关建立和完善行贿犯罪档案查询制度、受理行贿犯罪档案查询等工作于 11 月列入《预防条例》，以地方性法规形式固定下来。

2008 年 7 月，省检察院根据最高检察院《关于改进预防业务统计工作的通知》要求，对全省检察机关录入、受理行贿犯罪档案查询情况进行专门统计分析，不断规范和完善行贿犯罪档案查询工作。12 月，中共中央《建立健全惩治和预防腐败体系 2008—2012 年工作规划》中，要求建立和完善商业贿赂犯罪档案查询系统，把是否存在行贿行为作为市场准入和退出的重要依据。省检察院与省发改委、省监察厅、省审计厅联合制发《关于在“三个千亿”工程建设中共同开展预防职务违法违纪工作保障我省经济平稳较快发展的意见》，要求把行贿犯罪档案查询制度作为一项重要的预防监督制度，运用于工程招投标环节。

2009 年 6 月，最高检察院下发《关于行贿犯罪档案查询工作规定》，决定自 9 月 1 日起，将检察机关的行贿犯罪档案录入和查询范围扩大到所有行业和领域。9 月，省检察院通知全省检察机关进一步做好行贿犯罪档案录入和查询工作，省检察院预防处专门进行落实，确保查询工作在服务反腐倡廉建设大局中发挥更好作用。

2010 年，随着“华东六省一市查询信息共享平台”的建立和查询软件的功能设计逐步完善，全省检察机关对这项工作的推进力度进一步加大，在服务重大工程建设、“信用浙江”建设等工作中发挥限制市场准入的有效作用。截至是年底，全省检察机关共受理行贿犯罪档案查询 79035 批次。其中，涉及被查询单位 202556 个次、个人 214411 人次。经查询发现有行贿犯罪记录单位 169 个次、个人 287 人次，对此均被相关主管部门和业主单位作出取消招投标资格、取消评标专家资格等处置措施。

表 19-10-2-1　2006—2010 年浙江省检察机关受理行贿犯罪档案查询情况一览表

年度	查询次数	被查询单位（个次）	被查询人数（人次）	被处置单位（个次）	被处置个人（人次）
2006	393	4786	5438	10	7
2007	2788	20378	19120	53	26
2008	2882	21506	23105	33	25
2009	3451	33027	34940	19	41
2010	69521	122859	131808	54	188
总计	79035	202556	214411	169	287

资料来源：根据各市检察院上报数据综合。

第十一章 检察调研和宣传

清末、民国时期的浙江省检察机构，未见有专门从事法律政策研究和宣传工作的部门、人员及相关职责，但民国时期已有检察官研究法律适用等业务问题。

中华人民共和国成立后，全省检察机关的法律政策研究和检察宣传工作，主要是根据形势发展，围绕中共中央、省委确定的中心工作，结合检察机关的重点工作，及时开展调查研究；以及针对办理某一类型或某一方面案件的突出问题，调查研究犯罪规律，查找工作漏洞，做好防范工作。同时将法制宣传融汇在检察工作过程中。

1978 年省检察院重建后，在办公室设研究科，承担重点工作调研和对外检察宣传工作职能；各市(分)检察院办公室也配置专人负责。1979 年 12 月，省检察院设立研究室，开展重大问题调研、法律政策研究、检察宣传等工作，承办检察长、检委会文秘事务；随后，各市(分)检察院及县(市、区)检察院也相继成立相应机构，或指定专职、兼职的调研人员。1993 年 2 月，根据最高检察院要求，省检察院成立浙江省检察学会，根据省检察院和最高检察院检察理论研究所对检察理论研究工作的部署，与研究室共同承担推进全省检察理论研究工作的职能，全省检察机关理论研究工作开始形成合力。

1997 年 1 月，省检察院成立组织宣传处，主要职能之一是组织全省检察机关开展对检察工作的新闻宣传报道等。8 月，省检察院研究室更名为法律政策研究室(以下简称研究室)，主要职能调整为法律政策研究、检察专题调研、检察理论研究、检察委员会秘书处等工作；重点工作调研仍由办公室承担。

2002 年 2 月后，省检察院研究室根据最高检察院《人民检察院法律政策研究室工作条例(试行)》规定，主要职责是：对全国人大、同级人大常委会、政府及其各部门征求检察机关意见的法规、规章及规定的草案提出修改意见和建议；对本省检察工作适用法律问题进行研究，适时提出立法建议，对下级检察院提出的法律适用问题负责提出咨询意见；指导、组织、参与有关法律执行情况专项检查活动；对疑难案件和其他地区性重要问题进行调查研究，提供意见和建议；负责检察理论研究工作和检察学会(检察官协会)工作。同时，省检察院办公室仍然承担对重大工作的调研任务。此后，全省检察机关进一步围绕各个时期的工作重点和中心任务，立足检察职能，开展重点工作调研、检察专题调研、法律政策应用研究、检察理论研究和检察宣传工作。

第一节　重大工作调研

1951年4月，省检察署深入杭州市的民丰纸厂、第一纱厂检查“镇压反革命”运动开展情况，向省政府报告“打击面过广”等问题。省委和杭州市委决定予以纠正。

1957年12月后，全省检察机关根据全国省、市、自治区检察长会议要求，普遍树立调查研究的工作作风，在检察工作为党的中心任务服务、贯彻群众路线、把握定罪政策、修改工作规章程序、检察业务分工等方面开展调研，摸索经验。

1959年，全省检察机关将调查研究工作作为正确执行中共的路线、方针、政策，严格区分两类不同性质矛盾的基本前提。各级检察院贯彻调研工作“两条腿走路”方针（指经常性与突击性相结合、全面掌握和重点调研相结合、单独进行与有关部门共同进行相结合、经常汇集与定期研究相结合），主动抓住各类动向性、政策性问题，调研工作有不同程度的进步。

1962年，全省检察机关调查研究工作主要是围绕保卫国家财产、巩固集体经济、保障市场供应等方面，结合办案来进行，作为为中共中心工作服务的有效方法。除了有重点地深入治安问题比较突出的地区，做敌情、社情动态的社会调查外，一般是通过办理某一类型或某一方面的案件，集中研究犯罪规律，查找工作漏洞，向党政领导做有情况、有分析、有意见的报告，依靠党委组织有关部门加强同犯罪分子做斗争，做好防范工作。在保卫农业生产和粮食方面，主要是针对盗窃耕牛、农船、化肥和粮食等问题，以及在夏收、秋收分配中某些基层干部贪污多占问题。在保卫市场供应方面，主要是针对伪造票证、贪污、盗卖和私分紧张物资的问题。通过分析研究作案成员和犯罪手段，从组织人员、工作制度、管理措施、经办手续等方面查找漏洞，提出改进意见，向党委领导机关报告。据不完全统计，是年各级检察院向党委、人民委员会（以下简称人委）和上级检察机关专题报告1140余份；其中，各地党委和人委通报56份，责成有关部门专办35份，对保卫国家财产、巩固集体经济起到了良好作用。

1964年上半年，全省检察机关对倾向性、代表性的国家工作人员违法犯罪现象进行调查研究，向各县级以上地方党委报告93次，其中得到批转和通报约占10％。

1965年，根据省委提出的提前或如期实现农业发展纲要的主要指标，建设社会主义新农村的指示，全省检察机关围绕办案，抓住生产、分配中的两条道路斗争问题和违反1961年《农村人民公社工作条例（草案）》（以下简称农业六十条）的现象，进行调查研究，报告党委解决问题。

1979年3月，省检察院在调研总结1950年后全省检察工作情况的基础上，召开全省第十次检察工作会议，着重研究在中共实行工作重点转移的形势下加强检察机关建设，迅速全面恢复和推进全省检察工作的议题。提出全省检察工作要做到4个坚持：一要坚持宪法和法律的严肃性，维护法制权威；二要坚持在党委统一领导下，实行专门工作与群众工作相结合的路线；三要坚持检察机关的法律监督职能，与公安、法院互相配合、互相制约；四要坚持实事求是，重事实、重证据、重调查研究的科学态度和方法。

1979 年《刑法》和《刑事诉讼法》公布后，省检察院检察长张世祥专门调研并撰文《冲破阻力、执法不阿》，刊登在《浙江日报》上，要求全省检察机关从认识、工作、组织 3 方面抓紧做好全面实施“两法”的准备工作。省检察院和各市（分）检察院选择 10 个县（区）检察院开展“两法”办案的试点工作。

1980 年 1 月，在调研总结实施“两法”初步经验的基础上，省检察院召开全省市（分）检察院检察长座谈会，强调在实施“两法”开展各项检察工作中，要切实解决检察机关在住房、经费、交通工具、技术设备等方面的实际困难，使各级检察机关能够具备实施“两法”的工作条件和物质条件。省委书记王芳在省检察院报送的会议纪要上批示指出，对检察机关的各种实际困难，省委过去都有原则指示，只是如何贯彻执行的问题。希望各级检察机关把工作和工作中遇到的问题向各级党委认真汇报，争取早日解决。9 月，根据最高检察院部署，省检察院组织各级检察院对执行“两法”及《检察院组织法》的情况全面检查调研，及时向省委和最高检察院作出报告。

1982 年 2 月，省检察院根据最高检察院《关于坚决贯彻执行〈中央紧急通知〉的通知》，将“经打”斗争作为全省检察工作取得关键性进展的重要标志，组织各级检察院开展调研。各级检察院加强与纪委、工商行政、公交、财贸等有关单位联系，调查了解经济领域违法犯罪活动的情况。3 月，省检察院召开全省市（分）检察院检察长座谈会，提出要集中力量抓大案要案，凡是大案要案，可以参照台州地区检察机关的做法，落实办案单位，落实配合单位，落实办案负责人员，落实办案班子，落实办案措施和要求。同时，针对调查中和办案时发现的有关单位在管理上和制度上的漏洞与问题，及时提出改进意见，以堵塞漏洞，预防犯罪。

1983 年 8 月后，省检察院在组织各级检察院开展“严打”斗争的同时，与各市（分）检察院共抽调 260 余名干部深入一线调查研究，总结经验，指导工作，帮助办案。12 月，省检察院召开全省检察长会议，全面贯彻中共中央关于“严打”斗争“三年为期、三个战役”“二年见效、三年好转”的部署要求，提出打好第二战役的 5 点要求：一是抓紧做好第一战的“消化”处理工作；二是认真做好第二战役打击对象的审查批捕和审查起诉工作；三是正确执行党的政策，严格依法办事；四是坚决打击在押人犯和“两劳”人员的重新犯罪活动；五是结合办案，积极开展综合治理工作。

1985 年初，省检察院根据中共中央关于全面开展经济体制改革、加速工业现代化、农业现代化、国防现代化、科学技术现代化（简称“四化”）建设的战略部署，贯彻全国政法工作会议和检察长会议精神，组织全省检察机关开展为期 2 个多月的调查研究。4 月，省检察院召开全省检察长会议，提出适应经济体制改革形势，加强和改进检察工作的 3 点要求：一是要在思想上清除“左”的影响，牢固地树立为经济建设服务的观念；二是要从体制和制度上加强检察机关的法律监督；三是要转变作风，加强调查研究，勇于开拓创新。是年，为加强检察机关的群众工作和基层基础建设，更好地开展调研工作，全省检察机关在厂矿企事业单位设置“检察组”81 个，聘请“检察联络员”“检察通讯员”“检察助理员”1030 余人，建立联系点、联系户 195 个，与 885 名各级人大代表建立通讯联系制度。

1988 年底，省检察院组织各级检察院深入调研分析打击经济犯罪情况，认为贪污贿赂犯罪严重。1—11月,全省检察机关共立案侦查的职务经济犯罪案及其中的大要案,分别同比增加10%和25%;且贪污贿赂犯罪案件占74.1%,有些案件数额相当惊人,危害十分严重,令人触目惊心。1989年1月,省检察院召开全省检察长会议,按照中共中央的指示和国家法律的规定,及时调整工作部署,确定把反贪污贿赂斗争列为"经打"的第一位工作,作为检察工作重点。据此,全省检察机关加大反贪污受贿力度。1—6月,全省检察机关立案查处贪污贿赂犯罪案同比增加44.2%,其中大要案同比增加2倍,大要案数位居全国第二。

1991年,省检察院把抓好查办贪污贿赂犯罪案件的质量,作为争取社会各方面重视支持、促进斗争健康深入发展的重要措施。经调研,在3月、7月和10月举行的3次全省市(分)检察院检察长座谈会上,连续作为主要议题反复研究,提出具体要求和措施:一是抓统一思想,进一步增强质量意识,牢固树立质量第一的观念;二是贯彻"一要坚决,二要慎重,务必搞准"的原则;三是坚持和完善保证办案质量的各项制度;四是重视抓免诉案件的质量。

1993年初,省检察院组织各级检察院对1988—1992年的检察工作进行调研,在2月召开的全省第十一次检察工作会议上,提出后一时期检察工作的主要任务是毫不动摇坚持中共"一个中心,两个基本点"基本路线,始终不渝贯彻检察工作为经济建设服务的指导思想,坚持"两手抓,两手硬"方针,贯彻警惕右、主要防止"左"的思想,进一步解放思想、实事求是,通过强化法律监督,维护社会政治稳定,更自觉地为改革开放和现代化建设服务。全省检察机关通过调研,对检察工作服务经济建设的指导思想明确把握3条:一是紧紧围绕、自觉服从和服务于经济建设这个中心开展检察工作,坚持以"三个有利于"作为检验工作的根本标准。二是把严格执法、狠抓办案作为检察机关为经济建设服务的最基本形式和方法,突出查办大案要案,加强对各类犯罪的打击力度。三是认真贯彻"一要坚决,二要慎重,务必搞准"的原则,确保办案质量,切实搞准案件,推进严格执法,扩大社会效果,更好地为发展经济服务。5月中旬,省检察院召开"检察工作为经济建设服务"座谈会,听取企业家对检察工作的意见和建议。

1996年底,省检察院根据"两法"修改的形势,组织全省检察机关就实施准备工作进行专题调研。1997年1月,省检察院召开第十二次全省检察工作会议,指出检察机关"把握大局"要通过执行好"两法"去体现,"打击犯罪、保护人民、维护稳定、服务经济"的职责要通过执行"两法"去实现,检察队伍思想观念的更新、业务素质的提高要通过执行"两法"去推动,检察机关的基本建设也要以实施"两法"为契机,提出把执行修改后的"两法"作为检察工作的"牛鼻子",推动各项检察工作的发展。

1998年,省检察院根据中共中央先后做出的政法机关实施"收支两条线"、不再从事经商活动等重大决策,组织开展检察经费保障问题专题调研。9月,省检察院在全省市(分)检察院检察长会议上,要求各级检察院抓住机遇,把检察物质技术装备建设推向一个新阶段。是年,全省检察机关按规定对所办公司及时作出脱钩、移交和撤销的处理;依靠各级党委、政府重视与支持,全省有18个检察院共6.3万平方米的办公和侦查技术用房交付使用,16个检察院8.9万平方米的办公、侦查技术用房在建。

1999年底,省检察院对全省职务犯罪侦查工作落实修改后《刑事诉讼法》情况组织调研,认为不少检察院出现职务犯罪案件侦查依赖纪委"两规"手段办案,独立侦查破案的能力不强、水平不高，是影响检察机关进一步加大办案力度的一个突出问题。2000 年 1 月，省检察院召开全省检察长会议，提出提高依法独立办案的能力和水平，必须突出抓好 4 条：一是切实转变侦查观念；二是增强风险决策意识；三是提高侦查工作的科技含量；四是注重深挖。会后，省检察院分别向省委书记张德江、最高检察院检察长韩杼滨及各位副检察长汇报，在得到赞同的情况下，于 7 月召开全省检察机关第五次反贪污贿赂侦查工作会议，提出"依法独立办案"4 条意见。2003 年 2 月，省委书记、省人大常委会主任习近平在听取省检察院党组工作汇报时，重申坚决支持检察机关依法独立办案的 4 条意见。

2003 年初，省检察院组织全省检察机关对 1998—2002 年的检察工作进行调研。4 月，省检察院在全省第十三次检察工作会议上，总结前 5 年实践中积累的 5 条主要经验：一是自觉服从和服务于中共和国家的工作大局；二是把公正执法作为检察工作主线；三是坚持执法办案和队伍、基层基础建设两手抓，两手都要硬；四是紧密结合实际创造性开展工作；五是主动依靠中共领导和人大监督。同时提出后 5 年要深入贯彻中共十六大精神，实现 5 个奋斗目标：一是检察职能全面强化，服务大局的成效更加明显；二是队伍专业化建设扎实推进，专业化水平明显提高；三是检察改革向深层次发展，工作体制和机制进一步完善；四是基层基础建设不断加强，执法保障明显改善；五是先进检察院争创活动得到深化，基层检察院建设实现新的跨越。省委书记、省人大常委会主任习近平出席会议并发表重要讲话，肯定省检察院提出的工作目标、工作思路和主要任务，要求全省检察机关把思想和行动统一到中共十六大精神上来，开创全省检察工作新局面，推动依法治省各项工作，服务加快全省全面建设小康社会、提前基本实现现代化。

2004 年，省检察院根据省委十一届六次全会实施"八八战略"①的部署要求，组织各级检察院成立以检察长为负责人的课题组，围绕"'八八战略'与检察工作"课题开展调研，认真研究检察机关服务"八八战略"的措施，并开展调研成果的讨论和交流。在集中各级检察院调研成果基础上，省检察院制发《建设"平安浙江"服务"八八战略"的若干意见》，提出把建设"平安浙江"、服务"八八战略"的实施，作为全省检察工作的重要任务，进一步明确检察机关服务大局的指导思想、基本原则、主要措施和责任要求，提高检察机关为大局服务的自觉性。

2005 年 6 月，最高检察院检察长贾春旺在浙调研视察工作时，作出"浙江检察工作要与经济社会同步走在前列"的指示。省检察院在组织各级检察院深入调研基础上，制发《加强法

---

① 2003 年 7 月，中共浙江省委举行第十一届四次全体(扩大)会议，在总结浙江经济多年来的发展经验基础上，全面系统地总结了浙江省发展的八个优势，提出了面向未来发展的八项举措——"八八战略"，即进一步发挥八个方面的优势、推进八个方面的举措。具体内容：一、进一步发挥浙江的体制机制优势，大力推动以公有制为主体的多种所有制经济共同发展，不断完善社会主义市场经济体制。二、进一步发挥浙江的区位优势，主动接轨上海、积极参与长江三角洲地区交流与合作，不断提高对内对外开放水平。三、进一步发挥浙江的块状特色产业优势，加快先进制造业基地建设，走新型工业化道路。四、进一步发挥浙江的城乡协调发展优势，统筹城乡经济社会发展，加快推进城乡一体化。五、进一步发挥浙江的生态优势，创建生态省，打造"绿色浙江"。六、进一步发挥浙江的山海资源优势，大力发展海洋经济，推动欠发达地区跨越式发展，努力使海洋经济和欠发达地区的发展成为我省经济新的增长点。七、进一步发挥浙江的环境优势，积极推进基础设施建设，切实加强法治建设、信用建设和机关效能建设。八、进一步发挥浙江的人文优势，积极推进科教兴省、人才强省，加快建设文化大省。

律监督能力建设，推进检察工作与经济社会同步走在前列的若干意见》，确定以检察工作与全省经济社会同步走在前列为总体目标；以保持依法独立办案、讲究业务工作质量、业务改革、基层院建设、科技强检和检务保障5个方面良好势头为总体思路；力争在服务大局、解决制约办案瓶颈问题、推进队伍专业化建设、增强人民群众对检察工作满意度4个方面有新的突破，并提出相应措施。

2006年，省检察院贯彻中共中央十六届五中全会关于建设社会主义新农村的精神和中共中央、国务院《关于推进社会主义新农村建设的若干意见》，及省委、省政府《关于全面推进社会主义新农村建设的决定》，组织全省检察机关开展调研，于5月制发《浙江省检察机关服务社会主义新农村建设的若干意见》，明确全省检察机关服务社会主义新农村建设的总体要求、主要任务和具体措施。省委书记、省人大常委会主任习近平对此批示：省检察院认真贯彻省委决策部署，结合检察工作实际，及时出台两个《意见》，行动迅速，工作扎实。希望认真抓好落实，在推进“法治浙江”和社会主义新农村建设进程中发挥积极的作用。省委副书记夏宝龙、周国富也作出批示，肯定检察机关服务社会主义新农村建设的举措，要求狠抓落实。同月，省检察院贯彻省委十一届十次全会《关于建设“法治浙江”的决定》的部署，迅速调研制发《关于学习贯彻省委十一届十次全会精神　扎实开展“法治浙江”建设的实施意见》，明确检察机关开展“法治浙江”建设的指导思想、奋斗目标和具体要求。

2006年5月，中共中央下发《关于进一步加强人民法院、人民检察院工作的决定》后，省检察院专门就检察工作如何更好地坚持和接受中共的领导，如何充分发挥法律监督职能为全省工作大局提供有力的司法保障等问题，组织各级检察院开展调研。省检察院以加强业务基础性工作、检察工作规范体系、信息化、队伍专业化、检务保障5方面建设为重点开展调研，于8月制定《关于加强检察基础工作的若干意见》，对“十一五”期间全面加强检察基础工作作出专门部署。贾春旺对此批示，要求将该文件全文转发至各地参考借鉴。同时，省检察院与省法院就“两院”工作中人员编制、经费保障、干部职级等一些共性问题加强与有关部门沟通协调，共同研究起草《中共浙江省委关于贯彻〈中共中央关于进一步加强人民法院、人民检察院工作的决定〉的意见(代拟稿)》，为省委于2007年1月召开加强“两院”工作大会，特别是解决检察机关长期存在的领导干部双重管理制度落实不到位、非领导干部职数少、干部职级比较低、经费保障机制不健全等问题提供政策依据。

2007年1月，省检察院在组织各级检察院深入调研2003—2006年检察工作的基础上，召开全省第十四次检察工作会议，总结前4年的5条基本经验：一是必须坚持执法思想和执法观念的与时俱进；二是必须坚持立足检察职能，在服务大局中推进检察工作；三是必须坚持以办案为中心，深入践行检察工作主题和总体要求；四是必须坚持着眼检察事业长远发展，全面加强检察基础工作；五是必须坚持改革创新。提出关键是要把检察工作置于构建社会主义和谐社会全局之中，按照构建社会主义和谐社会的要求，突出抓好4个方面：一是坚持以科学发展观统领检察工作；二是加强和改进法律监督工作；三是进一步提高检察队伍的整体素质；四是深入推进检察改革和检察基础建设。是年，省检察院贯彻中共中央十六届六中全会和省第十二次党代会关于推进和谐社会建设的精神，在组织全省检察机关调研以加强和改进法律监督工作、促进社会和谐的经验做法后，于8月制发《关于进一步加强服务和谐社会建设工作的指导意见》，提出全省检察机关着力推行8项制度促进社会和谐建设。省委书记赵洪祝对此批示：把检察院工作定位在加强服务和谐社会建设上是对的，所提八个方面针对性很强，要抓好落实的工作。下半年，省检察院贯彻6月省第十二次党代会提出的“创业富民、创新强省”总战略和11月省委全会审议通过的《关于认真贯彻党的十七大精神，扎实推进创业富民创新强省的决定》，在组织全省检察机关开展专题调研后，于11月制发《关于贯彻〈中共浙江省委关于认真贯彻党的十七大精神，扎实推进创业富民创新强省的决定〉的意见》，对全省检察机关在创业创新总战略中找准定位、主动服务及加强检察队伍和基层基础建设、提高服务创业创新的能力水平作出具体部署。2008年1月，省检察院召开全省检察长会议，围绕“创业富民、创新强省”总战略，提出把“创新强检、公正为民”作为今后一个时期的工作主线，着力创新，不断开创全省检察工作新局面。

2008年12月，省检察院针对全省面临的严峻经济形势和解决企业困难的紧迫任务开展专题调研，制发《关于当前检察机关帮助企业解困、服务经济平稳较快增长的十五条意见》（以下简称“十五条意见”），要求全省检察机关将刑事谦抑政策适用于涉企案件人员与财物的处理，严格把握办理涉企案件的法律政策界限、改进办案方式方法以及依法打击侵害企业利益、危害企业生产经营的犯罪活动，着力保障和促进企业生存发展。省委书记、省人大常委会主任赵洪祝对此批示予以肯定。省检察院贯彻批示精神，把贯彻落实“十五条意见”作为服务大局的切入点和重要抓手，狠抓落实。2009年8月，省检察院对全省检察机关贯彻落实“十五条意见”情况开展专题调研并向省委报告，赵洪祝批示肯定省检察院“十五条意见”已初见成效；要求继续按照“三个最大限度、一个坚决避免”的总体要求、“两个基本”的原则，重点把握好办案重点、办案时机、方式方法和独立办案与加强沟通的关系，把工作做得更好。

2010年，根据中共中央、省委、最高检察院的决策部署，省检察院把深入推进社会矛盾化解、社会管理创新、公正廉洁执法三项重点工作，作为服务大局的重中之重，组织各级检察院进行广泛深入调研。4月，省检察院制发《关于深入推进三项重点工作的若干意见》（以下简称《若干意见》），提出推进三项重点工作的29条具体措施和要求。省委书记、省人大常委会主任赵洪祝对此批示，指出省检察院的《若干意见》充分体现了强烈的大局意识、责任意识和雷厉风行的作风。29条内容针对性、可操作性强，对于推进三项重点工作必将起到有力促进作用。希望全省检察机关认真做好落实，更好地发挥检察工作在维护社会和谐稳定中的重要作用。是年，省检察院根据省人大常委会专题审议“检察机关刑事诉讼法律监督工作”的部署要求，成立接受专题审议工作领导小组，先后召开6次会议对专题审议工作进行部署和指导，并组成6个检查组分头到9个市共21个检察院开展检查督促，认真查找问题，分析原因，研究措施。5月，省检察院向省十一届人大常委会第十八次会议专题报告开展刑事诉讼法律监督工作情况。此后，省检察院进一步配合省人大常委会开展法律监督工作情况调研。7月底，省人大常委会作出《关于加强检察机关法律监督工作的决定》，明确检察机关加强对诉讼活动法律监督的范围和重点，明确各司法机关自觉接受和配合检察机关法律监督工作的基本方式和运作机制，明确各级人大及其常委会在加强法律监督工作中的地位和作用。8月，最高检察院检察长曹建明批示认为，浙江省人大常委会的《关于加强检察机关法律监督工作的决定》以立法的形式监督和支持检察机关履行法律监督的职责，体现了对检察工作的高度重视、有力监督和大力支持，是推动检察机关依法履行宪法、法律赋予的职责、认真做好工作的强大动力。要求浙江检察机关要认真学习领会、全面贯彻落实好该决定，更加自觉接受省委领导和人大监督，不断加强和改进法律监督工作，不断强化自身建设和自身监督制约，确保贯彻该决定工作落到实处，与其他司法机关、行政执法机关共同维护司法公正，维护社会公平正义。

第二节　法律政策和检察理论研究

民国时期，有的地方检察官研究并草拟检察工作法令，还有少数检察官结合从事检察司法工作的经验体会进行总结，发表著述。民国 5 年(1916 年)10 月，浙江高等检察厅长王天木作《详议复变通解剖监犯尸体办法文并批》。民国 17 年 3 月，浙江高等法院首席检察官郑畋就“普通司法案件能否援引前北政府赦令办理”呈请大理院解释。民国 22 年，浙江高等法院第一分院首席检察官撰述发表《司法经验录》。

中华人民共和国成立初期，全省检察机关对法律政策和检察理论研究的范围、内容有限，调研工作断断续续。1959 年，省检察院编纂内部刊物《浙江检察》，初步担负起贯彻检察工作方针、政策，交流业务经验，指导业务工作开展的任务，提高全省检察人员开展调研的积极性；至 1959 年 8 月底编纂 6 期后停刊，共刊发最高检察院和省检察院的工作指示、总结、通报等 10 篇，各级检察院的业务经验 20 篇，有关案例 23 个，通讯报道 2 篇，其他文章 8 篇。此后，省检察院没有组织全省检察机关开展法律政策和检察理论研究工作。“文化大革命”开始后，各级检察院零零散散的调研工作中断。

1979 年 12 月省检察院研究室成立后，全省检察机关的法律政策研究工作开始常态化、规范化。省检察院根据最高检察院下发的调查研究参考提纲，结合浙江省检察工作实际，针对办案实践中存在的法律政策适用问题开展调研、论证，提出适用法律政策的意见，指导全省检察机关办案实践，同时为最高检察院制定司法解释等规范性文件提供参考意见。

1980 年，省检察院针对刑讯逼供、非法拘禁等“侵权”案件多发的情况，重点加强此类案件法律适用问题的调查研究，指导各级检察院在办案中正确把握法律政策，妥善处理案件。

1981 年，省检察院组织各级检察院围绕“两法”实施中的问题开展专题调研，形成关于“两法”实施情况的调查报告指导办案实践，上报省委和最高检察院后得到肯定。省检察院针对下级检察院的有关请示加强调查研究，形成《关于法纪、经济、监所自办案件受理权限有关问题的决定》等 4 个批复性文件，指导全省检察机关办案实践。此后，省检察院围绕司法实践中存在的问题，结合下级检察院的请示开展调查研究，单独或与有关机关联合形成批复性文件和规范性文件指导全省检察机关办案实践，成为法律政策研究部门的常规性工作。

1988 年 8 月，省检察院主办的业务指导性双月内刊《浙江检察》经省新闻出版局备案后开始发行。主要刊登全省检察人员的文章，内容涉及理论探讨、实务研究、文学创作等方面。杂志向省内各级检察院、各省、自治区、直辖市和有关地方检察院、相关政法院校法学院以及相关法学期刊杂志社免费赠阅。

1992 年 2 月，省检察院制发《关于在 11 个基层院建立政策法律信息联络点的通知》，在检察业务工作较好、政策法律研究力量较强的 11 个基层院建立政策法律信息联络点，进一步加强法律政策研究工作，指导检察司法实践。是年，省检察院针对查办职务经济犯罪中出现的问题，组织各级检察院对建筑领域贪污贿赂犯罪、"严打""能人"犯罪、科技人员犯罪等情况开展调研，完成调研报告 15 篇，制定为经济建设服务的意见和措施 12 条。

1993—1994 年，省检察院组织各级检察院重点围绕金融系统、期货市场、科技领域、股份(合作)制企业和税制改革中发生的职务经济犯罪情况开展调研，提出有关政策法律意见和防范对策、建议，报省委和有关部门。1993 年 2 月省检察院成立浙江省检察学会后，组织全省检察人员对"强化法律监督职能""严格执法""查办大案要案""市场经济新形势下贪污贿赂、假冒商标、偷税抗税、玩忽职守等罪与非罪"等 10 个选题开展检察理论研究，各级检察院提交研究成果 42 篇。1994 年，省检察院、省检察学会重点围绕股份制改革中经济犯罪、涉税经济犯罪、法人(单位)犯罪、证券股票犯罪等 20 个重点、难点、热点问题开展理论研究，各级检察院提交研究成果 110 篇，其中被省委采用 3 篇、最高检察院采用 4 篇、新华社《国内动态清样》《内部参考》转发 4 篇。

1995 年，省检察院、省检察学会召开全省第一次检察理论研究研讨会暨工作会议，推动全省检察机关的检察理论研究和学会建设。组织各级检察院重点围绕国家公职人员贪污贿赂发展动向、农村经济发展及影响和制约农村经济发展的若干重大问题等开展调查研究。各级检察院提交成果 750 余篇，其中发表 630 篇；省检察院编辑出版《强化检察机关法律监督职能论文集》，调研成果《国家公职人员贪污贿赂发展动向及抑制策略的调研报告》被最高检察院、监察部在北京联合举办的第七届"国际反贪污大会"采用。

1996 年 4 月，宁波市、温州市检察院研究室被最高检察院法律政策研究室确定为检察调研工作联系点。1996—1997 年，省检察院、省检察学会组织各级检察院重点对贯彻执行修订后"两法"的情况开展调研和理论研究，形成《关于检察机关贯彻执行修改后的刑诉法的几个问题》《关于适用修订刑法若干问题的调查及意见》等调研成果，促进全省检察机关在办案中对修订后"两法"的适用。

1998 年，省检察院与省法院建立有关司法解释信息交换和执法中热点、难点问题交流制度，进一步加强法律政策研究工作及对全省执法司法的指导。1998—1999 年，省检察院组织各级检察院围绕全省国企改制、渎职犯罪法律适用问题、处理群众集体上访和突发性群体事件等开展调查研究，形成《关于当前查办贪污贿赂挪用公款案件适用法律若干问题的研究意见》《关于当前查办渎职犯罪案件具体适用法律若干问题的研究意见》。根据省人大常委会要求，调研完成《我省少年犯罪的原因、特点及对策》专题报告，被省人大常委会采用并编入《浙江省未成年人保护工作材料汇编》。

1999—2000 年，省检察院、省检察学会重点围绕全国检察理论年会主题"新世纪检察改革展望”和执行修订后《刑事诉讼法》、金融系统职务犯罪、主诉检察官制度等主题组织开展理论研究。其中，被最高检察院内部刊物《检察研究参考》采用2篇。2000年始，最高检察院检察理论研究所每年组织召开全国检察理论研究年会，省检察院、省检察学会根据年会主题，组织全省检察机关开展理论研究并选送论文。

2001年，省检察院组织各级检察院围绕依法独立办案、“聚众斗殴、寻衅滋事、黑社会性质组织犯罪法律适用问题”“刑事诉讼效率”“依法独立办案”等主题开展调研。与省法院、省公安厅建立刑事执法工作联席会议制度，有计划、有重点地研究全省执法办案中遇到的法律政策问题，提出意见指导实践。为促进全省检察机关开展调研的积极性，省检察院开始每年年底开展年度优秀调研成果表彰活动。是年，省检察学会首次申报并获准承担最高检察院重点研究课题“贿赂共同犯罪研究”，完成《共同贿赂司法实务研究——贿赂共犯案例辨析》的研究报告，被最高检察院“中国检察丛书”采用。省检察院与省法院、省公安厅3次召开联席会议，研究制定执法规范性文件18件；向第二届全国检察理论研究年会选送论文25篇；形成《依法独立办案问题研究》一文，印发各级检察院，推进全省检察机关职务犯罪侦查工作依法独立开展。年底，省检察院对全省检察机关16篇优秀调研成果予以表彰。

2002年，省检察院针对司法实践中出现的足球“黑哨”事件适用法律问题、人大代表涉嫌犯罪适用强制措施问题、非法生产使用销售“瘦肉精”法律适用问题、毒品犯罪的有关法律适用问题等11个专题，提出司法解释议案，报最高检察院制定司法解释作参考。省检察院、省检察学会重点围绕“入世与检察工作”专题组织开展理论研究。为进一步推进全省检察理论研究工作，省检察院、省检察学会开始在各级检察院全面推行检察理论研究重点课题制度，每年共同举办全省检察理论研究年会，形成检察理论研究课题制、年会制。是年，全省检察机关共提交职务犯罪刑事政策研究、司法理念在司法中的地位和作用、律师代理刑事公诉制度的研究等8个年度重点课题的研究报告11个，由最高检察院结集出版“中国检察丛书”第2卷。57篇论文在12月召开的“全省检察机关入世与检察工作”研讨会上交流。

2003年，省检察院重点对单位行贿等问题开展调研，制发《关于对单位行贿罪和单位行贿罪构罪标准的通知》指导各级检察院办案实践，同时制发《关于个案指导工作的若干规定》，加强和规范个案指导工作，提高办案质量。省检察院立项“职务犯罪侦查权属性研究”等10个重点课题，共形成12个研究报告，由最高检察院结集出版“中国检察丛书”第6卷《强化法律监督的制度设计》，其中1篇获最高检察院“强化法律监督，维护公平正义”理论研讨征文一等奖。省检察院、省检察学会围绕“党的十六大与检察改革”专题组织开展理论研究，向第四届全国检察理论研究年会选送部分优秀研究成果，获一、二等奖各2篇，三等奖7篇，名列各省、市、自治区检察机关之首。7月，召开全省“党的十六大与检察改革”专题研讨会，52篇研究成果作大会交流。是年，《浙江检察》由双月刊改为单月刊，定位为法学、检察学理论和应用内刊，每期发行5000册；聘请高铭暄、陈光中、陈兴良等国内著名专家学者担任顾问，致力于深化理论研究，指导办案实践。

2004年，省检察院、省检察学会围绕“《刑事诉讼法》修改与检察工作”专题组织开展理论研究。11月，省检察院召开“浙江省检察理论研究年会暨调研培训班”，64篇论文在大会上交流。是年，省检察院承担并完成最高检察院2003年度重点课题“更新执法观念研究”，研究成果被《中国检察》丛书第七卷收录。全省有18名检察员出席第五届全国检察理论研究年会，有8篇论文获奖，出席代表人数和获奖论文篇数居全国各省、市、自治区检察机关之首。全省检察机关有4个课题被列入省社科联重点课题，有19个课题被列为省法学会重点课题，占省法学会重点课题总数的51%。在省社科联和省法学会第五次大会上，省检察学会被评为法学研究先进集体，全省检察机关有1部专著和25篇论文获奖，占省法学会表彰的优秀成果篇目的52%，其中1篇获省政府哲学社会科学三等奖，是获奖论文中唯一一篇由实务部门完成的论文。

2005年，省检察院组织各级检察院重点围绕办理“六合彩”赌博案件、违反烟草专卖管理案件、农村基层组织人员利用职权实施犯罪问题等开展调研。省检察院、省检察学会围绕“强化法律监督与检察权配置”专题组织开展理论研究，部分研究成果选送全国检察理论研究工作会议暨第六届年会，获一等奖2篇，二等奖和三等奖各1篇。省检察院因3年间组织报送论文和获奖论文数量在省级检察院排名第一，被最高检察院授予检察理论研究组织奖；并在该年会上作“加强理论研究，服务执法实践，扎实推进检察工作深入开展”经验交流。5月，省检察院制发《省院机关检察理论专著、论文奖励办法》。6月，为落实全国检察理论研究工作会议精神，省检察院成立检察理论研究工作领导小组。11月，召开全省首届检察理论研究工作会议暨年会，55篇论文作会议交流，其中16篇优秀论文受到表彰。12月，制发《关于进一步加强检察理论研究工作的意见》，推进全省检察理论研究工作。是年，省检察院立项11个重点课题，完成11篇研究成果，于次年由中国检察出版社结集出版《检察基础理论前沿问题研究》一书。全省检察机关承担最高检察院课题2个，省社科联课题2个，省法学会课题16个，公开出版著作1部，公开发表论文196篇，共有29项检察理论研究成果获省级以上奖励。

2006年，省检察院、省检察学会围绕“社会主义法治理念与检察工作”主题开展调研和理论研究。1月，省检察院制发《重点课题和检察理论研究年会管理办法》。5月，省检察院制发《浙江省检察理论研究工作考核办法》，加强对重点课题和年会的规范管理，进一步推进并规范全省检察理论研究工作。8月，省检察院加强对重点课题和年会的规范管理，制发《浙江省人民检察院重点课题和检察理论研究年会管理办法》。10月中旬，由中国法学会刑法学会主办、浙江省检察院承办的2006全国刑法学研究会年会在杭州召开，全省检察机关有30篇论文入选年会。12月，省检察院、省检察学会召开全省检察理论研究成果转化基地推进工作会议暨检察理论研究年会，75篇论文作会议交流，其中16篇优秀论文受表彰。年会对全省检察理论研究成果应用转化工作进行总结交流，部署2007年全省检察理论研究工作，决定宁波市、苍南县、永康市3个检察院为全省第一批检察理论研究成果转化基地。是年，全省检察机关公开出版著作8部，公开发表论文568篇，承担省级以上课题18个；检察理论研究成果获省级以上奖励92项，入选最高检察院检察理论研究所兼职研究员3人。在省法学会表彰会上，全省有3个检察院被评为“先进集体”，3名检察员被评为“浙江省优秀法学青年”，4名检察员被评为“优秀学会工作者”。全省检察机关部分研究成果选送第七届全国检察理论研究年会后获奖12篇，获奖数居全国省级检察机关第一，省检察院再次被授予检察理论研究组织奖，并在该年会上作题为《强基础，重创新，求实效，推进检察理论研究工作新发展》的经验介绍。

2007年，省检察院组织各级检察院重点围绕检察机关如何贯彻落实宽严相济刑事政策等问题开展调研。省检察院修改《全省检察理论研究工作考核办法》，制发《全省检察理论研究人才管理办法（试行）》《浙江省检察理论研究成果转化基地管理办法（试行）》，进一步推进检察理论研究工作的制度化、规范化。省检察院、省检察学会围绕“三大诉讼法①的修改与检察改革”主题组织开展理论研究，部分研究成果选送第八届全国检察理论研究年会；在该年会上，省检察院再次作为先进单位做《抓质量，促应用，推动检察理论研究工作再上新台阶》经验介绍。9月，最高检察院检察长贾春旺对省检察院形成的调研成果《当前我省检察机关贯彻宽严相济刑事司法政策情况的调查分析》批示，认为该文是一份很好的调查分析报告，所提问题值得认真研究解决，以更好地为构建和谐社会服务。12月召开全省检察理论研究年会，80篇论文作大会交流，其中20篇优秀论文受表彰。是年，全省检察机关公开出版著作12部，上年度的年会论文结集成论著《和谐社会语境下的中国检察制度》公开出版；公开发表论文898篇，其中在知名期刊上发表35篇；承担省级以上课题15个；研究成果获厅局级以上奖励155项；20名检察员入选首批全国检察理论研究人才，名列全国第一；1名检察员被评为“浙江省社科联系统2006年度先进学会工作者”并获浙江省第十三届青少年英才奖。在最高检察院首次对全国各省（市、自治区）检察理论研究工作绩效考评中，省检察院名列全国第一。

2008年，省检察院重点围绕贯彻落实科学发展观、宽严相济刑事政策等检察工作重点、难点问题组织全省检察机关开展调研，形成调研成果《高新企业知识产权保护的调查分析》，省委副书记、省长吕祖善、副省长金德水对此分别批示，要求有关部门认真研究，提出加强知识产权保护的意见。省检察院、省检察学会围绕“刑事证据开示制度的理论与实践”主题组织开展理论研究，部分研究成果选送第九届全国检察理论研究年会，其中入选交流9篇，获奖5篇；省检察院被最高检察院评为全国检察理论研究先进单位，并在该年会上作《在“面、精、用”上着力，促进检察理论研究工作持续发展》的经验介绍。12月，省检察学会与省律师协会联合举办检察理论研究年会，80篇论文作交流，30篇论文受表彰。是年，全省检察机关出版专著2部，其中，上年度的年会论文结集出版《诉讼法修改与检察制度创新》，上年度省检察院立项检察理论研究重点课题结集出版《检察视野下的诉讼制度研究》；承担最高检察院、省社科联、省法学会课题9个，公开发表论文2215篇，其中在知名期刊上发表54篇。省检察院在全国检察理论研究工作绩效考评中名列第三。

2009年初，为将《宪法》赋予检察机关的法律监督职责通过系统性的制度设计加以完善和保障，省检察院经检察长陈云龙提议，探索性地提出“法律监督立法研究”课题并成立课题组，着手开展检察工作专门立法问题的理论研究。该课题得到最高检察院的指导与支持，被破例作为唯一的招标外重点课题立项。省检察院为保证该课题研究的质量与进度，将课题拆分为若干子课题向各级检察院进行招标，组织9个市、县（区）检察院研究人员投入研究，于是年底完成研究初稿。是年，省检察院组织各级检察院围绕“立功”等法律适用

① 指《刑事诉讼法》《民事诉讼法》《行政诉讼法》。

问题开展调研，调研成果《当前我省“买功”现象的调查分析》《当前探索刑事证据开示制度的困境及其分析》分别获最高检察院“全国检察机关检察应用理论研究成果”二等奖、三等奖。省检察院、省检察学会围绕“科学发展观与检察创新”组织开展理论研究，入选第十届全国检察理论研究年会交流8篇，名列全国第一，其中获奖7篇。省检察院被评为全国检察理论研究先进单位，并在该年会上作《大力推进成果转化实现检察理论研究新飞跃》经验介绍。6月，省检察院、省检察学会举办全省检察理论研究年会，90篇论文作交流，30篇受表彰。是年，省检察院立项检察理论研究重点课题19项。全省检察机关承担最高检察院课题1个、省社科联课题2个、省法学会课题40个，出版专著1部，公开发表论文4708篇，其中在知名期刊上发表76篇。

2010年，省检察院的“法律监督立法研究”课题按时通过结题验收。3月，陈云龙以该课题研究成果为基础，向十一届全国人民代表大会第三次会议提交《关于制定〈中华人民共和国法律监督法〉的立法议案》，提出制定法律监督法的立法体例、草案框架结构和立法基本内容。《检察日报》“代表声音”专栏整版报道议案的缘起与内容，中国国际在线对陈云龙进行专访，“法律监督法”的立法议案受到广泛的舆论关注。据不完全统计，各类媒体转载达2000多次，成为“两会”期间政法类最为关注的议题之一。3月中旬，最高检察院检察长曹建明在学习贯彻全国“两会”精神电视电话会议上明确提出“加强立法研究，完善法律监督的手段和程序”的新任务。是年，省检察院围绕办理虚假诉讼刑事案件、老年人刑事案件等主题组织各级检察院开展调研。向最高检察院报送《人民检察院列席人民法院审判委员会会议的实施意见》等工作规范，“容留他人吸毒罪”和“办理虚假诉讼刑事案件”等司法解释议案，供最高检察院制定司法解释参考。省检察院、省检察学会围绕“司法规律与检察创新”主题组织开展理论研究，论文入选第十一届全国检察理论研究年会9篇，名列全国第一；其中获2009年度全国检察基础理论研究优秀成果三等奖2篇。9月，省检察院、省检察学会召开第二届全省检察理论研究工作会议暨2010年年会，80篇论文作交流，19篇论文受表彰。是年，全省24名检察员入选全国检察理论研究人才，在各省(市、自治区)中名列第二。省检察院评选出30名检察员为第一批省检察理论研究人才；立项检察理论研究重点课题10个；确定宁波市北仑区、慈溪市、杭州市拱墅区、湖州市、瑞安市5个检察院为全省第二批检察理论研究成果转化基地。

截至2010年，全省检察机关检察理论研究成果获中国法学会优秀奖1篇；最高检察院及其部门科研一等奖21篇、二等奖35篇、三等奖39篇、优秀奖11篇；获省政府优秀成果奖5篇、省社科联优秀成果奖5篇、省委组织部优秀成果奖1篇、省委政法委优秀成果奖1篇；获省法学会优秀成果一等奖11篇、其他奖31篇。《浙江检察》刊物质量得到相关政法院校法学院以及相关法学杂志社的肯定。自2003年起，省检察院每年向全国检察理论研究年会组织报送检察理论研究成果的数量和获奖成果的数量均排名第一或名列前茅。2005—2009年(2010年停止考核)，省检察院连续5年被最高检察院授予检察理论研究组织奖、检察理论研究先进单位。

表 19-11-2-1 1979—2010 年浙江省检察院制发重要法律政策规范性文件(部分)一览表

序号	文号	题目	会签单位
1	浙检办〔1979〕031 号	关于管制的法律手续问题的批复	
2	浙检研〔1981〕018 号	省院答复遂昌县院关于自办案件是否经刑事检察一、二科审查问题的答复	
3	浙检研〔1981〕051 号	省院答复金华分院关于法纪、经济、监所自办案件受理权限有关问题的决定的函	
4	浙检研〔1981〕069 号	答复关于可能判处徒刑以上刑罚的人犯是否必须先行逮捕而后起诉问题的批复	
5	浙检研〔1981〕075 号	答复浦江县院关于检察院已作出不予起诉、免予起诉决定的人中发现需要追究刑事责任的应由谁做出变更决定和提起公诉问题的批复	
6	浙检研〔1983〕050 号	关于对执行全国人大常委会《关于县级以下人民代表直接选举的若干规定》有关问题的请示的批复	
7	浙检研〔1983〕051 号	对《关于办案期限应如何计算问题的请示报告》的批复	
8	浙检研〔1983〕122 号	关于窝藏、包庇劳教逃跑人员是否犯罪的问题的批捕	
9	浙检研〔1984〕085 号	答复嘉兴市院《关于自办案件被告人在监视居住期间工资问题请示报告》	
10	浙检研〔1984〕053 号	关于《对逃台投敌案件定性问题的请示》的批复	
11	浙检研〔1984〕033 号	关于《在当前斗争中执行政策、法律的几个问题的请示报告》的批复	
12	浙检研〔1987〕015 号	关于修改偷税、抗税罪数额标准的通知	省法院、省公安厅
13	浙检研〔1987〕016 号	关于检察机关办理自侦案件中如何运用刑事拘留措施的请示报告的批复	
14	浙检研〔1987〕035 号	关于倒卖计划供应票证罪如何适用法律条款问题的答复	
15	浙检研〔1987〕068 号	关于办理赌博案件几个问题的答复	
16	浙检研〔1988〕010 号	关于对盗窃一万元以上不满三万元的犯罪案件应由哪级检察院起诉问题的批复	
17	浙检研〔1990〕129 号	关于国家工作人员购买物品只付少量现金行为定性处理问题的批复	

续表 1

序号	文　　号	题　　目	会签单位
18	浙检研〔1990〕090 号	关于盗掘古墓葬未窃取文物行为定性问题的批复	
19	浙检研〔1990〕004 号	关于机动车驾驶人员能否成为受委托从事公务人员的答复	
20	浙检会(研)〔1991〕005 号	关于挪用公款“在侦查终结前退还”的时间界限问题的批复	省法院
21	浙检会(研)〔1991〕009 号	关于挪用全民、集体企业事业单位集资建房款定性问题的批复	省法院
22	浙检研〔1991〕096 号	关于司法人员在办案中挪用依法查封、扣押、冻结款行为定性问题的批复	
23	浙检研〔1991〕075 号	关于银行工作人员冒名借贷款归个人使用行为性质问题的批复	
24	浙检研〔1991〕088 号	关于农村党支部书记构成受贿罪主体的批复	
25	浙检会(研)〔1991〕004 号	关于认定被盗集邮邮票价值的批复	省法院
26	浙检研〔1991〕104 号	关于认定盗窃火车票行为性质及其数额的批复	
27	浙检研〔1991〕105 号	关于非法倒卖国库券行为性质的批复	
28	浙检研〔1991〕119 号	关于对贪污受贿罪案举报人打击报复的非国家工作人员不构成报复陷害罪主体的批复	
29	浙检研〔1991〕066 号	关于非国家工作人员对假冒商标案举报人打击报复不构成报复陷害罪主体的批复	
30	浙检会(研)〔1991〕003 号	关于调整流窜盗窃犯罪数额标准的通知	省法院、省公安厅
31	浙检研〔1991〕103 号	关于自侦案件免诉后发现犯罪分子有遗漏罪行如何处理问题的通知	
32	浙检会(研)〔1992〕004 号	关于修改流窜盗窃犯罪数额标准的通知	省法院、省公安厅
33	浙检会(研)〔1992〕005 号	关于印发《关于执行〈刑事诉讼法〉中退回补充侦查规定的意见(试行)的通知》的通知	省法院、省公安厅
34	浙检会(研)〔1992〕006 号	关于对已作非刑事处理的犯罪案件可否重新追究刑事责任问题的通知	省法院、省公安厅
35	浙检研〔1992〕023 号	关于破坏村民委员会选举是否构成破坏选举罪问题的答复	

续表 2

序号	文　　号	题　　目	会签单位
36	浙检会(研)〔1992〕007 号	关于偷盗农用电力设备案件定性问题的通知	省法院、省公安厅
37	浙检会(研)〔1992〕009 号	关于明知自己患有严重性病卖淫嫖娼定罪问题的批复	省法院
38	浙检会(研)〔1992〕001 号	关于侵吞煤制品票行为性质及其数额计算问题的批复	省法院
39	浙检研〔1992〕096 号	关于拐卖妇女、儿童罪有关问题的批复	
40	浙检研〔1992〕084 号	关于挪用公款未达到挪用公款罪定罪数额不退还如何处理问题的批复	
41	浙检研〔1992〕026 号	关于挪用中外合资(合作)经营企业钱款行为的性质及其数额计算问题的批复	
42	浙检研〔1992〕007 号	关于检察机关办理自侦案件依法决定拘留人犯由公安机关执行是否要移送证据材料问题的批复	
43	浙检会(研)〔1993〕005 号	关于修改窝赃、销赃犯罪数额标准的通知	省法院、省公安厅
44	浙检会(研)〔1993〕006 号	关于修改诈骗、抢夺犯罪数额标准的通知	省法院、省公安厅
45	浙检研〔1993〕020 号	关于受贿案犯刑满释放后打击报复执法人员可以成为报复陷害罪主体的批复	
46	浙检研〔1993〕074 号	关于共同诈骗案件中各被告人如何承担责任问题的批复	
47	浙检研〔1993〕130 号	关于未取得营业执照从事经营的单位或个人可以成为偷税罪主体的批复	
48	浙检研〔1994〕007 号	关于数次挪用公款归个人使用的时间和犯罪数额计算问题的答复	
49	浙检研〔1994〕073 号	关于负有经手、管理公共财物职责的农村党支部书记构成挪用公款罪主体的答复	
50	浙检研〔1994〕074 号	关于挪用公款偿还个人经营债务应认定为挪用公款归个人进行营利活动的答复	
51	浙检研〔1994〕092 号	关于挪用公款进行营利活动未成是否定为“进行营利活动”的答复	
52	浙检研〔1994〕025 号	关于厚朴属国家珍稀林木的答复	
53	浙检研〔1994〕039 号	关于索取收受他人财物中的他人包括企业事业单位机关团体的答复	

续表 3

序号	文　号	题　目	会签单位
54	浙检研〔1994〕048 号	关于损坏邮电通信线路如何计算直接经济损失的答复	
55	浙检研〔1994〕146 号	关于村民小组中经手管理公共财物的人员可以构成贪污罪主体的答复	
56	浙检会(研)〔1994〕006 号	印发《关于当前办理股份制和股份合作制企业中贪污、受贿等经济犯罪案件具体适用政策法律的若干问题的意见(试行)》的通知	
57	浙检会(研)〔1994〕004 号	关于如何掌握适用最高人民法院、最高人民检察院《关于依法严惩破坏计划生育犯罪活动的通知》的时间界限的通知	
58	浙检会(研)〔1995〕003 号	印发《关于当前办理盗用移动电话码号非法并机犯罪案件具体适用法律的意见》的通知	省法院、省公安厅
59	浙检研〔1995〕159 号	关于办理盗用移动电话码号非法并机犯罪案件适用法律的通知	
60	浙检研〔1995〕074 号	印发《关于进一步加强检察委员会建设的若干意见》的通知	
61	浙检研〔1995〕017 号	关于单位个人代开虚开发票犯罪案件定性问题的通知	
62	浙检研〔1995〕042 号	关于城市信用合作社工作人员可以构成贪污罪主体的答复	
63	浙检会(研)〔1996〕008 号	关于杭州市行政区划变更后余杭临平地区人民检察院管辖问题的通知	省法院
64	浙检研〔1997〕049 号	关于《批准延长侦查羁押期限决定书》和《延长侦查羁押期限通知书》具体适用有关问题的通知	
65	浙检会(研)〔2000〕004 号	关于办理非法经营食盐等涉盐犯罪案件有关问题的通知	省法院、省公安厅
66	浙检会(研)〔2001〕013 号	印发《关于办理寻衅滋事案件适用法律若干问题的意见》的通知	省法院、省公安厅
67	浙检会(研)〔2001〕018 号	印发《关于办理聚众斗殴案件适用法律若干问题的意见》的通知	省法院、省公安厅
68	浙检研〔2001〕049 号	关于刑法修正案第二条溯及力问题的意见	
69	浙检会(研)〔2001〕012 号	印发《省公检法刑事执法工作第二次联席会议纪要》的通知	省法院、省公安厅
70	浙检研〔2003〕135 号	关于对单位行贿罪和单位行贿罪构罪标准的通知	

续表 4

序号	文　号	题　目	会签单位
71	浙检研〔2004〕034 号	关于如何理解最高人民法院《关于适用刑法时间效力规定若干问题的解释》第一条规定的答复	
72	浙检研〔2004〕084 号	关于看守所干警搞假“立功”材料致使犯罪嫌疑人轻判行为如何定性处理的答复	
73	浙检会(研)〔2004〕011 号	关于印发《关于当前办理轻伤犯罪案件适用法律若干问题的意见》的通知	省法院、省公安厅
74	浙检会(研)〔2004〕015 号	印发《关于非医学需要鉴定胎儿性别行为适用法律的若干意见》的通知	省法院、省公安厅
75	浙检会(研)〔2004〕016 号	关于全国人大常委会对渎职罪主体的解释适用于贪污贿赂罪主体的通知	省法院
76	浙检会(研)〔2004〕020 号	关于破坏森林自由刑事案件计算立木蓄积有关问题的意见	省公安厅、省林业厅
77	浙检研〔2004〕142 号	印发《浙江省人民检察院关于省院机关办案时限的若干规定(试行)》的通知	
78	浙检会(研)〔2005〕004 号	关于执行《关于办理“六合彩”赌博案件的若干意见》有关问题的通知	省法院、省公安厅
79	浙检会(研)〔2005〕007 号	关于印发《关于村民委员会等村基层组织人员利用职权实施犯罪适用法律若干问题的解答》的通知	省法院、省公安厅
80	浙检会(研)〔2005〕008 号	关于印发《关于办理违反烟草专卖管理刑事案件适用法律若干问题的意见》的通知	省法院、省公安厅、省烟草专卖局
81	浙检研〔2005〕125 号	关于尚未销售的伪劣烟草制品货值金额如何计算的答复	
82	浙检研〔2006〕285 号	印发《浙江省人民检察院关于办理请示案件的规定》通知	
83	浙检研〔2006〕123 号	关于印发《浙江省检察机关服务社会主义新农村建设的若干意见》的通知	
84	浙检研〔2007〕036 号	关于印发《浙江省人民检察院司法救助专项资金使用办法(试行)》的通知	
85	浙检研〔2007〕137 号	关于印发《浙江省检察机关办理民事督促起诉案件的规定(试行)》的通知	
86	浙检研〔2007〕200 号	关于印发《浙江省人民检察院关于办理当事人达成和解的轻微刑事案件的规定(试行)》的通知	

续表 5

序号	文　　号	题　　目	会签单位
87	浙检会(研)〔2007〕001 号	关于印发《关于农业行政执法部门移送涉嫌犯罪案件的若干意见》的通知	省公安厅、省农业厅
88	浙检会(研)〔2007〕008 号	关于印发《关于审查起诉期间改变管辖案件退回补充侦查的若干意见》的通知	省公安厅
89	浙检研〔2008〕013 号	关于印发《浙江省人民检察院案例指导工作暂行规定》的通知	
90	浙检会(研)〔2009〕002 号	关于印发《关于认定立功具体适用法律问题的若干意见》的通知	省法院、省公安厅、省司法厅
91	浙检研〔2010〕004 号	关于印发《浙江省人民检察院关于办理老年人刑事案件的指导意见(试行)》的通知	
92	浙检会(研)〔2010〕014 号	《关于办理容留他人吸毒罪有关适用法律问题的会议纪要》	省法院、省公安厅
93	浙检研〔2010〕015 号	《关于纵容他人酒后驾驶造成重大交通事故的行为是否构成交通肇事罪的请示》	

资料来源:根据省检察院制定的检察业务规范性文件筛选。

表 19-11-2-2　　浙江省检察机关法学理论研究、调研成果获最高检察院一等奖情况一览表

时间	作品名称	作　　者	奖　　项
2000 年	论行贿罪的“为谋取不正当利益”	省检察院郭晋涛	全国检察机关 2000 年度优秀调研成果一等奖
2002 年	贪污贿赂犯罪刑事政策研究	省检察院庄建南、黄生林、黄曙、糜方强、叶建丰	全国检察机关 2002 年度优秀调研成果一等奖
2003 年	论检察机关的自由裁量权	省检察院庄建南、胡勇	第四届全国检察理论研究年会优秀成果一等奖
	法律监督:检察权的回归与重构	省检察院黄生林、糜方强	第四届全国检察理论研究年会优秀成果一等奖
2004 年	独立行使检察权的问题与主义	省检察院庄建南、曹呈宏	第五届全国检察理论研究年会获奖论文一等奖
	论公诉裁量权的合法行使和理性规制	宁波市江北区检察院胡志坚	第五届全国检察理论研究年会获奖论文一等奖
	强化法律监督,推进检察改革——以检察领导体制为切入点和突破口	省检察院黄生林、糜方强	全国检察机关 2003 年度优秀调研成果一等奖

续表

时间	作品名称	作　　者	奖　　项
2005 年	经济社会发展与检察工作对策研究	省检察院庄建南、黄生林、糜方强、胡勇、叶伟忠、林群晗	全国检察机关 2004 年度优秀调研成果一等奖
	论强制侦查的法律控制	台州市检察院姚石京	第六届全国检察理论研究年会优秀论文一等奖
	非法证据排除规则运用实证研究	宁波江北区检察院毛江舟、胡志坚	第六届全国检察理论研究年会优秀论文一等奖
2006 年	宽严相济刑事政策与检察工作	省检察院庄建南、叶建丰	第七届全国检察理论研究年会优秀论文一等奖
	超越自由裁量——规范执法行为，构建和谐社会视野中的刑事公诉政策研究	杭州市萧山区检察院桑涛	第七届全国检察理论研究年会优秀论文一等奖
	论贪污贿赂犯罪的刑事政策	省检察院庄建南、黄生林、黄曙、叶建丰	第四届全国检察机关精神文明建设“金鼎奖”理论文章类一等奖
	非公有制经济刑事司法保护的调查与分析	省检察院庄建南、黄曙、邓楚开	全国检察机关 2005 年度优秀调研成果一等奖
2007 年	检察机关贯彻宽严相济刑事政策的实践、制度困境与发展分析	省检察院庄建南、邓楚开	全国检察机关 2006 年度检察应用理论研究优秀成果一等奖
2008 年	浙江省检察机关贯彻宽严相济刑事司法政策情况的调查分析	省检察院庄建南等	全国检察机关 2007 年度检察应用理论研究优秀成果一等奖
2009 年	近三十年来我省未成年人犯罪情况的调查报告	省检察院庄建南、沈雪中、糜方强、赵宝琦、叶汉卿、王楠	全国检察机关 2008 年度检察应用理论研究优秀成果奖一等奖

资料来源：根据最高检察院有关检察理论研究表彰类文件综合。

表 19-11-2-3　　浙江省检察机关法学理论研究获最高检察院部门评比一等奖情况一览表

时间	作品名称	作　　者	奖　　项	举办单位
2003 年	职务犯罪侦查权属性研究	省检察院庄建南、黄生林、黄曙、叶建丰	强化法律监督，维护公平正义理论研讨征文一等奖	最高检察院政治部和中国检察官协会联合举办
2008 年	宽严相济刑事政策视野下的相对不起诉制度的完善	省检察院黄曙、梁洪行	在刑事诉讼法修改中完善检察监督机制征文一等奖	最高检察院司法改革办公室与《人民检察》杂志社联合举办

续表

时间	作品名称	作　　者	奖　　项	举办单位
2010 年	传闻证据规则视野下的侦查笔录可采性及规制研究	杭州铁路运输检察院刘伟	公诉理论征文一等奖	最高检察院公诉厅、检察日报社、检察理论研究所、北京师范大学刑事法律科学研究院、中国政法大学诉讼法学研究院联合举办

资料来源：根据最高检察院各业务部门有关业务研究成果表彰类文件综合。

表 19-11-2-4　　浙江省检察机关法学理论研究获省政府奖项情况一览表

时间	作品名称	作　　者	奖　　项
1994 年	法律监督概论(专著)	省检察院台州分院王建华	省第六届社会科学优秀成果三等奖
2004 年	论贪污贿赂犯罪的刑事政策	省检察院庄建南、黄生林、黄曙、叶建丰	省第十二届哲学社会科学优秀成果奖论文类三等奖
	刑事公诉的实践探索与制度构建	宁波市检察院刘建国主编	省第十二届哲学社会科学优秀成果奖著作类优秀奖
2006 年	论工作物致害责任之工作物界定与责任人范围	宁波市北仑区检察院潘申明	省第十三届哲学社会科学优秀成果(应用研究类)二等奖
	关于国有医院医生收受药品、器械回扣的处理问题	省检察院黄生林、叶建丰	省第十三届哲学社会科学优秀成果学术进步奖
2008 年	未成年人犯罪刑事犯罪研究	宁波市检察院张利兆主编	省第十四届哲学社会科学优秀成果学术进步奖

资料来源：根据省政府相关表彰类文件综合。

表 19-11-2-5　　浙江省检察机关法学理论研究获省社科联奖项情况一览表

时间	作品名称	作　　者	奖　　项
2004 年	刑事公诉权性质研究	宁波市北仑区检察院许尚金、胡冬平	省社科联第四届青年社会科学优秀成果奖三等奖
	论“坦白从宽”的法律化	省检察院杨国章	省社科联第四届青年社会科学优秀成果奖优秀奖
2006 年	检察视野中的未成年人维权	余姚市检察院张利兆主编	省社科联首届社科研究优秀成果(理论研究类)二等奖
	刑诉法应增设侦查期限的规定	温州市检察院李泽明、江红鹰、陈晓东	省社科联首届社科研究优秀成果(对策研究类)二等奖
	检察权的合理定位：法律监督权	省检察院庄建南、黄生林、黄曙、叶建丰	省社科联首届社科研究优秀成果(理论研究类)三等奖

资料来源：省社科联相关表彰文件。

表 19-11-2-6　浙江省检察机关法学理论研究、专著获省法学会一等奖情况一览表

时间	作品名称	作　者	奖　项
2004 年	职务犯罪侦查学(专著)	省检察院朱孝清	2003—2004 年度优秀法学论著
	论贪污贿赂犯罪的刑事政策	省检察院庄建南、黄生林、黄曙、叶建丰	2003—2004 年度优秀法学论文
2006 年	职务犯罪侦查一体化研究	省检察院王祺国	优秀科研成果
2008 年	论民事督促起诉	省检察院傅国云	2006—2008 年优秀法学研究成果
2009 年	论职务犯罪侦查权的配置	省检察院庄建南、黄曙、曹呈宏、叶建丰	省法学会 2004—2009 年优秀法学研究成果
	盗窃、诈骗犯罪中的客体问题研究	省检察院黄曙等	省法学会 2004—2009 年优秀法学研究成果
	司法“拆分论”与我国检察权配置	台州市检察院姚石京、李克英	省法学会 2004—2009 年优秀法学研究成果
	论量刑建议的运行机制	宁波市北仑区检察院潘申明、周静	省法学会 2004—2009 年优秀法学研究成果
	牵连犯数罪并罚研究	宁波市检察院张利兆	省法学会 2004—2009 年优秀法学研究成果
	法律冲突与利益衡量——农村土地使用权两分两换制度路径探索	嘉兴市检察院朱兴祥	省法学会 2004—2009 年优秀法学研究成果
	职务犯罪侦查制度比较研究——以侦查权配置为视角	省检察院王晓霞	省法学会 2004—2009 年优秀法学论著

资料来源：根据省法学会有关文件综合。

表 19-11-2-7　浙江省检察人员获“浙江杰出法学青年”“优秀中青年法学专家”称号情况一览表

时间	获奖者姓名	所在单位	称　号	授予单位
1995 年	王祺国	省检察院	浙江省杰出法学青年	浙江省法学会
1999 年	王建华	台州市检察院	浙江省杰出法学青年提名奖	浙江省法学会
2002 年	詹复亮	温州市检察院	“全国十大青年法学家”提名奖	中国法学会
2004 年	傅国云	省检察院	浙江省优秀中青年法学专家	浙江省法学会
2009 年	冯仁强	杭州市检察院	浙江省优秀中青年法学专家	浙江省法学会

资料来源：根据省法学会历届相关评定文件综合。

表 19-11-2-8　　1978—2010 年浙江省检察人员法律类著作、文集一览表

序号	书　名	编著者	出版单位	出版时间
1	法律监督概论	王建华著	人民出版社	1992 年 6 月
2	职务犯罪侦查理论与实践	詹复亮著	中国政法大学出版社	1993 年 1 月
3	诉讼逻辑	于绍元、傅国云、姚向东著	法律出版社	1995 年 4 月
4	当代中国反腐败问题与对策	詹复亮著	国际文化出版公司	1996 年 10 月
5	新刑法罪名通论	吴大华、蒋宪平、詹复亮著	中国方正出版社	1997 年 9 月
6	期货犯罪透视	陈文飞著	法律出版社	1999 年 2 月
7	职务犯罪诉讼新论	詹复亮著	中国方正出版社	1999 年 7 月
8	人身损害赔偿	翁跃强主编	人民法院出版社	1999 年 12 月
9	青少年基本法律知识读本	王建华主编	人民出版社	2000 年 12 月
10	《刑法》《刑事诉讼法》适用简表	邹志刚编著	研究出版社	2001 年 10 月
11	刑事公诉的实践探索与制度构建	刘建国主编，张利兆、张翔飞副主编	中国检察出版社	2003 年 6 月
12	中美公诉制度比较研究	孔璋著	中国检察出版社	2003 年 9 月
13	司法会计学	王建国编著	上海立信会计出版社	2003 年 9 月
14	职务犯罪侦查学	朱孝清著	中国检察出版社	2004 年 1 月
15	论法治的实践理性	谢如程著	中国法制出版社	2004 年 4 月
16	职务犯罪侦查热点问题研究	詹复亮著	中国检察出版社	2005 年 1 月
	民事精品案例解析	刘建国、杨立新主编	中国法制出版社	2005 年 2 月
17	刑事法适用典型疑难案件新释新解	刘建国主编，姚宇、谢如程副主编	中国检察出版社	2006 年 1 月
18	治理商业贿赂简明读本	詹复亮编著	人民出版社	2006 年 5 月
19	刑法应用一本通	江海昌编著	中国检察出版社	2006 年 5 月

续表 1

序号	书　名	编著者	出版单位	出版时间
20	强化法律监督与检察权配置	庄建南主编，乐绍光、黄曙副主编	中国检察出版社	2006 年 7 月
21	未成年人犯罪刑事政策研究	张利兆主编，王志胜、姚建龙副主编	中国检察出版社	2006 年 7 月
22	检察基础理论前沿问题研究	陈云龙主编	中国检察出版社	2006 年 10 月
23	贪污贿赂犯罪及其侦查实务	詹复亮著	人民出版社	2006 年 11 月
24	刑事司法实务中的疑难问题	刘建国、刘宪权主编　姚宇、卢勤忠、谢如程副主编	中国人民公安大学出版社	2006 年 11 月
25	检察基础理论与实践	李泽明主编，孔璋副主编	中国检察出版社	2006 年 11 月
26	职务犯罪侦查教程	朱孝清著	中国检察出版社	2006 年 12 月
27	反贪查账原理和技巧	黄生林、王建国、金建文编著	中国检察出版社	2007 年 1 月
28	民事行政精品案例评析	刘建国主编，李长江、高杰副主编	中国法制出版社	2007 年 2 月
29	和谐社会语境下的中国检察制度	庄建南主编，乐绍光、黄曙副主编	中国检察出版社	2007 年 7 月
30	中国公民你不可不知的 150 项法律权利	王建华主编	中国检察出版社	2007 年 7 月
31	行政自由裁量权与法律控制	傅国云著	中国言实出版社	2007 年 8 月
32	保险诈骗罪研究	张利兆著	中国检察出版社	2007 年 8 月
33	检察基础理论与实践(二)	李泽明主编，孔璋副主编	中国检察出版社	2007 年 11 月
34	职务犯罪预防	刘诚民主编	浙江大学出版社	2007 年 11 月
35	检察理论研究新视界	陈云龙主编	中国检察出版社	2007 年 12 月
36	贪污贿赂罪·渎职罪(司法疑难案件法律适用丛书)	刘建国主编	中国检察出版社	2008 年 2 月

续表 2

序号	书　名	编著者	出版单位	出版时间
37	刑法总则适用(司法疑难案件法律适用丛书)	陈长华主编	中国检察出版社	2008 年 2 月
	破坏社会主义市场经济秩序罪	张利兆主编	中国检察出版社	2008 年 2 月
38	我国职务犯罪侦查体制改革研究	朱孝清、向泽选著	中国人民公安大学出版社	2008 年 3 月
	职务犯罪侦查实务探究	刘建国主编，黄生林、倪集华副主编	中国检察出版社	2008 年 9 月
39	诉讼法修改与检察制度创新	庄建南主编，乐绍光、黄曙副主编	中国检察出版社	2008 年 10 月
40	检察视野下的诉讼制度研究	陈云龙主编	中国检察出版社	2008 年 11 月
41	检察职能与和谐社会构建	任国主编	中国检察出版社	2008 年 11 月
42	检察权的配置和适用	吴春莲主编	浙江大学出版社	2008 年 11 月
43	检察改革视角下的探索与求证	程曙明主编	中国检察出版社	2008 年 11 月
44	法律监督能力建设的新视角	章蓉主编	中国检察出版社	2008 年 11 月
45	中国检察若干问题研究	朱孝清著	中国检察出版社	2008 年 12 月
46	职务犯罪侦查制度比较研究——以侦查权的优化配置为视角	王晓霞著	中国检察出版社	2008 年 12 月
47	清末检察制度及其实践	谢如程著	上海人民出版社	2008 年 12 月
48	全球化时代知识产权犯罪及其防治	卢建平、翁跃强主编	北京师范大学出版社	2008 年 12 月
49	检察学教程	张兆松主编，张利兆副主编	浙江大学出版社	2009 年 6 月
50	检察基础理论与实践(三)	李泽明主编	浙江工商大学出版社	2009 年 10 月
	和谐检察的探索与实践	绍兴市检察院主编	中国法制出版社	2009 年 10 月
51	科学发展观与检察监督(上)(中)(下)	吴春莲主编	吉林人民出版社	2009 年 11 月
52	科学发展观与检察创新	张雪樵主编，乐绍光副主编	中国检察出版社	2009 年 12 月

续表 3

序号	书　名	编著者	出版单位	出版时间
53	刑事证据开示制度的理论与实践	张雪樵主编，黄曙副主编	中国检察出版社	2009 年 12 月
54	检察工作创新与实践	虞彪主编	中国检察出版社	2009 年 12 月
55	未成年人刑事司法程序研究	翁跃强、雷小政主编	中国检察出版社	2010 年 1 月
56	画说权利——中国公民法律权利快读	王建华主编	中国检察出版社	2010 年 1 月
57	反贪侦查热点与战略	詹复亮著	人民出版社	2010 年 6 月
58	反贪侦查谋略与技巧	倪集华著	中国检察出版社	2010 年 10 月
59	反贪侦查细节的把握与运用	钱昌夫、彭新华著	中国检察出版社	2010 年 12 月

资料来源：根据各市检察院上报信息及实物综合。

第三节　检察宣传

1950 年全省检察机关陆续建立后，均没有设置承担检察宣传的专门职能部门，全省检察宣传工作一直是根据省委、最高检察院的相关要求由相应内设部门承担，主要是结合办案进行法制宣传。

1956 年，全省检察机关在会同有关部门开展对敌政治攻势中，派员出席法庭、印发宣传品、结合各种会议进行法制宣传，并运用黑板报、报纸、广播等媒介宣传达 700 余篇；其中，宣传对投案自首分子免予起诉的典型案件处理情况的有 240 余篇。对于教育守法、预防犯罪、扩大检察机关在群众中的影响起到一定效果。4—9 月，全省投案自首的反革命分子有 5200 余人，其他刑事犯罪分子 410 余人，其中有 100 人直接到检察院投案自首。

1957 年 12 月后，全省检察机关根据全国省、市、自治区检察长会议提出“法制宣传方面，也应该来个跃进”的要求，协同公安、司法机关，配合中共的中心工作，选择典型案例，通过出席公判庭、黑板报、广播站、新闻报道、图片展览等方式，广泛进行预防犯罪的宣传教育工作，注意扩大办案效果。不少检察院推行就地起诉、就地出庭的办案方法，发挥办案为中心工作服务和进行法制宣传的作用。

1958 年 7 月，省检察院内部刊物《检察大跃进》创刊，至年底出版 30 期。

1961—1963 年，全省检察机关贯彻中共中央“在今后一定时间内，社会治安管理必须从严”指示精神，通过召开公判大会等形式，揭发犯罪，阐明政策，宣扬法纪，并配合有关部门组织群众开展讨论，受教育群众达 120 万余人次。1963 年，据宁波、嘉兴两地区不完全统计，受教育群众超 16 万人次。

1978 年全省检察机关重建后，全省检察机关尚未设置承担检察宣传的专门职能部门，省检察院主要是根据省委、最高检察院的相关要求，由相应内设部门承担检察宣传工作，未对全省的检察宣传工作提出要求与作出安排。

1983 年后，全省检察机关通过设置法制宣传栏（窗），开展法律咨询服务，举办法制图片展览，讲授法制课，向报社、刊物、电台、电视台、广播站投稿等途径与方式开展检察宣传活动。

1986 年，省检察院首次把加强检察宣传工作提到议事日程。11 月，省检察院根据最高检察院召开的全国检察机关法制宣传工作会议精神，制发《关于加强法制宣传工作的通知》，要求各级检察院提高对法制宣传工作重要性、迫切性的认识；明确法制宣传工作的指导思想和原则；明确法制宣传工作的任务、内容；加强对法制宣传工作的领导和法制宣传队伍的建设。

1987 年，省检察院要求各级检察院的宣传工作要紧密配合“经打”“严打”斗争、查处玩忽职守、重大责任事故案件专项斗争等检察工作重点，突出宣传一批检察机关已经查清办结的职务犯罪等重大案件，宣传检察机关保障改革、保护和促进生产发展的突出事例，宣传检察机关和检察人员的良好形象，同时因地制宜地开展形式多样的宣传活动。6 月下旬，省检察院首次举办新闻发布会，检察长张世祥向驻浙中央新闻单位、省级媒体及杭州市有关新闻单位通报全省检察机关 2 年多来立案查处玩忽职守案件的情况。8 月中旬，省检察院再次举办新闻发布会，张世祥向媒体通报检察机关查处职务经济犯罪情况。10 月，省检察院与温州电视台、上影演员剧团联合拍摄 4 集电视剧《代理检察长》，宣传检察官恪尽职守的良好形象。次年 5 月，该剧在中央电视台一套节目播出，后又在全国 50 余个电视台播出；1988 年 9 月，该剧获全国优秀检察题材电视奖第一名。

1988 年，全省检察宣传工作以检察机关重建 10 周年为重点。2 月中旬，省广播电台记者采访省检察院新任检察长胡灿时并播出采访录音。4 月下旬，省检察院举行全省检察机关恢复重建 10 周年文艺调演。5 月下旬，省检察院在绍兴市召开全省检察宣传工作经验交流会，以进一步推动检察宣传工作。6 月下旬，省检察院举办全省检察机关恢复重建 10 周年新闻发布会，通报检察机关重建 10 周年来所取得的工作成就。8 月中旬，省检察院与杭州市检察院联合举行经济罪案举报中心成立新闻发布会，胡灿时和杭州市检察院检察长分别通报情况，省委常委、宣传部部长梁平波到会讲话。

1989 年，省检察院要求各级检察院加强对查办贪污贿赂案件的报道工作。1 月上旬，省检察院举办新闻发布会，通报查处贪污贿赂案件情况。2 月中旬，省检察院召开由本院机关各部门负责人参加的检察宣传工作协调会议，就宣传工作任务的分配与协作等问题进行讨论，形成一致意见，并以纪要形式制发执行。4 月中旬与 8 月中旬，省检察院分别举办新闻发布会，通报一季度与半年度查处贪污贿赂案件情况。10 月上旬，省检察院与省法院联合举办新闻发布会，省检察院、省法院领导分别通报贯彻《两院通告》情况。10 月下旬至 11 月上旬，省检察院组织省、市媒体对《两院通告》限令自首到期前后情况进行集中采访报道。

1990 年 2 月，省检察院召开全省检察宣传工作座谈会，部署检察宣传工作。4 月，省检察院根据最高检察院《关于加强检察宣传工作的通知》，要求各级检察院加强对检察宣传工作的组织领导,完善新闻发言人制度,运用多种形式扩大宣传效果;积极宣传检察机关反贪污贿赂斗争的成果;宣传有典型意义、有社会影响的大案要案;注意加强对检察干警整体形象的宣传。

1991 年 1 月,省检察院组织拍摄的电视剧《最后是歧路》在中央电视台一套节目播出。11 月中旬,省检察院举办新闻发布会,通报是年全省反贪工作情况和湖州市检察院查办冯某、徐某某贪污案情况。12 月,经中国检察报社批准,省委宣传部、省新闻出版局、省编委同意,中国检察报社驻浙江记者站成立。

1992 年 12 月,通过各市(分)检察院申报、省检察院初选、省级媒体相关专家投票评选,评出首届浙江省检察好新闻、"检察官风采"征文获奖作品共 27 篇。

1993 年,全省检察机关重点围绕反贪污贿赂斗争、"严打"斗争、反侵权渎职检察和检察队伍建设等工作开展检察宣传。为不断推动检察宣传工作,省检察院和部分市(分)检察院定期或不定期制订宣传工作计划,每月(季)通报宣传工作等情况;不少检察院还设立奖励制度,开展评选检察宣传先进集体和先进工作者活动。5 月中旬,由华东地区五省一市检察机关联合举办的"使命的回声——华东地区法纪检察工作回顾展"浙江巡回展在省展览馆举行开幕式。省委常委、副省长柴松岳致辞,省人大常委会副主任许行贯参加剪彩。7 月上旬,省检察院举办新闻发布会,通报举报中心成立 5 年来的情况。9 月下旬,省检察院举办新闻发布会,省检察院检察长葛圣平通报反贪污贿赂工作情况。

1994 年 8 月下旬,省检察院举办新闻发布会,通报举报工作情况。

1995 年 4 月上旬,省检察院举办新闻发布会,通报"检察长接待日"制度实施一年来的情况。5 月,省检察院组织中央、省、市媒体到杭州市拱墅区检察院采访查办省招生办公室主任鲍某某受贿案情况。12 月中旬,全省检察系统先进事迹巡回报告团赴湖州市检察机关巡讲。次年 1 月上旬,该报告团在省政府三号楼大会堂作报告,省委副书记、省长柴松岳和省人大常委会副主任毛昭晰到会讲话。

1997 年 1 月,省检察院成立组织宣传处。6 月中旬,由省纪委、省检察院、省法院联合举办的浙江省反腐败成果展在浙江科技馆开幕,省委副书记、省长柴松岳和省委副书记王金山参观预展。

1998 年 7 月中旬,省检察院举办新闻发布会,通报举报中心成立 10 年来的情况。

2000 年 6 月,省检察院召开全省检察宣传工作会议,副检察长陈亨光代表省检察院党组作题为《加强领导,突出重点,提高质量,努力开创检察宣传工作新局面》的报告,检察长葛圣平对加强检察宣传工作提出要求。会议要求各级检察院努力争取党委宣传部门的支持,把检察宣传工作纳入整个宣传工作大格局中去;要巩固现有宣传阵地,拓宽宣传领域;要改进宣传方法,努力提高宣传质量;要加强与新闻单位的联系与配合,形成内外宣传合力。各级检察院要结合检察职能,以突出查办职务犯罪大要案,加强执法监督和检察队伍建设 3 方面为重点,大力加强检察宣传工作;加强和改善对宣传工作的领导,充分发挥各级检察院宣传工作领导小组的作用,建立和完善检察宣传的有关制度,充实和加强宣传工作力量,形成通畅的宣传工作网络,提高宣传干部素质,严肃宣传纪律。

2002年1月，省检察院制发《2001—2005年浙江省检察机关法制宣传教育第四个五年规划》，提出法制宣传教育的指导思想和目标、主要任务、工作要求、实施步骤、组织领导等内容。6月下旬，省检察院举办新闻发布会，通报全省检察机关开展预防职务犯罪工作情况。11月下旬，省检察院组织中央、省、市三级媒体到浦江县集中采访全省检察机关首例民事公益诉讼案（参见第八章第二节第一目），中央电视台、新华社、中央人民广播电台、《法制日报》《人民法院报》《检察日报》等全国数十家媒体进行采访报道，中央电视台《今日说法》栏目连续2天对该案进行专题报道。此外，舟山市检察院拍摄的《追捕外逃八年经济案犯袁某》《检察官看望未成年在押犯》等专题片在电视台播出后，收到良好社会效果。

2004年，省检察院要求全省检察机关组织新闻媒体对检察先进典型人物进行广泛宣传报道。12月，为进一步推进检察宣传工作的发展，省检察院制发《全省检察新闻宣传工作考评办法（试行）》，对考评范围、计分标准、检察新闻宣传工作先进集体和个人的考核评选程序、奖励等进行规范。

2005年，省检察院重点围绕检察机关先进典型进行宣传活动。1月中旬，省委宣传部和省检察院组织记者到东阳市集中采访该市检察院因公殉职的反贪局副局长吴顺海先进事迹。4月中旬，省检察院举行吴顺海等4名先进检察干部的事迹报告会。4月下旬，最高检察院在北京举行吴顺海等“模范检察官”先进事迹报告会。5月上旬，省检察院举行新闻发布会，通报反贪局成立15周年来的工作情况。6月下旬，省检察院举办以反渎工作为专题的举报宣传周新闻发布会，通报相关工作情况。8月中旬，中共中央宣传部《时代先锋》记者采访团到东阳市采访吴顺海先进事迹。11月，省检察院制发《关于进一步加强全省检察宣传工作的若干意见》，就检察宣传工作的组织领导、加强宣传工作的措施、要求等提出明确意见。

2006年1月，省检察院针对案件报道中出现的审查把关不严等问题，制发《浙江省检察机关案件新闻报道工作若干规定》，要求各级检察院加强对案件报道的审查与把关，坚决杜绝案件报道失实与报道不当情况的再次发生。2月中旬，省检察院组织省、市媒体记者采访“全国模范检察院”义乌市检察院和“全国模范检察官”连志英。2月下旬，省检察院举行全国检察机关“双先”浙江表彰大会，省委副书记、省委政法委书记夏宝龙到会讲话。4月，省检察院为进一步加强检察宣传工作的制度化建设，制发《浙江省人民检察院新闻发言人制度》，要求各市检察院及有条件的基层检察院可根据省检察院新闻发言人制度的精神和各地实际，制定本单位的新闻发言人制度，并报省检察院备案。该制度规定，省检察院新闻发言人由省检察院分管宣传工作的副检察长和宣传职能部门负责人担任，代表省检察院对外发布重要检察新闻，负责接受新闻单位记者采访，主持召开新闻发布会，并就全省检察机关新闻发言人办事机构、发布新闻的原则、主要发布内容、发布形式等作出规定。省检察院新闻办公室设在组织宣传处。4月下旬，省检察院举行新闻发布会，向新闻媒体通报全省检察机关开展打击侵犯知识产权专项立案监督工作情况。是年底，省检察院召开新闻发布会，通报省检察院首次举行“十佳检察官”评比活动情况，并邀请部分省级新闻媒体对此开展宣传活动。

2007年2月，省检察院制发修订后《浙江省检察新闻宣传工作考评办法》。8月下旬，省检察院举办新闻发布会，通报全省检察机关查办城镇建设领域商业贿赂犯罪情况。

2008年7月中旬，省委宣传部、省检察院组织省级媒体记者集中赴台州市，采访该市路桥区检察院因病去世的检察员金启和先进事迹。8月中旬，由最高检察院邀请的中央媒体记者团到台州市采访金启和先进事迹。10月上旬，省检察院举办新闻发布会，通报民事督促起诉工作情况。11月下旬，省检察院举办新闻发布会，通报查办涉农职务犯罪专项工作情况。

2009年1月中旬，由网民评选的“浙江骄傲”人物晚会录播，金启和入选。2月中旬，省检察院检察长陈云龙在“浙江在线”就如何加强法律监督、加大查处腐败案件力度等问题与网民开展交流。7月，省检察院根据全国检察机关宣传工作会议精神，制发《关于加强检察机关网络宣传工作的通知》，从大力加强检察机关互联网站建设、依托检察机关互联网站深化检务公开、建立检察机关网络评论员队伍、严格对网络宣传的管理等方面，提出加强网络宣传工作的要求。是月，省检察院在衢州市召开全省检察机关网络宣传工作座谈会。

2010年1月，省检察院根据最高检察院《关于自觉接受舆论监督加强和改进涉检网络舆情引导处置工作的通知》，要求各级检察院紧密联系检察工作实际，不断加强和改进舆论引导和舆情应对工作。1月中旬，省检察院检察长陈云龙在“人民网强国论坛”与网友开展在线访谈。4月，省检察院根据最高检察院《关于印发〈检察机关新闻发布制度〉的通知》，要求市、县两级检察院都要建立新闻发言人，新闻发言人由各级检察院分管宣传工作的领导和宣传职能部门负责人担任，新闻发言人办公室设在宣传职能部门。6月，省检察院发文通报第七届“浙江省检察好新闻”评选结果。6月底，省检察院以“惩治和预防渎职侵权犯罪”为主题举行首个“检察开放日”活动。

第十二章　检察技术

1978 年检察机关重建之前,全省检察机关均无设置专职的技术部门和进行专门的检察技术工作。自 1978 年始,全省检察技术工作开始起步。1983 年 4 月,省检察院召开第一期检察干警侦察技术训练会议,组织各级检察院 42 名检察人员参加,主要学习现场勘查、照相、痕迹检验、书法检验、侦察措施、戒具使用等课程,全省检察机关检察技术工作逐渐展开。

1984 年 6 月,省检察院向最高检察院提出《关于全省检察系统侦查技术装备和后勤保障方面急需解决的几个问题》,要求拨专款购置侦查技术装备器材,逐步开通检察系统专线电话,明确技术装备编制和技术人才配备。10 月,最高检察院根据《中央政法委员会关于巩固发展严厉打击刑事犯罪活动第一场战役的成果和准备第二场战役的一些设想的通知》精神,要求全国检察机关加快技术手段、特别是侦查技术手段的现代化建设。

1985 年 3 月,省检察院参照最高检察院在办公厅设立刑事技术室的做法,在办公室设技术科。1986 年 1 月,省检察院设“刑事技术处”;1987 年 12 月,成立刑事技术研究所。1988 年,全省市、县两级检察机关启动刑事技术机构建设。至 1990 年底,全省市(分)检察院全部成立检察技术部门。1991 年底,省检察院刑事技术处更名为“技术处”;刑事技术研究所更名为“检察技术研究所”,加强与拓展检察技术在办案工作的应用。

1997 年 8 月,省检察院技术处更名为“检察技术处”。职能为:负责对全省检察机关技术工作的指导;负责全省检察机关有关司法鉴定工作的管理,组织全省检察机关检察技术的科研工作;协同有关部门开展对技术人员的业务培训,负责全省检察机关计算机信息系统建设,配合办案部门做好视听资料收集、提取、固定和运用工作。12 月,省检察院成立省检察司法会计中心。2002 年 1 月,检察技术处增加承担管理省检察院技术装备的职能。

2008 年 2 月,省检察院撤销省检察司法会计中心、检察技术研究所,将其并入新设立的省检察院检察事务中心。2010 年 2 月,按照中央政法委《关于进一步完善司法鉴定管理体制遴选国家级司法鉴定机构的意见》和最高法院、最高检察院、公安部、安全部、司法部《关于做好司法鉴定机构和司法鉴定人备案登记工作的通知》精神,省检察院在检察技术处内设立“司法鉴定中心”。

截至 2010 年,全省检察机关均配有专职检察技术人员,其中有 65 个检察院设立检察技术部门,设置法医、理化、文(痕)检、司法会计、心理测试、电子证据、信息技术、视听等专业技术门类。

第一节 检验鉴定技术

1984年3月，省检察院引进一名大学教师送华东政法学院法医学班进修后承担法医工作。之后全省检察机关根据刑事诉讼需要，逐步建立起多种专业技术门类的检验鉴定技术，为检察机关办理案件提供检验鉴定意见等技术证据。

一、检验鉴定工作

1985年3—12月，省检察院办公室技术科办理检验鉴定案件17件，其中法医专业16件、文检专业1件。

1986年始，省检察院刑事技术处设置法医、化验、文检、照相、录像等刑事技术专业门类，开始受理刑事案件的检验鉴定工作。4月，省检察院法医参与复查金华市检察院办理的叶某某故意杀人上诉案(一审判处死刑)，经查阅尸体检验报告和案卷材料，复勘现场，走访证人和原鉴定法医，并与浙江医科大学病理学教授和省法院法医交换意见，认为被害人余某某因颈部受刺激致颈动脉窦迷走神经反射引起抑制性心跳骤停死亡，改变金华市公安局、法院法医作出的被害人被扼压颈部引起机械性窒息死亡的结论。

1988年，全省检察机关刑事技术部门受理各类检验、鉴定、复核案件同比明显增加，在办案中起到直接或间接的证据作用。三门县赖某某被伤害案，其兄赖某军(当时为现役军人)先后在部队和地方提起诉讼，案件拖而不决长达8年，申诉上千次，花费近万元，该县人大常委会责成该县检察院进一步查清此案。7月，省检察院法医通过一系列科学论证，证明赖某某的死因与外伤无关，使一起马拉松式的申诉案件得到公正处理。是年，省检察院开展亲子鉴定项目，受理杭州市公安局、丽水市中级法院、绍兴市越城区法院、常山县法院等单位委托的亲子鉴定5起，对7对16人进行血型、血清型、酶型等项目的检测。

1993年9月，为加强对各级检察院的文检工作指导，省检察院在技术处设文检科。是年，全省检察机关技术部门共受理各类检验鉴定案件1316件，出具鉴定书918份，文证审查310件；起直接证据作用的677件，纠错补漏的90件。

1994年3月，省检察院为加强司法会计工作，在技术处设立司法会计鉴定室。3—12月，全省检察机关共办理涉及司法会计鉴定的经济案件19件。慈溪市检察院在侦查史某某特大贪污案时，省检察院、宁波市检察院和慈溪市检察院的司法会计人员在犯罪嫌疑人烧毁账册、贪污证据不够充分的情况下，利用银行和其他往来单位的会计资料，证实犯罪嫌疑人采用私自扣压现金支票存根不入账等方法贪污公款35万元。案件起诉后，法院以贪污罪判处史某某死刑缓期执行。是年，全省检察机关技术部门共办理检验鉴定案件1119件，改变原鉴定结论51件。

1995年12月，杭州市上城区检察院办理一起涉案金额为180余万元的虚开增值税发票案，四川省有关技术部门鉴定认为增值税发票没有用褪色灵消褪，因证据不足难以确定作案者，省检察院文检技术人员鉴定确认增值税发票被褪色灵褪色后重新填写，为办案部门办结案件提供证据。是年，全省检察机关共办理检验鉴定案件 3086 件，出具鉴定文书 1886 份，改变原鉴定结论 80 件。

1997 年 3 月，省检察院毒化技术人员在诸暨市检察院报送检验的蒋某某涉嫌投毒案检材中，检出敌敌畏成分，改变诸暨市公安局原鉴定结论。案件起诉后，法院以投毒罪对蒋某某作出判决。是年，全省检察机关共办理检验鉴定案件 4483 件，出具鉴定文书 2556 份，改变原鉴定结论 62 件。

1998 年 10 月，杭州市公安局下城分局办理杭州某软件系统有限公司侵犯软件著作权案，委托省检察院进行软件同异性技术比较鉴定，省检察院技术人员与国家版权局中国软件登记中心、最高检察院检察技术科学研究所技术人员共同出具鉴定书，该鉴定被法庭采信，此系全国检察机关第一例软件版权鉴定。11 月，省检察院对杭州市、温州市、台州市 3 个检察院的检察技术部门检案质量进行抽查，针对抽查中发现的检案数量不平衡、受理程序不够规范、文书质量瑕疵等问题进行通报，要求各级检察院充分发挥检察技术在办案中的作用。

1999 年 12 月，省检察院对宁波市、湖州市、舟山市 3 个检察院的检察技术部门检案质量进行抽查，检案质量有所提高，抽查发现仍存在检案数量不平衡、文书质量瑕疵等问题，要求各级检察院树立质量第一思想、强化检案复核制度。

2002 年 5 月，省检察院根据最高检察院《关于在检察技术部门开展案件质量检查的实施意见》，要求各级检察院做好准备，组织开展各市所属检察院的自查工作，省检察院进行抽查。

2005 年 5 月，省检察院根据最高检察院检察技术信息研究中心工作部署，对各级检察院在 2004 年 7 月至 2005 年 8 月期间的法医、理化、文检、痕检和司法会计等专业的检验鉴定文书进行检查，检查采取自查和抽查相结合的方法，各级检察院自查数不低于办案数的 50%，市检察院对基层检察院抽查数不低于办案数的 20%。经检查表明，鉴定文书质量总体较好。

2007 年 8 月，省检察院接受省公安厅委托的温州市苍南县吴某某死亡上访一案的司法复核鉴定请求，该案系公安人员执法过程中发生的当事人死亡案。省检察院法医通过复勘现场、尸体检验，出具死因复核鉴定，上访人表示理解并息诉，此案处理得到省委领导肯定。9 月，省检察院选送技术人员参加首届全国检察技术部门心理测试培训班，检察技术处设立心理测试专业。11 月，省检察院制发《死刑二审案件技术性证据复核工作规程(试行)》，加强死刑案件的技术性证据审查工作，为公诉部门在办理死刑二审案件中探索客观性证据审查模式提供技术支持。

2009 年 8 月，省检察院选送技术人员参加首期全国检察机关电子证据检验鉴定培训班，检察技术处设立电子证据专业。全省检察机关技术部门加强对技术性证据审查和心理测试、电子数据技术在办案中的应用。苍南县检察院在查办该县国税局陈某某、韩某某涉嫌职务犯罪案件过程中，及时提取、固定增值税门征 CTAIS 系统中的信息数据，通过分析和比对，发现系统设计上的缺陷和犯罪嫌疑人的作案轨迹，并结合司法会计鉴定，准确认定犯罪嫌疑人的贪污数额，为侦查部门提供了电子证据与司法会计鉴定结论。同时，将增值税门征系统中存在的程序漏洞反馈给国税部门，引起温州市国税部门高度重视，促使国税系统开展专项检查活动，为预防职务犯罪提供了技术支撑。11 月，根据最高检察院检察技术信息研究中心《关于开展鉴定案件质量检查活动的通知》，全省检察机关对 2008 年 1 月至 2009 年 6 月办理的 600 余件司法鉴定案件进行自查，省检察院对杭州、温州等市检察院进行抽查，检查表明上述检察院的鉴定质量总体较好，受理鉴定程序规范。

2010 年 2 月，省检察院制发《关于进一步规范全省检察机关司法鉴定机构相关工作程序的通知》，明确除可以受理各级检察院、法院和公安机关以及其他侦查机关委托的鉴定外，还可以接受监察、海关、工商等行政执法机关的委托，从事非诉或在诉讼中没有争议的鉴定业务。是年，全省检察机关进一步推动心理测试、电子证据技术在办案中的有效应用，部分市检察院采取指导基层院、组织技术小组等方式开展心理测试，为办案工作提供服务。

表 19-12-1-1　　1985—2010 年浙江省检察技术应用办案情况一览表

单位：件

<table>
<tr><th>年份</th><th>合计</th><th>法医</th><th>理化</th><th>文(痕)检</th><th>司法会计</th></tr>
<tr><td>1987</td><td>112</td><td>112</td><td>-</td><td>-</td><td>-</td></tr>
<tr><td>1988</td><td>206</td><td>132</td><td>6</td><td>68</td><td>-</td></tr>
<tr><td>1989</td><td>-</td><td>-</td><td>-</td><td>-</td><td>-</td></tr>
<tr><td>1990</td><td>908</td><td>669</td><td>18</td><td>221</td><td>-</td></tr>
<tr><td>1991</td><td>1973</td><td>-</td><td>-</td><td>-</td><td>-</td></tr>
<tr><td>1992</td><td>1545</td><td colspan="2">1105</td><td>440</td><td>-</td></tr>
<tr><td>1993</td><td>1316</td><td colspan="2">998</td><td>318</td><td>-</td></tr>
<tr><td>1994</td><td>1119</td><td colspan="2">881</td><td>219</td><td>19</td></tr>
<tr><td>1995</td><td>1320</td><td colspan="2">927</td><td>315</td><td>78</td></tr>
<tr><td>1996</td><td>1560</td><td colspan="2">1085</td><td>372</td><td>103</td></tr>
<tr><td>1997</td><td>3297</td><td colspan="2">2760</td><td>391</td><td>146</td></tr>
<tr><td>1998</td><td>3719</td><td>3051</td><td>24</td><td>448</td><td>196</td></tr>
<tr><td>1999</td><td>4362</td><td colspan="2">3493</td><td>528</td><td>341</td></tr>
<tr><td>2000</td><td>4323</td><td colspan="2">3434</td><td>547</td><td>342</td></tr>
<tr><td>2001</td><td>5152</td><td colspan="2">4272</td><td>546</td><td>334</td></tr>
<tr><td>2002</td><td>4495</td><td colspan="2">3908</td><td>315</td><td>272</td></tr>
<tr><td>2003</td><td>3288</td><td colspan="2">3131</td><td>113</td><td>44</td></tr>
<tr><td>2004</td><td>2551</td><td colspan="2">2473</td><td>57</td><td>21</td></tr>
</table>

续表

<table>
<tr><th>年份</th><th>合计</th><th>法医</th><th>理化</th><th>文(痕)检</th><th>司法会计</th></tr>
<tr><td>2005</td><td>1834</td><td colspan="2">1764</td><td>46</td><td>24</td></tr>
<tr><td>2006</td><td>1695</td><td colspan="2">1660</td><td>28</td><td>7</td></tr>
<tr><td>2007</td><td>2082</td><td colspan="2">2060</td><td>19</td><td>3</td></tr>
<tr><td>2008</td><td>1697</td><td colspan="2">1632</td><td>55</td><td>10</td></tr>
<tr><td>2009</td><td>1616</td><td>1343</td><td>8</td><td>188</td><td>77</td></tr>
<tr><td>2010</td><td>2218</td><td colspan="2">2094</td><td>100</td><td>24</td></tr>
</table>

资料来源:根据各市检察院上报相关材料及数据综合。

二、技术规范与管理

1987 年 10 月,省检察院为履行法律监督职能,进一步提高法医检验案件的质量,解决案件中的医学专门性问题,与浙江医科大学协商决定建立法医学鉴定医学顾问制度,聘请 12 位教授为第一届省检察院法医学鉴定医学顾问,聘期暂定 3 年,涉及病理、消化、心血管、内科、外科、眼科、脑外科、神经内科、五官科、骨科、妇产科等专业。

1988 年 3 月,省检察院制发《关于刑事技术鉴定书、表格使用说明的通知》,对各种鉴定文书、表格的内容及用途作详细说明,要求各级检察院技术部门在进行刑事技术鉴定过程中严格正确使用。是年,省检察院对授予法医、文检、痕迹专业技术人员的鉴定人资格作出明确规定,实行统一的考核审批程序。

1989 年 4 月,省检察院制发《刑事技术人员岗位责任制》,分别对省检察院法医、理化、文痕检专业人员的责任进行明确,并制定化验室、暗房、文痕检室等工作室的工作守则。11 月,制发《关于刑事技术检验鉴定受理程序的通知》,明确省检察院刑事技术处检验、鉴定受理程序,各市(分)检察院业务处需请上级检察院帮助检验、鉴定的,一般应先向市(分)检察院技术部门送检;对疑难、复杂案件检验、鉴定有困难的,可与省检察院刑事技术处探讨研究,或聘请省检察院刑事技术处检验鉴定。是年,省检察院先后审核批准授予各级检察院 42 名刑事技术鉴定人资格,其中法医专业 20 人,理化专业 1 人,文痕检专业 21 人。

1990 年 6 月,省检察院制发《全省检察机关授予技术人员鉴定权的暂行办法》,对审核考察的部门、授予鉴定权的资格、程序及鉴定权的监督等作出规定。

1991 年 1 月,省检察院制发《关于法医检验文书分类说明的通知》和《关于统一使用检察技术工作文书格式的通知》。同月,省检察院经与浙江医科大学协商,续聘 12 位法医学鉴定医学顾问,同时增聘浙江医科大学 3 位教授为省检察院法医学鉴定医学顾问。8 月,在全省开展法医检案质量检查及优秀法医评比活动。

1992 年 8 月,省检察院制发《检察技术部门办案质量检查内容的具体实施意见》,对案件受理程序、检验鉴定程序、鉴定文书格式等作出相应规定。

1993年6月和11月，省检察院分别举办文检和法医培训班，聘请2位文检专家、4位法医学教授作专题讲座，对49篇论文进行交流评审，各级检察院82名技术人员参加培训。12月，省检察院对各级检察院技术部门办案质量和技术档案进行检查评比，评出台州、衢州、绍兴、温州（绍兴、温州并列第三名）4个市检察院为前三名，技术档案的立卷归档基本符合最高检察院《技术档案立卷归档管理办法（试行稿）》要求。

1994年11月，省检察院制发《浙江省人民检察院司法会计检查鉴定工作细则（试行）》，对司法会计检查鉴定工作进行规范。

1996年9月，省检察院制发《关于检察技术部门实施修改后刑事诉讼法有关问题的通知》，针对修改后的《刑事诉讼法》关于庭审方式改革、辩护律师提前介入诉讼活动等变化，强调受理检验鉴定案件的程序，要求技术人员遵循修改后的《刑事诉讼法》有关勘验、检查、鉴定的规定，做好检察机关自侦案件的勘验、检查和对公安机关办理有关案件复验、复查工作。12月，省检察院首次委托司法部司法鉴定科学技术研究所评定法医技术职务任职资格，经评审，全省检察机关技术人员中具备主检法医师资格的26人，具备法医师资格的7人。

1997年9月，省检察院向省财政厅、审计厅发《关于明确司法会计职能范围的函》，明确省检察院司法会计中心的职能范围是：经济案件的司法会计检验、查证、鉴定，全省检察机关司法会计的业务指导、协调、培训。12月，为严格执行修改后的《刑法》《刑事诉讼法》等法律，确保法医检案质量，省检察院聘请13位教授为第二届省检察院法医学鉴定医学顾问。

1999年4月，省检察院制发《检察司法会计文书制作规范化意见（试行）》，对司法会计文书的格式及内容作出详细规定，要求检察司法会计中心的人员在检验鉴定工作中依法行使鉴定权，按照规范格式出具检验鉴定文书，保证办案质量。10月，制发《检察司法会计中心人员鉴定权管理暂行办法》，对司法会计专业鉴定权的授予资格、程序、终止等做出规定。

2000年3月，省检察院制发《检察司法会计中心年度检查考核办法（试行）》和《检察司法会计中心鉴定人员定期考核制度》，主要考核鉴定机构和人员对《检察司法会计中心管理办法（试行）》等有关规定制度的执行情况和司法会计业务开展情况，通过考核的给予年检合格标志，未通过考核的限期整改。

2001年2月，省检察院制发《检察司法会计中心受理检查、鉴定登记表》和《检察司法会计中心鉴定情况季报表》等统一样式，加强检察司法会计中心的规范化建设。3月，制发《关于明确检察司法会计中心检查鉴定受理范围的通知》，明确检察机关司法会计中心的案件受理范围和种类：受理检察机关各业务部门在案件办理过程中涉及有关财务的案件；接受公安、法院、海关、税务和纪委查办的涉及财务的案件。11月，省检察院第二次委托司法部司法鉴定科学技术研究所评定法医技术职务任职资格，经评审，全省检察机关法医中具备副主任法医师资格的7人，具备主检法医师资格的8人，具备法医师资格的7人。是年，省检察院增聘4位教授作为法医学鉴定医学顾问。

2002年1月，省检察院制发《关于加强检察技术人员鉴定权管理的有关事项的通知》，对鉴定权取消情形做出补充规定，要求省检察院授予鉴定权资格的人员离开所在检察院和检察司法会计中心的，均应由所在单位书面通告省检察院，并由省检察院取消其鉴定权，同时收回检察技术鉴定人资格证书。

2003年2月，省检察院制发《关于建立法医重大疑难检验鉴定案件上报请示制度的通知》，要求各级检察院遇到死亡2人以上的尸体检验案件，群众集体上访或上访老户要求进行的法医学鉴定，涉及司法机关造成人身伤害、死亡的法医学鉴定，容易引起争议的、改变原有鉴定结论的再次鉴定，鉴定过程中有关技术难题当地难以解决或需送省外鉴定的检验案件，鉴定人认为有必要上报的其他法医学鉴定案件6种情形的法医学检验鉴定，应执行逐级及时上报请示制度。6月，省检察院要求全省检察机关的检验鉴定文书格式和归档，均按照最高检察院《关于印发〈人民检察院检验鉴定文书格式〉的通知》和《关于进一步规范检验鉴定文书立卷归档管理的通知》执行。9月，制发《关于下发看守所、监狱在押人员非正常死亡事件中法医学鉴定有关规定的通知》，对看守所、监狱在押人员非正常死亡事件中法医学鉴定作出规定，原则上逐级进行法医学检验鉴定，若因事件处理或事态平息需要，委托申请经市检察院领导批准，省检察院检察技术处可直接受理。

2005年9月，省检察院要求各级检察院严格按照最高检察院《关于贯彻〈全国人民代表大会常务委员会关于司法鉴定管理问题的决定〉有关工作的通知》开展司法鉴定工作，严格遵守受理鉴定案件的范围，不得面向社会接受委托从事司法鉴定业务，要求加强检验鉴定工作和鉴定人员的管理。12月，省检察院第三次委托司法部司法鉴定科学技术研究所评定法医技术职务任职资格，经评审，全省检察机关法医中具备副主任法医师资格的6人，具备主检法医师资格的12人，具备法医师资格的8人。是年，省检察院增聘1位教授作为法医学鉴定医学顾问。

2006年是司法鉴定制度改革实施第一年，为解决法医学鉴定可能遇到的新问题、新课题，1月，省检察院整合续聘已有法医学鉴定医学顾问，同时增聘3位教授，共计19位教授作为省检察院第三届法医学鉴定医学顾问。

2007年4月，省检察院制发《关于进一步规范全省检察机关司法鉴定工作的若干意见》，明确鉴定业务受理范围、委托鉴定程序、鉴定适用标准，要求各级检察院建立文证审查工作机制，进一步加强对社会鉴定机构合法性、鉴定结论客观性的审查工作。是年，根据全国人大常委会《关于司法鉴定管理问题的决定》和最高检察院实施意见，省检察院清理并重新登记各级检察院21个鉴定机构和176名鉴定人，报最高检察院审查批准通过，全省检察机关司法鉴定工作进一步规范。

2009年3月，省检察院被最高检察院检察技术信息研究中心确定为检察机关司法鉴定实验室国家认可的第一批6个试点单位之一。省检察院确定法医、理化、文检3个专业参加实验室国家认可评审，要求进行可行性研究，做好体系文件编制和试运行等准备工作，加强司法鉴定实验室的规范化、标准化建设。8月，省检察院要求各级检察院法医技术人员按照最高检察院《人民检察院法医检验鉴定程序规则（试行）》开展工作。9月，省检察院根据《最高人民检察院监所检察厅、检察技术信息研究中心关于办理罪犯保外就医和在押人员死亡、伤残案件加强技术协作的意见（试行）》的要求，加强检察技术部门与监所检察部门的协作配合。10月，省检察院第四次委托司法部司法鉴定科学技术研究所评定技术职务任职资格，经评审，全省检察机关技术人员中，具备主检法医师资格的1人，具备法医师资格的2人；具备工程师资格的 4 人，具备助理工程师资格的 1 人，具备司法会计师资格的 3 人，具备助理司法会计师资格的 2 人。

2010 年 4 月，省检察院要求各级检察院按照最高检察院《关于进一步做好监管场所非正常死亡法医鉴定有关工作的通知》，指定专人负责关注网络舆情，掌握案件动态，严格遵守法医鉴定相关规定。制发《浙江省检察机关司法鉴定实验室建设及国家认可实施方案(2009—2013 年)》，提出省、市检察院司法鉴定实验室建设和认可目标。4 月上旬，省检察院司法鉴定实验室接受中国合格评定国家认可委员会专家组现场评审，7 月获国家认可证书，系全国检察机关第 3 家通过国家认可的省级检察院司法鉴定实验室。6 月底，省检察院举行首次“检察开放日”活动，部分省人大代表和省政协委员视察省检察院司法鉴定实验室。10 月，根据最高检察院关于贯彻落实《关于办理死刑案件审查判断证据若干问题的规定》和《关于办理刑事案件排除非法证据若干问题的规定》的通知，省检察院要求各级检察院检察技术人员在检验鉴定和技术性证据审查工作中，严格落实上述规定，推动检察技术工作深入开展。

截至 2010 年底，全省检察机关共授予鉴定人资格 261 人，其中法医专业鉴定人资格 47 人、理化专业鉴定人资格 3 人、文(痕)检专业鉴定人资格 51 人、司法会计专业鉴定人资格 160 人。

表 19-12-1-2　　浙江省检察院聘任法医鉴定医学顾问名录

<table>
<tr><th>时　间</th><th>工作部门</th><th>姓　名</th><th>专　业</th><th>职务、职称</th></tr>
<tr><td rowspan="14">1987 年
第一届</td><td rowspan="2">浙医大基础部</td><td>徐英含</td><td>病　理</td><td>教　授</td></tr>
<tr><td>石秋念</td><td>病　理</td><td>副教授</td></tr>
<tr><td rowspan="5">浙医一院</td><td>黄怀德</td><td>消　化</td><td>教　授</td></tr>
<tr><td>黄元伟</td><td>心血管</td><td>教　授</td></tr>
<tr><td>孙德本</td><td>内　科</td><td>副教授</td></tr>
<tr><td>李正之</td><td>外　科</td><td>教　授</td></tr>
<tr><td>吕继光</td><td>眼　科</td><td>教　授</td></tr>
<tr><td rowspan="4">浙医二院</td><td>陶祥洛</td><td>脑外科</td><td rowspan="4">教　授</td></tr>
<tr><td>张扬达</td><td>神经内科</td></tr>
<tr><td>蔡钺侯</td><td>五官科</td></tr>
<tr><td>袁中兴</td><td>骨　科</td></tr>
<tr><td>省妇保院</td><td>王　曼(女)</td><td>妇产科</td><td>教　授</td></tr>
<tr><td rowspan="3">1991 年
(增聘 3 位)</td><td rowspan="3">浙医二院</td><td>吴金民</td><td>肿　瘤</td><td rowspan="3">教　授</td></tr>
<tr><td>王辉萼</td><td>五官科</td></tr>
<tr><td>谷文藻</td><td>放　射</td></tr>
</table>

续表

时　　间	工作部门	姓　名	专　业	职务、职称
1997 年 第二届	浙医一院	郑树森	外　科	院长、教授 主任、教授 主任、教授 主任、副教授 主任、副教授 教　授
		王　竞	眼　科	
		陈君柱	心血管科	
		蔡松良	泌尿外科	
		许顺良	放射科	
		孙德本	血液内科	
	浙医二院	吴金民	肿瘤科	院长、教授 主任、教授 主任、教授 主任、教授 主任、教授
		花锦福	外　科	
		黄宗坚	骨　科	
		黄鉴政	神经内科	
		邢昌全	耳鼻喉科	
	省妇保院	顾佩宝(女)	妇产科	主任、教授
	浙医大	沈永浩	法医教研室	主任、教授
2001 年 (增聘 4 位)	浙江大学	姒健敏	消化内科	副校长、教授
	浙医二院	张苏展	肿瘤科	院长、教授 党委书记、教授
		陈　智	传染科	
	邵逸夫医院	何　超	肛肠外科	院长、教授
2005 年 增聘 1 位	省妇保院	谢　幸	妇　科	院长、教授
2006 年第三届 (增聘 3 位)	省儿童医院	赵正言	儿童保健科	院长、教授
	浙医二院	吴育连	普外科	主任、教授
		刘伟国	脑外科	

资料来源:根据省检察院历届聘任文件综合。

第二节　信息网络技术

随着计算机在全社会的不断普及应用,1995 年始,省检察院根据最高检察院计算机信息会议精神,引进计算机专业技术人员,逐渐在检察工作中开展计算机应用。全省检察机关通过完善局域网、专线网等基础网络设施和办公、办案系统软件的推广应用，检察信息化建设和应用不断普及和深化。

一、检察信息化建设

1995年3月，省检察院制发《关于加速计算机信息系统的通知》，要求各级检察院加快信息系统建设，适应时代与检察工作发展需要，提高办案、办公效率。

1996年11月，省检察院制发《关于进一步加强计算机信息和侦查监控设施建设的通知》，要求各级检察院的计算机信息系统建设坚持“统一规划、统一编码、统一机型、统一软件、统一数据格式”（以下简称“五个统一”）的建网原则。至年底，全省60多个在建办公楼的检察院和30多个已建和扩建办公楼的检察院，均完成计算机信息系统和侦查监控系统的布线与技术用房的规划设计，部分检察院已建成计算机信息系统和侦查监控系统。

1997年2月，省检察院制发《关于建设计算机局域网有关问题的通知》，按照“以点带面，稳步发展，统一规划，分期实施”的指导思想，坚持“五个统一”建网原则，开展全省检察机关局域网建设。6月，省检察院、湖州市、温州市检察院被最高检察院确定为全国检察信息系统第二批工程试点单位，6月均建成局域网。一些基层检察院也开始局域网建设，如嘉兴市郊区检察院购进27台微机，完成局域网建设。

1998年10月，省检察院制发《关于进一步加强计算机信息系统网络建设和软件应用管理的通知》，要求在全省40余个检察院已建或正在规划建设计算机信息网络的基础上，加强对信息系统的规划建设和软件开发应用的规范化管理。

1999年5月，省检察院与浙江比特信息产业中心联合开发的“检察机关办公自动化软件”，经最高检察院检察技术科学研究所正式测试基本通过，并同意该软件在浙江省检察系统试运行。随后，省检察院制发《关于统一使用〈检察机关办公自动化软件〉的通知》，要求在湖州市检察院和杭州市、宁波市的部分县（市、区）检察院试运行基础上，已组建局域网的检察院尽快统一使用。7月，省检察院制发《关于下发〈市（分）检察院、县（市、区）检察院计算机局域网系统配置方案〉的通知》，要求规范网络系统配置。12月，根据保密要求，省检察院加强涉密计算机系统检查，要求相关检察院采取补救措施，确保全省检察机关联网的计算机信息系统安全和保密。

2000年，全省检察机关统一推广使用最高检察院“全国检察信息网应用软件系统”，包括“检察业务动态管理系统”“办公自动化管理系统”“综合业务动态管理系统”3个子系统，覆盖最高检察院、省检察院、市（分）检察院、县（市、区）检察院4个层面。省检察院建成局域网并与最高检察院实施一级联网工作。

2001年10月，省检察院根据最高检察院检察技术信息研究中心《关于检察机关专线网络建设工作中的有关问题的通知》精神，明确全省检察专线网建设的一些具体问题。

2002年1月，省检察院制发《计算机局域网建设验收标准（修订）》，此时，全省28个检察院局域网已通过验收。2月，根据最高检察院《关于印发〈2002年检察机关信息化建设与应用实施意见〉的通知》，明确全省市、县两级检察院于2003年底前完成专线网、局域网建设任务和通过计算机等级考试人数比例。7月，省检察院制发《关于建设全省检察二级专线网有关工作的通知》，全省检察机关二级专线网以省检察院为中心通过浙江电信ATM宽带业务网连接全部市(地区)检察院，实现数据、语音、视频于一体的“三网合一”星形网络。11月，省检察院制发《关于全省检察机关计算机应用能力水平的情况通报》，全省在编检察人员中，获得国家教育部考试中心计算机等级考试一级资格证书和省人事厅计算机应用能力水平考试二级证书的占32.9%，达到最高检察院要求的目标。

2003年4月，省检察院制发《浙江省检察机关二级专线网管理工作若干规定》，明确省、市两级检察院专线网管理职责。7月，省检察院确定本院控申处、湖州市检察院和萧山、玉环、温岭等地检察院作为省、市、县三级检察信息综合应用软件开发应用试点单位。8月，省检察院制发《关于加快全省检察三级专线网建设的通知》，要求各级检察院推动检察三级专线网建设。至年底，全省54%的检察院建立检察因特网站，97%的检察院建成局域网。

2004年2月，省检察院在杭州市检察院召开检察三级专线网建设工作现场会，加大全省检察三级专线网建设工作推进力度。至10月底，杭州、温州、台州等市检察院建成三级专线网并投入试运行。11月，省检察院制发《浙江省检察专线网传输系统参数》和《浙江省检察专线网网络地址规划》，对全省检察专线网传输系统参数和网络地址进行优化调整，保证三级专线网与二级专线网的无缝连接。

2005年4月，省检察院制发《关于推广应用检察业务系统管理软件的通知》，要求各级检察院坚持“统一规划、统一标准、需求主导、整合资源、安全保密”的原则，在全省检察机关统一使用上海超蓝软件有限公司开发的“检察动态案件管理系统”软件，并根据各级检察院业务实际需求进行开发升级；确定办公自动化系统软件各级检察院可自行组织设计开发。6月，省检察院制发《关于尽快建立检察专线网电子邮件系统的通知》，要求各级检察院使用电子邮件系统传输信息。

2006年，省检察院加大全省检察业务动态管理软件、全省行贿档案查询软件、全省监所检察信息管理系统软件和侦查讯问监控联网系统、网上举报系统、法律法规查询系统、协同办公系统、信息发布系统、视频会议系统、电子邮件系统等20余项信息化应用项目在各级检察院的应用推进力度。9月，全省检察机关信息化工作经验材料经省委政法委审查、最高检察院推荐，被中央政法委录用并作为全省政法机关唯一典型经验材料在全国执法工作信息化建设经验交流会上进行交流。11月下旬，全国检察机关信息化应用推进会又推广浙江省检察机关民事行政检察办案系统软件的开发、运行、培训、维护等工作的经验做法。是年，省检察院制定的信息发布系统建设规范和管理办法被最高检察院作为全国检察机关的建设管理规范推广。

2007年，省检察院按期建成局域网网络信息安全项目并通过省保密局、信息产业厅等专家验收，被省保密局确定为政法机关唯一的网络信息安全试点单位。根据侦监、公诉部门提供的规范业务流程，组织开发全省检察机关统一业务动态管理软件并投入试运行。7月，省检察院制发《关于全省检察二级专线网统一实施维护保养工作的通知》和《关于进一步加强计算机信息网络安全建设工作的通知》，对全省检察机关专线网维护和信息网络安全问题进行规范。

2008年3月，省检察院成立信息技术专业指导组，加强全省检察机关信息化建设的专业指导。6月，省检察院制发《浙江省检察系统计算机信息网络安全建设方案》，为全省检察机关网络安全建设制定详细的技术方案。8月，省检察院制发《专线网升级改造技术规范》，为全省检察机关专线网升级改造提供技术标准。省检察院根据《全国检察机关信息网络系统域名管理规范》，对全省检察机关信息网络系统域名进行规范。

2009年，全省检察机关加快专线网和局域网的"两网"建设。省检察院按照最高检察院《省级检察院电视电话会议室建设规范》，投入100余万元改造本院视频会议室，并于3月通过最高检察院信息化领导小组办公室验收。省检察院建成互联网门户网站——浙江检察网，所有市、县两级检察院建立互联网门户网站（页），其中有14个检察院托管在省检察院网站平台。公诉业务动态办案管理系统在各级检察院全面应用，并与侦监业务动态办案管理系统实现无缝对接。至此，侦监、公诉、预防、民行、监所等业务条线的应用均在全省检察机关铺开。省检察院通过全省检察机关绩效考评系统在网上开展市、县两级检察院统一考评，并通过考评推动信息资源共享建设，部分市检察院通过统一建设的方式建成行政执法与刑事司法相衔接信息共享平台，部分基层检察院建立庭审指挥系统或与公安、法院实现诉讼信息的共享，向驻监管场所检察室延伸专线网以及在检察专网外依托政务网或与公安、法院等机关单独组网等方式，加强检察机关外部横向、纵向的信息资源共享体系建设。省检察院和各市检察院均按规范要求建成全省检察专网微软补丁分发系统体系，建设保密管理系统，建立身份认证体系，配置基层检察院网络加密机。11月，浙江检察代表队在首届全国检察机关信息化应用竞赛中获优胜单位。

2010年，全省检察机关实施二、三级专线网升级改造项目，至年底，全省检察专线网带宽全部达到10兆以上。全省检察机关90%的驻监管场所机构实现与本院专线网的连接，完成最高检察院下达的基础网络建设任务；部分市、县检察院开展驻看守所检察室与公安监管信息监控联网建设。省检察院开通与省工商行政管理局连接的专线，部署全省工商企业注册信息查询平台。全省检察机关全面升级改造视频会议系统，开展信息发布、电子邮件和法律法规查询三项基础应用；省检察院统一推广国有资产管理系统和绩效考评系统建设，应用覆盖面达100%；网上办公系统应用也覆盖87%的检察院。省检察院根据最高检察院《关于进一步加强检察机关互联网站信息安全工作的通知》精神，加强互联网站信息安全工作。截至是年底，全省检察机关共配备局域网防火墙118套，网络版防病毒软件105套，入侵检测系统49套，漏洞扫描系统62套，专用存储设备108套和专用备份设备47套。省检察院开展数据备份系统建设，确保数据安全。

二、信息技术规范

2000年3月，省检察院制发《计算机局域网测试验收标准》，要求各级检察院组建的计算机局域网符合最高检察院"五个统一"的标准和省检察院有关组建计算机局域网的要求，确保各局域网顺利联网。

2001 年，省检察院开发“检察机关法庭示证系统软件”，向各级检察院推广应用。

2002 年 1 月，省检察院修订《计算机局域网建设验收标准》，进一步规范各级检察院计算机局域网的建设。3 月，制发《全省检察机关建立检察因特网站的若干规定》，就检察因特网站的建设、域名管理、安全保密等方面作出规定。

2003 年 10 月，省检察院制发《检察三级专线网视频会议项目规范》《检察专线网视频设备测试规范》，对各级检察院组建三级检察专线网技术标准、测试要求等提出要求，同时明确三级检察专线网建设的总体规划、组网模式、方案论证等要求。

2005 年 3 月，省检察院制发《全省检察人员科技素质标准》和《全省检察机关信息管理中心等“五室”建设标准》，要求已完成办公、办案技术用房（以下简称“两房”）建设任务的检察院，根据信息管理中心室、网络视频会议室、侦查指挥中心室、远程案件研讨室、电子学习阅览室（以下简称“五室”）建设标准进行内部用房调剂改造；在建或待建“两房”的检察院将“五室”建设纳入计划，按标准进行建设；有条件的检察院可探索侦查指挥中心建设。

2006 年 7 月，省检察院制发《浙江省检察机关专线网信息发布系统建设规范（试行）》，对专线网信息发布系统技术参数及标准作出规定。同时，制发信息发布系统建设和管理规范、同步录音录像技术标准、讯问监控系统共享平台、信息网络保密安全标准体系等一系列全省检察机关统一技术标准规范。

2009 年，省检察院制发三级网升级扩容建设方案、信息网络安全实施方案备案审查和验收制度、邮件系统测试和网络连通性测试等规章制度，建立信息化建设应用情况网上填报制度，对信息化建设做出具体的规范和指引。4 月，制发《浙江省检察机关视频会议室建设规范》，要求各级检察院按照技术标准对视频会议室进行对照检查与整改，并通过视频会议系统对整改效果进行检查通报。信息化建设应用工作纳入全省检察机关统一绩效考评，开展抽查、检查等工作。

2010 年 9 月，省检察院制发《浙江省检察机关电子信息系统机房建设规范》，对机房组成、面积、布置、环境、建筑、结构、空气、电气等作出详细规定，确保电子信息系统安全稳定运行。10 月，根据最高检察院《关于印发〈人民检察院派驻看守所检察室与看守所监控系统联网建设规范〉的通知》，要求各级检察院推进驻看守所检察室与看守所监控系统联网建设。

第三节　视听技术

1978 年检察机关重建后，全省一些检察院逐渐购置摄像、录音等设备，为检察机关办案的现场勘验、取证以及大要案办理过程保存声像资料。

1983 年，省检察院制发《关于加强管理严格使用录像设备的具体规定》，明确录像设备主要用于案件取证及固定证据，对录像设备、录像带的管理和使用作出具体规定。

1985 年，省检察院技术人员利用录像、照相等技术手段，配合业务处室对有关案件进行取证并运用于法制宣传报道工作。

1988年，省检察院开展刑事录像61次，刑事现场照相183起，物证照相66次，检验照相44次。承担业务部门现场勘查、刑事照相等业务培训班的辅导工作。对淳安县一起井架倒塌、死3人伤2人的重大责任事故进行现场摄录，为案件的定性提供证据。

1990年8月，省检察院制发《进一步加强管理，严格使用录像设备及录像带的规定》，规范摄像、录音设备的使用与资料的保存工作。

1991年7月，省检察院根据办理自侦案件的需要，在本院设置一套监控系统，并规定审讯室监控设备采购、安装由行装处负责；设备的维修、技术管理由技术处负责；审讯室的日常使用和管理由侦查局(后更名为“反贪局”)负责。是年，全省检察机关共办理物证照相、录像1160件，参与各类现场勘验156次。

1993年8月，根据最高检察院《关于在查办大案、要案中注意记录和保存视听资料的通知》要求，省检察院技术处设立视听技术专业。10月，省检察院制发《关于在查办有影响的重大案件中注意运用技术手段记录收集和保存视听资料的通知》，要求全省有条件的检察院充分利用现有的视听技术手段，在查办大案、要案中要把有关的侦查活动、现场勘查和重要的取证过程记录和保存下来，并建立完整的视听资料档案，以备调用。

1994年，省检察院采取分片包干、定案到人、跟踪拍摄方式，收集到一批大要案照片和录像资料。杭州市千岛湖吴黎宏等人抢劫杀人案发案后，省检察院技术人员及时赶赴现场，拍摄检察机关领导和办案人员提前介入以及现场情况，为该案积累较完整的视听资料。

1998—1999年，全省检察机关普遍开始为检察办案提供物证照相、录像等视听技术服务工作。

2000年始，省检察院要求各级检察院职务犯罪侦查部门首次讯问犯罪嫌疑人时实施全程录像，各级检察院开始建设、改造、完善审讯室的监控和录音录像设施。

2001年，全省检察机关技术部门为各检察业务部门提供照相录像等视听技术服务3038件。

2002年，全省98%的检察院在院内建立讯问监控系统，24%的检察院在公安看守所建立检察专用审讯室。全省检察机关技术部门为各检察业务部门提供视听等技术服务2548场次。

2003年4月，省检察院制发《全省检察机关讯问监控系统和全程同步录像设施标准(试行)》，落实职务犯罪侦查讯问全程同步录音录像要求，规范各级检察院讯问监控系统数字化改造和建设，在全省检察机关实现讯问监控系统数字化和讯问同步录音录像全程化，保证讯问图像和声音的质量和数据格式的统一，并充分利用检察综合信息专线网，实现讯问数据的快速传输，满足检察机关远程侦查指挥和诉讼活动的需要，为依法独立办案提供科技支撑。全省49%的检察院实施讯问监控系统的数字化改造，45%的检察院完成看守所专用审讯室建设。

2005年，省检察院根据最高检察院《人民检察院讯问职务犯罪嫌疑人实行全程同步录音录像的规定(试行)》和《人民检察院讯问职务犯罪嫌疑人实行全程同步录音录像的技术规范(试行)》，要求全省尚未配置全程同步录音录像设备的检察院首先配备录音设备，按照最高检察院要求开展同步录音工作，同时积极争取加快录像设备的建设；已经有录音录像设备的检察技术部门，按要求进一步完善、改造和升级；鼓励有设备条件的检察院在规定的时间之前，尽早推行职务犯罪侦查讯问全程同步录音录像工作。

2006年4月，省检察院制发《浙江省检察机关讯问全程同步录音录像技术标准（试行）》，对讯问室、控制中心、传输录像、控制软件、网路传输等建设提出技术标准，规范各级检察院讯问全程同步录音录像技术工作，提高讯问全程同步录音录像质量。9月，制发《关于开展省、市院讯问监控系统试联网的通知》，全省60%的检察院实施院内讯问室与看守所讯问室的监控联网工作，温州、湖州、丽水等市检察院通过专线网实现全地区的讯问监控联网，实现远程讯问实时指挥、异地进行同步录像等功能。

2007年5月，省检察院"构建网络化平台，全面提升同步录像技术工作"经验在全国检察技术工作会议上交流推广。12月，省检察院制发《关于进一步加强与规范讯问全程同步录像技术工作的意见》，要求各级检察院进一步加强讯问监控系统规范化建设，实现看守所讯问监控系统与检察院内讯问监控系统的联网，各市检察院要探索本地区两级检察院讯问监控系统联网工作，严格按照最高检察院讯问全程同步录像操作规程执行。省检察院初步探索各级检察院与看守所审讯室讯问监控系统统一联网项目，为职务犯罪侦查部门实现远程讯问监控、远程指挥提供网络平台。

2008年7月，省检察院制发《关于进一步加强全省检察机关讯问全程同步录音录像技术工作的实施意见》，对讯问全程同步录像的受理、执行、移送、调阅、复制、保管、异地羁押案件作出程序性规定，对录像资料质量和设备提出技术性要求。

2009年9月，省检察院制发《关于自侦案件审查逮捕上提一级案件讯问犯罪嫌疑人同步录音录像工作的意见》，对自侦案件审查逮捕上提一级案件讯问犯罪嫌疑人同步录音录像资料的归档、移交、异地羁押情况的处理等作出明确规定。

2010年6月，省检察院制发《关于侦查监督部门与检察技术部门建立讯问全程同步录音录像资料质量审查联动工作机制的意见》，要求省、市两级检察院侦监部门与检察技术部门加强协作配合，通过侦监部门对讯问录音录像资料的审查，进一步规范讯问全程同步录音录像技术工作。同月，省检察院制发《关于讯问录音录像操作岗位资格证书制度的规定（试行）》，要求取得讯问录音录像操作岗位资格证书的人数，基层检察院应不少于3人，市级检察院应不少于4人。获得讯问录音录像操作岗位资格证书的人员，由各级检察院技术部门或者承担检察技术工作的部门统一管理，按照"审录分离"的要求和有关规定开展工作。省检察院首批授予各级检察院讯问录音录像操作岗位资格证书的检察人员335人。11月，制发《浙江省检察机关讯问录音录像技术工作规则（试行）》，进一步规范讯问录音录像技术工作，明确讯问录音录像技术工作职责，提高讯问录音录像质量。12月，全省检察机关专项执法检查对讯问录音录像技术工作质量进行抽查，各级检察院讯问同步录音录像设备、图像声音质量、系统设计等基本达到省检察院提出的技术与规范建设要求。

第四节　实施科技强检战略

2000年9月中旬，最高检察院召开全国检察机关科技强检工作会议，决定在大中城市加快科技强检的步伐。12月上旬，省检察院召开第一次全省检察机关科技强检工作会议，对今后5年实施科技强检战略进行部署，启动全省检察机关科技强检工作。会后制发《全省检察机关科技强检五年发展规划(2001—2005年)》，对信息网络技术、侦查技术装备、检验鉴定技术、办公装备建设4个方面的发展目标、建设重点、实施步骤进行全面规划，全省检察机关以信息化为重点的基础建设进入快速发展阶段。

2001年，全省检察机关累计投入经费4500万元，配置各类电脑3460余台，全省71个检察院建成计算机局域网，95个检察院建成讯问监控系统，14个检察院建成看守所讯问监控室，56个检察院配备多媒体示证系统。

2002年1月，省检察院制发《全省检察机关2002年科技强检达标要求》，包括信息化建设标准、办公现代化建设标准、侦查诉讼设备配备标准和检验鉴定设备标准4个方面，省、市、县(市、区)三级检察院各有重点。11月中旬，省检察院召开第二次全省检察机关科技强检工作会议，要求推进科技强检工作做到“四个要”和“三个必须”，即做到思想认识要统一、规划目标要明确、重点一定要抓住、工作责任要落实；抓好科技强检工作必须上下联动、整体推进，配置设备、运用设备、人才培训必须同步结合，科技强检必须由一把手亲自抓。会后制发《浙江省检察机关科技强检建设标准(2003—2005)》，对3年科技强检总体目标以及侦查技术设备、检验鉴定设备的建设内容提出明确要求。同月，省检察院建成与最高检察院和各市检察院之间的一级、二级专线网，实现专线电话、视频会议和计算机数据传输系统“三网合一”的应用功能。全省检察机关二级电话会议网、二级统计数据传输网、三级密码传真网建成并投入使用；80个检察院建成计算机局域网，其中22个检察院安装使用检察业务动态管理系统软件；93个检察院安装举报电话自动受理系统；99个检察院在院内建立讯问监控系统，实行首次讯问12小时全程同步录音录像；24个检察院在公安看守所建立检察专用审讯室，配置同步录音录像设施；省、市两级检察院均建立侦查指挥中心，配置相应设备；73个检察院配备多媒体示证系统。全省检察机关共配备计算机4629台、打印机1100台、扫描仪200台、传真加密机104台，基本实现计算机主要业务部门人手1台、综合部门每办公室1台，并配齐打印机等周边设备的目标；全省检察机关共配备复印机250台、摄像机200套、录像机280台、照相机489台、监视器374台，普遍配齐确保实施修订后《刑事诉讼法》的基本办案装备。12月，为进一步提高全省检察技术队伍素质，充分发挥高素质检察技术人才作用，省检察院检察技术处建立全省检察技术人才库，确定首批检察技术人才库人员9人，其中法医2人、文痕检2人、信息技术2人、司法会计1人、视听专业2人。

2003年3月，省检察院向省政府申请科技强检3年(2003—2005)建设项目及预算，预算经费1800余万元。10月，按照最高检察院《人民检察院科技装备配备规划》要求，省检察院编制《浙江省人民检察院科技强检四年(2004—2007)建设项目及预算》,预算经费 2900 余万元。10 月,省检察院成立科技强检工作领导小组,领导小组办公室设在检察技术处。

2004 年 2 月,省检察院制发《全省检察机关检验鉴定 2004—2007 年设备布局和配置标准》,明确省、市、县三级检察院检验鉴定技术设备配置标准。5 月下旬,省检察院召开全省科技强检、"两房"建设工作会议,省委副书记、省委政法委书记夏宝龙出席会议并讲话。会议总结 2002 年后全省检察机关科技强检工作情况,要求加快推进全省检察机关科技强检工作。会后制发《全省检察机关 2004—2007 科技强检规划》。

2005 年 2 月,省检察院制发《关于在全省检察机关开展科技装备应用年活动的通知》,加大对全省检察机关科技装备和信息化应用的推进力度,以应用来体现科技装备和信息化建设的成效。11 月上旬,为进一步推进全省检察机关业务建设、队伍管理、信息化建设"三位一体"机制建设工作,深入开展科技装备应用活动,省检察院举行全省检察机关"三位一体"应用展示竞赛,最高检察院检察技术信息研究中心率领全国部分省、市检察院分管检察长和技术处处长、信息中心主任前来观摩指导,科技应用展示通过检察专线网向全省检察机关进行现场直播。

2007 年 12 月上旬,省检察院召开第三次全省科技强检工作会议,传达全国检察机关信息化应用推进会议和全国检察技术工作会议精神,总结 2004 年后全省检察机关科技强检工作情况,部署后 5 年全省科技强检工作目标和任务。会后制发《全省检察机关科技强检建设与应用发展规划(2008—2012 年)》和《全省检察机关科技强检建设应用分类标准与经费概算》,明确 2008—2012 年科技强检建设与应用总体目标。12 月,制发《全省科技强检建设与应用发展规划 2008—2010 年度实施指导意见》,细化年度建设应用任务。

2008 年 8 月,省检察院与省财政厅协商确定科技强检专项补助经费的使用范围,将省财政从 2008 年起每年安排的 2000 万元"科技强检"专项经费用于补助省内经济欠发达地区检察院,以省级转移支付资金补助地区五类标准为依据,分类分标准对 45 个检察院进行经费补助,相对向市级检察院的补助倾斜,重点补助文成、泰顺、景宁 3 个国家级贫困县检察院和庆元、松阳、衢江 3 个经济特别困难的县级检察院。

2009 年,为进一步提升检察技术部门为检察业务部门履行法律监督职责提供技术保障的能力和水平,发挥检察技术优秀人才在检察技术工作中的作用,整合全省检察机关检察技术人才资源,省检察院政治部和检察技术处决定建立全省检察技术人才库,通过推荐、遴选、公示等程序,确定人才库人员 36 人,其中法医 7 人,理化 2 人,文检 4 人,司法会计 5 人,心理测试 2 人,声像资料 1 人,同步录像 1 人,计算机 14 人。11 月底,省检察院召开第四次全省检察机关科技强检工作会议,会议完善全省检察机关"两个融入、三个转变"的发展思路,即把科技强检融入自侦办案和法律监督两大检察工作主流,实现从重技术轻管理向技术与管理并重转变,从重局部推进向整体与局部并重转变,从重网络安全向安全与保密并重转变,在建设、应用、管理方面加大工作力度。会后制发《2010 年全省检察机关"科技强检"建设与应用项目实施指导意见》,明确基础网络建设、网络信息安全保密建设、信息化应用建设、数据中心建设、司法鉴定技术和侦查技术建设五个方面的主要任务和建设内容。

2010 年,省检察院完成全省二级检察专线网升级改造工程和三级检察专线网升级改造项目验收,各级检察院按照《浙江省检察机关电子信息系统机房建设规范》进行机房规范化建设。省检察院组织开发职务犯罪侦防信息管理系统并投入试运行,根据省、市两级检察院信访信息实时共享的需求对控申业务软件进行升级;全省绩效考评系统软件通过跨平台数据库共享的方法与统计软件数据库完成对接;引进应用网络舆情分析系统,组织论证全省远程提讯系统建设项目;参与最高检察院全国统一业务应用软件整体设计方案论证和全国高清视频会议系统设备测试选型,参与由省委政法委组织的全省政法机关网络设施和信息资源共享共建工程项目论证。

表 19-12-4-1　　浙江省检察机关检察技术工作受最高检察院表彰情况一览表

年份	称　号	获奖单位或个人
2002	“全国检察机关一级专线网数字化改造工程”表扬单位	省检察院检察技术处
	“全国检察机关一级专线网数字化改造工程”先进个人	省检察院技术处黄世军
2004	全国检察机关信息化工作先进单位	省检察院、杭州市检察院、湖州市检察院、永康市检察院
	全国检察机关信息化工作先进个人	绍兴县检察院检察长裘霞、温州市检察院技术处处长陈奇品、宁波市检察院技术处干部彭胜波
2007	全国检察机关检察技术工作先进集体	省检察院检察技术处
	全国检察机关检察技术工作先进个人	省检察院检察技术处正处级检察员褚建新、宁波市北仑区检察院检察技术科科长赵海定、绍兴县检察院技术科干部李惠英、台州市检察院检察技术处副主任法医师戴丽英
2009	全国检察机关信息化应用竞赛优胜单位	省检察院

资料来源:根据最高检察院有关表彰类文件综合。

表 19-12-4-2　　浙江省检察机关检察技术工作受省检察院表彰情况一览表

年份	称　号	获奖单位或个人
1991	优秀法医	仙居县检察院王凤林、舟山市检察院李兰庆、省检察院台州分院马保海、衢州市检察院李根福、绍兴市检察院袁维坚
2002	全省检察机关科技强检工作先进集体	富阳市检察院、宁波市鄞州区检察院、乐清市检察院、温岭市检察院
	全省检察机关科技强检工作先进个人	宁波市检察院助理检察员彭胜波、海宁市检察院检察长曾月桂、湖州市检察院技术处处长朱友江

续表

年份	称　号	获奖单位或个人
2004	全省检察机关科技强检先进集体	杭州市检察院、瑞安市检察院、慈溪市检察院技术科、诸暨市检察院、嘉兴市检察院技术处、湖州市检察院、东阳市检察院、景宁县检察院、舟山市检察院
	全省检察机关科技强检先进个人	玉环县检察院副科长谢尚桦、衢州市检察院处长李根福
	全省检察机关办案用房和专业技术用房建设先进集体	拱墅区检察院、文成县检察院、象山县检察院、绍兴县检察院、嘉兴市检察院、磐安县检察院、路桥区检察院、江山市检察院、岱山县检察院
	全省检察机关办案用房和专业技术用房建设先进个人	余姚市检察院科长杨晓明，丽水市莲都区检察院党组成员、纪检组长金献章
2006	集体二等功	省检察院检察技术处信息技术科
2007	全省检察机关科技强检工作先进集体	杭州市检察院、鄞州区检察院、瑞安市检察院、诸暨市检察院、永康市检察院、温岭市检察院、缙云县检察院
	全省检察机关科技强检工作先进个人	杭州市萧山区检察院党组副书记劳伟刚、湖州市检察院检察技术处副处长陈洁、嘉兴市检察院检察技术处处长孟伟江、绍兴市检察院检察技术处信息技术人员缪秉胜、义乌市检察院检察技术科科长王宏德、龙游县检察院检察技术科科长梅鹤松、舟山市定海区检察院检察技术科科长李锋、临海市检察院检察技术科副科长阮建民

资料来源：根据省检察院相关表彰类文件综合。

第十三章　检察警务

清宣统二年(1910年),浙江省巡警道设立,其中司法科负责司法警察之事,包括预审、督捕、拘押等事项,各府县成立巡警总局或巡警局,承担司法警察等职能。依照清廷《法院编制法》《检察厅调度司法警察章程》规定,司法警察为检察厅之补助机关,检察厅有权调度司法警察。宣统三年,浙江省城商埠各级审检厅成立后,所有检察厅执行之事甚多,浙江巡抚增韫认为应即成补助机关实力补助,以期推行无阻,故以《浙江巡抚为营兵印佐各官补助司法明定章程札提法司文》,编订《关于本省司法警察官、营兵、地方印佐各官补助检察厅详细规则》,规定各类司法警察力量补助检察厅履行侦查职责。

民国北洋政府时期,全省各检察厅内配置一定数量的司法警察,检察官对其行使调度权。民国7年(1918年),浙江高等检察厅为本省各级检察厅检察长、检察官填发指挥司法警察证共26份。南京国民政府时期,设在法院内的检察处司法职员名录中,未见有司法警察的配置;浙江检察机构通过调度司法警察,主要执行搜查证据、逮捕、拘传等职务。

中华人民共和国成立后,全省检察机关一直未配备司法警察。1978年检察机关重建后,开始配置司法警察(以下简称法警)。1982年10月,省检察院发文要求各级检察院按照最高检察院1979年《关于报送各级人民检察院法警着装供应计划问题》规定的方案执行。

1983年7月,省人事局同意省检察院配置专职法警,明确省检察院法警主要职责是:送达法律文书,提押和看管犯人,协助检察员依法执行搜查等强制措施,维持接待室的秩序。1996年8月,最高检察院制定并实施《人民检察院法警暂行条例》,对检察法警工作作出规定。1997年,省检察院增设警务处(对外称法警总队)。2001年6月,最高检察院下发《人民检察院法警执行职务规则(试行)》,明确检察机关法警的9项职责,即保护人民检察院直接立案侦查案件的犯罪现场;执行传唤;参与搜查;执行拘传、协助追捕逃犯;提押、看管犯罪嫌疑人、被告人和罪犯;送达法律文书;参与执行死刑临场监督活动;负责检察机关专门接待群众来访场所的秩序和安全,参与处置突发事件;执行检察长交办的其他任务。2005年,省检察院组建综合警务处(隶属政治部,对外称法警总队)。2008年,省检察院党组决定,综合警务处单列,改称警务处。

第一节　法警队伍建设

1978年全省检察机关重建后,即通过从公安机关和企事业单位中调动、部队退伍军人中招录和面向社会招考等途径录用法警。至1985年10月，全省检察机关在编法警中以工代警的占40%，队伍素质相对偏弱。1986年5月，省检察院、省法院根据国家有关部门的文件规定精神，联合就两系统法警改为干部(以下简称“改干”)范围、条件、手续和审批权限作出具体部署。10月，省检察院发文要求抓紧办理法警改干问题。

1983年1月，省检察院根据最高检察院《关于检察法警警容风纪的通知》精神，要求各级检察院对法警的警容风纪进行一次检查、教育，并决定之后的每年换装季节进行警容风纪教育，以保持警容严整，举止端庄，讲究文明礼貌。

1984—1994年，全省检察机关的法警基本上分散于本院各内设机构，由各内设机构自行管理，未形成统一规范的管理。

1995年6月，根据最高检察院、国家人事部和公安部的有关文件要求，省检察院发文至各级检察院，对从以工代警人员中吸收录用法警的程序、对象、方法作出明确规定。至年底，全省检察机关从以工代警人员中共录用法警204人。是年，各市(分)检察院开始组织新录用法警的上岗培训，开展职业道德教育，以及有关法律、检察业务和法警业务知识的学习。针对全省检察机关法警从事驾驶工作人数较多的特点，各级检察院经常进行安全知识和交通法规的学习，还适时进行驾驶技术考核，并定期或不定期组织法警进行实弹射击和应付突发事件的模拟训练，提高法警队伍的综合素质。

1993—1996年，全省检察法警受到各类表彰和奖励145人次。其中，立个人三等功10人次，被评为市、县级检察院先进工作者115人次，优秀党员5人次。

1996—2004年，省检察院针对全省法警队伍文化素质偏低，其中大专以上文化程度仅占20.6%(内法律专业占17.3%)的情况，组织和鼓励法警在职学历教育和业务培训。至2004年，全省检察机关法警具有法律本科学历的已占40.6%；同时，全省检察机关通过组织对法警进行检察业务岗位适应性培训，集中时间学习《司法警察警衔条例》《刑事法律基础知识》《法警执法基础技能教程》等专业知识，确保法警人员规范履职。

2005年，省检察院加强了对法警人员的培训。是年，举办有56名法警参加的首期法警晋升警衔前的培训班，后又组织5名晋升一级警督人员进京参加最高检察院的法警业务培训。

2006年，省检察院举办第二期法警业务培训班，对各市检察院警务部门负责人、各级检察院警务骨干及当年拟晋升和首评警衔人员进行集中培训，同时组织13名晋升一级警督以上人员进京参加最高检察院的业务培训。省检察院制定《司法警察管理暂行规定》，以规范省检察院法警队伍管理。

2007年，省检察院发文要求全省检察机关对法警实行编队管理，省检察院法警处领导本级和下级检察院法警工作。各市检察院相应设立法警支队，领导管理本级和下级检察院法警工作。县级检察院也逐步设立法警队，逐步将法警统一归口警务部门管理，对法警实行“统一管理、统一派遣、统一备勤、统一培训”的集中编队管理制度。对不愿意归队从事法警工作的以及不能适应法警岗位的人员实行转岗，不再保留警衔；法警提任法警部门以外的中层领导职务的不再保留警衔。对现任法警确因工作需要须兼任其他检察工作的，经省检察院批准，可派驻相关部门实行双重管理，日常管理考核由所在部门负责，业务培训和警衔管理由警务部门负责，遇有重大任务时由警务部门统一调用；非从事警务工作人员不再批准转任法警。2月，省检察院提出，各级检察院要按照政治坚定、纪律严明、训练有素、作风过硬、执法文明的要求全面加强法警队伍建设。4月，省检察院举办全省第三期法警培训班，对各级检察院警务骨干及拟晋升和首评警衔人员进行集中培训。省检察院制定实施全省检察机关法警体能技能达标标准，明确法警3年内达不到标准的，暂缓晋升警衔或者不予保留警衔。各市检察院按照分级培训的原则，对照达标标准抓好本地区法警的业务培训。同时，各级检察院加强对法警的思想政治教育，结合各项教育活动及全国检察机关"优秀法警队、优秀法警"评选活动，力抓法警队伍的思想作风、执法作风和工作作风建设，增强广大法警的敬业精神和奉献意识。

2008年，省检察院综合警务处更名为警务处并单列后，突出抓好以提高执法能力为重点的法警技能培训。组织全省检察机关法警首次体能技能达标考核和法警工作专题研讨班，各级检察院采取分级培训办法，从素质和能力两方面加强对法警的业务培训。同时，按照最高检察院提出的"一熟、二懂、三会"(即"熟悉法警职责，懂检察业务，懂办案程序，会使用枪械具，会擒拿技术，会微机操作")要求，广泛开展岗位练兵活动，努力提高履职能力。5月，根据最高检察院《关于组织开展争创司法警察编队管理示范单位活动的通知》精神，省检察院要求各级检察院贯彻落实。省检察院为加强法警队伍建设，专门安排从专项政法编制中下达给每个市检察院3人、每个基层检察院2人的司法警察专项指标。是年，省检察院根据最高检察院关于统一更换检察机关人民警察证(警官证)的通知精神，对全省检察机关法警统一更换警官证。

2009年，根据最高检察院关于开展争创法警编队管理示范单位活动的要求，省检察院组织各级检察院对法警工作进行自查并申报争创单位。省检察院在对各市检察院申报情况进行核查后，确定将宁波市检察院法警支队等8个法警支(大)队作为法警编队管理示范的候选单位，推荐上报最高检察院。4月，省检察院举办法警体能技能达标考核和法警骨干培训班，对110名拟授予、晋升警衔人员和65名骨干进行考试考核和专项培训；各市检察院按照分级培训的原则，有针对性地抓好本地区法警的业务培训。8月，省检察院根据省编委会分配下达的省检察系统政法专项编制数，决定在分配下达给市、县两级检察院的总编制中，安排市级检察院33个名额、县级检察院180个名额专门用于招考录用法警，并于3年内完成。

2010年，省检察院修改完善全省检察机关法警体能技能达标考核办法，并于5月组织年度达标考核。随后，举办全省检察机关法警队长培训班，聘请专家授课，重点加强警务理论、警务技能的学习。同时，各法警支队按照分级培训的原则，举办法警培训班和岗位练兵，落实本地区法警的业务培训。是年，全省有宁波市检察院法警支队、台州市检察院法警支队、杭州市萧山区检察院法警大队、景宁县检察院法警大队被最高检察院确定为全国法警编队管理示范单位。丽水市检察院法警支队等15个检察院的法警队伍被省检察院确定为全省检察机关法警编队管理示范单位。

第二节　办案工作区警务管理

1978年检察机关重建至1998年间，因侦查工作需要，各级检察机关均先后设置讯问室和询问室，由反贪部门自行管理与使用。

1999年，省检察院在讯问室、询问室基础上建立办案工作区。6月，省检察院为进一步加强和落实办案中的安全防范工作，对加强各级检察院的讯问室安全设施提出具体要求。7月，省检察院制定《讯问室使用规定》，规范省检察院讯问室使用、管理，保证依法、文明、安全办案；法警在检察官的指挥下履行职责。

2003年，省检察院制发《关于进一步加强侦查办案安全防范工作的意见》，各级检察院按照省检察院要求，制定办案安全防范预案，细化办案场所安全防范措施，强化法警对办案安全保障的职责，努力杜绝办案安全事故。

2005—2006年，一些基层检察院开始建设办案工作区，专门用于讯问犯罪嫌疑人、被告人、询问证人、接待来访等工作，由法警负责专用区域的办案安全警戒。

2007年，根据最高检察院的意见，省检察院明确规定办案工作区由法警部门负责管理，并要求各级检察院全面开展办案工作区规范化建设，将办案工作区建设成检、警分工负责，互相配合、互相监督的平台。

2008年，省检察院确定把加强办案工作区建设作为促进法警履职，发挥警务保障职能作用的重要内容和抓手。9月，省检察院在宁波市鄞州区检察院召开全省检察机关办案工作区建设现场会，提出全省检察机关办案工作区建设的目标、措施等框架性意见。会后制发《关于加强全省检察机关办案工作区建设的意见》和《浙江省检察机关办案工作区建设基础设施标准(试行)》，规范指导办案工作区建设。至年底，全省所有市级检察院和60%的基层检察院已建立由法警部门管理、基本符合“功能完备、科技先进、高效实用、安全可靠”要求的办案工作区。

2009年，根据最高检察院《人民检察院办案工作区设置和使用管理规定》，省检察院明确要求各级检察院将办案工作区设置在地上一层或地下室，并与办公区域保持适当隔离，形成符合安全、保密要求的区域；办案工作区应当设置讯问室、询问室、接待室、执勤室、待诊室和卫生间等用房；办案工作区设置应当符合国家有关建筑设计、环境保护及消防安全等方面的规定和标准。省检察院法警部门将指导督促各级检察院加强办案工作区规范化管理和应用作为重点工作，先后两次进行专项检查和抽查，对检查中发现的问题当场反馈，要求整改。

2010年，省检察院制定《办案工作区工作流程》和《办案工作区应急管理预案》，规范本院用警行为和提高执警质量。同时按照最高检察院《人民检察院办案工作区设置和使用管理规定》，全省检察机关法警部门2次接受检务督察部门对办案工作区建设和使用管理情况的督察。凡不符合标准的，对照要求和标准进行改造和完善，消除安全隐患。省检察院要求各级检察院紧密结合执法办案实际，完善处置犯罪嫌疑人自伤、自残、逃跑等突发事件预案，努力提高防范、应对突发事件的能力，将安全防范预案的建立纳入省检察院对基层检察院的绩效考核。是年底，各级检察院全部建成设施、管理规范化的办案工作区。

第三节 办案工作警务保障

1978年检察机关重建至2005年，全省检察机关法警的组织管理不统一，分散在多个部门从事相关工作。

2006年2月始，省检察院综合警务处行使控申执警任务，维护控申场所秩序，保障接待人员和接访场所的安全。4月，省检察院召开全省检察机关第一次法警工作会议，要求各级检察院的法警工作以保障检察业务顺利开展为核心，着力推进法警履职，发挥警务保障职能作用。会后制发《关于加强全省检察机关司法警察工作的意见》，明确全省检察机关法警工作的目标、重点、措施和要求。6月，省检察院制发《浙江省检察机关法警参与刑事诉讼实施细则(试行)》，促进全省检察法警正确履职，充分发挥法警在刑事诉讼中的作用。并制定本机关法警的管理暂行规定和参与群众来访接待工作细则，规范依法履行职责。省检察院综合警务处根据警力实际确定工作重点，即：信访接待和检察长接待日的秩序维护和安全保卫，公诉死刑案件的被告人提审和二审、再审出庭公诉期间的安全保卫，自侦案件中执行拘传、协助执行拘留、逮捕强制措施，参与搜查和看管犯罪嫌疑人、重大犯罪嫌疑人和被告人的押解，执行死刑临场监督5项。

2007年，省检察院围绕第二次全国检察机关法警工作会议精神的贯彻落实以及修订后《人民检察院司法警察暂行条例》的执行，开展调查研究，并形成调研报告，进一步明晰法警的定位和发挥职能作用的途径与方法。

2008年，省检察院继续推进全省检察机关法警依法履职。各级检察院法警部门共执行押解、提押988次，执行看管1700余次，执行传唤1300余次，协助执行拘留逮捕等强制措施483次，参与搜查230次，协助追逃86次，送达法律文书877次3670余件，维护上访场所秩序396次。

2009年4月，宁波市镇海区检察院受理一件7人涉嫌交通肇事、伪证、妨害作证、包庇以及保险诈骗犯罪的重大刑事窝案。其间，该检察院法警大队发挥法警职能优势，在办案组的统一安排下快速反应，针对多变的抓捕情形，及时调整抓捕思路，成功追捕3名交通肇事犯罪嫌疑人，为顺利办理该案奠定基础。9月，省检察院贯彻最高检察院《人民检察院办案工作区设置和使用管理规定》，明确办案工作区“看审分离”制度，明确法警对检察人员的讯问活动是否存在违法违规行为具有监督责任。是年，省检察院加强控申执警工作，协同控申部门及时处置群体性上访事件，维护省检察院的正常信访接待秩序和办公秩序。省检察院警务处在分管领导的统一指挥下，协同控申部门快速反应，妥善处置100人以上的集体访和20多人的上访事件各1起，取得良好效果；省检察院警务处以办案工作区为平台，扎实做好自侦案件中协助执行传唤和拘留、逮捕强制措施、看管和提押押解，确保办案安全。为做好办案安全防范工作，省检察院与省立同德医院签订协议，建立医疗急救绿色通道，制订医疗急救应急预案。

2010 年，全省检察机关积极发挥法警职能作用化解社会矛盾，保证办案工作安全。5 月，杭州市萧山区检察院法警在处置一起闹访事件中，成功抓获冒充该检察院工作人员进行诈骗的犯罪嫌疑人孟某。据孟某供认，曾先后 3 次冒充检察人员在参与闹访事件中进行诈骗。孟某随后被公安机关刑事拘留。7 月，丽水市莲都区检察院法警跨越浙、赣、闽、粤 4 省，行程 2000 多公里，克服时间紧、环境差等困难，历时 90 余小时，将网上追捕的行贿犯罪嫌疑人叶某安全顺利押解归案。8 月，玉环县检察院法警冒着高温赴广西壮族自治区东兴市，连续工作九昼夜，成功追捕 1 名在逃犯罪嫌疑人。是年，全省检察机关法警执行传唤 1370 余人次，执行异地押解 1210 人次，参与搜查 333 人次，参与抓捕犯罪嫌疑人任务 111 人次，抓获犯罪嫌疑人 37 人。

表 19-13-3-1　　　　2010 年浙江省检察机关法警履职情况一览表

<table>
<tr><th colspan="2" rowspan="2">项　　目</th><th colspan="2">合　　计</th></tr>
<tr><th>单位(次)</th><th>单位(人)</th></tr>
<tr><td colspan="2">保护犯罪现场</td><td>30</td><td>53</td></tr>
<tr><td colspan="2">执行传唤</td><td>775</td><td>1378</td></tr>
<tr><td colspan="2">参与搜查</td><td>210</td><td>331</td></tr>
<tr><td colspan="2">执行拘传和协助执行其他强制措施</td><td>1327</td><td>2417</td></tr>
<tr><td colspan="2">押送、提解犯罪嫌疑人、被告人</td><td>722</td><td>1141</td></tr>
<tr><td colspan="2">看管犯罪嫌疑人、被告人</td><td>1469</td><td>2562</td></tr>
<tr><td colspan="2">参与执行死刑临场监督活动</td><td>95</td><td>102</td></tr>
<tr><td rowspan="2">送达</td><td>法律文书</td><td>3854</td><td>4308</td></tr>
<tr><td>案卷</td><td>5491</td><td>5318</td></tr>
<tr><td rowspan="2">参与追捕在逃犯罪嫌疑人</td><td>追捕</td><td>55</td><td>111</td></tr>
<tr><td>捕获</td><td>37</td><td>71</td></tr>
<tr><td colspan="2">执行重大警务任务</td><td>63</td><td>120</td></tr>
<tr><td colspan="2">其他任务</td><td>964</td><td>1746</td></tr>
<tr><td colspan="2">合计</td><td>15092</td><td>19658</td></tr>
</table>

资料来源：根据各市检察院上报相关数据综合。

从 录

一、清末、民国时期浙江省检察文献资料辑录

浙江巡抚增为营兵印佐各官补助司法明定章程札提法司文①（宣统三年）（节录）

照得浙江省城商埠各级审检厅成立以后，所有检察厅执行之事甚多，即应责成补助机关实力补助，以期推行无阻。现已遵照大部奏定《各级审判厅试办章程》第一百条规定，编订关于本省司法警察官、营兵、地方印佐各官补助检察厅详细规则，以期明定处分，责任所关，方可实力补助，共计九条，交由会议厅参事科公同议决可行。除咨明法部核复外，合行札司即便查照。（略）规则录下：

第一条　本规则为遵照《各级审判厅试办章程》第一百条规定本省司法警察官、营兵、地方印佐各员实力补助检察厅之职务而设，以资遵守。

第二条　前条规定各项补助机关，遇有检察厅调度，接到通知，应即实力补助以尽职务。至通知方法，遵照《调度司法警察章程》第五条规则办理。

第三条　不遵检察厅调度，或不尽职务，以致误事者，在巡警、营兵，则由检察厅请该营长官分别惩办。在官长，则由检察厅据实详请抚院查明，分别记过撤参。

第四条　前条规定之补助，已受检察厅调度指挥时，检察厅有完全之权。其执行职务因调度指挥致有错误，由检察厅负其责任。

第五条　巡防营兵应行补助司法之重要事项如下：一、缉捕盗贼时；二、弹压匪徒及查拿时；三、遇司法警察传集人犯，有聚众抗拒情事时；四、勘验命盗案时；五、护送重要人犯时。

第六条　检察厅遇有命盗案件，得依情节轻重，地方印佐各员，或警务长及区官会同勘验。

第七条　缉捕之事为地方印捕各官专责。遵照法部电饬，无论已未设审判厅地方，所有承缉处分照旧办理。地方印捕各官对于缉捕事务尤宜实力奉行。

第八条　凡检察厅补助机关执行司法警察事务，除本规则特别规定外，遵照《调遣司法警察章程》第十六条规定办理。

第九条　本规则自咨请法部之日为施行之期，遇有应行增删修改之处，由抚院定之。

---

① 汪庆祺编，李启成点校：《各省审判厅判牍》之公牍类二，北京大学出版社 2007 年版，第 268 页。

浙江省法院编制法[①]**(民国元年1月浙江都督公布修正)(节录)**

第十章 检事厅

第六十条 (修正)省检事厅地方检事厅各置检事长一人,并置检事一人或二人。县检事厅置检事一人或二人。县检事厅检事有二人时,由提法司指定一人为监督检事。

第七十五条 (修正)各检事厅得随时调度司法警察。调度司法警察章程另行规定。

第十二章 书记官及通译员

第八十六条 (修正)各检事厅准用第八十三条之规定,分别置各项书记官掌理该厅会计文牍及其他一切庶务。

第九十三条 (修正)法院并检事厅设书记生若干人,由院长、检事长或监督推事、监督检事视事之繁简酌量派充。

第十五章 司法行政之职务及监督权

第百七条 (修正)司法行政监督权之施行,其区别如左:

(一)提法司对于法院有监督权;

(二)省法院长监督该院并所属下级法院;

(三)地方法院长监督该院并所属县法院;

(四)县法院监督推事监督该院各员;

(五)省检事长监督该厅及所属下级检事厅;

(六)地方检事长监督该厅及所属县检事厅;

(七)县检事厅监督检事监督该厅各员。

第百十一条 (修正)本法公布后,省法院地方法院限民国元年七月以前一律成立,县法院限同年年内一律成立。

暂行执法科简章[②]**(民国元年6月浙江都督颁布)(节录)**

一、未设县法院之各县,凡民刑初审事件均由县执法科办理。

二、县执法科以左列人员组织之:

(一)执法长;

(二)执法员;

(三)书记;

(四)司狱。

三、执法长督率执法员管理境内一切民刑事件。

四、执法员秉承执法长专理民刑各件。

五、书记秉承执法长及执法员管理录供缮稿等事。

六、司狱秉承执法长专管监狱事务。

七、执法长、执法员均得莅庭审判。

---

① 民国元年《浙江公报》之法令第103册,第4—5页。

② 民国元年《浙江公报》第111册,第3—5页。

八、凡诉讼事务均以执法长名义行之。其由执法员审判者，判决书内并各署名盖章。

九、执法科判决事件，诉讼当事人不服请求上诉者，应由执法员将上诉状转送地方法院或检事厅。

十、执法科判决确定者，民事事件即由执法科执行刑事事件办法如左：

(一)应处死刑者报由该管地方检事厅复核后，转呈省检事厅咨报提法司，俟提法司呈准都督饬知执行。

(二)应处徒刑其刑期在五年以上者，应于判决后十日内抄录全案，报由该管地方检事厅复核。

(三)应处徒刑其刑期不满五年者，每月各开具案由、简明事实、援引条文，具报该管地方检事厅复核。

十一、检事厅复核时查有判决未合者，得饬令再审或另拟。

十二、执法科收理词讼，除命盗案件照常通报外，其余均于每月终分别已结、未结，造册呈报于提法司。

十三、执法科对于省法院检事厅，地方法院检事厅与县法院检事厅对于省法院检事厅、地方法院检事厅同。

十四、法院各项诉讼章程与执法科不相抵触者均适用之。

十五、县监均就旧有之县监狱待质所、迁善所等改设，未决之刑事被告及已决之罪犯须别异之。

十六、县执法科每月终应将在监人犯分别已决、未决，造册具报于提法司，其执行死刑者并将执行日期呈报。

十七、本章程于县法院一律成立之日失其效力。

提法司呈检事厅办事细则①(民国元年奉都督批准公布施行)

第一条　检事厅有检事数员时，其事务之分配由检事长定之。但重要事件应由检事长自行处理。

第二条　检事须轮流值宿。

第三条　凡法院开总会议时，检事长应列席会议，陈述意见。

第四条　地方检事厅于每年二月开所属县检事厅检事长会议，省检事厅于每年三月开各地方检事厅检事长会议。

第五条　法院办事细则限与本细则不相抵触者，检事厅适用之。

浙江高等法院检察处暂行处务规程②(节录)

(民国18年8月1日司法行政部指令，浙江高等法院第6632号)

第一章　总纲

第一条　本处处务除遵照现行法令外，依本规程之规定。

---

① 民国元年《浙江公报》；浙江图书馆电子文档号mgqks0002419120087003，第8页。

② 闵钐、谢如程、薛伟宏编著：《中国检察制度法令规范解读》，中国检察出版社2011年版，第302—308页。

第二条　本处办公时间每日以八小时为率，但事务繁要时，虽在规定时间外亦应办理。

第三条　本处职员须亲注到散时刻于勤务簿，逐日送首席检察官查阅。

第四条　本处职员于办公时间内如因事故不能在处逾两小时者，应填请假书，向首席检察官请假，并依下列各款分别报告：

（一）记录科书记官应同时报告其所配置之检察官；

（二）其他各科书记官应同时报告主任书记官；

（三）录事请假须经由主任书记官核转并报告其本科主管书记官。

前项请假书经核准后发交主任书记官，转交主管科登记之，销假时亦同。

第五条　本处职员对于未经宣布之文件应严守秘密。

第六条　司法警察之服务暂依《浙江各级法院司法警察服务细则》之规定。

第二章　首席检察官

第七条　首席检察官处理事务依《各省高等法院检察官办事权限暂行条例》及其他法令所定行之。

第八条　首席检察官对于本处职员有所表示以令或口谕行之，对于所属各级检察处及兼理司法之县长及监所行文时依公文程式令所规定。

第九条　首席检察官对于本处检察官及所属各级检察官兼理司法之县长、各监所得征取报告并查察其进行方法，如有不当情形随时指正之。

第十条　首席检察官为处理特别事务得召集全体检察官及书记官会议征取意见，但不用多数表决法。

第十一条　首席检察官因事故不能到院办事时，得委本处检察官代行并呈部备案。

第三章　检察官

第十二条　检察官之事务分配由首席检察官定之。

第十三条　检察官处务依下列各款分别办理：

（一）对于所属检察处及兼理司法各县办理检察事务之指挥监督；

（二）对于所属检察处及兼理司法之县长特定请示之件；

（三）诉讼人对于前款所列职员之处分请求撤销或变更及指诉处务情况不当之件；

（四）刑事诉讼法第十条所载第一审之件；

（五）上诉及再审之件；

（六）复判之件；

（七）莅庭之件；

（八）执行之件；

（九）移转管辖、指定管辖及推事拒却之件；

（十）侦查特定事项之件；

（十一）其他事件。

第十四条　检察官所拟稿件均由首席检察官核定。

第十五条　检察官配受案件如因事实上或法律上之事故不能执行职务时，由首席检察官指定他员办理或与他员案件互易之。

第十六条　检察官因不得已事故不能执行职务时，应报告首席检察官，其他另行指定检察官暂行代理。

第四章　书记室

第一节　总则

第十七条　书记室以主任书记官及书记官组织之，其职务分配如下：

（一）文牍科；

（二）统计科；

（三）会计科；

（四）记录科。

第十八条　各科分数股者，每股按事务之繁简配置书记官，并得用录事助理或以一书记官兼办数股事宜。

第十九条　主任书记官承首席检察官之命指挥监督书记室事务。

第二十条　各科书记官受首席检察官及主任书记官之命处理事务，记录科之书记官并应受检察官之指挥监督。

第二十一条　各科人员之配置、更调由主任书记官于年终陈请首席检察官指定之，但有必要情形时得随时陈请指定。

第二十二条　文牍、统计、会计各科稿件，先由主任书记官核阅，记录科稿件先由检察官核阅，再送首席检察官判行。

第二十三条　各科簿册应于每司法年度开始时各立一册，但得依便宜于同一事项、同一年度分立数册，或同一事项合数年度共立一册。

（略）

第五章　附则

第三十八条　本规程未尽事宜由首席检察官随时呈请修正。

第三十九条　本规程自呈奉司法行政部核准之日施行。

浙江省地方法院检察处暂行处务规程①（节录）

（民国18年8月1日司法行政部指令，浙江高等法院第6632号）

第一章　总纲

第一条　地方法院检察处处理事务除遵照现行法令及各项专则外，依本规程之规定。

第二条　地方法院检察处办公时间每日以八小时为率，但事务繁要时得延长之。

第三条　办公时间外及例假日所发生之事务由值日职员处理之，值日规则由各检察处另行规定。

第四条　地方法院检察处职员须亲注到散时刻于勤务簿，逐日送首席检察官查阅。

第五条　职员于办公时间内如因事故不能在处逾二小时以上者，应填请假书向首席检察

---

① 闵钐、谢如程、薛伟宏编著：《中国检察制度法令规范解读》，中国检察出版社2011年版，第309—313页。

官请假，并依下列各款分配报告：

（一）记录科书记官应同时报告其所配置之检察官；

（二）总务科书记官应同时报告主任书记官；

（三）录事请假须由主任书记官核转并报告其本科主管书记官。

前项请假书经核准后发交主任书记官，转交主管科登记之，销假时亦同。

第六条　职员对于未经宣布之文件应严守秘密。

第七条　司法警察之服务依《浙江各级法院司法警察服务细则》之规定。

法医及检验吏服务细则由该管首席检察官另行呈准定之。

第二章　首席检察官

第八条　首席检察官处理事务依《地方法院检察官办事权限暂行条例》及其他法令行之。

第九条　首席检察官因必要情形，得将本处职员之职务移归其他职员办理。

第十条　首席检察官处理本处事务得以令或口谕行之。

第十一条　首席检察官为处理本处特别事务，得召集全体检察官及书记官会议征取意见，但不用多数表决法。

第十二条　首席检察官因事故不能办公时，得派其他检察官代行并呈报监督长官。

第三章　检察官

第十三条　检察官之事务分配由首席检察官定之。

第十四条　检察官所拟稿件均应送由首席检察官核定。

第十五条　检察官配受案件如因故不能执行职务时，由首席检察官指定他员代理或与他员案件互易之。

第四章　书记室

第一节　总则

第十六条　书记室以主任书记官及书记官组织之，其职务分配如下：

（一）总务科；

（二）记录科。

第十七条　各科按事务繁简配置，书记官并得用录事助理。

第十八条　主任书记官首席受检察官之命指挥监督书记室事务。

第十九条　各科书记官受主任书记官之命处理事务，记录科之书记官并应受检察官之指挥监督。

第二十条　各科人员之配置、更调由主任书记官于年终陈请首席检察官指定之，但有必要时得随时陈请指定。

第二十一条　总务科稿件先由主任书记官核阅，记录科稿件先由检察官核阅，再送首席检察官判行。

第二十二条　各科簿册应于每司法年度开始时各立一册，但得依便宜于同一事项同一年度分立数册，或同一事项合数年度共立一册。

（略）

第五章　附则

第三十五条　本规程除会计事务外，各地方分院准用之。

第三十六条　本规程未尽事宜，随时由首席检察官呈请修正。

第三十七条　本规程自呈奉司法行政部核准之日施行。

司法经验录①（署浙江高等法院第一分院首席检察官高方潞撰述）

我国旧无司法行政之分。溯自逊清末季，法院编制法施行，各级审判检察厅以次成立，而司法机关始有脱离行政而独立之趋势。革新而后，历经改良，规模渐备。但仍不免贻外界以口实者，则因法律问题、办案程序、法院人员配置上、新旧监狱设备上及行政机关之辅助县长兼理司法之制度，均尚未臻完善。加以司法经费支绌，法官俸给微薄，致进行每多阻碍办事，虽期振作之故。方潞自民元以来历任京师初级厅监督检察官、地方分庭主任检察官、江宁金华地方厅检察长、浙江高一分院首席检察官二十年以上，循分供职，毫无建白，谨将经过办理困难实在情形略陈如下：

一　法律问题

法律之制裁，要在全国一致，能得其平，而后人民始克遵守而无所趋避。近年各省每有单行法颁布，虽属一时因地制宜之计划，而法院办理此类案件则颇难得公平之结果。即如浙省肃清毒品条例，为禁烟法加重治罪之一种，施行以来固不无成效，但数十年来鸦片及其代用品迄未能禁绝者，似非尽由于法律之不良。且不仅浙江一省为然。此项单行法他省既未一律实行，则狡黠者尽可迁地为良逍遥法外，是不啻以邻省为壑也。况敢于干犯严禁而贩运、制造毒品者，均有极秘密之方法、强有力之护符，缉获既难又或非权力所及。即间有少数获案者大都情节较轻，事实上未便处以最高度之刑。更有临时取得军人资格致管辖上发生阻碍者（不独烟案为然，其他案件中被告人亦每有在初审或上诉审中谋一军属名义，为避免受普通法院审判计者），外间不悉内容。每有法院办理烟案，失之轻纵之讥议，其原因端在乎此。

二　办案程序

（子）审判部分。审判程序愈繁，健讼者趋避之术愈工。无论民、刑案件，或托故延不到庭，或中间横生枝节。承办人员自不得不依法循序办理，往往因之经年累月不能结案。不独使被害人受二重损失，而阻碍诉讼之进行，实为一大原因。窃以为对于在审判中故意延滞诉讼，负责者应加以严厉之制裁，并应删减一切无益手续，俾案件得以速结，而收便利人民节省时间、费用之功效。

（丑）检察部分。检察官不起诉之处分，难得对之声请再议，但一经第二审检察官驳回后，依法即无再行声请之余地。轻微之案关系尚小，命盗案件出入甚大。因法律未备而剥夺被害人第三审再议权，既欠平允且不足以昭慎重。至于告发之案，挟嫌图诈者固多，然其中亦不无为公益起见者。刑事诉讼法仅关于告诉人准许声请再议，关于告发人则无此项规定，亦嫌疏漏。窃以为对于不起诉之处分，无论告诉或告发人，似应一并准其声请再议并得向第三审检察官声请，以资救济。

---

① 《浙江司法半月刊》，民国22年第4卷第24号。

三　法院人员配置上关系

(甲)司法官。处理案件学识为先,历练亦不可少。上诉审推检自须慎选,而初审为办案之基础,尤不容轻视。迩来地方以下各法院推检,学识、经验兼优者固居多数,而少年新进者仍复不免。且学习候补人员亦一律分配重要案件,阅历既浅,侦讯调查往往未臻完备。一经上诉则或因事过境迁,或因远道查传不易,第二审于事实上之认定每感困难。故初审推检亦应以资深者充任,而学习候补人员则应先行分配简易案件,俾资历练而免贻误。

(乙)书记官。书记官以纪录科为重,非通晓法律谙悉程序者不克胜任。近查此项人员多选任法校毕业者,自不能谓无法律知识,但关于办理程序上或不如由录事升用者之较为熟悉。且具有法官资格之书记官,每因薪俸较低未足养廉不免见异思迁致更调甚多。而案卷头绪纷繁,继任者清理需时,进行上亦发生阻力。故书记官一职似宜提高待遇,并酌量以资深录事选充,俾得久于其任而利进行。

(丙)法医及检验员。杀伤案件,检验尸伤关系綦重。法医学术较优,检验员则经验较富,二者固不容偏废。但法医以待遇稍薄之故,精于医学者每不肯屈就,似宜增加薪津,俾可用得其人。检验员多系前清仵作,积习甚深,操守未可尽信,要须随时严加督察,以防流弊。

(丁)执达员及司法警察。执达员及法警与诉讼人接近,最易发生弊端。故此项人员若不称职,法院名誉及诉讼进行上即受其影响不少。近年优给薪饷,守法者固居多数,而犯法者仍不能免。查各法院执达员多由考选,承办民事送达执行等事件,虽不无积弊而关系尚小。至于法警,则北平向系调用政警,数月更换一次,时间甚短,且多一重监督机关,故犯法者尚少。但法律知识或嫌欠缺,又因轮班调充,在法院服务为时不久,司法上一切程序未能充分谙悉,办事每难资得力。外省各法院法警考取者居多,资格学术较优,而品行良否非一时所能察觉,故每不免有舞弊情事。法院用人之难,执达员及法警为最。亦惟有随时督察,一经发见犯罪即从严惩办,以儆效尤而已。

四　新旧监狱设备上关系

近年各省新监渐次成立,但因限于经费之不足未能徧设,而各县旧监仍居多数。新监开办及经常费动辄钜万,一切设备自较完善。旧监则因陋就简,经费既绌,待遇不免悬殊。因之人犯疾病死亡之数较多,自属当然之结果。窃以为监狱制度不过为剥夺犯罪者之自由,而按其刑期之长短施以感化教育,俾有自新之途。罪有差等,待遇上则不容歧异。似应挹彼注兹设法改良,使得受平等待遇,亦恤囚之一道也。

五　行政机关之辅助

民刑案件,关于调查事实、拘传人证手续均极繁重,断非少数之推检及吏警所能办到,自非嘱托行政机关辅助不可。而行政官署每不重视司法,往往有对于法院嘱托要件延置不理者。至外县政警人数既少,组织亦欠完备,且不明法律、不负责任者居多,甚或不免有借端索诈。故为朦蔽情事,因之事实之真象难得,而诉讼进行上亦大受影响,法院办案困难,此亦一原因也。

六　县长兼理司法之制度

县长以行政官而兼理司法本属过渡时代权宜之办法,现在各法院至少亦设推检四、五人。

然因案件之多、手续之繁,尚形竭蹶。各县虽设有承审员,而重要案件仍须县长负责。县长以一人办理全县行政事务,又复兼理司法,非有兼人之才自难期其周密;况县长以考核成绩重在行政部分,故对于司法部分每忽略视之;且因更替频繁,重要之案多畏难而延搁。关于辅助事件又或不尽职责,案件每致久悬,而人民感受痛苦莫此为甚。至于承审员,多系法官资格稍有欠缺者充任,且权限不专,待遇亦薄,亦似难责以完美之成绩。故以逐渐普设法院而废止行政兼理司法制度为宜。

七　司法经费支绌

年来各省财政均感困难,而浙江尤甚。省政府应拨法院之经费,除前以五个月公债抵发外,近复积欠在半年以上。即偶尔划发以前欠款,而各县又经屡次函催不肯照解,致各法院时有无米为炊之势。且法院办公经费预算本非充裕,现在又与俸薪一并扣减,维持现状已极不易,遑论发展。

八　法官俸给较薄

为法官者多无积极进取之奢望,不过赖有保障法,可以循资渐进而已。现行制度司法官之俸给及等级均低于行政官,进叙既极不易且并其应得及已进之俸给亦多不能照发,甚至有积欠经年终归无望者,似非所以鼓励司法人才俾得安于其位之办法。

以上数端不过就经验所得举其大者为司法前途计似有应兴应革之必要谨录备采择

二、中华人民共和国成立后浙江省检察文献资料辑录

省政府“六大禁令”①

1950年2月28日,浙江省人民政府公布命令:为贯彻中央人民政府政策,保护国家人民利益,巩固社会革命秩序,特公布“六大禁令”:

(一)禁止任何人、任何机关、任何团体擅自逮捕人犯,除现行犯外,凡未奉县以上人民政府命令,不得逮捕人犯。

(二)禁止任何人乱打人犯。

(三)禁止未经县、市人民政府法庭判决、未经省人民政府批准,擅自处决人犯。

(四)禁止任何机关、团体及县以下区、乡人民政府向人民摊派、征用财物及一切额外负担。

(五)禁止任何机关、团体人员贪污、浪费、破坏、霸占、盗卖公粮、公物及一切国家财产。

(六)禁止私占或贪污、浪费、破坏、盗卖人民斗争果实。

上列禁令必须人人宣传、村村执行。凡有违反上列禁令者,全体人民均有检举、监督的民主权利。凡违反上列六大禁令及侵犯人民上述权利者,定予严惩。仰各遵照,并转饬所属一体遵照执行为要。

---

① 浙江图书馆特藏部,1950年2月28日《浙江日报》。

此令

浙江省人民政府主席　谭震林

华东军政委员会逮捕人犯暂行条例①

（华东军政委员会1950年10月14日东办秘字第812号通令颁行）

第一条　华东军政委员会为保障人民合法权利，巩固人民民主专政，特制定本条例。

第二条　在本区境内逮捕人犯，除法令另有规定者外，概由公安局司法机关依法定手续执行之；其他机关团体或个人，不得逮捕人犯。

第三条　公安司法机关逮捕人犯时，一般应出示逮捕证，逮捕证由县以上公安司法机关主管人员签发之。逮捕证应书明下列各项：

（一）犯人姓名、性别、年龄、籍贯及居住地点；

（二）逮捕事由；

（三）执行机关名称；

（四）年、月、日。

第四条　对现行犯人得加以逮捕，但逮捕后应立即（除特殊情形外，至迟不得超过24小时）将犯人通知或送附近公安司法机关处理；不得殴打、侮辱或擅自拘押处理。

第五条　凡政府通缉在案之人犯，任何人均有报告检举之责。公安司法机关应根据报告处理之；对于其他一般密告案件，公安司法机关须经调查研究，慎重处理。检举密告属实者奖、蓄意诬告者以诬告论罪。检举密告人不愿公开其姓名者，应保守其秘密。

第六条　有犯罪行为之现役军人，应由当地部队军法机关逮捕之，公安司法机关得根据具体情况，予以暂时扣押，但应迅速转解军法机关处理之。

第七条　对公安机关在职人员有犯罪行为，应予逮捕者，应尽先通知该机关主管人。

第八条　人民对恶霸有向政府控告之权，不得私行逮捕，政府应根据控告依法处理。

第九条　地主因偿还农民额外剥削及拖欠政府粮税而逃匿邻区者，应勒令其回乡清理，按章缴纳，一般不应逮捕；如必须至邻区逮捕者，得按第十条之规定办理之。

第十条　各级公安司法机关，如向邻区逮捕或引渡人犯时，须持有专署以上公安司法机关证明文件、携带案卷材料，连同逮捕证，直接商得人犯所在地县以上公安司法机关之同意，并请其执行。

第十一条　公安司法机关在逮捕人犯时，得搜查被捕人犯及其关系人之身体、住所等，但搜查时须作搜查笔录；如女犯，并须由妇女执行。

搜出有关之赃物证件，应妥为登记保存查封，并由当事人签押。搜查员对被搜查人不得有私取财物或侮辱行为。

第十二条　在逮捕人犯时，如遇武装拒捕得施以必要之镇压，一般应事先周密布置，防止抗拒或脱逃。

第十三条　对于已捕之人犯，不论其案情如何，均不得施以刑讯或变相刑讯及任何侮辱。

---

① 浙江省人民检察院综合档案1950-2-11-3。

第十四条　公安司法机关对于已捕之人犯，应于24小时内进行首次询问，不得任意搁置，如发现逮捕错误，应即释放。

第十五条　逮捕与处理人犯，应按时呈报上级主管机关，载明犯人姓名、性别、年龄、籍贯、职业、简历、案由、逮捕地点及处理情形。

第十六条　违反本条例之规定非法逮捕拘押或刑辱人民者，除检察机关依法检举外，任何机关任何人均得向各级人民政府机关控告之。

第十七条　人民受非法逮捕拘押时，其家属或关系人得向检察机关或政府首长控告。并得向公安机关要求立即提审。

公安机关接到前项要求，应于24小时内提审，并予以合法之处理。

第十八条　本条例自公布之日起施行。

浙江省惩治贪污暂行办法①

(1950年5月25日浙江省人民政府制定)

根据中国人民政治协商会议共同纲领第十八条规定之精神，一切国家机关必须厉行廉洁的、朴素的、为人民服务的革命工作作风，反对一切以非法方法图谋私利、侵害国家或人民的财物。为整饬纪律惩治贪污，在中央人民政府未以明文颁布惩治贪污法规以前，特制定本办法。

第一条　凡本省各级政府及公营企业部门、工作人员有贪污行为者，概依本办法处理之。在公共团体工作之人员，办理公共事务犯本办法之罪者，亦适用之。

第二条　凡有下列行为之一者，均以贪污论：

(一)利用职权收受贿赂，或不正当利益者。

(二)克扣或截留应行发给或解交之公粮、公款、物资，而图谋个人私利者。

(三)盗卖吞没、窃取公有财物或群众斗争果实者。

(四)籍端敲诈、勒索或向人民非法加派财物者。

(五)经管公有财产或买卖公物公粮，索取回扣徇私舞弊者。

(六)伪造账目，以少报多，或以多报少，图谋私利者。

(七)擅自挪用公款公粮物资而营利自肥者。

第三条　前条之贪污行为，视其情节轻重，依下列规定惩治之。

(一)贪污财物其数值未满人民币五十万元者，予以认错、道歉、训诫、记过、降级或撤职等处分。

(二)贪污财物其数值在人民币五十万元以上，二百五十万元未满者，处一年以下有期徒刑、劳役或罚金。

(三)贪污财物其数值在人民币二百五十万元以上，五百万元未满者，处三年以下有期徒刑、劳役或罚金。

(四)贪污财物其数值在人民币五百万元以上，七百五十万元未满者，处一年以上五年以

---

① 浙江省人民检察院综合档案1950-2-12-1。

下有期徒刑。

（五）贪污财物其数值在人民币七百五十万元以上，一千五百万元未满者，处三年以上七年以下有期徒刑。

（六）贪污财物其数值在人民币一千五百万元以上，二千五百万元未满者，处五年以上十年以下有期徒刑。

（七）贪污财物其数值在人民币二千五百万元以上，处死刑或十年以上有期徒刑。

第四条　关于前条之科刑，遇有特殊情形，得酌量加重或减轻。犯本办法之罪者，得视情节，酌科或并科剥夺政治权利或特定事务权。教唆贪污者，以主犯论处，帮助贪污者以从犯论处。集体贪污者，主犯从重论处，其余得按情节轻重分别惩治之。行政负责人虽未参加，而知情不报有包庇袒护行为者，从重议处。第三条之未遂犯，得减轻处罚。

第五条　曾因犯贪污罪，依本办法第四条之规定处罚，而再犯贪污罪者，从重论处。

第六条　凡犯第三条之贪污行为，除依第四条规定惩治外，其贪污所得之财务，属于公有者，全部追缴归公。属于贿赂性质者，全部没收归公。属于对人民勒索欺诈者，追还原主。如无法追缴没收时，追缴其价额或以其他财产抵债。

第七条　凡举发他人贪污有据，经证明确实者，得根据案情之轻重，予以适当之奖励，但诬告或蓄意株连陷害他人者，以反坐论罪。

第八条　犯本办法之罪者，于其行为未发觉前，自首坦白，并告发其同谋者，除酌情追缴贪污所得财物外，得减免其刑。在机关团体内举行坦白教育，确能深刻认识错误，自行坦白其贪污行为者亦同。

第九条　犯本办法之罪者，由司法机关审判之，经第二审判决后，即属确定不得上诉。但省人民法院分院受理之第二审案件，处刑在有期徒刑七年以上者，应将卷判送经本院核定。省人民法院本院对于是项送核案件认为原判不适当时，得发交更审或自行提审。

第十条　依本法判处死刑者，须经省人民政府核准后，始得执行。

第十一条　第四条第一款之认错、道歉、训诫、记过、降级、撤职均系行政处分，须呈报主管上级领导机关核准后，始得执行。第七条第二款之从重议处，由主管上级领导机关审酌具体情形，予以行政处分或送司法机关惩办。

第十二条　本办法之解释权与修改权属于浙江省人民政府。

第十三条　本办法自公布之日起施行。

浙江省人民检察署试行组织条例（草案）①

（1950年起草、修改至1951年5月13日）

第一条　本条例依中央人民政府最高人民检察署试行组织条例制定之。

第二条　浙江省人民检察署为全省人民检察机关，对政府机关公务人员和全省国民之严格遵守法律负检察责任。

第三条　省人民检察署受最高人民检察署直辖指挥，并在省人民政府委员会指导下直接

---

① 浙江省人民检察院综合档案1950-1-5-03。

行使职权。

1. 检察本省各级政府机关及公务人员和本省国民是否严格遵守人民政协共同纲领，及人民政协的政策方针与法律、法令。

2. 对各级司法机关之违法判决提起抗诉。

3. 对刑事案件实行侦查、提起公诉。

4. 检察本省司法与公安机关、犯人改造所及监所之违法措施。

5. 对于本省内社会与劳动人民利益有关之民事案件，及一切行政诉讼，均得代表国家公益参与之。

6. 处理人民不服下级检察署不起诉处分之申请复议案件。前项各款除主要的县市应即处理人民检察署执行其职权外，其尚未能建立的县市得暂委托各该地公安机关执行，但须直接受省人民检察署的领导。

第四条　省人民检察署设检察长一人、副检察长一人、委员七人至九人，由省人民政府委员会提出人选呈中央人民政府任命之。

第五条　省人民检察署委员会议，以检察长、副检察长与委员组成之。以检察长为主席，各检察委员会意见不一致时，取决于检察长。

第六条　省人民检察署委员会议议决有关检察之政策、方针、重大案件及其他重要事项，并总结经验。

第七条　省人民检察署应设秘书主任一人，领导秘书室及联系一、二、三科，秘书室秘书、书记、人事各一，收发、誊校、庶务各一，第一科设科长一、检察员二、书记一，第二、第三两科人员与第一科同。第一科职掌：1. 关于政府机关和公务人员违反人民政协共同纲领及人民政府的政策方针与法律、法令、决议等检察事项。2. 关于全体国民违反法律、法令等检察事项。3. 关于违法判决之抗议事项。4. 关于各级检察署的督导与考核事项。5. 关于不服起诉处分案件之处理事项。第二科职掌：1. 关于刑事案件之侦查、检举与公诉事项。2. 关于检察各犯人改造所及监所之措施是否合法事项。3. 关于全省社会与劳动人民利益有关之一切行政诉讼参与事项。

第八条　省人民检察署行使检察权时，对认为只应予行政处分者移送人民监察委员会处理之。

第九条　省人民检察署为有效达成其所负任务得向各机关调阅有关法律、法令、决议等类之文书，并得参加人民法院、人民监察委员会、司法、公安部门之委员会议，及部务会议。

第十条　省人民检察署委员会议，每二十天举行一次，由检察长召集之。必要时得召开临时会议。

第十一条　省人民检察署办事细则另订之。

第十二条　本条例在省人民政府委员会未成立前，由省政府行政会议通过，呈请中央人民政府批准后试行之。

浙江省人民检察署办公规则①

(1951 年 4 月 2 日在省检察署署务会上通过施行)

(1)本署工作人员应严格遵守作息时间,不得无故外出、迟到、早退。在办公时间内,非因接洽公务,不得闲谈、妨碍办公。倘遇紧急事件,办公时间内未能办完时,各主管部门必须延长时间,赶办完毕。

(2)每日下班后,各工作人员须将待办文件,待理财物一一料理清楚。关锁抽屉,妥为保藏,不得任意抛置、遗失。

(3)有关业务上之废稿碎纸须集中纸篓内,并于每日下班后由值日人员监督公务员烧毁。

(4)档案案件非经首长批准,不能携出机关。

(5)传阅文件,应在规定时期内依次阅毕,送还秘书室保存。

(6)科室及各部门工作人员均应严格执行请示报告制度,做到事先有请示、事后有报告。

(7)办公室内应经常保持清洁卫生,力求整齐。

(8)所有经管或使用的办公用具及其他物品,应仔细爱护,使用后必须放回原处,不得随意抛弃。平时节约使用,不得浪费。

(9)本署工作人员均应严格遵守政务院关于各级政府工作人员保守机密的指示,对一切未经公布事项严禁议论及小广播,如有不遵守者予以必要的处分。

浙江省检察机关建设"平安浙江"、服务"八八战略"的若干意见②

为认真贯彻落实省委十一届六次全会关于建设"平安浙江",深入实施"八八战略",努力在促进社会和谐稳定中,推进浙江物质文明、政治文明和精神文明协调发展的重大决策部署,根据《中共浙江省委关于建设"平安浙江",促进社会和谐稳定的决定》,结合检察工作实际,提出如下意见。

一、树立科学发展观,确立为大局服务的指导思想

(1)坚持"立检为公,执法为民"。把维护最广大人民群众的根本利益作为检察工作的出发点和落脚点,自觉在检察工作中维护和实现好人民群众的根本利益。坚持以人为本,认真贯彻宪法精神,尊重和保障人权,关爱生命,关心健康,关注安全,切实保障人民群众的合法权益。

(2)自觉为经济社会发展服务。坚持以经济建设为中心,紧紧围绕我省的改革建设和发展来组织开展检察工作,通过履行检察职能,自觉为经济发展服务。全面理解和把握科学发展观的丰富内涵和统筹兼顾、协调发展的思想精髓,在服务经济发展的同时,注重为社会发展服务、为人的全面发展服务。

(3)全力创造和谐稳定的社会环境和公正高效的法治环境。把创造和谐稳定的社会环境和公正高效的法治环境,作为检察机关建设"平安浙江"、服务"八八战略"的根本途径。坚定地把维护稳定作为首要任务,充分发挥检察职能,大力促进社会和谐稳定;切实加强法律监

① 浙江省检察院综合档案 1950-1-6-35。

② 2004 年 8 月 3 日,省检察院浙检发〔2004〕14 号。

督，大力推进公正执法和文明办案，彰显法律保障人权、维护公平正义的价值取向，维护司法公正和法律权威。

(4)全面强化检察职能。认真落实“强化法律监督，维护公平正义”的主题和“加大工作力度，提高执法水平和办案质量”的总体要求，按照“一个加大、两个加强”的工作格局，全面强化检察职能，充分发挥检察机关打击犯罪、维护法制、保护人权、服务大局的职能作用。

(5)推进检察机关的自身建设。在运用检察职能建设“平安浙江”、服务“八八战略”过程中，不断加强检察队伍建设，扎实推进科技强检工作，积极打造“平安机关”，保障和促进我省检察工作与经济社会协调健康发展。

二、依法打击各类严重刑事犯罪，妥善处理人民内部矛盾，全力维护社会政治稳定

(6)依法快捕快诉严重刑事犯罪。坚持“严打”方针不动摇，依法加强批捕起诉工作，加强对境内外敌对势力、宗教极端势力、暴力恐怖势力以及“法轮功”等邪教组织犯罪活动的打击，加强对爆炸、杀人、抢劫、绑架等严重暴力犯罪，黑恶势力犯罪和其他严重刑事犯罪的打击，对严重刑事犯罪始终保持高压态势。

(7)加大打击经济犯罪的力度。紧密联系经济社会发展的实际，认真研究经济犯罪的新动向、新特点，适时明确打击的重点对象和重点部位，综合运用批捕、起诉和侦查、诉讼监督等多种职能，有效地打击危害市场经济秩序的犯罪活动，保障和促进我省社会主义市场经济的持续快速协调健康发展。

(8)加强群众信访工作。认真落实检察机关群众信访工作“一把手”负责制和重大疑难信访案件领导包案制，大力推行控告申诉首办责任制，把群众控告举报和申诉反映的问题解决在基层，解决在首次办理环节，努力从源头上预防和减少涉法上访，坚持矛盾不上交。认真抓好依法治访工作，及时果断地处置各类群体性事件，维护正常的信访秩序和检察机关的权威。

(9)构筑维护稳定的长效机制。建立健全贯彻严打方针的经常性工作机制，坚持集中打击与经常性打击相结合，坚持什么犯罪突出就重点打击什么犯罪，增强严打整治的针对性和实效性。进一步完善与公安、法院等政法部门的配合制约机制，既依法监督制约，又密切协同配合，形成严打的整体合力。认真贯彻和创新“枫桥经验”，不断探索完善检察机关参与社会治安综合治理的新途径、新方法，积极参与社会治安防控体系建设。

三、深入开展反腐败斗争，促进勤政廉政

(10)突出查办贪污贿赂犯罪大案要案。继续重点查办发生在党政机关、司法机关和行政执法机关等重点部位的贪污贿赂犯罪大案要案，特别是科局级以上现职领导干部的犯罪大案。重视查处直接侵害群众利益、犯罪金额大、社会危害大的职务犯罪案件。大力推进依法独立办案，提高检察机关发现、突破、揭露和证实贪污贿赂犯罪大要案的能力，使办案工作不断取得阶段性成果。

(11)加大查办渎职侵权犯罪案件力度。围绕群众反映强烈的执法和司法不公问题，突出查办行政执法人员和司法人员滥用职权、徇私舞弊、贪赃枉法的犯罪案件。紧密联系建设“平安浙江”的实际，严肃查处国家机关工作人员在维护社会和谐稳定方面的渎职犯罪。注重保障人民群众的合法权益，加强对国家机关工作人员利用职权实施的侵犯公民人身权利、民主权利犯罪案件的查办。

(12)加强预防职务犯罪工作。认真贯彻中央关于逐步建立与社会主义市场经济体制相适应的教育、制度、监督并重的惩治和预防腐败体系的要求，切实抓好省委《反腐倡廉防范体系实施意见》在检察环节的落实，积极推动党委领导下的预防职务犯罪工作机制的建立和预防职务犯罪地方立法工作，加强预防工作的规范化和专业化建设，深化社会化预防和检察机关的系统预防、专项预防、个案预防。

四、公正执法，加强监督，努力创造公正高效的法治环境

(13)严格公正执法。认真贯彻依法治国的方略，落实依法治省的要求，把法治精神贯穿到检察工作的各个方面和执法办案的各个环节，用法律规范检察活动。加强检察业务制度建设，改革完善业务工作机制，健全执法办案的内部制约和外部监督，依靠制度保障严格公正执法，促进依法文明办案，更好地维护公平和正义。

(14)确保办案质量。把案件质量作为检察工作的生命，坚持“一要坚决，二要慎重，务必搞准”的原则，健全办案质量保障体系，严格检查考核，确保所办的案件特别是要案和其他有影响的案件一个不错，能经得起历史的检验。坚持办案法律效果和社会效果的有机统一，把案件放到大局中加以把握，突出办案重点，讲究办案的时机、策略和方法，注意结合办案做好服务经济社会发展的工作，积极化解各种矛盾，重视做好案件的善后工作，使办案不留后遗症。

(15)强化诉讼监督。全面加强对刑事犯罪和经济犯罪立案情况的监督，坚持实体与程序并重，加强对刑事诉讼活动中严重违法问题的监督纠正，防错防漏，不枉不纵。坚持经常性监督检查和专项检查清理相结合，加强刑罚执行监督，防止和纠正超期羁押、违法减刑、假释、保外就医等问题。改革民事行政检察工作的运行机制，加强对民事审判和行政诉讼活动的监督。把执法监督与查办执法不公背后的贪赃枉法、徇私舞弊案件结合起来，增强监督的权威性和有效性，维护法制统一。

五、加强检察自身建设，提高执法能力和保障水平

(16)加强领导班子建设。进一步增强各级院领导班子特别是检察长的政治敏感性和全局观念，提高驾驭全局的能力；增强班子的凝聚力和战斗力，提高公正执法的能力；坚决执行省委作出的六项廉政承诺，加强领导班子的廉洁自律工作；弘扬求真务实的精神，真抓实干，开拓创新，锐意进取，与时俱进。

(17)加强队伍建设。加强干部队伍的思想政治建设，引导干警牢固树立正确的世界观、人生观和价值观，树立科学的发展观和正确的政绩观，充分调动广大检察干警的工作积极性和主动性、创造性。加强教育培训和岗位技能训练，加大高层次人才培养力度，进一步提高干警的业务素质和执法水平。坚持依法治检和从严治检，加强职业道德教育，加强纪律作风建设，树立检察机关和检察干部的良好形象。

(18)加强基层检察院建设。认真落实《人民检察院基层建设纲要》，深入开展“先进检察院”达标争创活动，广泛开展创特色工作，造就一批“示范检察院”，以正规化建设为核心，进一步加强基层检察院建设。省、市检察院要带头加强自身建设，为基层检察院作出表率。

(19)加强检务保障。坚持科技强检，以信息化为龙头，以强办案特别是强侦查为重点，加快科技装备的建设步伐，提高检察工作的科技含量。积极依靠党委、政府的重视和支持，逐步加大对检察机关经费的投入，保证执法办案的实际需要。加强办案用房和侦查技术用房建设，为加强办案和执法监督提供必要的基础保障。

六、加强组织领导，确保建设“平安浙江”目标任务的完成

(20)建立组织，加强领导。省检察院成立由朱孝清检察长任组长的建设“平安浙江”领导小组，各级检察院也要成立相应的领导小组，加强对建设“平安浙江”工作的组织领导、指导协调和督促检查。各内设机构要积极发挥各自职能，分解细化和认真落实建设“平安浙江”的各项任务，密切配合，协同作战，形成整体合力。

(21)明确责任，强化考核。按照“属地管理”和“谁主管、谁负责”的原则，层层建立领导责任制和部门责任制，把建设“平安浙江”的工作落实到单位，落实到部门，落实到责任人。把建设“平安浙江”的成效作为检验各级检察院领导班子和检察长领导能力和工作水平的重要标志，作为衡量工作实绩的重要指标，列入任期目标和年度岗位责任目标，认真加以考核，并把考核结果作为干部政绩评定、晋职晋级和奖励惩处的重要依据。严格实行奖励和责任追究制度，工作实绩突出的予以表彰奖励，失职渎职的严肃追究责任。

(22)坚持党的领导，自觉接受人大监督。在检察工作中认真贯彻落实党的路线、方针和政策，自觉把检察工作置于党委的领导之下，认真贯彻党委的重大决策和部署，及时向党委请示报告检察工作中的重大问题、重要工作部署，保证建设“平安浙江”的工作健康顺利发展。增强接受人大及其常委会监督的意识，主动向人大常委会报告工作，密切与人大代表的联系，广泛听取人大代表对检察工作的意见和建议，及时改进工作。

建设“平安浙江”既是一项长期而艰巨的任务，又是一项现实而紧迫的工作。全省检察机关要高举邓小平理论和“三个代表”重要思想的伟大旗帜，牢固树立和全面落实科学的发展观，团结一致，奋力拼搏，开拓进取，扎实工作，为建设“平安浙江”、深入实施“八八战略”，加快我省全面建设小康社会、提前基本实现现代化作出积极的贡献。

浙江省检察机关加强法律监督能力建设推进检察工作与经济社会同步走在前列的若干意见①

为深入贯彻最高人民检察院关于加强法律监督能力建设的战略决策和贾春旺检察长关于“浙江检察工作要与经济社会同步走在前列”的重要指示，根据省委“干在实处、走在前列”的要求和实施“八八战略”、建设“平安浙江”、建设“文化大省”的总体部署，结合我省检察工作实际，提出如下意见。

一、按照走在前列的要求，明确当前和今后一个时期加强法律监督能力建设的目标任务

1. 加强法律监督能力建设的指导思想是，以邓小平理论、“三个代表”重要思想和科学发展观为指导，服务改革发展稳定大局为出发点和落脚点，维护人民群众的根本利益为核心，改革完善体制机制为重点，建设高素质专业化检察队伍为关键，深入实践“强化法律监督，维护

---

① 2005年9月12日，省检察院浙检发〔2005〕4号。

公平正义"的工作主题,不断增强正确履行宪法和法律赋予的各项职责,维护法律统一正确实施的本领。

2. 加强法律监督能力建设的总体目标是,通过努力,使检察工作与我省经济社会同步走在前列,为加快我省全面建设小康社会、提前基本实现社会主义现代化提供有力的法治保障。重点要保持五个方面的良好势头、力争四个方面有新的突破:即保持依法独立办案深入推进的良好势头,保持检察业务工作讲究质量的良好势头,保持检察业务改革稳步深入的良好势头,保持基层检察院建设全面提升的良好势头,保持科技强检和检务保障不断深化的良好势头;力争在提高检察工作为大局服务的贡献率方面有新的突破,力争在解决制约办案的瓶颈问题方面有新的突破,力争在推进检察队伍的专业化建设方面有新的突破,力争在增强人民群众对检察工作的满意度方面有新的突破。

3. 当前和今后一个时期,加强法律监督能力建设的主要任务是,按照落实科学发展观和构建社会主义和谐社会的要求,提高建设"平安浙江"、服务"八八战略"的能力,依法独立办案、打击和预防职务犯罪的能力,强化诉讼监督、维护司法公正的能力,接受制约监督、严格公正执法的能力,改革创新、推进检察工作深入发展的能力,使执法理念更加进步、执法机制更加完善、执法水平更加提高。

二、始终坚持服务改革发展稳定大局这一出发点和落脚点,进一步提高检察工作为大局服务的贡献率

4. 自觉把检察工作融入大局。认真落实省委"干在实处、走在前列"的要求,进一步增强前列意识,改进和加强检察工作,更好地为我省在树立和落实科学发展观、构建社会主义和谐社会、加强党的先进性建设方面走在前列服务。围绕省委和各级党委的中心工作和不同时期的决策部署,加强调查研究,找准服务大局的切入点。牢固树立政治意识、大局意识、责任意识、群众意识和法治意识,始终保持忠于党、忠于祖国、忠于人民、忠于法律的政治本色。

5. 充分发挥检察职能作用。认真履行维护稳定职能,坚持打击刑事犯罪与化解社会矛盾冲突相结合,全力推进和谐社会建设。认真履行维护市场经济秩序职能,积极参与整顿和规范市场经济秩序工作,保障和促进市场经济健康发展。认真履行惩治腐败职能,加大查办和预防职务犯罪的力度,促进廉洁执政和严格执法。认真履行诉讼监督职能,坚持查处司法腐败案件和监督纠正违法问题相结合,努力维护公平正义。全面正确运用打击、保护、监督、预防等各项职能,不断创新服务大局的思路和措施。

6. 确保服务质量和效果。贯彻宽严相济、区别对待的刑事政策,创新解决涉检信访问题的机制方法,减少社会对立面,努力化消极因素为积极因素。改进查办职务犯罪的方式方法,结合办案做好服务经济社会发展的具体工作,以法律效果为基础实现办案法律效果和政治效果、社会效果的有机统一。坚持以人为本,把尊重和保障人权的原则落实到检察工作的各个方面,树立社会主义民主法制建设的良好形象。

三、突出改革完善体制机制这一重点,积极探索解决制约办案工作的瓶颈问题

7. 加大对瓶颈制约的研究解决力度。维护稳定工作,着力研究解决案多人少矛盾突出、少数案件质量不高、涉检信访增多的问题;查处职务犯罪工作,着力研究解决线索发现困难、预审突破能力不强、违法违规办案仍有发生的问题；诉讼监督工作，着力研究解决查处执法不公背后的司法腐败案件力度不够的问题。要紧紧扭住加强业务基础建设这一中心环节，深入抓好体制、机制、制度、手段、方法的创新，攻坚破难，不断推进制约办案突出问题的解决。

8. 整合检察机关的整体资源。坚持从整体上认识和把握检察职能作用，推进检察人才一体化使用改革，加强省、市院对公诉、侦查和民行等业务人才的管理使用。以推进侦查一体化为抓手，整合侦查资源，积极探索建立左右互动、上下联动、内外协调的办案机制。整合内部侦查资源，健全自侦案件线索内部移送奖励机制，发挥侦监、公诉、监所、民行、控申、预防等部门发现线索的比较优势；认真做好收押监控等工作，加强自侦部门与监所检察部门的配合协作；监所、民行检察部门自行查办职务犯罪案件力量不足的，自侦部门要全力支持配合，发挥自侦部门预审突破的比较优势。整合系统侦查资源，加强省、市院侦查指挥中心建设，发挥检察领导体制在排除干扰阻力、突破大案要案方面的作用。整合外部侦查资源，健全落实行政执法与刑事执法相衔接机制，加强与纪检监察、公安等部门的协作配合。

9. 提高办案的科技含量。建立健全职务犯罪侦查、诉讼监督等业务基础数据库，加快建设远程侦查指挥、远程案件研讨等基础平台，提升干警科技素质，推行网上办案网上管理，加快科技装备和信息技术的普及应用，不断提高检察工作的科技含量。

10. 推进办案规范化建设。细化办案流程，对办案实行过程控制、过程纠错，保证办案质量。加强办案的标准化、电子化管理，以信息化促进规范化。完善办案公开制度，以公开促公正。健全办案工作测评制度，对办案进行全方位评估，及时掌握检察机关的办案状况和社会满意度。

11. 加强对办案工作的监督和制约。把讯问全程同步录音录像作为规范侦查行为、保证侦查质量、提高侦查水平、保护侦查干部的重要抓手，全面推行审录分离，扩大审查批捕时随案移送录音录像资料试点。进一步加强检察机关内部各个诉讼环节之间的制约，特别是举报、立案、侦查、审查批捕、审查起诉、申诉几个环节的相互制约，强化上级院对下级院的领导和监督。探索设立办案督查机构，对案件进行全方位督查和宏观预警，起到既督又导的作用。进一步深化人民监督员制度试点工作，充分发挥人民监督员的作用。

四、牢牢抓住建设高素质专业化检察队伍这一关键，大力促进检察实务水平的提高

12. 突出检察实务取向。坚持正确政治方向，积极探索保持党员先进性的长效机制，牢固树立“立检为公、执法为民”的执法观。以促进检察实务为目标，干警公认、注重实务能力为原则，改进人才评价标准，引导干警钻研检察实务，成为某一方面或某几方面检察实务的骨干。试行在已经取得法律职业资格的其他行业工作人员和社会人员中招录初任检察官，鼓励在全国公开选调优秀检察官，提高新进人员的检察实务水平。同时，继续采取课题制等方式加强应用研究，争取配备一定数量的法学专家充实各级院领导班子，促进法学理论与检察实践的紧密结合。

13. 强化检察实践磨练。推行类案专办，根据办案需要和干警特长，不断细化各类案件的专办干警，使干警进一步集中精力钻研专业技能。推进交流挂职，加大上挂下派力度，组织横向互派干警进行短期交流挂职，在实践中提高水平。开展一专多能建设，统筹安排干警在做好本职工作前提下，到其他岗位特别是公诉、侦监、反贪等主要业务岗位学习锻炼，提高检察队伍的总体执法水平。同时，继续开展学历教育、业务培训、岗位技能训练、高层次人才培养和理论研究等工作，引导干警加强学习，不断提高业务水平。

14. 改进检察人才的选拔使用。把检察业务技能竞赛作为发现选拔检察人才的重要途径，进一步完善人才选拔机制。按照“干警公认、注重实务能力”和“严格标准、动态管理”的原则，不断充实、淘汰各类人才培养对象，逐步建立以“一五三”工程为核心、各条业务线人才库建设为支撑的检察人才网。开展检察官逐级遴选制度试点，在有条件的地方扩大下级院干警竞聘上级院职位的范围，逐步形成检察官的有序流动。

五、紧紧围绕维护人民群众的根本利益这一核心，不断增强检察工作的群众满意度

15. 深入开展争先创优工作。完善“先进检察院”创建标准，把人民满意这一根本标准有形化为若干具体考核标准，特别要看人大代表对检察工作是否普遍满意；有无因工作原因造成集体或其他影响较大的越级涉检上访事件；有无发生刑讯逼供等在本地区有重大影响的违法违纪案件。省、市院要进一步树立面向基层的思想，积极帮助基层解决力量配备、干部职级和执法保障等方面的实际问题，同时重视抓好自身的争先创优工作。推进创建工作的社会化、公开化，更好地接受群众监督。

16. 深化举报申诉投诉机制。深化职务犯罪举报机制，健全举报受理、线索评估、初查、反馈、保密等制度，特别是对来人举报、实名举报要依法快办快结，及时反馈答复。深化申诉机制，进一步完善首办责任制、检察长接待日制度、重大疑难案件领导包案制，推行业务部门负责人轮流接待制度，提高解决实际问题的能力。深化投诉机制，着力完善案后回访制度，及时发现处理违法违纪问题，上级院要适时进行抽查。同时，结合实际不断增强服务功能，规范服务行为，为人民群众提供最大方便。

17. 加强检察宣传和检察文化建设。把检察宣传作为群众了解检察工作、有效行使监督权的重要保障，作为强化执法办案效果、营造良好执法环境的重要举措，摆上突出位置。深化检务公开，提高检察工作的透明度。建立新闻发言人制度，就重大事项、重要案件等及时向新闻媒体通报情况，把好舆论导向。重视先进典型的发掘、宣传工作，树立检察机关和检察干警的良好形象。加强检察文化的建设和宣传，注重文化育检，为检察工作发展注入新的活力。

18. 密切与人大代表、政协委员的联系。把人大代表、政协委员是否满意作为人民群众是否满意的重要标志，认真落实人大代表、政协委员的意见建议。健全与代表委员联系的机构，建立联系代表委员责任制，省、市院要设立专门机构，基层院要确定专人负责。拓宽代表委员了解、监督检察工作的途径，健全办理代表委员意见建议的机制。重视做好担任人民监督员等职务的代表委员工作，积极为其履行职务提供方便。

六、加强组织领导，确保检察工作与我省经济社会同步走在前列

19. 加强领导和指导。各级检察院及其内设机构要把加强法律监督能力建设、推进检察工作与经济社会同步走在前列，作为当前和今后的一项重要任务，列入重要议事日程，实行一把手负责。要深入动员，引导广大干警进一步增强责任意识、发展意识、前列意识，同心同德，奋发进取，形成走在前列的合力。要从本地区、本单位和本业务线、本部门实际出发，深入调研确定贯彻落实的具体措施，做到工作部署到位，责任明确，检查督促有力。

20. 建立落实一级抓一级的工作责任制。理顺工作程序，省院抓市院，市院负责抓基层院，一级抓一级，一级对一级负责。对基层院干警违法违纪案件、涉检上访案件、办案质量问题、工作部署的落实情况等，市院要一抓到底，并负责地向省院作出报告，市院的有关情况由省院负责处理。对落实上述责任制不力的，要视情责令到上级院说明情况、通报批评，直至对相关责任人作出组织处理。

21. 坚持党的领导和人大监督。把党的领导、人大监督和依法独立行使检察权统一起来，坚决执行党的路线、方针和政策，认真贯彻落实党委的重大决策部署和人大有关检察工作的决议，紧紧依靠党的领导和人大监督来开展检察工作。积极争取党委、人大、政府的重视与支持，深入推进检察改革，加强检务保障，改善执法环境，夯实检察事业发展的基础。

加强法律监督能力建设、推进检察工作与经济社会同步走在前列，既是一项长期艰巨的任务，又是一项现实紧迫的工作。全省检察机关要以邓小平理论和“三个代表”重要思想为指导，牢固树立科学发展观和正确执法观，团结一致，奋力拼搏，开拓进取，扎实工作，为我省在全面建设小康社会、加快推进社会主义现代化进程中继续走在前列作出积极贡献。

浙江省检察机关服务社会主义新农村建设的若干意见①

为深入贯彻党的十六届五中全会精神和中共中央、国务院《关于推进社会主义新农村建设的若干意见》及省委、省政府《关于全面推进社会主义新农村建设的决定》，结合我省检察工作实际，现就我省检察机关服务社会主义新农村建设提出如下意见。

一、全省检察机关服务社会主义新农村建设的指导思想、总体目标和主要任务

1. 指导思想是：坚持以邓小平理论和“三个代表”重要思想为指导，牢固树立科学发展观和正确执法观，认真贯彻落实党的十六届五中全会精神，紧紧围绕“生产发展、生活宽裕、乡风文明、村容整洁、管理民主”的目标，深入实践“强化法律监督，维护公平正义”的检察工作主题，保障宪法和法律的统一、正确实施，努力开创全省检察机关服务社会主义新农村建设的新局面。

2. 总体目标是：通过努力，发挥好检察职能作用，维护好、保障好、服务好社会主义新农村建设，并进一步完善和创新检察机关在维护农民合法权益、促进农业生产和保障农村社会稳定中发挥检察职能作用的方法、措施，为我省社会主义新农村建设创造一个公平公正、安定有序的社会环境和法治环境，为我省的社会主义新农村建设走在全国前列作出贡献。

3. 主要任务是：根据中央、国务院和省委、省政府的总体部署，充分发挥法律监督职能，依法查处和预防涉农职务犯罪，严厉打击侵害农民利益、危害农业生产、影响农村社会稳定的犯罪活动和侵害农民工权益的犯罪活动；积极探索农村矛盾纠纷解决机制，建立预防各类犯罪的长效机制；深入开展法制宣传，增强农村基层组织人员和广大农民法律意识，推进社会主义新农村法治建设，促进农村和谐发展。

二、依法惩处涉农犯罪活动，促进农村稳定

---

① 2006年5月12日，省检察院浙检研〔2006〕123号。

4. 坚决查办涉农职务犯罪。把查办涉农职务犯罪作为切实维护农民合法权益、促进农村经济发展和保障农村社会稳定的重要环节来抓。

——坚决查处农村基础设施建设中资金拨付、物资采购、招投标等环节中的贪污、索贿受贿、挪用公款等职务犯罪，保障农村基础建设工作顺利开展。

——坚决查处农村基层组织人员在征地拆迁、救灾救济等公务活动中非法侵吞公共财物、索贿受贿、挪用公款等职务犯罪，促进农村干部廉洁勤政。

——坚决查处侵害农民、农村利益的国家机关工作人员渎职犯罪，为社会主义新农村建设创造良好的社会管理环境和服务环境。

5. 依法打击侵害农民利益、危害农业生产、影响农村社会稳定的各类刑事犯罪活动。对严重破坏农村社会秩序和生产生活秩序、严重侵害农民群众利益的刑事犯罪活动，发挥好检察职能，依法快捕快诉，确保不在检察环节贻误战机，保障农村稳定和农民安居乐业。

——坚决打击严重暴力犯罪、黑恶势力犯罪、有组织犯罪、“两抢一盗”和破坏农村电力设备等严重侵害农民群众生命和财产安全的犯罪活动，维护农村社会治安，增强农民群众安全感。

——坚决打击制造、销售假冒伪劣农资、农机产品，向农村地区销售劣质食品、药品等坑农、害农类犯罪及非法吸收公众存款、集资诈骗等犯罪活动，规范农村市场经济秩序，推动农村市场经济健康发展。

——坚决打击非法占用农业用地、盗伐滥伐林木以及重大环境污染等破坏自然资源的犯罪活动，维护农村生态平衡，促进农业可持续发展。

——坚决打击“六合彩”等赌博犯罪以及涉黄、涉赌犯罪活动，培育农村新风气，净化农村社会环境。

——坚决打击使用暴力、威胁手段破坏农民选举权等侵犯农民民主权利的犯罪活动，保证农民按照自己意愿行使政治权利，促进农村基层民主法治建设。

6. 坚决打击侵害农民工权益的犯罪活动。农民工是推动我省经济社会发展的重要力量，维护农民工权益是践行执法为民宗旨、推进社会主义新农村建设的重要举措。加强与相关行政执法部门的联系，建立健全行政执法与刑事执法相衔接工作机制，加大对坑骗、欺诈和残害农民工犯罪活动的打击力度，促进农民工工资支付保障制度、农民工劳动管理制度和农民工社会保障体系的建立和完善，改善农民工生存环境，维护农民工合法权益。

7. 宽严相济，区别对待。在依法严厉打击涉农犯罪活动的同时，认真贯彻宽严相济的刑事政策，做到打击与教育并重。对犯罪情节轻微、悔罪表现良好及因民事纠纷引发的轻伤害案件等坚持可捕可不捕的不捕，可诉可不诉的不诉，减少社会对立面，维护农村稳定。对农村青少年犯罪，坚持教育、感化、挽救方针，积极做好矫正、帮教工作，引导其树立正确的人生观、价值观，尽力挽救农村失足青少年。对农村群体性事件中出现的犯罪案件，坚持打击少数、教育挽救多数，做到合法、合情、合理地处理案件，努力化消极因素为积极因素，实现法律效果、政治效果和社会效果的有机统一。

三、强化诉讼监督，化解涉农纠纷

8. 积极发挥诉讼监督职能作用。对该立案而未立案查处或不该立案而被立案查处的涉及“三农”的犯罪案件，要及时依法通过立案监督进行纠正；对涉农刑事案件的侦查活动，在继续加强追捕追诉工作的同时，要强化对严重违反程序、侵犯人权问题的监督，促进侦查活动严格、依法、文明开展；对裁判不公的涉农刑事案件，要切实运用抗诉手段加强监督，对严重枉法、显失公平、群众反映强烈的涉农案件，特别是确有错误的无罪判决案件要作为重中之重，加大抗诉力度。

9. 完善涉农信访工作机制。充分发挥控告申诉部门在处理涉农信访中的“桥梁”和“纽带”作用，化解矛盾，维护农村社会稳定。对涉农信访，突出重点，对近年来逐渐增多的涉及土地征用、土地补偿、村级财务管理等集体访、重复访案件，优先调处，正确处理农民诉求，及时疏导化解矛盾；讲究方式，力求实效，通过召开情况通报会、主动上门接访、帮助解决实际困难等方式，努力将矛盾化解在源头，将问题解决在农村基层；要高度重视农村涉检信访，进一步完善首办责任制、检察长接待日制度、重大疑难案件领导包案制等，健全依法处理农村涉检信访的长效机制，促进农村社会和谐稳定。

10. 充分发挥民行检察职能作用。对涉及“三农”问题的民事行政申诉案件，特别是对涉及征地补偿、相邻权纠纷、农民工维权等事关农民利益的民行申诉案件，及时审查办理，积极维护农民这一社会弱势群体的合法权益；依法监督和纠正违反法定程序和审判结果严重不公的涉农案件，切实保护农民的合法权益，维护司法公正；总结和推广有效监督涉农民事判决、裁定执行的有益经验和成功做法，维护司法权威和农民权益；及时发现裁判不公背后的司法腐败，坚决查办司法人员徇私舞弊、贪赃枉法犯罪案件。

四、坚持标本兼治，预防农村犯罪

11. 拓展农村预防犯罪工作。坚持“标本兼治、综合治理、惩防并举、预防为主”的方针，做到惩治与预防两手抓。

——结合办案加强检察建议工作。针对办案中发现的管理和制度等方面存在的问题和薄弱环节，强化对农村基层组织人员从事公务行为的监督，加强反腐倡廉教育，并及时向发案单位提出检察建议，堵塞漏洞，减少隐患；深入开展调查，研究分析涉农职务犯罪案件的特点和规律，提出对策建议，增强预防工作的针对性和有效性，把职务犯罪预防的触角向农村延伸，构建农村职务犯罪预防网络。

——深入开展农村法制宣传。结合检察业务实际，从建设社会主义新农村的迫切需要和广大农民的现实需求出发，尽可能运用贴近农村的典型案例开展形式多样的法制宣传。在生动的法治实践中提高农村干部依法办事的能力，增强广大农民群众法制观念，引导农村学生自觉遵纪守法和维护自身合法权益，真正使法律知识和法律意识在潜移默化中深入人心。

12. 主动参与农村社会治安综合治理。紧密结合检察职能，会同有关部门，研究制定遏制刑事犯罪发案措施。针对农村社会治安的突出问题和重点地区，积极配合有关部门进行集中整治和专项治理；全面落实教育、制度、监督并重的农村犯罪预防体系，确保农村预防实效，为农村经济社会发展服务。

13. 积极开展检察工作进农村活动。根据党委部署，通过派驻村指导员、新录用的干部到农村挂职锻炼、开展结对共建活动等形式,深入研究农村社会管理和公共服务的薄弱环节,帮助农村建章立制,积极参与农村社会经济政治建设,促进农村社会全面发展。

五、加强组织领导,全面开创检察机关服务社会主义新农村建设新局面

14. 加强领导。建设社会主义新农村,关系社会主义现代化建设全局,是新形势下中央指导"三农"工作新理念、新举措的集成和发展。各级检察院要把服务社会主义新农村建设作为当前和今后的一项重要任务,列入重要议事日程,紧紧围绕上级检察院和党委关于建设社会主义新农村的重大决策和部署,加强组织领导,积极采取措施,精心实施,着力推进检察工作与经济社会发展同步走在前列。要教育引导广大检察干警充分认识检察机关服务社会主义新农村建设的重大意义,进一步增强大局意识、责任意识和服务意识,积极主动地关心、支持和参与社会主义新农村建设,发挥职能优势,提高服务水平。

15. 加强调查研究。要切实转变工作作风,主动深入农村开展调查研究,注意了解掌握社会主义新农村建设中出现的新情况、新问题及规律、特点,特别是对工作中发现的典型性、苗头性、倾向性、有可能引发群体性事件的问题,以及矛盾容易激化、有可能影响社会稳定的问题要及时向党委、人大汇报,并提出对策建议,促进社会主义新农村建设。同时,要积极研究提高服务社会主义新农村建设的水平,探索和完善检察机关为社会主义新农村建设服务的方法、途径和措施。

16. 建立长效工作机制。在落实服务社会主义新农村建设的各项具体工作中,各级检察院要通过"抓试点",以点带面,不断完善和创新工作机制,特别是要善于总结行之有效的工作经验和措施,使检察机关服务社会主义新农村建设的工作制度化、规范化,为我省加快社会主义新农村建设作出积极贡献。

关于加强检察基础工作的若干意见①

为夯实检察工作的基础,促进和保障检察工作的科学发展,更好地适应我省经济社会发展和"法治浙江"建设的要求,现就"十一五"期间加强我省检察基础工作提出如下意见。

一、加强检察基础工作的总体要求和目标

加强检察基础工作的总体要求是:以科学发展观为统领,深入贯彻《中共中央关于进一步加强人民法院、人民检察院工作的决定》和第十二次全国检察工作会议精神,紧紧围绕检察工作主题和总体要求,以业务基础性工作、工作规范体系、信息化、专业化队伍、检务保障五个方面的建设为重点,以机制创新与科技应用为推动力,积极建立符合社会主义法治方向、司法工作规律和法律监督属性的运行、管理和保障机制,为我省检察工作与经济社会同步走在前列打下扎实基础。

加强检察基础工作的总体目标是:通过努力,争取做到检察业务基础更为扎实,执法规范化程度全面提升,信息化水平明显提高,工作管理更加科学,执法保障更加有力,干警素质和队伍战斗力进一步加强,法律监督的公信力与权威性显著增强。

二、工作要求和重点工作措施

---

① 2006年8月4日,省检察院浙检办〔2006〕172号。

(一)加强业务基础性工作

工作要求:加强外部协调配合,整合内部法律监督资源,进一步拓展法律监督工作的新途径、新方式,为加大办案力度、强化法律监督职能提供机制保障。

重点工作措施:

1. 健全信息情报工作机制。设立全省统一的举报电话短号和网上举报平台,畅通举报渠道。争取建立行政执法信息移送检察机关备案制度,由行政执法机关定期移送行政处罚、资源配置、涉及公共利益的商业性交易、重大项目审批等资料,依托各级政府即将建立的主要执法部门信息交换平台,逐步实现信息共享。争取建立与公安、法院的信息共享机制,实现对公安机关行政处罚决定、刑事立案、刑事强制措施决定、撤销案件和法院判决裁定等信息的联网查询。完善信息情报的采集、管理和服务机制,确定专门人员,加强对信息情报的研判、情报转换,建立健全自侦案件线索信息库、行贿犯罪档案库、行政执法资料信息库、立案监督案件信息库、侦查谋略库等基础数据库群,促进信息情报的整合与利用。

2. 健全外部协查机制。争取建立社会公共管理信息共享机制,实现对公安户籍登记的及时查询,联通车辆登记资料库、工商税务部门注册登记资料库、房产、国土资源管理部门产权登记资料库。健全通讯信息协查机制,与电信运营部门协调沟通,争取建立对有关通讯信息的常规共享机制与全省检察机关统一的手机定位系统应用机制。

3. 健全诉讼监督工作机制。建立和落实检察长列席审判委员会会议制度,明确规定检察长列席审委会的范围、任务和程序。积极参与安全生产管理等重大责任事故调查处理,加强对行政执法机关移送涉嫌犯罪案件的监督,健全完善监督的长效机制。完善侦查监督、公诉、反贪污贿赂、反渎职侵权、监所检察、民行检察、控告申诉检察等业务部门对司法人员渎职案件线索信息沟通、调查、移送、查处的衔接与配合机制。

4. 健全检察一体化工作机制。制定反贪、反渎、民行等部门一体化办案的运作规则,对一体化办案中的决策权限分解、人员调配、责任分担、装备共享、业绩考核等方面作出明确具体的规定,调动各方积极性,形成工作合力。建立上级院对下级院的全面工作综合化考评机制,完善和落实一级抓一级的工作责任制,在全省检察机关形成相互配合、相互协调的工作运行格局。省、市两级院积极创造条件,努力争取建立一体化办案专项经费,解决一体化办案经费保障问题。

(二)建立全省统一的检察工作规范体系

工作要求:以现代管理理念为指导,以系统管理、过程控制、工作标准化、责任明确化、评价科学化为原则,以“条块结合,以条为主”为组织方法,建立全省统一的操作规程、工作流程、质量标准、考核评价有机结合的检察工作规范体系,将各项检察工作纳入制度化、规范化、科学化管理的轨道。

重点工作措施:

1. 完善各项工作规程。省院各部门分头负责,对现有制度进行全面清理,在遵循法律规定、总结实践经验的基础上,按照管用、简便、稳定的要求,围绕检察业务、队伍和后勤保障等各个方面,制定《浙江省检察机关实务手册》,明确规定办案办事各项工作各个环节的程序、要求、时限和责任,并设计流程图,以各级院、各个岗位的执法办案工作制度为基础,以《实务手册》为依据,形成涵盖全部检察实务的制度规范体系。2006年底前,省院各部门编定条线单行本发各市院、基层院相应部门,并对市院、基层院制定相应规程提出指导性意见。各市院、基层院按照省院单行本与指导性意见的要求,设计工作规程和工作流程。

2. 建立动态流程管理机制。建立以监控办案质量为中心的业务督查机制,确定业务工作督查部门,通过对办案全程各环节处理意见及实际处理结果的审查,加强对办案情况的宏观管理、跟踪监督、质量评估。建立检察案件预警机制,根据办案规律和规范执法的要求,对相关业务数据设定预警标准,通过预警,及时发现、解决工作中发生的问题,保障办案质量。完善和落实工作责任追究制,对监督中发现的问题,规定责任追究的主体、程序和方法,把责任追究落实到操作层面。

3. 建立和完善科学考评机制。制定《浙江省检察机关办案质量考评办法》,依据《实务手册》,明确考评内容,科学设计考评标准和方法,构建案件质量考评体系。建立干警执法实绩档案,详细记录干警工作情况,作为考核、晋升、记功表彰、教育培训的主要依据,激励干警工作责任心与荣誉感。

(三)加强信息化平台建设

工作要求:进一步优化、完善信息化网络建设,全面推进办公、办案软件的开发应用,实现业务、队伍和信息化“三位一体”机制的有效运行,提升信息技术服务检察工作的水平。

重点工作措施:

1. 打好信息化网络应用基础。根据各类应用需求及时对检察专线网和局域网进行扩容、更新、升级、拓展等,提升网络、信息、通信系统应用性能。构建全省统一网络管理平台,实现网络系统运行实时监控管理。加强对专线网和局域网设备、通信线路正常运行的维护保养、数据线路备份恢复以及信息网络的保密安全体系建设,提高网络的安全性和抗风险能力。将检察信息化建设纳入各地电子政务建设的总体规划,加强与党委、人大、政府、政协和法院业务网络的互联互通平台建设,实现与政务传输骨干网的有机衔接。

2. 开发应用检察实务系列管理软件。以检察《实务手册》为基础,开发全省统一的涵盖工作动态管理、流程跟踪、节点监控、法律文书自动生成、考评对接等功能在内的管理应用软件,将各项检察实务全过程纳入计算机管理系统,基本实现全省检察工作的网上流程管理、网上审批,实现对办案质量的辅助监控和对案件质量状态和事故的动态监察、统计和预警。

3. 推进信息技术的广度和深度应用。开发完善办公软件功能,统一办公软件数据接口,建立电子公文交换平台,实现全省公文网上流转。实现全省院内讯问监控系统与看守所检察专用审讯室监控系统的互联互通,依托局域网、专线网,构建数字化、网络化的侦查指挥、讯问全程同步录音录像、诉讼支持等技术平台,推进侦查工作规范化、现代化。推广应用批捕、起诉类案模块等辅助办案软件,提高办案效能,缓解办案压力。完善全省检察宣传外网建设,为深化检务公开、扩大检察宣传提供优质平台。

(四)加强队伍建设

工作要求:以公正执法为核心,以专业化建设为方向,健全检察官职业准入、干部培养、岗位练兵、高层次人才培养等工作机制，全面提高干部的综合素质。

重点工作措施：

1. 健全职业准入与干部培养机制。积极商请组织人事部门，严格按照公务员法、检察官法和“一部两高”文件的规定，以市检察院为主做好新进检察人员招录工作。商请组织人事部门，从通过国家司法考试取得任职资格的人员中公开选拔初任检察官，并推进这项工作的制度化。选调优秀应届大学本科以上毕业生到基层院工作，不断加强对选调生的培养、管理和使用，为建设高素质队伍储备丰富的人才资源。深化检察官遴选与上挂下派工作，加大遴选使用力度，切实把基层办案一线作为检察机关发掘干部、培养干部、锻炼干部的重要阵地。开展一专多能建设，统筹安排干警到本单位主要业务岗位挂职锻炼，提高干警的业务水平，缓解一线办案压力。

2. 完善岗位练兵机制。按照系统安排、循序渐进的原则，制定“十一五”期间岗位练兵规划，规范练兵内容，创新练兵形式，完善练兵标准，逐步促进干警专业素质养成与实战能力提高。依托专线网，有计划、有组织地开展网络远程培训，建立网上学习课堂和交流平台，定期开展对岗位基本技能的考核，并将培训、考核情况纳入干警考评内容。制定集中岗位培训的规划，确保干警每年参与集中培训不少于一个星期，突出集中培训的专题性和针对性，提高练兵的层次。紧密结合工作实践开展岗位技能竞赛，以赛促训。加强省、市两级院的教育培训基地建设，建立检察教师人才库，强化练兵保障。

3. 加强高层次人才队伍建设。鼓励和支持有条件的年轻干部攻读硕士、博士学位，力争到2010年全省检察机关硕士研究生达到干警总数的10%。省、市两级院建立高级检察人才库，成立高级检察人才评审小组，分级、分类制定入库的标准，严格审核评定，形成人才网络。定期开展省、市级业务专家评选，打造人才高地。完善人才选拔机制，把评选优秀侦查员、优秀公诉人、优秀侦查监督员和各类办案能手，作为选拔业务专门人才的重要途径，促使业务尖子脱颖而出，为高层次人才队伍发展壮大提供后劲。

（五）强化检务保障

工作要求：进一步改善检力保障和装备、经费保障，完善和落实从优待检的措施，努力增强检察工作的社会支持与司法权威。

重点工作措施：

1. 充实执法一线的办案力量。建立干警力量向执法一线倾斜的工作机制，新增编制主要充实执法一线，争取三年之内省、市、县三级院业务部门与综合部门检力配备比例分别达到6∶4、7∶3、8∶2的标准。省、市院近年新招录的没有基层工作经历的人员，要统一安排到基层检察院业务岗位锻炼。

2. 健全经费装备保障机制。完善检察经费保障机制，各级院要适应财政改革，建立健全项目列入科学齐全、基数逐年合理增加的预算机制，保障检察工作开展的现实需要。进一步推进“两房”建设，“两房”未达到高检院与建设部、发改委联合规定标准的，力争2008年全面完成建设任务。提倡和推行基础设施建设政府“代建制”，有条件的单位要积极开展二次建设，全省努力建成一批设施配套、功能齐全、与浙江经济社会与检察工作发展相适应的优质

“两房”。

3. 完善职业保障机制。贯彻中央《决定》关于完善检察官职业保障机制的要求，努力落实检察津贴，适当提高检察业务人员干部职级比例，对因公殉职的检察官实行抚恤制度，逐步建立符合检察官职业特点的职业保障机制。

三、加强组织领导，确保取得实效

1. 加强组织领导。成立专门的基础工作领导小组，设立办事机构负责牵头协调，严格落实领导责任制、部门责任制，形成检察长负总责、分管检察长具体抓、负责部门认真落实的良好工作格局。各市院、基层院从实际出发，研究制定切实可行的工作方案，把任务、责任落实到具体领导、具体部门，并纳入年度目标考核，逐项有序地抓好落实。在全省检察机关开展“强基础、严规范、促公正”先进单位和先进个人争创活动，以此为载体，坚持不懈，扎实推进。

2. 坚持协调推进。检察基础工作五个方面的建设要同步规划、同步部署、同步实施、协调推进，同时又要妥善处理整体推进与重点突破的关系，注重阶段侧重。2006 年重点抓工作规范体系的建设；2007 年重点抓制度的试行和修订，在此基础上完成主要管理软件的完善开发；2008 年起重点抓以信息化为手段的“三位一体”管理体系的运行，不断加以巩固和完善。业务基础性工作、队伍和检务保障建设要坚持始终贯穿其中，持续推进，不断丰富检察基础工作的内容，提升检察基础工作的层次。

3. 落实督促检查。各级院党组要定期听取工作汇报、分析工作动态，把加强检察基础工作作为部门领导年终述职的重要内容，并把工作绩效作为衡量干部政绩、晋职晋级和奖励惩处的重要依据。省、市院要经常性开展工作督查，适时组织检查组开展专项检查，掌握进展情况，不断完善推进措施。对工作扎实、成效显著的单位，及时表彰奖励；对因工作不力导致基础工作滞后的，要在先进检察院评选或动态管理中一票否决。

关于进一步加强服务和谐社会建设工作的指导意见①

社会和谐是发展中国特色社会主义的基本要求，是全面建设惠及全省人民的小康社会的重要目标。今年初第十四次全省检察工作会议，紧紧围绕省委提出的目标任务，按照高检院“五个坚持”的要求，对全面履行检察职责服务和谐浙江建设作了全面部署。全省检察机关要自觉地把检察工作融入构建和谐浙江大局，以履行法律监督职能为基本途径，以保障经济社会又好又快发展为首要任务，以维护人民群众合法权益为出发点和落脚点，从实际出发，不断找准为构建和谐浙江服务的切入点和着力点，有针对性地提出加强和改进法律监督工作的措施，化解矛盾，努力维护社会稳定，保障社会公平正义，为构建和谐浙江创造良好的社会环境和法治环境。

当前，突出要加强以下工作：

一、加强对涉及民生问题案件的办理，坚决维护人民群众的切身利益

加大打击涉及民生问题的各类犯罪的力度。严厉打击黑恶势力犯罪、严重暴力犯罪、“两抢一盗”等严重影响人民群众安全感的犯罪，依法打击危害食品药品安全、危害劳动安全、坑

---

① 2007 年 8 月 22 日，省检察院浙检办〔2007〕129 号。

农害农等与人民群众生产生活密切相关的犯罪，突出查办征地拆迁、城镇建设、医疗服务、教育收费、资源环境、社保基金管理等领域严重侵害群众利益的职务犯罪，促进民生问题的改善与解决。

优先办理涉及民生问题的民行申诉案件。对涉及农民工、失地农民、残疾人等社会弱势群体合法权益的案件，以及“官民”纠纷、群体性诉讼等影响和谐稳定的民行申诉案件，优先审查办理，及时反馈答复，依法维护人民群众的合法权益。

完善办理涉及民生问题案件的工作机制。加强与质监、国土、农业等行政执法机关的协调配合，完善行政执法机关向司法机关移送涉嫌犯罪案件的衔接机制，确保涉及民生问题的犯罪案件及时进入刑事司法程序。加强与监察、安监、公安等部门的联系配合，健全同期介入重大责任事故调查机制，依法查处事故背后的职务犯罪。探索建立涉及民生问题案件的快速办理机制，在遵循法定程序、确保办案质量的前提下，加快办案节奏，缩短办案周期，提高办案效率。加强与公安、法院的沟通协调，将快速办理机制向前向后延伸。

二、积极稳妥地推进轻微刑事案件和解试点，努力减少社会对立

适度扩大刑事和解试点范围。在认真总结推进轻伤害犯罪案件和解工作的基础上，对轻微刑事案件中犯罪嫌疑人认罪，并以具结悔过、赔礼道歉、赔偿损失等方式取得被害人谅解，被害人要求或者同意对犯罪嫌疑人从宽处理，双方达成书面协议并实际履行的，可综合考虑执法的法律效果与社会效果作出不批准逮捕决定、建议公安机关撤案，或者作出不起诉决定。

严格把握适用条件。刑事和解不得损害国家、集体和其他公民的合法权利，不得损害社会公共利益，不得违反法律和社会公德。经济赔偿数额和其他补救办法，应当与被害人受犯罪侵害而造成的实际损失及犯罪嫌疑人、被告人应当承担的责任相适应，并且应当考虑犯罪嫌疑人、被告人及其法定代理人的赔偿、补救能力。

坚持自愿原则。在刑事和解过程中，检察机关要对和解协议是否自愿、真实、有效进行严格审查，防止一方强迫另一方和解或者调解方强迫当事人接受和解。对有和解可能的轻微刑事案件，案件承办人可以向双方当事人提出和解的建议，告知适用和解的权利、义务及产生的法律后果。

各地要在探索试点的基础上，逐步完善刑事和解的具体操作程序，有条件的地方，争取与公安、法院、司法行政等部门联合出台实施意见，确保刑事和解依法规范有序运行。

三、依法办理外来人员犯罪案件，确保公平公正

认真落实宽严相济政策。坚持区别对待，对主观恶性较小、犯罪情节轻微的外来犯罪嫌疑人或者初犯、偶犯、过失犯等，根据案件具体情况，依法从宽处理。

依法适用取保候审、监视居住的强制措施。在当地有相对固定的工作单位或住所，或者在当地连续工作、居住时间一年以上的外来人员涉嫌轻微犯罪，符合取保候审、监视居住条件的，一般不予批准逮捕。对已被采取逮捕措施的外来犯罪嫌疑人，符合取保候审条件的，可以变更强制措施，予以取保候审或监视居住。

探索建立外来犯罪人员帮教基地。加强与公安、法院、企业、社区等有关单位的沟通合作，落实外来犯罪人员的帮教工作，保障刑事诉讼的顺利进行。

充分运用法律监督手段，依法惩治强迫劳动、招工诈骗等侵犯外来务工人员权益的犯罪活动，及时审查办理工伤事故、交通事故等涉及外来人员人身损害赔偿的民行申诉案件，切实维护外来人员的合法权益。

四、改进未成年人犯罪案件办理工作，尽可能教育挽救未成年人

坚持“教育、感化、挽救”的方针和“教育为主、惩罚为辅”的原则。对未成年人犯罪案件落实轻缓刑事政策，除主观恶性大、社会危害严重的，尽可能从宽处理，可捕可不捕的不捕，可诉可不诉的不诉。

完善未成年人犯罪案件的办案方式。认真贯彻执行高检院《办理未成年人刑事案件的规定》，落实对未成年人犯罪案件由专门机构或专人办理的制度，切实保障未成年人合法权益。积极探索适合未成年人身心特点的审查起诉方式，对未成年人和成年人共同犯罪案件，在不影响诉讼的情况下，尽可能分案起诉，加强对未成年人的特殊司法保护。

探索开展对未成年犯罪嫌疑人的社会调查工作。通过调查了解未成年人的性格特点、家庭情况、社会交往、成长经历以及有无帮教条件等情况，进行综合分析，对主观恶性较小、社会危害性不大的，根据案件具体情况，依法决定不批捕，或者不起诉。

加强与公安、司法行政部门、企业、社区以及其他未成年人保护机构的配合，协助开展对不捕、不诉未成年犯罪嫌疑人的帮教工作。

五、完善被害人权益保障制度，切实加强对被害人及其近亲属的司法救济

充分保障被害人的诉讼参与权。认真听取被害人及其诉讼代理人意见，完善被害人权利义务告知规则，确保被害人及其诉讼代理人全面知悉诉讼权利义务、案件进展情况、处理结果等司法信息，充分参与刑事诉讼。

加强对被害人诉讼救济权的保障。对法院判决是否决定抗诉，应当主动听取被害人意见。对被害人及其法定代理人申请抗诉的案件，应当充分考虑被害人的意见，意见合理、正确的应依法提出抗诉；决定不抗诉的，应当在规定期限内书面答复请求人，充分阐明不抗诉的理由。

积极争取地方党委、人大和政府的支持，落实司法救助专项资金。对被害人遭受犯罪行为侵害，但因事实不清、证据不足，检察机关决定终结诉讼程序，并经复查维持原决定，被害人无法通过法律途径获得赔偿，其他社会救助措施难以落实，造成严重生活困难确需救助的，予以必要的救助。

六、加大预防职务犯罪力度，从源头上减少和预防职务犯罪的发生

结合办案加强检察建议工作。对办案中发现的管理和制度等方面存在的问题和薄弱环节，及时向党委、政府和有关部门发出检察建议，提出防范对策，督促和帮助发案单位建立健全民主决策、权力监督、财务管理等制度机制。

围绕中心加强重点工程预防。深入总结推广“五大百亿”等重点工程预防的做法经验，围绕省委加强新型工业化、新型城市化和新农村建设等重大战略部署，加强对重大科技创新工程、综合交通运输网络工程、先进制造业基地建设、农村基础设施建设以及水利设施、能源保障设施、信息化基础设施等工程建设中的职务犯罪预防。同时，加强与涉及公共权益、公共项目、公共资金管理等行业系统的预防职务犯罪协作，进一步建立健全与建设等主要行业系统的共同预防工作机制。

认真开展廉政教育和法制宣传。通过运用典型案例开展案件剖析会、抓好重点行业重点岗位警示教育专题会、参与推动廉政文化进机关、进社区、进学校、进企业、进家庭、进农村“六进”活动以及参与党委对新任领导干部上岗培训等有效形式，加强对领导干部廉政教育，加强对农村干部和群众的法制宣传。

提高预防工作专业化水平。建立健全行贿犯罪档案查询、职务犯罪预警分析建议、社会化工作联系等制度，完善以职务犯罪案件、行贿人、重点行业、重点工程为主要内容的预防信息库，提升预防工作信息化水平。

七、坚持不懈地抓好涉检信访，全力化解矛盾纠纷

做好办案环节的矛盾化解预警工作。在依法作出最终处理决定时，各职能部门要做好相关人员的说服解释工作。对存在信访隐患的，要及时向控申部门反馈并由其尽早制定预案，实现矛盾疏导关口前移。

加强对来访群众的诉讼引导。认真做好涉检信访接待工作，耐心听取来访群众的诉求，充分告知相关诉讼权利义务，并做好释法答疑，引导群众依法申诉、理性维权。

完善涉检信访处理机制。在狠抓首办责任制、领导包案制和责任倒查、责任追究等制度落实的同时，要转变观念，创新方法，通过采取带案下访、联合接访、公开听证、公开答询、心理咨询、依法惩戒等多种形式化解矛盾、解决合理诉求，促使信访人息诉息访。

健全信访外部联动机制。加强与公安、法院、纪检、信访等部门的联系沟通，对信访问题涉及面广、单靠检察机关难以有效解决的情况，通过联席会议、联合接访等共同加以解决。

积极预防、依法妥善处理群体性事件。配合有关部门深入开展矛盾纠纷排查工作，突出抓好涉检重大、复杂、疑难矛盾纠纷的调处化解，特别是涉及劳动保障纠纷、征地拆迁纠纷、农民负担等方面事关群众切身利益的矛盾纠纷，及时化解，妥善处置。对因群体性事件引发的犯罪案件实行区别对待，坚持分化打击少数、教育团结多数，确保办案效果。

八、全面开展法律监督说理，进一步提高检察机关的权威性和公信力

全面推行不捕说理。对不批准逮捕的案件，依法向公安机关书面阐明不批准逮捕的理由；对一些可能引起被害人不服而引发上访的不批捕案件，开展向被害人说明不批捕理由的试点工作，主动做好侦查监督环节的息诉、息访工作。

加强不起诉说理。改革不起诉决定书的制作，集中围绕案件事实、证据采信、法律适用等，充分阐明不起诉的理由及相关法律规定。

逐步推行初查不立案说理息诉。重点抓好实名举报案件初查不立案的说理息诉工作，充分阐述不立案的理由及法律依据，最大限度地说服举报人，防止重复举报和越级上访。

强化刑事抗诉、民行抗诉说理。总结推广民行抗诉书说理改革成果，全面深化民行抗诉书说理和刑事抗诉书说理，围绕案件争议焦点、结合证据规则和相关法律展开论证分析，阐述抗诉的依据和理由，做到法、理、情的有机统一，切实维护司法公正。

服务和谐浙江建设是当前和今后一个时期全省检察机关的重大任务。各级检察机关和有关内设机构要加强组织领导，大胆探索实践，依法制定实施相应的制度规范和配套措施，确保工作落到实处。省、市检察院要加强对下指导和督促检查，强化好做法、好经验的总结推广，把服务和谐浙江建设工作不断引向深入。

关于贯彻《中共浙江省委关于认真贯彻党的十七大精神扎实推进创业富民创新强省的决定》的意见①

为深入学习贯彻党的十七大精神，更好地服务省委“创业富民、创新强省”总战略，根据《中共浙江省委关于认真贯彻党的十七大精神扎实推进创业富民创新强省的决定》(以下简称《决定》)，结合检察工作实际，提出如下意见。

一、提高认识、明确责任，把思想和行动统一到创业创新的重大部署上来

创业富民、创新强省，是改革开放以来浙江发展经验的总结，是“八八战略”的深化，是省第十二次党代会作出的落实科学发展观、全面建设小康社会的重大战略决策，是今后一个时期推动浙江发展的总战略，必须落实到经济建设、政治建设、社会建设和党的建设的各个方面，贯穿于改革开放和现代化建设全过程。这既为检察工作围绕中心、服务大局赋予了新的责任，拓展了新的空间，也对检察工作与时俱进、开拓创新提出了新的要求。全省检察机关要认真学习贯彻党的十七大精神，切实抓好省委十二届二次全会精神的落实，认清检察机关在服务创业创新中的重要责任和肩负的历史使命，把思想统一到省第十二次党代会、省委全会的精神上来，把力量凝聚到落实全会提出的工作部署上来。要牢固树立大局观念和责任意识，自觉把检察工作放到创业创新的战略部署中去谋划、部署和推进，找准定位，主动服务，围绕“创业兴检、创新强检”，深入实践“强化法律监督，维护公平正义”的检察工作主题，充分发挥检察职能，着力为创业创新提供和谐稳定的社会环境、廉洁高效的政务环境、宽严相济的政策环境、公平正义的法治环境和安居乐业的生产生活环境，为我省扎实推进创业创新作出应有贡献。同时要以创业创新精神为指导，深化检察改革，加强检察队伍和基层基础建设，不断提高服务创业创新的能力和水平，推动检察工作与经济社会发展同步走在前列。

二、按照服务创业创新的新要求，切实加强和改进法律监督工作

检察机关服务创业创新，必须坚持把充分履行法律监督职能作为最基本、最直接的途径，把握创业创新对检察工作提出的新要求，找准履行法律监督职能与服务创业创新的切入点、结合点和着力点，有针对性地加强和改进检察工作。

依法严厉打击严重刑事犯罪，着力为创业创新创造和谐稳定的社会环境。稳定是创业创新的前提。全省检察机关要把维护稳定作为首要任务，健全贯彻“严打”方针的经常性工作机制，切实履行好批捕、起诉职能，依法严厉打击各类严重刑事犯罪，维护国家安全和社会稳定。要重点打击严重暴力犯罪、黑恶势力犯罪、“两抢一盗”等多发性侵财犯罪，坚决遏制刑事犯罪高发势头，维护社会治安秩序。要积极参加社会治安综合治理，推动建立健全社会治安防控体系，促进“平安浙江”建设。要从创业创新的要求出发，坚决打击走私贩私、偷税漏税、制假售假、商业诈骗等犯罪活动，加大打击破坏市场经济秩序犯罪力度；依法打击侵占企业财产、

① 2007年11月22日，省检察院浙检办〔2007〕193号。

侵犯商业秘密、破坏生产经营等损害企业利益的犯罪活动；加大打击侵犯商标权、专利权和著作权等犯罪力度，加大对知识产权的司法保护，推动自主创新；加强对环境资源的保护，依法打击造成重大环境污染事故、盗伐滥伐林木、非法采矿、破坏性采矿等犯罪活动，促进资源节约型、环境友好型社会建设。

依法查办和预防职务犯罪，着力为创业创新创造廉洁高效的政务环境。腐败严重阻碍创业创新的顺利进行。全省检察机关要充分发挥查办和预防职务犯罪职能，严肃查办和积极预防党政领导机关、行政执法机关、司法等部门的国家工作人员利用经济监管、社会管理、公共服务、执法司法等职务之便，贪污受贿、滥用职权、玩忽职守、徇私舞弊，破坏法治秩序、侵害投资经营者权益，严重危害创业创新的犯罪案件，促进国家工作人员依法办事、廉洁从政。要围绕人民群众反映强烈的腐败问题，依法查办发生在群众身边、损害群众利益、社会影响恶劣的职务犯罪。要贯彻标本兼治、综合治理、惩防并举、注重预防的方针，立足检察职能，贯彻《浙江省预防职务犯罪条例》，创新工作方法，拓宽工作领域，积极构筑检察特色的惩防腐败体系。

依法强化诉讼监督，着力为创业创新创造公平正义的法治环境。司法公正是创业创新的法治保障。全省检察机关要全面履行诉讼监督职能，维护司法公正。要依法行使刑事立案监督职能，重点监督纠正有案不立、有罪不究、以罚代刑和违法立案、滥用刑事追诉权插手经济纠纷等问题；依法行使侦查活动监督职能，追捕追诉漏罪漏犯，重点监督纠正违法冻结、查封、扣押款物、违法取证、刑讯逼供、滥用和随意变更强制措施等问题；依法行使刑事审判监督职能，重点监督纠正重罪轻判、轻罪重判、有罪判无罪等问题；依法行使刑罚执行和监管活动监督职能，重点监督纠正违法减刑、假释、保外就医、侵犯被监管人合法权益等问题；依法行使民事和行政检察职能，促进依法调节民事经济关系，推进社会诚信体系建设，加强民事督促起诉工作，防止国有资产流失，促进改革顺利进行；依法查办司法和行政执法不公背后的职务犯罪，维护国家法律的统一正确实施，树立检察机关维护公平正义的良好形象。

依法维护人民群众的根本利益，着力为创业创新创造安居乐业的生产生活环境。解决好人民群众最关心最直接最现实的利益问题，是推进创业创新的关键。全省检察机关要坚持以人为本、执法为民，着力于保障和改善民生，加大打击涉及民生问题的各类犯罪力度，坚决打击人民群众反映强烈的食品药品安全、劳动安全、坑农害农等方面的犯罪活动，严肃查办严重侵害群众利益的职务犯罪案件，依法维护人民群众的合法权益，切实体现司法为民、司法便民、司法护民。要坚持公民在法律面前一律平等，注重对社会弱势群体权利的保障，完善出来人员犯罪案件办理机制，积极配合有关部门建立既有利于社会安定有序、又有利于激发创业创新活力的社会管理体系。要进一步做好涉检信访工作，完善和落实控告申诉首办责任制、责任倒查制、检察长接待制，推行联合接访、下访等，进一步完善矛盾纠纷排查调处工作机制、预防和处置群体性事件工作机制，依法及时解决人民群众对司法的诉求，最大限度地化解矛盾纠纷，促进社会和谐。

三、着眼于形成服务创业创新的工作机制，不断深化检察改革、完善政策，推进工作创新创优

深化检察改革、完善工作机制既是贯彻创业创新精神的必然要求，又是检察工作自身发展的内在需要。全省检察机关要认真落实中央、高检院部署的各项检察体制和工作机制改革措施,继续保持浙江检察工作的创新优势,同时不断完善政策措施,为创业创新创造良好执法环境。

积极推进检察工作机制创新。要根据中央和最高人民检察院的部署,认真组织实施各项检察改革,着力解决制约司法公正的突出问题,着力强化法律监督职能,着力加强对自身执法活动的监督制约;以建立业务、队伍和信息化“三位一体”机制为载体,推进执法规范化、队伍专业化、管理科学化建设;积极探索上下统一、横向协作、内部整合的检察工作一体化机制,加强全省各地检察院之间的联系协作,建立健全工作联系、业务对接、办案协调、合作互助机制,增强检察工作服务大局的整体合力。

严格掌握法律政策界限。要慎重对待经济社会发展中的新情况新问题,正确区分和处理创业创新中工作失误与违法犯罪的界限,执行政策出现偏差与钻改革空子实施犯罪的界限,合法的劳动、非劳动收入与贪污受贿、私分、侵占、挪用等违法所得的界限,经济纠纷、经济活动中的不正之风、违反财经纪律行为与经济犯罪的界限,轻微犯罪与严重犯罪的界限。在办案中,要讲求执法策略和方法,遵循办案规律,注意方法步骤,加强与党委、政府和有关单位的联系与沟通,依照有关规定执行报告和通报制度,维护正常的工作和生活秩序。要坚持文明办案,充分体现司法人文关怀。

平等保护各类市场主体的合法权益。坚持法律面前人人平等,破除执法中的等级观念,保障所有当事人在法律适用上的统一和平等。统一执法尺度,不分公有私有、国有民营、内资外资,依法保护各类市场主体平等参与市场竞争,营造各种所有制经济在创业创新中相互促进、共同发展的环境。

四、坚持严格公正文明执法,提升社会公信力,增强服务创业创新的实效

严格执法、公正执法是实现社会公平和正义的最后防线。检察机关必须进一步转变执法观念,改进执法方式,不断提高自身严格公正文明执法水平。

全面加强执法规范化建设,建立健全执法规范化体系。针对全省检察机关执法中容易发生问题的重点岗位和环节,健全完善执法岗位职责规范、业务工作运行规范、执法质量保障规范、检察业务考评规范等,构建一套制度完备、程序严密、标准具体、责任明确、考评科学的检察业务制度体系,把各项检察业务工作纳入规范、有序的轨道,不断提高执法办案的规范化水平。狠抓制度的执行和落实,严格流程管理,强化监督制约,加强工作考评,认真落实执法责任制、错案责任追究制和错案赔偿,坚持有错必纠,切实保障案件当事人的合法权益,通过严格执法提升执法形象。

改进执法作风,提高执法效率。坚持求真务实、真抓实干,深入实际、深入基层,认真调查研究经济社会发展中出现的新情况新问题,积极探索服务创业创新的新方法新举措,增强服务工作的主动性和创造性。强化诉讼效率意识,克服执法办案中的官僚主义、拖拉作风、推诿扯皮,加快执法办案节奏,依法快审快结;严格遵守法定程序,防止办案超时限;注重执法质量,减少当事人讼累,及时、高效、公正地处理有关案件。

深化检务公开,增强检察工作透明度。进一步完善检务公开的内容和形式,通过检察网站、新闻发布会等多种载体,向社会公开执法依据、执法权限、执法程序和执法纪律,通报检察工作重要情况,拓宽人民群众了解检察工作的渠道;建立健全保障诉讼参与人诉讼权利的工作机制,全面落实当事人权利义务告知制度;推行犯罪嫌疑人约见检察官控告违法行为的制度;完善律师会见犯罪嫌疑人、听取当事人及其委托人意见的程序;推行不起诉案件、重大申诉案件公开审查听证制度;改进检察机关法律文书的制作和使用方式,增强说理性和说服力。深入学校、企业、社区、乡村,开展以案讲法、警示教育、法律咨询等多种形式的法制宣传活动,增强人民群众的法制观念和依法行使权利的意识。

自觉接受监督,加强互动联系。自觉接受人大、政协的监督,认真执行人大及其常委会的决议和决定,主动报告和通报检察工作重要情况、重大事项,加强与人大代表、政协委员的联系,邀请代表、委员视察和评议工作,认真办理代表、委员的建议和提案。深化人民监督员制度试点工作,加强对检察机关查办职务犯罪工作的外部监督。自觉接受新闻舆论和人民群众的监督,建立健全与企业、新闻、文化、教育等社会各界人士定期座谈、上门走访、通报工作制度,广泛听取人民群众的批评、意见和建议,以加强和改进检察工作。

五、着眼于为服务创业创新提供坚强保证,加强检察队伍和基层基础建设

高素质的检察队伍和坚实的基层基础,是服务创业创新的根本保证。全省检察机关要坚持不懈地抓好检察队伍和基层基础建设。

加强思想政治工作。要坚持用党的理论创新成果武装检察队伍,不断深化社会主义法治理念教育,建立和完善经常性教育长效机制,使广大检察干警牢固树立"依法治国、执法为民、公平正义、服务大局、党的领导"的理念和"立检为公、执法为民"的执法观,恪守"忠诚、公正、清廉、严明"的检察职业道德,真正成为国家法律的捍卫者和公平正义的守护人。

加强领导班子建设。各级院领导班子和领导干部是检察事业的骨干和中坚,在服务创业创新中肩负着重要职责。要把建设一支高素质的领导干部队伍作为根本大计来抓,努力形成朝气蓬勃、奋发有为、团结和谐的领导班子。要认真组织对领导干部的集中轮训,突出创业兴检、创新强检的目标引导,推动各级院班子积极投身创业创新实践。加强对领导干部特别是检察长的教育、管理和监督,真正使各级院领导班子成为带领广大检察干警服务创业创新的坚强领导核心。

促进检察人员全面发展。服务创业创新,人才是关键。要积极开展建设学习型检察院、培养高层次专业型人才活动,努力提高全省检察人员的综合素质。加强检察文化建设,推进文化育检,积极开展形式多样、积极向上的文化活动,陶冶检察人员情操。坚持从严治检,严格办案纪律,认真落实党风廉政建设责任制,严肃查处违法违纪案件,广泛开展警示教育,切实提高检察队伍拒腐防变能力。

加强基层基础建设。要把加强基层院建设作为全部检察工作的基础,积极谋划新一轮基层院建设五年规划,扎实开展基层院建设各项工作,促进基层院建设整体水平的提高。要进一步落实中央关于加强"两院"工作的《决定》和省委实施意见,切实解决制约检察工作发展的瓶颈制约。要进一步落实省检察院《关于加强检察基础工作的实施意见》,按照检察业务基础更为扎实,执法规范化程度全面提升,信息化水平明显提高,工作管理更加科学,执法保障更加有力,干警素质和队伍战斗力进一步加强,法律监督的公信力与权威性显著增强的目标要求，扎实开展检察基础工作，全面提高法律监督能力。

关于保障和改善民生促进社会和谐的意见①

为深入贯彻党的十七大和省第十二次党代会精神，更好地服务我省“创业富民、创新强省”总战略，根据省委《关于全面改善民生促进社会和谐的决定》，结合检察实际，现就保障和改善民生促进社会和谐提出如下意见。

一、充分发挥检察职能作用，切实做好保障和改善民生的各项工作

检察机关的每一项工作都与民生密切相关。全省检察机关要坚持以履行好法律监督职能为最基本、最直接的途径，以促进解决人民群众最关心、最直接、最现实的利益问题为突破口，有针对性地加强和改进检察工作，促进民生问题的解决。

严厉打击危害人民群众生命财产安全的犯罪活动，维护民生之基。认真履行批捕、起诉职能，对故意杀人、绑架、强奸等严重侵犯公民人身权利的犯罪案件，抢劫、抢夺、盗窃等严重侵犯公民财产权利的犯罪案件，制售假药劣药、有毒有害食品等严重影响公民生命健康的犯罪案件，制售假农药、假兽药、假化肥、假种子等坑农害农的犯罪案件，造成重大环境污染事故、盗伐滥伐林木、非法采矿、破坏性采矿等影响群众生存环境的犯罪案件等，坚持提前介入，依法从重从快办理，坚决维护人民群众的生命财产安全。

依法查办侵害民生的职务犯罪，推动民生之兴。充分发挥查办职务犯罪职能，严肃查办国家工作人员利用职务之便，贪污受贿、挪用私分公款、滥用职权、徇私舞弊等，导致群众基本保障和生存发展受到严重侵害的犯罪活动。围绕使全体人民学有所教、劳有所得、病有所医、老有所养、住有所居的目标，突出查办教育、就业、食品安全、医疗卫生、社会保障、征地拆迁、抢险救灾、移民补偿等领域发生的职务犯罪案件，促进党和国家保障和改善民生各项政策措施的落实。依法及时介入重大责任事故调查，坚决依法查办国家机关工作人员滥用职权、玩忽职守造成重大安全生产事故的犯罪案件。严肃查办国家机关工作人员利用职权实施的刑讯逼供、非法拘禁、报复陷害、破坏选举等职务犯罪案件，保障群众基本人权。

加大诉讼监督维护司法公正的力度，保障民生之求。密切关注群众反映强烈、与民生问题密切相关的执法不严、司法不公的突出问题，加强诉讼监督。对有案不立、有罪不究、以罚代刑、违法立案、量刑畸轻畸重、有罪判无罪、违法减刑、假释、保外就医的，依法履行立案监督、刑事审判监督、刑罚执行监督的法定职责，坚决防止和纠正包庇犯罪、亵渎法律等问题，维护社会公平正义。加强民事审判和行政诉讼的监督，对涉及社会保险、人身损害、土地征用等与民生相关的案件，以及有关农民工、失地农民等弱势群体合法权益的案件，及时审查办理、及时反馈答复，对显失公平、确有错误的裁判，坚决依法提出抗诉。着力发现和查处执法不公背后隐藏的贪赃枉法、徇私舞弊等腐败案件，从根本上保障司法公正。

积极做好化解矛盾纠纷工作，促进民生之和。认真执行宽严相济刑事政策，对严重犯罪依法打击，对未成年人犯罪、轻微刑事犯罪坚持教育挽救为主，对群体性案件慎重区别对待，对外来人员犯罪依法平等办理，最大限度地化消极因素为积极因素。强化涉检信访的首办责

---

① 2008年6月2日，省检察院浙检办〔2008〕7号。

任制、检察长约见制，对涉及群众切身利益的控告、申诉、举报等信访案件，认真受理，限期办结，及时反馈，提高就地化解矛盾纠纷的能力。强化检察环节的和解工作，积极探索开展轻微刑事案件和解、民事申诉案件和解工作，建立健全检察环节促进和解与社会调解的对接机制，切实化解矛盾纠纷。

扎实做好民生领域的预防犯罪和综合治理，巩固民生之本。对案件中暴露出来的民生领域工作中不规范、不完善的地方，加强案件剖析、预防调查、对策研究，积极向党委、政府及有关部门提出检察建议，促进建制堵漏。推进与民生相关的重点行业、重点工程项目的职务犯罪预防共建机制，开展农村职务犯罪预防，促进相关行业、部位的内控机制建设。配合有关部门做好治安排查管控和突发事件处理，加强对治安重点地区和重点问题的专项治理，深入开展未成年犯罪嫌疑人帮教工作、社区矫正检察监督和送法下乡等多种形式的普法教育，努力营造平安和谐的社会环境。

二、进一步创新完善民生案件办理的工作机制，切实增强保障和改善民生的实效

创新是检察工作发展的不竭动力，也是检察机关能否更好地保障和改善民生的关键所在。全省检察机关要深入贯彻“创新强检、公正为民”的检察工作主线，紧紧围绕人民群众的新期待新要求，不断创新完善办理民生案件的工作机制，促进民生问题在检察环节得到更好的改善和解决。

创新完善发现受理民生案件的工作机制。健全全省统一举报电话和网上举报平台的应用机制，加强举报宣传，对举报件的受理、移转、办理、回复等严格工作程序和工作责任，落实实名举报的书面说理答复，确保群众诉求渠道畅通。推进行政执法与刑事司法衔接机制建设，积极促进建立民生领域行政执法信息司法机关的备案与网络共享制度，健全检察机关介入重大责任事故的工作机制，使相关案件及时进入司法程序。规范检察机关内部民生案件信息的流通和处理机制，明确责任，确保信息资源得到整合利用。建立检察联系乡镇街道的制度，延伸检察工作触角，及时深入地了解、发现民生热点和难点问题。

创新完善民生案件及时办理的工作机制。完善对涉及民生严重刑事案件的提前介入机制，引导侦查机关尽快查明案情、固定证据，促使相关犯罪及时得到依法打击。建立检察环节民生案件优先审查办理机制，对民生案件及时汇报和分流，第一时间审查，优先办理，及时反馈。有针对性地组织开展民生领域的职务犯罪侦查和诉讼监督专项工作，促进民生问题的改善与解决。建立对重大民生案件的报告、备案制度，省、市院积极运用督办、参办、提办等，对重大案件办理加强指挥和指导，确保案件得到及时有效的查办。

创新完善提高民生案件办理效果的工作机制。严格把握民生案件办理的法律政策界限。刑事案件办理中，特别要正确区分和处理民生领域工作失误与违法犯罪的界限。民事申诉案件办理中，要注意平等保护各类市场主体的合法权益，并注重运用调解方式，促进民事和解息诉。行政申诉案件中，要把维护和支持群众在个案中的合法权益与维护和支持行政机关旨在保障和改善民生的宏观调控措施和行政执法行为结合起来，维护社会安定团结。办案要讲求执法策略，加强与党委、政府和有关单位的联系沟通，执行相关报告和通报制度。办案要讲求统筹解决，把解决法律问题与解决群众实际困难一起抓，特别是要加强对被害人权利的保障，努力为被害人挽回经济损失，健全落实对因犯罪行为致生活困难的被害人的司法救助制度。办案要讲求提高公信力，认真听取案件当事人的意见尤其是被害人意见，对群体性案件要积极走访群众、基层组织及相关部门听取意见，对复杂案件必要时实行公开听证，答疑析理。

三、扎实推进执法规范化建设，切实提高检察机关保障和改善民生的能力和水平

严格公正文明执法，是对政法机关的基本要求，也是保障和改善民生的题中之义。全省检察机关要坚持以严格公正文明执法为目标，进一步加强检察队伍建设，完善执法监督制约机制，加快科技强检步伐，不断提高检察机关规范执法、保障和改善民生的能力和水平。

加强队伍政治业务作风建设，夯实规范执法基础。深入推进社会主义法治理念教育，围绕“依法治国、执法为民、公平正义、服务大局、党的领导”五个方面的要求，进一步细化理念教育的目标和措施，扎扎实实予以落实，切实以社会主义法治理念坚定立场，武装思想，指导实践。加强对队伍的系统性能力培训，特别要注意通过多种方式途径，围绕办理民生案件所涉及的法律问题进行针对性、专题性培训，深入开展相关的岗位技能训练，重视培养干警社会综合知识和群众工作本领，提高通过办案解决民生问题的能力。深化作风建设，解决队伍作风方面存在的突出问题，做到公正执法、廉洁从检，树立起检察干警在群众心目中的良好形象。

加强内外部监督制约机制建设，优化规范执法管理。积极主动接受人大及人大代表监督，深化人民监督员试点工作，健全向代表和社会的工作通报制度，通过检察网站等形式向社会公开执法程序和执法纪律、公开查询案件办理进度及相关信息，广泛接受人民群众监督。自觉遵守修改后的《律师法》，依法保障律师会见权、阅卷权、取证权等执业权利。深入开展检务督察工作，对撤案、不批捕、不起诉、无罪判决等重点案件，以及落实依法办案“十条规定”情况进行重点督察，坚决防止和克服对相关案件处理不当，以及超时限审讯、不文明办案、违法处理扣押冻结款物、不依法保障律师正常执业权利等执法不规范情况。健全完善检察工作规范，积极主动地推进应用以批捕、起诉工作为重点的办案软件，强化对执法办案的动态管理和质量监控。

加强检察执法信息体系建设，强化规范执法支撑。深刻认识新形势对检察执法信息化水平提出的要求，以执法信息体系建设为重点，推进科技强检，规范办案运行，强化办案支撑。在以往探索实践的基础上，积极谋划和逐步推进全省三级院、各有关业务部门统一规划、有机衔接的执法信息库建设，全力配合省整规办建成全省层面的行政执法与刑事司法信息网络共享平台，着力争取建立对通讯信息、户籍资料、产权登记资料等社会公共管理信息的协查机制，推动建成全方位的检察信息体系。完善信息的采集、管理和服务机制，加强对信息的研判、转化，促进信息的整合与利用。

全省检察机关要切实提高认识，统一思想，把保障和改善民生作为关系全局的重大任务，列入党组重要议事日程，“一把手”亲自抓，形成职责明确、责任到位的工作格局。各级院要紧紧围绕省委决定和当地党委、政府的贯彻意见和具体部署，研究制定本单位保障和改善民生工作的实施意见，明确重点任务和工作措施，加强探索实践和工作总结。省、市院及有关部门要健全相关工作督查、考核评价、责任追究等方面的工作机制，加强工作引导，督促工作进展。全省三级院要上下联动，合力推进保障和改善民生工作，促进解决群众最关心、最直接、最现实的利益问题，为实现我省学有所教、劳有所得、病有所医、老有所养、住有所居作出应有的贡献。

关于践行社会主义法治理念目标化的指导意见①

社会主义法治理念是中国特色社会主义理论体系的重要组成部分，是科学发展观在政法工作的具体化，是检察机关必须长期坚持的指导思想。为进一步坚定中国特色社会主义的政治方向，推进检察工作科学发展，全省检察机关要以党的十七大精神为指引，深入贯彻落实科学发展观，牢牢把握社会主义法治理念的科学内涵和精神实质，坚持以依法治国为核心内容，执法为民为本质要求，公平正义为价值追求，服务大局为重要使命，党的领导为根本保证，不断明确和统一在检察工作中践行社会主义法治理念的基本要求、主要目标和任务，通过扎实有效的工作，切实提高践行社会主义法治理念的自觉性、实效性，使检察工作更好地实现科学发展，更好地实现政治性、人民性、法律性的有机统一，更好地实现与我省经济社会发展同步走在前列。

当前和今后一个时期，全省检察机关深入践行社会主义法治理念的基本要求、主要目标和任务是：

一、深入践行依法治国理念

基本要求：坚持以依法治国为核心内容，充分发挥中国特色社会主义检察制度的优越性，把功夫下在强化法律监督上，着力提高发现问题的能力、攻坚克难的能力和法律监督制约的能力，推进法律监督的力度、质量、效率和效果的同步提升和协调发展，切实维护司法公正和法制统一，做到敢于监督、善于监督、依法监督、规范监督。

主要目标和任务：

——法律监督的严密性切实提高。准确把握宪法定位，始终把强化法律监督作为检察机关的根本任务来抓，确保有法必依、执法必严、违法必究，做社会主义法治的建设者和捍卫者。充分认识批捕、起诉、查办职务犯罪等各项检察业务工作的法律监督属性，综合用好现有法律监督手段，实现事前监督与事后监督、个案监督与类案监督、日常监督与专项监督的有机结合，切实维护法律的严肃性。坚持以加强对权力的制约监督为重点，扎实推进死刑执行监督、民事督促起诉等法律监督职能创新，促进法律监督工作更加全面、深入。

——法律监督的权威性切实提高。坚持专群结合、依靠群众，把群众的举报、申诉作为“风向标”，进一步加强控申举报和线索查证工作，切实提高对执法不严、司法不公以及隐藏在背后的职务犯罪等问题的发现能力。着力加强查处职务犯罪工作，进一步健全一体化的侦查工作机制，加强省检察院的统筹领导工作，发挥市级检察院的“一线指挥部”作用，依托基层院形成严密的侦查网络，切实提高攻坚克难的能力。结合检察改革，进一步整合法律监督资源，探索从检察权的配置、机构设置、工作管理机制、人力资源整合等推出创新举措，切实增强法律监督的整体合力和影响力。

——法律监督的实效性切实提高。正确处理法律监督的力度、质量、效率和效果的关系，

① 2008年11月15日，省检察院浙检发〔2008〕14号。

把四者的有机统一作为衡量法律监督工作的基本标准，努力做到坚决、慎重、准确、及时。努力营造良好的执法环境，进一步加强与公安、法院的配合，加强与有关行政执法部门的联系沟通，争取理解支持，共同维护社会主义法制的权威。更加注重保障人民群众对执法工作的知情权、参与权、表达权、监督权，深入推进检务公开，完善公开听证、公开答询等有效机制，增强执法办案的透明度。

——法律监督的规范性切实提高。坚持正人先正己，以加强对自身执法活动的监督制约为重点，继续推进执法规范化建设，把各项法律监督工作纳入规范、有序的轨道。围绕职务犯罪侦查、侦查监督、公诉等关键岗位和关键环节，进一步修改完善检察工作规范，健全权责明确、行为规范、监督有效的执法工作机制。深入推进检务督察工作，建立健全对执法全过程的动态监督和预警机制，及时发现和纠正执法不规范问题。自觉接受人大监督、政协民主监督、人民群众监督和新闻舆论监督，防止执法不公、不廉问题的发生。

二、深入践行执法为民理念

基本要求：坚持以执法为民为本质要求，真正站在人民的立场上考虑问题、谋划工作，切实把维护好人民权益作为检察工作的根本出发点和落脚点，把人民群众的关注点作为检察工作的着力点，不断从人民群众的新要求、新期待出发改进检察工作，促进解决人民群众最关心、最直接、最现实的利益问题，做到以人为本，执法亲民、护民、利民、便民。

主要目标和任务：

——改善民生工作进一步加强。认真贯彻中央、省委关于全面改善民生的决策部署，立足职能，扎实做好检察环节保障和改善民生的各项工作。着力查处发生在群众身边、损害群众切身利益的犯罪活动，特别是教育、就业、食品安全、医疗卫生、社会保障、征地拆迁、抢险救灾、移民补偿等领域发生的职务犯罪案件，促进党和国家改善民生各项政策措施的落实。更加注重发挥民事行政检察职能作用，加强对涉及劳动争议、保险纠纷、人身损害赔偿等民事审判和行政诉讼的监督，依法监督纠正显失公平的裁判，维护弱势群体的合法权益。注意加强总结、研究，不断创新完善涉及民生案件的发现受理、及时办理等工作机制，促进民生问题在检察环节得到更好的改善和解决。

——涉检信访工作进一步加强。坚持从维护群众合法权益、密切党群关系的政治高度，深刻认识涉检信访工作的重要性、长期性和艰巨性，始终把涉检信访工作作为“一把手”工程摆在突出位置。着力建立健全涉检信访工作长效机制，完善和落实首办责任制、领导包案制、责任倒查制，推进下访巡访和联合接访，不断拓宽群众信访渠道。自觉把涉检信访工作纳入党委、政府的“大信访”格局，进一步密切与有关部门的联系配合，增强涉检信访工作的实效。力争对涉检信访问题做到群众申诉一起、查明一起、解决一起，确保矛盾不积累、不上交，切实减少来省进京重复访，杜绝进京非正常访。

——保障人权工作进一步加强。牢固树立尊重和保障人权意识，坚持既通过依法及时打击犯罪，实现对广大人民群众基本人权的保护，又注意维护诉讼参与人的合法权益，坚决监督纠正诉讼中侵犯人权的问题。突出查办国家机关工作人员利用职权侵犯人权的犯罪案件，加大对刑讯逼供、非法拘禁等犯罪的打击力度，进一步完善落实防止和纠正超期羁押的长效机制。积极探索未成年人司法保护的有效途径，改进未成年人刑事案件的批捕、公诉工作，保障未成年人合法权益。建立健全保障诉讼参与人诉讼权利的工作机制，完善当事人权利义务告知制度，探索建立被害人在诉讼中的权益保护机制，保障律师依法履行职责，在执法办案过程中充分体现司法人文关怀。

——便民利民工作进一步加强。坚持执法为民宗旨意识和便民利民服务意识的有机统一，更加注重加强便民利民工作，建立健全便民利民长效机制，把执法为民的思想落实到可操作性强的便民利民具体措施上。着眼为群众反映问题提供便利条件，加强控告申诉接待室建设，探索在乡镇、社区等建立检察工作联系点，让人民群众更加充分地感受到检察机关和检察工作的温暖、文明、方便。适应科技发展特别是信息化的新形势，突出加强检察门户网站建设，探索实行诉讼权利、诉讼环节网上告知、短信告知等科技便民措施，不断提高服务群众的水平。

三、深入践行公平正义理念

基本要求：坚持以公平正义为价值追求，牢固树立做公平正义守护者的观念，围绕建设公正高效权威的社会主义检察制度和严格公正文明执法的目标要求，深入推进检察改革创新，加强检察自身建设，切实提高法律监督能力，确保人民群众对维护公平正义的新要求新期待不断得到满足和实现，做到有为、有力、有效、有位。

主要目标和任务：

——维护公平正义的体制机制不断完善。坚持“创新强检”的工作主线，全面贯彻中央、高检院关于深化司法体制、检察体制改革的部署，扎实推进检察工作机制创新，破解制约强化法律监督的体制性、机制性障碍。深入推进人民监督员制度试点工作，健全讯问全程同步录音录像、办案工作区规范化建设等内部制约机制，进一步规范执法行为，确保检察权依法公正行使。更加注重改革创新贯彻宽严相济刑事政策的制度和措施，不断提高打击犯罪、保障人权、维护公平正义的能力和水平。

——维护公平正义的本领水平不断提高。坚持以学习贯彻党的十七大精神为主线，深入贯彻落实科学发展观，推进社会主义法治理念教育，进一步加强思想政治建设和检察职业道德建设。继续下大力气加强专业化建设，完善以业务能力和检察实绩为主要内容的人才考核评价体系，推进全员正规化培训和岗位练兵，造就一批高层次人才和办案骨干。更加注重自身反腐倡廉建设，深入查找和解决队伍在纪律作风方面存在的问题，确保检察干警公正执法、廉洁从检。力争通过几年努力，全国检察业务专家、全国业务技能竞赛获奖人数等高层次检察业务人才总数位居全国前列，涌现出一批在全省、全国有一定影响的先进典型。

——维护公平正义的物质保障不断加强。认真贯彻中央加强“两院”工作的决定和省委实施意见，紧紧依靠党委、人大和政府的重视支持，深入抓好落实，为提高法律监督能力、确保公正执法提供更加坚实有力的经费和物质保障。着力推进信息技术在检察工作中的运用，优化检察信息网络，加快建立执法信息数据库，推广网上办案，不断提高应用效益和水平。进一步采取有力措施，抓好县级检察院公用经费保障标准的落实，争取中央和省级财政加大专项转移支付力度，解决一些经济欠发达地区检察机关经费困难的问题，保障履行法律监督职能所需经费。

——维护公平正义的基层基础不断夯实。着眼检察工作全局，不断推动基层检察院建设改革创新、与时俱进，提高维护公平正义的整体水平。坚持以业务建设为中心，队伍建设为根本，统筹推进基层检察院的检务保障建设、管理机制建设和检察形象建设，使基层检察院建设全面协调可持续发展。进一步健全基层检察院规范化建设考核评价体系，深入开展争创先进检察院活动，造就一批政治坚定、业绩一流、班子优秀、队伍过硬、保障有力、管理科学、形象良好的先进检察院，充分发挥先进典型的示范引导作用。省市检察院要牢固树立为基层服务的思想，加强对基层检察工作的领导，帮助解决基层检察院的实际困难和问题，促进基层工作水平和队伍素质不断提高。

四、深入践行服务大局理念

基本要求：坚持以服务大局为重要使命，准确把握当前和今后一个时期推动科学发展、促进社会和谐的新形势新要求，围绕省委实施"两创"总战略、加快经济转型升级的决策部署，切实从更高起点、更高层次、更高水平上谋划和改进检察工作，不断提高服务大局的参与率、贡献率、认同率，做到始终着眼大局、围绕大局、服从大局、服务大局。

主要目标和任务：

——在促进科学发展上有更大作为。牢固树立科学发展的思想，进一步找准服务经济社会科学发展的着力点、切入点，创新服务的途径、方式和方法，充分发挥检察机关在促进经济社会又好又快发展中的职能作用。坚持围绕经济建设这个中心，按照省委关于加快经济转型升级的总体部署，着力在促进自主创新、产业结构、节能环保、协调发展等方面取得突破，为再创浙江科学发展新优势服务。认真贯彻党的十七届三中全会精神，依法打击影响农村稳定、破坏农业生产、侵害农民合法权益的犯罪活动，加强农村职务犯罪预防，保障和促进农村改革发展。严格掌握法律政策界限，准确把握执法尺度，注意对新情况、新特点的调查研究，积极向党委、政府及有关部门提出检察建议，不断提高服务的水平和实效。

——在促进社会和谐上有更大作为。清醒认识新形势下维护社会稳定的艰巨性、复杂性、长期性，始终坚持稳定压倒一切的方针，更加注重促进社会和谐，积极协同有关部门，实现全面、动态、可持续的稳定。全面贯彻宽严相济的刑事政策，进一步明确政策界限，建立健全相关工作机制，努力做到该严则严、当宽则宽，最大限度地减少社会对抗，化消极因素为积极因素。更加注重化解矛盾纠纷，妥善做好检察环节群体性事件、突发性事件、重大安全生产责任事故等严重影响社会稳定问题的处置工作，把执法活动进一步向定分止争、理顺情绪延伸，努力营造持续稳定的社会环境。

——在促进党的建设上有更大作为。着力发挥好在反腐倡廉建设方面的职能作用。认真贯彻党的十七大关于加强反腐倡廉建设的总体部署，按照中央《建立健全惩治和预防腐败体系 2008—2012 年工作规划》和省委《实施办法》的要求，不断加大法律监督工作力度，为全面推进党的建设新的伟大工程服务。继续突出查办大案要案，重点查办发生在领导机关和领导干部中贪污贿赂、失职渎职等犯罪案件，查办官商勾结、权钱交易和严重侵害群众利益的犯罪案件，集中查办群众反映强烈、案件多发的行业和领域的职务犯罪案件。全面强化对诉讼活动的法律监督，把惩治腐败的重点放在监督权力运行上，促进执法司法权的依法正确行使。贯彻标本兼治、综合治理、惩防并举、注重预防的方针，不断提高预防职务犯罪工作的专业化、规范化水平，促进惩治和预防腐败体系建设。

——在促进中心工作上有更大作为。牢固树立为党委中心工作服务的思想，把检察机关服从服务党委中心工作的认识是否到位、措施是否得力、效果是否满意，作为衡量一个地方检察工作的重要标准，不断增强服务中心工作的自觉性、主动性。坚持把检察工作纳入党委的中心工作，自觉随着党委各个时期中心工作的开展，及时研究调整检察工作思路，确定工作重点，改进策略方法，确保检察工作始终与党委的中心工作相适应、相统一、相协调。正确处理服务党委中心工作与服务大局的关系，把紧贴中心、凸现职能、有效作为作为服务大局的基本方式，真正做到主动贴近、主动融入、主动接轨、主动作为，实现办案法律效果、社会效果、经济效果与政治效果的有机统一。

五、深入践行党的领导理念

基本要求：坚持以党的领导为根本保证，切实增强党的观念，紧紧依靠党的领导、人大监督和上级检察机关领导依法独立行使检察权，确保检察工作的正确方向，做到坚持党的领导与依法独立行使检察权有机统一、坚持党的领导与接受人大监督有机统一、接受党委领导与接受上级检察机关领导有机统一、坚持党组集体领导与个人分工负责有机统一。

主要目标和任务：

——维护党的权威更加自觉坚定。正确处理坚持党的领导与依法独立行使检察权的关系，深入贯彻中央《关于加强和改进党对政法工作领导的意见》和《关于进一步加强人民法院、人民检察院工作的决定》，始终与党中央保持高度一致。正确处理执行党的政策与执行法律的关系，坚持用中国特色社会主义理论体系武装干警、指导实践、推动工作，确保党的路线方针政策和决策部署在检察工作中得到不折不扣的贯彻执行。正确处理讲政治与讲法治的关系，善于从政治上认识、分析、解决检察工作的问题，把讲政治的要求贯彻到法律监督的每个环节、每项工作中，切实维护党的执政地位。

——接受党委领导和人大监督更加自觉坚定。坚持“条块结合、以块为主”的组织原则，进一步健全请示报告制度，及时向党委报告重大工作部署、重要改革措施和重要工作事项，紧紧依靠党委解决工作中的重大问题，坚持在党委的直接领导下开展各项检察工作。准确把握坚持党的领导与接受人大监督的内在一致性，积极主动向人大及其常委会报告工作，虚心听取人大代表的批评、建议和意见，不断加强和改进检察工作。

——接受上级检察机关领导更加自觉坚定。深刻认识接受上级检察机关的领导，既是落实宪法规定的检察机关领导体制的重要要求，也是坚持党的领导和人大监督、维护中央权威和保证法律统一正确实施的重要要求，三者相辅相成、有机结合、不可偏废。认真贯彻高检院《关于加强上级人民检察院对下级人民检察院工作领导的意见》，严格执行请示报告、提请批准、备案审查等制度，切实落实上级检察院的各项决定和部署，做到检令畅通、令行禁止。上级院要努力转变领导作风和工作作风，提高领导能力和决策水平，切实承担起对下指导、督促检查、解决问题、推动工作的责任，同时要严格自律，当好表率。

——加强检察机关党的建设更加自觉坚定。坚持完善党组内部的议事和决策机制，认真贯彻落实集体领导、民主集中、个别酝酿、会议决定的原则，大力加强领导班子建设，把各级检察院领导班子建设成善于领导科学发展、开创检察事业新局面的坚强领导集体。认真落实党建工作责任制，进一步健全检察机关党的基层组织，完善工作规则，强化工作效果，充分发挥基层党组织的战斗堡垒作用。加强党员队伍建设，健全让党员受教育、永葆先进性的长效机制，完善“以党建带队建”的工作机制，充分发挥党员检察人员的先锋模范作用。

践行社会主义法治理念是一个长期渐进的过程，必须立足当前，着眼长远，把长远目标与阶段性工作紧密结合起来。省检察院将结合年度工作，结合修改完善有关考核评价体系，不断明确践行社会主义法治理念的具体目标和有效载体。全省检察机关要切实提高认识，把践行社会主义法治理念目标化作为当前和今后一个时期推动检察工作进一步坚定政治方向、实现科学发展、继续走在前列的总抓手，紧密结合实际，进一步细化、具体化践行社会主义法治理念的目标要求，狠抓落实，确保取得实效。

关于当前检察机关帮助企业解困服务经济平稳较快增长的十五条意见[①]

根据省检察院《关于服务经济转型升级的若干意见》，针对当前我省经济形势和解决企业困难的紧迫任务，现就当前我省检察机关帮助企业解困，服务经济平稳较快增长提出如下意见：

一、坚持依法文明办案，对企业法定代表人、生产经营负责人和技术骨干人员涉嫌一般犯罪的，在确保刑事诉讼顺利进行的前提下，尽量不采用拘留、逮捕等强制措施；已经采取拘留、逮捕措施的，因企业生产经营申请取保候审的，可视情变更强制措施。确需追究刑事责任的，建议法院依法从轻、减轻处理；对企业涉嫌单位犯罪的，建议法院依法减少罚金刑的适用，降低罚金数额，尽量避免企业因缴纳高昂罚金数额而过度加重企业负担。

二、慎重采取查封、扣押、冻结企业财产、账册和银行账户等强制措施，对目前仍在营运的困难企业，不采用静态查封等强制措施，尽可能减少办案给企业带来的影响，维护企业正常的生产经营活动。

三、选择适当办案时机，对涉嫌犯罪的企业经营管理人员，若属于犯罪情节轻微的，酌情暂缓办理；传唤、拘传犯罪嫌疑人时应严格控制知情面；询问证人选择其认为合适的时间及场所；注意办案方式方法，不能因办案直接影响企业洽谈重大项目和完成生产任务，不能因办案直接影响企业声誉，不轻易报道有损企业形象的案件。

四、慎重办理集资类刑事案件，着重区分集资是否用于生产经营、是否具有非法占有目的，是否影响社会稳定，来区别考虑是否追究刑事责任，依法妥善处理，不能扩大打击对象，以保护改革者、创业者的创业创新热情。

五、慎重办理企业偷税案件，对企业初次采取欺骗、隐瞒手段进行虚假纳税申报或者不申报，若逃避缴纳税款数额较大并且占应纳税额10%以上或数额巨大并且占应纳税额30%以上的，经税务机关依法下达追缴通知后，补缴应纳税款，缴纳滞纳金，并且接受行政处罚的，不

---

① 2008年12月10日，省检察院浙检发〔2008〕15号。

适用逮捕等强制措施，若社会影响尚不属十分恶劣，可不予追究刑事责任。

六、慎重办理为企业发展创造条件解决实际困难过程中发生的职务犯罪案件，对国家工作人员确为企业克难解困而未严格执行政策、法律，尚未造成严重后果的，一般不予追究刑事责任。

七、充分发挥预防犯罪职能，积极开展“三个千亿”工程建设的预防工作，全面掌握我省范围内“三个千亿”工程建设的项目、规模和进度，全面了解我省2009—2010年政府主导性重大建设项目情况，妥善制定相关方案，在铁路、公路、水利、能源等基础设施和民生工程项目方面与监察、审计等部门共同开展预防职务违法违纪工作，为企业经营提供公平的市场环境。

八、高度重视劳资纠纷的民事行政申诉案件办理，妥善处理职工正当权益和企业正常生产经营的关系，尤其要着力支持依法追索拖欠的农民工劳动报酬，同时要防止企业因劳资纠纷引发生产经营中断或破产倒闭，对生产经营有潜力但暂时资金困难的企业，要加大调解力度，最大限度地帮助企业化解矛盾。

九、慎重办理涉及企业股权、借款、破产、兼并、重组、转制等案件，积极运用和解、调解手段化解矛盾，减少对企业商业信誉和经济权益的负面影响，减少因企业资金链断裂而引发的倒闭等不稳定因素。

十、妥善处理因企业裁员、降薪等引发的群体性上访和告急访，积极配合有关部门和相关企业共同做好群众安抚和善后工作，确保企业生产经营正常进行。妥善处理企业经营管理者受到的不实举报或诬告陷害，及时配合有关部门澄清事实，消除影响，切实维护企业经营管理者的合法权益和改革热情。

十一、依法打击侵害企业利益、危害企业生产经营的犯罪活动，对因债务、劳资等民事纠纷导致矛盾激化而实施杀人、伤害、绑架、抢劫、非法拘禁等危害企业经营管理者人身权和财产权的犯罪活动，依法从严打击，切实保障企业经营管理者的人身及财产安全。坚决打击以索债为由哄抢、毁损、破坏等侵害企业财产的犯罪活动，切实维护企业合法的财产权益，最大限度地挽回企业的经济损失。

十二、认真查处国家机关及其工作人员利用职务之便，在证照颁发审验、项目审批、土地征用、税收征管、贷款发放等过程中向企业及其经营管理者索贿受贿等侵害企业合法权益的犯罪活动。坚决查处国家机关工作人员滥用职权、玩忽职守、徇私舞弊等造成企业重大损失的渎职犯罪行为，从严打击国家工作人员乘企业危难之机，故意制造障碍或严重不作为导致企业关闭的渎职犯罪行为，切实为企业的发展创造廉洁高效的政务环境。

十三、依法加大对滥用刑事侦查权，违法冻结、查封、扣押、强制划拨企业财产，滥收企业保证金，滥用强制措施等行为的监督力度，依法保护各类市场主体的合法权益。

十四、充分发挥检察建议作用，加强对执法部门随意处罚企业行为的监督力度，对办案中发现的行政执法机关工作人员行政不作为、乱作为，借机乱收费、乱罚款、乱摊派，故意刁难企业等违法违纪行为，依法建议有关部门进行严肃查处，提高检察机关服务经济建设的实效性。

十五、切实加强组织领导，各级检察机关“一把手”要切实负起责任，加强对待特定时期帮助企业解困、服务经济平稳较快增长工作的领导，积极采取措施，把这项工作落到实处。全力配合当地党委、政府防范矛盾交汇引发社会动乱，保障大局稳定，对执法办案中遇到涉及企业发展的重大情况和问题，要及时向上级检察院报告，主动与当地党委、政府沟通，积极争取当地党委、政府的重视和支持。

关于深入推进三项重点工作的若干意见①

为切实贯彻中央、省委、高检院关于深入推进社会矛盾化解、社会管理创新、公正廉洁执法的重大决策部署，着力解决检察环节维护社会和谐稳定的源头性、根本性、基础性问题，为我省经济社会又好又快发展提供有力司法保障，现就深入推进三项重点工作提出如下意见：

1. 把提升“三个效果”有机统一的办案质量作为深入推进三项重点工作的抓手和“硬标准”。坚持从服务经济社会发展大局出发，以充分履行法律监督职能为立足点，以执法办案为基本途径，积极探索建立法律效果、政治效果、社会效果有机统一的办案质量管理体系，引导树立理性、平和、文明、规范执法的新理念，把执法办案向化解社会矛盾延伸，从源头上减少矛盾纠纷的产生，始终以“三个效果”有机统一指引和检验执法办案，推动三项重点工作在检察环节落到实处。

2. 加大执法办案力度着力解决影响社会和谐稳定的突出问题。把加大执法办案力度作为首要任务，对社会危害大的严重刑事犯罪尤其是黑恶势力犯罪、严重暴力犯罪、多发性侵财犯罪、毒品犯罪以及破坏金融管理秩序、制售有毒有害食品等严重破坏市场经济秩序犯罪，该批捕的要坚决批捕，该起诉的要坚决起诉，及时、准确、有力地予以打击；对职务犯罪大要案尤其是企业改制、征地拆迁、涉农利益、教育医疗、环境保护、安全生产、食品药品安全等领域发生的容易引发社会矛盾的职务犯罪案件，要加大查处力度，积极回应人民群众的司法需求；对群众反映强烈的执法不严、司法不公和司法腐败问题，要切实加大监督解决力度，充分发挥执法办案在解决矛盾纠纷、维护社会稳定中的基础作用。

3. 慎重适用逮捕、起诉措施最大限度减少社会对立面。在审查逮捕、审查起诉中，既要依法打击犯罪，又要注重疏导化解矛盾，对轻微犯罪、过失犯罪以及当事人双方达成和解的案件，对因失业造成生活困难而实施盗窃等侵财犯罪的初犯、偶犯，在校学生、农民工等因就业压力引发的过激型犯罪，要体现政策从宽的一面，可捕可不捕的不捕，可诉可不诉的不诉，依法起诉的也要积极向法院建议从宽处理。要与公安机关共同研究明确有关逮捕必要性标准和移送证据材料的要求，从行为的社会危害性、犯罪嫌疑人的人身危险性、保证诉讼的条件等方面，加大对逮捕必要性证据的审查力度，对于采取其他强制措施不至于妨害诉讼顺利进行的，应当不予批捕。要积极探索开展附条件不起诉，对未成年人犯罪案件等不符合不起诉条件但没有立即起诉必要的，可以给予一定期限的考察期，犯罪嫌疑人在考察期内遵纪守法，认罪、悔罪表现好，得到被害人谅解的，可以不起诉。

4. 慎重办理涉众型经济犯罪案件防止因处理不当引发群体性事件。对非法集资、非法吸收公众存款、非法传销等涉及金额巨大、涉案地域广泛、涉及人数众多、危害后果严重的涉众型经济犯罪案件，要坚持提前介入，积极引导侦查取证，准确界定案件性质与涉嫌罪名，把

① 2010年3月15日，省检察院浙检发〔2010〕6号。

握好打击面。对犯罪事实清楚，证据确凿，应负主要责任的组织者、指挥者及其他核心成员，要依法及时批捕起诉；对起次要、辅助作用，积极退赃和归还集资户本金，符合不捕不诉条件的，可不予批捕起诉；对一些既是受害者又是非法活动参与者，一般不予批捕起诉。办案中，要加强与有关部门的沟通协调，加强案件的请示汇报和对下指导，紧紧依靠党委领导开展工作，确保取得好的办案效果。

5. 慎重办理群体性事件中的刑事案件确保局面得到稳控。对因经济、民生问题或不当执法行为引发的群体性事件，要重在化解矛盾，查清案发事由，配合相关部门采取措施解决源头问题。对有少数敌对分子或别有用心者插手的群体性事件，要注意正确区分两种不同性质的矛盾，坚持“惩治少数，争取、团结、教育大多数”原则，依法打击策划、组织、指挥闹事的严重犯罪分子以及借机打砸抢的犯罪分子；对于因被煽动、欺骗、裹胁而参加，情节较轻，经教育确有悔改表现的，慎重批捕起诉，防止局部问题转化为全局问题、非对抗性矛盾转化为对抗性矛盾。

6. 慎重办理涉企案件积极化解经济运行中的矛盾纠纷。认真贯彻省委加快经济转型升级、保持经济平稳较快健康发展的决策部署，以深入开展“服务企业”专项行动为抓手，以深入贯彻落实省院服务经济平稳较快发展“十五条意见”为重点，更加注重把握办案重点，着力围绕调结构、促转型，在办理知识产权、资源、环境等方面案件上积极有为；更加注重把握办案时机，在严格依法办案的同时充分考虑企业生产经营需要和企业提出的合理化建议；更加注重把握采取强制措施、侦查手段的方式方法，保证企业生产经营活动的连续性；更加注重把握依法独立办案与加强沟通协调的关系，把服务调结构、促转型与维护企业正常生产经营、维护企业职工利益、维护社会和谐稳定有机结合起来，积极化解经济运行中的矛盾纠纷，深化服务效果。

7. 慎重办理热点、敏感案件防止事态扩大或矛盾激化。对网络媒体介入、社会高度关注、矛盾焦点突出的热点案件、敏感案件，要坚持理性办理，坚持依法独立公正行使检察权，坚持以事实为依据、以法律为准绳，选派精兵强将办理，严格把好案件事实关、证据关、程序关和法律适用关，把案件办成铁案，使之经得起舆论的监督、历史的检验。对可能引起或已引起媒体高度关注的涉案信息，要及时分析研判，抓紧核查事实真相，及时、准确发布信息，积极回应群众诉求，自觉接受舆论监督。

8. 完善全面贯彻宽严相济刑事政策的工作机制提高运用法律政策化解矛盾纠纷的水平。在坚持依法严厉打击严重刑事犯罪的同时，认真落实依法从宽处理的政策，重点要加快推进认罪轻案办理程序改革，对案情简单、事实清楚、证据确实充分、犯罪嫌疑人、被告人认罪的轻微刑事案件，依法快速办理，缩短办案期限，提高诉讼效率；加快推进轻微刑事犯罪和解工作，把刑事和解工作纳入社会各界广泛参与的“大调解”工作体系，全面落实省院《关于办理当事人达成和解的轻微刑事案件的规定(试行)》，及时总结刑事和解试点单位的经验，进一步完善刑事和解的适用范围和办理程序；加快完善未成年人犯罪检察制度，积极探索量刑建议等改革措施，健全对初犯、偶犯、老年人犯罪以及邻里、亲友纠纷引发的轻伤害等案件依法适当从宽处理机制，促进社会和谐。正确贯彻宽严相济刑事政策，既要通过宽的一面化解矛盾，又要坚决防止从宽处理引发新的矛盾。

9. 健全执法办案风险评估预警机制推动“来省进京零上访检察院”创建活动。把风险评估作为办理案件的重要环节，在办理重大复杂案件和作出不批捕、不起诉、不立案、不赔偿、不抗诉、撤案等决定时，要对发生涉检信访的可能性进行预测，及时向有关部门通报情况，加强协调配合，加强释法说理，加大矛盾化解力度。矛盾纠纷一时难以化解的，要科学制定应急处置预案，及时采取有效措施。要加强源头治理，完善工作机制，防止和减少涉检信访发生，力争全省有更多的检察院实现涉检案件来省进京零上访，省院在每年底对实现涉检来省进京零上访的检察院进行通报表彰。

10. 以开展“深化涉检信访攻坚年”活动为载体深入抓好涉检信访积案化解工作。要把解决问题放在首位，在全面排查的基础上，坚持既严格依法办事又注重协调解决信访群众的实际困难，对各类涉检信访积案区分不同情况制定疏通“出口”的政策，力争用一年半左右时间基本消化全省涉检信访积案。对长期解决不了的涉检信访积案，省检察院将向相关市检察院检察长发“督办函”进行督办。对已依据《人民检察院信访案件终结办法》作出终结决定的案件，信访人以同一事实和理由继续信访的，检察机关不再登记、不再办理、不再通报。

11. 深入开展举报初核和刑事赔偿、司法救助工作。完善实名举报初核机制。坚持以消化线索、化解矛盾为目的，对性质不明难以归口、群众多次举报尚未查处的实名举报，采取询问、调取证据材料等措施及时进行初核，查明举报的犯罪事实是否存在，是否需要立案侦查，并将处理情况和办理结果在受理举报后的十五日内答复举报人，坚决防止因举报无结果而发生重复信访、多头信访和越级信访。牢固树立“依法赔偿、该赔则赔”的理念，依法及时办理刑事赔偿，切实将涉检赔偿问题解决在检察环节。对于因受到犯罪行为侵害、无法及时获得有效赔偿、存在特殊生活困难的被害人及其亲属，遭受打击报复后生活困难、无法通过法律途径获得赔偿的举报人、证人，反映问题有一定合理性、且发生生活困难的涉检信访当事人等，积极争取给予适当救助，充分发挥司法救助资金化解矛盾、促进息诉的作用。

12. 重视延伸办案服务积极做好刑事附带民事诉讼案件调解工作。在审查批捕、审查起诉中，要尽可能把握一切有利于附带民事诉讼调解结案的积极因素，全面告知双方当事人附带民事诉讼的权利义务，多做辩法析理的调解工作，促成当事人双方达成民事赔偿协议，化解矛盾纠纷。对于经调解未能达成和解协议的，应当在起诉后配合法院尽可能通过调解达成民事赔偿协议。

13. 认真总结经验深入抓好具有浙江特色的民行申诉案件调处工作。对于双方当事人有和解意愿、法院裁判过程中不存在违法行为的民事、行政申诉案件，以及检察机关认为有调解必要的重大、疑难、复杂的民事、行政申诉案件，检察机关应积极参与、主持双方当事人的和解或者协调，在查明事实、分清是非的基础上，促成双方达成和解协议。特别是对行政申诉案件，要加强与法院、政府部门的沟通协调，力争以当事人自愿和解的方式解决行政争议，从根本上消除或者缓解行政相对人与行政机关之间的对立情绪。

14. 探索开展对法院违法调解案件和民事执行活动的监督促进解决涉法涉诉信访。坚持民事调解的自愿、合法原则，对法院在审理民事案件中有虚假调解、强迫调解或者当事人恶意串通损害国家利益、公共利益或者第三方利益的，要以发再审检察建议等方式积极进行监督。对具有典型性、社会影响较大或者经建议有错不纠的违法调解，要探索开展抗诉工作，努力维护当事人合法权益。对人民群众反映强烈、确有错误的民事执行裁定、决定和执行实施行为，要探索采取发纠正违法通知书或者检察建议书等方式进行监督。监督中发现有关人员涉嫌职务犯罪的，要及时立案查处。

15. 积极参与监外执行人员和刑释解教人员的管理帮教。以防止和纠正监外执行人员脱管、漏管，维护监外执行人员的合法权益为重点，完善推广我省检察机关探索创新的社区矫正信息联动管理机制，依托各地已开通应用的电子政务平台，加强对社区矫正各执法环节的法律监督。积极参与对刑释解教人员的管理和帮扶，协助民政、劳动、工商、乡镇等单位做好刑释解教人员的生活就业等工作，帮助其更好地融入社会。

16. 积极参与青少年群体的教育保护。会同团组织开展"优秀青少年维权岗"创建活动，建立健全适合青少年身心特点的刑事案件办理机制，推广专人办理、分案办理、圆桌审讯等工作方法，加强特殊司法保护。加强犯罪青少年案后帮教工作，实行对口跟踪帮教，帮助其回归社会。以检校共建为载体，以法制课堂、法制读本、警示教育等为活动形式，深化青少年法制教育工作，强化向案外延伸服务管理工作。

17. 积极参与外来人员的服务管理。总结推广近年来对犯罪外来人员依法平等适用不捕、不诉的有效做法，对在当地有相对固定的工作单位或住所，或有当地人、有相对固定工作单位或住所的亲友担保的，符合从宽处理条件的外来人员轻微犯罪，依法不予批捕、起诉。针对外来人员犯罪平等办理中的瓶颈问题，积极推动党委、政府立足社区、企业等建立外来犯罪人员帮教基地，保障刑事诉讼的顺利进行，促进犯罪人员的改过自新。重视研究外来人员犯罪现象，分析社会管理上的原因，促进改变歧视环境，帮助外来人员更好地融入当地社会环境。

18. 积极参与网络虚拟社会的建设管理。配合有关部门开展深入整治互联网和手机媒体淫秽色情及低俗信息专项行动等整治活动，坚决打击利用网络实施的煽动颠覆国家政权、窃取国家秘密、诈骗、赌博、传播淫秽物品、非法经营以及非法侵入计算机信息系统等犯罪活动，净化网络环境。进一步完善检察门户网站建设，建立健全与新闻宣传部门沟通、网上舆情分析研判、重大事件快速反应、网上舆论引导等机制，充分利用网络传播便捷的优势，广泛开展法制宣传活动，营造有利于社会和谐稳定的舆论环境。

19. 积极参与社会治安综合治理。认真落实检察环节社会治安综合治理的各项措施，加强对刑事犯罪特点和规律的把握，建立健全检察环节维稳形势研判机制，在党委的统一领导下，会同有关部门认真开展对重点地区、重点部位、重点场所治安问题的排查整治，深入开展法制宣传进社区、进企业、进学校、进农村活动，促进社会治安防控体系建设。

20. 充分发挥预防职务犯罪工作在服务社会管理创新中的职能作用。扎实推进行政执法与刑事司法衔接机制建设，立足信息化平台，加强对行政执法违法、执法不规范、行政不作为等问题的监督。把行贿犯罪档案查询扩大到所有领域，使之成为建设项目招投标、政府采购等业务活动和工作管理的必经程序，强化源头预防管理。立足涉农案件的剖析，帮助农村基层组织完善管理制度。完善重大工程项目的职务犯罪预防机制，保障公共资金使用、公共资源配置、公共项目实施安全和廉洁。

21. 积极采用检察建议等形式服务促进社会管理创新。立足执法办案，对其中发现的普遍性、倾向性问题，及时向党委、政府和有关部门提出消除隐患、强化管理、预防犯罪的检察建议，充分发挥检察机关在推动、促进社会管理创新方面的作用。对相关部门在社会管理中出现的不符合法律规定、法律精神，已经产生或可能产生负面效应的工作制度、措施、做法等，以检察建议等形式及时提出意见、建议，保障社会管理创新始终在法治的轨道上运行并有良好的社会效果。

22. 以省人大常委会开展专题审议、出台专门决议为契机全面加强和改进法律监督工作。根据省人大常委会对全省检察机关刑事诉讼法律监督专题审议的要求，紧紧围绕解决人民群众关注的有关司法公正的热点问题，深入查摆、整改刑事诉讼监督工作中履行监督职责不到位、监督不规范等方面的问题，深入研究强化监督、规范监督的体制、机制性问题，为省人大常委会出台加强全省检察机关法律监督工作的决议提供依据。省人大常委会决议出台后，认真抓好贯彻落实，积极会同相关部门就贯彻落实决议中的重点问题健全工作机制，为深入推进公正廉洁执法强化法制保障。

23. 严格执行职务犯罪侦查十条禁令强化对自侦办案的监督。严禁立案前对犯罪嫌疑人采取强制措施或限制其人身自由以及对证人采取任何强制措施；严禁以连续传唤、拘传等形式变相拘禁犯罪嫌疑人、证人；严禁刑讯逼供或者变相体罚犯罪嫌疑人；严禁打人、骂人或者对犯罪嫌疑人、证人等采取其他不文明的讯(询)问行为；严禁不严格执行还押制度、以长时间连续审讯等方式变相体罚犯罪嫌疑人；严禁滥用警械故意伤害犯罪嫌疑人；严禁初查期间查封、扣押、冻结被查对象的财产以及查封、扣押、冻结证人财产；严禁以检察机关名义收取或者没收保证金；严禁讯问同步录像不全程、不全面、不全部；严禁无合法依据剥夺律师会见权。发现违反上述十条禁令的，一律先停职，查清事实后再严格依纪依法追究责任。

24. 采取有力措施加强对检察执法办案的内部监督。力争2010年全省检察机关基本实现网上办案，建立执法信息网上录入、执法流程网上管理、执法活动网上监督机制，实现对执法办案全过程的网上动态管理和实时监督。围绕容易出现执法不规范的重点环节，开展专项检务督察，严明纪律，规范执法。继续完善“审录分离”“看审分离”等内部监督制约机制，全面规范办案工作区使用，确保在检察机关进行的讯问活动一律在办案工作区内规范开展，确保检察人员和司法警察在办案区内工作职能相分离、相制约。不折不扣地落实省以下检察院职务犯罪案件一律由上一级检察院审查逮捕的改革要求，完善县检察院职务犯罪审查逮捕案件上报省院备案制度，加强上下监督。

25. 完善机制更好地接受外部对检察机关执法办案的监督。依托检察门户网站，对审查逮捕、审查起诉、控告申诉、民行检察等环节可以公开的执法依据、程序、流程、结果等内容，要尽量向社会公开，有条件的地方要建立专门的检务公开大厅，实行执法内容向社会公开，推行“阳光检务”。实行与人大代表、政协委员的分片定人联络，推行班子成员下基层必见代表、委员并通报工作、征求意见制度，探索邀请代表、委员共商解决涉检调处类案件等形式，增强办理代表、委员意见、建议和提案、议案的效果，更好地接受人大法律监督和政协民主监督。以保障当事人知情权为切入点，扎实推进人民监督员对职务犯罪侦查案件当事人不服逮捕、撤案、不起诉“三类案件”的监督试点。积极参与政法部门网络设施共建和信息资源共享工作，争取2010年底前基本实现与其他政法部门的信息网络互联互通和信息资源交换与共享，立足网络平台，对立案监督、发送纠正违法通知书、抗诉、公诉环节撤回起诉等环节深入核查，摸清底数，依法接受公安、法院等部门对检察执法的制约。

26. 认真开展教育活动和业务训练努力提高检察队伍公正廉洁执法能力。深入开展“建设学习型党组织、创建学习型检察院”、“恪守检察职业道德、提高执法公信力”主题教育、“深化作风建设年”等活动，实行检察官任职晋升宣誓制度，加强和改进检察机关党的建设。以领导骨干和业务一线检察官为重点，围绕提高干警把握运用法律政策能力、群众工作能力、突发事件处置能力和舆论引导能力，扎实推进大规模检察教育培训。深入推进岗位技能训练和竞赛，培养、发现和使用人才，提高实战能力，打造人才高地。

27. 充分发挥基层检察室在深入推进三项重点工作中的一线平台作用。围绕坚持和发展“枫桥经验”、开展农村综合改革试点、强镇扩权试点等中央、省委重大决策部署，按照省“基层基础建设年”活动和高检院检察改革的要求，将基层检察室建设纳入到党委关于政法单位基层基础建设的大格局之中，着力解决体制性障碍、机制性约束和保障性困扰，规范和完善基层检察室职责，确保二至三年内在治安问题较突出、信访总量较大的重点乡镇建立一批规范运行的基层检察室，构筑检察机关深入推进三项重点工作的一线平台。

28. 完善绩效考评机制加强对深入推进三项重点工作的考核引导。坚持科学发展观和正确政绩观，紧紧围绕三项重点工作，修改完善《浙江省市级人民检察院综合考评办法》和《浙江省基层人民检察院分类考评办法》，把三项重点工作的要求贯穿于检察工作绩效考评的始终。从今年开始，在全省检察机关开展深入推进三项重点工作优秀案例、优秀事例评选活动，并把评选情况作为评价各级检察院工作实绩的重要依据，营造深入推进三项重点工作的浓厚氛围。

29. 加强组织领导确保三项重点工作的落实。全省各级检察院党组要把推进三项重点工作摆上重要议事日程，“一把手”负总责，以开拓创新的精神，对重点工作项目逐一研究深入推进的有效措施，明确责任部门，明确阶段性目标任务，列出时间表。省院各部门要对本条线有关工作负总责，统筹部署，组织解决薄弱环节问题，狠抓督促推进。及时总结工作中取得的阶段性成效，认真研究工作中遇到的新情况新问题，积极向上级院反映，形成推进三项重点工作的合力，确保取得明显成效。

三、1980—2010年浙江省检察院制发重要文件目录(部分)

制发时间	文件编号	文 件 名
1980.10	浙检研〔1980〕160号	关于加强法制宣传工作的通知
1983.12	浙检人〔1983〕134号	浙江省各级人民检察院关于评选表彰先进集体、先进个人及奖励办法的意见(试行)
1984.11	浙检人〔1984〕105号	关于转发《检察机关工作人员奖惩暂行办法》的通知
1985.12	浙检控申〔1985〕141号	关于印发《浙江省检察机关控告申诉检察工作细则(试行)》的通知
1991.09	浙检政〔1991〕093号	关于印发《1991—1995年全省检察干部教育培训规划》的通知
1992.04	浙检刑〔1992〕044号	关于执行《人民检察院刑事检察工作细则(试行)》的通知
1992.04	浙检控申〔1992〕052号	关于印发《浙江省检察机关文明接待室评比条件和评比方法(试行)》的通知
1992.06	浙检办〔1992〕064号	印发《浙江省人民检察院特约检察员工作暂行条例》的通知
1992.12	浙检刑〔1992〕114号	印发《关于省院自行侦查案件审查逮捕、审查起(免)诉工作的几点规定(试行)》的通知
1993.10	浙检研〔1993〕122号	关于印发《浙江省人民检察院检察委员会工作暂行规定》的通知
1993.10	浙检纪〔1993〕124号	关于印发《全省检察机关自身反腐败工作意见》的通知
1993.10	浙检监察〔1993〕120号	关于印发《省院机关加强廉政建设的十条规定》的通知
1994.03	浙检研〔1994〕035号	关于进一步做好检察委员会工作的通知
1994.04	浙检办〔1994〕043号	关于印发《浙江省人民检察院请示案件和抗诉案件办理期限暂行规定》的通知
1994.06	浙检刑〔1994〕083号	关于印发《浙江省人民检察院关于刑事抗诉工作规定(试行)》的通知
1994.07	浙检控申〔1994〕088号	关于印发《浙江省人民检察院奖励举报有功人员暂行办法》的通知
1994.07	浙检研〔1994〕093号	关于发挥检察职能保障和促进股份(合作)制企业健康发展的意见
1995.03	浙检技〔1995〕034号	关于加快计算机信息系统建设的通知
1995.04	浙检政〔1995〕052号	关于印发《浙江省人民检察院机关目标责任制考核办法》的通知

续表 1

制发时间	文件编号	文　件　名
1995.05	浙检刑〔1995〕078 号	关于印发《浙江省检察机关追究错案责任办法(试行)》的通知
1995.05	浙检监察〔1995〕073 号	印发《浙江省检察机关赃款赃物管理暂行规定》的通知
1995.05	浙检监察〔1995〕084 号	印发《浙江省检察人员办案纪律若干规定》的通知
1995.11	浙检政〔1995〕145 号	印发《关于设立浙江省人民检察院检察官考评委员会的决定》的通知
1996.03	浙检政〔1996〕025 号	关于印发《浙江省人民检察院机关目标责任制考核办法》及三个配套规定的通知
1996.07	浙检办〔1996〕076 号	关于加强装备设施建设的通知
1996.08	浙检政〔1996〕097 号	关于印发《关于市(地)、县级人民检察院机构改革的实施意见》的通知
1996.08	浙检反贪〔1996〕093 号	关于加强重大贪污贿赂犯罪要案侦查指挥与侦查协作的通知
1996.09	浙检会(办)〔1996〕004 号	关于在全省检察系统开展档案工作省级达标活动的通知
1996.12	浙检监察〔1996〕135 号	关于印发《浙江省人民检察院机关领导干部个人及家庭重要事项报告制度》的通知
1996.12	浙检控申〔1996〕136 号	关于印发《浙江省检察机关文明接待室考核标准》的通知
1997.01	浙检政〔1997〕013 号	关于上报《市(地)、县级人民检察院机构改革的实施意见》的报告
1997.02	浙检政〔1997〕028 号	关于印发《浙江省人民检察院机关目标责任制考核的补充规定》的通知
1997.02	浙检控申〔1997〕018 号	关于开展全省检察机关文明接待室考核评比工作的通知
1997.04	浙检纪检〔1997〕001 号	关于进一步加强我省检察机关纪检监察队伍建设的通知
1997.06	浙检会(民行)〔1997〕003 号	浙江省高级人民法院、浙江省人民检察院关于办理民事行政抗诉案件的若干意见
1997.09	浙检政〔1997〕135 号	关于认真做好换届中县级院检察长异地任职工作的意见
1998.03	浙检政〔1998〕029 号	关于进一步加强全省检察机关业务建设的意见
1998.03	浙检捕〔1998〕036 号	关于印发《浙江省检察机关刑事立案监督工作暂行办法》的通知
1998.10	浙检技〔1998〕123 号	关于进一步加强计算机信息系统网络建设和软件应用管理的通知
1998.11	浙检技〔1998〕134 号	关于加强对全省检察机关司法会计工作管理的通知
1999.03	浙检政〔1999〕040 号	关于印发《浙江省人民检察院机关目标责任制考核办法》的通知

续表 2

制发时间	文件编号	文　件　名
1999.03	浙检政〔1999〕036 号	关于印发《浙江省人民检察院关于加强基层检察院建设的实施意见(试行)》的通知
1999.04	浙检举〔1999〕061 号	关于印发《浙江省检察机关举报线索统一管理和审查协调工作暂行规定》的通知
1999.05	浙检技〔1999〕070 号	关于印发《检察司法会计中心管理办法(试行)》的通知
1999.05	浙检政〔1999〕075 号	关于印发《浙江省检察机关工作人员录用规定》的通知
1999.05	浙检诉〔1999〕072 号	关于印发《关于主诉检察官负责制的试行规定》的通知
1999.09	浙检反贪〔1999〕112 号	关于深入查处贪污贿赂犯罪大要案工作的几点意见
1999.12	浙检政〔1999〕155 号	关于印发《浙江省检察机关记功表彰工作规定(试行)》的通知
1999.12	浙检政〔1999〕144 号	关于印发《浙江省基层检察院“五好”考核办法(试行)》的通知
1999.12	浙检纪〔1999〕152 号	关于印发《浙江省人民检察院机关党风廉政建设责任制实施办法》的通知
1999.12	浙检反贪〔1999〕150 号	关于严格执行要案线索初查管辖分工的规定,及时上报要案线索的通知
2000.02	浙检政〔2000〕019 号	关于印发《浙江省人民检察院机关部门目标责任制考核办法》的通知
2000.03	浙检监〔2000〕046 号	关于印发《浙江省检察机关派驻监管场所检察室规范化建设标准》的通知
2000.03	浙检政〔2000〕030 号	关于印发《关于加强基层检察院建设工作的意见》的通知
2000.04	浙检政〔2000〕049 号	关于进一步加强省院机关业务建设的意见
2000.12	浙检研〔2000〕148 号	浙江省人民检察院专家咨询委员会工作办法
2000.12	浙检办〔2000〕149 号	关于印发《全省检察机关科技强检五年发展规划》的通知
2001.02	浙检反贪〔2001〕021 号	关于进一步加强自侦案件安全防范工作的通知
2001.03	浙检监〔2001〕056 号	关于印发《浙江省检察机关派驻监管所检察室规范化建设考核办法》的通知
2001.03	浙检监察〔2001〕035 号	印发《关于对浙江省检察人员实行诫勉谈话的规定(试行)》的通知
2001.03	浙检监察〔2001〕036 号	印发《关于加强反贪局长队伍建设的暂行规定》的通知
2001.05	浙检政〔2001〕084 号	关于对《关于进一步加强省院机关业务建设的意见》的修改补充规定

续表 3

制发时间	文件编号	文　件　名
2001.06	浙检政〔2001〕106 号	关于印发《浙江省"五好"检察院管理工作暂行办法》的通知
2001.06	浙检技〔2001〕105 号	关于印发《省院机关技术设备管理暂行办法》的通知
2001.07	浙检会(监)〔2001〕014 号	关于加强人民检察院驻监检察室与监狱联系、配合的若干规定
2001.09	浙检政〔2001〕126 号	关于印发《浙江省检察机关"一五三"人才培养工程实施方案》的通知
2001.10	浙检政〔2001〕147 号	关于印发《2001—2005 年全省检察干部教育培训规划》的通知
2002.01	浙检反贪〔2002〕013 号	印发《关于规范要案线索管理和初查工作的有关规定(试行)》的通知
2002.01	浙检政〔2002〕010 号	关于印发《2001—2005 年浙江省检察机关法制宣传教育第四个五年规划》的通知
2002.01	浙检技〔2002〕011 号	关于下发《计算机局域网建设验收标准(修订)》的通知
2002.03	浙检政〔2002〕040 号	关于印发《全省检察机关检察官续职资格培训规划》的通知
2002.07	浙检技〔2002〕099 号	关于建设全省检察二级专线网有关工作的通知
2002.11	浙检渎〔2002〕135 号	关于印发《关于加强对渎职侵权案件线索的管理督查及撤案、不起诉案件进行事前报告的规定》的通知
2002.12	浙检技〔2002〕145 号	关于印发《浙江省检察机关科技强检建设标准(2003—2005 年)》的通知
2002.12	浙检技〔2002〕157 号	关于建设全省检察技术人才库的通知
2003.04	浙检监〔2003〕043 号	关于印发《浙江省检察机关规范化建设达标检察室管理办法》的通知
2003.04	浙检反贪〔2003〕055 号	关于加强反贪侦查工作中有关重大事项报告工作的意见
2003.04	浙检技〔2003〕051 号	关于印发《浙江省检察机关二级专线网管理工作若干规定》的通知
2003.04	浙检技〔2003〕056 号	关于印发《全省检察机关讯问监控系统和全程同步录像设施标准》的通知
2003.05	浙检渎〔2003〕077 号	浙江省人民检察院关于加强查办司法腐败职务犯罪案件工作的意见
2003.05	浙检民行〔2003〕072 号	关于推行民事行政抗诉书说理改革的通知
2003.05	浙检控申〔2003〕078 号	关于印发《省级文明接待室动态考核管理与升级办法》的通知
2003.05	浙检政〔2003〕084 号	关于印发《浙江省检察机关记功表彰工作规定(试行)》的通知

续表 4

制发时间	文件编号	文　　件　　名
2003.05	浙检办〔2003〕071 号	关于进一步做好防治“非典”期间各项检察工作全力维护社会政治稳定的通知
2003.06	浙检办〔2003〕092 号	关于印发《关于加强与在浙全国人大代表及省人大代表联系工作的实施意见》的通知
2003.08	浙检技〔2003〕134 号	关于加快全省检察三级专线网建设的通知
2003.09	浙检政〔2003〕141 号	印发《省级“先进检察院”考核办法》《省级“先进检察院”考核细则》的通知
2003.10	浙检监〔2003〕155 号	关于印发《浙江省检察机关派驻省监管场所检察室规范化等级评定实施细则》的通知
2003.10	浙检预〔2003〕157 号	关于印发《浙江省检察机关职务犯罪预防工作协调规定(试行)》的通知
2003.10	浙检技〔2003〕178 号	关于印发《检察三级专线网视频会议项目规范》和《检察专线网视频设备测试规范》的通知
2003.10	浙检行装〔2003〕166 号	关于印发《全省检察机关警车管理规定》的通知
2003.12	浙检研〔2003〕203 号	印发《浙江省人民检察院人民监督员案件监督实施细则(试行)》的通知
2003.12	浙检行装〔2003〕189 号	关于加大工作力度提高检察经费保障水平的通知
2003.12	浙检研〔2003〕206 号	印发《浙江省人民检察院关于个案指导工作的若干规定》的通知
2004.01	浙检会(预)〔2004〕001 号	关于在浙江省“五大百亿”工程建设中共同开展预防职务违法违纪工作的意见
2004.02	浙检政〔2004〕011 号	关于转发《人民检察院司法警察警衔工作管理细则》的通知
2004.02	浙检会(侦监)〔2004〕003 号	关于印发《关于行政执法机关移送涉嫌犯罪案件几个具体问题的规定》的通知
2004.02	浙检反贪〔2004〕019 号	关于进一步依法查办行贿犯罪案件的意见
2004.02	浙检办〔2004〕023 号	关于积极发挥检察职能作用扎实服务“八八战略”的通知
2004.03	浙检发〔2004〕008 号	关于印发省委习近平书记在省检察院党组民主生活会上的讲话的通知
2004.03	浙检政〔2004〕033 号	印发《省级“先进检察院”考核办法》《省级“先进检察院”考核细则》的通知
2004.03	浙检发〔2004〕009 号	省检察院机关效能建设实施方案
2004.04	浙检纪〔2004〕056 号	印发《浙江省检察机关执法办案内部监督暂行规定》的通知

续表 5

制发时间	文件编号	文件名
2004.05	浙检研〔2004〕079 号	关于印发《浙江省人民检察院检察委员会议事规则》的通知
2004.05	浙检会(研)〔2004〕010 号	关于印发《浙江省高级人民法院、浙江省人民检察院、浙江省公安厅关于加强工作协调若干问题的意见》的通知
2004.06	浙检技〔2004〕096 号	关于印发《全省检察机关检验鉴定 2004—2007 年设备布局和配置标准》的通知
2004.06	浙检政〔2004〕092 号	关于印发《浙江省检察机关 2004—2007 年人才工作规划(试行)》的通知
2004.08	浙检发〔2004〕014 号	关于印发《浙江省检察机关建设“平安浙江”、服务“八八战略”的若干意见》的通知
2004.09	浙检政〔2004〕140 号	关于印发《浙江省人民检察院关于主诉检察官选任、管理和使用的若干规定(试行)》的通知
2004.09	浙检控申〔2004〕144 号	关于印发《浙江省人民检察院控告申诉首办责任制实施办法(试行)》的通知
2004.09	浙检控申〔2004〕145 号	关于印发《浙江省人民检察院内设机构处理群众来信来访分工暂行办法》的通知
2004.10	浙检办〔2004〕168 号	关于印发《浙江省人民检察院工作规则(试行)》《浙江省人民检察院会议、活动管理办法(试行)》的通知
2004.10	浙检政〔2004〕166 号	关于补充修改《省级“先进检察院”考核办法》《省级“先进检察院”考核细则》的通知
2004.10	浙检纪〔2004〕174 号	关于印发《浙江省人民检察院机关严禁说情、干扰办案的规定(试行)》的通知
2004.11	浙检技〔2004〕189 号	关于印发《浙江省检察专线网传输系统参数》和《浙江省检察专线网络地址规划》的通知
2004.11	浙检反贪〔2004〕188 号	关于印发《浙江省检察机关侦查部门主侦检察官办案责任制试行方法》的通知
2004.12	浙检政〔2004〕203 号	关于印发《全省检察新闻宣传工作考评办法(试行)》的通知
2005.02	浙检民行〔2005〕035 号	印发《关于基层人员检察院民事行政检察监督职责的规定(试行)》的通知
2005.02	浙检民行〔2005〕036 号	印发《关于人民检察院适用民事行政再审检察建议的实施细则(试行)》的通知
2005.02	浙检监察〔2005〕025 号	关于印发《浙江省人民检察院机关效能监察投诉中心工作办法(试行)》的通知

续表 6

制发时间	文件编号	文　　件　　名
2005.02	浙检监察〔2005〕026 号	关于印发《浙江省人民检察院影响机关工作效能行为责任追究实施办法(试行)》的通知
2005.03	浙检技〔2005〕050 号	关于印发《全省检察人员科技素质标准》和《全省检察机关信息管理中心等"五室"建设标准》的通知
2005.04	浙检政〔2005〕076 号	关于印发《浙江省人民检察院机关共产党员保持先进性的具体要求》的通知
2005.05	浙检监〔2005〕107 号	关于印发《浙江省检察机关社区矫正法律监督工作办法(试行)》的通知
2005.05	浙检研〔2005〕097 号	关于印发《省院机关检察理论专著、论文奖励办法》的通知
2005.06	浙检政〔2005〕116 号	关于印发《习近平书记在追授吴顺海同志荣誉称号命名表彰大会上的讲话》的通知
2005.06	浙检政〔2005〕128 号	印发《省级"先进检察院"考核办法》《省级"先进检察院"考核细则》的通知
2005.06	浙检政〔2005〕129 号	关于印发《浙江省检察机关记功表彰工作规定(试行)》的通知
2005.08	浙检渎〔2005〕164 号	关于印发《浙江省人民检察院关于省级新闻媒体单位移送职务犯罪案件线索和奖励的暂行办法》的通知
2005.11	浙检政〔2005〕233 号	关于印发《关于进一步加强全省检察宣传工作的若干意见》的通知
2005.11	浙检政〔2005〕234 号	关于印发《浙江省检察新闻宣传工作考评办法》的通知
2005.11	浙检行装〔2005〕230 号	关于进一步加强管理确保安全行车的规定
2005.11	浙检纪〔2005〕236 号	关于印发《浙江省人民检察院巡视工作实施办法(试行)》的通知
2005.12	浙检监〔2005〕275 号	关于印发《浙江省检察机关派驻监管场所检察室规范化等级评定实施细则》的通知
2005.12	浙检研〔2005〕255 号	关于印发《浙江省人民检察院关于进一步加强检察理论研究工作的意见》的通知
2006.01	浙检政〔2006〕015 号	关于印发《浙江省检察机关案件新闻报道工作若干规定》的通知
2006.02	浙检反贪〔2006〕040 号	关于印发《反贪基础工作框架体系》的通知
2006.02	浙检政〔2006〕029 号	关于印发《浙江省人民检察院司法警察管理暂行规定》的通知
2006.03	浙检技〔2006〕046 号	关于印发《检察司法会计中心管理办法》的通知
2006.04	浙检技〔2006〕101 号	关于印发《浙江省检察机关讯问全程同步录音录像技术标准(试行)》的通知

续表 7

制发时间	文件编号	文件名
2006.04	浙检反贪〔2006〕092 号	印发《浙江省人民检察院关于进一步加强自侦案件讯问全程同步录音录像工作的意见》的通知
2006.04	浙检办〔2006〕085 号	关于印发《浙江省人民检察院关于加强和规范接受人大监督工作的若干意见》的通知
2006.04	浙检政〔2006〕087 号	关于印发《浙江省人民检察院新闻发言人制度》的通知
2006.04	浙检政〔2006〕110 号	关于印发《关于加强全省检察机关司法警察工作的意见》的通知
2006.04	浙检纪〔2006〕088 号	关于印发《浙江省检察机关惩治和预防腐败体系实施办法》的通知
2006.05	浙检办〔2006〕121 号	关于印发《浙江省人民检察院关于学习贯彻省委十一届十次全会精神扎实开展"法治浙江"建设的实施意见》的通知
2006.05	浙检办〔2006〕135 号	关于认真学习贯彻《中共中央关于进一步加强人民法院、人民检察院工作的决定》的通知
2006.05	浙检反渎〔2006〕122 号	关于进一步加强渎职侵权案件质量管理的通知
2006.06	浙检政〔2006〕150 号	关于印发《浙江省检察机关司法警察参与刑事诉讼实施细则(试行)》的通知
2006.06	浙检研〔2006〕145 号	关于印发《浙江省检察理论研究工作考核办法》的通知
2006.07	浙检技〔2006〕159 号	关于印发《浙江省检察机关专线网信息发布系统建设规范(试行)》通知
2006.08	浙检纪〔2006〕182 号	关于印发《浙江省检察机关检务督察暂行办法》的通知
2006.08	浙检政〔2006〕184 号	关于印发《关于进一步加强全省检察队伍思想政治建设的若干意见》的通知
2006.08	浙检政〔2006〕185 号	关于印发《浙江省检察机关专项业务培训规范化实施意见》的通知
2006.08	浙检政〔2006〕189 号	关于印发《浙江省检察机关开展法制宣传教育第五个五年规划》的通知
2006.09	浙检研〔2006〕194 号	关于印发《浙江省检察机关扣押、冻结款物管理规定(试行)》的通知
2006.09	浙检政〔2006〕207 号	关于印发《浙江省检察机关检察业务专家评审办法(试行)》的通知
2006.09	浙检控申〔2006〕212 号	关于印发《浙江省人民检察院奖励举报有功人员办法(试行)》的通知

续表 8

制发时间	文件编号	文　　件　　名
2006.09	浙检研〔2006〕197 号	关于印发《浙江省人民检察院关于深化检察改革的实施方案》的通知
2006.11	浙检政〔2006〕247 号	关于印发《关于全省检察机关建立健全保持共产党员先进性长效机制的意见》的通知
2006.12	浙检预〔2006〕278 号	关于学习、贯彻和落实《浙江省预防职务犯罪条例》的通知
2006.12	浙检研〔2006〕286 号	印发《浙江省人民检察院关于制定检察业务规范性文件的规定》的通知
2007.01	浙检政〔2007〕001 号	关于印发《浙江省检察机关开展“法律六进”活动实施意见》的通知
2007.03	浙检研〔2007〕035 号	印发《浙江省人民检察院检察委员会审议民事行政抗诉案件范围的规定》的通知
2007.03	浙检控申〔2007〕037 号	关于印发《浙江省检察机关下访巡访工作实施方案》的通知
2007.04	浙检技〔2007〕051 号	关于进一步规范全省检察机关司法鉴定工作的若干意见
2007.06	浙检研〔2007〕090 号	关于印发《全省检察理论研究人才管理办法(试行)》的通知
2007.06	浙检研〔2007〕091 号	关于印发《浙江省检察理论研究成果转化基地管理办法(试行)》的通知
2007.07	浙检反渎〔2007〕106 号	关于印发《浙江省人民检察院关于进一步加强反渎职侵权工作的意见》的通知
2007.08	浙检办〔2007〕129 号	关于印发《浙江省人民检察院关于进一步加强服务和谐社会建设工作的指导意见》的通知
2007.10	浙检政〔2007〕171 号	印发《关于全省检察机关司法警察实行编队管理的意见》的通知
2007.10	浙检会(预)〔2007〕005 号	关于进一步加强预防职务犯罪工作的意见
2007.11	浙检办〔2007〕188 号	浙江省人民检察院关于推进“法治浙江”建设的情况报告
2007.11	浙检政〔2007〕180 号	关于印发《浙江省人民检察院关于建立社会主义法治理念教育长效机制的实施意见》的通知
2007.11	浙检办〔2007〕193 号	关于印发《浙江省人民检察院关于贯彻〈中共浙江省委关于认真贯彻党的十七大精神扎实推进创业富民创新强省的决定〉的意见》的通知
2007.12	浙检办〔2007〕208 号	关于印发《浙江省人民检察院依法规范办案十条规定》的通知
2007.12	浙检技〔2007〕210 号	关于印发《全省检察机关科技强检建设与应用发展规划(2008—2012 年)》的通知

续表 9

制发时间	文件编号	文　件　名
2008.02	浙检控申〔2008〕004 号	关于试行《浙江省人民检察院检察长接待工作暂行办法》的通知
2008.03	浙检纪〔2008〕005 号	关于印发《浙江省人民检察院关于建立健全作风建设长效机制的实施意见》的通知
2008.03	浙检研〔2008〕003 号	关于转发《人民检察院检察委员会组织条例》的通知
2008.04	浙检行装〔2008〕006 号	关于印发《全省检察机关车辆管理规定》的通知
2008.05	浙检反贪〔2008〕004 号	关于印发《浙江省检察机关侦查协作暂行规定》的通知
2008.05	浙检政〔2008〕032 号	关于印发《浙江省人民检察院公务员考核实施办法》的通知
2008.05	浙检研〔2008〕007 号	关于印发《浙江省人民检察院检察委员会议事规则》的通知
2008.05	浙检政〔2008〕027 号	关于印发《浙江省人民检察院关于加强保障检察干警身心健康工作的意见》的通知
2008.06	浙检发〔2008〕008 号	关于依法加强知识产权保护扎实服务“两创”建设的通知
2008.06	浙检办〔2008〕007 号	关于印发《浙江省人民检察院关于保障和改善民生促进社会和谐的意见》的通知
2008.09	浙检政〔2008〕045 号	关于印发《浙江省检察机关检察业务专家评审办法》的通知
2008.09	浙检政〔2008〕047 号	关于印发《浙江省人民检察院领导班子成员联系基层检察院工作制度》的通知
2008.10	浙检纪〔2008〕012 号	关于印发《深化检察机关执法规范化建设的若干意见》的通知
2008.11	浙检发〔2008〕014 号	关于印发《浙江省人民检察院关于践行社会主义法治理念目标化的指导意见》的通知
2008.11	浙检发〔2008〕012 号	关于印发《浙江省人民检察院关于服务加快经济转型升级的若干意见》的通知
2008.12	浙检政〔2008〕065 号	关于建立浙江省人民检察院内设机构联系基层检察院工作制度的通知
2008.12	浙检会(预)〔2008〕010 号	关于在“三个千亿”工程建设中共同开展预防职务违法违纪工作保障我省经济平稳较快发展的意见
2009.01	浙检反贪〔2009〕001 号	印发《关于加强对反贪办案中发现的线索管理的若干规定》的通知
2009.03	浙检预〔2009〕001 号	印发《关于检察机关在“三个千亿”工程建设中开展预防职务犯罪工作的实施方案》的通知
2009.04	浙检政〔2009〕025 号	关于印发《2009—2013 年全省检察队伍建设规划》的通知

续表 10

制发时间	文件编号	文　件　名
2009.04	浙检政〔2009〕028 号	关于印发《浙江省人民检察院关于加强检察文化建设的意见》的通知
2009.04	浙检研〔2009〕005 号	印发《关于进一步加强浙江省人民检察院检察委员会工作的意见》的通知
2009.05	浙检发〔2009〕011 号	关于印发《浙江省人民检察院加强领导干部监督管理工作若干意见》的通知
2009.06	浙检政〔2009〕033 号	关于转发最高人民检察院《关于加强检察机关领导班子思想政治建设的实施意见》的通知
2009.06	浙检侦监〔2009〕008 号	关于印发《关于进一步健全立案监督案件跟踪监督机制的意见》的通知
2009.06	浙检纪〔2009〕014 号	关于印发《浙江省人民检察院检务督察委员会议事规则(试行)》的通知
2009.07	浙检办〔2009〕007 号	关于印发《浙江省人民检察院关于加强和规范基层检察室建设的意见(试行)》的通知
2009.07	浙检诉一〔2009〕020 号	关于全省检察机关开展量刑建议改革试点工作的通知
2009.09	浙检民行〔2009〕004 号	关于印发《浙江省人民检察院关于规范民事行政抗诉裁量权的意见(试行)》的通知
2009.09	浙检技〔2009〕002 号	关于印发《2010 年全省检察机关“科技强检”建设与应用项目实施指导意见》的通知
2009.09	浙检技〔2009〕003 号	关于自侦案件审查逮捕上提一级案件讯问犯罪嫌疑人同步录音录像工作的意见
2009.10	浙检政〔2009〕057 号	关于印发《关于贯彻落实最高人民检察院〈2009—2012 年基层人民检察院建设规划〉的实施意见》的通知
2009.10	浙检政〔2009〕050 号	关于印发《浙江省人民检察院 2009—2012 年大规模推进检察教育培训工作实施意见》的通知制发
2009.10	浙检诉一〔2009〕029 号	关于开展刑事案件不抗诉说理工作的通知
2009.11	浙检民行〔2009〕005 号	关于印发《浙江省人民检察院关于民事、行政申诉案件调处工作的若干意见(试行)》的通知
2009.11	浙检政〔2009〕067 号	关于印发《浙江省基层人民检察院检察长任(免)职备案制度实施办法(试行)》的通知
2010.04	浙检办〔2010〕009 号	关于印发《浙江省人民检察院关于进一步加强和规范接受人民代表大会及其常务委员会监督工作的若干意见》的通知
2010.04	浙检办〔2010〕010 号	关于印发《浙江省人民检察院与各民主党派省委会、省工商联和无党派人士联络工作办法》的通知

续表 11

制发时间	文件编号	文 件 名
2010.04	浙检办〔2010〕011 号	关于印发《浙江省人民检察院特约检察员工作规则》的通知
2010.04	浙检政〔2010〕025 号	关于印发《浙江省人民检察院关于加强和改进新形势下检察机关党的建设的实施意见》的通知
2010.06	浙检政〔2010〕037 号	关于印发《浙江省人民检察院关于开展建设学习型党组织、学习型检察院活动的实施意见》的通知
2010.09	浙检办〔2010〕030 号	关于印发《浙江省检察机关贯彻落实省人大常委会〈关于加强检察机关法律监督工作的决定〉的实施方案》的通知
2010.09	浙检技〔2010〕004 号	关于印发《浙江省检察机关电子信息系统机房建设规范》的通知
2010.11	浙检政〔2010〕077 号	关于转发《检察官职业行为基本规范(试行)》的通知
2010.11	浙检技〔2010〕007 号	关于印发《浙江省检察机关讯问录音录像技术工作规则(试行)》的通知

大事年表

时　间	大事纪要	资料来源
清宣统元年（1909 年）	六月三十日，浙江巡抚增韫奏《浙江筹办各级审判厅情形折》，奏称“浙江二厅一州七十五县，除省城高等审判厅不计外，全省应共设地方审判厅七十八所……各级推事、检察等职，约计需二千余人”。	故宫博物院明清档案部编：《清末预备立宪档案史料》下册，中华书局 1979 年版，第 877 页
清宣统二年（1910 年）	十月，设立浙江高等检察厅，办公地点法院路（前清旧名臬司前，即现在延安路和庆春路交叉口的西北侧），检察长辛汉，另置检察官 2 人，典簿、主簿、录事若干人。	《杭州市志》第八卷，中华书局 1999 年版，第 470 页；谢如程著：《清末检察制度及其实践》，上海人民出版社 2008 年版，第 107 页
	十二月，设杭州府、宁波府商埠、温州府商埠 3 所地方检察厅。设钱塘县、仁和县、拱宸桥商埠、鄞县商埠、永嘉商埠 5 所初级检察厅。	《杭州市志》第八卷，中华书局 1999 年版，第 470 页；《杭州法院志》，1990 年编印，第 28 页；《宁波法院志（1911—1989）》，2005 年编印，第 43 页；《温州市志》，中华书局 1998 年版，第 2425 页
清宣统三年（1911 年）	十月，辛亥革命爆发后，杭州、宁波、温州等地光复，设军政分府执法部暂行审判检察职权，在浙的清代各级审判厅暨检察厅停止活动。	《杭州市志》第八卷，中华书局 1999 年版，第 470 页；《宁波法院志（1911—1989）》，2005 年编印，第 43 页；《温州市志》，中华书局 1998 年版，第 2425 页；《杭州法院志》，1990 年编印，第 28 页
民国元年（1912 年）	1 月，浙江军政府都督公布《法院编制决议案》，规定设省、地、县三级地方法院，对应设置省、地、县检事厅，检事厅职官称检事长、检事。	《浙江军政府都督公布施行案第九号法院编制法决议案》，《浙江军政府公报》，民国元年
	5 月，设立省提法司、省检事厅。	《杭州市志》第八卷，中华书局 1999 年版，第 471 页
	省辖 11 处旧府治各设地方法院，同时设地方检事厅：第一地方法院设杭县管辖旧杭属；第二地方法院设嘉禾县管辖旧嘉属；第三地方法院设吴兴县管辖旧湖属；第四地方法院设鄞县，管辖旧宁属（并余姚县）；第五地方法院设绍兴县管辖旧绍属（除余姚县）；第六地方法院设临海县管辖旧台属；第七地方法院设金华县管辖旧金属；第八地方法院设西安县管辖旧衢属；第九地方法院设建德县管辖旧严属；第十地方法院设永嘉县管辖旧温属；第十一地方法院设丽水县管辖旧处属。县设县检事厅。	《浙江军政府都督公布施行案第九号法院编制法决议案》之《附属司法区域划分表》，《浙江军政府公报》，民国元年

续表 1

时间	大事纪要	资料来源
民国元年(1912 年)	省提法司颁行《看守所章程》,规定检事厅相关管理职责。	《浙江公报》之《章程》,民国元年
	省提法司呈《检事厅办事细则》,奉都督批准公布施行。	《浙江公报》之《法令》,民国元年
	孙承德等 102 名辩护士经浙江提法司核准,分别在省各检事厅登录。	《浙江公报》之《附录》,民国元年(全年)
民国 2 年(1913 年)	1 月 24 日,北洋政府任命郑文易署浙江高等检察厅检察长。	《司法公报》第一年(民国 2 年)第 5 号
	1 月,省提法司改省检事厅为浙江高等检察厅,原设之第一至第十一地方检事厅改名第一至第十一地方检察厅,原设各县检事厅改名某县初级检察厅。	《提法司文牍浙江提法司咨照会就现设各院厅一律遵照中央司法制度改编以归划一文》,《浙江公报》,民国 2 年 2 月 14 日,第 357 册
	5 月,北洋政府派郑文易前往日本修习实务,任命王天木署省检察厅检察长。	《司法公报》第一年(民国 2 年)第 10 号
	7 月,全省废除 11 个地方检察厅"第一"至"第十一"之名称,分别冠以杭县、嘉禾、吴兴、鄞县、绍兴、临海、金华、衢县、建德、永嘉、丽水的名称。	《杭州法院志》,1990 年编印,第 7 页
民国 2 年(1913 年)	8 月,浙江宣告独立,实行戒严,各司法机关停止活动,另设军政执法处。	《杭州法院志》,1990 年编印,第 7 页
	10 月,戒严解除,司法机关恢复活动。	
	11 月 8 日,北洋政府任命邱兆栋署浙江高等检察厅检察官,金兆銮署鄞县地方检察厅检察长。	浙江省地方志编纂委员会办公室编:《浙江历史大事记》,浙江人民出版社 2010 年版,第 495 页
	12 月 29 日,北洋政府任命陈毓璿署杭县地方检察厅检察长。	浙江省地方志编纂委员会办公室编:《浙江历史大事记》,浙江人民出版社 2010 年版,第 496 页
民国 3 年(1914 年)	2 月,奉部令,绍兴、临海、永嘉、丽水四旧府属地之 29 个县的第二审刑、民各案,归鄞县地初审判合厅暨检察厅受理。	《宁波法院志(1911—1989)》,2005 年编印,第 8 页
	4 月,省内除杭、鄞两地初合厅外,其他地初合厅及审检所裁撤,所有诉讼事宜归县知事暂行兼理。	《武义法院志》,浙江人民出版社 2000 年版,第 36 页
	5 月,浙江高等审判厅发布第四百五十五号训令,制发《县知事处理司法事务细则》,规定高等审检厅的相关监督职责。	《浙江高等审判厅训令第四百五十五号》,《浙江公报》,民国 3 年,第 819 册
民国 4 年(1915 年)	建浙江高等检察厅瓯海分庭,受理温州、处州(丽水)2 府 16 县上诉案件。	《温州市志》,中华书局 1998 年版,第 2425 页

续表 2

时间	大事纪要	资料来源
民国 5 年(1916 年)	4 月 12 日,浙江宣告独立。浙江高等检察厅厅长范贤方商承都督吕公望,首先改革县署组设审检办公处。	《建德县志》,浙江人民出版社 1986 年版,第 33 页;浙江省地方志编纂委员会办公室编:《浙江历史大事记》,浙江人民出版社 2010 年版,第 512、519 页
	10 月,改浙江高等审判检察厅瓯海分庭为浙江第一高等审判检察分厅,设永嘉地方审判检察厅。	《温州市志》,中华书局 1988 年版,第 2425 页
	在金华添设第二高等审判检察分厅及金华地方审判检察厅,配检察长、检察官、录事;县审检所一律复设。	《武义法院志》,浙江人民出版社 2000 年版,第 36 页
民国 6 年(1917 年)	3 月 12 日,浙江省电令裁撤全省 71 个县署审检所,由县知事并理司法。	浙江省地方志编纂委员会办公室编:《浙江历史大事记》,浙江人民出版社 2010 年版,第 519 页
	4 月,鄞县地方审判厅暨检察厅原管辖温州、处州属地的第二审案件归永嘉地厅受理。	《宁波法院志 1911—1989 年》,2005 年编印,第 54 页
民国 7 年(1918 年)	1—2 月,浙江高等检察厅为本省各级检察厅检察长、检察官填发指挥司法警察证共 26 份。	《浙江公报》训令 2 月 25 日第 2127 号第 4 号,第 5 号
民国 10 年(1921 年)	5 月,鄞县地方审判检察厅下设临海地方分庭,受理台州府所辖各县的刑、民案件。	《宁波法院志(1911—1989)》,2005 年编印,第 43—44 页
民国 11 年(1922 年)	2 月,衢县设金华地方审判检察厅衢县分庭。	《衢州检察志》,方志出版社 2008 年版,第 14 页
	10 月,设永嘉地方审判检察厅丽水分庭,内设检察处。	《丽水地区志》,浙江人民出版社 1993 年版,第 553 页
	11 月,设杭县地方审判检察厅,下设绍兴、嘉兴、吴兴 3 个分庭,受理初审案件。	《绍兴市志》,浙江人民出版社 1996 年版,第 1714 页;《嘉兴市志》,中国书籍出版社 1997 年版,第 734 页;《湖州市志》,昆仑出版社 1999 年版,第 1674 页;《杭州法院志》,1990 年编印,第 8 页。
民国 16 年(1927 年)	5 月,绍兴、肖山(萧山)、诸暨二审案件划归杭县地方审判检察厅受理。	《宁波法院志(1911—1989)》,2005 年编印,第 10 页
	10 月,南京国民政府改革司法制度,自 10 月 1 日起浙江高等检察厅改为浙江高等法院检察处。浙江第一高等审判检察分厅改称浙江高等法院第一分院,浙江第二高等审判检察分厅改为浙江高等法院第二分院,均内设检察处;各地检察厅纷纷更名为法院检察处。	《中华民国史资料丛稿·大事记》第 13 辑;浙江省地方志编纂委员会办公室编:《浙江历史大事记》,浙江人民出版社 2010 年版,第 600 页;《杭州市志》,中华书局 1999 年版,第 471 页

续表 3

时间	大事纪要	资料来源
民国 18 年（1929 年）	8 月，颁行《浙江高等法院检察处暂行处务规程》《浙江省地方法院检察处暂行处务规程》。	民国 18 年 8 月 1 日司法行政部指令，浙江高等法院第 6632 号，闵钐、谢如程、薛伟宏编著：《中国检察制度法令规范解读》，中国检察出版社 2011 年版，第 302—313 页
民国 19 年（1930 年）	江西省德兴县苏维埃政府在全县建立区级苏维埃政府，其中德兴开化区包括浙江省开化县部分区域。苏维埃政权的人民检察制度延伸到浙江省开化县部分区域。	倪集华：《浙江省“人民检察”发端考》，载《浙江方志》2012 年第 3 期；《德兴县志》第 674 页；程玉林等：《开化特区、化玉区的建立和活动情况》，《开化县委党史资料(类号 1－A3－4，顺序号 172)》
民国 22 年（1933 年）	2 月，中共闽浙赣省委成立开（化）婺（源）德（兴）特区苏维埃，11 月，扩大为化婺德中心县苏维埃政府，人民检察制度延伸到浙江省开化县、常山县部分区域。	《中国共产党德兴历史》第一卷，中共党史出版社 2008 年版，第 114 页、第 118—119 页；《德兴县志》，光明日报出版社 1993 年版，第 611 页
民国 24 年（1935 年）	9 月 16 日，全国司法会议召开，浙江高等法院首席检察官袁士鑑出席会议。	《全国司法会议汇编》，民国 24 年
	12 月 6 日，杭县地方法院检察处公告：因禁烟、禁毒事宜经军事委员会令颁禁烟、禁毒治罪法，一律归军法机关讯办，禁烟法已明令停止施行，杭州市发生烟毒案件，由省政府决定，嗣后均归保安处讯办，该院对烟案人犯一律拒收。	浙江省地方志编纂委员会编：《浙江历史大事记》，浙江人民出版社 2010 年版，第 670 页
	12 月 30 日，浙江高等法院首席检察官宋孟年宣誓就职。	浙江省地方志编纂委员会编：《浙江历史大事记》，浙江人民出版社 2010 年版，第 671 页
	在宁波市区设浙江高等法院第三分院暨检察处，受理鄞县等 16 个县的二审上诉案件；在临海设省法院第四分院；改杭县地方法院嘉兴分院检察处为嘉兴地方法院检察处。	《宁波市志》，中华书局 1995 年版，第 2128 页；《衢州检察志》，方志出版社 2008 年版，第 15 页；《台州地区志》，浙江人民出版社 1995 年版，第 1008 页；《嘉兴检察志》，2003 年编印，第 8 页
民国 26 年（1937 年）	改金华地方法院衢县分院为浙江省衢县地方法院，设检察处。因抗日战争，浙江高等法院检察处和杭县、萧山地方法院检察处人员移驻永康方岩。各地地方法院检察处受战事影响相继停止办公。	《杭州市志》第八卷，中华书局 1999 年版，第 471 页；《嘉兴检察志》，2003 年印，第 8 页
民国 27 年（1938 年）	国民政府设立浙江高等法院驻绍及浙西两临时庭，办理接近游击之各县的第二审案件，并组织巡回审判组受理游击区各县民刑事案件。	《武义法院志》，浙江人民出版社 2000 年版，第 36 页

续表 4

时间	大事纪要	资料来源
民国 30 年（1941 年）	4 月，宁波沦陷后，浙江高等法院第三分院暨检察处、鄞县地方法院暨检察处停止办公，被汪伪司法机构取代。	《宁波法院志（1911—1989）》，2005 年编印，第 55 页
	11 月，浙江高等法院检察处将全省划为 8 个区，派驻 22 名战区检察官分别执行职务。	《浙江司法年刊（复刊）》，民国 30 年
民国 31 年（1942 年）	浙赣会战后，国民政府一度弃守金华，浙江高等法院第二分院及检察处随省第四行政督察区先辗转武义，12 月迁至衢州。	《衢州检察志》，方志出版社 2008 年版，第 44 页；《金华市志》，浙江人民出版社 1992 年版，第 261 页
民国 32 年（1943 年）	2 月，浙江高等法院第三分院迁至丽水，撤销丽水临时庭。	《丽水市志》，浙江人民出版社 1993 年版，第 555 页
民国 33 年（1944 年）	9 月 23 日，国民政府修正公布《县司法处组织法》，第四条规定"县司法处检察事务由县长兼理之"。	《武义法院志》，浙江人民出版社 2000 年版，第 586 页
民国 34 年（1945 年）	1 月，中共领导的浙东各界临时代表大会在余姚梁弄召开，通过并发布浙东抗日根据地的根本大法《浙东地区施政纲领》，其中涉及关于保障人权、对刑事诉讼过程进行监督以及对公务人员职务行为进行法律监督的规定。	《中共浙江党史（第一卷）》，中共党史出版社 2002 年版，第 456—457 页；《浙东抗日根据地》，中共党史资料出版社 1987 年版，第 138 页
	中共领导的浙东行政公署公布《惩治贪污暂行条例》。	《浙东抗日根据地公安保卫史料》，浙出书临（95）054 号，第 175—176 页
	5 月，省法院检察处恢复驻云（和）办事处。	省档案馆档案 b31-29-6-196-5
	8 月 15 日，侵华日军投降后，浙江高等法院检察处迁回杭州，接管汪伪浙江高等检察署；驻绍及浙西两临时庭，及巡回审判组织均撤销。	《杭州市志》第八卷，中华书局 1999 年版，第 471 页；《武义法院志》，浙江人民出版社 2000 年版，第 36 页
	11 月，设鄞县地方法院暨检察处。	《宁波法院志（1911—1989）》，2005 年编印，第 13 页；《武义法院志》，浙江人民出版社 2000 年版，第 36 页
	浙江高等法院第二分院从衢州迁回金华。浙江高等法院第三分院从丽水迁回宁波城内原址。改嘉兴地方法院检察处为嘉兴地方法院检察院，辖嘉兴、海宁、海盐、平湖、崇福、桐乡、嘉善 7 县之检察。	《衢州检察志》，方志出版社 2008 年版，第 15 页；《宁波法院志（1911—1989）》，2005 年编印，第 13 页；《嘉兴检察志》，2003 年编印，第 8 页
民国 35 年（1946 年）	4 月，杭县地方法院接收伪杭县地方法院及伪杭县地方法院检察署。	省档案馆档案 b33-12-65-2-42-23-30

续表 5

时间	大事纪要	资料来源
民国 36 年（1947 年）	11 月，省法院在丽水设浙江高等法院第五分院检察处。	《丽水市志》，浙江人民出版社 1993 年版，第 553 页
民国 37 年（1948 年）	2 月，改浙江高等法院第五分院检察处为浙江高等法院丽水分院检察处。	《丽水市志》，浙江人民出版社 1993 年版，第 553 页
	杭州设高等特种刑事法庭，金华、丽水、鄞县、临海、永嘉设特种刑事高等分庭；省法院所属各分院首席检察官兼行特种分庭检察职务，主要任务是镇压共产党人、民主人士、进步学生的革命活动。	何勤华：《检察制度史》，中国检察出版社 2009 年版，第 357 页；《杭州市志》第八卷，中华书局 1999 年版，第 471 页；《武义法院志》，浙江人民出版社 2000 年版，第 191 页
	8 月，调派李祖庆代理浙江高等法院首席检察官。	省档案馆档案 43—319
	改浙江高等法院第一分院为浙江高等法院永嘉分院，设检察处，受理温属 8 县上诉案件。	《温州市志》，中华书局 1998 年版，第 2425 页
1949 年	5 月 3 日，杭州解放。16 日，中国人民解放军杭州市军事管制委员会政务部派军代表何斗等人正式接管浙江高等法院检察处，杭州地方法院检察处。	《杭州市志》第一卷，中华书局 1999 年版，第 9 页
1950 年	4 月 29 日，省政府发出“本府成立检察署”通知。省公安厅厅长李丰平兼任省检察署检察长(1952 年 12 月 26 日起不再兼任)，陈雨笠为副检察长。	省检察院文书档案-000-w1950-1-0001-00005
	5 月 4 日，省检察署正式对外办公。	省检察院文书档案-000-w1950-1-0001-00005
	6 月 18 日，省政府命令全省各地建立检察机构。	省检察院文书档案-000-w1950-1-0003-00005；省检察院文书档案-000-w1950-1-0001-0006
	7 月，省检察署根据省委、省政府部署开始整风运动，至 10 月底结束。	省检察院文书档案-000-w1950-1-0012-00087；省检察院文书档案-000-w1950-1-0001-00014；省检察院文书档案-000-w1950-1-0001-00015
	11 月，全省检察机关贯彻中央《关于镇压反革命活动的指示》，投入“镇反”斗争。省政法委党组和省政府成立公安、司法、检察联合办公制度。检察长参加省政府裁判委员会。	省检察院文书档案-000-w1950-1-0001-00020
	12 月 23 日，省政府指示各级人民政府：在土地改革期间，杭州市、宁波市、温州市、杭县及各专区人民检察署应全部建立。人口众多、政治情况复杂的县、市应选择重点建立。土地改革后应普遍建立各市、县人民检察署。	省检察院文书档案-000-w1950-1-0003-00020

续表 6

时间	大事纪要	资料来源
1951 年	1—2 月，李丰平和陈雨笠在省委部署土改运动和镇压反革命工作后，受省委指派，分别带队赴绍兴专区、金华专区检查、复核案卷。	省检察院文书档案-000-w1951-1-0003-00005
	2 月 12 日，省政府裁判委员会确定嘉兴、临安二专区所辖市、县呈报的死刑案件由省检察署审核。	省检察院文书档案-000-w1951-1-0016-00014
	6 月 9 日，省政府成立清理积案委员会，省检察署负责审核金华专区的极刑案件。	省检察院文书档案-000-w1951-1-0017-00014
	9 月 9—13 日，第一届全省检察工作会议召开，45 名检察代表出席会议。	省检察院文书档案-000-w1951-1-0023-00015
	10 月 13 日，陈雨笠率领各级检察长 13 人出席华东第二次检察工作会议。	省检察院文书档案-000-w1951-1-0001-00001
	年底，全省已建立杭州市和丽水、金华、嘉兴、临安、绍兴、衢州、温州 7 个地区检察分署及 22 个县级检察署，全省检察干部共 116 人。	省检察院文书档案-000-w1951-1-0017-0014
1952 年	1 月 7 日，省检察署指示各级检察署在“反贪污、反浪费、反官僚主义”斗争中，要求通过重点检查，及时抓住几件重大贪污违法案件，提起公诉，进行宣传，打击邪气，扶植正气。	省检察院文书档案-000-w1952-1-0010-00002
	1 月 25 日，省检察署分别对杀人犯张长根、徐正友、贪污犯陈天贵提起公诉。陈雨笠出席省法院召开的公判大会支持公诉。省政府副主席谭启龙到会讲话。	省检察院文书档案-000-w1952-1-0012-00035
	6 月，根据中央关于整编机构指示，省编制委员会决定全省检察编制 144 人，建检察署 40 个。陈雨笠等 29 名干部调省法院任职。13 日，省检察署与省公安厅合署办公。	省检察院文书档案-000-w1953-1-0005-00001
	12 月 26 日，省委决定陈雨笠任省检察署检察长，霍瑛任副检察长。（1955 年 4 月 14 日，最高检察院发出全国人大常委会批准陈雨笠任检察长的通知书。1956 年 8 月 25 日，陈雨笠因身体原因，省委决定免去其检察长职务。1957 年 5 月 17 日，省委决定陈雨笠任省检察院副检察长。）	省档案馆档案 J003-25-45-10；省检察院文书档案-000-w1957-1-0040-00005
1953 年	2 月，省检察署部署各级检察署投入“反对官僚主义、命令主义和违法乱纪”的“新三反”斗争。	省检察院文书档案-000-w1953-1-0001-00034
	5 月，省检察署党组根据中央“1953 年各省应建立检察机构五分之三，明年普遍建立”的指示和华东分署分配浙江省增加 300 名干部编制的通知，向省委报告《1953 年下半年工作任务和组织计划》。省委批准对在职干部训练计划，待中央编委正式文件下达再行分配新增人员。	省检察院文书档案-000-w1953-1-0001-0002

续表 7

时间	大事纪要	资料来源
1953 年	6 月 25 日至 8 月 15 日，省检察署先后举办二期在职干部训练班，培训检察干部 107 人。	省检察院文书档案-000-w1953-1-0005-00039
	7 月 5 日，省第二届检察工作会议召开。决定有计划、有步骤普遍建立检察机构和充实配备检察干部。省检察署和各专区分署确定试点，逐渐试建办案和工作制度。	省检察院文书档案-000-w1954-1-11-17
1954 年	4 月 9 日，省委决定任梅逊任省检察署副检察长(9 月 27 日任党组副书记。1955 年 4 月 14 日，最高检察院发出全国人大常委会批准任命的通知书)。	省检察院文书档案-000-w1954-1-0022-00013
	6 月，省委批转省检察署党组《关于贯彻全国检察会议决议的意见》，建议各级党委对已建立的检察署编制不要减少，并选择一批品质好、作风好的干部任专职检察长。	省检察院文书档案-000-w1954-1-0022-00001
	12 月，第一届全国人大第一次会议通过《中华人民共和国宪法》和《人民检察院组织法》后，省检察署根据最高检察院通知，改称为“浙江省人民检察院”(以下简称省检察院)，各级人民检察署的名称随之更改。	省检察院文书档案-000-w1954-1-0009-00077
1955 年	12 月 23 日，省委根据 12 月 2 日中共中央《关于补办由人民检察院审查和批准逮捕人犯的法律手续的指示》，批转省人民委员会政法办公室“关于公安、检察、法院等部门应当按照法定程序进行工作和补办法律手续的意见的报告”。	省检察院文书档案-000-w1955-1-0009-00002
	12 月 30 日，任梅逊向省第一届人民代表大会第二次会议报告工作。	省检察院文书档案-000-w1955-1-0019-00001
1956 年	1 月 10 日，省检察院召开全省各级检察长会议。任梅逊传达全国省、市、区检察长会议精神。	省检察院文书档案-000-w1956-1-0008-00001
	省委决定任梅逊代理省检察院检察长(代理至 1956 年 8 月 25 日)。陈雨笠因病休养。	省检察院文书档案-000-w1956-1-041-00019
	3 月 7 日，省委批转省检察院党组《关于宪法公布后各级检察机关组织建设工作的情况报告》。提出“各级党委应加强对人民检察机关的领导，定期讨论与检查他们的工作，改变某些地方还存在着“一揽子”和“单打一”的做法。	省检察院文书档案-000-w1956-1-0032-00006

续表 8

时间	大事纪要	资料来源
1956 年	4 月 20 日，省检察院党组向省委报送《关于诸暨县人民检察院根据农业发展纲要四十条处理地主、富农、反革命分子入社问题的试点乡——安平、同乐进行检查的报告》。（5 月 10 日，省委转发各市、地、县委。6 月 30 日，中共中央向各省[市]委、自治区党委转发省委批语和省检察院党组报告。）	省检察院文书档案-000-w1956-1-0004-00001
	4 月 27 日，省委决定卢管彤、刘中流任省检察院副检察长。（7 月 18 日，最高检察院发出 6 月 13 日全国人大常委会批准任命的通知书。1957 年 12 月 19 日，省委决定免去刘中流的省检察院副检察长职务。）	省检察院文书档案-000-w1956-1-0032-00010；省档案馆档案 J-101-7-13-60；省检察院文书档案-000-w1957-1-0040-00006
	8 月 25 日，省委决定彭瑞林任省检察院检察长。（12 月 4 日，最高检察院发出彭瑞林的任命通知书。）	省检察院文书档案-000-w1956-1-0032-00007
	10 月 17 日，苏联副总检察长米舒金亚·尼率领苏联法律工作代表团来杭州访问。	省检察院文书档案-000-w1956-1-0007-00051
1957 年	1 月 11 日，最高检察院、司法部、公安部、国务院编制委给各省发出急电：“将地方人民检察院、地方人民法院和公安系统的编制交地方统一管理。”	省检察院文书档案-000-w1957-1-0043-00006
	2 月 15 日，全省第三次检察工作会议召开。	省检察院文书档案-000-w1957-1-0031-00014
	5 月 4 日，省检察院党组根据中共“八大”政治决议和毛泽东《关于正确处理人民内部矛盾问题》的精神，向省委作《关于 1957 年检察工作意见的报告》。11 日，省委批转。	省检察院文书档案-000-w1957-1-0003-00006
	5 月 10 日，省检察院根据省委和最高检察院指示，向各级检察院发出《关于准备迎接全面检查肃反工作》的通知。11 日，省委批转。	《省检察院简史》（资料）第 114 页
	7 月 15 日，省委召开省政法会议。彭瑞林代表省检察院作工作报告；任梅逊报告《1957 年上半年检察工作的主要情况和今后工作意见》。	省检察院文书档案-000-w1957-1-0035-00006
	8 月 1 日，省检察院根据省委决定通知各级检察院：今后捕人要经地委批准。	省检察院文书档案-000-w1957-1-0005-00009

续表 9

时间	大事纪要	资料来源
1957 年	10 月 8—16 日,省检察院和省法院联合召开分、市检察院检察长和市中级法院院长联席会议,传达贯彻中央领导对政法工作的批评和指示。28 日,省检察院党组向省委报告会议情况。	省检察院文书档案-000-w1957-1-0037-00022;省检察院文书档案-000-w1957-1-0003-00095
	12 月,全省检察系统反右斗争基本结束,检察干部中被错划右派 23 名,其中省检察院 4 名。(后逐一纠正)	省检察院文书档案-000-w1957-1-0009-00002
	省检察院检察长彭瑞林被错划为右派。(次年 5 月 3 日,被最高检察院撤销职务。)	省检察院文书档案-000-w1956-1-0032-00007
1958 年	3 月 3—12 日,全省政法会议召开。卢管彤传达 1957 年 12 月全国省市检察长会议精神。12 日,省检察院向全省各级检察院发出《检察工作大跃进竞赛评比标准(草案)》。	省检察院文书档案-000-w1958-1-16-00014;省检察院文书档案-000-w1958-1-0008-00001
	3 月 29 日,省委决定阎定础任省检察院检察长。(6 月 3 日,全国人大常委会批准任命。4 月 3 日,省委任命阎定础为省检察院党组书记。1964 年 7 月 22 日,全国人大常委会批准免职。)	省检察院文书档案-000-w1958-1-0031-00001;《全国人大公报》1958 年 6 月 3 日
	6 月 16 日,省检察院召开第一次劳改检察工作会议,贯彻全国劳改检察工作会议精神。陈雨笠作总结报告。	省检察院文书档案-000-w1958-1-0011-00040
	6 月 18 日,省检察院在嘉兴市召开全省侦查工作现场会议。任梅逊作题为《认真学习贯彻总路线,做好检察工作》的报告。	省检察院文书档案-000-w1958-1-0012-00098
	7 月 23 日,阎定础、卢管彤参加最高检察院召开的第四次全国检察工作会议。其间,卢管彤作题为《从过去工作应该吸取的教训》的发言。	省检察院文书档案-000-w1958-1-0005-00025;省检察院文书档案-000-w1958-1-0004-00001
1959 年	2 月 2 日,省委批转省公安厅、省检察院、省高级法院党组《关于加强人民公社保卫工作的意见》。	省检察院文书档案-000-w1959-1-0029-00005
	2 月 18—24 日,第四次全省检察工作会议召开。阎定础作题为《进一步鼓足干劲,为 1959 年检察工作更大、更好、更全面的跃进而奋斗》的讲话,卢管彤作《1958 年检察工作报告》。	省检察院文书档案-000-w1959-1-0015-00001
	2 月 25—31 日,全省检察机关 35 名代表出席浙江省政法战线社会主义积极分子代表大会。	省检察院文书档案-000-w1959-1-0015-00001

续表 10

时间	大事纪要	资料来源
1959 年	3 月 22 日，省委作出《关于地、市、县组织机构设置试行方案和编制管理问题的几项决定》，规定专、市、县的公安、法院和检察院仍予保留。（慈溪、临海两县已成立政法公安部可做试验），县级政法三部门可合署办公，保留三长和足够的干部。	省检察院文书档案-000-w1959-1-0003-00033
	5 月 21 日，全省检察机关 11 名先进工作者参加全国司法、公安、检察先进工作者代表大会。	省检察院文书档案-000-w1959-1-0019-00109
	5 月 28 日，省委批转省公安厅、省法院、省检察院党组《关于在当前农村生产、整社运动中加强保卫工作的意见》。	省检察院文书档案-000-w1959-1-001-857
	7 月 30 日，省委批准省检察院检察委员会由阎定础、任梅逊、卢管彤、陈雨笠、贾学礼、王文贵、李知权组成。是年为检察机关首次成立检察委员会。（1960 年 5 月 26 日，全国人大常委会批准任命。）	省检察院文书档案-000-w1959-1-0029-00003；《全国人大公报》1960 年 5 月 26 日
	9 月，省检察院机关开始整风“反右倾”运动。	省检察院文书档案-000-w1959-1-0004-00034
1960 年	1 月 11—21 日，阎定础在省、市政法三长会议期间，向与会检察代表传达最高检察院 1959 年 11 月召开的全国检察工作会议精神，卢管彤作题为《1959 年检察工作总结和 1960 年检察工作意见》的报告。	省检察院文书档案-000-w1960-1-0001-00007
	6 月 18—27 日，全省第五次检察工作会议随全省政法会议同时召开。任梅逊作题为《反对和平麻痹，继续大鼓干劲，保卫社会主义持续大跃进》的报告。	省检察院文书档案-000-w1960-1-0022-00008
	9 月 29 日，省委政法领导小组召开全省专区、市政法三长会议，贯彻 9 月 20 日中央批准公安部党组《关于当前敌我斗争形势和开展社会镇反、内部肃反（清理）运动意见提纲》。确定从 1960 年 9 月至 1961 年 6 月深入开展一次社会镇反和内部肃反（清理）运动。	省检察院文书档案-000-w1960-1-0021-00008
1961 年	1 月 15 日，省检察院党组向省政法系统整风领导小组作出《关于机关开展整风运动规划》。任梅逊、卢管彤等人组成省检察院整风领导小组。至 4 月中旬，整风结束。	省检察院文书档案-000-w1961-1-0023-00076；省检察院文书档案-000-w1961-1-0023-00077
	8 月 21 日，全省第六次检察工作会议随全省政法会议同时召开。任梅逊作题为《坚持正确方向，认真执行政策，进一步发挥检察工作的专政威力》的报告。	省检察院文书档案-000-w1961-1-0013-00001

续表 11

时间	大事纪要	资料来源
1962 年	2 月 8 日，省检察院制发《刑事案件检察工作条例(试行草案)》，发到宁波等 12 个市、区、县检察院试行。	省检察院文书档案-000-w1962-1-0012-00032
	6 月 4 日，省检察院党组向省委、最高检察院报告《关于国家粮食大量被盗的情况和防范意见》。25 日，省政府人民委员会转发全省。	省检察院文书档案-000-w1962-1-0006-00029
	7 月 11 日，省检察院根据中央 6 月 21 日《关于准备粉碎蒋匪帮进犯东南沿海地区的指示》，经省政法领导小组同意，向各级检察院发出《关于适应当前战备斗争形势，做好当前检察工作的意见》。	省检察院文书档案-000-w1962-1-0004-00046
	12 月 25 日，全省第七次检察工作会议召开，贯彻“全国第六次检察工作会议”精神。任梅逊总结全省“全国第六次检察工作”会议以来的检察工作，阎定础作有关检察制度和检察工作的报告。	省检察院文书档案-000-w1962-1-0001-00110
1963 年	3 月 30 日，省检察院召开批捕起诉工作会议。阎定础作关于国内外形势和正确执行政策、办好案件的报告。	省检察院文书档案-000-w1963-1-0011-00003
	5 月 21 日，根据中央关于“五反”(反对贪污盗窃、反对投机倒把、反对铺张浪费、反对分散主义、反对官僚主义)运动的指示，阎定础在省检察院干部大会上作关于检察长、处长自我检查的报告。	省检察院文书档案-000-w1963-1-0030-00001
	18—25 日，省检察院召开分、市检察院检察长会议，部署检察机关保卫“五反”和“社会主义教育运动”工作。会后向各级检察院印发《关于当前形势和保卫“五反”运动的意见》。	省检察院文书档案-000-w1963-1-0002-00020
	11 月 20 日，最高检察院副检察长黄火星等人陪同阿尔巴尼亚人民共和国总检察长阿拉尼特·切拉和阿劳动党中央视察员索弗克利·巴巴华西里来杭州访问。	省检察院文书档案-000-w1963-1-0027-00003
1964 年	2 月 27 日，省委决定刘阳生任省检察院检察长、党组书记。(7 月 22 日，全国人大常委会批准任命。)	《全国人大公报》1965 年第 1 期
	5 月 15 日，全省第八次检察工作会议召开，贯彻 1 月召开的全国省、市、自治区检察长会议精神，最高检察院副检察长黄火星参加会议。刘阳生作题为《发扬革命精神，依靠群众力量，扎扎实实做好检察工作》的报告。	省检察院文书档案-000-w1964-1-0007-00008
	10 月，省检察院机关“五反”“四清”(政治清、经济清、组织清、思想清)检查结束，派出干部到诸暨、上虞、萧山三县参加“社会主义教育运动”试点。	省检察院文书档案-000-w1964-1-0023-00067

续表 12

时间	大事纪要	资料来源
1965 年	3 月 6—21 日，省委召开全省县以上公安、检察、法院三长会议，贯彻中央关于依靠群众加强专政的指示。	省检察院文书档案-000-w1965-1-0003-00095
	8 月 21 日，几内亚共和国总检察长凯塔·法迪亚拉夫妇来杭州访问。	省检察院文书档案-000-w1965-1-0013-00002
	24 日，省委转发省公安厅党组《关于逮捕、拘留等批准权限的报告》。规定：内部案件归省委批，社会上案件归地委批。	省检察院文书档案-000-w1965-1-0014-00008
	9 月 5 日，全省第九次检察工作会议随全省政法会议同时召开。卢管彤作题为《高举毛泽东思想伟大红旗，坚定不移地贯彻依靠群众专政的方针》的报告。	省检察院文书档案-000-w1965-1-0004-00001
1966 年	1 月 4 日，省检察院党组向省委报告一些县、区检察院机构撤销变动情况，并建议省委重申除三个县作为试验外，其他检察机构一律不动。（4 月 26 日，省委办公厅向各地委发出通知：目前除诸暨、上虞、萧山三个县经中央领导同意和省委批准可由领导地进行试点外，其他县一律不动。）	省检察院文书档案-000-w1966-1-0003-00002
	3 月 24 日，省检察院党组向省编委报告精简机构方案：设刑事检察处、劳改检察和申诉案件处、办公室。人员比原编制 50 人减少 10%。	省检察院文书档案-000-w1966-1-0003-00010
	7 月 13 日，省委决定省检察院第一期第一批开展“文化大革命”。	省检察院文书档案-000-w1966-1-0001-00065
	12 月 26 日，省检察院和省法院党组联合向省委报告：检察、法院机关搞好本身“文化大革命”，坚守岗位，外单位可以送大字报，不能看大字报或参加批判、斗争会，检察、法院干部不要卷入其他单位辩论，不搞上串下联、不上街游行、贴大字报。	省检察院文书档案-000-w1966-1-0003-00037
1967 年	11 月 9 日，省检察院向省军事管制委员会（以下简称军管会）报告审查批捕工作中的问题。17 日，省军管会批发省检察院报告，提出“凡涉及‘文化大革命’的案件，必须拘留、逮捕的，一律逐级上报省军管会审批”。	省检察院文书档案-000-w1967-1-0001-00002
1968 年	4 月 8 日，根据中央、国务院、中央军委、中央文革小组 1967 年 12 月 10 日《关于公安机关实行军管的决定》，省检察院实行军事管制。此后，全省各级检察院陆续被军管。	《省检察院简史》（资料）（1950—1985）图片版，第 57 页；《杭州市志》第八卷，中华书局 1999 年版，第 480 页

续表 13

时间	大事纪要	资料来源
1969 年	3 月，省检察院全体干部和勤杂人员，除 7 人调省革命委员会（以下简称革委会）人民保卫组第四办公室工作外，其余人员编入省公安机关军管会“斗、批、改”干校第四中队。（至 1970 年，省检察院全体人员中，大部分由军管会陆续另行分配工作，有些被剥夺工作权利。）	吴琰、王健、应后俊：《忆刘阳生同志在省检察院的几件事》，中共盐城市委党史办公室 1997 年编印，第 153 页；《杭州市志》第八卷，中华书局 1999 年版，第 480 页；《省检察院简史》（资料），第 57 页
1975 年	1 月 17 日，第四届全国人大第一次会议修正通过第二部《中华人民共和国宪法》，其中第二十五条规定：“检察机关的职权由各级公安机关行使。”由此，检察机关被撤销的事实在法律上予以确认。	孙谦主编：《人民检察制度的历史变迁》，中国检察出版社 2009 年版，第 116 页
1978 年	3 月 23 日，省委决定张世祥任省检察院党组书记、检察长。开始重建省检察院。（9 月 16 日，省革委会五届二次全会任命张世祥为省检察院检察长。1980 年 2 月 12 日，第五届全国人大常委会第十三次会议批准任命。）	省委干〔1978〕031 号；高检人〔1980〕21 号
	4 月 19 日，省委决定任梅逊、颜光明任省检察院副检察长。（9 月 16 日，省革委会五届二次全会批准任梅逊、颜光明为省检察院副检察长。）	省委干〔1978〕076 号；浙革〔1978〕122 号
	6 月 10 日，省检察院党组向省委作《关于重新设置各级人民检察院有关问题的请示报告》。22 日，省委批转省检察院党组报告，并要求各级党委认真抓紧进行。	浙检党〔1978〕01 号；省委〔1978〕032 号
	6 月 26 日，省检察院在杭州市爱民路省公安局院内正式挂牌办公。	浙检〔1978〕004 号
	7 月，杭州市中级法院开庭审理原省革委会常委、省委候补委员、省总工会副主任翁森鹤反革命案，省检察院派员出庭支持公诉。	《省检察院简史》（资料），第 127 页
	8 月 7 日，省检察院党组向省委作《关于省检察院机关编制问题的报告》，提出省检察院机关需要编制 95 人，其中正、副检察长 5 人。	浙检〔1978〕10 号
	9 月 3 日，省公安、检察、法院、司法战线先进集体、先进个人代表大会召开。省委副书记、省革委会副主任、省公安局局长王芳讲话，张世祥致开幕词。	浙检〔1978〕014 号

续表 14

时间	大事纪要	资料来源
1979 年	2 月 12 日，省委决定郑江任省检察院副检察长。	省委干〔1979〕67 号
	3 月，省检察院受理和审查省公安局移送起诉的原省革委会副主任、省委委员张永生反革命案，认定张永生构成反革命罪，向杭州市中级法院提起公诉。	《省检察院简史》(资料)，第 128 页
	10—19 日，全省第十次检察工作会议召开。最高检察院副检察长陈养山，省委副书记王芳，省委政法委书记李朝龙出席会议并讲话。张世祥作题为《紧跟全党的战略转移，大力加强检察工作，为实现社会主义现代化而奋斗》的报告，任梅逊、颜光明分别传达中共中央总书记胡耀邦、最高检察院检察长黄火青在全国“七检”会议上的讲话。(4 月 14 日，省委批转《浙江省第十次检察工作会议纪要》。)	省委〔1979〕33 号；浙检组〔1979〕002、020 号；浙检办〔1979〕005 号；全省第十次检察工作会议简报 01、02、03、04 号
	6 月 16 日，全省检察分院、市检察院检察长座谈会召开。学习中央、省委工作会议文件和《中华人民共和国刑法》(以下简称《刑法》)、《中华人民共和国刑事诉讼法》(以下简称《刑事诉讼法》)草案，检查交流全国“七检”会议和全省“十检”会议精神贯彻落实情况，研究安排 1979 年下半年工作。	浙检组〔1979〕018 号；浙检办〔1979〕038 号
	8 月 18 日，全省检察长会议召开。传达最高检察院 7 月 14 日至 8 月 2 日召开的全国检察工作座谈会精神，为下一年实施《刑法》《刑事诉讼法》做准备。	浙检办〔1979〕048 号；检察工作会议简报 01、02、03、04、05 号
	9 月 9 日，中央批准省委对彭瑞林错划右派的纠正报告，恢复其政治名誉和工资待遇。	省检察院文书档案-000-w1956-1-0032-00007
	11 月 7 日，省检察院办公地址迁至杭州市长生路(“文化大革命”时期曾改名向阳路，后恢复旧称)12 号大华饭店招待所办公。	浙检办〔1979〕040 号；浙检办〔1979〕075 号
1980 年	4 月 16 日，第五届全国人大常委会第十四次会议批准任命任梅逊、颜光明、郑江、贾学礼、亓道学、颜庭桂、杨德臣、李学勤为省检察院检察委员会委员。省检察院重建后恢复检察委员会制度。	高检人〔1980〕36 号；浙检人〔1980〕31 号
	11 月 12—17 日，省检察院召开全省经济检察工作座谈会。张世祥、任梅逊作动员讲话，要求全面担负贪污等八类经济案件的检察工作。	浙检经字〔1980〕第 162 号

续表 15

时间	大事纪要	资料来源
1981 年	6 月 6 日，省检察院召开全省检察机关信访工作会议。	浙检办〔1980〕15 号
	7 月，省检察院制发《关于贯彻中央〔1981〕21 号文件抓紧打击现行犯罪、整顿社会治安的通知》。	浙检字〔1981〕第 67 号
	9 月，省检察院制发《关于办理经济检察案件的几点试行规定》，全省各级检察院试行。	浙检经〔1981〕101 号
	11 月 23 日，全省检察长会议召开。任梅逊传达全国省、市、自治区检察长会议精神，郑江作题为《总结经验，乘胜前进，进一步加强各项检察工作，为争取社会治安稳定好转而努力》的报告。	《省检察院简史》(资料)，第 5 章
1982 年	3 月 22 日，省检察院召开分、市检察院检察长座谈会，学习贯彻执行全国人大常委会《关于严惩严重破坏经济罪犯的决定》，检查贯彻执行中央《紧急通知》情况，研究进一步"经打"工作。张世祥作题为《充分发挥检察职能，坚决打击经济领域的犯罪活动》的讲话。	浙检办〔1982〕015 号；浙检字〔1982〕020 号
	5 月 15 日，罗马尼亚总检察长尼古拉·波波维奇一行 7 人应最高检察院邀请来杭州访问。	浙司〔1982〕052 号
	6 月 26 日，省检察院召开分、市检察院检察长会议。总结检查半年来"经打"工作情况，研究执行政策情况和部署下半年工作。省委书记铁瑛到会讲话。	浙检办〔1982〕058 号；浙检研〔1982〕063 号
	8 月 16 日，省委决定李修业任省检察院副检察长。(9 月 9 日，省五届人大常委会第十六次会议批准李修业任省检察院副检察长。11 月 19 日，第五届全国人大常委会第二十五次会议批准任命。)	省委干〔1982〕128 号；浙检发〔1982〕41、42 号；〔1982〕高检人任第 42 号
	12 月 17 日，省检察院制发《浙江省人民检察院劳改检察工作试行细则》。	浙检监〔1982〕115 号
1983 年	4 月 28 日，省六届人大一次会议选举张世祥任省检察院检察长。(9 月 2 日，第六届全国人大常务委员会第二次会议批准任命。)	〔83〕高检人任字第 27 号；浙检发字〔1983〕第 12 号
	5 月，省检察院根据中共中央办公厅关于进一步复查平反冤、假、错案的指示，组成复查历史老案领导小组，颜光明任领导小组组长。	浙检字〔1983〕057 号
	6 月 3 日，全省经济检察工作会议召开，传达贯彻全国检察机关自行侦查工作座谈会精神，总结交流"经打"工作情况。省纪委书记陈作霖，省政法委书记李朝龙到会讲话；胡灿时代表省检察院党组作题为《认真总结经验，贯彻改革精神，继续深入开展打击严重经济犯罪的斗争》的报告。	浙检经〔1983〕056 号

续表 16

时间	大事纪要	资料来源
1983 年	8 月 10—12 日，省检察院召集杭州、温州、宁波、绍兴、嘉兴、金华等重点地区检察分院、市检察院检察长，传达学习 7 月全国政法会议和中央领导关于严厉打击严重刑事犯罪(以下简称“严打”)的指示精神、中央政法委员会(以下简称中政委)关于“严打”第一战役的部署及省政法委行动方案，部署检察机关参加“严打”第一战役准备工作。	省检察院档案，档案号 1983-1-0002-00003
	9 月 30 日，省委批准省检察院机构改革后的领导班子成员为：党组书记、检察长张世祥，党组副书记胡灿时，副检察长颜光明，顾问郑江。	省委干〔1983〕119 号
	12 月 10—15 日，全省检察长会议召开，贯彻中央关于“严打”的决定和全国人大常委会《关于严惩严重危害社会治安的犯罪分子的决定》，要求各项检察工作都要紧紧围绕“严打”斗争加以调整。	浙检研〔1983〕132 号；浙江省分市县院检察长会议文件之三、之四
	12 月 26 日，省六届人大常委会第四次会议审议批准胡灿时任省检察院副检察长。	浙人大〔1983〕148 号；浙检发〔1984〕001 号
1984 年	4 月 21 日，省六届人大常委会第六次会议批准免去任梅逊、郑江、李修业的省检察院副检察长职务。	浙人大发〔1984〕003 号
	5 月 1 日，根据最高检察院、最高法院、财政部联合通知精神，省检察院和杭州、宁波、温州三市检察(分)院，以及杭州市所属各区检察院从即日起穿着统一检察制服；其余各级检察院待领取到各自制服后再着装。	浙法司〔1984〕015 号；浙检办〔1984〕019 号
	11 月 6—14 日，省检察院召开全省经济检察工作座谈会，贯彻《中共中央关于经济体制改革的决定》、中央有关打击严重经济犯罪的指示和最高检察院《关于坚决打击破坏经济体制改革的严重经济犯罪活动的紧急通知》，提出把打击经济犯罪作为全省检察工作的主要任务。	浙检经〔1984〕098 号；浙检经〔1984〕104 号
1985 年	2 月 4 日，省六届人大常委会第十一次会议批准耿小平任省检察院副检察长；免去颜光明的省检察院副检察长职务。	浙人大发〔1985〕002 号
	4 月 22—26 日，全省检察长会议召开，省检察院制发《关于办理经济犯罪案件具体运用政策法律的若干问题的意见》。胡灿时作题为《充分运用检察职能，为努力保障和促进经济体制改革和四化建设作贡献》的报告。	浙检字〔1985〕第 47 号
	5 月 18 日，省委决定陈亨光任省检察院党组成员；免去郑江的省检察院顾问职务。29 日，省六届人大常委会第十三次会议批准陈亨光任省检察院副检察长。	浙干任〔1985〕29 号；浙人大发〔1985〕003 号

续表 17

时间	大事纪要	资料来源
1986 年	3 月 23 日，朝鲜民主主义人民共和国中央检察所所长韩相奎一行 5 人由最高检察院副检察长王晓光陪同来杭访问。	浙检办〔1986〕020、021 号
	6 月 10 日，省委决定胡灿时任省检察院党组书记。	浙干任〔1986〕57 号
	11 月 2—8 日，全省经济检察工作会议召开。省委常委、政法委书记袁芳烈到会讲话。	浙检办字〔1986〕第 078 号；浙检研〔1986〕089 号
1987 年	1 月 15 日，耿小平受张世祥委托向省六届人大常委会第二十三次会议作《关于法纪检察工作情况的报告》，会议审议并批准报告。23 日，省人大常委会作出《关于加强法纪检察工作的决议》。	会议文件之七
	1 月 17 日，省纪委、省检察院、省编委联合发文通知：全省各级打击严重经济犯罪活动联席会议办公室移交同级检察机关管理。	浙检经字〔1987〕5 号
1988 年	2 月 1 日，省七届人大一次会议选举胡灿时任省检察院检察长。（3 月 12 日，第六届全国人大常委会第二十五次会议批准任命。）	〔1988〕高检人任 023 号；浙检干〔1988〕001 号
	2 月 6 日，省检察院制发《关于人民检察院自行侦查案件由刑事检察部门审查起诉的几点规定（试行）》。	浙检刑字〔1988〕009 号
	4 月 19—24 日，全省检察长会议召开。省委书记薛驹，省人大常委会主任陈安羽，省委常委、政法委书记袁芳烈出席会议并讲话。23 日，省检察院举行“庆祝检察机关重建十周年”全省（首次）检察系统文艺调演。	浙检研〔1988〕021、033 号
	8 月 11 日，省检察院举行新闻发布会，省检察院检察长胡灿时、杭州市检察院检察长李洪生分别发布成立“经济罪案举报中心”的消息。	浙干任〔1988〕59 号；浙检研〔1988〕052 号
	24—26 日，泰国最高检察厅厅长柯曼·帕他拉披隆率泰国最高检察厅代表团来杭访问。	浙检办〔1988〕053 号
	26 日，省七届人大常委会第五次会议批准朱孝清任省检察院副检察长。	浙人大干〔1988〕7 号
	11 月 3 日，全省检察机关第一次举报工作会议召开。	浙检控申〔1988〕072 号

续表 18

时间	大事纪要	资料来源
1989 年	1月7日，全省检察长会议召开。省委书记李泽民，省委常委、政法委书记夏仲烈出席会议并讲话。胡灿时作题为《以反贪污受贿为重点，全面履行检察职能，保障"治理""整顿"，维护党政机关廉洁》的报告。	浙检研〔1988〕092 号
	7月20日，全省检察分院、市检察院检察长会议召开，贯彻中共中央和最高检察院关于制止动乱、平息反革命暴乱的方针政策，重点研究部署检察机关严厉打击反革命暴乱分子和制造动乱严重犯罪分子工作。	浙检研〔1989〕085 号
	10月22日，苏联副总检察长阿・谢・波别日莫夫率代表团来杭访问。	浙检会(办)〔1989〕016 号
	11月7日，全省第一次反贪污、贿赂侦查工作会议召开。省委常委、副省长许行贯，省委常委、政法委书记夏仲烈，省人大常委会副主任杨彬出席会议。	浙检经〔1989〕113、126、128 号
1990 年	1月3日，全省检察长会议召开。省委书记李泽民，省委常委、省纪委书记陈法文，省人大常委会主任陈安羽出席会议。	浙检研〔1989〕135 号；浙检研〔1990〕002 号
	5月1日，巴西代理副总检察长葆拉来杭访问。	浙检办〔1990〕046 号
	5月10日，省检察院召开"贪污贿赂侦查局"成立大会。省委常委、政法委书记夏仲烈到会讲话。	浙检侦〔1990〕053、055 号
	5月16日，全省检察机关渎职、侵权案件侦查工作会议召开。	检法〔1990〕013 号；浙检法〔1990〕066、074 号
1992 年	1月9—12日，全省检察长会议召开。省委常委、政法委书记夏仲烈，省人大常委会副主任杨彬出席会议。	浙检办〔1991〕127、128 号；浙检办〔1992〕004、005 号
	4月28日，全省检察系统1991年度先进集体、先进工作者表彰大会召开。省委副书记刘枫、省人大常委会副主任杨彬、省政协副主席王承绪、省顾委常委张世祥出席会议，刘枫代表省委、省政府讲话。	检政〔1992〕013 号；浙检政〔1992〕019、051 号
	7月17日，省检察院召开聘任特约检察员大会。7位民主党派人士被聘任为第一届省检察院特约检察员，聘期3年。（1994年1月，省检察院增聘4位民主党派和工商联人士。）	浙检办〔1992〕060、064、065 号
	经省社会科学学会联合会（以下简称省社科联）批准和省民政厅同意，省检察院成立"浙江省检察学会"。（次年2月16日，省检察学会成立大会召开。）	浙社联〔1992〕80 号；浙民社字〔1992〕1057 号；浙检研字〔1992〕81 号

续表 19

时间	大事纪要	资料来源
1993 年	1 月 15 日，省八届人大一次会议选举葛圣平任省检察院检察长。（2 月 22 日，第七届全国人大常委会第三十次会议批准任命。）	高检发政〔1993〕13 号；浙人大〔1993〕2 号
	2 月 14—17 日，第十一次全省检察工作会议召开。总结本届五年全省检察工作，研究部署后阶段工作。省委副书记王其超，省委常委、省人大常委会副主任许行贯出席会议并讲话。	浙检办〔1993〕002、008、012、013 号
	5 月 13 日，由华东地区五省一市检察机关联合举办的“使命的回声——华东地区法纪检察工作回顾展”浙江巡回展在省展览馆举行开幕式。省委常委、副省长柴松岳致辞，省人大常委会副主任许行贯参加剪彩。	《省检察院机关工作记事》1993 年第 9 期；检察信息通报 1993 年第 12 期
	6 月 17 日，省委决定葛圣平任省检察院党组书记，免去胡灿时的省检察院党组书记职务。	浙干任〔1993〕090 号
	7 月 10 日，省检察院召开全省市检察院、检察分院检察长座谈会，贯彻最高检察院《关于进一步加强大案要案查处工作的通知》，要求省、市两级检察院把查办自己管辖的要案摆在工作首位。	浙检办〔1993〕076、078 号
	9 月 10 日，葛圣平向省八届人大常委会第六次会议作《关于惩治贪污贿赂等经济犯罪和执法监督情况的报告》。	省人大常委会第六次会议文件 4
	12 月 2 日，省八届人大常委会第七次会议批准钱中贤辞去绍兴市检察院检察长职务，任省检察院副检察长。	浙人大干〔1993〕17 号；浙干任〔1993〕140 号
1994 年	1 月 17—19 日，全省检察长会议召开。省委常委、副省长柴松岳出席会议并讲话。	浙检办〔1994〕015、016 号
	1 月 21 日，省委书记李泽民到省检察院检查指导工作。	浙检办字〔1994〕第 20 号
	4 月 18 日，陈亨光副检察长率省检察院办案人员赴淳安指导千岛湖特大抢劫杀人案的审查批捕和审查起诉工作，于次日依法对 3 名案犯批准逮捕。	〔1994〕检察情况反映第 17 期
	5 月 7 日，以蒙古国副总检察长姜仓・乔依姜仓为团长的蒙古国检察代表团一行 6 人来杭访问。	《省检察院机关工作记事》1994 年第 9 期
	10 月 26 日，朱孝清受葛圣平委托向省八届人大第十三次会议作《关于我省检察机关查办贪污贿赂等经济犯罪大案要案情况的报告》。	浙检办〔1994〕133 号
	10 月 27 日，最高检察院检察长张思卿来浙检查工作。葛圣平陪同赴淳安、桐庐。	《省检察院机关工作记事》1994 年第 20 期

续表 20

时间	大事纪要	资料来源
1995年	1月12—14日,全省检察长会议召开。省委副书记、常务副省长柴松岳出席会议并讲话。	检办〔1994〕28号;浙检办〔1994〕155号;浙检办〔1995〕006、007号
	4月26日,省检察院召开庆功授奖大会,为全省检察机关受最高检察院表彰的2名模范检察干部、4名一等功个人和4个一等功集体颁奖。省委副书记、常务副省长柴松岳到会讲话;省纪委书记王其超,省委政法委书记斯大孝,省人大常委会副主任杨彬出席大会。	浙检政〔1995〕067、070号;高检发〔1995〕004号;《省院机关工作记事》1995年第8期
	7月6日,女检察官协会成立大会召开。通过《浙江省女检察官协会章程》,选举产生17名理事,省检察院吴春莲当选为会长。	浙检政〔1995〕092号;检政〔1995〕019号
	10月20日,省检察院与省国家税务局联合召开省检察院税务检察室成立大会。省委副书记、常务副省长柴松岳到会讲话。	浙检会(侦)字〔1995〕第7号;《省院机关工作记事》1995年第20期
1996年	1月25—27日,全省检察长会议召开。省委副书记、常务副省长柴松岳出席会议并讲话;省委常委、省政法委书记、公安厅长斯大孝,省人大常委会副主任杨彬出席会议。	浙检办〔1996〕001、009、012号
	7月9日,安哥拉共和国总检察长多明戈斯·库洛洛率安哥拉检察代表团来杭访问。	浙检行装〔1996〕074号
1997年	7月23日,葛圣平向省八届人大会议作《关于查办贪污贿赂犯罪大要案、深入反腐败的工作情况报告》。	八届人大常委会第三十八次会议文件2;浙人大办函〔1997〕59号;浙检办〔1997〕123号
	8月8日,省检察院召开动员大会,部署全省检察机关开展以党性党风教育和办案纪律为主要内容的纪律教育整顿活动。(10月29日,省检察院召开全省检察机关电话会议,通报对有关市地检察机关开展教育整顿情况的检查结果。)	浙检党字〔1997〕23号;浙检办〔1997〕154号
	10月25日,意大利总检察长加利·丰塞卡率意大利检察代表团来杭访问。	浙检办〔1997〕150号
1998年	3月,省检察院制发《全省检察机关集中教育整顿实施方案》。25—26日,召开全省市检察院、检察分院检察长会议,专题研究部署全省检察机关集中教育整顿工作。(5月27日,省检察院召开全省检察机关电话会议,部署深入开展集中教育整顿、改进和加强检察工作的措施。9月22日,省检察院邀请10位全国及省人大代表召开座谈会,省人大常委会副主任祝耀祖到会讲话;葛圣平通报全省检察机关教育整顿情况,听取人大代表的意见和建议。)	浙检办字〔1998〕30号;浙检办字〔1998〕34号;教育整顿专刊(18)

续表 21

时间	大事纪要	资料来源
1998 年	4 月 18—21 日，最高检察院检察长韩杼滨来浙考察，朱孝清陪同赴长兴县检察院、湖州市检察院和德清县检察院召开纪律作风教育整顿专题座谈会。21 日与省检察院党组成员座谈，听取葛圣平关于浙江检察工作的汇报。	浙检办通报〔1998〕05 号
	6 月 22—24 日，省九届人大常委会第五次会议期间，葛圣平作《关于全省检察机关开展集中教育整顿工作的情况报告》。省人大常委会审议通过报告。	省九届人大常委会五次会议文件(2)；教育整顿专刊 16 期；《省院机关工作记事》1998 年第 12 期
	7 月 20 日，省检察院召开新闻发布会，通报全省检察机关举报中心成立十年来的工作情况。(21 日，省检察院、杭州市检察院及所属各城区检察院联合举行“浙江省暨杭州市检察机关举报中心成立十周年法律咨询宣传活动日”活动。)	《省检察院机关工作记事》1998 年第 14 期
	8 月 6 日，省检察院对台州市原市长孙炎彪以涉嫌受贿罪立案侦查。	省检察院诉讼档案 000-s1998-1-0018
1999 年	1 月 22 日，省人大常委会主任李泽民到省检察院检查指导工作。	《省检察院机关工作记事》1999 年第 2 期
	1 月 26 日，全省检察长会议召开。省委副书记周国富出席会议并讲话。葛圣平作《公正执法，服务大局，为推进检察事业的跨世纪发展而奋斗》报告。	检办字〔1999〕2 号；浙检办〔1999〕3、9、17、18 号
	7 月，省检察院开始分两个阶段开展以“讲学习、讲政治、讲正气”(简称“三讲”)为主要内容的党性党风教育活动，于 12 月底基本结束。	浙检党〔1999〕12 号；浙检党〔1999〕10、11、12、14、18、20 号；浙检办通报〔1999〕17、18、20 号；“三讲”教育情况简报〔1999〕1、2、3、4、5、6、7、8、9 号
	8 月 17 日，省检察院机关全体干警参加省人大召开的省人大代表评议省检察院司法工作动员会。省人大常委会主任李泽民、省委副书记周国富讲话，葛圣平作表态发言。(11 月 29—30 日，省检察院全体干警参加省人大召开的省人大代表对省检察院司法工作评议会，李泽民、周国富讲话，12 位省人大代表分别代表 11 个代表中心组和省人大常委会调查组作评议发言。葛圣平作《浙江省人民检察院自查报告》。)	浙检办〔1999〕102、104 号
	9 月 13 日，苏里南共和国总检察长罗森布拉特女士一行来杭访问。	浙检行装〔1999〕107 号；高检发外〔1999〕81 号
	9 月 28 日，省检察院举行“颁发庆祝中华人民共和国成立五十周年纪念章仪式暨国庆联欢”活动，葛圣平为省检察院 30 名离休老干部颁发纪念章。	《省检察院机关工作记事》1999 年第 18 期

续表 22

时间	大事纪要	资料来源
1999 年	9 月 29 日，省检察院对原省委常委、宁波市委书记许运鸿以涉嫌滥用职权罪立案侦查。	省检察院诉讼档案 000-s1999-1-0023
	10 月 27 日，省检察院对省边防局原政委位保国以涉嫌贪污罪、受贿罪立案侦查。	省检察院诉讼档案 000-s1999-1-0037
	12 月 27 日，省检察院对杭州海关原关长耿永祥以涉嫌受贿罪立案侦查。	省检察院诉讼档案 000-s2000-1-0001
2000 年	1 月 19—22 日，全省检察长会议召开。省委书记张德江出席会议并作题为《充分发挥检察机关职能作用，为改革发展稳定提供有效法律保障》的讲话。省人大常委会副主任祝耀祖，省政协副主席王务迪出席会议。葛圣平作题为《依法办案，加强监督，从严治检，努力开创全省检察工作的新局面》的报告。	浙检办〔2000〕01 号；浙检办〔2000〕013、014 号
	5 月 26 日，省检察院在省电视台演播厅举行全省优秀公诉人竞赛决赛。吕祖善、祝耀祖等省领导和葛圣平等院领导出席并为获奖单位和省级优秀公诉人颁奖。	《省检察院机关工作记事》2000 年第 9 期
	7 月 3 日，全省检察机关第五次反贪污贿赂侦查工作会议召开，提出"依法独立办案"反贪侦查工作思路和原则。省委副书记周国富到会讲话。	浙检反贪〔2000〕076 号；浙检反贪〔2000〕088 号；浙检办通报 15 期；浙检办通报 14 期；浙检办通报 16 期
	10 月 8 日，英国总检察长威廉姆斯勋爵率英国检察代表团一行 3 人来浙访问。	浙检会（办）〔2000〕05 号；高检发外〔2000〕87 号
	10 月 16 日，巴拿马总检察长阿尔玛·蒙特内格罗女士率巴拿马检察代表团一行 3 人来浙访问。	浙检办〔2000〕111 号
	10 月 17 日，省检察院对省供销社原主任朱承岭以涉嫌受贿罪立案侦查。	省检察院诉讼档案 000-s2000-1-0019
	11 月 27 日，省检察院对省新闻出版局原局长罗鉴宇以涉嫌受贿罪立案侦查。	省检察院诉讼档案 000-s2000-1-0023
	12 月 2 日，省检察院对杭州市原副市长叶德范以涉嫌受贿罪立案侦查。	省检察院诉讼档案 000-s2000-1-0028
	4—6 日，全省检察机关科技强检工作会议召开。会议通过《全省检察机关科技强检五年发展规划》。	浙检办〔2000〕130 号；浙检办通报 28 期
2001 年	1 月 9—11 日，全省检察长会议召开。省委副书记周国富，省人大常委会副主任祝耀祖出席会议；葛圣平作题为《迎接新世纪、开创新局面》的报告。	检办字〔2001〕第 1 号、第 12 号、第 13 号；浙检办通报 2001 年第 1 期
	4 月 26 日，省委书记张德江，省委副书记、常务副省长吕祖善到省检察院调研。	浙检办字〔2001〕第 74 号

续表 23

时间	大事纪要	资料来源
2001 年	28 日,省检察院与省公安厅联合召开“全省检察、公安机关集中追捕在逃贪污贿赂等职务犯罪嫌疑人专项行动电话会议”。葛圣平到会讲话。	浙检会(反贪)字〔2001〕第 6 号
	5 月 10 日,省金融系统职务犯罪预防工作指导协调小组成立,朱孝清为组长。14 日,葛圣平、朱孝清参加金融系统职务犯罪预防工作指导协调小组成立大会并讲话。	浙检会(反贪)字〔2001〕第 4 号、第 5 号、第 7 号
	8 月 15 日,全省检察机关第一次预防职务犯罪工作会议召开。葛圣平参加会议并讲话。	检反贪字〔2001〕第 19 号;浙检办通报 2001 年第 20、22 期
	9 月 3 日,省九届人大常委会第二十八次会议批准吴春莲、何永星任省检察院副检察长;免去朱孝清的省检察院副检察长职务。	浙人大常干〔2001〕5 号;浙干通〔2001〕62 号、63 号、65 号;浙检政〔2001〕146 号
	10 月 9 日,省检察院对省医药管理局原局长周航以涉嫌受贿罪立案侦查。	省检察院诉讼档案 000-s2001-1-0027
	11 月 9 日,乌克兰副总检察长亚列山大·伊万诺维奇·什那尔斯基率乌克兰检察代表团一行 5 人来杭访问。	浙检会(办)字〔2001〕第 20 号
	12 月,省检察院分别向省委和最高检察院报送《关于开展依法独立办案工作情况的报告》。省委书记张德江,副书记李金明,周国富和最高检察院检察长韩杼滨分别批示,要求认真总结经验,不断完善提高。	浙检办字〔2001〕第 174 号、175 号
2002 年	1 月 23 日,省委批准印发《浙江省人民检察院机关机构改革方案》。	浙委办〔2002〕10 号
	2 月 27 日,全省检察机关纪检监察工作会议召开。葛圣平讲话,吴春莲作题为《自觉实践“三个代表”要求,深入推进我省检察机关党风廉政建设和自身反腐败工作》的报告。	浙检纪字〔2002〕第 52 号
	4 月 25 日,省九届人大常委会第三十四次会议批准庄建南任省检察院副检察长。	浙人大常干〔2002〕4 号
	11 月 3 日,吉尔吉斯斯坦总检察长阿贝什卡耶夫·秋巴克·萨德科维奇率吉尔吉斯斯坦检察代表团一行 5 人来浙访问。	浙检外〔2002〕6 号
	11 月 5 日,省检察院召开全省检察机关依法独立办案经验交流会。葛圣平讲话,何永星作题为《总结经验,求实创新,坚定不移推进依法独立办案》的报告。	浙检办〔2002〕第 127 号、第 130 号
	11 月 12 日,全省检察机关科技强检工作会议召开。会议研究制定《全省检察机关科技强检五年发展规划》。	浙检办〔2002〕129 号、133 号

续表 24

时间	大事纪要	资料来源
2003 年	1 月 22 日，省十届人大一次会议选举朱孝清为省检察院检察长。(2 月 28 日，第九届全国人大常委会第三十二次会议批准任命。)	浙检干〔2003〕3 号；高检院公报 2003 年第 2 号
	2 月 9 日，省委决定朱孝清任省检察院党组书记；葛圣平不再担任省检察院检察长、党组书记职务。	浙干任〔2003〕2 号
	2 月 18 日，省委书记、省人大常委会主任习近平到省检察院调研指导，对检察机关依法独立办案工作给予肯定。	《省检察院机关工作记事》2003 年第 4 期
	2 月 28 日，省十届人大常委会第二次会议批准免去陈亨光的省检察院副检察长职务。	浙人大常干〔2003〕3 号
	4 月 2—4 日，全省检察工作会议召开。省委书记、省人大常委会主任习近平出席会议并讲话。省委副书记周国富，省委常委、常务副省长章猛进，省人大常委会副主任葛圣平，省政协副主席吴国华出席会议。	浙检办〔2003〕37 号；浙检发〔2003〕3 号、4 号
	8—12 日，最高检察院检察长贾春旺来浙视察，先后听取省检察院及杭州、宁波、温州、萧山、义乌、鹿城等市、区检察院工作汇报。	浙检发〔2003〕5 号；《省院机关工作记事》2003 年第 7 期
	9 月 9—18 日，省检察院举办全省检察机关高层次人才培训班。朱孝清在结业典礼上作题为《造就高层次人才队伍，发展新时期检察事业》的讲话。	浙检办通报 2003 年第 23 期
2004 年	1 月 12 日，全省检察长会议召开。省委副书记、政法委书记夏宝龙出席会议并作《履行法律监督职能，维护公平正义》讲话。朱孝清作题为《强化法律监督，维护公平正义，为我省全面协调可持续发展创造良好环境》的报告。	浙检发〔2004〕5 号
	1 月 16 日，省检察院与省发改委、省监察厅联合制发《关于在浙江省“五大百亿”工程建设中共同开展预防职务犯罪违法违纪工作的意见》，全面启动“五大百亿”工程建设领域的职务犯罪预防工作。	省检察院 W2004-2-00295
	2 月 25 日，省委书记习近平参加省检察院党组民主生活会。	浙检发〔2004〕8 号
	5 月 25 日，全省检察机关科技强检、“两房”建设工作会议召开。省委副书记、政法委书记夏宝龙到会讲话。	浙检技〔2004〕67 号；《省院机关工作记事》2004 年第 10 期
	6 月 13—15 日，最高检察院检察长贾春旺来浙，朱孝清陪同赴淳安、湖州、嘉兴调研。	浙检发〔2004〕12 号

续表 25

时间	大事纪要	资料来源
2004 年	7 月，省检察院在全国率先开发启用“浙江省行贿行为查询系统”，启动工程建设领域行贿犯罪网上查询工作。	省检察院检会(预)〔2004〕2 号
	9 月 11 日，保加利亚总检察长尼科拉·菲尔切夫率代表团一行 4 人来浙访问。	浙检外〔2004〕6 号
	10 月 11 日，省委通知：陈云龙任省检察院党组书记；免去朱孝清的省检察院党组书记职务。	浙干任〔2004〕65 号；浙干通〔2004〕99 号
	11 月 11 日，省十届人大常委会第十四次会议批准接受朱孝清因工作调动辞去省检察院检察长职务的请求；任命陈云龙为省检察院副检察长、代理检察长职务，报最高检察院和全国人大常委会备案。(12 月 29 日，第十届全国人大常委会第十三次会议批准免去朱孝清的省检察院检察长职务。2005 年 4 月 27 日，第十届全国人大常委会第十五次会议批准陈云龙任省检察院检察长。)	浙检干〔2004〕9 号；浙人大常干〔2004〕11 号、12 号；高检任字〔2005〕6 号
	11 月 12 日，最高检察院在东阳市召开全国检察系统民事行政检察工作座谈会，副检察长姜建初到会讲话，倡导全国民行检察系统学习浙江推行民行抗诉书说理改革的成功做法。	省检察院检民行〔2005〕1 号
2005 年	1 月 19—20 日，全省检察长会议召开。省委副书记、政法委书记夏宝龙出席会议并讲话，陈云龙作题为《加强法律监督能力建设，在服务大局中推进检察工作的新发展》的报告。	浙检发〔2005〕1 号
	1 月，省检察院成立保持共产党员先进性教育活动领导小组，陈云龙为组长。24 日，省检察院召开动员大会。26 日，省检察院印发《浙江省人民检察院机关开展保持共产党员先进性教育活动实施意见》。(6 月 22 日，省检察院召开先进性教育活动总结大会，陈云龙作总结报告。)	浙检党〔2005〕2 号；浙检政〔2005〕19 号、76 号；浙检办通报 2005 年第 9 期、第 22 期；《先进性教育活动简报》第 36 期
	4 月 21 日，以肯·麦克唐纳检察长为团长的英国皇家检察代表团一行 7 人来杭访问。	浙检外〔2005〕2 号；《省院机关工作记事》2005 年第 8 期
	6 月 2 日，最高检察院和省委举行吴顺海荣誉称号命名表彰大会，最高检察院检察长贾春旺，省委书记、省人大常委会主任习近平出席会议并讲话。	浙委发〔2005〕50 号；浙检政〔2005〕116 号、119 号、120 号；《省检察院机关工作记事》2005 年第 11 期
	7 月 4—7 日，首届苏、浙、沪检察工作座谈会在舟山市召开。	《省检察院机关工作记事》2005 年第 13 期
	9 月 9 日，台湾中华法学会大陆参访团一行 12 人访问省检察院。	《省检察院机关工作记事》2005 年第 17 期

续表 26

时间	大事纪要	资料来源
2005 年	10 月 15 日，越南最高人民检察院副检察长屈文峨率越南检察代表团一行 10 人来浙访问。	浙检外〔2005〕6 号；《省院机关工作记事》2005 年第 20 期
	10 月 28 日，省检察院对中共湖州市委原书记、市人大常委会主任徐福宁以涉嫌受贿罪立案侦查。	省检察院诉讼档案 000-s2005-1-0012
	11 月 15 日，省检察院成立巡视工作领导小组，陈云龙为组长。制发《浙江省人民检察院巡视工作实施办法(试行)》。	浙检纪〔2005〕236 号
	11 月 22 日，全省首届检察理论研究工作会议召开。庄建南作题为《把握机遇，开拓创新，繁荣发展我省检察理论研究工作》的报告。陈云龙参加会议并讲话。	浙检研〔2005〕255 号；浙检办通报 2005 年第 40 期
2006 年	1 月 16 日，全国检察机关推行讯问全程同步录音录像工作现场会在宁波市召开。最高检察院副检察长王振川，省委常委王辉忠到会讲话；陈云龙参加会议。	检反贪〔2006〕8 号
	1 月 23—24 日，全省检察长会议召开，省委副书记、政法委书记夏宝龙出席会议并讲话；陈云龙作题为《以科学发展观为统领，全面履行法律监督职能，为我省顺利实施“十一五”规划创造良好法治环境》的报告。	浙检办〔2006〕5 号、6 号、24 号
	4 月，省检察院制发《全省检察机关开展社会主义法治理念教育活动实施方案》，召开电视电话会议，陈云龙作开展教育活动动员讲话。(5 月底至 6 月底，省检察院举办全省检察机关社会主义法治理念培训班。6 月中旬举行践行社会主义法治理念先进典型事迹报告会。次年 6 月，全省检察机关组织社会主义法治理念教育统一考试。)	浙检政〔2006〕102 号；浙检办通报 2006 年第 19 期；《省检察院相关工作记事》2006 年第 8 期、第 10 期、第 11 期；2007 年第 12 期
	6—10 月，省委第一巡视组巡视省检察院。10 月 17 日，陈云龙主持召开党组扩大会，听取省委第一巡视组反馈巡视意见。	浙检党〔2007〕5 号
	7 月 26 日，省检察院对省交通厅原厅长赵詹奇以涉嫌受贿罪立案侦查。	省检察院诉讼档案 000-s2006-1-0019
	10 月 10—12 日，由中国法学会刑法学会主办、省检察院承办的 2006 全国刑法学术年会在杭州召开。中国法学会会长韩杼滨，最高法院副院长张军，最高检察院副检察长朱孝清，省委常委、常务副省长章猛进，省人大常委会副主任葛圣平，省法院院长应勇，省检察院陈云龙出席开幕式。	《检察情况反映》2006 年第 40 期

续表 27

时间	大事纪要	资料来源
2006 年	11 月 13 日，省检察院对宁波市政协原副主席励奎铭以涉嫌滥用职权罪、受贿罪立案侦查。	省检察院诉讼档案 000-s2006-1-0037
	11 月 30 日，省十届人大常委会第二十八次会议审议通过《浙江省预防职务犯罪条例》。次年 3 月 1 日正式实施。	《浙江政报》2007 年第 3 期
2007 年	3 月 26 日，省委召开加强人民法院、人民检察院工作大会，就贯彻落实中央关于加强“两院”工作的决定和省委的实施意见作出部署。省委副书记、政法委书记夏宝龙代表省委讲话。	浙委〔2007〕28 号；《省院机关工作记事》2007 年第 2 期
	3 月 29 日，省十届人大常委会第三十一次会议批准刘建国、刘晓刚任省检察院副检察长。	浙组干任〔2007〕5 号；浙人大常干〔2007〕2 号
	7 月 5 日，省检察院组织参观杨乃武与小白菜奇案展示馆后召开死刑案件质量座谈会。陈云龙作题为《责任重于泰山》的讲话。	浙检办通报 2007 年第 18 期
	7 月 24 日，陈云龙向省十届人大常委会第三十三次会议作《浙江省人民检察院关于开展法律监督工作情况的报告》。（26 日，省十届人大常委会第七十五次主任会议审议通过。）	浙检办〔2007〕123 号
	11 月 5—7 日，由最高检察院国际合作局、挪威议会行政监察官办公室主办，省检察院协办的“社区矫正体制及其监督和人权保护”国际研讨会在杭州召开。	浙检外〔2007〕10 号
	12 月 3 日，全省检察机关科技强检会议召开。	浙检技〔2007〕210 号；《省检察院机关工作记事》2007 年第 20 期
	12 月 19 日，最高检察院政治部和检察日报社联合 15 家中央新闻单位举办的第七届“中国十大杰出检察官”评选活动揭晓，杭州市萧山区检察院赵桔水当选。（2008 年 5 月 21 日，省委政法委、省检察院和杭州市委联合召开记功表彰大会。省委常委、政法委书记王辉忠，省检察院陈云龙，杭州市委副书记叶明出席会议。）	浙检政〔2007〕218 号；《省检察院机关工作记事》2008 年第 9 期
	12 月 27 日，省人大常委会批准免去吴春莲的省检察院副检察长职务（吴春莲已于 5 月 25 日任杭州市人民检察院检察长）。	浙组任干〔2007〕22 号；浙人大常干〔2007〕16 号

续表 28

时间	大事纪要	资料来源
2008 年	1 月 21 日，省十一届人大第一次会议选举陈云龙为省检察院检察长。（2 月 28 日，第十届全国人大常委会第三十二次会议批准任命。）	浙检任〔2008〕1 号
	1 月 24—25 日，全省检察长会议召开。省委常委、政法委书记王辉忠出席会议并讲话。	浙检办发〔2008〕1 号、2 号
	1 月 29 日，省委书记、省人大常委会主任赵洪祝参加省检察院党组民主生活会。	《省检察院机关工作记事》2008 年第 2 期
	3 月 20 日，全省基层检察院建设工作会议召开。陈云龙到会并讲话。	浙检办发〔2008〕6 号；浙检发〔2008〕5 号
	4 月 29 日，省委书记、省人大常委会主任赵洪祝对浙江省检察机关重建三十周年作出批示，省委常委、省政法委书记王辉忠为省检察院《浙江检察三十年》纪念册作序。（6 月 26 日，省检察院举行庆祝检察机关恢复重建三十周年座谈会。）	《浙江检察三十年》纪念册；浙检办〔2008〕9 号；浙检办通报 2008 年第 20 期
	5—6 月，全省各级检察机关为四川省汶川地震灾区捐款捐物共计 553 万余元。	《检察情况反映》2008 年第 47 期
	8 月 1 日，省十一届人大常委会第五次会议批准顾雪飞、张雪樵任省检察院副检察长。	浙干通〔2008〕67 号；浙人大常干〔2008〕14 号；浙检任〔2008〕7 号、8 号
	8 月 21 日，省委政法委、省检察院、台州市委联合举行表彰大会，追授台州市路桥区检察院金启和为省“优秀共产党员”称号。省委常委、政法委书记王辉忠，省检察院检察长陈云龙，台州市委书记张鸿铭讲话。（2009 年 1 月，金启和入选“浙江骄傲——2008 年度最具影响力人物”。省委书记、省人大常委会主任赵洪祝，省委常委、宣传部部长黄坤明，省人大常委会副主任吴国华，省政协副主席盛昌黎，省检察院检察长陈云龙出席颁奖典礼。5 月 6 日，最高检察院、省委举行“全国模范检察官”金启和命名表彰大会，追授金启和“全国模范检察官”称号。最高检察院检察长曹建明，省委书记、省人大常委会主任赵洪祝到会讲话。）	浙检办〔2008〕20 号；《省院机关工作记事》2009 年第 8 期
	11 月 12 日，省检察院全体干警听取省委副书记、省长吕祖善作“深入学习实践科学发展观宣讲报告”。	省检察院《深入学习实践科学发展观活动简报》(2008)9 期

续表 29

时间	大事纪要	资料来源
2009 年	5 月 6 日，最高检察院检察长曹建明到省检察院和萧山区检察院调研。	《省检察院机关工作记事》2009 年第 8 期
	11 月 13 日，第五次苏浙沪检察工作座谈会在温州市召开，签署苏浙沪检察教育培训工作合作协议。	《省检察院机关工作记事》2009 年第 19 期
	11 月 21 日，省检察院对杭州市原副市长许迈永以涉嫌受贿罪、贪污罪、滥用职权罪立案侦查。	省检察院诉讼档案 000-s2010-1-0066
2010 年	1 月 7—9 日，全省检察长会议召开。陈云龙作题为《坚持“三个效果”有机统一，扎实推进三项重点工作，不断开创我省检察工作科学发展新局面》的报告。其间，省检察院与 11 个市检察院检察长签订党风廉政建设责任状。	浙检发〔2010〕1 号
	3 月 24 日，韩国釜山检察代表团来杭访问。	《省检察院工作档案记事》2010 年第 5 期
	4 月 2 日，省检察院召开全省检察机关深入开展“恪守检察职业道德，促进公正廉洁执法”主题实践活动电视电话会议。陈云龙作动员讲话。	《省检察院工作档案记事》2010 年第 6 期
	23 日，省检察院举行首次检察官宣誓仪式。庄建南主持宣誓仪式，陈云龙带领省检察院全体检察官宣誓。省委书记、省人大常委会主任赵洪祝监誓并讲话，省人大常委会副主任刘奇、省政协副主席王永昌出席。	《省检察院工作档案记事》2010 年第 7 期
	5 月 13 日，最高检察院巡视组对浙江省检察院进行巡视。省检察院召开动员会，陈云龙和最高检察院巡视组组长王克作动员讲话。（8 月 19 日，陈云龙主持召开党组会，听取最高检察院巡视组反馈对省检察院班子的巡视意见。20 日，陈云龙陪同最高检察院巡视组向省委副书记夏宝龙及省委组织部、省委政法委领导反馈对省检察院班子的巡视意见。）	《省检察院工作档案记事》2010 年第 8 期
	8 月 3 日，以总检察长科瓦奇·道马什博士为团长的匈牙利检察代表团来浙访问。	浙检外〔2010〕6 号
	11 月 11 日，全省贯彻落实省人大常委会《关于加强检察机关法律监督工作的决定》电视电话会议召开。省人大常委会副主任刘奇，省检察院陈云龙，省委政法委副书记巫波伦讲话。	《检察工作通报》（代表委员专刊）第 18 期

编后记

《浙江通志·检察志》(以下简称《检察志》)是浙江省人民检察院根据省委、省政府的部署和要求,在《浙江通志》编纂委员会的统筹规划和审查把关下,在省地方志办公室(以下简称省方志办)的业务指导下,安排由《检察志》编辑办公室具体负责实施的。

2010 年 10 月,省检察院成立《检察志》编辑办公室,开始筹备《检察志》编纂工作。2011 年 2 月,省检察院成立以陈云龙检察长为主任、顾雪飞副检察长为副主任的《检察志》编纂委员会,建立省检察院各内设部门和全省各市检察院两项联络员制度,启动《检察志》编纂工作。编纂工作采取由省检察院《检察志》编委会负总责,《检察志》编辑办公室负责具体策划、编纂等工作,省检察院各内设部门参与,全省检察机关配合,统分结合、分工负责的办法。经过 7 年的共同努力,现已全部完成。

在省检察院党组领导下,省检察院《检察志》编辑办公室贯彻落实《浙江通志》编委会的工作部署和省检察院编委会的决策意见,承担内外组织协调、制定规范制度、志书规划设计、业务指导督促、收集整理资料、起草志书部分内容、全书统稿等工作。志稿编纂过程中,省方志办始终予以有力指导督促,并得到各位专家、学者的大力帮助和不吝指教。

编纂工作先后经历了 6 个阶段。一是制定完善篇目大纲。2012 年 2 月 24 日,《检察志》编纂大纲和实施方案经广泛听取意见建议后,省检察院组织召开编纂大纲评审论证会。经省方志办主任潘捷军,《浙江通志》副总编、总纂李志廷及由省方志办董郁奎、颜越虎、王林、葛立朝,省法院王正保,省公安厅胡军,省检察院退休干部余先树、刘丕训,省检察院干部岳耀勇、叶伟忠、黄曙共 13 位领导、专家组成的专家组评审论证;4 月中旬,由《浙江通志》编纂委员会审查批准,是《浙江通志》各卷中第一个通过立项审批的篇目。二是收集资料并汇辑资料长编,编写“浙江检察大事年表”。2013 年 6 月,基本完成资料收集工作,包括制作电子资料卡和编写资料长编;完成“浙江检察大事年表”征求意见稿。三是编写及修改志稿。2015 年 9 月开始,陆续形成《检察志》各章及概述的征求意见稿;在编写过程中,根据资料收集的实际情况对篇目大纲作出一些微调;至 2016 年 3 月,形成《检察志》初稿。四是初稿评审。2016 年 6 月初,经省检察院《检察志》编委会审定,向省方志办提交初审稿;7 月 20 日,由省检察院《检察志》编委会邀请《浙江通志》编委会副总编王卫东,省委党史研究室副主任王祖强,省方志办处长周祝伟,浙江大学历史系主任梁敬民,《检察志》指导专家葛立朝,省方志办原主任杨金荣,省检察院干部傅国云、黄曙、胡勇共 9 位专家、学者组成评审组,评审通过《检察志》初审稿。五是复审稿评审。《检察志》编辑办公室逐一梳理分析收集到的专家、学者初审意见和其他各方面反馈意见近 2000 条,对志稿进行全面修改;2016 年 12 月,省检察院《检察志》编委会提请省方志办对《检察志》进行复审；2017 年 1 月 13 日，由《浙江通志》副总编王卫东，省方志办处长周祝伟，《检察志》指导专家葛立朝，宁波市方志办原副主任邵建鸣，省检察院干部傅国云、黄曙共 6 位专家、学者组成评审组，复审通过《检察志》。六是审查验收。7 月 13 日，浙江省人民政府组织对《检察志》进行终审，予以通过。2017 年 10 月，通过《浙江通志》编委会验收。

本志的编纂，始终受到省检察院党组高度重视。陈云龙任省检察院检察长期间，多次听取编纂工作汇报，要求将此作为全省检察机关的一件大事、作为传统教育的重要内容之一和检察文化建设的一项系统工程来抓，落实“一纳入、五到位”。2016 年 1 月，汪瀚任省检察院检察长后，即听取编纂工作汇报，要求继续努力，圆满完成编纂任务。省检察院副检察长顾雪飞、庄建南、张雪樵、黄生林先后担任《检察志》编委会执行副主任、副主编，随时听取工作汇报，加强工作保障，指导督促工作进度，审查志稿质量。省检察院离退休老同志、各内设部门、全省各市检察院积极提供资料，参与有关内容的编写；并密切关注和认真审阅编纂工作形成的每一项阶段性成果，提出许多宝贵的意见建议。

省检察院各承编人员广泛收集、整理资料和编写初稿。初稿分工如下：概述由倪集华撰写；第一章、第二章由高德清撰写，胡涛、王晓霞撰写部分内容；第三章由曾涌撰写；第四章由余知越撰写；第五章由刘永贵撰写；第六章由张寿利撰写；第七章由李卫东、章祖众撰写；第八章由郭雯撰写；第九章由洪波撰写；第十章由王建国、郑志锭撰写；第十一章由王晓霞撰写，岳耀勇、胡涛撰写部分内容；第十二章由包朝胜、尚靖撰写；第十三章由徐庆撰写。其中，关于清末、民国时期的内容由谢如程撰写；关于浙江省在中华人民共和国成立后至“文化大革命”的内容由陈中南撰写。编辑办公室对志稿的责任分工如下：倪集华负责编辑概述、第一章、第二章；吕国成负责编辑第十章、第十二章、第十三章、大事年表；朱杰负责编辑第五章、丛录；谢如程负责编辑第四章、第八章、第十一章；陈中南负责编辑第三章、第六章、第七章、第九章。全书由倪集华统稿，图片及表格制作由吕国成负责，编务工作由朱杰承担。本志凝聚了所有参与编纂及审稿人员的心血，是各方面通力协作的成果。在此，对参与本志编写的所有单位、部门和个人表示衷心感谢。

《检察志》分管副总编为王卫东，分管副总纂为周祝伟，责任编辑为葛立朝。

本志力求全面准确地反映全省检察机关的历史面貌、工作成就和经验教训，但由于收集资料不足和编纂经验能力欠缺，错漏之处在所难免，敬请专家学者和读者批评指正。

《浙江通志·检察志》编辑办公室

2017 年 10 月